Liberalisierung des Eisenbahnwesens

Europäische Hochschulschriften

Publications Universitaires Européennes
European University Studies

Reihe II
Rechtswissenschaft

Série II Series II
Droit
Law

Bd./Vol. 4729

PETER LANG
Frankfurt am Main · Berlin · Bern · Bruxelles · New York · Oxford · Wien

André Soldner

Liberalisierung des Eisenbahnwesens

Zwischen Wettbewerb und Regulierung

PETER LANG
Internationaler Verlag der Wissenschaften

Bibliografische Information der Deutschen Nationalbibliothek
Die Deutsche Nationalbibliothek verzeichnet diese Publikation in der Deutschen Nationalbibliografie; detaillierte bibliografische Daten sind im Internet über <http://www.d-nb.de> abrufbar.

Zugl.: Hamburg, Univ., Diss., 2008

Satz + Layout:
Cathrin Ladwig

D 18
ISSN 0531-7312
ISBN 978-3-631-57939-8

www.peterlang.de

Vorwort

Die vorliegende Arbeit wurde im Sommersemester 2007 von der Rechtswissenschaftlichen Fakultät der Universität Hamburg als Dissertation angenommen.

Herrn Professor Dr. Marian Paschke danke ich sehr für die Überlassung des Themas sowie die Freiheiten, die er mir bei der Bearbeitung gewährt hat. Mein Dank gilt ebenfalls Herrn Professor Dr. Jürgen Basedow für die zügige Erstellung des Zweitgutachtens.

Bei Cathrin Ladwig bedanke ich mich herzlich für ihre Unterstützung und Geduld sowie für die grafische Umsetzung der Arbeit. Ich danke Kais al Saadi für die akribische Durchsicht des Manuskripts.

Besonders herzlicher Dank gebührt schließlich meinen Eltern, deren uneingeschränkte Förderung meiner Ausbildung und liebevolle Unterstützung die Anfertigung dieser Arbeit erst ermöglicht haben. Ihnen sei diese Arbeit gewidmet.

Hamburg, im Februar 2008

Inhaltsverzeichnis

Abkürzungsverzeichnis

ABl. EG	Amtsblatt der Europäischen Gemeinschaften
AEG	Allgemeines Eisenbahngesetz
AEIF	Europäische Vereinigung für die Interoperabilität im Bereich der Bahn
A.F.	Alte Fassung
AG	Aktiengesellschaft
AGB	Allgemeine Geschäftsbedingungen
AK	Alternativkommentar
AktG	Aktiengesetz
AöR	Archiv des öffentlichen Rechts
Art.	Artikel
ATOC	Association of Train Operating Companies
Az.	Aktenzeichen
BayVBl.	Bayerische Verwaltungsblätter
BB	Betriebsberater
BbG	Bundesbahngesetz
BDI	Bundesverband der Deutschen Industrie
BENeuglG	Gesetz zur Zusammenführung und Neugliederung der Bundeseisenbahnen
BENZG	Gesetz zur Zusammenführung und Neugliederung der Bundeseisenbahn
BEVVG	Gesetz über die Eisenbahnverkehrsverwaltung des Bundes
BGB	Bürgerliches Gesetzbuch
BGBl.	Bundesgesetzblatt
BGH	Bundesgerichtshof
BGHZ	Amtliche Sammlung der Entscheidungen des Bundesgerichtshofs in Zivilsachen
BKartA	Bundeskartellamt
BMF	Bundesfinanzministerium
BMVBS	Bundesministerium für Verkehr, Bau und Wohnungswesen
BMVBW	Bundesministerium für Verkehr, Bau und Stadtentwicklung
BMWA	Bundesministerium für Wirtschaft und Arbeit
BNAG	Bundesnetzagenturgesetz
BNetzA	Bundesnetzagentur
BR	British Rail
BRB	British Railway Board
BR-Drs.	Drucksachen des Deutschen Bundesrates
BRIS	British Rail Infrastructure Service

BSchwAG	Gesetz über den Ausbau der Schienenwege des Bundes
BT-Drs.	Drucksachen des Deutschen Bundestages
BTP	British Transport Police
BVerfG	Bundesverfassungsgericht
BVerfGE	Entscheidungen des Bundesverfassungsgerichts
BVerwG	Bundesverwaltungsgericht
BVerwGE	Entscheidungen des Bundesverwaltungsgerichts
CIM	Internationales Übereinkommen über den Eisenbahn-Frachtverkehr
CIV	Internationales Übereinkommen über den Eisenbahn-, Personen- und Gepäckverkehr
COTIF	Übereinkommen über den internationalen Eisenbahnverkehr
CR	Computer und Recht
DAR	Deutsches Autorecht
DB	Der Betrieb; Deutsche Bahn; Deutsche Bundesbahn
DBGrG	Gesetz über die Gründung einer Deutschen Bahn Aktiengesellschaft
DIHK	Deutscher Industrie- und Handelskammertag
DIW	Deutsches Institut für Wirtschaftsforschung
DÖV	Die öffentliche Verwaltung
DR	Deutsche Reichsbahn
DTLR	Department for Transport, Local Government and the Regions
DVBl.	Deutsches Verwaltungsblatt
EBA	Eisenbahn-Bundesamt
ECLR	European Competition Law Review
EFTA	European Free Trade Association
EG	Europäische Gemeinschaften; Vertrag zur Gründung der Europäischen Gemeinschaften
EGMR	Europäischer Gerichtshof für Menschenrechte
EIBV	Eisenbahninfrastruktur-Benutzungsverordnung
EMRK	Europäische Menschenrechtskonvention
ENeuOG	Gesetz zur Neuordnung des Eisenbahnwesens
EnWG	Energiewirtschaftsgesetz
ERA	European Rail Agency
ET	Energiewirtschaftliche Tagesfragen
ETR	Eisenbahntechnische Rundschau
EU	Europäische Union
EuG	Gericht erster Instanz der Europäischen Gemeinschaften
EuGH	Gerichtshof der Europäischen Gemeinschaften
EuGRZ	Europäische Grundrechte-Zeitschrift
EuropaR	Europarecht
EUV	Vertrag über die Europäische Union vom 07.02.1992

EuZW	Europäische Zeitschrift für Wirtschaftsrecht
EWG	Europäische Wirtschaftsgemeinschaft
F.A.Z.	Frankfurter Allgemeine Zeitung
FDP	Freie Demokratische Partei Deutschlands
FOC	Freight Operating Company
FS	Festschrift
FStrG	Bundesfernstraßengesetz
GDBA	Gewerkschaft Deutscher Bundesbahnbeamten und Anwärter
GG	Grundgesetz
GO BT	Geschäftsordnung des Bundestages
GBP	Great Britain/Pound
GRUR	Gewerblicher Rechtsschutz und Urheberrecht
GVFG	Gesetz über Finanzhilfen des Bundes zur Verbesserung der Verkehrsverhältnisse der Gemeinden
GWB	Gesetz gegen Wettbewerbsbeschränkungen
HdbVerf	Handbuch des Verfassungsrechts
HdStR	Handbuch des Staatsrechts
HGB	Handelsgesetzbuch
HMRI	Health Management Railways Inspectorate
Hrsg.	Herausgeber
HSC	Health and Safety Commission
HSE	Health and Safety Executive
ICE	Inter-City-Express
IMC	Infrastructure Maintainance Company
IR	Infrastruktur Recht
JuS	Juristische Schulung
JZ	Juristenzeitung
KG	Kammergericht
K&R	Kommunikation und Recht
LG	Landgericht
LITRA	Informationsdienst für den öffentlichen Verkehr
Lkw	Lastkraftwagen
Ltd.	Limited
LuFv	Leistungs- und Finanzierungsvereinbarung
MMR	MultiMedia und Recht
N&R	Netzwirtschaft und Recht
NJW	Neue Juristische Wochenschrift
NMS	Network Management Statement
NOB	Nord-Ostsee-Bahn
NVwZ	Neue Zeitschrift für Verwaltungsrecht
NVwZ-RR	NVwZ-Rechtsprechungs-Report
NWVBl.	Nordrhein-Westfälische Verwaltungsblätter

NZBau	Neue Zeitschrift für Baurecht
NZV	Eisenbahn-Netzzugangsverordnung; Neue Zeitschrift für Verkehrsrecht
ÖBB	Österreichische Bundesbahn
OLG	Oberlandesgericht
ÖPNV	Öffentlicher Personennahverkehr
ÖPP	Öffentlich-Private-Partnerschaft
OPRAF	Office of Passenger Rail Franchising
ORR	Office of the Rail Regulator
O.V.	Beitrag ohne Verfassername
OVG	Oberverwaltungsgericht
OTIF	Zwischenstaatliche Organisation für den internationalen Eisenbahnverkehr
PBG	Bundesgesetz über die Personenbeförderung und die Zulassung als Straßentransportunternehmung
PostG	Gesetz über das Postwesen
PPP	Public Private Partnership
PRIMON	Privatisierungsvarianten der Deutschen Bahn AG "mit und ohne Netz"
PSR	Passenger Service Requirements
RdE	Recht der Elektrizitätswirtschaft, ab 1992 Recht der Energiewirtschaft
RegG	Regionalisierungsgesetz
RegTP	Regulierungsbehörde für Telekommunikation und Post
RGBl.	Reichsgesetzblatt
RIW	Recht der internationalen Wirtschaft
ROSCO	Rolling Stock Company
SBB	Schweizerische Bundesbahn
Slg.	Sammlung der Rechtsprechung des Gerichtshofs der Europäischen Gemeinschaften und des Gerichts erster Instanz
SCNF	Societé nationale des chemins de fer francais
SPNV	Schienenpersonennahverkehr
SRA	Strategic Rail Authority
TEN	Transeuropäische Netze
TGV	Train à grande vitesse
ThürKO	Thüringische Kostenordnung
ThürÖPNVG	Thüringisches Öffentliches Personennahverkehrsgesetz
TKG	Telekommunikationsgesetz
TOC	Train Operating Company
TPS	Trassenpreissystem
TransportR	Transport- und Speditionsrecht
TRC	Track Renewal Company

TSI	Technischen Spezifikationen für die Interoperabilität
UIC	Union internationale des chemins de fer
UK	United Kingdom
UmwG	Umwandlungsgesetz
UPR	Umwelt- und Planungsrecht
U.S.	United States, Supreme Court Reporter
UWG	Gesetz gegen den unlauteren Wettbewerb
VerwArchiv	Verwaltungsarchiv
VG	Verwaltungsgericht
VO	Verordnung
VOL/A	Verdingungsordnung für Leistungen, ausgenommen Bauleistungen
VVDStRL	Veröffentlichungen der Vereinigung der Deutschen Staatsrechtslehrer
VwGO	Verwaltungsgerichtsordnung
VwVfG	Verwaltungsverfahrensgesetz
VwVG	Verwaltungsvollstreckungsgesetz
WD	Wirtschaftsdienst
WiSt	Wirtschaftswissenschaftliche Studien
WM	Zeitschrift für Wirtschafts- und Bankrecht
WpHG	Wertpapierhandelsgesetz
WRP	Wettbewerb in Recht und Praxis
WuW	Wirtschaft und Wettbewerb
ZfV	Zeitschrift für Versicherungswesen
ZfVerkWiss	Zeitschrift für Verkehrswissenschaften
ZGR	Zeitschrift für Unternehmens- und Gesellschaftsrecht
ZHR	Zeitschrift für das gesamte Handelsrecht und Wirtschaftsrecht
ZögU	Zeitschrift für öffentliche und gemeinwirtschaftliche Unternehmen

Einleitung

A. Gegenstand der Untersuchung

Die Liberalisierung vormals staatsmonopolistisch geführter, infrastrukturgebundener Dienstleistungsmärkte hat sich seit Beginn der 1980er Jahre in Politik, Wirtschaft sowie Rechtswissenschaft zu einem kontroversen und stets aktuellen Thema entwickelt. Während diesen Märkten zuvor aufgrund existierender Infrastrukturmonopole sowie Daseinsvorsorgeverpflichtungen ein Marktversagen attestiert wurde, hat sich mittlerweile die Erkenntnis durchgesetzt, dass durch eine wettbewerbliche Ausrichtung zusätzliche Effizienzpotentiale nutzbar sind. Defizitäre wirtschaftliche Ergebnisse in den jeweiligen Wirtschaftssektoren sowie die Forderung nach einem schlanken Staat trugen außerdem zur Neuorientierung bei. Im Zuge dieses Paradigmenwechsels werden die Begriffe Deregulierung und Liberalisierung nahezu als Synonyme verwendet. Deregulierung beschreibt dabei in Umkehr der Regulierung die weitestgehende Aufhebung der Beschränkung von autonomen unternehmerischen Handlungen durch staatliche Eingriffe in den Wettbewerb als institutionelles Mittel zur Sicherstellung eines zumeist politisch erwünschten Ergebnisses. Zugunsten der Wettbewerbsförderung sind insofern staatliche Regulierungseingriffe in den Markt zu reduzieren sowie das einfache Recht mit dem Ziel gesteigerter Effektivität überschaubarer und wettbewerbsfreundlicher zu gestalten. Da jedoch auf eine staatliche Regulierung bei der Marktöffnung infrastrukturgebundener Wirtschaftssektoren keinesfalls vollständig verzichtet werden kann, erscheint der Begriff Liberalisierung für den Prozess der schrittweisen Wettbewerbsorientierung im Ergebnis zutreffender. Dem Gesetzgeber obliegt es im Liberalisierungsprozess, das staatliche Regulierungsregime mit dem grundsätzlichen Bekenntnis zum Wettbewerb in Einklang zu bringen und sachgerechte Lösungen zu entwickeln. Das zwischen diesen beiden Aspekten bestehende Spannungsverhältnis wirft neben ökonomischen und politischen Fragen unterschiedlichste Rechtsfragen europarechtlicher, einfachrechtlicher und verfassungsrechtlicher Natur auf, denen unter Berücksichtigung sektorspezifischer Gegebenheiten nachzugehen ist.

Ausgangspunkt des Liberalisierungsprozesses im Eisenbahnwesen war die Richtlinie 91/440/EWG zur Entwicklung der Eisenbahnunternehmen der Europäischen Gemeinschaft. Die Richtlinie stand unter der allgemeinen Maßgabe der Anpassung von Eisenbahnunternehmen an die Erfordernisse des Binnenmarktes sowie der Erhöhung ihrer Leistungsfähigkeit. Entfachter Wettbewerbsdruck durch die Öffnung nationaler Märkte sollte Eisenbahnunternehmen zu wirtschaftlicherem Handeln nach Effizienzgesichtspunkten anhalten und Innovationen im Eisenbahnwesen fördern, die zusätzlich die Konkurrenzfähigkeit der Eisenbahn im intermodalen Wettbewerb mit anderen Verkehrsträgern verbessert. Funktionierende europaweite Verkehrssysteme stehen insbesondere im Hinblick auf die Erweiterung der Europäischen Union und dem damit verbunden erhöhten Verkehrsaufkommen im Fokus gemeinsamer Wirtschaftspolitik. Alleine im Güterverkehr wird infolge weiter zunehmender innereuropäischer Handelsbeziehungen mit einer erheblichen Verkehrszunahme gerechnet. Die Europäische Kommission propagiert daher seit mehreren Jahren eine verstärkte Kooperation der einzelnen Verkehrsträger, um jeweils vorhandene Ressourcen optimal aufeinander abzustimmen und effiziente Transporte zu gewährleisten. In diesem Zusammenhang kommt der Entwicklung des deutschen Eisenbahnwesens entscheidende Bedeutung zu. Mit rund 40.000 km Schienennetz verfügt die Bundesrepublik Deutschland über eine der höchsten Schienennetzdichten in Europa und bietet somit grundsätzlich gute infrastrukturelle Voraussetzungen, um als zentraleuropäisches Transitland ein erhöhtes Verkehrsaufkommen bewältigen zu können.

Die Richtlinie 91/440/EWG ließ den Mitgliedstaaten einen weiten Spielraum hinsichtlich der konkreten organisationsrechtlichen Ausgestaltung nationaler Eisenbahnwesen. In der Bundesrepublik Deutschland blieb im Gegensatz zu Großbritannien das vertikal integrierte System bestehen, bei dem ein Unternehmen sowohl die Eisenbahninfrastruktur betreibt als auch Transportleistungen anbietet. Kernziele der danach ausgerichteten Bahnreform aus dem Jahre 1994 waren insbesondere die Erhöhung des Verkehrs auf der Schiene, die Orientierung der Bahn an marktwirtschaftlichen Grundsätzen sowie die Entlastung der öffentlichen Haushalte. Infolge der Existenz eines vertikal integrierten Unternehmens wurde der gesetzlich garantierte Netzzugang für dritte Eisenbahnverkehrsunternehmen zum elementaren Faktor der Marktöffnung. Obgleich die DB AG verkündet, dass seit der Marktöffnung über 300 Unternehmen im Eisenbahnsektor agieren, ist sie unangefochtener Marktführer mit Anteilen von über 90% im Personen- und Güterverkehr geblieben. Ob sich durch die Erweiterung der Zugangsrechte und Verschärfung der Zugangspflichten sowie die Einsetzung der BNetzA als unabhängige, sektorenübergreifende Regulierungsbehörde im Zuge der AEG-Novelle 2005 ohne eine weitere einschneidende Reformierung etwas an der Marktdominanz der DB AG ändert, ist zu bezweifeln. Naturgemäß hat das etablierte Unternehmen DB AG ein starkes wirtschaftliches Interesse an der Beibehaltung der gegenwärtigen Organisationsstruktur im Deutschen Eisenbahnwesen, während Gegner der vertikalen Integration für eine vollständige institutionelle Trennung der Bereiche Eisenbahninfrastruktur und Transportbetrieb zur entscheidenden Belebung des Wettbewerbs streiten.

Die Brisanz und öffentliche Aufmerksamkeit haben infolge des geplanten Börsengangs der DB AG weiterhin erheblich zugenommen. Dies bestätigen schon die im Auftrag von BMVBS und BMF beziehungsweise BDI und DIHK erstellten umfassenden Gutachten sowie das Sondergutachten der Monopolkommission zur Privatisierung des marktführenden Unternehmens, die allesamt im Jahre 2006 veröffentlicht wurden. Zwar hat Bundesverkehrsminister Tiefensee nach Einigung der Koalitionsspitzen von SPD und CDU vom 08.11.2006 auf einen gemeinsamen Entschließungsantrag zur Kapitalprivatisierung verkündet, dass die Modelldiskussion zugunsten des Eigentumssicherungsmodells, bei dem trotz Übertragung des juristischen Eigentums auf den Staat die DB AG aufgrund der Bilanzierungs- und Betriebsbefugnis wirtschaftliche Eigentümerin der Infrastruktur bliebe, entschieden und damit beendet sei. Dennoch bleibt weiterhin ungewiss, ob der auf dem Eigentumssicherungsmodell basierende Entwurf eines Gesetzes zur Neuordnung der Eisenbahnen des Bundes (EBNeuOG) vom 08.03.2007 im Bundesrat die erforderliche Zustimmung findet, da die Verkehrsminister der Bundesländer bereits deutliche Kritik am Entschließungsantrag äußerten. Eine ablehnende Haltung des Bundesrates könnte die Modelldiskussion über die organisationsrechtliche Ausgestaltung des deutschen Eisenbahnwesens neu entfachen.

B. Ziel der Arbeit und Vorgehensweise

Angesichts der tief greifenden Veränderungen in jüngerer Vergangenheit sowie der gegenwärtigen Kontroversen um die Zukunft des Eisenbahnwesens erscheint eine eingehende Betrachtung dieses Wirtschaftssektors angezeigt. Zentrale Aufgabe der Legislative ist stets, Rahmenbedingungen für die Vereinbarkeit von der Wettbewerbsförderung mit der Erforderlichkeit staatlicher Regulierung zu schaffen, dass einerseits die ökonomischen Vorteile eines liberalisierten Marktes optimal genutzt werden können und andererseits monopolistische Verhaltensweisen eines marktdominierenden Unternehmens weitestgehend unterbunden werden. Die Arbeit gliedert sich übergeordnet in eine Erörterung der ordnungspolitischen und rechtlichen Rahmenbedingungen auf europäischer und nationaler Ebene sowie eine Auseinandersetzung mit der organisationsrechtlichen Ausgestaltung des Eisenbahnwesens. Ziel der Arbeit ist es, Liberalisierungsbestrebungen unter Berücksichtigung des Spannungsverhältnisses zwischen Wettbewerb und staatlicher Verantwortung sowie der ökonomischen Bedingungen dieses Wirtschaftssektors juristisch zu bewerten und unter der Erarbeitung einer überlegenen Organisationsstruktur einen gangbaren Weg zur vollständigen Öffnung des europäischen Schienenverkehrsmarktes aufzuzeigen.

Zunächst werden die ökonomischen Gegebenheiten des Eisenbahnwesens dargelegt. Die Wirkungen der Wettbewerbsförderung sowie die Erörterung eines möglichen Marktversagens stehen dabei im Vordergrund. Im zweiten Kapitel erfolgt eine Darstellung der europarechtlichen Grundlagen des Liberalisierungsprozesses. Untersucht werden sowohl die relevanten Regelungen des primären Gemeinschaftsrechts als auch ausgehend von der Richtlinie 91/440/EWG als Ursprung der europäischen Bestrebungen zur Öffnung nationaler Eisenbahnmärkte das sekundäre Gemeinschaftsrecht bis hin zur Verabschiedung des 3. Maßnahmepakets. Im dritten Kapitel wird nach einem Überblick über die eisenbahnrechtliche Historie die Entwicklung des Rechtsrahmens seit der Bahnreform nachgezeichnet. Schwerpunkt dessen ist eine Diskussion über die Reichweite und Zweckmäßigkeit der jüngsten Gesetzesänderungen im Zuge der AEG-Novelle 2005. Besonderes Augenmerk liegt stets auf der Ausgestaltung der Organisationsstruktur sowie auf den jeweiligen Regelungen zur Förderung des Liberalisierungsprozesses. Das vierte Kapitel widmet sich der Frage, ob eisenbahnrechtliche Vorschriften, die den Netzzugang Dritter sicherstellen, mit dem Grundgesetz vereinbar sind. Nach Erörterung der Grundrechtsfähigkeit der DB AG wird dabei zunächst die Ausgangsnorm des § 14 Abs. 1 AEG geprüft. Im Anschluss daran werden die relevanten Vorschriften der EIBV untersucht, die den Netzzugang bei Kapazitätsengpässen regeln. Obgleich insbesondere der das Engpassverfahren regelnde § 9 EIBV bislang keine besondere praktische Relevanz entfaltet, ist davon auszugehen, dass einem Nutzungskonfliktsverfahren nach einer Wettbewerbsbelebung und damit einhergehenden erhöhten Trassennachfrage wesentliche Bedeutung für die Marktentwicklung im Eisenbahnwesen zukommt.

Im zweiten Teil der Arbeit erfolgt eine umfassende Auseinandersetzung mit der Debatte um die sachgerechte organisationsrechtliche Ausgestaltung des Eisenbahnwesens zur Revitalisierung dieses Verkehrsträgers. Zunächst erfolgt im fünften Kapitel eine Analyse und Gegenüberstellung der beiden Grundpositionen der vertikalen Integration und der vertikalen Desintegration. Dabei stehen sich insbesondere Verbundvorteile auf der einen und diskriminierungsfreie Marktentfaltung auf der anderen Seite als Hauptargumente der jeweiligen Grundposition entgegen. Sodann wird im sechsten Kapitel die Organisationsstruktur des Eisenbahnwesens in Großbritannien vorgestellt und der Frage nachgegangen, ob das britische Modell der vertikalen Desintegration abschreckendes Beispiel sein sollte oder eine gewisse Vorbildfunktion für einen wettbewerblich organisierten Schienenverkehrsmarkt entfalten kann. Den Schwerpunkt des zweiten Teils bildet die Untersuchung der in der Öffentlichkeit diskutierten Organisationsmodelle mit Blick auf einen geplanten Börsengang der DB AG im siebten Kapitel. In diesem Rahmen soll ein favorisiertes Modell zur weiteren Liberalisierung des europäischen Eisenbahnwesens erarbeitet werden. Die Arbeit schließt mit einer Zusammenfassung der erreichten Ergebnisse.

Teil 1
Gemeinschaftsrechtliche und nationale Rahmenbedingungen für die wettbewerbliche Öffnung des Eisenbahnwesens

Kapitel I
Ökonomische Grundsätze: Wettbewerb und Regulierung

A . Wettbewerb

Wettbewerb ist stets das zentrale Schlagwort der politischen, wirtschaftlichen und juristischen Diskussionen um die Entwicklung im Wirtschaftssektor Eisenbahnwesen. Eine Optimierung des Wettbewerbs erscheint demnach unerlässlich, um die wirtschaftliche Effizienz dieses Wirtschaftsektors zu steigern und auf ein Maß zu bringen, das eine Finanzierung ohne staatliche Subventionen weitestgehend sicherstellt und insbesondere im intermodalen Wettbewerb mit anderen Verkehrssektoren Konkurrenzfähigkeit gewährleistet. Dies führt zu der Frage, warum die Förderung des Wettbewerbs als Allheilmittel zur Verbesserung der wirtschaftlichen Situation von Wirtschaftsbereichen gilt? Indes ist zu klären, welche positiven Auswirkungen Wettbewerb allgemein erzeugt und welche Rahmenbedingungen für eine optimale Wettbewerbsstruktur zu schaffen sind.

I. Gesetzliche Herleitung des Wettbewerbsbegriffs

Eine Legaldefinition des Begriffs Wettbewerb existiert in deutschen Gesetzen nicht[1]. Auch das Grundgesetz hält keinen ausdrücklichen Verfassungsauftrag zur Förderung des Wettbewerbs bereit, sondern zeigt sich wirtschaftspolitisch neutral.[2] Die Gestaltungsfreiheit des Gesetzgebers ist dennoch an diverse verfassungsrechtliche Festlegungen, Garantien, Rechte und Freiheiten gebunden, welche unter anderem die Freiheit und Schutzbedürftigkeit des Wettbewerbs umfassen und in verschiedenen Gesetzen Niederschlag finden.[3] So schützen das GWB und das UWG die Wettbewerbsfreiheit gegen Wettbewerbsbeschränkungen beziehungs-

---

1 Vgl. Köhler, in: Hefermehl/Köhler/Bornkamm (Hrsg.), Wettbewerbsrecht, Einführung, Rn. 1.6, der zu dem Ergebnis kommt, dass eine Definition des Wettbewerbs als reales Phänomen nicht möglich sei.

2 BVerfGE 4, 7, 17 f.; Dreher, WuW 1998, 656, 657; Tettinger, DVBl. 1999, 679, 679 ff.

3 Badura, in: FS-Stern, S. 409, 414 f.

weise gegen unlautere Wettbewerbsmethoden.[4] Während das GWB den Zweck verfolgt, die Institutionen des Wettbewerbs, seine Funktionsfähigkeit und damit primär die Freiheit des Wettbewerbs im Allgemeininteresse zu schützen,[5] ist es Aufgabe des UWG, das Verhalten der konkurrierenden Marktteilnehmer in Übereinstimmung mit der Wertordnung des Grundgesetzes in den Bahnen des Anstandes, der Redlichkeit und der guten kaufmännischen Sitten zu halten.[6] Auch das europäische Gemeinschaftsrecht enthält keine Legaldefinition des Begriffs Wettbewerb, obwohl es zwischen mehreren Formen des Wettbewerbs differenziert.[7] Gleichwohl bekennt es sich im Gegensatz zum nationalen Recht gemäß Art. 4 Abs. 1 EG ausdrücklich zu einer vom Wettbewerb geprägten Marktwirtschaft.[8] Die Schutzwürdigkeit des Wettbewerbs vor Verfälschungen wird dem Grundsatz nach in Art. 3 Abs. 1g EG festgelegt. Dies steht in engem Zusammenhang mit Art. 2 EG, der unter anderem das Gebot der Errichtung eines Gemeinsamen Marktes sowie der Förderung einer harmonischen Entwicklung des Wirtschaftslebens innerhalb der Gemeinschaft als Hauptziele der Europäischen Union nennt.[9] Voraussetzung der Unverfälschtheit des Wettbewerbs ist somit die Existenz eines wirksamen Wettbewerbs auf dem Markt zur Erreichung der in Art. 2 EG gesetzten Ziele.[10] Ein wirksamer Wettbewerb wiederum kennzeichnet sich nach EuGH-Rechtsprechung durch einen freien Produkt- und Dienstleistungswettbewerb auf Grundlage der Leistungen der Marktbürger aus.[11] Der Schutz des Wettbewerbs vor Verfälschungen ist insbesondere in den Art. 81 ff. EG sowie verschiedenen gemeinschaftsrechtlichen Verordnungen und Richtlinien ausgestaltet.

II. Ökonomische Herleitung des Wettbewerbsbegriffs

Aus ökonomischer Sicht stellt Wettbewerb eine marktbezogene Rivalitätsbeziehung zwischen mehreren Wirtschaftssubjekten dar, der ein erwerbsorientiertes Streben von Anbietern und Nachfragern nach Geschäftsverbindungen mit Dritten zugrunde liegt.[12] Infolge des Zusammenspiels aus verschiedenen Marktströmun-

---

4 Hefermehl/Köhler/Bornkamm (Hrsg.), Wettbewerbsrecht, Einführung, Rn. 1.7.

5 Vgl. BGH NJW 1954, 917, 917.

6 So BVerfG GRUR 1993, 751. Nach § 1 dient das UWG dem Schutz der Mitbewerber, der Verbraucherinnen und der Verbraucher sowie der sonstigen Marktteilnehmer vor unlauterem Wettbewerb und dem Interesse der Allgemeinheit an einem unverfälschten Wettbewerb.

7 Es werden u.a. horizontaler und vertikaler Wettbewerb, potentieller Wettbewerb, Intra- oder Interbrandwettbewerb als schutzbedürftig erklärt; vgl. Weiß, in: Calliess (Hrsg.), EUV/EGV-Komm., Art. 81 EG, Rn. 83 mit Nachweisen aus der EuGH-Rechtsprechung.

8 Häde, in: Callies (Hrsg.), EUV/EGV-Komm., Art. 4 EG, Rn. 8.

9 Dreher, WuW 1998, 656, 658.

10 EuGH, Rs. 26/76, Metro/Kommission, Slg. 1977, 1875, Rn. 20.

11 EuGH, Rs. 85/76, Hoffmann-La Roche/Kommission, Slg. 1979, 461, Rn. 91.

12 Weber, Wirtschaftsregulierung in wettbewerbspolitischen Ausnahmebereichen, S. 45.

gen und staatlichen Wechselwirkungen entsteht ein komplexes Verhaltenssystem. Trotz Begrenzung durch gesetzliche Rahmenbedingungen bietet die individuelle Handlungsfreiheit ein erhebliches Maß an Gestaltungsspielräumen und Unplanbarkeit.[13] In Ausübung ihrer individuellen Handlungsfreiheit streben konkurrierende Marktakteure nach einem gleichen Ziel, nämlich der Gewinnmaximierung.[14] Aus Senkungen des Preises, Verbesserungen der Produktqualität und der Serviceleistungen, Intensivierung der Werbung sowie Optimierung der Absatzmethoden resultieren Wettbewerbsvorteile, von denen schlussendlich die Konsumenten profitieren.[15] Aufgrund dieses kompetitiven Strebens wird der Wettbewerb auch als ein Such- und Entdeckungsverfahren verstanden.[16] In der Marktwirtschaft stellt er die optimale Organisationsstruktur dar, um eine effiziente Allokation der Ressourcen sowie ein Höchstmaß an technologischer Innovation zu ermöglichen.[17]

Auswirkungen des Wettbewerbs sind stets im Zusammenhang mit der Kraft des jeweiligen Marktes zu betrachten, so dass als Folge die Wettbewerbsintensität Einfluss auf die gesamte Leistungsfähigkeit von Wirtschaftssektoren nimmt.[18] Dabei gilt prinzipiell, dass die Intensität bei einer Vielzahl von Akteuren mit vergleichbaren Marktanteilen in einer transparenten Organisationsstruktur zunimmt.[19] Möglichkeiten der freien Entfaltung auf dem Markt sowie der uneingeschränkten Beteiligung am gesamtwirtschaftlichen Geschehen sind weitere wesentliche Faktoren zur Optimierung der Leistungsfähigkeit eines Marktes.[20] Die Leistung konkurrierender Marktakteure unterliegt infolge wirkender Marktkräfte stets einer effektiven Kontrolle, da sie sich am wirtschaftlichen Erfolg oder Misserfolg messen lässt.[21] Ohne den Einsatz staatlicher Hoheitsgewalt stellt der Wettbewerb diesbezüglich ein System nicht-autoritärer sozialer Regulierung dar.[22] Der Staat ist in erster Linie für die Ausgestaltung des ordnungspolitischen Rahmens zuständig.[23] Eine maximale Steigerung der gesamtgesellschaftlichen

---

13 Dieses wird als Prinzip der Wettbewerbsfreiheit bezeichnet und wird hergeleitet aus Art. 2 GG; vgl. ausführlich zur Wettbewerbsfreiheit Herdzina, Wettbewerbspolitik, S. 12 ff.

14 Baumbach, Wettbewerbsrecht, Einführung, Rn.1.1.

15 Turnbull, Regulation, deregulation or re-regulation of transport, S. 3; Bartling, WuW 1993, 16, 17.

16 Vgl. ausführlich dazu Von Hayek, in: Von Hayek, die Verfassung der Freiheit, S. 249 ff.

17 Utton, Report for the Commission, The likely impact of Deregulation on Industrial Structures and Competition in the Community, S. 19; Basedow, Regulierung und Wettbewerb in marktwirtschaftlichen Ordnungen, S. 7.

18 Pass/Lowes/Davies, Dictionary Economics, S. 76.

19 Lipsey/Courant, Economics, S. 197.

20 Weber, Wirtschaftsregulierung in wettbewerbspolitischen Ausnahmebereichen, S. 47.

21 Hoppmann/Mestmäcker, Normenzwecke und Systemfunktionen im Recht der Wettbewerbsbeschränkungen, S. 7.

22 Bartling, WuW 1993, 16, 17.

23 Bartling, WuW 1993, 16, 17.

Wohlfahrt ist bei Erfüllung der fünf Komponenten adäquate Einkommensverteilung, Konsumentensouveränität, optimale Faktorallokation, angemessene Anpassungsflexibilität und Förderung des technischen Fortschritts zu erwarten.[24] Zu den effektiven Rahmenbedingungen im Rahmen der staatlichen Verantwortung zählen insbesondere die Gewährleistung von Währungsstabilität, Privateigentum, Vertragsfreiheit, Kontrolle von externen Effekten, Einkommenspolitik, soziale Verantwortung sowie Bereitstellung öffentlicher Güter.[25] Bei Erfüllung sämtlicher Voraussetzungen ist das Pareto-Optimum als Zustand maximaler wirtschaftlicher Effizienz erreichbar.[26]

Zur optimalen Ausnutzung der gesellschaftspolitischen und ökonomischen Vorteile des Wettbewerbs sind verschiedene Konzepte entwickelt worden.[27] Sie vereint das Ziel, sämtliche Bestrebungen, Handlungen und Maßnahmen so zu koordinieren, dass sie unter minimierten staatlichen Einflüssen den Ablauf des Wirtschaftsgeschehens leistungsgerecht strukturieren, beeinflussen oder unmittelbar festlegen. Dabei gilt der Grundsatz, je leistungsfähiger ein Wettbewerb, desto höher die gesellschaftliche Wohlfahrt und desto geringer die Notwendigkeit staatlicher Involvierung.[28] Dennoch konnte sich eine überlegene staatlich unabhängige Wettbewerbskonzeption bislang nicht herauskristallisieren, so dass davon ausgegangen wird, dass die Einführung eines autonomen Wettbewerbs regelmäßig Verfälschungen und Marktversagen bedingt und daher stets ein Mindestmaß an staatlicher Interventionsmöglichkeit erforderlich ist.[29] Damit einher geht der Anspruch an die Legislative, für den jeweiligen Wirtschaftssektor rechtliche Rahmenbedingungen zu schaffen, die ein Höchstmaß an wettbewerblicher Effektivität ermöglichen.

---

24 Vgl. Weber, Wirtschaftsregulierung in wettbewerbspolitischen Ausnahmebereichen, S. 46; Fritsch/Wein/Ewers, Marktversagen und Wirtschaftspolitik, S. 15.

25 Vgl. Eucken, Grundsätze der Wirtschaftspolitik, S. 254 ff.

26 Vgl. Schmidt, Wettbewerbspolitik und Kartellrecht, S. 6.

27 Dies sind insbesondere die „Klassische Schule der Nationalökonomie“, die „Theorie der vollkommenen Konkurrenz“, die „Theorie des funktionsfähigen Wettbewerbs“, die „Theorie des dynamischen Wettbewerbsprozesses“, die „Theorie der Optimalen Wettbewerbsintensität“, die „Theorie des neoklassischen Wettbewerbs sowie die „Chicago School of Antitrust Analysis“. Für eine detaillierte Darstellung über die verschiedenen Wettbewerbskonzeptionen siehe Schmidt, Wettbewerbspolitik und Kartellrecht, S. 2 ff.; Herdzina, Wettbewerbstheorie, S. 15 ff.

28 Vgl. Herdzina, Wettbewerbspolitik, S. 110 ff.; Möschel, Recht der Wettbewerbsbeschränkungen, Rn. 61 ff.

29 Badura, das Verwaltungsmonopol, S. 290; Pieroth/Schlink, Grundrechte, Staatsrecht II, Rn. 815.

III. Grundsätzliche Erwartungen an den Wettbewerb im Eisenbahnwesen

Der wirtschaftspolitische Grundsatz, dass jede erfolgreiche Branche im Wettbewerb organisiert ist, hat auch im Verkehrswesen allgemeine Geltung.[30] Zur Stärkung des Verkehrsträgers Eisenbahn im intermodalen Wettbewerb mit anderen Verkehrsträgern ist die Förderung des intramodalen Wettbewerbs im Eisenbahnwesen erforderlich,[31] die nach der Wettbewerbstheorie auch in diesem Wirtschaftsbereich in Effizienzsteigerungen sowie der Hebung weiterer ökonomischer Potentiale resultiert.[32] Ein verstärkter Wettbewerb zwischen verschiedenen Eisenbahnverkehrsunternehmen zwingt die einzelnen Anbieter zu Kostensenkungen, Produktivitätssteigerungen und Qualitätsverbesserungen.[33] Während der Kunde in den Genuss eines verbesserten Preis-Leistungs-Verhältnisses kommt, profitiert der Staat vom reduzierten Subventionsbedarf. Eine verstärkte wettbewerbliche Ausrichtung des Eisenbahnwesens verbunden mit einer Zurücknahme des staatlichen Einflusses ist jedoch nur dann Erfolg versprechend, wenn sich die Kräfte des Marktes unter Berücksichtigung der ökonomischen Eigenheiten des Wirtschaftssektors frei entfalten können. Im Vergleich ehemaliger Staatsmonopole ist das Telekommunikationswesen Beispiel für einen leistungsstarken Markt infolge eines lebhaften Wettbewerbs zahlreicher Anbieter bei gleichzeitiger Reduzierung der Marktdominanz des ehemaligen Staatsmonopols. Gleichwohl spielt für diesen Markt eine effektive Regulierung durch die Bundesnetzagentur eine entscheidende Rolle zur Gewährleistung fairer Voraussetzungen. Auch wenn die Verhältnisse der beiden ehemaligen staatsmonopolistisch geführten Bereiche Telekommunikation und Eisenbahnwesen nicht direkt übertragbar sind,[34] erscheint es demzufolge prinzipiell keineswegs ausgeschlossen, die gesamtwirtschaftliche Leistungsfähigkeit des Eisenbahnwesens signifikant zu erhöhen.

---

30 Luftverkehr und Straße als Hauptkonkurrenten des Schienenverkehrs im intermodalen Wettbewerb werden als erfolgreiche Bereiche angeführt, die im Wettbewerb organisiert sind. Vgl. Rochlitz, in DVWG (Hrsg.), Wettbewerb im Schienenverkehr, S. 41, 41.

31 Vgl. nur Kohl, in: DVWG (Hrsg.), Wettbewerb im Schienenverkehr, S. 17, 17. Die Entwicklung des Eisenbahnwesens in den vergangenen Jahrzehnten hat vielmehr demonstriert, dass der intermodale Wettbewerb alleine nicht ausreichend ist zur Stärkung des Systems Schienenverkehr.

32 Potentiale liegen insbesondere in der Verschlankung von Organisationsstrukturen, höherer Arbeitsproduktivität und niedrigeren Lohnkosten sowie erhöhter Flexibilität und Verbesserungen in den Bereichen Einkauf, Produktion und Marketing. Insgesamt werden bei Konkurrenten gegenüber der DB AG Kostenvorteile von bis zu 20% vermutet. Vgl. PRIMON-Gutachten, S. 173.

33 Vgl. PRIMON-Gutachten, S. 172.

34 Im Telekommunikationssektor existieren mittlerweile Parallelnetze von Konkurrenten, für deren Errichtung deutlich niedrigere Investitionskosten als im Eisenbahnwesen erforderlich sind.

B. Regulierung

Unter idealisierten Voraussetzungen eines effizienten Wettbewerbs verfügt kein Unternehmen über hinreichende Marktmacht zur wesentlichen Marktbehinderung, so dass sich der Markt weitestgehend selbst reguliert. Wird hingegen der Markt soweit behindert, dass sich die Vorteile des Wettbewerbs nicht hinreichend entfalten, ist eine staatliche Regulierung des Marktes notwendig. Dabei greift der Staat mit bestimmten ordnungspolitischen Restriktionen in die Entscheidungsprozesse der Marktteilnehmer ein, um explizite Zielsetzungen zu verfolgen.[35] Das Wesen der Regulierung besteht in der Beschränkung des autonomen unternehmerischen Handelns durch staatliche Eingriffe in den Wettbewerb als institutionelles Mittel zur Sicherstellung eines zumeist politisch erwünschten Ergebnisses. Staatliche Eingriffe sind regelmäßig erst bei einem Marktversagen erforderlich,[36] welches sich durch ein fundamentales Abweichen von wirksamen Märkten begründet.[37] Allgemeine Hauptanwendungsfälle sind natürliche Monopole, das Vorliegen externer Effekte, ruinöse Konkurrenz und Informationsasymmetrien, wobei je nach Wirtschaftssektor weitere Fälle vorliegen können.[38] Im Eisenbahnwesen stehen Daseinsvorsorgeverpflichtungen, externe Effekte sowie die Existenz eines natürlichen Monopols im Vordergrund.[39]

I. Daseinsvorsorge

Der staatliche Daseinsvorsorgeauftrag wird als Hindernis für die freie Entfaltung des Wettbewerbs und wesentliches Argument für die Regulierungsbedürftigkeit im Eisenbahnwesen betrachtet.[40] Demnach stünden sich die Daseinsvorsorge, insbesondere infolge der staatlichen Verpflichtung zur flächendeckenden Netzbereitstellung im gesamten Bundesgebiet, und das Streben nach Gewinnmaximierung als Folge des wirtschaftlichen Wettbewerbs diametral entgegen.[41] Während bei

---

35 Kreis, Deregulierung und Liberalisierung der europäischen Elektrizitätswirtschaft, S. 23.

36 Schlepütz, Sektorspezifische Regulierung versus Missbrauchsaufsicht, S. 1.

37 Müller/Vogelsang, Staatliche Regulierung , S. 33 ff.

38 Schmidt, Wettbewerbspolitik und Kartellrecht, 2005, S. 36.

39 Berschin, Daseinsvorsorge durch Wettbewerb, S. 23, Burmeister, Der Wettbewerb der Eisenbahnen im europäischen Binnenmarkt S. 31 ff.

40 Besonders deutlich Broß, in: Ronellenfitsch/Schweinsberg (Hrsg.), Aktuelle Probleme des Eisenbahnrechts IX, S. 1, 1. Vgl. auch u.a. Fromm, DVBl. 1994, 187, 191; Kraft, DVBl. 2000, 1326, 1326 ff; vermittelnd Ronellenfitsch, in Ronellenfitsch/Schweinsberg (Hrsg.), Aktuelle Probleme des Eisenbahnrechts IX, S. 21, 33 f., der nicht die Problematik der Vereinbarkeit zwischen Daseinsvorsorge und Wettbewerb für maßgebend erachtet, sondern zwischen Daseinsvorsorge und Gewinnmaximierung.

41 Vgl. Broß, in: Ronellenfitsch/Schweinsberg (Hrsg.), Aktuelle Probleme des Eisenbahnrechts IX, S. 1, 1; Schwarz, Die wirtschaftliche Betätigung der öffentlichen Hand im Kartellrecht, S. 42.

unregulierter Wettbewerbssituation die Gefahr bestünde, dass private Unternehmen lediglich die lukrativsten Teilmärkten bedienen mit der Konsequenz zahlreicher Streckenstilllegungen in wirtschaftlich defizitären ländlichen Regionen, sei der Staat aus Gründen des Gemeinwohls auch zur Bedienung gerade dieser unrentablen Teilmärkte verpflichtet.[42] Zur Vermeidung hoher wirtschaftlicher Verluste für den Staat bei Beschränkung auf nicht wettbewerblich zu bedienende unrentable Teilmärkte wird daher eine verstärkte Regulierung beziehungsweise eine Monopolisierung des gesamten Wirtschaftssektors favorisiert, die eine notwendige Quersubventionierung zwischen eigenwirtschaftlichen und defizitären Teilmärkten ermöglicht. Aufgrund der überragenden Bedeutung für das Gemeinwesen müsse der Staat Daseinsvorsorgeaufgaben entweder selbst erfüllen oder private Dritte beauftragen.[43] Die Gefahr der Selektion lediglich rentabler Abschnitte in einigen Teilmärkten wäre bei einer Monopolisierung des Gesamtmarktes ausgeschlossen.[44]

1. Herleitung der Daseinsvorsorge

a. Historische Herleitung

Der Begriff der Daseinsvorsorge ist von Ernst Forsthoff in den 1930er Jahren entwickelt worden.[45] Die Herleitung der Daseinsvorsorge erfolgte ohne dogmatische Begründung auf überwiegend soziologischer Basis.[46] Ausgangspunkt dieses Konzeptes der Leistungsverwaltung war der moderne Mensch mit einem Bedürfnis nach Appropriation.[47] Daseinsvorsorgemaßnahmen umfassten demnach Leistungen des Staates, auf die der Mensch und die Gesellschaft existentiell angewiesen waren. Dies waren insbesondere die Bereiche Wasser- und Energieversorgung, Verkehr, Post sowie Sozialeinrichtungen. Im Verkehrswesen begründeten insbesondere gesteigerte Mobilitätsbedürfnisse der Gesellschaft den staatlichen Vorsorgeauftrag.[48] Infolge zunehmender Trennung der Lebensbereiche Arbeit und

42 So genanntes „Rosinenpicken“; vgl. Burmeister, Der Wettbewerb der Eisenbahnen im europäischen Binnenmarkt, S. 32.

43 Kramer, N&R 2004, 134, 134.

44 Das Spannungsverhältnis zwischen Daseinsvorsorge, Regulierung und Wettbewerb wird schließlich durch Verhaltensweisen von Unternehmen aus Daseinsvorsorgebereichen bestätigt, die auf der einen Seite für die Erfüllung von Leistungen der Daseinsvorsorge vom Staat die Gewährung eines wettbewerbsfreien Raums einfordern und auf der anderen Seite sich mit einem Verweis auf ihre private Herkunft gegen übermäßige staatliche Eingriffe wehren. Vgl. Hermes, Staatliche Infrastrukturverantwortung, S. 114 f.

45 Forsthoff, Die Verwaltung als Leistungsträger, S. 4 ff.

46 Storr, DÖV 2002, 357, 357.

47 Forsthoff, Die Verwaltung als Leistungsträger, S. 5 f.; siehe auch Storr, DÖV 2002, 357, 357.

48 Ronellenfitsch, in: HdStR IV, § 98, Rn. 49 f. mit Verweis auf Forsthoff, Verwaltung als Leistungsträger, S. 5 f.

Wohnen war der Bürger auf die Gewährleistung von öffentlichen Verkehrseinrichtungen angewiesen.[49] Regelmäßig wurde der Begriff der Daseinsvorsorge als Rechtfertigung für staatliche Eingriffe in das gesellschaftliche Zusammenleben verwendet,[50] obwohl weder das Grundgesetz den Begriff enthält noch er – von Ausnahmen abgesehen[51] – einfachgesetzlich Erwähnung findet. Dessen ungeachtet ist das Konzept der Daseinsvorsorge Gegenstand aktueller juristischer Diskussionen, nicht zuletzt aufgrund gemeinschaftsrechtlicher Initiativen.[52] Ein moderneres Verständnis der Daseinsvorsorge geht zunächst von einer Gemeinwohlorientierung aus, die das Ziel der Befriedigung standardisierter Bedürfnisse verfolgt.[53] Sie begründet insofern eine staatliche Fürsorgepflicht zur optimalen Freiheitsverwirklichung,[54] nach der jedem Bürger die Möglichkeit zur sozialen Teilnahme am Gemeinwesen und zur Selbstverwirklichung in der Gemeinschaft eingeräumt wird.[55] Zu Leistungen der Daseinsvorsorge, die wirtschaftlicher oder nichtwirtschaftlicher Natur sein können, müssen jedem Einzelnen gleichermaßen und zu gleichen Bedingungen sowohl Zugang als auch Leistungsgewährung eröffnet sein.[56] Nach diesem weiten Verständnis umfasst die Daseinsvorsorge materielle Aufgaben, die im öffentlichen Interesse liegen und deren Erfüllung vom Staat sicherzustellen ist.[57] Neben den klassischen Sektoren ist die Zuordnung weiterer Bereiche zur Daseinsvorsorge von der jeweiligen politischen Willensbildung abhängig.[58] Eine Reduktion auf die soziologische Bedeutung wird dennoch einhellig abgelehnt.[59] Im Verwaltungsrecht findet die Daseinsvorsorge insofern Anwendung, als sich aus der Verantwortung des Staates für gewisse Lebensbe-

---

49 Badura, DÖV 1966, 624, 630.

50 Vgl. zu Erbringung von Eisenbahnverkehrsleistungen und Bau und Unterhalt von Eisenbahnanlagen als Aufgaben zur Daseinsvorsorge, BGH NJW 1997, 744, 744; zu weiteren Bereichen, in denen staatliches Tätigwerden mit einem staatlichen Handlungsauftrag durch die Daseinsvorsorge begründet worden ist, Storr, DÖV 2002, 357, 357 f., Fn. 3, 4.

51 Bspw. § 2 Abs. 1 Satz 1 ThürÖPNVG; § 71 Abs. 1 Nr. 4 ThürKO; § 8 Abs. 1 Satz 1 ThürKO.

52 Vgl. Kommission der Europäischen Gemeinschaften, Grünbuch zu Dienstleistungen von allgemeinem Interesse, KOM (2003), 270 endg.

53 Zur Daseinsvorsorge im Allgemeinen vgl. besonders Rüfner, in: HdStR IV, § 96; Scheidemann, Der Begriff Daseinsvorsorge; Badura, DÖV 1966, 624, 624 ff.

54 Hösch, Kommunale Wirtschaftstätigkeit, S. 41.

55 Hill, BB 1997, 425, 427.

56 Zacher, in: HdStR II, § 28, Rn. 58; so auch bereits Forsthoff, Verwaltung als Leistungsträger, S. 19 f.

57 Ronellenfitsch, in Ronellenfitsch/Schweinsberg (Hrsg.), Aktuelle Probleme des Eisenbahnrechts IX, S. 21, 23.

58 So auch Papier, DVBl. 2003, 686, 686 ff.

59 Badura, Verwaltungsmonopol, S. 189; Badura, DÖV 1966, 624, 627 f.; a.A. Ossenbühl, DÖV 1971, 513, 516. Fischerhof sieht den Begriff der Daseinsvorsorge lediglich politisches Leitbild und hält ihn aus rechtlicher Sicht für „nicht haltbar“ und aus soziologischer Sicht für unscharf; vgl. DÖV 1960, 41, 41 ff.

reiche Verpflichtungen gegenüber den Bürgern ergeben.[60] Gleichwohl knüpfen an die Zuordnung zur Daseinsvorsorge noch keine individualrechtlichen Leistungsansprüche an.[61] Ebensowenig folgt daraus eine Pflicht des Staates zur eigenständigen Aufgabenerfüllung.[62] Er trägt lediglich die Gewährleistungsverantwortung für die Erfüllung der Daseinsvorsorgepflichten, die sich als Auffang- und Rahmenverantwortung darstellt und durch eine Festlegung des Ordnungsrahmens sowie eine öffentliche Aufsicht verwirklichen lässt.[63] Während in den 1970er Jahren lediglich auf kommunaler Ebene vereinzelt Private in die Aufgabenerfüllung der Daseinsvorsorge einbezogen wurden, zwingen defizitäre Haushaltslagen und eine notwendige Nutzung von privatem Sachverstand mittlerweile zur Ausweitung auf sämtliche klassischen Bereiche der Daseinsvorsorge.[64] Auch im Verkehrswesen wird die Zuständigkeit des Staates für die Schaffung rechtlicher und organisatorischer Rahmenbedingungen als ausreichend für die Gewährleistung einer sachgerechten Verkehrsbedienung angesehen.[65] Diese spiegelt sich in der Praxis zumeist in der Finanzierung der Infrastruktur sowie der Regulierung wider. Erst bei mangelnder Befriedigung der Verkehrsbedürfnisse durch private Unternehmen steht der Staat selber zur Erbringung notwendiger Leistungshandlungen in der Pflicht.[66]

b. Das Sozialstaatsprinzip

Obwohl das Grundgesetz keinen ausdrücklichen Hinweis auf einen Daseinsvorsorgeauftrag enthält, ist der Staat als übergeordnete Organisationsform des sozialen Zusammenlebens für die Planung des sozialen Zusammenlebens, Lenkung und gegebenenfalls Intervention zum Wohle der Allgemeinheit zuständig.[67] Er garantiert seinen Bürgern individuelle Freiheiten, die im Einzelfall bei Kollisionen mit Freiheiten Dritter in Einklang zu bringen sind und damit eingeschränkt werden können.[68] Zur Gewährleistung dessen muss der Staat sozial gestaltend und wohlfahrtsfördernd tätig werden, was im Sozialstaatsprinzip gemäß Art. 20 Abs. 1 GG verankert ist.[69] Art. 20 Abs. 1 GG beschreibt eine Staatszielbestimmung, die Exe-

60 Ronellenfitsch, in HdStR IV, § 98, Rn. 48; Klein, Die Teilnahme des Staates am wirtschaftlichen Wettbewerb, S. 19 f.

61 Sommerfeld, Wettbewerb kontra Daseinsvorsorge, S. 93.

62 Hermes, Staatliche Infrastrukturverantwortung, S. 341; Tettinger, DÖV 1996, 764, 764 ff.

63 Vgl. dazu Stober, Allgemeines Wirtschaftsverwaltungsrecht, S. 268 f.

64 Vgl. Voigt, Abschied vom Staat, S. 9, 12 ff.

65 Rüfner, HdStR IV, § 96, Rn. 6 ff; Maaß, Der Wettbewerb im öffentlichen Personenbeförderungswesen, S. 57.

66 Maaß, Der Wettbewerb im öffentlichen Personenbeförderungswesen, S. 57.

67 Vgl. Ronellenfitsch, VerwArchiv 92 (2001), 293, 295; Hesse, Grundzüge des Verfassungsrechts in Deutschland, Rn. 209.

68 Vgl. zum so genannten Prinzip der „praktischen Konkordanz" Hesse, Grundzüge des Verfassungsrechts der Bundesrepublik Deutschland", Rn. 317 ff. m.w.N.

69 Vgl. Maaß, Der Wettbewerb im örtlichen Personenbeförderungswesen, S. 50 f.; Badura, DÖV 1966, 624, 626.

kutive und Legislative zur Wahrnehmung sozialstaatlicher Aufgaben gleichzeitig verpflichtet und legitimiert.[70] Diese Aufgaben liegen allgemein in der Bereitstellung von Leistungen und Einrichtungen unterschiedlicher Art zur Versorgung der Bevölkerung in wirtschaftlicher, sozialer und kultureller Hinsicht mit dem Ziel der Schaffung sozialen Ausgleichs und der Erhaltung sowie Förderung der wirtschaftlichen Prosperität,[71] wobei die Betonung des sozialen Ausgleichs eine Verbindung zur Menschenwürde des Art. 1 Abs. 1 Satz 1 GG erstellt.[72] Das Sozialstaatsprinzip dient zugleich als Rechtfertigung für Eingriffe in Freiheitsrechte der Einzelnen,[73] wird dennoch dort begrenzt, wo infolge Planung, Lenkung und Intervention die selbstverantwortliche Freiheit aufgehoben ist und sich der Staat zu einem reinen Wohlfahrts- und Versorgungsstaat entwickelt.[74] In der ökonomischen Theorie soll das Sozialstaatsprinzip grundsätzlich nicht das Recht zur freien wirtschaftlichen Entfaltung beeinträchtigen.[75] Je bedeutsamer allerdings die soziale Gleichheit und Sicherheit zur menschenwürdigen Existenz, desto stärker auch die staatliche Wahrnehmung der Sozialgestaltungsfunktion als Steuerungselement.[76] Entscheidendes Element staatlicher Sozialgestaltung zur Erzeugung wohlfahrtsfördernder Rahmenbedingungen ist die Daseinsvorsorge.[77] Auch im Verkehrswesen verpflichten übergeordnete Belange der Allgemeinheit den Staat, ein leistungsfähiges öffentli-

70 Hesse, Grundzüge des Verfassungsrechts in Deutschland, Rn. 213. Badura, Verwaltungsmonopol, S. 332.

71 Konkret sind insbesondere die Bereiche Energie- und Wasserversorgung, Verkehr, Abwasser- und Abfallbeseitigung, Gesundheitsvorsorge, Krankenhäuser und Altersheime sowie Bildungseinrichtungen umfasst. Vgl. Maurer, Allgemeines Verwaltungsrecht, § 2, Rn. 6.

72 Broß, in: Ronellenfitsch/Schweinsberg (Hrsg.), Aktuelle Probleme des Eisenbahnrechts IX, S. 1, 2.

73 Degenhart, Staatsrecht I, Staatszielbestimmungen, Staatsorgane, Staatsfunktionen, Rn. 363.

74 Ausführlich zu den Grenzen des Sozialstaatsprinzips und dem Prinzip des sozialen Rechtsstaats, Zacher, in: HdStR II, § 28, Rn. 98.

75 Vgl. Maaß, Der Wettbewerb im örtlichen Personenbeförderungswesen, S. 52.

76 Vgl. BVerfGE 66, 248, 258 zur Energieversorgung.

77 Sommermann, in: v. Mangoldt/Klein/Starck (Hrsg.), GG-Komm., Art. 20, Rn. 106; Sommermann, in: Münch/Kunig (Hrsg.), GG-Komm., Art. 20, Rn. 36. In Abkehr zur Einordnung der Daseinsvorsorge als Teil der Sozialstaatsprinzips nimmt Zacher hierbei eine Differenzierung vor. Demnach steht die Daseinsvorsorge grundsätzlich für die Bereitstellung notwendiger Dienste und Güter, das Hauptaugenmerk der Sozialpolitik liegt hingegen darin, soziale Gerechtigkeit zu schaffen beziehungsweise soziale Ungerechtigkeit weitestgehend zu beseitigen. Daseinsvorsorge gewährleistet zwar den Zugang zu notwendigen Diensten und Gütern, die direkte Gegenleistung des Einzelnen richtet sich jedoch nicht nach sozialen Verhältnissen. Die Daseinsvorsorge ist nur insoweit als sozial anzusehen, als sie durch Bereitstellung von knappen Diensten und Güter soziale Ungleichheiten in der Gesellschaft entschärft. Sie wird dann zum wesentlichen Element der Sozialpolitik, wenn die Gegenleistung für den Zugang zu Daseinsvorsorgeeinrichtungen sich nach der individuellen Leistungsfähigkeit des Einzelnen richtet. Folglich sind Daseinsvorsorge und Sozialpolitik eher als „zwei sich überschneidende Kreise" anzusehen, denn die Daseinsvorsorge als einfacher Teil der Sozialpolitik. Vgl. dazu Zacher, in: HdStR II, § 28, Rn. 59 f.

ches Verkehrsnetz zur Verfügung zu stellen und zu unterhalten,[78] so dass stets eine flächendeckende Versorgung zu erschwinglichen Preisen im gesamten Bundesgebiet sichergestellt wird.[79] Neben der Bereitstellung der Verkehrsinfrastruktur ist der Staat ebenso für die Garantie der Verkehrsleistungen auf der infrastrukturellen Basis verantwortlich.[80] Auch dabei trägt er lediglich die Gewährleistungsverantwortung ohne die Pflicht, die Infrastruktur selbst zu erstellen oder zu unterhalten beziehungsweise eigene Verkehrsdienstleistungen zu erbringen.

c. Mobilitätsgarantie

Die Mobilität gilt als ein menschliches Grundbedürfnis, da ohne Möglichkeiten zur Ortsveränderung eine individuelle Lebensgestaltung stark eingeschränkt wäre.[81] Teilweise wird die Mobilität in der modernen Gesellschaft sogar für eine menschenwürdige Lebensgestaltung in der modernen Gesellschaft als unverzichtbar erachtet.[82] Ob die Herleitung einer Mobilitätsgarantie auf einem aus der Gesamtschau der Grundrechte resultierenden abstrakten Grundrecht der Mobilität beruht oder aus der allgemeinen Handlungsfreiheit gemäß Art. 2 Abs. 1 GG entstammt, vermag aus dogmatischer Sicht klärungsbedürftig erscheinen,[83] beeinträchtigt jedoch nicht die übergeordnete Bedeutung der Mobilität als Grundbedürfnis und Voraussetzung für die Ausübung individueller Freiheitsrechte.[84] Mehrere Grundrechte setzen ein Mindestmaß an Mobilität voraus beziehungsweise umfassen einen bestimmten Mobilitätsgehalt. So ist Mobilität unabdingbare Voraussetzung für die Zusammenkunft von Menschen in deren Ausübung von Versammlungsfreiheit gemäß Art. 8 GG,[85] für die Verwirklichung der Freizügigkeit aus Art. 11 Abs. 1 GG[86] sowie für die Freiheit des Berufszugangs und der

78 Broß, in:Ronellenfitsch/Schweinsberg (Hrsg.), Aktuelle Probleme des Eisenbahnrechts IX, S. 1, 15.

79 Ronellenfitsch, in: Ronellenfitsch/Schweinsberg (Hrsg.), Aktuelle Probleme des Eisenbahnrechts IX, S. 21, 23.

80 Ronellenfitsch, DÖV 1996, 1028, 1032.

81 Ronellenfitsch, DAR 1992, 321, 322.

82 Maaß, Der Wettbewerb im örtlichen Personenbeförderungswesen, S. 49.

83 Für ein abstraktes Grundrecht auf Mobilität, Maaß, Der Wettbewerb im örtlichen Personenbeförderungswesen, S. 44; Ronellenfitsch, Mobilität, DAR 1992, 321, 322 f.; Ronellenfitsch, DAR 1994, 7, 9. Zur expliziten Kritik an der Begründung von Ronellenfitsch vgl. Sendler, NJW 1995, 1468, 1469. Für eine Herleitung aus Art. 2 Abs. 1 GG, Sumpf, Internationales Verkehrswesen 2002, 539, 540. Dazu auch Koch, ZfV 1994, 545, 545 ff.

84 Maaß, Der Wettbewerb im örtlichen Personenbeförderungswesen, S. 45 f; Ronellenfitsch, DAR 1995, 241, 242. Zu weiteren Ausprägungen der Beweglichkeit als deutsche Übersetzung des Begriffs „Mobilität“, Ronellenfitsch, DAR 1992, 321, 322.

85 Ronellenfitsch, DAR 1992, 321, 321 f.

86 Weiß, Privatisierung und Staatsaufgaben, S. 239 für die staatliche Gewährleistungsverantwortung für Infrastruktur.

Berufsausübung gemäß Art. 12 GG.[87] Weiterhin ist Mobilität für die Ausübung der Religionsfreiheit nach Art. 4 GG hinsichtlich der Erreichbarkeit von religiösen Stätten sowie gemäß Art. 14 GG in Bezug auf die Nutzung von entfernt gelegenem Eigentum von erhöhter Bedeutung.[88] Darüber hinaus setzt die Gewährung der körperlichen Bewegungsfreiheit gemäß Art. 2 Abs. 2 GG in Fällen, in denen nicht bereits Art. 11 GG einschlägig ist, die Möglichkeit zur Ortsveränderung voraus.[89] Das Recht, jeden Ort aufzusuchen oder zu verlassen, wäre ohne ein hinreichendes Maß an Mobilität erheblich eingeschränkt. Darüber hinaus wird die Gewährleistung von Mobilität für den Schutz der allgemeinen Handlungsfreiheit aus Art. 2 Abs. 1 GG vorausgesetzt.[90] Insofern hängt die Mobilität der Gesellschaft als wesentlicher Bestandteil der Daseinsvorsorge entscheidend von der öffentlichen Aufgabenwahrnehmung ab.[91] Die Bereitstellung von Infrastruktur sowie eine funktionierende Nahverkehrsbeförderung sind essentiell, um den Bürgern zur Ausübung ihrer Freiheitsrechte eine Grundversorgung an Mobilität zu gewähren. Gleichwohl ist bei der Mobilitätsgarantie einschränkend zu berücksichtigen, dass zwar ein grundsätzlicher Teilhabeanspruch besteht, individuelle Leistungsansprüche wie beispielsweise Ansprüche auf Ausbau eines Verkehrsnetzes dennoch regelmäßig nicht durchsetzbar sind.[92] Die Garantie einer effektiven, raum- und umweltverträglichen Mobilität aufgrund des vorrangigen Gemeinwohls kann außerdem eine Einschränkung des Individualverkehrs erfordern. Schließlich ist die staatliche Gewährleistung von Mobilität im Rahmen der Daseinsvorsorge nicht auf einzelne Verkehrsträger beschränkt, sondern auf einen Verbund zwischen den Verkehrsträgern beziehungsweise deren Verkehrswegen bezogen.[93]

2. Daseinsvorsorge und Wettbewerb im Eisenbahnwesen gemäß Art. 87e GG

Trotz Liberalisierungen der ehemaligen Staatsmonopole Post, Telekommunikation und Eisenbahn hat der Staat seine Verantwortung in den Bereichen nicht gänzlich aufgegeben. Im Eisenbahnwesen hat der Gesetzgeber im Zuge der Bahnreform

87 Maaß, Der Wettbewerb im örtlichen Personenbeförderungswesen, S. 45 f.; Ronellenfitsch, DAR 1992, 321, 323.

88 Vgl. hinsichtlich Art. 14 GG Maaß, Der Wettbewerb im örtlichen Personenbeförderungswesen, S. 46; Ronellenfitsch, DAR 1992, 321, 323.

89 Vgl. Gusy, in: v. Mangoldt/Klein/Starck (Hrsg.), GG-Komm., Art. 11, Rn. 33; Kunig, in: v. Münch/Kunig (Hrsg.), GG-Komm., Art. 2, Rn 74. Zum Verhältnis von Art. 2 Abs. 2 GG zu Art. 11 Abs. 1 GG vgl. Starck, in: v. Mangoldt/Klein/Starck (Hrsg.), GG-Komm., Art. 2 Rn. 180, 233.

90 Sie findet darin insoweit konkrete Berücksichtigung, als für die Freizeitgestaltung der Einzelnen der Zugang und die Beförderung in die Natur zu gewährleisten ist. Vgl. Ronellenfitsch, DAR 1992, 321, 323.

91 Berschin, Daseinsvorsorge durch Wettbewerb, S. 10.

92 Maaß, Der Wettbewerb im örtlichen Personenbeförderungswesen, S. 57.

93 Ronellenfitsch, DAR 1992, 321, 324.

des Jahres 1994 verfassungsrechtliche Vorgaben in Art. 87e GG niedergelegt. Diese Vorschrift begründet eine Trennung zwischen hoheitlichen und unternehmerischen Aufgaben im Eisenbahnwesen und dokumentiert die Wandlung staatlicher Erfüllungsverantwortlichkeit zu einer Gewährleistungs- und Kontrollverantwortlichkeit.[94] Sie wird geprägt durch ein Spannungsverhältnis zwischen dem Privatisierungsgebot des Art. 87e Abs. 3 GG und der staatlichen Gewährleistungsverantwortung gemäß Art. 87e Abs. 4 GG.[95]

a. Privatisierungsgebot gemäß Art. 87e Abs. 3 GG

Art. 87e Abs. 3 GG begründet ein verfassungsrechtliches Privatisierungsgebot, welches den Bund sowohl zur Aufgaben- als auch zur Organisationsprivatisierung der Eisenbahnen des Bundes verpflichtet.[96] Nach der auch für Art. 87e GG maßgeblichen Legaldefinition des Art. 73 Nr. 6a GG sind Eisenbahnen des Bundes solche, die ganz oder mehrheitlich im Eigentum des Bundes stehen.[97] Art. 87e Abs. 3 GG enthält zwei Strukturprinzipien für die Neuordnung des Eisenbahnwesens.[98]

So sind die Eisenbahnen des Bundes erstens privatrechtlich zu organisieren,[99] während sie zweitens auch als Wirtschaftsunternehmen zu führen sind. Im Unterschied zu Art. 87f GG, der für die Bereiche der Post und Telekommunikation neben der Entmonopolisierung ausdrücklich staatliche Maßnahmen zur Förderung und Sicherung des Wettbewerbs verlangt,[100] enthält der Wortlaut des Art. 87e GG jedoch keine derartige ausdrückliche Verpflichtung.[101] Gleichwohl lässt sich dem in der Mehrzahl verwendeten Begriff „Wirtschaftsunternehmen" eine angestrebte Konkurrenz sowie ein Bekenntnis zum Wettbewerb entnehmen. Aus der Verpflichtung zur Führung als Wirtschaftsunternehmen folgt außerdem das Gebot der unternehmenspolitischen Ausrichtung an erwerbswirtschaftlichen Grundsätzen mit dem Ziel der Gewinnmaximierung.[102]

---

94 Jochum, NVwZ 2005, 779, 779.

95 So auch Ruge, AöR 131 (2006) 1, 10.

96 Windthorst, in: Sachs (Hrsg.), GG-Komm., Art. 87e, Rn. 31.

97 Vgl. BVerfGE 97, 198, 218; Schulz, Das Eisenbahnwesen des Bundes und die Stellung der deutschen Bahnen auf dem Europäischen Binnenmarkt, S. 84; Gersdorf, in: v. Mangoldt/Klein/Starck (Hrsg.), GG-Komm., Art. 87e Abs. 1, Rn 12.

98 Vgl. Ruge, AöR 131 (2006) 1, 11.

99 Hermes, in: Hermes/Sellner (Hrsg.), AEG, Einf D Rn. 16. Die Organisationsform als Sondervermögen des Staates aus Zeiten vor der Bahnreform wäre demnach nicht mehr zulässig.

100 BVerwG MMR 2001, 681, 690; Windthorst, in: Sachs (Hrsg.), GG-Komm., Art. 87f, Rn. 25 m.w.N.

101 Vgl. dazu im Einzelnen Gersdorf, in: v. Mangoldt/Klein/Starck (Hrsg.), GG-Komm., Art. 87e, Rn. 50, 70 m.w.N., der dies als gesetzliches Defizit beschreibt.

102 Windthorst, in: Sachs (Hrsg.), GG-Komm., Art. 87 e GG, Rn. 37; Brosius-Gersdorf, DÖV 2002, 275, 280. Vgl. zur Aufgabe der Verpflichtung zur Erbringung gemeinwirtschaftli-

Diese grundsätzliche Ausrichtung ist bereits in den gemeinschaftsrechtlichen Vorgaben der Art. 4 Abs. 1 und Art. 5 Abs. 1 S. 2 der Richtlinie 91/440/EWG enthalten, die eine Unabhängigkeit vom Staat sowie eine kaufmännische, wettbewerbs- und gewinnorientierte Führung nach handelsrechtlichen Grundsätzen fordern. Da für den Infrastrukturbetrieb gemäß Art. 4 Abs. 2 der Richtlinie 91/440/EWG lediglich ein Mindestmaß an Unabhängigkeit zu garantieren ist, geht das Grundgesetz über die gemeinschaftsrechtlichen Vorgaben hinaus.[103] Insbesondere die Gewinnerzielungsmaxime sowie die Führung nach kaufmännischen Leitprinzipien verdeutlichen die Abkehr vom Gemeinwohlauftrag für die Eisenbahnunternehmen.[104]

Für die Berücksichtigung des Allgemeinwohls ist alleine der Staat in den Grenzen des Art. 87e Abs. 4 GG verantwortlich.[105] Schließlich wird das Ziel der Förderung des Wettbewerbs insoweit bestätigt, dass die Öffnung des Schienenverkehrsmarktes für den Wettbewerb eines der herausragenden Ziele der Bahnreform war, in deren Zuge Art. 87e GG neu gefasst wurde.[106]

Das Privatisierungsgebot erfährt durch Art. 87e Abs. 3 S. 2 und 3 GG eine Begrenzung, wonach die Veräußerung von Anteilen des Bundes an Eisenbahnunternehmen, die für den Bau, die Unterhaltung und das Betreiben von Schienenwegen zuständig sind, nur aufgrund eines Gesetzes erfolgen kann und zudem die Mehrheit der Anteile beim Bund verbleiben muss.[107]

Dies bedeutet im Umkehrschluss, dass Eisenbahnunternehmen des Bundes, die keine Infrastrukturunternehmen sind, nicht den Beschränkungen des Art. 87e Abs. 3 S. 3 GG unterfallen und somit auch veräußert werden können. Unter Berücksichtigung des Privatisierungsgebotes aus Art. 87e Abs. 1 GG erscheint somit eine Aufgabe des Bundeseigentums an diesen Eisenbahnverkehrsunternehmen nicht nur zulässig sondern sogar erwünscht. Eine Veräußerung unterliegt weder dem Vorbehalt des Gesetzes noch rechtfertigt die Folge des Verlustes der Eigenschaft als Eisenbahn des Bundes die Annahme einer Veräußerungssperre.[108]

---

cher Leistungen BT-Drs. 12/5015, S. 5.

103 So auch Hermes, in: Hermes/Sellner (Hrsg.), AEG, Einf D, Rn. 19.

104 Windthorst, in: Sachs (Hrsg.), GG-Komm., Art. 87e, Rn. 37.

105 Vgl. BT-Drs. 12/5015, S. 7; Hommelhoff/Schmidt-Aßmann, ZHR160 (1996), 521, 535.

106 Vgl. nur Suckale, in: Hermes/Sellner (Hrsg.), AEG, Einf C, Rn. 13.

107 Diese besondere Regelung wurde auch als „Schienenwegevorbehalt" bezeichnet. Vgl. Hommelhoff/Schmidt-Aßmann, ZHR 160 (1996), 521, 549.

108 Windthorst, in: Sachs (Hrsg.), GG-Komm., Art. 87e, Rn. 45; Schmidt-Aßmann/Röhl, DÖV 1994, 577, 582.

b. Gewährleistungsverantwortung gemäß Art. 87e Abs. 4 GG

Die Gewährleistungsverpflichtung des Bundes für das Eisenbahnwesen mit Ausnahme des SPNV normiert Art. 87e Abs. 4 GG.[109] Sie wird auch als öffentlich-rechtliche Hypothek der Infrastruktur bezeichnet.[110] Als Gegenstück zu Abs. 3 dokumentiert Abs. 4, dass trotz Privatisierung, möglichen Rechtsformänderungen sowie der Eröffnung wettbewerblicher Spielräume eine gesellschaftliche Verantwortung des Staates für diesen Wirtschaftssektor weiterhin besteht.[111] Die darin enthaltende Berücksichtigungspflicht des Allgemeinwohls nimmt der Staat insbesondere durch zweckgebundene finanzielle Zuwendungen für die Infrastruktur wahr.[112]

Obwohl einige Stimmen diese Gewährleistungsverpflichtung des Bundes aus Art. 87e Abs. 4 GG lediglich als bloße politische Verantwortung des Staates anerkennen,[113] erscheint ein Verständnis als bindende Staatszielbestimmung sachgerecht,[114] wonach Art. 87e Abs. 4 GG eine Bestandsgarantie der Institution Eisenbahn darstellt.[115] Dafür spricht neben dem Wortlaut ebenfalls die Systematik des Art. 87e GG, wonach die Gewährleistungsverpflichtung in einem eigenen Absatz aufgenommen wurde, sowie die allgemeine übergeordnete Bedeutung des Eisenbahnwesens als Bereich der Daseinsvorsorge.[116] Ausdrücklich soll sich nach dem Willen des Gesetzgebers der Gewährleistungsauftrag am Wohl der Allgemeinheit orientieren, insbesondere der Verkehrsbedürfnisse. Dabei handelt es sich jedoch um unbestimmte Rechtsbegriffe, deren inhaltliche Ausfüllung sozi-

109 Art. 87e Abs. 4 GG wird teilweise auch als Infrastruktursicherungsauftrag bezeichnet. Diese Vorschrift ist nur auf Drängen des Bundesrats unter Vermittlung des Rechtsausschusses des Bundestags in das Grundgesetz aufgenommen worden. Vgl. die Stellungnahme des Bundesrats zum GG-Änderungsgesetzes-Entwurf, BT-Drs. 12/5015, S. 11, sowie die Beschlussempfehlung des BT-Rechtsamtes zum GG-Änderungsgesetzes-Entwurf, BT-Drs. 12/6280, S. 8. Zum Streit, ob es sich dabei um eine Verpflichtung in der Übergangsphase bei der Neuordnung des Eisenbahnwesens oder um eine dauerhafte Verpflichtung des Bundes handelt, vgl. die Nachweise bei Windthorst, in: Sachs (Hrsg.), GG-Komm., Art. 87e, Rn. 48, Fn. 105.

110 Brauner/Kühlwetter, Int. Verkehrswesen 2002, 492, 495.

111 Während die Bundesregierung bei Neuordnung der Bahnstruktur das Ziel verfolgte, die Eisenbahnen als freie und eigenverantwortliche Unternehmen entstehen zu lassen, die gänzlich vom Gemeinwohlauftrag befreit sind (vgl. BT-Drs. 12/5015, S. 7), wurde auf Betreiben des Bundestages der Gemeinwohlauftrag in Art. 87e GG (insb. Art. 87e Abs. 3 Satz 2 und 3 sowie Abs. 4 GG) verankert.

112 Ruge, AöR 131 (2006), 1, 12.

113 Schmidt-Aßmann/Röhl, DÖV 1994, 577, 584; Fromm, DVBl. 1994, 187, 192.

114 Windthorst, in: Sachs (Hrsg.), GG-Komm, Art. 87e, Rn. 50; Lerche, in: FS-Friauf: S. 251, 257; Heinze, BayVBl. 1994, 266, 269; vorsichtiger Pieroth, in: Jarass/Pieroth (Hrsg.), GG-Komm, Art. 87e, Rn. 4.

115 Hermes, in: Hermes/Sellner (Hrsg.), AEG, Einf D, Rn. 25.

116 Lerche, in: FS-Friauf, S. 251, 257.

alpolitischen Gegebenheiten anzupassen ist.[117] Grundsätzliche Einigkeit besteht darüber, dass nach der Bahnreform die Gemeinwohlverpflichtung des Bundes im Vergleich zu Art. 87 Abs. 1 S. 1 GG a.F. reduzierter Natur sein sollte.[118] Insofern gewährleistet Art. 87e Abs. 4 GG lediglich eine Grundversorgung, was sowohl für den Ausbau und den Erhalt der Schieneninfrastruktur als auch für das Verkehrsangebot auf dem Schienennetz selber mit Ausnahme des SPNV gilt.[119] Das genaue Ausmaß staatlicher Interventionsmöglichkeiten hängt von dem Verhältnis der Gemeinwohlbelange zu den in Abs. 3 aufgeführten privatwirtschaftlichen Tätigkeiten ab, wobei der Bund über eine erhebliche Entscheidungsprärogative verfügt.[120] Die Strukturverwandtheit mit Art. 87f Abs. 1 GG legt ein Verständnis der Grundversorgung als flächendeckende Infrastrukturausstattung des Netzbereichs sowie ein hinreichendes Angebot zu sozial angemessenen Tarifen nahe.[121] Subjektive Rechte des Einzelnen zur Verpflichtung des Staates, bestimmte Verkehre anzubieten, bestehen demgegenüber nicht, da zu berücksichtigende Belange lediglich aus Sicht des Gesamtverkehrssystems zu bestimmen sind.[122]

Die Gewährleistungsverpflichtung der Länder regelt das Regionalisierungsgesetz, das auf Grundlage von Art. 87e Abs. 1, S. 2 und Abs. 4 S. 2, 106a sowie 143a Abs. 3 GG erlassen wurde.[123] Im Sinne des § 1 RegG ist die ausreichende Bedienung der Bevölkerung zu erschwinglichen Preisen Aufgabe der Daseinsvorsorge.[124] Das in der Verordnung Nr. 1191/69/EWG in der Fassung der Verordnung Nr. 1893/91/EWG des Rates der Europäischen Union verankerte Bestellerprinzip wird in § 4 RegG umgesetzt, wonach öffentlich-rechtliche Körperschaften der Länder dezentral den Beförderungsbedarf im ÖPNV ermitteln und über die Bestellung von Verkehrsleistungen bei den regionalen Eisenbahnverkehrsunternehmen entscheiden.[125]

---

117 Gersdorf, in: v. Mangoldt/Klein/Starck (Hrsg.), GG-Komm., Art. 87e Abs. 4, Rn. 71; Lerche, in: FS-Friauf, S. 251, 256.

118 Pieroth, in: Jarass/Pieroth (Hrsg.), GG-Komm., Art. 87e, Rn. 4; Hommelhoff/Schmidt-Aßmann, ZHR 160 (1996), 521, 552.

119 Windthorst, in: Sachs (Hrsg.), GG-Komm, 3. Auflage, Art. 87e, Rn. 48; Uerpmann, in: Münch/Kunig (Hrsg.), GG-Komm., Art. 87e, Rn. 16; Heinze, BayVBl. 1994, 266, 269; Kämmerer, JZ 1996, 1042, 1048.

120 Gersdorf, in: v. Mangoldt/Klein/Starck (Hrsg.), GG-Komm., Art. 87e Abs. 4 Rn. 71; Schmidt-Aßmann/Röhl, DÖV 1994, 577, 585.

121 Hermes, in: Hermes/Sellner (Hrsg.), AEG, Einf D, Rn. 25.

122 Hermes, in: Hermes/Sellner (Hrsg.), AEG, Einf D, Rn. 26.

123 Gesetz zur Regionalisierung des öffentlichen Personennahverkehrs v. 27.12.1993, BGBl. I 1993, 2378, 2395.

124 Vgl. Ruge, AöR 131 (2006), 1, 13 f; Hermes, in: Hermes/Sellner (Hrsg.), AEG, Einf D, Rn. 51.

125 Kritisch dazu Britz, Die Verwaltung 2004, 145, 155 ff.

c. Verhältnis von Privatisierungsgebot und Gemeinwohlauftrag

Der Wortlaut von Art. 87e Abs. 3 und Abs. 4 GG in Bezug auf das Verkehrsangebot auf dem Schienennetz deutet vordergründig auf ein Spannungsverhältnis zwischen Privatisierungsgebot und Gemeinwohlauftrag hin. Bei genauerer Betrachtung handelt es sich um ein komplexes bei Privatisierungen typisches Gemengengelage.[126] So besteht ein Rangverhältnis mit dem Gebot der Privatwirtschaftlichkeit als Regel und der Gemeinwirtschaftlichkeit als Ausnahme.[127]

Während die Verpflichtung zur Privatwirtschaftlichkeit Vorrang hat, beschreibt Art. 87 Abs. 4 GG in erster Linie ein Überbleibsel alter Leistungsverwaltung zur Gewährleistung einer Grundversorgung.[128] Die Ausnahme dient dabei vorrangig zur Verhinderung möglicher negativer Auswirkungen von regelloser Freiheit und ungehemmten Aktivitäten eines privatisierten Marktes.[129] Der Wortlaut des Art. 87e Abs. 4 GG, wonach dem Wohl der Allgemeinheit Rechnung zu tragen ist, sowie die Systematik aufgrund der Reihenfolge der Absätze 3 und 4 bestätigen das Regel-Ausnahme-Verhältnis. Bei Vorliegen eines Zielkonflikts zwischen Privat- und Gemeinwirtschaftlichkeit ist somit zwar nach den Prinzipien der praktischen Konkordanz sowie der Verhältnismäßigkeit ein angemessener Ausgleich zu finden, wobei der Privatwirtschaftlichkeit ein grundsätzliches Übergewicht einzuräumen ist.[130]

Infolgedessen kann beispielsweise aus der Gewährleistungsverantwortung allein eine Stilllegung von Schienenwegen nicht verhindert werden, wenn dies aus privatwirtschaftlichen Gesichtspunkten heraus erforderlich scheint und eine angemessene Grundversorgung der Bürger erhalten bleibt. Der Erhalt einer angemessenen Grundversorgung folgt bereits aus dem Sozialstaatsprinzip sowie der Mobilitätsgarantie,[131] verlangt jedoch weder eine maximale Bereitstellung von Schieneninfrastruktur noch eine Beibehaltung der gegenwärtigen Schienennetzdichte.[132] Diesbezüglich übernimmt der Staat im Rahmen seiner Gewährleistungsverantwortung die Aufgabe, privatwirtschaftliche Tätigkeiten konkur-

126 Vgl. zur Komplexität von Privatisierungen allg. Schoch, DVBl. 1994, 1, 1 ff. Insgesamt gilt Art. 87e GG als Kompromisspaket, vgl. Windthorst, in: Sachs (Hrsg.), GG-Komm., Art. 87e, Rn. 3; Berschin, Daseinsvorsorge durch Wettbewerb, S. 289.

127 Wieland, in: Dreier (Hrsg.), GG-Komm., § 87e, Rn. 15; Windthorst, in Sachs (Hrsg.), GG-Komm., Art. 87e, Rn. 51.

128 Vgl. dazu Lerche, in: FS-Friauf, S. 252, 257.

129 Ruge, AöR 131 (2006), 1, 13.

130 Windthorst, in Sachs, GG-Komm., Art. 87e, Rn. 51.

131 So auch Berschin, Daseinsvorsorge durch Wettbewerb, S. 289; Lerche, in: FS-Friauf, S. 251, 254 ff. Dies kommt auch in dem verwendeten Begriff „Verkehrbedürfnisse" in Art. 87e Abs. 4 GG zum Ausdruck.

132 Windthorst, in: Sachs (Hrsg.), GG-Komm., Art. 87e, Rn. 51a.

rierender Eisenbahnunternehmen insoweit zu überwachen, dass flächendeckend angemessene und ausreichende Verkehrsbedürfnisse der Allgemeinheit gewahrt werden.[133]

3. Fazit

Es ist festzuhalten, dass das Sozialstaatsprinzip sowie das menschliche Bedürfnis nach Mobilität in dem Daseinsvorsorgeauftrag des Staates Berücksichtigung finden müssen. Die staatliche Gewährleistungsverantwortung im Eisenbahnwesen findet als Gemeinwohlbindung in Art. 87e Abs. 4 GG ihren verfassungsrechtlichen Niederschlag. Während früher zur Bereitstellung von Diensten und Gütern der Daseinsvorsorge weitestgehend auf staatliche Monopolverwaltungen zurückgegriffen wurde, hat sich mittlerweile die überzeugende Erkenntnis durchgesetzt, dass die bloße Existenz des Daseinsvorsorgeauftrags keine staatliche Intervention in Form der Wettbewerbsbeschränkung erfordert.

Für die Rechtfertigung eines staatlichen Verwaltungsmonopols beziehungsweise einer erhöhten Regulierungsbedürftigkeit aufgrund eines Marktversagens ist insofern kein Raum. Dies wird neben grundsätzlichen Zielen der Bahnreform auch aus Wortlaut und Systematik des Art. 87e GG deutlich, wonach eine auf Gewinn ausgerichtete Privatwirtschaftlichkeit gemäß Art. 87e Abs. 3 GG die Regel und die Gemeinwohlausrichtung aus Art. 87e Abs. 4 GG die Ausnahme, aber auch die Grenze wirtschaftlichen Handelns, darstellen. Insofern ist es ausreichend, dass der Staat anstelle einer Erfüllungsverantwortlichkeit eine Gewährleistungs- und vor allem Kontrollverantwortlichkeit trägt. Im Ergebnis stehen etwaige staatliche Daseinsvorsorgeverpflichtungen einer Liberalisierung in Richtung eines wettbewerblich organisierten Schienenverkehrsmarktes nicht entgegen.

II. Externe Effekte

Ein die Regulierungsbedürftigkeit begründendes Marktversagen im Eisenbahnwesen wird zudem in der Existenz externer Effekte vermutet.[134] Wesentliche Voraussetzung effektiven wirtschaftlichen Handelns ist regelmäßig eine effiziente oder pareto-optimale Ressourcenallokation, wobei jedes Wirtschaftssubjekt sowohl für die von ihm verursachten Kosten verantwortlich ist als auch von eigens erwirt-

---

133 Für die ebenfalls privatisierten Bereiche der Post und Telekommunikation wird das Verhältnis von privatwirtschaftlicher und hoheitlicher Tätigkeit deutlicher in Art. 87f. GG verankert.

134 Basedow, Wettbewerb auf den Verkehrsmärkten, S. 46; Weber, Wirtschaftsregulierung, S. 114; Eickhoff, WD 1986, 468, 473; zur Arg. der DB AG Eisenkopf, Int. Verkehrswesen 2005, 71, 76.

schafteteten Vorteilen profitiert.[135] In diesem Fall liegt eine Internalisierung der Kosten vor. Fehlt es jedoch daran, besteht eine ineffiziente Ressourcenverteilung und insbesondere soziale Zusatzkosten fließen mangels Zurechenbarkeit nicht in den Marktpreis als maßgebender Komponente ökonomischer Austauschprozesse ein.[136] Anders formuliert divergieren private und soziale Kosten und Nutzen ohne hinreichende Berücksichtigung volkswirtschaftlicher Knappheitsrelationen.[137] Die Differenz zwischen den Sollkosten und dem tatsächlich aufgerufenen Preis wird als externer Effekt bezeichnet.[138] Positive externe Effekte sind gegeben, wenn durch Aktivität eines Wirtschaftssubjektes einem anderen Akteur ohne eigene Kostenbeteiligung über den Markt ein Nutzen zufließt.[139]

Demgegenüber führt ein Verlust ohne Teilhabe am Nutzen zu einem negativen externen Effekt.[140] Ursächlich für ein Marktversagen sind vorrangig technologische externe Effekte, die Produktions- oder Nutzenniveaus Dritter direkt beeinflussen, ohne sich in der eigentlichen Marktbeziehung widerzuspiegeln.[141] Allerdings gestaltet sich in der Praxis die sachgerechte Ermittlung von externen Effekten, insbesondere hinsichtlich Ermittlungsverfahren, preislicher Quantifizierung, Wirkung sowie Dauer als problematisch.[142]

---

135 Vgl. Fritsch/Wein/Ewers, Marktversagen und Wirtschaftspolitik, S. 88. Grundsätzlich ist bei jeder Transaktion im Austauschprozess der Preis die maßgebliche Komponente, in der sämtliche Kosten berücksichtigt sind.

136 Schmidt, Wettbewerbspolitik und Kartellrecht, S. 37.

137 Laaser, Wettbewerb im Verkehrswesen, S. 94; Fritsch/Wein/Ewers, Marktversagen und Wirtschaftspolitik, S. 90; Basedow, Wettbewerb auf den Verkehrsmärkten, S. 45.

138 Weber, Wirtschaftsregulierung, S. 114; Fritsch/Wein/Ewers, Marktversagen und Wirtschaftspolitik, S. 89 f. Als Synonym wird teilweise der Begriff „Externalitäten" verwendet. Nach der ökonomischen Theorie liegen externe Effekte vor, wenn in der Nutzen- und Gewinnfunktion eines Akteurs außer dessen eigenen Aktionsparametern mindesten eine Variable enthalten ist, die nicht (vollständig) von ihm selbst, sondern von einem (oder mehreren) anderen Akteur(en) kontrolliert wird. Im Extremfall handelt es sich um ein öffentliches Gut, wenn davon ausschließlich externe Effekte ausgehen. Vgl. Wald, Die Privatisierung des öffentlichen Nahverkehrs, S. 84.

139 Die ökonomische Bedeutung positiver externer Effekte ist in der Literatur umstritten. Teilweise wird sie abgelehnt mit der Begründung, dass für den entstandenen Nutzen eine marktliche Zahlungsbereitschaft bestehe, die zur Internalisierung der Kosten führe. Vgl. dazu Laaser, Wettbewerb im Verkehrswesen, S. 93 ff.; Weber Wirtschaftsregulierung, S. 115; Ewers/Rodi, Privatisierung der Bundesautobahnen, S. 30 f.

140 Schmidt, Wettbewerbspolitik und Kartellrecht, S. 37; Weber, Wirtschaftsregulierung, S. 115.

141 Fritsch/Wein/Ewers, Marktversagen und Wirtschaftspolitik, S. 90 ff. Allgemein wird zwischen technologischen (nichtpekuniären), pekuniären und psychologischen externen Effekten unterschieden.

142 Vgl. Berschin, Daseinsvorsorge durch Wettbewerb, S. 25 m.w.N.

Zur Vermeidung von gesamtvolkswirtschaftlichen Wohlfahrtsverlusten infolge eines Marktungleichgewichts ist eine Internalisierung der externen Effekte anzustreben, um sie als Gegenstand ökonomischer Entscheidungsprozesse im Marktpreis entsprechend berücksichtigen zu können.[143] Nach dem Property-rights Ansatz werden externe Effekte beispielsweise in Form von Verschmutzungslizenzen vom Staat am Markt angeboten.[144] Der Handel mit property rights in Verbindung mit einer effizienteren Ressourcenallokation kann zur Vermeidung von Wohlfahrtsverlusten beitragen,[145] wobei stets Probleme hinsichtlich der Festlegung sowie des Preises des jeweiligen Eigentumsrechtes bestehen.[146] Ebenso sind bei einer Mehrzahl an Verursachern und Geschädigten hohe Transaktionskosten zu befürchten.[147] Bei mangelnder Internalisierung und Vorliegen eines Marktversagens ist dagegen eine staatliche Regulierung zum Ausgleich der externen Effekte erforderlich. Diesbezügliche staatliche Maßnahmen sind vor allem Ge- und Verbote, insbesondere in Form von Marktzu- und Marktaustrittsbeschränkungen und Kontrahierungszwängen,[148] sowie Steuern und Subventionen.[149] Im Bereich des Eisenbahnwesens begründen die Faktoren Umweltschutz, Staukosten sowie Verkehrssicherheit externe Effekte.[150]

1. Umweltschutz

Es wird argumentiert, dass die Eisenbahn im intermodalen Wettbewerb mit anderen Verkehrsträgern aufgrund ungleichmäßiger Rahmenbedingungen benachteiligt ist.[151] Im Zuge des stets ansteigenden Verkehrsaufkommens ist das Ziel eines umweltschonenden Verkehrswesens wesentlicher Bestandteil der politischen Agenda. Schadstoff- und Lärmemissionen von Verkehrsmitteln sowie Landschaftsveränderungen und Bodennutzungen durch den Bau von Verkehrswegen

---

143 Schmidt, Wettbewerbspolitik und Kartellrecht, S. 37; Laaser, Wettbewerb im Verkehrswesen, S. 94.

144 Fritsch/Wein/Ewers, Marktversagen und Wirtschaftspolitik, S. 99 ff.; Schmidt, Wettbewerbspolitik und Kartellrecht, S. 37 ff.; Weber, Wirtschaftsregulierung, S. 117.

145 Vgl. Berschin, Daseinsvorsorge durch Wettbewerb, S. 24 m.w.N.

146 Weber, Wirtschaftsregulierung, S. 117, Schmidt, Wettbewerbspolitik und Kartellrecht, S. 38.

147 Cansier, Umweltökonomie, S. 39 ff.

148 Laaser, Wettbewerb im Verkehrswesen, S. 95.

149 Die Erhebung von Steuern bzw. Gewährung von Subventionen wird als so genannte „Pigou-Lösung" bezeichnet, vgl. Cansier, Umweltökonomie, S. 251 ff.; Sohmen, Allokationstheorie und Wirtschaftspolitik, S. 231; Michaelis, Ökonomische Instrumente in der Umweltpolitik, S. 22; van Suntum, Verkehrspolitik, S. 80 ff.; Laaser, Wettbewerb im Verkehrswesen, S. 94 f.

150 Soltwedel, Deregulierungspotentiale in der Bundesrepublik, S. 228; Laaser, Wettbewerb im Verkehrswesen, S. 96; Müller/Vogelsang, Staatliche Regulierung, S. 43 f.

151 Vgl. Eisenkopf, Int. Verkehrswesen 2005, 71, 71.

sind typische Fälle von Umweltbelastungen.[152] Im intermodalen Vergleich ist die Eisenbahn das umweltfreundlichste motorisierte Verkehrsmittel, da sie Verkehrsleistungen mit dem geringsten Raumbedarf aller Verkehrsträger anbietet und dabei weniger Verkehrslärm sowie Abgase produziert.[153] Werden erhöhte Kosten anderer Verkehrsträger für den Umweltschutz jedoch nicht realisiert und eingepreist, entstehen im Vergleich zu anderen Verkehrsträgern negative externe Effekte für die Eisenbahn. Zum Ausgleich wären erhöhte Subventionen oder andere staatliche Förderungs- beziehungsweise Schutzmaßnahmen denkbar, wenn aus umweltpolitischen Gründen eine Marktanteilserhöhung der Eisenbahn im staatlichen Interesse liegen sollte. Diese Argumentation vermag jedoch nicht zu überzeugen. Zunächst reduziert sich eine ökologische Vorteilhaftigkeit der Eisenbahn lediglich auf Strecken mit hinreichender Auslastung. Zudem konnten bereits diverse staatliche Schutzmaßnahmen in der Vergangenheit einen stetigen Rückgang der Marktanteile nicht verhindern,[154] so dass der Erfolg von implementierten staatlichen Maßnahmen zugunsten des Eisenbahnwesens zweifelhaft erscheint. So haben weder stetig ansteigende Benzinpreise noch die Erhebung von Maut-Gebühren im Straßengüterverkehr zu einem spürbaren modal split geführt. Die Rückgewinnung von Marktanteilen setzt vielmehr eine Beseitigung von Ineffizienzen im Eisenbahnwesen voraus, die unabhängig von der Existenz externer Effekte anzustreben ist. Außerdem erfordert eine Regulierung zum Ausgleich externer Kosten stets zusätzliche Kosten, die sich zunächst wohlfahrtsmindernd auswirken.[155] Volkswirtschaftlich lässt vielmehr eine Liberalisierung des gesamten Verkehrswesens eine effizientere Verkehrsbedienung erwarten. Koordiniert eingesetzte Verkehrsmittel sowie innovative kombinierte Angebote der Verkehrsträger bedingen bei erhöhten Auslastungen geringere Umweltbelastungen im gesamten Verkehrswesen.[156] Darüber hinaus ist zum Ausgleich externer Effekte prinzipiell eine Internalisierung durch die Heranziehung der Verursacher anzustreben, beispielsweise durch die Erhebung zusätzlicher Steuern im verursachenden Verkehrssektor.[157]

---

152 Vgl. Laaser, Wettbewerb im Verkehrswesen, S. 96.

153 Dies steht jedoch stets unter dem Vorbehalt einer hinreichenden Auslastung der Eisenbahn. Vgl. zum Verhältnis von Umweltschutz und Wirtschaftlichkeit im Eisenbahnwesen Anders, Int. Verkehrswesen 2006, 416, 416 ff.; Ewers/Meyer, Jahrbuch der neuen politischen Ökonomie 1994, S. 178, 184; Soltwedel, Deregulierungspotentiale in der Bundesrepublik, 228.

154 So auch Laaser, Wettbewerb im Verkehrswesen, S. 96.

155 Darunter fallen Transaktionskosten, Personalkosten, Fehlleitung von Produktionsfaktoren, ineffektive Ressourcenallokationen sowie Preisverzerrungen.

156 So auch Soltwedel, Deregulierungspotentiale in der Bundesrepublik, S. 229; Laaser, Wettbewerb im Verkehrswesen, S. 97.

157 Vgl. Ewers/Meyer, Jahrbuch für neue politische Ökonomie 1994, S. 178, 184. Durch Verschärfungen von Grenzwerten und Auflagen in den Bereichen Abgas- und Lärmemission sind bereits verschiedene gesetzliche Maßnahmen ergriffen worden, vgl. Eisenkopf, Int. Verkehrswesen 2005, 71, 75.

2. Staukosten

Weiterhin werden Staukosten als externe Effekte angeführt mit der Begründung, dass die Nutzung von überlasteten Verkehrswegen in unnötigen Zeitverlusten für Wirtschaftssubjekte resultiere.[158] Eine Anerkennung von Staukosten als externe Kosten ist allerdings nicht unstrittig, da Stauverursacher nicht nur anderen Verkehrsteilnehmern Zeitverluste aufbürden, sondern vor allem selbst Nachteile erleiden, so dass eine umgehende Internalisierung erfolgt.[159] Die Auseinandersetzung erübrigt sich jedoch, da Staukosten im Ergebnis jedenfalls kein Marktversagen im Eisenbahnwesen begründen. Zunächst ist bei Staus im Straßenverkehr zu berücksichtigen, dass sie theoretisch keinen Nachteil, sondern eher einen Vorteil der Eisenbahn im intermodalen Wettbewerb begründen sollten.[160] Entsprechend der Ausführungen zum Umweltschutz erscheint außerdem die Verhinderung des Wettbewerbs durch staatliche Regulierungsmaßnahmen kontraproduktiv für die wirtschaftliche Entwicklung des gesamten Verkehrsmarktes. Hingegen sind die Steigerung des Wettbewerbs sowie eine rationelle und koordinierte Nutzung der eingesetzten Verkehrsmittel sachgerecht zur Steigerung der Effizienz im Infrastrukturbereich und Verringerung von Staus.[161] Gegenüber der Errichtung von Marktbarrieren, beispielsweise in Form von gesetzlichen Verpflichtungen zum ausschließlichen Transport bestimmter Güter mit der Eisenbahn, wären schließlich Infrastruktur- und Verkehrslenkungsmaßnahmen sowie die Erhebung von zusätzlichen Steuern als Maßnahmen gegenüber den Verursachern vorzugswürdig, da Staus regelmäßig in Ballungsgebieten auftreten, wo sie vorhersehbar sind.[162] Der Bau von Umgehungsstraßen sowie vor allem die Einführung von Benutzungsgebühren für knappen Straßenraum, wie beispielsweise in Singapur oder London, wären angemessene verkehrspolitische Maßnahmen zur Internalisierung dieser externen Effekte.[163]

3. Verkehrssicherheit

Darüber hinaus werden externe Effekte im Bereich der Verkehrssicherheit vor dem Hintergrund angenommen, dass die Eisenbahn das verkehrssicherste moto-

158 Soltwedel, Deregulierungspotentiale in der Bundesrepublik, S. 230; Berschin, Daseinsvorsorge durch Wettbewerb, S. 25; van Suntum, Verkehrspolitik, S. 77; Laaser, Wettbewerb im Verkehrswesen, S. 98.

159 Laaser, Wettbewerb im Verkehrswesen, S. 98.

160 Vgl. Eisenkopf, Int. Verkehrswesen 2005, 71, 75.

161 Soltwedel, Deregulierungspotentiale in der Bundesrepublik, S. 230; Laaser, Wettbewerb im Verkehrswesen, S. 98 f.

162 So auch Soltwedel, Deregulierungspotentiale in der Bundesrepublik, S. 230; Laaser, Wettbewerb im Verkehrswesen, S. 99.

163 So auch Laaser, Wettbewerb im Verkehrswesen, S. 99.

risierte Fortbewegungsmittel darstellt.[164] So argumentieren Vertreter der DB AG, dass wesentliche Teile der Unfallkosten im Straßenverkehr nicht kostenwirksam werden und somit ungleiche Bedingungen im intermodalen Wettbewerb der Verkehrsträger entstehen.[165] Nahe liegende staatliche Regulierungsmöglichkeiten für den Bereich Verkehrssicherheit wären Marktzutrittsschranken, verschärfte Preis-, Qualitäts- und Kapazitätskontrollen sowie Subventionierungen des Eisenbahnwesens.[166] Dennoch gilt auch bezüglich der Verkehrssicherheit im Ergebnis, dass aus ökonomischer Sicht ein verstärkter intermodaler und intramodaler Wettbewerb zu einem produktiveren Gesamtverkehrswesen führt, vor allem hinsichtlich des effektiveren Einsatzes von Verkehrsmitteln, und infolgedessen keine erhöhte Regulierungsbedürftigkeit besteht. Zudem ist in jedem Fall eine Internalisierung der Kosten einer externen Regulierung beziehungsweise Marktabschottung vorzuziehen. Zwar mag ein freier Wettbewerb Unternehmen zu signifikanten Kosteneinsparungen beim Sicherheitsniveau verleiten, um den eigenen Gewinn zu maximieren. Gleichwohl ist der Sicherheitsaspekt zugleich ein maßgeblicher Entscheidungsparameter für die Nachfrager von Verkehrsdienstleistungen.[167] Er dient als Qualitätskriterium, das wesentlich zur Leistung eines Unternehmens im Markt beitragen kann. Eine zunehmende Unfallhäufigkeit oder selbst diesbezüglich kritische Außendarstellungen eines Unternehmens haben erhebliche Marktanteilsverluste bis hin zur Verdrängung aus dem Markt zur Folge.[168] Schließlich werden bezüglich der Verkehrssicherheit externe Kosten bereits durch die Verpflichtung zum Abschluss von Versicherungen internalisiert.[169] Sicherheitsrisiken unterliegen mithin einer marktorientierten Bewertung, ohne sich als soziale Kosten niederzuschlagen. Versicherungsunternehmen übernehmen zusätzlich eine Kontrollfunktion, indem sie Verkehrsunternehmen zur regelmäßigen Erbringung von Sicherheitsnachweisen verpflichten, da sie ebenfalls ein wirtschaftliches Interesse an der Vermeidung eines Schadenseintritts haben.[170]

---

164 Vgl. Eisenkopf, Int. Verkehrswesen 2005, 71, 75.

165 Dazu kommt das im Februar 2003 veröffentlichte Gutachten der von der DB AG beauftragten Prognos AG. Danach besteht im Straßenverkehr infolge mangelnder Kontrolle von Sozial- und Sicherheitsvorschriften die Möglichkeit, durch Nichteinhaltung der Vorschriften Kosteneinsparungen gegenüber dem Schienenverkehr von 5–8% zu realisieren. Kosteneinsparungen ergeben sich durch die Nichteinhaltung von der Vorschriften bezüglich Lenk- und Ruhezeiten, Fahrgeschwindigkeit, Ladungsgewicht, Brems- und Reifenzustand sowie Fahrverbot am Sonntag. Prognos AG: Quantifizierung der Nicht-Einhaltung von Sozial- und Sicherheitsvorschriften auf der Straße und ihre Auswirkungen auf den Wettbewerb zwischen Straße und Schiene im Güterverkehr, Kurzfassung Basel 2003.

166 Vgl. Laaser, Wettbewerb im Verkehrswesen, S. 100.

167 Laaser, Wettbewerb im Verkehrswesen, S. 102.

168 Vgl. Laaser, Wettbewerb im Verkehrswesen, S. 102 f.

169 Soltwedel, Deregulierungspotentiale in der Bundesrepublik, S. 232; Laaser, Wettbewerb im Verkehrswesen, S. 102.

170 Soltwedel, Deregulierungspotentiale in der Bundesrepublik, S. 233, Laaser, Wettbewerb im Verkehrswesen, S. 103.

4. Fazit

Es bleibt festzuhalten, dass externe Effekte im Eisenbahnwesen gegenwärtig sind. Diese begründen jedoch kein Marktversagen, welches in einer besonderen Regulierungsbedürftigkeit durch Subventionierungen oder Wettbewerbsbeschränkungen für diesen Wirtschaftssektor resultiert. Grundsätzlich ist anstelle von Marktschutzmechanismen stets eine Internalisierung von externen Kosten beim Verursacher anzustreben, so dass sie zum Gegenstand ökonomischer Entscheidungsprozesse werden. Auf den gesamten Verkehrssektor bezogen erscheinen indes eine umfassende Liberalisierung sowie eine Koordination einzelner Verkehrsträger zur Intensivierung des intermodalen Wettbewerbs jeder zusätzlichen Regulierungsmaßnahme vorzugswürdig.

III. Natürliches Monopol

1. Begriff des natürlichen Monopols

Das Vorliegen eines natürlichen Monopols gilt als klassische Legitimierung für eine Regulierungsbedürftigkeit.[171] Bei Vorliegen eines natürlichen Monopols ist aus ökonomischer Sicht die Erbringung der Marktleistung durch ein Unternehmen gerechtfertigt, da aufgrund von Unteilbarkeiten seine Durchschnittskosten sinken und er den Markt kostengünstiger bedienen kann als mehrere Konkurrenten.[172] Formal ist in diesem Unternehmen die Kostenfunktion im relevanten Bereich der Marktnachfrage subadditiv.[173] Im Einproduktunternehmen begründen sinkende Durchschnittskosten ein natürliches Monopol, die auf Größenvorteilen (economies of size) beziehungsweise steigenden Skalenerträgen (economies of scale) bei der Produktion des betreffenden Gutes beruhen.[174] Sie sind gegeben, wenn eine proportionale Vermehrung des Einsatzes aller Produktionsfaktoren zu einer überproportionalen Erhöhung des Outputs führt, beispielsweise durch effi-

---

171 Vgl. nur Laaser, Wettbewerb im Verkehrswesen, S. 53; Kruse, Ökonomie der Monopolregulierung, S. 19 m.w.N.

172 Knieps, Wettbewerbsökonomie S. 23; Laaser, Wettbewerb im Verkehrswesen, S. 59; Kruse, Ökonomie der Monopolregulierung, S. 19; Weber, Wirtschaftsregulierung, , S. 100; Schmidt, Wettbewerbspolitik und Kartellrecht, S. 36; Engel, Verhandelter Netzzugang, S. 11; Lipsey/Courant, Economics, S. 267. Unteilbarkeiten in Bezug auf Güter und Produktionsfaktoren ergeben sich, wenn die Kapazität bestimmter Ressourcen aufgrund technischer Gegebenheiten nur in großen Sprüngen variiert werden kann; vgl. dazu Fritsch/Wein/Ewers, Marktversagen und Wirtschaftspolitik, S. 180.

173 Laaser, Wettbewerb im Verkehrswesen, S. 59; Schlepütz, Sektorspezifische Regulierung versus Missbrauchsaufsicht; S. 5; Müller/Vogelsang, Staatliche Regulierung, S. 36; Schmalensee, The control of natural monopolies, S. 3.

174 Kruse, Ökonomie der Monopolregulierung, S. 24; Fritsch/Wein/Ewers, Marktversagen und Wirtschaftspolitik, S. 18 f.

zientere Produktionsverfahren.[175] Sie können auch als Dichtevorteile (economies of density) auftreten, die bei steigender Auslastung der Produktionsanlagen zu sinkenden Durchschnittskosten führen.[176] Zunehmende Größenvorteile bewirken insofern die Subadditivität der Gesamtkostenfunktion.[177] In der volkswirtschaftlichen Theorie führt eine Durchbrechung der monopolistischen Struktur zu einem erheblichen Kostenanstieg und einer Ressourcenverschwendung, so dass das einer Preis- und Qualitätsregulierung unterliegende natürliche Monopol volkswirtschaftlich sinnvoll ist.[178] Im Mehrproduktunternehmen sind zusätzliche Verbundvorteile (economies of scope) ausschlaggebend für das Vorliegen eines natürlichen Monopols hinsichtlich der Gesamtproduktion.[179] Produktübergreifende Synergieeffekte der gleichzeitigen Herstellung mehrerer Güter innerhalb eines Unternehmens stellen einen Sonderfall von Kostensubadditivität dar.[180] Unternehmen, die auf verschiedenen Märkten tätig sind, erzielen Kosteneinsparungen durch die Nutzung von Komplementaritäten in finanzieller, technologischer oder unternehmerischer Hinsicht bei der Produktion verschiedener Güter.[181] Verbundvorteile begründen gleichwohl nur dann ein natürliches Monopol, wenn Effizienzgewinne tatsächlich eine kostengünstigere Produktion bewirken im Vergleich zur Produktion in mehreren Einproduktunternehmen.[182]

2. Fehlfunktionen

Natürliche Monopole begründen nicht per se ein Marktversagen. Infolge der subadditiven Kostenfunktionen sind sie zunächst volkswirtschaftlich vorteilhaft, da sie eine effiziente Nutzung der Ressourcen gewährleisten.[183] Dennoch beinhalten sie in der Praxis die Gefahr des Auftretens von Fehlfunktionen, die in einem Marktversagen münden. Fehlfunktionen entstehen insbesondere aufgrund eines

---

175 Fritsch/Wein/Ewers, Marktversagen und Wirtschaftspolitik, S. 186 f.

176 Kruse, Ökonomie der Monopolregulierung, S. 2 f.; Schmidt, Wettbewerbspolitik und Kartellrecht, S. 88 mit Beispielen; für den Eisenbahnverkehr Laaser, Wettbewerb im Verkehrswesen, S. 64; Ewers/Meyer, Jahrbuch für politische Ökonomie 1994, S. 178, 185.

177 Größenvorteile gelten als notwendige jedoch nicht als hinreichende Bedingung für Subadditivitäten als hinreichende Bedingung, vgl. dazu Fritsch/Wein/Ewers, Marktversagen und Wirtschaftspolitik, S. 188 ff.; Kruse, Ökonomie der Monopolregulierung, S. 28 m.w.N.

178 Vgl. Weber, Wirtschaftsregulierung, S. 101

179 Vgl. Knieps, Wettbewerbsökonmomie, S. 25.

180 Laaser, Wettbewerb im Verkehrswesen, S. 59.

181 Schmidt, Wettbewerbspolitik und Kartellrecht, S. 104; Fritsch/Wein/Ewers, Marktversagen und Wirtschaftspolitik, S. 191.

182 Fritsch/Wein/Ewers, Marktversagen und Wirtschaftspolitik, S. 191. Weiterhin steht der Möglichkeit von Kostenersparnissen die Gefahr von „diseconomies of scope", beispielsweise durch ineffektive Bürokratie in Großunternehmen, entgegen. Vgl. dazu Schmidt, Wettbewerbspolitik und Kartellrecht, S. 105.

183 Kruse, Ökonomie der Monopolregulierung, S. 19.

mangelnden Wettbewerbs und wirken sich bei Ausnutzung der Monopolstellung in verschiedenen Wohlfahrtsverlusten aus. So besteht im relevanten Markt zunächst die Gefahr einer monopolistischen Preisbildung durch den natürlichen Monopolisten.[184] Gemäß der Cournot-Preisbildung[185] maximiert er seinen Gewinn durch überhöhte Preisfestsetzungen, die ohne externe Disziplinierung nur mittels erheblicher Nachfragerückgänge einzuschränken sind.[186] Zudem hat der natürliche Monopolist die Möglichkeit zur Preisdiskriminierung, indem er ein bestimmtes Produkt bei gleichbleibenden Kosten an verschiedene Nachfrager zu unterschiedlichen Preisen verkauft und damit nachgelagerte Märkte beeinflusst.[187] Entsprechend der Preisfestsetzung kontrolliert der Monopolist auch die Angebotsmenge. Bietet er eine Angebotsmenge unterhalb des gesamtwirtschaftlich sinnvollen Niveaus an, maximiert er infolge verstärkter Nachfrage nicht nur seinen Gewinn über den Preis, sondern beeinflusst zudem vorgelagerte Faktormärkte infolge der eigenen reduzierten Nachfrage nach Produktionsfaktoren.[188]

Schließlich bedroht eine allokative Ineffizienz bei mangelndem Wettbewerb die wirtschaftliche Wohlfahrt,[189] die im natürlichen Monopol als X-Ineffizienz auftritt[190]. Vor allem Marktmacht und geringe Wettbewerbsintensität begründen in monopolistischen Großunternehmen regelmäßig Motivationsverluste sowie mangelnde Kostendisziplin.[191] Eigene Ineffizienzen gleicht der Inhaber eines natürlichen Monopols aufgrund des fehlenden Preiswettbewerbs wiederum durch erhöhte Preissetzungen aus.[192] Als weitere allgemeine ökonomische Fehlfunk-

---

184 Weber, Wirtschaftsregulierung, S. 103; Müller/Vogelsang, Staatliche Regulierung, S. 3; Fritsch/Wein/Ewers, Marktversagen und Wirtschaftspolitik, S. 194.

185 Zur Cournot-Preisbildung allgemein und im Zusammenhang mit natürlichen Monopolen Fritsch/Wein/Ewers, Marktversagen und Wirtschaftspolitik, S. 194 ff. Danach kontrolliert der Monopolist das gesamte Angebot des Produktes und kann den Marktpreis durch die angebotene Menge steuern. Voraussetzung ist, dass der Monopolist den Verlauf der Gesamtnachfrage kennt.

186 Weber, Wirtschaftsregulierung, S. 103.

187 Fritsch/Wein/Ewers, Marktversagen und Wirtschaftspolitik, S. 196.

188 Weber, Wirtschaftsregulierung, S. 102; Fritsch/Wein/Ewers, Marktversagen und Wirtschaftspolitik, S. 199 f. Die geringere Nachfrage des Monopolisten nach Produktionsfaktoren führt zu einer suboptimalen Nutzung von Produktionsressourcen, da diese in der Produktion für andere Güter nicht die gleiche Werthaltigkeit haben wie in der Produktion für das Produkt des Monopolisten.

189 Fritsch/Wein/Ewers, Marktversagen und Wirtschaftspolitik, S. 200; Schmalensee, The control of natural monopolies, S. 143.

190 Fritsch/Wein/Ewers, Marktversagen und Wirtschaftspolitik, S. 200; Schmidt/Schmidt, WiSt 1996, 65, 65 f.

191 Schmidt, Wettbewerbspolitik und Kartellrecht, S. 94; Weber, Wirtschaftsregulierung, S. 103.

192 Fritsch/Wein/Ewers, Marktversagen und Wirtschaftspolitik, S. 200 f.

tionen bedrohen niedrige Innovationsleistungen[193] sowie eine unangemessene Wohlstandsverschiebung als Ergebnis monopolistischer Verhaltensweisen [194] die gesamtwirtschaftliche Wohlfahrt.

Ist der natürliche Monopolist zugleich auf vor- oder nachgelagerten Märkten tätig,[195] drohen Ausweitungen der Fehlfunktionen auf diese Märkte, in denen ansonsten effektiver Wettbewerb herrschen könnte.[196] Um gleichzeitig unangemessene Wohlstandsverschiebungen beziehungsweise Wohlfahrtsverluste für die Gesamtwirtschaft zu vermeiden und eine optimale Ressourcenallokation sowie weitere grundsätzliche volkswirtschaftliche Vorteile eines natürlichen Monopols nutzen zu können, bedarf es regelmäßig einer Regulierung. Instrumente der Regulierung, die auch kumulativ Anwendung finden können, sind Marktzutrittsregulierungen durch gesetzliche Marktzutrittsschranken, Regulierungen der Monopolmacht durch Preis- und Rentabilitätsregulierungen, Kontrahierungszwänge sowie Regulierungen mit dem Ziel der Versorgungspflicht zu einem sozial erwünschten Preis.[197] Regulierungseingriffe sind jedoch erst dann unvermeidbar, wenn marktseitige Disziplinierungen keine Abhilfe schaffen.[198] Als solche gelten das Konzept der angreifbaren Märkte sowie die Substitutionskonkurrenz.[199]

a. Konzept der angreifbaren Märkte

Nach dem Konzept der angreifbaren Märkte, das zu Beginn der 1980er Jahre entwickelt wurde,[200] ist eine Vielzahl von konkurrierenden Marktakteuren nicht zwingend erforderlich, um die Vorteile des Wettbewerbs optimal nutzen zu können.[201] Entscheidend ist vielmehr die Bestreitbarkeit des Monopols, mit anderen Worten das Vorhandensein potentieller Konkurrenz. Das Drohpotential des Marktzutritts bezweckt somit bereits eine hinreichende Disziplinierung des Monopolisten.[202] Trotz Subadditivitäten in der Kostenfunktion wird der Monopolist auf eine erhöhte Abschöpfung der Konsumentenrente verzichten, sondern einen niedrigeren Preis

---

193 Fritsch/Wein/Ewers, Marktversagen und Wirtschaftspolitik, S. 201.

194 Weber, Wirtschaftsregulierung, S. 104 f.

195 Bei voneinander unabhängigen Produkten, wo Verbundvorteile als Werbevorteile genutzt werden (z.B. Porsche für Autos und Brillen, Davidoff für Zigarren und Herrenkosmetik), ist diese Gefahr regelmäßig nicht gegeben. Vgl. Schmidt, Wettbewerbspolitik und Kartellrecht, S. 104.

196 Engel, Verhandelter Netzzugang, S. 11.

197 Knieps, Wettbewerbsökonomie, S. 28.

198 Knieps, MMR 1998, 275, 276,

199 Schlepütz, Sektorspezifische Regulierung versus Missbrauchsaufsicht, S. 3; Engel, Verhandelter Netzzugang, S. 11.

200 „Theory of contestable markets", vgl. Baumol/Panzaar/Willig, Contestable Markets and the Theory of Industry Structure.

201 Vgl. dazu allgemein Schmidt/Engelke, WiSt 18 (1989), 399, 399 ff.

202 Knieps, Wettbewerbsökonomie, S. 28.

als den Cournot-Preis ansetzen.[203] Zudem zwingt ihn die potentielle Konkurrenz zur vermehrten Ausschöpfung von Innovations- und Effizienzpotentialen.[204] Die Bestreitbarkeit eines natürlichen Monopols hängt entscheidend von Markteintritts- und Marktaustrittsbedingungen ab.[205] Existieren Markteintritts- oder Marktaustrittsbarrieren, so gilt das natürliche Monopol als beständig.[206] Marktbarrieren können insbesondere durch versunkene Kosten (sunk costs) begründet werden.[207] Dies sind unabdingbare Markteintrittsinvestitionen, die bei Marktaustritt nicht zu amortisieren sind.[208] Sie erschweren deshalb den Wettbewerb mit dem etablierten Unternehmen, da es sich in der Regel um erhebliche Investitionen handelt, die das etablierte Unternehmen bereits in der Vergangenheit getätigt hat.[209] Abzugrenzen sind versunkene Kosten von Fixkosten, die nicht versunken sind, wenn das Unternehmen bei Marktaustritt seine Markteintrittsinvestitionen amortisieren kann.[210] Sind demgegenüber freie Marktein- und Marktaustritte möglich, besteht eine potentielle Konkurrenz für den Inhaber des natürlichen Monopols. Eine Extremform beschreibt die Strategie des Hit-and-Run-Entry, wonach potentielle Wettbewerber bei kalkulierten Gewinnerzielungsmöglichkeiten kurzfristig auf den Markt drängen, bis zur Reaktion des etablierten Unternehmens hohe Gewinne abschöpfen und nach erfolgter Reaktion den Markt wieder verlassen.[211] In solchen Fällen wäre der natürliche Monopolist durch das Drohpotential eines Markteinstiegs stets gezwungen, auf eine überhöhte Konsumentenabschöpfung durch monopolistische Verhaltensweisen zu verzichten.[212] Je länger die Reaktionszeit des etablierten Unternehmens auf einen solchen Markteinstieg, desto höher das Potential eines erfolgreichen Markteintritts Dritter und desto bestreitbarer schließlich der

203 Fritsch/Wein/Ewers, Marktversagen und Wirtschaftspolitik, S. 204.

204 Windisch, Privatisierung natürlicher Monopole, S. 58.

205 Schmidt, Wettbewerbspolitik und Kartellrecht, S. 69 ff.

206 Windisch, Privatisierung natürlicher Monopole. S. 58 f. Der Originalbegriff für die Beständigkeit ist „Sustainability"; vgl. Baumol/Panzar/Willig, Constable Markets and the Theory of Industry Structure, S. 25.

207 Versunkene Kosten werden teilweise auch als irreversible Kosten bezeichnet, vgl. Kruse, Ökonomie der Monopolregulierung, S. 43. Irreversibilitäten werden definiert als die kostenmäßigen Implikationen der Tatsache, dass eine Reihe von Produktionsfaktoren für jeweils eine bestimmte Verwendung spezifisch sind, und ihre Mobilität in alternative Verwendungen ökonomisch eingeschränkt oder ausgeschlossen ist, S. 41.

208 Windisch, Privatisierung natürlicher Monopole, S. 59. Lipsey/Courant, Economics, S. 253. Die sunk costs werden deshalb als Kosten für ein Scheitern eines Markteintritts angesehen, vgl. Fritsch/Wein/Ewers, Marktversagen und Wirtschaftspolitik, S. 205.

209 Schmidt, Wettbewerbspolitik und Kartellrecht, S. 69.

210 Windisch, Privatisierung natürlicher Monopole, S. 58.

211 Schmidt, Wettbewerbspolitik und Kartellrecht, S. 72.

212 Ein erfolgreiches „Hit-and-Run-Entry" setzt allerdings in der Praxis weiteres Fehlverhalten des etablierten Unternehmens voraus und ist in der Praxis eher unwahrscheinlich. Vgl. ausführlicher Kruse, Ökonomie der Monopolregulierung, S. 310; Fritsch/Wein/Ewers, Marktversagen und Wirtschaftspolitik, S. 206 f.

Markt. Zusätzlichen Einfluss auf die Bestreitbarkeit hat die Markttransparenz, auf die potentielle Marktneulinge bei einer wirtschaftlichen Risikoanalyse vor Markteintritt angewiesen sind. Zusammenfassend ist festzuhalten, dass die Bestreitbarkeit eines Marktes mit steigenden versunkenen Kosten abnimmt und monopolistische Verhaltensweisen des etablierten Unternehmens durchsetzbar sind. Solche Wirtschaftsbereiche werden als monopolistischer Engpass (bottleneck) bezeichnet.[213] Ist der Inhaber des natürlichen Monopols auch auf vor- und nachgelagerten Märkten tätig, ist wesentliches Ziel der Regulierung, ein Übergreifen der Marktmacht auf die angrenzenden funktionsfähigen Märkte zu verhindern.

b. Substitutionskonkurrenz

Den natürlichen Monopolisten disziplinierend wirkt zudem die Substitutionskonkurrenz.[214] Substitutionsprodukte auf angrenzenden Märkten verhindern regelmäßig monopolistische Verhaltensweisen im Ursprungsmarkt, wenn Nachfrager auf diese anderen Produkte ausweichen können.[215] Hinsichtlich der Eisenbahn stellen die anderen Verkehrsmärkte angrenzende Märkte mit Substitutionsprodukten dar. Während jeder einzelne Verkehrsträger einen eigenen Markt darstellt, herrscht außerdem zwischen den einzelnen Verkehrsträgern ein intermodaler Wettbewerb.[216] Die bloße Möglichkeit von Nachfragern, je nach eigenen Bedürfnissen auf einen anderen Verkehrsträger auszuweichen, hat grundsätzlich eine disziplinierende Wirkung auf die einzelnen Märkte.

3. Regulierungsbedarf einzelner Bereiche im Eisenbahnwesen als unangreifbare natürliche Monopole

Aus ökonomischer Sicht ist eine staatliche Kontrolle stets legitimiert, wenn der betreffende Markt von einem natürlichen Monopol beherrscht wird, dieses Monopol nicht hinreichend bestreitbar ist und keine Substitutionskonkurrenz durch sachnahe andere Märkte existiert. Sind diese drei Bedingungen nicht kumulativ erfüllt, besteht kein erhöhter Regulierungsbedarf. Während nach der älteren Literatur das Eisenbahnwesen einer einheitlichen Bewertung unterlag mit dem Ergebnis einer Legitimation der Regulierung,[217] ist mittlerweile eine differenzierte Betrachtungsweise anerkannt.[218] Insofern ist es sachgerecht, zwischen den Wertschöpfungsstufen Eisenbahninfrastruktur und Transportbetrieb zu trennen.[219]

---

213 Vgl. nur Fritsch/Wein/Ewers, Marktversagen und Wirtschaftspolitik, S. 214.

214 Schmidt, Wettbewerbspolitik und Kartellrecht, S. 68 f.

215 Schlepütz, Sektorspezifische Regulierung versus Missbrauchsaufsicht, S. 3.

216 Rodi, Effizienz im Schienenverkehr, S. 54.

217 Dies gilt vor allem für ökonomische Studien in den Vereinigten Staaten, vgl. Ewers/Meyer, Jahrbuch für neue politische Ökonomie 1994, S. 178, 187.

218 Vgl. nur Rodi, Effizienz im Schienenverkehr, S. 42 f.; Ewers/Meyer, Jahrbuch für neue politische Ökonomie 1994, S. 178, 187 ff.

219 Das Verkehrsleit- bzw. Zugüberwachungssystem wird teilweise als dritte Ebene angeführt

a. Eisenbahninfrastruktur

Der Bereich der Eisenbahninfrastruktur umfasst die Erstellung, Unterhaltung und den Betrieb Schieneninfrastruktur, wobei der Betrieb zudem die wettbewerbsrelevante Steuerungsebene umfasst.[220] Hinsichtlich der Schieneninfrastruktur sind infolge des umfassenden Netzes mit durchgehenden Strecken zunehmende Skalenerträge auszumachen.[221] Eine Aufteilung in zahlreiche kleinere Netze ist ökonomisch nicht sinnvoll.[222] Aufgrund von Unteilbarkeiten bei den für die Unterhaltung und für die Betriebssteuerung erforderlichen Anlagen existieren zudem Verbundvorteile.[223]

Auch liegen erhebliche Dichtevorteile vor, da sich bei zunehmender Netzauslastung bis hin zur Kapazitätsgrenze eine signifikante Kostendegression einstellt. Selbst bei einer Kapazitätserweiterung ist die Produktion durch das etablierte Unternehmen kostengünstiger, da regelmäßig nicht der Bau einer neuer Strecke notwendig ist, sondern lediglich ein Anbau neuer Gleise an ein vorhandenes Netz.[224] Die Errichtung von Parallelnetzen, die im Telekommunikationssektor wettbewerbsfördernd sind, stellt aufgrund ökonomischer Ineffizienz sowie Verschwendung volkswirtschaftlicher Ressourcen keine gangbare Alternative dar.[225] Insofern sind sämtliche Voraussetzungen für die Subadditivität

---

mit dem Ergebnis, dass aufgrund von Subadditivitäten zwar ein natürliches Monopol vorliegen mag, dieser Markt jedoch mithilfe eines Wettbewerbs um den Markt bestreitbar ist. Vgl. Fritsch/Wein/Ewers, Marktversagen und Wirtschaftspolitik, S. 270 f.; Andere beziehen die Trassenvermarktung sowie die Festlegung der Trassenpreise in die dritte Ebene (dann allgemeiner „Steuerungsebene“) mit ein. Vgl. Aberle/Eisenkopf, Schienenverkehr und Netzzugang, S. 10; Knieps, Wettbewerb in Netzen, S. 14 ff. Berschin, Daseinsvorsorge durch Wettbewerb, S. 27 f. wirft die Frage auf, ob Marktaustritts-, Informations-, Buchungs- und Einnahmeverteilungssysteme als dritte Ebene aufgrund erheblicher Kostenvorteile die Eigenschaft eines natürlichen Monopols aufweisen.

220 Vgl. Monopolkommission, Die Privatisierung der Deutschen Bahn AG, Sondergutachten, S. 5. Dort wird die Steuerungsebene als einzelne Wertschöpfungsstufe aufgeführt und umfasst die Koordinierung der Netzangebote, die Steuerung der Nutzungsprozesse, die Erstellung der Fahrpläne sowie u.U. auch die Trassenvermarktung und die Trassenpreisfestlegung.

221 Rodi, Effizienz im Schienenverkehr, S. 56; vgl. allgemein für Versorgungsnetze Schmidt, Wettbewerbspolitik und Kartellrecht, S. 88.

222 Vgl. Ewers/Meyer, Jahrbuch für Neue politische Ökonomie 1994, S. 178, 187. Dies schließt jedoch eine Spezialisierung auf kleinere Teilnetze (Nischenbildung) nicht vollständig aus, wie die Praxis zeigt.

223 Ewers/Meyer, Jahrbuch für neue politische Ökonomie 1994, S. 178, 187.

224 Rodi, Effizienz im Schienenverkehr, S. 56; Fritsch/Wein/Ewers, Marktversagen und Wirtschaftspolitik, S. 271.

225 Bartling, WuW 1993, 16, 21; v. Stackelberg, Privatisierung staatlicher Unternehmen im Verkehrssektor, in: Probleme des Wettbewerbs zwischen staatlichen und privaten Unternehmen im Verkehr, S. 167, 195.

der Kostenfunktionen gegeben, so dass die Eisenbahninfrastruktur als natürliches Monopol zu charakterisieren ist.[226] Hohe Fixkosten im Infrastrukturbereich stellen zugleich versunkene Kosten dar, denn Investitionen sind nicht nur langfristig anzulegen, sondern auch bei Marktaustritt nicht wieder amortisierbar.[227] Selbst nach einer Streckenstilllegung ist die Verlegung von Schienensträngen ökonomisch nicht sinnvoll,[228] so dass sich der Schieneninfrastrukturbereich durch ein hohes Maß an Irreversibilität auszeichnet.[229] Ein Markeintritt von Konkurrenten wäre demzufolge nur bei wesentlichen Ineffizienzen des Monopolisten überhaupt denkbar, jedoch gesamtvolkswirtschaftlich nicht wünschenswert.[230] Somit ist das natürliche Monopol im Schieneninfrastrukturbereich auch durch hohe Marktzutrittschranken vor potentieller Konkurrenz geschützt. Hinsichtlich der Substitutionskonkurrenz steht die Eisenbahn im Wettbewerb mit den anderen Verkehrsträgern. Folge einer wirksamen Substitutionskonkurrenz waren defizitäre wirtschaftliche Entwicklungen sowie erhebliche Marktanteilsverluste der Eisenbahn im intermodalen Vergleich. Stark ausgeprägte monopolistische Verhaltensweisen innerhalb der einzelnen Verkehrsmärkte sind bei Austauschbarkeit der Verkehrsträger aus Sicht der Nachfrager grundsätzlich ausgeschlossen.[231] Lediglich in Teilmärkten, in denen signifikante wettbewerbliche Vorteile existieren, wären monopolistische Verhaltensweisen überhaupt durchsetzbar.[232]

Jedoch sind selbst diese beschränkt, da Nachfrager auch in diesen Märkten die theoretische Möglichkeit des Ausweichens auf andere Verkehrsträger haben. Insofern folgt für die Schieneninfrastruktur grundsätzlich keine zwingende Notwendigkeit einer umfassenden staatlichen Regulierung.[233] Dennoch ist die Abhängigkeit der benachbarten Märkte zu berücksichtigen. So kann der Schieneninfrastrukturbetreiber den Wettbewerb im nachgelagerten Markt des Transportbetriebs, der

226 So auch Basedow, Wettbewerb auf Verkehrsmärkten, S. 44; Burmeister, Der Wettbewerb der Eisenbahnen im europäischen Binnenmarkt, S. 38; Laaser, Bahnstrukturreform, S. 11, 14; Hermes, Infrastrukturverantwortung, S. 319; Schwalbach, Wettbewerb auf der Schiene, S. 39 ff.; Allgemein zur Verkehrsinfrastruktur als natürliches Monopol Kruse, Ökonomie der Monopolregulierung, S. 66; Fritsch/Wein/Ewers, Marktversagen und Wirtschaftspolitik, S. 272.

227 Munzert, Das Schienennetz in Deutschland nach der Bahnreform, S. 110.

228 Fritsch/Wein/Ewers, Marktversagen und Wirtschaftspolitik, S. 271.

229 Fritsch/Wein/Ewers, Marktversagen und Wirtschaftspolitik, S. 271.

230 Es werden auch umweltrechtliche Bedenken hinsichtlich des Bodenverbrauchs als Argument gegen einen Markteintritt geäußert. Diese Argumentation ist aus ökologischer Sicht zu begrüßen, jedoch vor dem Hintergrund der ökonomischen Ineffizienz in erster Linie fiktiv. Vgl. Burmeister, Der Wettbewerb der Eisenbahnen im europäischen Binnenmarkt, S. 37.

231 Rodi, Effizienz im Schienenverkehr, S. 57.

232 Dies betrifft bspw. den öffentlichen Nahverkehrsbereich in Ballungsgebieten.

233 Burmeister, Der Wettbewerb der Eisenbahnen im europäischen Binnenmarkt, S. 38.

unbedingt auf den Zugang zur Schieneninfrastruktur angewiesen ist, durch monopolistische Verhaltensweisen in Form von preislichen und nichtpreislichen Diskriminierungen entscheidend beeinflussen.[234] Dies gilt insbesondere, wenn es sich bei dem Schieneninfrastrukturbetreiber um ein vertikal integriertes Unternehmen handelt, das selbst auf dem angrenzenden Markt tätig ist und Transportdienstleistungen anbietet. Durch die Entscheidungsgewalt über den Zugang zur Infrastruktur kann es maßgeblich in den Wettbewerb im Transportbetrieb eingreifen. Festzuhalten ist für den Bereich Schieneninfrastruktur somit, dass natürliche Monopolisten grundsätzlich durch existente Substitutionskonkurrenz diszipliniert werden, aber vor allem aufgrund der Einflussnahmemöglichkeit des Monopolisten auf den angrenzenden Transportmarkt ein Regulierungsbedarf besteht.

b. Transportbetrieb

Im Transportsektor sind erhebliche Investitionen erforderlich, um Verbindungen zwischen verschiedenen Orten effizient zu betreiben.[235] Zu diesen Fixkosten zählen insbesondere der Erwerb des rollenden Materials, das benötigte Personal sowie die Trassennutzungsentgelte. Darüber hinaus sind Größenvorteile auszumachen. Unter der Voraussetzung entsprechender Nachfrage sinken die Fixkostenanteile für rollendes Material und Personal, wenn diese bei steigenden Zuglängen effizienter einsetzbar sind.[236] Zudem sinken die Durchschnittskosten der Beförderung bis zur Kapazitätsgrenze, so dass insgesamt eine subadditive Kostenfunktion für den Transportbereich vorliegt.[237] Ein etablierter Transportanbieter hat insofern stets erhebliche Wettbewerbsvorteile gegenüber Marktneulingen.

Gleichwohl beschränken ein potentieller Wettbewerb sowie eine existierende Substitutionskonkurrenz die erhöhte Regulierungsbedürftigkeit des Transportmarktes. Zunächst sind Fixkosten im Transportsektor nicht als versunkene Kosten zu qualifizieren, die eine Markteintrittsbarriere begründen und potentielle Wettbewerber vom Markteintritt abhalten. Personal ist bei hinreichenden Bestimmungen im Arbeitsvertrag anderweitig einsetzbar und rollendes Material kann schließlich bei Streckenstilllegungen auf anderen Strecken eingesetzt werden.[238] Beim Marktaustritt des Transportanbieters ist zudem eine Veräußerung des rollenden Materials an andere Transportunternehmen möglich.[239] Mithin ist ein etablierter Marktführer im Transportbereich in der Ausübung monopolistischer Verhaltensweisen eingeschränkt, da ein möglicher Markteintritt durch potentielle Konkurrenz disziplinie-

234 Fritsch/Wein/Ewers, Marktversagen und Wirtschaftspolitik, S. 272.

235 Fritsch/Wein/Ewers, Marktversagen und Wirtschaftspolitik, S. 270.

236 Rodi, Effizienz im Schienenverkehr, S. 56.

237 Fritsch/Wein/Ewers, Marktversagen und Wirtschaftspolitik, S. 270.

238 Burmeister, Der Wettbewerb der Eisenbahnen im Europäischen Binnenmarkt, S. 38.

239 Dies setzt einen Markt für gebrauchtes rollendes Material voraus. Obwohl ein solcher gegenwärtig kaum existent ist, wird er mit zunehmendem Wettbewerb erwartet.

rende Wirkung hätte. Zudem hat die Substitutionskonkurrenz im Transportbereich stärkere Auswirkungen, so dass Marktmissbräuche eines Eisenbahntransportunternehmens in erheblichen Marktanteilsverlusten resultieren, wenn Nachfrager auf einen anderen Verkehrsträger ausweichen können. Eine gesteigerte Abhängigkeit angrenzender Märkte existiert nicht, so dass im Ergebnis keine erhöhte Regulierungsbedürftigkeit für den Transportmarkt besteht.

IV. Zwischenergebnis

Zur Feststellung der Regulierungsbedürftigkeit im Eisenbahnwesen ergibt sich zunächst die Notwendigkeit einer Differenzierung zwischen Infrastruktur und Transportbetrieb. Die Eisenbahninfrastruktur stellt ein natürliches Monopol dar. Markteintrittsbarrieren infolge erheblicher versunkener Kosten schützen vor potentieller Konkurrenz und begründen die Beständigkeit des natürlichen Monopols. Eingeschränkt wird die Monopolstellung durch existente Substitutionskonkurrenz, so dass sich die Regulierungsbedürftigkeit vorrangig auf die Gewährung eines diskriminierungsfreien Zugangs zur Eisenbahninfrastruktur erstreckt. Dies folgt insbesondere aus der systembedingten Abhängigkeit des Transportbetriebs von der Infrastruktur und der Existenz eines marktbeherrschenden vertikal integrierten Unternehmens, das zusätzlich auf dem angrenzenden Transportmarkt tätig ist. Im Transportbereich liegen ebenso erhebliche Fixkosten vor, die jedoch keine versunkenen Kosten darstellen.

Der Transportmarkt ist bestreitbar, so dass ein etabliertes marktbeherrschendes Unternehmen nicht vor dem Markteintritt potentieller Konkurrenz geschützt ist. Auch hat die Substitutionskonkurrenz verstärkte Auswirkungen. Im Ergebnis ist somit der Transportbereich grundsätzlich nicht als regulierungsbedürftiges natürliches Monopol zu kennzeichnen. Ein effektiver und fairer Wettbewerb zwischen Transportunternehmen hängt gleichwohl von den ordnungspolitischen Gegebenheiten im Bereich der Infrastruktur ab.

Kapitel II
Liberalisierung des Europäischen Eisenbahnwesens

A. Primäres Gemeinschaftsrecht

I. Grundsätze der Europäischen (Eisenbahn-) Verkehrspolitik

In Verbindung mit dem Ziel der Errichtung eines gemeinsamen Marktes verpflichtet sich die Europäische Gemeinschaft gemäß Art. 3f EG zu einer gemeinsamen Politik auf dem Gebiet des Verkehrs.[240] Besondere Vorschriften für den Verkehrsbereich, jedenfalls für die Verkehrsmittel Eisenbahn, Binnenschifffahrt und Straßenverkehr, sind im Titel V in den Art. 70-80 EG normiert.[241] Danach ist der Verkehr sowohl Mittel als auch Gegenstand des Gemeinsamen Marktes. Während der freie Warenverkehr und die Freizügigkeit der Arbeitnehmer erst durch grenzüberschreitende Güter- und Personenbeförderung ermöglicht werden, beinhalten auch nationale Verkehrssysteme Potentiale zu Wettbewerbsverzerrungen und unterliegen deshalb gemeinschaftlicher Deregulierungsbestrebungen.[242] Nichtsdestotrotz fehlt es im primären Gemeinschaftsrecht mit Ausnahme der Verpflichtung zur Verbesserung der Verkehrssicherheit nach Art. 71 Abs. 1e EG sowie den Vorschriften über den Auf- und Ausbau eines transeuropäischen Verkehrsnetzes gemäß Art. 154 ff. EG weitestgehend an sektorspezifischen Zielvorgaben, was auf eine traditionell nationalstaatlich geprägte Verkehrspolitik zurückzuführen ist.[243]

Insbesondere Deutschland und Frankreich erwiesen sich oftmals als Gegner einer marktwirtschaftlich ausgerichteten gemeinsamen Verkehrspolitik.[244] Dagegen propagierten beispielsweise Belgien und die Niederlande aufgrund eines fortschreitenden nationalen intermodalen Wettbewerbs bereits frühzeitig einen einheitlichen und marktwirtschaftlichen Verkehrsmarkt.[245] Resultat der nationalen Differenzen

---

240 Die Einführung einer gemeinsamen Verkehrspolitik wurde besonders von der Wirtschaft gefordert, die einen gemeinsamen Verkehrsmarkt als unabdingbar erachteten, auf dem sich Preise und Leistungen im Spiel von Angebot und Nachfrage frei entwickeln sollten. Vgl. dazu ausführlich Hamm, Preise als verkehrspolitisches Ordnungsinstrument, 1964.

241 Vgl. Art. 80 EG (Art. 84 a.F.), wonach Luft- und Seefahrt sowie Rohrleitungen nicht aufgeführt sind.

242 Hermes, in: Hermes/Sellner (Hrsg.), AEG, B Einf, Rn. 1.

243 Basedow, Wettbewerb auf den Verkehrsmärkten, S. 158, Stabenow, ZHR 1963, 228, 229.

244 Basedow, TranspR 1989, 402, 402 f.

245 Hintergrund dessen war das Bestreben, sich durch eigene Erfahrungen in der nationalen Liberalisierung in einer internationalen Marktwirtschaft einen Wettbewerbsvorteil zu verschaffen. Vgl. Erdmenger, EG unterwegs – Wege zur gemeinsamen Verkehrspolitik, S. 18 ff.

war eine gemeinschaftsrechtliche Kompromisslösung im EG-Vertrag, die sich in den unbestimmten Rechtsvorschriften der Art. 70 – 80 EG widerspiegelt.[246] Aus Art. 70 EG folgt lediglich die Pflicht zur Bindung der gemeinsamen Verkehrspolitik an grundsätzliche Vertragsziele,[247] insbesondere dem gemeinsamen Binnenmarkt gemäß Art. 14 EG, einem hohen sozialen Schutzniveau gemäß Art. 2 EG sowie dem Umweltschutz aus Art. 2, 3 lit. 1, 6 EG.[248]

Auch in der Folgezeit blockierten nationale Interventionspolitiken verschiedene Konzepte der Europäischen Kommission zur konkreten Ausgestaltung einer gemeinsamen Verkehrpolitik.[249] Im Eisenbahnsektor wurde der Konflikt zwischen unternehmerischer Zielsetzung und Ausrichtung auf der einen Seite und gemeinwirtschaftlichen Verpflichtungen auf der anderen Seite von den Mitgliedstaaten zumeist dahingehend entschieden, zahlreiche nationale Wettbewerbsbeschränkungen einzuführen, die einer Marktabschottung gleichkamen. Zwar erließ der Europäische Rat im Anschluss an die Harmonierungsentscheidung aus dem Jahre 1965[250] verschiedene wettbewerbsfördernde Verordnungen,[251] dennoch gerieten diese Rechtsakte mangels Akzeptanz der Mitgliedstaaten weitestgehend in Vergessenheit.[252] Vielmehr entstand das Junktim „erst Harmonisierung durch Rechtsangleichung – dann Liberalisierung der Verkehrsmärkte“, welches eine gemeinschaftliche Verkehrspolitik ebenfalls konterkarierte.[253] Im europaweit wirtschaftlich defizitären Eisenbahnsektor unternahm der Europäische Rat zu Beginn

246 Basedow, Wettbewerb auf den Verkehrsmärkten, S. 159; Krauss, ZfVerkWiss. 1976, 1, 1.

247 EuGH, Rs. 163/73 – Kommission/Frankreich, Slg. 1974, 359 ff.

248 Hermes, in: Hermes/Sellner (Hrsg.), AEG, Einf B, Rn. 2.

249 Basedow/Dolfen, in: Dauses (Hrsg.), Handbuch des EG-Wirtschaftsrechts, L Rn. 79; Krauss, ZfVerkWiss 1976, 1, 1.

250 Entscheidung 65/271 des Rates v. 13.5.1965 über die Harmonisierung bestimmter Vorschriften, die den Wettbewerb im Eisenbahn-, Straßen-und Binnenschiffsverkehr beeinflussen, ABl. EG 1965, Nr. 88, S. 1500; dazu näher Schmitt, EuZW 1993, 305, 306; Krauss, ZfVerkW. 1976, 1, 11.

251 Zu diesen Rechtsakten gehörten die Verordnung (EWG)Nr. 1017/68 des Rates v. 19.07.1968 über die Anwendung von Wettbewerbsregeln auf dem Gebiet des Eisenbahn-, Straßen- und Binnenschiffsverkehrs, ABl. EG 1968, L 175, S. 1; Verordnung (EWG) Nr. 1191/69 des Rates v. 26.06.1969 über das Vorgehen der Mitgliedstaaten bei dem mit dem Begriff des öffentlichen Dienstes verbundenen Verpflichtungen auf dem Gebiet des Eisenbahn-, Straßen- und Binnenschiffverkehrs, ABl. EG 1969, L 156, S. 1; Verordnung (EWG) Nr. 1192/69 des Rates v. 26.06.1969 über gemeinsame Regeln für die Normalisierung der Konten der Eisenbahnunternehmen, ABl. EG 1969, L 156, S. 8; Verordnung 1107/70 des Rates v. 04.07.1970 über Beihilfen im Eisenbahn-, Straßen- und Binnenschiffverkehrs, ABl. EG 1970, L 130, S. 1. Siehe näher zu den Rechtsakten, Basedow, Wettbewerb auf den Verkehrsmärkten, 167 ff., Schulz, Die Eisenbahnwesen des Bundes und die Stellung der deutschen Bahnen auf dem europäischen Binnenmarkt, S. 309 f.

252 Basedow, TransportR 1989, 402, 404.

253 Schmitt, EuZW 1993, 305, 305; Basedow, TranspR 1989, 402, 404.

der 1980er Jahre neue Anstrengungen zur Verbesserung der Leistungsfähigkeit und veröffentlichte diverse Entscheidungen und Empfehlungen in dieser Richtung.[254] Grundsätzlich sollte die internationale Zusammenarbeit forciert, Planung und Finanzierung der Infrastruktur harmonisiert und der kombinierte Verkehr gefördert werden.[255]

II. Das Untätigkeitsurteil und seine Auswirkungen

Einen Wendepunkt in der gemeinsamen Verkehrspolitik markiert das Untätigkeitsurteil vom 22.05.1985.[256] Aufgrund der der mangelnden Weiterentwicklung stellte das Europäische Parlament zwei Klageanträge gegen den Europäischen Rat vor dem EuGH nach Art. 232 EG.[257] Im Kern begehrte das Parlament, den Rat zu verurteilen, eine gemeinsame Verkehrspolitik einzuführen beziehungsweise einen verbindlichen Rahmen für diese Politik festzulegen. Der EuGH verurteilte daraufhin den Rat wegen seiner Untätigkeit in der Verkehrspolitik und führte aus, dass dieser es unter Verletzung des EG-Vertrages unterlassen habe, die Dienstleistungsfreiheit auf dem Gebiet des internationalen Verkehrs sicherzustellen und hinreichende Bedingungen für die Zulassung von Verkehrsunternehmen zum Verkehr innerhalb eines Mitgliedstaates festzulegen, in dem sie nicht ansässig sind.[258] Außerdem sei die Harmonisierung der Rechtsangleichung keineswegs zwingende Vorbedingung der Dienstleistungsfreiheit, so dass das Junktim „erst Harmonisierung – dann Liberalisierung" unzulässig sei.[259] Dem Europäischen Rat wurde im Ergebnis eine Frist zur Ergreifung entsprechender Maßnahmen gegeben.[260] Das Untätigkeitsurteil verpflichtete insofern zur Ausrichtung der europäischen Verkehrspolitik an Zielen des Gemeinsamen Marktes und den Grundfreiheiten, womit auch die aus der Rechtsprechung zur Dienstleistungsfreiheit entwickelten Grundsätze auf dem Gebiet des Verkehrs Bedeutung erlangen.[261]

---

254 Entscheidung 82/529/EWG des Rates v. 19.07.1982 über die Preisbildung im grenzüberschreitenden Eisenbahngüterverkehr, ABl. EG 1982, L 234/5; Entscheidung 83/418/EWG des Rates v. 25.07.1983 über die kommerzielle Selbständigkeit der Eisenbahnunternehmen bei der Verwaltung ihres grenzüberschreitenden Personen- und Gepäckverkehrs, ABl. EG 1983, L 237/32; Empfehlung 84/529/EWG des Rates v. 19.12.1984 an die nationalen Eisenbahnunternehmen der Mitgliedstaaten über die Verstärkung ihrer Zusammenarbeit beim grenzüberschreitenden Personen- und Güterverkehr, ABl. EG 1984, L 333/63.

255 Entschließung des Rates v. 15.12.1981 zur Eisenbahnpolitik der Gemeinschaft, ABl. EG 1982, C 157/1.

256 EuGH, Rs. 13/83 (Europäisches Parlament/Rat), Slg. 1985, 1513 ff. Ausführlich zu diesem Urteil Brandt, TranspR 1986, 89, 89 ff.; Erdmenger, EuropaR 1985, 375, 375 ff.

257 Im Folgenden werden ausschließlich die aktuell gültigen Vorschriften verwendet.

258 EuGH, Rs. 13/83, Slg. 1985, 1513, Rn. 68.

259 EuGH, Rs. 13/83, Slg. 1985, 1513, Rn. 48, 71.

260 EuGH, Rs. 13/83, Slg. 1985, 1513, Rn. 69.

261 Basedow, TransportR 1989, 402, 404.

Schließlich soll die Liberalisierung der Verkehrsmärkte auf eine Integration der Verkehrsmärkte und den Schutz des Wettbewerbs vor Verzerrungen unter der Berücksichtigung sozialpolitischer, umweltpolitischer und verkehrssicherheitsrelevanter Aspekte hinwirken.[262] Das Untätigkeitsurteil brachte fortan Bewegung in die europäische Verkehrspolitik. Erwähnenswerte Initiativen sind insbesondere die Verabschiedung des Masterplans zur Verkehrspolitik,[263] das im Jahre 1985 veröffentlichte Weißbuch zur Vollendung des Binnenmarktes[264] sowie die Einigung der Mitgliedstaaten auf die Einheitliche Europäische Akte.[265]

Im Gegensatz zu anderen Verkehrssektoren stagnierte jedoch das Eisenbahnwesen weiterhin in seiner Liberalisierungsentwicklung, wofür insbesondere drei Ursachen auszumachen sind. Zunächst handelte es sich bei dem Eisenbahnwesen um den ökonomisch defizitärsten Verkehrssektor. Zudem war die nationale Marktabschottung bereits sehr stark ausgeprägt und schließlich wirkte das Festhalten an der Kopplung von Infrastruktur und Transportbetrieb als wesentliches Hemmnis für die Förderung eines grenzüberschreitenden Wettbewerbs.

III. Grundfreiheiten

1. Dienstleistungsfreiheit

Gemäß Art. 49 Abs. 1 EG sind sämtliche Beschränkungen des freien Dienstleistungsverkehrs für Angehörige anderer Mitgliedstaaten aufzuheben. Die Dienstleistungsfreiheit bezieht sich gemäß Art. 50 EG auf solche Leistungen, die nicht den Vorschriften für den freien Waren- und Kapitalverkehr und über die Freizügigkeit der Personen unterliegen. Insofern ist grenzüberschreitender Eisenbahntransport innerhalb der Europäischen Gemeinschaft zunächst der Dienstleistungsfreiheit zuzuordnen. Dennoch sind Art. 49 und 50 EG im Verkehrsbereich nicht unmittelbar anwendbar, da Art. 51 Abs. 1 EG diesbezüglich auf die Bestimmungen des Titels über den Verkehr verweist. Die Grundsätze der Dienstleistungsfreiheit sind indes im Rahmen und durch die Verwirklichung einer gemeinsamen Verkehrspo-

---

262 Hermes, in: Hermes/Sellner (Hrsg.), AEG, B Einf, Rn. 5.

263 Masterplan zur Verkehrspolitik, vorgelegt von der italienischen Ratspräsidentschaft, Bulletin EG 11-1985 Zfr. 2.1.162 S. 81.

264 Weißbuch „Zur Vollendung des Binnenmarktes“ der Kommission an den Europäischen Rat vom 14.06.1985, KOM (85) endg.; darin ist ein detaillierter Fahrplan zur Integration der Verkehrsmärkte enthalten.

265 Einheitliche Europäische Akte vom 28.02.1986, BGBl. II, 1102; Ergänzung des EWG-Vertrages, indem die Verpflichtung zur Schaffung eines Binnenmarktes (Raum ohne Binnengrenzen, in dem der freie Verkehr von Waren, Personen, Dienstleistungen und Kapital gewährleistet ist) bis Ende festgelegt ist (Art. 8a).

litik zu erreichen, vor allem durch Maßnahmen nach Art. 71 Abs. 1 lit. a und b EG unter Berücksichtigung wirtschaftlicher, sozialer und ökologischer Aspekte.[266] Das Postulat der Dienstleistungsfreiheit im Eisenbahnwesen ist somit nicht unmittelbar anwendbar, sondern wäre vom Europäischen Rat durch sekundärrechtliche Maßnahmen einzuführen.[267] Unabdingbare Voraussetzung im Eisenbahnwesen wäre danach ein gemeinschaftsweiter, diskriminierungsfreier Zugang zu den Schienennetzen. Da die vollständige Liberalisierung des Eisenbahnwesens in der Europäischen Gemeinschaft erst nach Fristablauf zur Umsetzung der Vorgaben aus den Maßnahmepakten erreicht ist,[268] spricht zum gegenwärtigen Zeitpunkt vieles dafür, dass das Gebot der Dienstleistungsfreiheit noch keine unmittelbare Wirkung entfaltet.[269]

2. Niederlassungsfreiheit

Die Niederlassungsfreiheit gemäß Art. 43 EG gewährleistet den Schutz der freien Standortwahl für die Ausübung selbständiger Erwerbstätigkeit im Gemeinschaftsgebiet und umfasst die tatsächliche Ausübung einer wirtschaftlichen Tätigkeit mittels einer festen Einrichtung in einem anderen Mitgliedstaat auf unbestimmte Zeit. Sie gilt im Verkehrssektor uneingeschränkt und beinhaltet zudem einen Anspruch auf Inländergleichbehandlung. Nach Abschaffung des § 4 Abs. 2 AEG 1951, wonach der Eisenbahnbetrieb der Deutschen Bundesbahn vorbehalten war,[270] besteht in der Bundesrepublik Deutschland keine Beschränkung der Niederlassungsfreiheit im Eisenbahnwesen mehr. Nach Ablösung der staatlichen Leistungsverwaltung im Eisenbahnbereich sind solche Tätigkeiten zudem nicht länger als Ausübung öffentlicher Gewalt zu kennzeichnen, die der Ausnahme des Art. 45 EG entsprechen würden.

---

266 EuGH, Rs. 13/83 (Europäisches Parlament/ Rat), Slg. 1985, 1513, Rn. 62 ff.; EuGH, Rs. C-17/90 (Pienaud Wieger GmbH/BAG), Slg. I-1991, 5253. Zu diesem Urteil Lammich, TranspR 1993, 227, 227 ff.

267 Vgl. Weißbuch Eine Strategie zur Revitalisierung der Eisenbahnen in der Gemeinschaft vom 29.07.1996, KOM (96) endg., Tz 35.

268 Vgl. ausführlich zur Umsetzung der einzelnen Mitgliedstaaten IBM, Liberalisierungsindex 2004

269 So auch Hermes, in: Hermes/Sellner (Hrsg.), AEG, B Einf, Rn. 9; Menges, Rechtsgrundlagen der Strukturreform der Deutschen Bahn, S. 23; a.A. Monopolkommission, Die Privatisierung der Deutschen Bahn AG, Sondergutachten, Rn. 43; Schulz, Das Eisenbahnwesen des Bundes, S. 271.

270 Die Aufhebung wurde im Zuge der Bahnreform durch das ENeuOG vorgenommen und war zudem dem Gemeinschaftsrecht geschuldet, da demzufolge Beschränkungen der Niederlassungsfreiheit abzubauen waren.

3. Arbeitnehmerfreizügigkeit

Auch die Arbeitnehmerfreizügigkeit gemäß Art. 39 EG ist im Verkehrssektor uneingeschränkt anwendbar. Die Ausnahmevorschrift des Art. 39 Abs. 4 EG für Beschäftigungen in der öffentlichen Verwaltung kommt im Eisenbahnwesen nicht zur Geltung, da sie bei enger Auslegung nur für die Ausübung hoheitlicher Befugnisse gilt.[271] War sie selbst für Angestellte einer Staatsbahn nicht einschlägig,[272] muss dies erst recht für Tätigkeiten bei den Nachfolgeunternehmen der Deutschen Bundesbahn gelten. Lediglich Tätigkeiten bei den Aufsichtsbehörden EBA und BNetzA in Ausübung hoheitlicher Befugnisse unterfallen der Ausnahmevorschrift, auf die die Arbeitnehmerfreizügigkeit nicht anwendbar ist. Gemeinschaftsrechtliche Vorgaben zur Interoperabilität, wie beispielsweise Art. 1 Abs. 1 der Richtlinie 2001/16/EG, beeinflussen maßgeblich die tatsächliche Verwirklichung der Arbeitnehmerfreizügigkeit durch vereinheitlichte Qualifikationsanforderungen des Eisenbahnpersonals.[273]

IV. Wettbewerbsrecht

1. Allgemeines

Nachdem im europäischen Eisenbahnwesen seit den 1990er Jahren staatliche Monopolstrukturen aufgebrochen wurden und Märkte nach der Öffnung dem Wettbewerb ausgesetzt werden, gewinnen die gemeinschaftsrechtlichen Bestimmungen über das Kartellverbot gemäß Art. 81 EG, das Missbrauchsverbot gemäß Art. 82 EG, die Spezialvorschrift des Art. 86 EG für Öffentliche Unternehmen, die EG-Fusionskontrolle nach der Fusionskontrollverordnung 139/2004/EG sowie das staatliche Beihilfeverbot gemäß Art. 87 in Verbindung mit Art. 73 EG an Bedeutung. Ausgangspunkt des Wettbewerbs ist die Erkenntnis, dass ehemalige staatsmonopolistische Eisenbahnunternehmen ihre Marktdominanz naturgemäß nicht einfach zugunsten konkurrierender privater Unternehmen aufgeben werden. So gilt es zu verhindern, dass wettbewerbliche Entwicklungen in diesem Wirtschaftssektor durch diskriminierende Verhaltensweisen des marktdominierenden Unternehmens unterbunden werden.

Auch mögliche Zusammenschlüsse oder Kooperationen zwischen Eisenbahnen müssen der gemeinschaftsrechtlichen Kontrolle unterliegen. Schließlich sind wettbewerbshindernde Auswirkungen infolge staatlicher Finanzierungen zu vermeiden. Von gehobener Bedeutung im Rahmen des europäischen Wettbewerbs-

271 Randelzhofer/Forsthoff, in: Grabitz/Hilf (Hrsg.), EUV/EGV, Art. 39 EGV, Rn. 217.
272 EuGH, Rs. 149/79 (Kommission/Belgien), Slg. 1982, 1845 ff.
273 Vgl. Hermes, in: Hermes/Sellner (Hrsg.), AEG, Einf B, Rn. 18.

rechts sind das Missbrauchsverbot, insbesondere die Essential Facilities-Doktrin Anwendung sowie das Verbot staatlicher Beihilfen.[274]

2. Essential Facilities-Doktrin

Der Zugang zu Netzen wird im Wettbewerbsrecht teilweise durch die Essential Facilities-Doktrin geregelt, wonach unter bestimmten Voraussetzungen ein marktbeherrschendes Unternehmen verpflichtet ist, einem Wettbewerber den Zugang zu seiner wesentlichen Einrichtung einzuräumen.[275] Die Doktrin begründet einen Kontrahierungszwang, der die Auswahl-, Abschluss- und Gestaltungsfreiheiten von Unternehmen einschränkt.[276] Der Kontrahierungszwang hindert den Inhaber einer Essential Facility, Wettbewerbern oder potentiellen Wettbewerbern den Zugang und die Mitbenutzung seiner nicht duplizierbaren Einrichtung zu verweigern und dadurch auch vor- und nachgelagerte Märkte durch eine Monopolstellung zu kontrollieren.[277]

a. Die Essential Facilities-Doktrin im US-Recht

Ihren Ursprung hat die Doktrin im US–amerikanischen Recht. Schon die ältere Common Law Tradition verpflichtete Inhaber eines lokalen Monopols, sich als Ausnahme der Colgate-doctrine, nach der auch Monopolisten bei der Auswahl ihrer Geschäftspartner keiner Einschränkung der Vertragsfreiheit unterliegen,[278] gegenüber potentiellen Kunden fair und diskriminierungsfrei zu verhalten.[279] Ihre Rechtsgrundlage findet die Essential Facilities-Doktrin in Section 2 Sherman Act, der nach anerkannter teleologischer Tatbestandsreduktion ein missbräuchliches

---

274 Vgl. ausführlich auch zu den anderen Aspekten Riegger, Wettbewerb im Eisenbahnverkehr, S. 39 ff.

275 Ott, Int. Verkehrswesen 2006, 392, 392.

276 Barry Doherty hat folgendes formuliert: „the doctrine of essential facilities in its simplest form suggests that a monopolist can be forced to sell a product or service when another person needs it to do business.“ Doherty, 38 (2001), Common Market Law Reports, 397, 397.

277 Vgl. nur Bechthold/Bosch/Brinker/Hirsbrunner, EG-Kartellrecht, Art. 82 EG, Rn. 51; Tränkle, Die „essential facilities“-Doktrin im europäischen Wettbewerbsrecht“, S. 1; Wirtz/ Holzhäuser, WRP 2004, 683, 684

278 Im Fall United States v. Colgate & Corporations 250 U.S. 300 (1919) stellte das Gericht fest: "In the absence of any purpose to create or maintain a monopoly (the Sherman Act) does not restrict the long-recognized right of a trader or manufacturer engaged in an entirely private business, freely to exercise his won independent discretion as to parties with whom he will deal". Venit/Kallaugher, Annual Proceedings of the Fordham Corporate Law Institute (1994), 315, 316.

279 Venit/Kallaugher, Annual Proceedings of the Fordham Corporate Law Institute (1994), 315, 319 f.

Verhalten von Monopolisten untersagt.[280] Die einseitige Geschäftsverweigerung eines Monopolisten stellt insofern einen Anwendungsfall der ungerechtfertigten Wettbewerbsbeschränkung dar.[281]

Als Präzedenzfall der Essential Facilities-Doktrin im US-amerikanischen Antitrustrecht gilt der Fall Terminal Railroad.[282] Dort verpflichtete der Supreme Court die über ein Gebietsmonopol verfügende Terminal Railroad Association of St. Louis, bestehend aus einem Zusammenschluss von vierzehn selbständigen Eisenbahngesellschaften, zur Nutzungsüberlassung ihrer Anlagen (die wichtigsten Gleisanlagen, und Bahnhöfe der Region sowie sämtliche Brücken und Fährverbindungen auf beiden Seiten des Mississippis wurden als wesentliche Einrichtungen bezeichnet) an andere Eisenbahnunternehmen zu gleichen und fairen Bedingungen wie den eigenen Gesellschaftern.

Nachdem der Supreme Court gar eine Entflechtung der Gesellschaft in Betracht zog, wählte er die Zugangsverpflichtung als weniger restriktive Maßnahme. Die Doktrin wurde von der Rechtsprechung in den Fällen Associated Press,[283] Gamco Inc. v. Providence Fruit & Produce Building,[284] United States v. Otter Tail Power Co,[285] Hecht v. Pro Football, Inc.,[286] MCI Communications Corp. v. AT&T Co.[287] sowie Aspen Skiing Corp. v. Aspen Highlands Skiing Corp.[288] weiterentwickelt. Insbesondere der Fall MCI Communication Corp. v. AT&T wird als Meilen-

280 Aspen Skiing Co.v. Aspen Highlands Skiing Corp., 472 U.S. 585, 602 (1985), Rural Telephone Service Co. v. Feist Publications, Inc., 957 F 2d. 765, 768 (10th Cir.), cert.denied, 113 S. Ct. 490 (1992).

281 Glazer/Lipsky, 63 Antitrust Law Journal (1995), 749, 751 f. nennen neben der "unilateral refusal to deal" auch das "predatory pricing", "shame litigation" und "leveraging inter alia".

282 U.S. Surpreme Court, United States v. Terminal Railroad Association of St. Louis, 224 U.S. 383 (1912) und 236 U.S. 194 (1915). Zur Entwicklung der Doktrin im US-amerikanischen Antitrustrecht Areeda/Hovenkamp, Antitrust Law, 1990 Supplement, Nr. 736.1b S. 742; Areeda, Antitrust Law Journal 58 (1990), 841, 842, Möschel, in Immenga/Mestmäcker, GWB, § 19 GWB, Rn. 178; Tränkle, Die "essential facilities"-Doktrin im europäischen Wettbewerbsrecht, S. 1; Markert, in: FS-Mestmäcker, S. 661, 666; Schwintowski, WuW 1999, 842, 843 f.

283 U.S. Surpreme Court, Associated Press v. United States, 326 U.S. 1 (1945).

284 Gamco Inc. v. Providence Fruit & Produce Building Inc., 194 F.2d 484 (1st Cir.)cert. Denied, 344 U.S. 817 (1952).

285 U.S. Surpreme Court, United States v. Otter Tail Power Co., 410 U.S. 366 (1973).

286 Norman F. Hecht et al. v. Pro-Football Inc. et al., 570 F. 2d 982 (D.C. Cir. 1977).

287 MCI Communications Corporation et al. v. American Telephone and Telegraph Company, 708 F.2d 1081 (7th Cir.1983).

288 U.S. Surpreme Court, Aspen Skiing Corp. v. Aspen Highlands Skiing Corp., 472 U.S. 585 (1985), 105 S.Ct. 2847 (1985).

stein erachtet,[289] da das Gericht unter ausdrücklicher Anwendung der Essential Facilities-Doktrin in der Urteilsbegründung ausführte, dass die Weigerung eines Monopolisten, eine wesentliche Einrichtung zur Verfügung zu stellen, rechtswidrig sein könne, da er hierdurch seine Monopolmacht von einer Produktionsstufe auf eine andere beziehungsweise von einem Markt auf den anderen ausdehnen könnte.[290]

Es entwickelte vier Voraussetzungen zur Anwendbarkeit der Doktrin, wonach erstens der Monopolist eine wesentliche Einrichtung kontrollieren muss. Zweitens bedarf es einer Unmöglichkeit für Wettbewerber, die wesentliche Einrichtung zu duplizieren. Dritte Voraussetzung ist das Vorliegen einer Zugangsverweigerung zur wesentlichen Einrichtung. Schließlich darf die Zugangsgewährung für den Monopolisten nicht unmöglich sein.[291]

Zur Entwicklung der Essential Facilities-Doktrin im US-amerikanischen Antitrustrecht hat ebenfalls die rechtswissenschaftliche Literatur beigetragen, so dass aus frühen Einzelfallentscheidungen verallgemeinerte Grundsätze gefolgert wurden, die in einem erweiterten und nicht unumstrittenen Anwendungsbereich der Doktrin mündete.[292] Eine Wendung erfuhr die Entwicklung im Fall Verizon Communications Inc. v. Law Offices of Curtis V. Trinko, in dem der Supreme Court erstmals höchstrichterlich ausdrücklich zur Essential Facilities-Doktrin Stellung nahm.[293]

Er erkannte ein Spannungsverhältnis zwischen dem Anreiz einer Monopolstellung auf der einen Seite und den Zugangsansprüchen von Wettbewerbern auf der anderen Seite an und bezeichnete die Entscheidung im Fall Aspen Skiing Corp v. Aspen Highlands Skiing Corp. als äußerste Grenze des Anwendungsbereichs von Section 2 Sherman Act hinsichtlich eines zu rechtfertigenden Eingriffs in die Vertragsfreiheit, da das Streben nach einer Monopolstellung grundsätzlich essentieller Bestandteil einer Marktwirtschaft sei.[294] Zudem lehnte er eine ausufernde Anwendung des Missbrauchsrechts auf regulierten Märkten ab und brachte seine Missgunst über Doktrinen, die über bestehende Regelungen hinausgehen, zum

289 Müller, EuZW 1998, 232, 233. Schwintowski, WuW 1999, 842, 846.

290 MCI Communications Corporation et. al. v. American Telephone and Telegraph Company, 708 F. 2d 1081, 1132 (7.Cir. 1983).

291 MCI Communications Corportation et. al. v. American Telephone and Telegraph Company, 708 F. 2d 1081, 1132 f. (7 Cir. 1983).

292 Vgl. Sullivan, Handbook of the Law of Antitrust, S. 125 ff.

293 Verizon Communications Inc. v. Law Offices of Curtis V.Trinko, LLP, U.S., No. 02-682, 1/13/04.

294 „Aspen is at or near the outer boundary of Section 2 liability, and the present case does not fit within the limited exception it recognised." Verizon Communications Inc. v. Law Offices of Curtis V. Trinko, LLP, U.S., No. 02-682, 1/13/04, at 2.

Ausdruck.[295] Er machte deutlich, dass die Doktrin bislang niemals vor dem Supreme Court ausdrücklich anerkannt worden sei, da es ihr an einem eigenen Anwendungsbereich fehle. Dieses Urteil des Surpreme Courts enthält die Tendenz, in Zukunft Freiheitsrechte von marktbeherrschenden Unternehmen stärker zu schützen und einen Kontrahierungszwang infolge eines Verstoßes gegen Section 2 des Sherman Acts lediglich in Ausnahmenfällen anzuerkennen.[296]

Die Gegenauffassung erachtet diese Reduktion des Anwendungsbereichs von Section 2 des Sherman Acts allerdings als wettbewerbshindernd.[297] Die weitere Entwicklung der auch als catch phras Erscheinung[298] bezeichneten Essential Facilities-Doktrin im US-amerikanischen Antitrustrecht bleibt indes abzuwarten, wobei nach dem Urteil des Supreme Courts ein Weg in die Bedeutungslosigkeit nicht auszuschließen ist.

b. Entwicklung der Essential Facilities-Doktrin im Europäischen Wettbewerbsrecht

In Anlehnung an das US-amerikanische Verständnis hat die Essential Facilities-Doktrin erst Jahrzehnte später in Fällen des Marktmissbrauchs sowie der unberechtigten Geschäftsverweigerung nach Art. 82 EG, teilweise in Verbindung mit Art. 86 EG, Einzug erhalten.[299] Art. 82 EG verbietet die missbräuchliche Ausnutzung einer beherrschenden Stellung auf dem Gemeinsamen Markt beziehungsweise auf einem wesentlichen Teil des Gemeinsamen Marktes durch ein oder

---

295 "The Sherman Act is indeed the 'Magna Charta of free enterprise', (...), but it does not give judges a carte blanche to insist that a monopolist alter its way of doing business whenever some other approach might yield greater competition."

296 So auch Merveldt, GRUR Int. 2004, 678, 680, Haus, N&R 2004, 143, 146.

297 "However, if one reduces the concept of monopolisation to cases of termination and discrimination, excluding cases of mere refusal to deal, antitrust law creates incentives not to market essential input. In this regard, Trinko is counterproductive to the establishment of competitive markets." Drexl, Intellectual Property and Antitrust Law – IMS Health and Trinko – Antitrust Placebo for Consumers Instead of Sound Economics in Refusal-to-Deal Cases, IIC 2004, 788, 799.

298 Vgl. Areeda, Antitrust Law Journal 58 (1989), 841, 841. Danach handelt es sich um eine sich selbst tragende Entwicklung, die in mehreren Stufen verläuft. Nach einer erstmaligen Anwendung durch ein Gericht in einem speziell gelagerten Fall, werden Kernaussagen verallgemeinert. Daraufhin findet eine Verallgemeinerung von Kernaussagen statt sowie eine mechanische Anwendung auf scheinbar vergleichbare Fallkonstellationen bis hin zur unhaltbaren Ausweitung. Schließlich wird der Anwendungsbereich wieder auf seinen berechtigten Ursprungskern zurückgestuft.

299 Vgl. Schlussanträge des GA Jabobs zur „Bronner Entscheidung", EuGH Rs C-7/97, SlG 1988, I-7791, 7808f. Nr. 45 ff.; Möschel, in: Immenga/Mestmäcker, GWB, § 19, Rn 181, Tränkle, Die „essential facilities"-Doktrin im europäischen Wettbewerbsrecht, S. 38; Deselaers, EuZW 1995, 563, 563; Bunte, WuW 1997, 302, 308; Müller, EuZW 1998, 232, 233; Scherer, MMR 1999, 315, 315.

mehrere Unternehmen, sofern dies dazu führen kann, den Handel zwischen Mitgliedstaaten zu beeinträchtigen.[300] Anwendungsbereiche ergaben sich insbesondere im Rahmen der angestrebten Marktöffnungen für Wirtschaftssektoren, die ehemals durch Staatsunternehmen monopolisiert waren.[301]

Die Fälle Commer-cial Solvent v. Commission,[302] CBEM/CLT u. IPB,[303] CICRA/ Renault,[304] Volvo/Veng,[305] GB-Inno[306] waren erste Entscheidungen europäischer Gerichte über die Verpflichtung eines marktbeherrschenden Unternehmens zur Zugangsgewährung zu wesentlichen Einrichtungen im Lichte des Missbrauchsverbots aus Art. 82 EG, jedoch ohne ausdrückliche Bezugnahme auf die Essential Facilities-Doktrin. Die Kommission hat sich erstmals in den Hafenentscheidungen Sealink I,[307] Sealink II[308] und Hafen von Rødby[309] aus den Jahren 1992 und 1993 darauf bezogen.[310]

In den ähnlich gelagerten Konstellationen wurde jeweils dem marktbeherrschenden Unternehmen vorgeworfen, Wettbewerber bezüglich des Zugangs zu Hafenanlagen diskriminiert zu haben. Während in der ersten Entscheidung die Besonderheit im Schutz des bestehenden Wettbewerbs lag,[311] berief sich die Kommission in der zweiten Entscheidung auf das Bestehen eines öffentlichen Interesses, um einen bereits erledigten Rechtsstreit zu entscheiden und Grundsätze für die Anwendung der Doktrin

300 Bechthold/Bosch/ Brinker/Hirsbrunner, EG-Kartellrecht, Art. 82 EG, Rn. 1.

301 Vgl. u.a. Mitteilung der Kommission vom 22.08.1998 über die Anwendung der Wettbewerbsregeln auf Zugangsvereinbarungen im Telekommunikationsbereich, ABl. EG 1998, Nr. C 265/2; Verordnung (EG) Nr. 3652/93 der Kommission vom 22.12.1993 zur Anwendung von Art. 85 III EGV auf bestimmte Gruppen von Vereinbarungen zwischen Unternehmen über computergesteuerte Buchungssysteme für den Luftverkehr, ABl. EG 1993 L 333/37.

302 EuGH, Rs. 6 u. 7/73, Commercial Solvents v. Commission, Slg. 1974, 223.

303 EuGH, Rs. 311/84, CBEM/CLTu. IPB, Slg. 1985, 3261.

304 EuGH, Rs. 53/87, CICRA/Renault, Slg. 1988, 6039.

305 EuGH, Rs 238/87, Volvo Veng, Slg. 1988, 6211.

306 EuGH, Rs. C-18/88, RTT/GB-Inno-BM, Slg. 1991, I-5941.

307 EG-Kommission, Az. IV/34.174, B & I v. Sealink Harbours Ltd. (nicht im ABl. EG veröffentlicht), vgl. XII Wettbewerbsbericht 1992, Nr. 219.

308 EG-Kommission, Entscheidung 94/19, Sea Containers v. Stena Sealink, ABl. EG 1994 Nr. L 15/8.

309 EG-Kommission, Entscheidung 94/119, Hafen von Rødby, ABl. EG 1994 Nr. L 55/52.

310 Vgl. zu den Fällen Temple Lang, Fordham Corporate Law Institute 1994, 245, 262; Lechner, S. 41. EG-Kommission, Az. IV/34.174, B & I v. Sealink Harbours Ltd. (nicht im ABl. EG veröffentlicht), vgl. XII Wettbewerbsbericht 1992, Nr. 219; EG-Kommission, Entscheidung 94/19, Sea Containers v. Stena Sealink, ABl. EG 1994 Nr. L 15/8.

311 Klagegegenstand war nicht der eigentliche Zugang zur wesentlichen Einrichtung, sondern vielmehr ein diskriminierender Verdrängungswettbewerb des Monopolisten.

zu manifestieren.[312] Dies wurde in der Literatur als Bedürfnis der Kommission verstanden, die Essential Facilities-Doktrin bewusst in das europäische Wettbewerbsrecht einzuführen.[313] In der dritten Entscheidung erklärte die Kommission die Doktrin auch auf staatliche Maßnahmen nach Art. 86 EG in Verbindung mit Art.82 EG für anwendbar.[314] Weitere Entscheidungen europäischer Gerichte mit ähnlichen Fallkonstellationen sind Magill,[315] Tiercé Ladbroke v. Commission[316] sowie European Nightservices u.a. v. Commission.[317]

Waren insbesondere die drei Hafenentscheidungen Wegweiser,[318] so gilt das Urteil des EuGH im Fall Oscar Bronner GmbH & Co KG als Leitentscheidung der Entwicklung der Essential Facilities-Doktrin im europäischen Wettbewerbsrecht.[319] Die Oskar Bronner GmbH & Co KG beantragte vor dem OLG Wien, den Mediaprint Zeitungs- und Zeitschriftenverlag zu verpflichten, seine Tageszeitung gegen Zahlung eines angemessenen Entgelts in das Hauszustellungssystem aufzunehmen. Die Antragsstellerin berief sich dabei auf § 35 des österreichischen Kartellgesetzes und trug vor, dass die Antragsgegnerin durch die Zugangsverweigerung ihre marktbeherrschende Stellung missbrauchte. Das OLG Wien legte daraufhin dem EuGH die Frage vor, ob die Zugangsverweigerung der Antragsgegne-

312 EG-Kommission, Entscheidung 94/19, Sea Containers v. Stena Sealink, ABl. EG 1994 Nr. L 15/8, Rn. 47. Während die Parteien sich untereinander gütlich geeinigt hatten führte die Kommission als Begründung für ein vorliegendes öffentliches Interesse eine anzustrebende Rechtssicherheit für vergleichbare Fallkonstellationen an. „ Ein Unternehmen, das für die Gestellung einer wesentlichen Einrichtung (d.h. einer Einrichtung oder Infrastruktur, ohne deren Nutzung ein Wettbewerber seinen Kunden keine Dienste anbieten kann) marktbeherrschend ist und diese Einrichtung selbst nutzt und anderen Unternehmen den Zugang zu dieser Einrichtung ohne sachliche Rechtfertigung verweigert oder nur unter Bedingungen, die ungünstiger sind als für seine eigenen Dienste, gewährt, verstößt gegen Art. 86, sofern die übrigen Voraussetzungen dieses Artikels erfüllt sind. Ein Unternehmen mit marktbeherrschender Stellung darf auf einem verbundenen Markt nicht zugunsten der eigenen Tätigkeit diskriminierende Handlungen vornehmen. Der Eigentümer einer wesentlichen Einrichtung, der seine Macht auf dem Markt dazu nutzt, seine Stellung auf einem anderen, zu diesem Bezug stehenden Markt zu stärken, indem er insbesondere einem Wettbewerber den Zugang verweigert oder den Zugang unter weniger günstigen Bedingungen als für die eigenen Dienste gewährt und damit seinem Wettbewerber einen Wettbewerbsnachteil aufzwingt, verstößt gegen Art. 86.“ EG-Kommission, Entscheidung 94/19, Sea Containers v. Stena Sealink, ABl. EG 1994 Nr. 15/8, Rn. 66.

313 Vgl. Markert, WuW 1995, 560, 561; Furse, ECLR 1995, 469, 472.

314 EG-Kommission, Entscheidung 94/119, Hafen von Rodby, ABl. EG 1994 Nr. L 55/52, Rn. 12.

315 EuGH, Rs. C-241/91 P u C-242/91 P, RTE u. ITP v. Commission, Slg. 1995, I-743.

316 EuG, Rs. T-504/93, Tiercé Ladbroke v. Commission, Slg. 1997, II-923.

317 EuG, Rs. T-374/94 u.a., European Night Services u.a. v. Commission, Slg. 1998, II-3141.

318 Vgl. Tränkle, Die „essential facilities“-Doktrin im Europäischen Wettbewerbsrecht, S. 45 ff.

319 EuGH Rs. C-7/97, Oskar Bronner GmbH & Co KG, Slg. 1998, I-7791.

rin gegen Art. 82 EG verstoße, wenn es dem Wettbewerber aus wirtschaftlichen Gründen nicht möglich sei, ein eigenes Hauszustellungssystem aufzubauen.[320] Unter Bezugnahme auf bisherige Entscheidungen des EuGH und der Kommission zur Geschäftsverweigerung beziehungsweise Zugangsverweigerung, Ursprünge der Essential Facilities-Doktrin im US-amerikanischen Antitrustrecht sowie auf EU-Richtlinien basierende Bestimmungen für vergleichbare Fallkonstellationen in den Wettbewerbsgesetzen der Mitgliedstaaten lehnte Generalanwalt Jacobs sowohl die Einschlägigkeit der Doktrin als auch das Vorliegen eines Verstoßes gegen Art. 82 EG im Ergebnis ab.[321] Er führte aus, dass eine Zugangsverweigerung grundsätzlich nur dann einen Missbrauch einer marktbeherrschenden Stellung begründe, wenn für den Wettbewerber die Schaffung einer gleichartigen Einrichtung aufgrund physikalischer, geographischer oder rechtlicher Zwänge unmöglich, äußerst schwierig oder diese Schaffung aus Gründen des Gemeinwohls höchst unerwünscht sei.[322]

Der EuGH schloss sich den Ergebnissen des Generalanwalts an und wies die Klage ab.[323] Nachdem er zunächst rechtliche Hinweise auf das Vorliegen einer beherrschenden Stellung des betreffenden Unternehmens auf dem relevanten Markt gab,[324] führte er aus, dass eine missbräuchliche Geschäfts- beziehungsweise Zugangsverweigerung im Sinne des Art. 82 EG nur dann vorliege, wenn sie zur Ausschaltung jeglichen Wettbewerbs auf einem benachbarten Markt geeignet und die begehrte Leistung für die Aufnahme einer wettbewerblichen Tätigkeit auf diesem Markt unentbehrlich sei.[325]

320 EuGH Rs. C-7/97, Oskar Bronner GmbH & Co KG, Slg. 1998, I-7791, Rn. 11.

321 Schlussanträge des Generalanwalts Jacobs zu EuGH Rs. C-7/97, Slg. 1998, I-7791, Rn. 31, 35-53.

322 Schlussanträge des Generalanwalts Jacobs zu EuGH Rs. C-7/97, Slg. 1998, I-7791, Rn. 65.

323 EuGH Rs. C-7/97, Oskar Bronner GmbH & Co KG, Slg. 1998, I-7791, S. I-7823, Rn. 47.

324 EuGH Rs. C-7/97, Oskar Bronner GmbH & Co KG, Slg. 1998, I-7791, S. I-7829, Rn. 34 ff.: Der relevante Markt umfasse „alle Erzeugnisse oder Dienstleistungen, die sich aufgrund ihrer Merkmale zur Befriedigung eines gleichbleibenden Bedarfs besonders eignen und mit anderen Erzeugnissen oder Dienstleistungen nur geringem Maße austauschbar sind." Somit sei zu prüfen, ob die Hauszustellungssystem mit anderen Arten des Zeitungsvertriebs, wie dem Laden- oder Kioskverkauf oder der Postzustellung, hinreichend austauschbar sind, und ob dies auch zwischen dem landesweiten Hauszustellungssysteme von dem Mediaprint Zeitungs- und Zeitschriftenverlag und anderen regionalen gelte. Weiterhin urteilte der EuGH, dass Mediaprint Zeitungs- und Zeitschriftenverlag dann eine beherrschende Stellung auf dem relevanten Markt hätte, wenn das landesweite Herstellungssystem mit anderen Vertriebssystemen nicht austauschbar sei, da dann eine Monopolstellung vorliege. Das Gebiet eines Mitgliedstaates sei hinreichend, um eine beherrschende Stellung auf einem wesentlichen Teil des Gemeinsamen Marktes im Sinne des Art. 82 EG zu haben.

325 EuGH Rs. C-7/97, Oskar Bronner GmbH & Co KG, Slg. 1998, I-7791, 7830, Rn. 38.

Im vorliegenden Fall lägen jedoch keine technischen, rechtlichen oder auch wirtschaftliche Hindernisse vor, die es jedem anderen Verleger von Tageszeitungen unmöglich machten oder zumindest unzumutbar erschweren würden, allein oder in Zusammenarbeit mit anderen Verlegern ein eigenes landesweites Hauszustellungssystem zu errichten.[326] Eine mangelnde Rentabilität der eigenen Errichtung einer wesentlichen Einrichtung könne grundsätzlich eine Zugangsverpflichtung nicht begründen.[327] Die Einschränkung des Kontrahierungszwanges in der Entscheidung Oskar Bronner GmbH & Co KG ist in der Literatur überwiegend auf Zustimmung gestoßen.[328] Ein Teil der europäischen Kartellrechtsliteratur verweigert der Doktrin die prinzipielle Anerkennung mit der Begründung eines fehlenden eigenständigen Anwendungsbereichs gegenüber der Fallgruppe der Geschäftsverweigerung,[329] während sie von anderen als Spezialfall dessen gesehen wird.[330] Ein jüngeres Urteil im Zusammenhang mit der Doktrin hat der EuGH im Fall NDC Health/ IMS Health verkündet. Dort verweigerte der Inhaber einer gemäß § 4 Abs. 2 UrhG geschützten Software zur Ermittlung des Verkaufserfolges von Medikamenten die zwangsweise Lizensierung der Software an Mitbewerber.[331]

Das OLG Frankfurt gab dem Lizenzinhaber Recht und entschied, dass das Angebot von Datenbanken mit derselben Datenstruktur durch Konkurrenten eine Urheberrechtsverletzung darstelle.[332] Die Kommission entschied auf Antrag eines Wettbewerbers, dass trotz Anwendbarkeit des Urheberrechts die Lizenzverweigerung einen Missbrauch nach Art. 82 EG darstellte, da Wettbewerber nach den Maßstäben ökonomischer Vernunft keine realistische Möglichkeit hätten, eine gleichwertige alternative Struktur zu entwickeln.[333] Sie ließ es für eine Zugangsverpflichtung ausreichen, dass Wettbewerber keine realistischen Absatzmöglichkeiten für einen Ersatz der begehrten Leistung hätten und insofern bereits eine Gefährdung des Wettbewerbs vorliege.[334]

---

326 EuGH Rs. C-7/97, Oskar Bronner GmbH & Co KG, Slg. 1998, I-7791, 7832, Rn. 44.

327 EuGH Rs. C-7/97, Oskar Bronner GmbH & Co KG, Slg. 1998, I-7791, 7832, Rn. 4 f.

328 Fleischer/Weyer, WuW 1999, 350, 353; Scherer, MMR 1999, 315, 318; Lampert, NJW 1999, 2235, 2236.

329 Fleischer/Weyer, WuW 1999, 350, 353 f.; Müller, EuZW 1998, 232, 237.

330 In diese Richtung geht wohl auch Generalanwalt Jacobs in seinen Schlussanträgen (Slg. 1998, I.7791, 7809, Rn. 50), der festhielt, dass der Zugang zu einer wesentlichen Einrichtung auch dann geboten sein kann, wenn weitere Umstände, wie die Verknüpfung von Verkäufen, die Diskriminierung eins anderen unabhängigen Wettbewerbers, der Abbruch von Lieferungen an bisherige Kunden oder vorsätzliches Handeln zum Schaden eines Wettbewerbers, nicht vorliegen. Vgl. Ehle, Anmerkung zu EuGH Rs. C-7/97, EuZW 1999, 89, 89f.

331 Kommission, Entscheidung L 59/18, ABl. EG 2002, „IMS Health".

332 OLG Frankfurt, Urt. v. 19.06.2001, Az.: 11 U 66/2000, S. 8.

333 Kommission, Entscheidung L 59/18, ABl. EG 2002, „IMS Health".

334 Vgl. Schwarze EuZW 2002, 75, 81 f.; Wirtz/Holzhäuser, WRP 2004, 683, 687.

Zur Entwicklung der Essential Facilities-Doktrin im europäischen Wettbewerbsrecht ist festzuhalten, dass eindeutige Konturen nicht auszumachen sind. Knüpfte der EuGH im Fall Bronner GmbH & Co KG an eine Zugangsverpflichtung enge Voraussetzungen, die den Anwendungsbereich der Doktrin einschränkten, so lässt die Entscheidung der Kommission in der Rechtssache IMS Health einen weiteren Anwendungsbereich vermuten. Auch eine als sektorale Ausnahme zu verstehende, IT-spezifische weite Auslegung der Doktrin bei prinzipieller Einschränkung der Anwendung erscheint möglich. In Anbetracht der US-amerikanischen Entwicklung der Doktrin ist jedoch eine Tendenz wahrscheinlicher, wie sie der EuGH im Urteil Bronner GmbH & Co KG vorgegeben hat. Folglich bleibt die weitere Rechtsprechungsentwicklung im europäischen Wettbewerbsrecht abzuwarten.

c. Umsetzung der Essential Facilities Dokrin in das Deutsche Kartellrecht

Das Konzept der Essential Facilities-Doktrin ist mit der 6. Novelle zum Gesetz gegen Wettbewerbsbeschränkungen zum 01.01.1999 kodifiziert worden.[335] Durch Einführung eines allgemeinen kartellrechtlichen Zugangstatbestandes wurde dem Liberalisierungsgedanken Rechnung getragen, wonach Wettbewerb in verschiedenen Wirtschaftssektoren an Netze oder andere wesentliche Infrastruktureinrichtungen gebunden ist.[336] Gemäß § 19 Abs. 4 Nr. 4 GWB liegt ein Missbrauch eines marktbeherrschenden Unternehmens vor, wenn es sich weigert, einem Konkurrenten auf dem vor- oder nachgelagerten Markt gegen ein angemessenes Entgelt Zugang zu eigenen Netzen oder anderen Infrastruktureinrichtungen zu gewähren, wenn es dem anderen Unternehmen rechtlich oder tatsächlich unmöglich ist, diese wesentlichen Einrichtungen selbst zu errichten. Eine Ausnahme für diese Verpflichtung ist vorgesehen, sobald die Zugangsgewährung für das marktbeherrschende Unternehmen aus betriebsbedingten Gründen nicht möglich oder nicht zumutbar ist. Die einzelnen Voraussetzungen entsprechen dabei weitestgehend den im Gemeinschaftsrecht zur Essential Facilities-Doktrin entwickelten Vorgaben[337]. Nach der Begründung des Gesetzgebers konkretisiert § 19 Abs. 4 S. 4 GWB das allgemeine Missbrauchsgebot des § 19 Abs. I GWB,[338] ist dennoch aufgrund existenter spezialgesetzliche Zugangsregelungen in den betroffenen Wirtschaftsbereichen nicht unumstritten.[339]

---

335 Sechstes Gesetz zur Änderung des Gesetzes gegen Wettbewerbsbeschränkungen v. 26.08.1998, BGBl. 1998 I, S. 2521 ff.; Neufassung des Gesetzestexts BGBl. I 1998, S. 2547 ff.

336 BT-Drs. 13/9720, S. 30, 36 ff.

337 Zu den einzelnen Voraussetzungen ausführlich Möschel, in: Immenga/Mestmäcker, GWB, § 19, Rn. 178 ff.

338 BR-Drs. 852/97, S. 52.

339 Vgl. Bunte, WuW 1997, 302, 313 ff.; Kahlenberg, BB 1998, 1593, 1597.

d. Anwendung der Essential Facilities-Doktrin im Eisenbahnwesen

Die Essential Facilities-Doktrin findet im Eisenbahnwesen grundsätzlich Anwendung. Aus den dargestellten Fällen des amerikanischen und europäischen Wettbewerbsrechts ergeben sich typische Marktkonstellationen als Anwendungsbereiche. So stellen regelmäßig physische Netze (Telekommunikations-, Energie-, Schienennetze), andere Infrastrukturbereiche (beispielsweise Skilifte, Seehafen-, Bodenabfertigungsanlagen auf Flughäfen) sowie Immaterialgüter wesentliche Einrichtungen im Sinne der Doktrin dar.[340] Die Wesentlichkeit für den Wettbewerb ergibt sich daraus, dass der Zugang zur Einrichtung unabdingbare Voraussetzung für die Teilnahme am Wettbewerb auf vor- oder nachgelagerten Märkten ist.[341] Bei ungerechtfertigter Zugangsverweigerung liegt unter Anwendung der Doktrin ein Verstoß gegen Art. 82 EG vor. Im Eisenbahnwesen wird eine Essential Facility definiert als Einrichtung, die ein weiteres Unternehmen entsprechender Größe mit ähnlichen Kostenstrukturen aus finanziellen, rechtlichen, topografischen oder geografischen Gründen nicht reproduzieren kann.[342]

Im Eisenbahnwesen ist also zu differenzieren, welche Einrichtungen im Einzelnen als wesentlich für den Wettbewerb auf einem Sekundärmarkt einzustufen sind. Dabei sind vergleichbare Erwägungen anzustellen wie bei der Einordnung einzelner Bereiche als natürliche Monopole. Für die Schieneninfrastruktur, vorrangig Gleisanlagen, Bahnhöfe und Rangiereinrichtungen, ist eine Duplizierung in Form von beispielsweise parallel verlaufenden Gleisen als volkswirtschaftliche Verschwendung von Ressourcen anzusehen.[343] Die Schieneninfrastruktur stellt deshalb als klassisches Beispiel eines natürlichen Monopols eine wesentliche Einrichtung nach dem Verständnis der Essential Facilities-Doktrin dar.[344] Zugüberwachungssysteme sowie Sicherungs- und Steuerungssysteme sind ebenfalls unabdingbar zur Gewährleistung der Verkehrssicherheit auf dem Schienennetz.[345] Der Aufbau von Konkurrenzsystemen widerspräche einer anzustrebenden Standardisierung und könnte zu erhöhten Kosten durch notwendige Schnittstellenverbindungen der verschiedenen Systeme und sogar zu Einbußen der Verkehrssicherheit führen. Sachgerecht erscheint es, diese Systeme nicht unabhängig von der Schieneninfrastruktur zu betrachten.

---

340 Ott, Int. Verkehrswesen 2006, 392, 392.

341 Vgl. Burmeister, Der Wettbewerb der Eisenbahnen im europäischen Binnenmarkt, S. 149.

342 Ott, Int. Verkehrswesen 2006, 392, 396.

343 Während in der Ausbauphase des Netzes Ende des 19. Jahrhunderts noch verschiedene private Anbieter rentabel parallel verlaufende Strecken anbieten konnten, ist dies aufgrund veränderter Marktsituation im intermodalen Verkehrswettbewerb nicht mehr möglich.

344 So auch Ott, Int. Verkehrswesen 2006, 392, 396, Burmeister, Der Wettbewerb der Eisenbahnen im europäischen Binnenmarkt, S. 149.

345 Knieps, Wettbewerb in Netzen, S. 14 f.

Die Einstufung des rollenden Materials als wesentliche Einrichtung im Sinne der Essential Facilities-Doktrin erscheint dagegen zweifelhaft. Wettbewerber auf dem Transportmarkt sind aufgrund hoher Fixkosten auf den Erwerb von gebrauchtem Material des vertikal integrierten Unternehmens angewiesen. Mangels eines funktionierenden Marktes für gebrauchtes rollendes Material sind jedoch die Erwerbsmöglichkeiten stark eingeschränkt. Gleichwohl begründet ein erschwerter Markteintritt noch keine wesentliche Einrichtung, da eine Duplizierung des rollenden Materials nicht unmöglich ist. Dass eine wirtschaftliche Unrentabilität noch nicht zu einer Zugangsverpflichtung führt, hat der EuGH im Urteil Bronner GmbH & Co KG ausführlich dargelegt. Vielmehr besteht demzufolge eine Zugangsverpflichtung erst, wenn für Nachfrager die Errichtung einer gleichartigen Einrichtung physikalisch, geographisch oder rechtlich unmöglich ist oder sie aus gesamtwirtschaftlichen Gründen unerwünscht ist. Konkurrenten des etablierten Unternehmens könnten im Rahmen eines Joint Venture eigenes rollendes Material herstellen. Insofern stellt dieses keine wesentliche Einrichtung im Rahmen der Essential Facilities-Doktrin dar.

3. Staatliche Beihilfen

Gemäß der Verbotsnorm des Art. 87 Abs. 1 EG sind staatliche oder aus staatlichen Mitteln gewährte Beihilfen gleich welcher Art, die durch die Begünstigung bestimmter Unternehmen oder Produktionszweige den Wettbewerb verfälschen oder zu verfälschen drohen, mit dem Gemeinsamen Markt unvereinbar, soweit sie den Handel zwischen Mitgliedstaaten beeinträchtigen.[346] Auch das Beihilfeverbot dient dem in Art. 3 Abs. 1 lit. g EG verankerten Ziel, den Wettbewerb innerhalb des Binnenmarktes vor Verfälschungen zu schützen. Eine Wettbewerbsverfälschung im Sinne des Art. 87 Abs. 1 EG liegt dann vor, wenn eine staatliche Beihilfe die Chancengleichheit der Unternehmen im Wettbewerb beeinträchtigt, indem sie künstlich die Stellung bestimmter Unternehmer gegenüber anderen stärkt und insofern der Anreizfunktion des Wettbewerbs schadet.[347] Ausnahmen vom grundsätzlichen Beheilfeverbot sind Art. 87 Abs. 2 und 3 EG verankert, wobei die Kommission bezüglich der Ausnahmetatbestände des Art. 87 Abs. 3 EG über einen weiten Ermessensspielraum verfügt, um ein hohes Maß an Flexibilität in der Abwägung von mitgliedstaatlichen Interessen und Gemeinschaftszielen zu gewährleisten.[348] Staatliche Beihilfen werden allgemein definiert als dem Staat zurechenbare Maßnahmen, die durch den Transfer staatlicher Mittel selek-

346 Vgl. zum Charakter der Vorschrift als Verbotsnorm nur Cremer, in: Calliess (Hrsg.), EUV/EGV-Komm., Art. 87 EG, Rn. 5 m.w.N.

347 Mestmäcker/Schweitzer, Europäisches Wettbewerbsrecht, § 42, Rn. 18.

348 Kritisch zum weiten Ermessensspielraum insbesondere Hancher/Ottervanger/Slot, EC state aids, Rn. 1-001.

tiv bestimmten Unternehmen wirtschaftliche Vorteile verschaffen.[349] Die Art der Beihilfe ist dabei nicht entscheidend, maßgeblich ist vielmehr, dass sie jedenfalls aus staatlichen Mitteln stammt und bestimmte Unternehmen begünstigt, mithin selektiv eingesetzt wird.[350] Bei der Privatisierung von öffentlichen Unternehmen kann insofern eine Übernahme von Schulden durch den Staat oder ein Verkauf unter dem Marktwert des Unternehmens eine verbotene staatliche Beihilfe begründen. Um eine unzulässige Begünstigung des Käufers zu vermeiden, ist unter Umständen durch ein unabhängiges Wertgutachten der marktgerechte Preis des Unternehmens zu ermitteln. Bei einem Börsengang ist gleichwohl davon auszugehen, dass der Kapitalmarkt den Unternehmenswert korrekt bemisst und etwaige verborgene Zuwendungen des Staates an das privatisierte Unternehmen einen Ausgleich über den Privatisierungserlös erfahren.[351] In Bezug auf die Beeinträchtigung des innergemeinschaftlichen Handels als weitere Voraussetzung des Art. 87 Abs. 1 EG ist ausreichend aber auch erforderlich, dass das begünstigte Unternehmen in der Lage ist, durch innergemeinschaftlichen Wettbewerb die Handelsströme zwischen den Mitgliedstaaten zu beeinflussen.[352]

Im Eisenbahnwesen wird das Verbot der staatlichen Beihilfe nach einer vollständigen Privatisierung besonders relevant, wenn der Staat dem privatisierten Unternehmen Finanzmittel zum Ausbau und zur Instandhaltung der Infrastruktur gewährt.[353] In diesem Zusammenhang ist Art. 73 EG zu berücksichtigen, der als zusätzliche Ausnahme neben Art. 87 Abs. 2 und 3 EG für den Bereich des Verkehrs Anwendung findet.[354] Danach sind Beihilfen zulässig, die den Erfordernissen der Koordinierung des Verkehrs oder der Abgeltung bestimmter, mit dem Begriff des öffentlichen Dienstes zusammenhängender Leistungen entsprechen. Dahinter steht das Verständnis der Europäischen Kommission, dass sich das Konzept der Beihilfe auf die Notwendigkeit des Tätigwerdens der Regierung bezieht, die im Falle eines mangelnden Wettbewerbsmarktes oder einem existenten Marktversagen gegeben ist.[355] Der Begriff der Koordinierung kann mit einer einzelstaatlichen oder gemeinschaftlichen Ordnungspolitik mit dem Ziel einer volkswirtschaftlich sinnvollen

349 Mestmäcker/Schweitzer, Europäisches Wettbewerbsrecht, § 43, Rn. 3.

350 Dieser wirkungsbezogene Beihilfenbegriff ist der Verhinderung von Umgehungsmöglichkeiten geschuldet. Vgl. nur Mestmäcker/Schweitzer, Europäisches Wettbewerbsrecht, § 43, Rn. 4 mit diversen Beispielen aus der europäischen Rechtsprechungspraxis.

351 Monopolkommission, Die Privatisierung der Deutschen Bahn AG, Sondergutachten, Rn. 44.

352 EuGH, Rs C730/79, Philip Morris, Slg. 1980, S. 2671.

353 Bezogen auf das nationale Eisenbahnwesen ergibt sich diese Pflicht aus Art. 87e Abs. 4 GG in Verbindung mit § 8 BSchwAG.

354 Boeing, in: Grabitz/Hilf (Hrsg.), EUV/EGV, Art. 73, Rn. 1. Daraus folgt, dass Art. 73 nur Anwendung findet, wenn eine staatliche Beihilfe iSd Art. 87 Abs. 1 vorliegt.

355 Entscheidung der Kommission N 79/97 – Niederlande, ABl. C 377 v. 12.12.1997, S. 3.

Aufgabenverteilung im Verkehr gleichgesetzt werden.[356] Nach diesem Verständnis ist die Bereitstellung von Infrastruktur als allgemeine Maßnahme staatlicher Politik im Rahmen der Flächennutzungsplanung und der Förderung eines integrierten und tragfähigen Verkehrssystems anzusehen. Die Rechtsprechung der Kommission hat drei Voraussetzungen entwickelt, bei deren Erfüllung staatliche Beihilfen nach Art. 73 EG gerechtfertigt sind. So muss erstens die staatliche Beihilfe zur Gesamtfinanzierung des Vorhabens für die Verwirklichung des jeweiligen Vorhabens oder der jeweiligen Tätigkeit im gemeinschaftlichen Interesse erforderlich sein. Zweitens ist die Beihilfe auf diskriminierungsfreier Grundlage zu gewähren und schließlich darf die Beihilfe nicht zu einer Wettbewerbsverzerrung führen, die dem gemeinsamen Interesse zuwiderläuft.[357] Die Europäische Kommission nahm im Jahre 2001 ein angemeldetes Beihilfenprogramm Großbritanniens, auf dessen Grundlage finanzielle Leistungen an private Unternehmen für die Erneuerung der nationalen Schieneninfrastruktur gewährt werden sollten, zum Anlass, über die Rechtmäßigkeit solcher Fördermaßnahmen nach Art. 73 EG zu entscheiden.[358] Aufgrund der Besonderheit in der Person des Beihilfenempfängers Railtrack als börsennotiertes und wirtschaftliche Aktivitäten ausübendes Unternehmen hat die Kommission nach Prüfung sämtlicher Voraussetzungen das Vorliegen einer staatlichen Beihilfe im Sinne des Art. 87 Abs. 1 EG angenommen.[359]

Dennoch erklärte sie im Ergebnis die finanzielle Zuwendung unter Zugrundelegung der drei entwickelten Voraussetzungen des Art. 73 EG für zulässig, da sie den Erfordernissen der Koordinierung des Verkehrs entspreche. Allgemein formuliert, sind danach staatliche Finanzmittel in Form von Investitionen in die Eisenbahninfrastruktur im gemeinschaftlichen Interesse, da sie den Zweck der Verlagerung von Verkehrsströmen von der Straße auf die Schiene fördern.[360] Im konkreten Fall war trotz der Monopolstellung von Railtrack im Eisenbahninfra-

---

356 Boeing, in: Grabitz/Hilf (Hrsg.), EUV/EGV, Art. 73, Rn. 4.

357 Entscheidung der Kommission, N 500/2001 – Vereinigtes Königreich, Network Grants to Heavy Tail Infrastructure Managers; Entscheidung der Kommission, N 121/99 – Österreich, ABl. EG C 245 v. 28.08.1999; vgl. auch KOM (2000) 5 endg. v. 26.07.2000, Vorschlag für eine Verordnung des Europäischen Parlaments und des Rates über die Gewährung von Beihilfen für die Koordinierung des Eisenbahnverkehrs, des Straßenverkehrs und der Binnenschifffahrt.

358 Entscheidung der Kommission, N 500/2001 – Vereinigtes Königreich, Network Grants to Heavy Tail Infrastructure Managers. Vgl. dazu Monopolkommission, die Privatisierung der Deutschen Bahn AG, Sondergutachten, Rn. 45 ff.

359 Grundsätzlich hat die Europäische Kommission bis dahin den Aus- und Neubau öffentlicher Verkehrswege unter der Voraussetzung einer diskriminierungsfreien Benutzung durch sämtliche Marktteilnehmer nicht als staatliche Beihilfe angesehen. Dazu auch Monopolkommission, die Privatisierung der Deutschen Bahn AG, Sondergutachten, Rn. 47.

360 Vgl. zu diesem Zweck Europäische Kommission, Weißbuch (KOM 2001) 370, Die Europäische Verkehrspolitik bis 2010: Weichenstellungen für die Zukunft, 2001, S. 15.

strukturbereich die Diskriminierungsfreiheit hinreichend gewahrt, da die Beihilfe jedenfalls prinzipiell für jeden Infrastrukturbetreiber vorgesehen war.[361] Schließlich werden potentielle Wettbewerbsverzerrungen, die dem gemeinsamen Interesse zuwiderlaufen, von generellen Vorteilen bezüglich Sicherheit, Effizienz und Ökologie ausgeglichen, die eine Verlagerung der Verkehrsströme von der Straße auf die Schiene bedingen. Aus dieser Entscheidung wird deutlich, dass die Europäische Kommission selbst bei finanziellen Zuwendungen an private Infrastrukturbetreiber eine wohlwollende Beurteilung in Bezug auf eine mögliche verbotene Beihilfe vornimmt, solange diese dem übergeordneten Gesamtverkehrsinteresse dient. Bei finanziellen Zuwendungen an einen nicht wettbewerbsorientierten Infrastrukturbetreiber, in diesem Falle Railtracks Nachfolgegesellschaft Network Rail, hat die Europäische Kommission in einem weiteren Fall bereits die Erfüllung des Beihilfentatbestandes des Art. 87 Abs. 1 EG verneint, da kein Wettbewerb auf dem Markt für Eisenbahninfrastrukturdienste existiere.[362] Nach Übertragung der entscheidungsrelevanten Grundsätze auf das deutsche Eisenbahnwesen ist zu vermuten, dass selbst bei vollständiger Privatisierung der Eisenbahninfrastruktur eine diskriminierungsfreie Gewährung von staatlichen Finanzmitteln keine verbotene staatliche Beihilfe im Sinne des Art. 87 Abs. 1 EG begründen würde.

V. Transeuropäische Netze

Art. 3 lit. o EG in Verbindung mit Art. 154 Abs. 1 EG ermächtigt die Europäische Gemeinschaft, zum Auf- und Ausbau transeuropäischer Netze in den Bereichen des Verkehrs-, Telekommunikations- und Energieinfrastruktur beizutragen.[363] Gemäß Art. 154 Abs. 2 EG steht dabei die Förderung des Verbunds und der Interoperabilität der einzelnen Netze sowie des Netzzugangs im Vordergrund. Zur Stärkung eines gemeinsamen Wirtschaftsraums strebt die Europäische Gemeinschaft eine Konformität der Netze an, indem sie dafür Grundsätze entwickelt und gezielt die Förderung einzelner Vorhaben von gemeinschaftlichem Interesse fördert.[364] Sie wird somit als übergeordnete Planungsebene tätig, deren vorwiegende Handlungsinstrumente Art. 155 EG bestimmt.[365] Für den Bereich der transeuropäischen Netze sind die Art. 154-156 EG einschlägig, so dass ein Zurückgreifen auf Handlungsmöglichkeiten und Rechtsetzungskompetenzen der Art. 70 ff.

---

361 Vgl. Monopolkommission, die Privatisierung der Deutschen Bahn AG, Sondergutachten, Rn. 48.

362 Entscheidung der Kommission v. 17.08.2002, N 356/2002, Vereinigtes Königreich, Network Rail.

363 Titel XV über transeuropäische Netze wurde erst mit dem Vertrag von Maastricht vom 07.02.1992 in den EG-Vertrag eingefügt. Vgl. Mückenhausen, in: Frohnmeyer/Mückenhausen, EG-Verkehrsrecht, Kap. I, Rn. 39 ff.; Ronellenfitsch, in: Blümel/Kühlwetter, Aktuelle Probleme des Eisenbahnrechts IV, S. 111 ff.

364 Vgl. Weber, in: FS-Lendi, S. 579, 584.

365 Ausführlich dazu Bogs, Die Planung transeuropäischer Verkehrsnetze, S. 138 ff.

EG ausgeschlossen ist. Für das Eisenbahnwesen sind insbesondere die Leitlinien der Entscheidung Nr. 1692/96/EG von Bedeutung,[366] die in Art. 1 ff. Grundsätze für den Auf- und Ausbau europäischer Netze benennen.[367] Eine Zweiteilung des Eisenbahnnetzes in Hochgeschwindigkeitsnetz und konventionelles Eisenbahnnetz nimmt Art. 10 vor. Während Art. 10 Abs. 4 die besondere Rolle des Eisenbahnnetzes hervorhebt, betont Art. 10 Abs. 5 die Bedeutung hoher Qualitäts- und Sicherheitsstandards. Relevanz für transeuropäische Eisenbahnnetze haben darüber hinaus die Richtlinien 96/48/EG[368] und 2001/16/EG[369] zur Angleichung technischer Systeme der Mitgliedstaaten für den europäischen Eisenbahnverkehr.

B. Eisenbahnspezifisches sekundäres Gemeinschaftsrecht

Vor dem Hintergrund wachsender Defizite nahezu aller europäischen Eisenbahnunternehmen und vereinzelten nationalen Deregulierungsbestrebungen forcierte man auf europäicher Ebene unter dem Einfluss des Untätigkeitsurteils zum Ende der 1980er Jahre die gemeinsame Verkehrspolitik. Die Kommission setzte sich in einer im Jahre 1990 veröffentlichten Mitteilung für umfassende Reformen der nationalen Eisenbahnwesen sowie einer Öffnung des europäischen Schienennetzes für alle lizensierten Eisenbahnunternehmen ein, um den Erfordernissen des Binnenmarktes gerecht zu werden.[370]

I. Richtlinie 91/440/EWG

Grundstein gemeinsamer europäischer Schienenverkehrspolitik in Richtung einer Liberaliserung der Eisenbahnverkehrsmärkte war die im Jahre 1991 erlassene Richtlinie 91/440/EWG.[371] Art. 1 der Richtlinie 91/440/EWG verpflichtet Mitgliedstaaten zur Verfolgung der Prinzipien unternehmerische Unabhängigkeit der Eisenbahnunternehmen, Trennung zwischen Eisenbahninfrastruktur und Transportbetrieb, finanzielle Sanierung sowie diskriminierungsfreier Zugang Dritter zum Schienennetz. Zentrale Vorschriften der Richtlinie 91/440/EWG in Bezug auf

366 Entscheidung Nr. 1692/96/EG des Europäischen Parlaments und des Rates vom 23.07.1996 über gemeinschaftliche Leitlinien für den Aufbau eines transeuropäischen Verkehrsnetzes, ABl. EG Nr. L 228, S. 1.

367 Ausführlich dazu Frohnmeyer/Mückenhausen, EG-Verkehrsrecht, Komm. Nr. 131.

368 Richtlinie 96/48/EG des Rates vom 23.07.1996 über die Interoperabilität des transeuropäischen Hochgeschwindigkeitsbahnsystems, ABl.EG Nr. L 235 v. 17.09.1996, S. 6.

369 Richtlinie 2001/16/EG des Rates vom 19.03.2001 über die Interoperabilität des konventionellen transeuropäischen Eisenbahnsystems, ABl.EG Nr. L 110 vom 20.04.2001, S. 1.

370 Europäische Kommission, Mitteilung v. 25.01.1990, ABl. EG 1990, C 34/8: Vorschlag für eine Richtlinie des Rates zur Entwicklung der Eisenbahnunternehmen in der Gemeinschaft.

371 Richtlinie 91/440 EWG des Rates vom 29. Juli 1991 zur Entwicklung der Eisenbahnunternehmen der Gemeinschaft, ABl.EG Nr. L 237 S. 25.

die Liberalisierungsentwicklung sind Art. 5 betreffend das Handeln nach marktwirtschaftlichen Grundsätzen, Art. 6 betreffend die Trennung von Infrastruktur und Transport sowie Art. 10 betreffend die Zugangsrechte zur Schieneninfrastruktur für bestimmte Eisenbahnunternehmen.

1. Handeln nach marktwirtschaftlichen Grundsätzen

Art. 5 Abs. 1 der Richtlinie 91/440/EWG normiert die Vorgabe, Eisenbahnunternehmen der Gemeinschaft an die Bedingungen des Binnenmarktes anzupassen und ihre Leistungsfähigkeit zu erhöhen.[372] Dies verpflichtet die Mitgliedstaaten zur Ergreifung von Maßnahmen, damit Eisenbahnunternehmen ihre Geschäfte nach marktwirtschaftlichen Grundsätzen führen können und unter Einhaltung von Qualitätsstandards effiziente und angemessene Leistungen zu minimierten Kosten anbieten können. Gemäß Art. 5 Abs. 1 Satz 2 der Richtlinie 91/440/EWG soll die Führung nach handelsgesellschaftlichen Grundsätzen auch für die vom Staat auferlegten Verpflichtungen des öffentlichen Dienstes sowie für Verträge über Verkehrsdienste aufgrund der Verpflichtungen des öffentlichen Dienstes, die von dem Unternehmen mit den zuständigen Behörden des Mitgliedstaates abgeschlossen wurden, gelten. Art. 5 der Richtlinie 91/440/EWG verdeutlicht erstmals, dass im Spannungsverhältnis zwischen marktwirtschaftlicher Orientierung und Gemeinwohlverpflichtung der marktwirtschaftlichen Orientierung Vorrang einzuräumen ist. Konkrete Vorgaben zur Implementierung der Verpflichtung zum Handeln nach marktwirtschaftlichen Grundsätzen enthält die Vorschrift jedoch nicht, sondern überlässt dies den umsetzenden Mitgliedstaaten.

2. Trennung von Infrastruktur und Transport

Eines der grundlegenden Ziele der europäischen Eisenbahnpolitik war stets die Trennung zwischen dem Betrieb der Eisenbahninfrastruktur und dem Erbringen von Verkehrsleistungen.[373] Art. 6 Abs. 1 der Richtlinie 91/440/EWG verpflichtet zwar zur Trennung der Rechnungsführung von Eisenbahninfrastruktur und Eisenbahnbetrieb. Eine Entscheidung zugunsten einer weitergehenden Reformierung, insbesondere der organisatorischen und institutionellen Trennung beider Bereiche, bleibt danach gleichwohl den Mitgliedstaaten gemäß Art. 6 Abs. 2 der Richtlinie 91/440/EWG überlassen. Die Vorschrift stellt insofern einen Kompromiss zwischen einer institutionellen Trennung verbunden mit der Ausgliederung einer eigenständigen Fahrweginstitution aus dem vertikal integrierten Eisenbahnunternehmen und der Beibehaltung einer uneingeschränkten vertikal integrierten Organisationsstruktur dar.[374] Differenzen bezüglich einer Einigung über eine einheit-

372 Vgl. Stehmann/Mackay, Competition Policy Newsletter (3/2003), 21, 21.

373 Vgl. Art. 1 der Richtlinie; Elsholz, ZfVerkWiss. 1994, 1, 23.

374 Vgl. Burmeister, Der Wettbewerb der Eisenbahnen im europäischen Binnenmarkt, S. 71.

liche europäische Organisationsstruktur werden dadurch untermauert, dass selbst diese Kompromisslösung von einigen Mitgliedstaaten Kritik erfuhr, insbesondere seitens der südeuropäischen Staaten als Verfechter einer vertikal integrierten Struktur.[375] Die Pflicht aus Art. 6 Abs. 1 der Richtlinie 91/440/EWG wurde von der Kommission dennoch als unumgänglich angesehen, um vor allem höchst wettbewerbsfeindliche Diskriminierungs- und Quersubventionierungspotentiale zwischen einzelnen Unternehmensbereichen zu unterbinden.[376]

3. Zugang zur Eisenbahninfrastruktur

Mit der Verpflichtung zur Gewährung des diskriminierungsfreien Zugangs zur Eisenbahninfrastruktur ist in Art. 10 der Richtlinie 91/440/EWG ein weiteres elementares Ziel der Liberalisierung verankert. Demnach erhalten internationale Gruppierungen Zugangs- und Transitrechte in den Mitgliedstaaten, in denen die ihnen angeschlossenen Eisenbahnunternehmen ihren Sitz haben, sowie Transitrechte in anderen Mitgliedstaaten für grenzüberschreitende Verkehrsleistungen zwischen den Mitgliedstaaten, in denen die ihnen angeschlossenen Eisenbahnunternehmen ihren Sitz haben. Die internationale Gruppierung definiert Art. 3 der Richtlinie 91/440/EWG als Verbindung von mindestens zwei Eisenbahnunternehmen mit Sitz in verschiedenen Mitgliedstaaten zum Zwecke der Erbringung grenzüberschreitender Verkehrsleistungen innerhalb der Europäischen Union. Der Wortlaut verlangt keine bestimmte Kooperationsform.[377] Der Anzahl der beteiligten Eisenbahnunternehmen sind zwar ausdrücklich keine Grenzen gesetzt, die Zusammensetzung der internationalen Gruppierung unterliegt jedoch stets einem wettbewerbsrechtlichen Vorbehalt, insbesondere der EG-Fusionskontrolle sowie dem Kartellverbot des Art. 81 EG. Infolge der Beschränkung auf internationale Gruppierungen sowie auf Eisenbahnunternehmen im grenzüberschreitenden kombinierten Güterverkehr nach Art. 3 der Richtlinie 91/440/EWG stellt auch Art. 10 der Richtlinie eine Kompromisslösung dar.[378] Die in Art. 10 Abs. 1 und 2 der Richtlinie 91/440/EWG festgelegten Zugangs- und Transitrechte entfalten keine

375 Vgl. Aberle/Eisenkopf, Schienenverkehr und Netzzugang, S. 79 f.; Ende/Kaiser, WuW 2004, 26, 27.

376 Ebeling, in: Kunz (Hrsg.), Eisenbahnrecht, C.2.2, Erläuterungen zur Richtlinie 91/440/EG, Anm. zu Art. 6.

377 Vgl. u.a. Burmeister, Der Wettbewerb der Eisenbahnen im europäischen Binnenmarkt, S. 74, die auf Kooperationsformen, wie sie im internationalen Eisenbahntransportrecht CIV (Einheitliche Rechtsvorschriften für den Vertrag über die internationale Eisenbahnbeförderung von Personen und Gepäck, Anhang A zum COTIF, BGBl II 1985, S. 178) und CIM (Einheitliche Rechtsvorschriften für den Vertrag über die internationale Eisenbahnbeförderung von Gütern, Anhang B zum COTIF, BGBl. II 1985, S. 224) vorgesehen sind, hinweist.

378 Ebeling, in: Kunz (Hrsg.), Eisenbahnrecht, C.2.2, Erläuterungen zu Richtlinie 91/440/EG, Anm. zu Art. 10; Ende/Kaiser, WuW 2004, 26, 27.

unmittelbare Wirksamkeit. Gemäß Art. 10 Abs. 3 der Richtlinie 91/440/EWG haben Zugangspetenten mit den Eisenbahninfrastrukturbetreibern die erforderlichen administrativen, technischen und finanziellen Vereinbarungen abzuschließen, um über notwendige Fragen der Verkehrsregelung und der Verkehrssicherheit bei grenzüberschreitenden Verkehrsleistungen im Sinne der Absätze 1 und 2 Einigung zu erzielen. Einheitliche Bedingungen der Vereinbarung werden nicht vorgegeben, sondern nach dem Prinzip der Vertragsfreiheit den Beteiligten überlassen. Einschränkend wirkt lediglich Art. 10 Abs. 3 Satz 2 der Richtlinie 91/440/EWG, wonach sämtliche Bedingungen der Vereinbarung diskriminierungsfrei sein müssen.

4. Fazit

Richtlinie 91/440/EWG stellt insgesamt lediglich eine Kompromisslösung zur Liberalisierung des Schienenverkehrs dar,[379] was insbesondere die bereits diskutierten Artikeln 6 und 10 der Richtlinie 91/440/EWG verdeutlichen. Vor allem Art. 6 der Richtlinie 91/440/EWG eröffnet den Mitgliedstaaten bei der Umsetzung verschiedene Ausgestaltungsmöglichkeiten zur Strukturierung des nationalen Eisenbahnwesens. Zwar ist eine Trennung der Rechnungsführung in den Bereichen Infrastrukturbetrieb und Verkehrsabwicklung zwingend vorgegeben, die organisatorische und institutionelle Trennung mit der Folge einer Unternehmensentflechtung auf Managementebene ist nach Art. 6 Abs. 2 der Richtlinie 91/440/EWG jedoch lediglich fakultativ. Während die Kommission stets propagierte, dass nur eine vollständige Trennung Diskriminierungspotentiale beim Netzzugang beseitigen und das Entstehen des angestrebten Wettbewerbs auf dem Transportmarkt stärker fördern würde, bremst Art. 6 der Richtlinie 91/440/EWG mit der Legitimation des vertikal integrierten, marktbeherrschenden Unternehmen Liberalisierungsbestrebungen im Eisenbahnsektor.

Kompromisse bei der Neuorientierung sind ebenso bei der Gewährleistung eines diskriminierungsfreien Netzzugangs nach Art. 10 der Richtlinie 91/440/EWG auszumachen. So gilt die Vorschrift lediglich für Züge des kombinierten Güterverkehrs und somit nicht für den konventionellen Güterverkehr oder etwa den Personenverkehr. Außerdem folgt aus dem Erfordernis einer internationalen Gruppierung, dass mindestens zwei voneinander unabhängige Eisenbahnunternehmen mit Sitz in verschiedenen Mitgliedstaaten kooperieren müssen und dabei grenzüberschreitenden Verkehr anzubieten haben. Nach der Richtlinie sind die Eisenbahnnetze nicht für Kabotage geöffnet, sondern ausschließlich für Strecken zwischen den Mitgliedstaaten, in denen Mitglieder der Gruppierung ihren Sitz haben. Nur

379 So auch Aberle/Eisenkopf, Schienenverkehr und Netzzugang, S. 79 f.; Freise, in: Thume (Hrsg.), Transport- und Vertriebsrecht, S. 267, 270; Ronellenfitsch, DVBl 2002, 657, 657; Schmitt, EuZW 1993, 305, 308.

dann bestehen auch Zugangsrechte zu Transitstrecken. Die Zurückhaltung bei der Reformierung des europäischen Schienenverkehrs ist zurückzuführen auf einen Dissens der Mitgliedstaaten in bezug auf Organisation und Unternehmensführung des Eisenbahnwesens. Während sich in einigen Staaten, insbesondere Großbritannien, Schweden, Niederlande und der Bundesrepublik Deutschland die Ansicht durchsetzte, es müsse wie ein Wirtschaftsunternehmen geführt werden, beharrten in erster Linie die südeuropäischen Staaten auf der Beibehaltung der Staatsbahn vor dem Hintergrund der Erfüllung von Gemeinwohlverpflichtungen.[380]

II. Verordnung 1893/91/EWG

Die Verordnung 1191/69/EWG des Rates in der geänderten Fassung der Verordnung 1893/91/EWG ist im Kontext der Liberalisierungsbestrebungen im grenzüberschreitenden Schienenverkehr zu betrachten.[381] Um Verkehrsunternehmen in den Sektoren Eisenbahn-, Straßen- und Binnenschifffahrtsverkehr eine ausreichende wirtschaftliche Unabhängigkeit und Eigenständigkeit zu gewährleisten, sollten sie zu gemeinwirtschaftlichen Leistungen nur in engen Grenzen und gegen Gewährung von Ausgleichszahlungen für ungedeckte Kosten verpflichtet werden können.[382] Gemäß Art. 1 Abs. 1 der Verordnung 1893/91/EWG gelten die Neuregelungen nicht nur ausschließlich für Staatsunternehmen, sondern grundsätzlich für sämtliche Unternehmen, die Verkehrsdienste in den jeweiligen Sektoren anbieten. Nach Art. 1 Abs. 4 der Verordnung 1893/91/EWG sind vertragliche Regelungen zwischen den zuständigen Behörden des Mitgliedstaates und den Verkehrsunternehmen auszuhandeln, wenn aus sozialen, umweltpolitischen und landesplanerischen Gründen eine ausreichende Verkehrsbedienung sicherzustellen ist. Eine Einschränkung dessen besteht nur für bereits existierende gemeinwirtschaftliche Verpflichtungen. So hat der EuGH im Jahre 1999 entschieden, dass prinzipiell kein Anspruch auf Aufhebung bestehender gemeinwirtschaftlicher Verpflichtungen besteht.[383] Das betroffene Unternehmen hat lediglich Anspruch auf Ausgleichszahlung durch die zuständige Behörde des Mitgliedstaates. Die zwingende Anwendung der Verordnung 1893/91/EWG und die darin enthaltende Möglichkeit der Gewährung ausschließlicher Rechte in gemeinwirtschaftlichen Verträgen unter bestimmten Voraussetzungen hat der EuGH in dem Fall Altmark bestätigt.[384]

380 Vgl. Aberle/Eisenkopf, S. 79 f.; Freise, in: Thume (Hrsg.), Transport- und Vertriebsrecht, S. 267, 271.

381 Verordnung (EWG) Nr. 1893/91 des Rates vom 20.06.1991 zur Änderung der Verordnung (EWG) Nr. 1191/69 über das Vorgehen der Mitgliedstaaten bei mit dem Begriff des öffentlichen Dienstes verbundenen Verpflichtungen auf dem Gebiet des Eisenbahn-, Straßen- und Binnenschiffsverkehrs.

382 Der Grundsatz der Aufhebung gemeinwirtschaftlicher Verpflichtungen ist in Art. 1 Abs. 3 der VO 1893/91/EWG niedergelegt.

383 EuGH 1999, TranspR 1999, 16, 16.

384 EuGH Rs. C-280/00, Altmark Trans NJW 2003, 2515, 2517.

III. Richtlinien 95/18/EG und 95/19/EG

Zum Zwecke der Präzisierung von Richtlinie 91/440/EWG erließ die Europäische Kommission im Jahre 1995 die Richtlinie 95/18/EG über die Erteilung von Genehmigungen an Eisenbahnunternehmen[385] sowie die Richtlinie 95/19/EG über die Zuweisung von Fahrwegkapazitäten der Eisenbahnen und die Berechnung von Wegeentgelten.[386] Richtlinie 95/18/EG bestimmt die Voraussetzungen für die Erteilung, Aufrechterhaltung und Änderung von Betriebsgenehmigungen für Eisenbahnverkehrsunternehmen, die Verkehrsleistungen auf fremder Infrastruktur erbringen wollen. Um die in Art. 10 der Richtlinie 91/440/EWG festgelegten Zugangsrechte zur Infrastruktur nach dem Prinzip der Gleichbehandlung gewährleisten zu können, enthalten Art. 6 bis 13 der Richtlinie 95/18/EG Maßgaben zur Lizenzerteilung. Danach ist die Lizenzerteilung unter anderem abhängig von der Zuverlässigkeit des Unternehmens (Art. 6 der Richtlinie 95/18/EG), der finanziellen Leistungsfähigkeit (Art. 7 der Richtlinie 95/18/EG), der fachlichen Eignung (Art. 8 der Richtlinie 95/18/EG), der Garantie der Deckung einer Haftpflicht (Art. 9 der Richtlinie 95/18/EG) sowie der Beachtung des einzelstaatlichen Rechts (Art. 12 der Richtlinie 95/18/EG) und des Völkerrechts (Art. 13 der Richtlinie 95/18/EG).[387] Hat das Eisenbahnverkehrsunternehmen diese Voraussetzungen erfüllt, unterliegt die Entscheidung über eine Betriebsgenehmigung nicht mehr dem Ermessen der zuständigen Behörde. Das Verkehrsunternehmen hat vielmehr nach Art. 4 Abs. 3 der Richtlinie 95/18/EG einen Rechtsanspruch auf Erteilung der Genehmigung. Die Genehmigung wird nach Art. 3 der Richtlinie von dem Mitgliedstaat erteilt, in dem das Eisenbahnverkehrsunternehmen seinen Sitz hat und ist im gesamten Gebiet der Europäischen Union gültig. Gemäß Art. 4 Abs. 4 der Richtlinie 95/18/EG berechtigt die Betriebsgenehmigung zur Erbringung von grenzüberschreitenden Verkehrsleistungen, jedoch noch nicht zum Zugang zur Eisenbahninfrastruktur. Diese wird nach den Vorschriften der Richtlinie 95/19/EG erteilt.

Richtlinie 95/19/EG enthält einheitliche Vorgaben zur Umsetzung des nach Art. 10 Abs. 3 der Richtlinie 91/440/EWG garantierten, diskriminierungsfreien Zugangs zur Eisenbahninfrastruktur. Art. 4 der Richtlinie 95/19/EG bestimmt, dass nach festgelegten Grundsätzen und Verfahrensregelungen für die Zuweisung von Fahrwegkapazität und die Berechnung von Wegeentgelten Mitgliedstaaten verpflichtet sind, die Zuweisung gerecht und im Einklang mit dem Grundsatz der Gleichbe-

385 Richtlinie 95/18/EG des Rates vom 19.6.1995 über die Erteilung von Genehmigungen an Eisenbahnunternehmen, ABl. EG 1995 L 143, S. 70.

386 Richtlinie 95/19/EG des Rates vom 19.6.1995 über die Zuweisung von Fahrwegkapazität der Eisenbahn und die Berechnung von Wegeentgelten, ABl. EG 1995 L 143, S. 75.

387 Die Beachtung des Völkerrechts umfasst auch die Abkommen CIV und CIM mit ihren jeweiligen Anlagen.

handlung bei Anwendung eines ökonomischen Verfahrens vorbehaltlich gemeinwirtschaftlicher Verpflichtungen zuzuteilen. Art. 2 lit. f) der Richtlinie 95/19/EG ist Ausdruck des Wunsches der Kommission nach marktorientierter und effizienter Trassenvermarktung, wonach neben einer unabhängigen Behörde auch der Infrastrukturbetreiber für die Vergabe von Fahrwegkapazitäten verantwortlich sein kann. Diese Regelung beinhaltet indes ein bestimmtes Diskriminierungspotential, da Art. 6 Abs. 1 und Abs. 2 der Richtlinie 91/440/EWG die Existenz eines vertikal integrierten Eisenbahnunternehmen ermöglichen, das sowohl die Infrastruktur betreibt als auch Verkehrsdienstleistungen erbringt und somit in direkter Konkurrenz zu Zugangspetenten steht.[388] Die Kommission hat die Kontroverse dahingehend entschieden, dass gemäß Art. 13 der Richtlinie 95/19/EG Mitgliedstaaten verpflichtet sind, einen Beschwerde- beziehungsweise Rechtsweg gegen Entscheidungen der Zuweisungsstelle zu eröffnen. Die staatliche Kontrolle über die Zuweisung von Fahrwegkapazität erfolgt damit lediglich nachträglich. Dadurch sollte einerseits verbleibendes Diskriminierungspotential eingeschränkt und andererseits unternehmerische Entscheidungsfreiheit gewährleistet werden.

IV. Richtlinie 96/48/EG

Richtlinie 96/48/EG schreibt den Mitgliedstaaten Regeln zur Interoperabilität vor. Als Interoperabilität im Rahmen der Richtlinie wird die Tauglichkeit des transeuropäischen Hochgeschwindigkeitsbahnsystems für den sicheren und durchgehenden Verkehr von Hochgeschwindigkeitszügen verstanden, die den spezifischen Leistungswerten entsprechen.[389] Ausgangspunkt der Richtlinie 96/48/EG war die nationale Abschottung der Eisenbahnnetze, die im grenzüberschreitenden Verkehr aufgrund von verschieden erforderlichen Maßnahmen, unter anderem die Auswechslung des Zugpersonals, den Austausch der Lokomotive, die Zuginspektion, die Überprüfung der Ladung sowie zum Teil die Änderung der Achsen beziehungsweise Drehgestelle, zu einer im intermodalen Wettbewerb nicht konkurrenzfähigen Durchschnittsgeschwindigkeit der Züge von etwa 18 km/h führte.[390] Eine Vereinheitlichung von technischen Spezifikationen und Standards im Bereich des Schienenverkehrs innerhalb der Mitgliedstaaten sollte den Zugang zu ausländischen Schienennetzen erleichtern. Richtlinie 96/48/EG sieht vor, dass Entwürfe zu Technischen Spezifikationen für die Interoperabilität (TSI) im Auftrag der Europäischen Union von einem Gremium auszuarbeiten sind. Diese Vereinigung für die Interoperabilität im Bereich der Bahn (AEIF)setzt sich aus Betreibern der Infrastruktur, Vertretern der Eisenbahnunternehmen sowie der Industrie zusammen. Entwürfe sind dem Regelungsausschuss Interoperabilität vorzulegen, der

---

388 Vgl. Burmeister, Der Wettbewerb der Eisenbahnen im europäischen Binnenmarkt, S. 80, Schmuck, Int. Verkw. 1994, 195, 198 m.w.N.

389 Vgl. Freise, TransportR 2003, 265, 267.

390 Ende/Kaiser, WuW 2004, 26, 26.

aus Vertretern der Mitgliedstaaten unter dem Vorsitz eines Vertreters der Kommission besteht. Bei Übereinstimmung über eine vorgeschlagene Maßnahme wird diese erlassen, ansonsten entscheidet der Rat mit qualifizierter Mehrheit.

V. Weißbuch von 1996

1. Anlass

Trotz Implementierung der Richtlinien 91/440/EWG, 95/18/EG, 95/19/EG, 96/48/EG sowie umgesetzter nationaler Reformen in einigen Mitgliedstaaten konnte auch Mitte der 1990er Jahre kein tatsächlicher signifikanter Fortschritt hinsichtlich der europäischen Liberalisierung des Schienenverkehrs festgestellt werden. Die meisten nationalen Eisenbahnunternehmen waren noch immer in einer vertikal integrierten Struktur organisiert, intramodaler Wettbewerb war lediglich vereinzelt auszumachen, die Position im intermodalen Vergleich stagnierend bis rückläufig und wirtschaftlich defizitären Entwicklungen noch immer nicht entscheidend gegengesteuert.[391] Kritisiert wurde besonders, dass die in den Richtlinien festgelegten Bestimmungen zur Verteilung von Zugangsrechten und Entgelten vertikal integrierten Eisenbahnunternehmen beträchtliches Diskriminierungspotential böten und damit die Belebung des Wettbewerbs entscheidend hinderten.[392] In der Mitteilung über die Entwicklung der Eisenbahnunternehmen der Gemeinschaft und die Durchführung der Richtlinie 91/440/EWG[393] bemängelte die Kommission ausdrücklich die mangelnde Reichweite von Zugangsrechten für Wettbewerber zur Infrastruktur sowie die Gesamtentwicklung der Eisenbahnunternehmen in Europa. Sie favorisierte zwar stets eine vollständige Trennung von Infrastruktur und Transport nach dem schwedischen Vorbild, schlug jedoch letztendlich erneut eine Kompromisslösung in Form der Erweiterung von Zugangsrechten vor.[394]

2. Inhalt

Im Weißbuch des Jahres 1996 veröffentlichte die Kommission ihre Strategie zur Wiederbelebung des Schienenverkehrs in der Europäischen Gemeinschaft.[395] Als wesentliche Ziele waren die Unabhängigkeit, die Verbesserung der finanziel-

---

391 Vgl. Nash/Rivera-Trujillo, Rail regulatory reform in Europe – principles and practice, S. 1 ff.

392 Stehmann/Mackay, Competition Policy Newsletter (3/2003), 21, 21f.

393 Mitteilung der Europäischen Kommission über die Entwicklung der Eisenbahnunternehmen der Gemeinschaft und die Durchführung der RL 91/440/EWG vom 19.09.1995; KOM (95) 337 endg.

394 Vgl. Ronellenfitsch, DVBl. 2002, 657, 657.

395 Weißbuch „Eine Strategie zur Revitalisierung der Eisenbahnen in der Gemeinschaft“ vom 29.07.1996; KOM (96) 421 endg.

len Situation und der Schuldenabbau im Eisenbahnwesen ausgegeben.[396] Dafür strebte die Kommission eine verstärkte Ausrichtung der Eisenbahn an den Kräften des Marktes ein, um Unternehmen Anreize zur Reduzierung von Kosten, Verbesserung der Qualität der Dienstleistungen sowie zur Entwicklung neuer Produkte zu geben.[397] Vor diesem Hintergrund empfahl sie eine eindeutige Trennung der Zuständigkeiten zwischen Staat und Eisenbahnunternehmen. Zudem sollte eine Finanzstruktur im Eisenbahnwesen eingerichtet werden, bei der auf der einen Seite weiterhin notwendige staatliche Mittel zur Wahrung von Gemeinwohlinteressen zur Verfügung stehen sollten, auf der anderen Seite die verantwortlichen Entscheidungsträger unabhängig von staatlichen Einflüssen über die wirtschaftliche Verwendung der Investitionsmittel verfügen könnten. Darüber führte die Kommission eine vollständige Trennung von Infrastruktur und Transportbetrieb als langfristiges Hauptziel an.[398]

Auf der Agenda des Weißbuchs stand ebenfalls die europäische Vereinheitlichung nationaler Eisenbahnstrukturen als weiterer Meilenstein zur Verwirklichung des europäischen Binnenmarktes. Gütertransporte sollten erweiterte Zugangsrechte durch die Schaffung von Güterfreeways, den Trans European Rail Freight Freeways, erhalten.[399] Auf einem größeren Streckennetz sollten Güter nach den Regeln des freien Marktes befördert werden und die Trassenvergabe an einzelne Unternehmen nach einem festen Entgeltsystem in Übereinstimmung mit der Vorgabe aus Richtlinie 95/19/EG erfolgen.[400] Unabhängige Infrastrukturbetreiber waren als zentrale Institutionen zur Gewährleistung eines diskriminierungsfreien Wettbewerbs auf den Güterfreeways vorgesehen. Vereinzelte Projekte dieses Konzeptes, das in der Praxis über Ansätze nicht hinaus kam, brachten lediglich einige Aufschlüsse für weitere Liberalisierungsbemühungen der Kommission.[401] Das Weißbuch von 1996 war in erster Linie Anstoß für weitere Initiativen, da es ohne konkrete Maßnahmenvorschläge überwiegend Ziele formulierte.

Aufgrund ausbleibender Strukturveränderungen in den Mitgliedstaaten kündigte die Kommission im Jahre 1998 ein Maßnahmepaket für die Infrastruktur an, welches als zentrale Forderung die Trennung von Infrastruktur und Transportbetrieb

---

396 KOM (96) 421 endg., Rn. 3, 4.

397 KOM (96) 421 endg., Rn. 3.

398 KOM (96) 421 endg., Rn. 5.

399 KOM (96) 421 endg., Rn. 34-44.

400 KOM (96) 421 endg., Rn. 50.

401 Projekte im Zuge des Weißbuchs waren u.a. das „Nord-Süd Freeway Projekt" von 1997 (Niederlande, Deutschland, Österreich, Italien und die Schweiz, ab 1998 auch Norwegen, Schweden, Finnland und Dänemark), das „Belifret-Projekt" (Frankreich, Belgien, Luxemburg) sowie das Projekt „London – Sopron" (West – Ost Projekt des Freight Logistic Clubs, einer privaten Verladerorganisation).

enthalten solle.[402] Institutionell unabhängige Unternehmensbereiche sollten ein Optimum an Transparenz im Wettbewerb auf vor- beziehungsweise nachgelagerten Märkten ermöglichen und monopolistische Verhaltensweisen des vertikal integrierten Eisenbahnunternehmens verhindern. Weiterhin waren eine Erweiterung von Zugangsrechten sowie ein transparentes, diskriminierungsfreies und auf Marginalkosten basierendes Zugangsentgeltsystem vorgesehen.

VI. Erstes Eisenbahninfrastrukturpaket

Das erste Eisenbahninfrastrukturpaket trat am 15.03.2001 als Ergebnis eines im Jahre 2000 durchgeführten Vermittlungsverfahrens zwischen dem Europäischen Rat und dem Parlament in Kraft. Es besteht aus der Richtlinie 2001/12/EG zur Änderung der Richtlinie 91/440/EWG zur Entwicklung der Eisenbahnunternehmen der Gemeinschaft,[403] der Richtlinie 2001/13/EG zur Änderung der Richtlinie 95/18/EG über die Erteilung von Genehmigungen an Eisenbahnunternehmen[404] sowie der Richtlinie 2001/14/EG zur Änderung und Ergänzung der Richtlinie 95/19/EG über die Zuweisung von Fahrwegkapazität der Eisenbahn, die Erhebung von Entgelten für die Nutzung von Eisenbahnkapazität und die Sicherheitsbescheinigung.[405]

Der Begriff Paket verdeutlicht den inneren Zusammenhang zwischen den drei Richtlinien. Die Änderungen und Ergänzungen haben verschiedene Zielsetzungen und stellen eine Reaktion auf die von der Kommission bemängelten Defizite bei nationalen Liberalisierungsumsetzungen dar, insbesondere bei der unzulänglichen Entflechtung der Bereiche Netz und Transportbetrieb, bei dem Trassenpreissystem sowie bei der Netzqualität.[406]

---

402 Mitteilung der Europäischen Kommission über die Durchführung und die Auswirkung der Richtlinie 91/440/EWG zur Entwicklung der Eisenbahnunternehmen in der Gemeinschaft und über Zugangsrechte für den Eisenbahnfrachtverkehr vom 31.03.1998; KOM (98), 202 endg.

403 Richtlinie 2001/12/EG des Europäischen Parlaments und des Rates vom 26.02.2001 zur Änderung der Richtlinie 91/440/EWG des Rates zur Entwicklung der Eisenbahnunternehmen der Gemeinschaft; ABl. EG Nr. L 75 vom 15.03.2001, S. 1.

404 Richtlinie 2001/13/EG des Europäischen Parlaments und des Rates vom 26.02.2001 zur Änderung der Richtlinie 95/18/EGG des Rates über die Erteilung von Genehmigungen an Eisenbahnen; ABl. EG Nr. L 75 vom 15.03.2001, S. 26.

405 Richtlinie 2001/14/EG des Europäischen Parlaments und des Rates vom 26.02.2001 über die Zuweisung von Fahrwegkapazität der Eisenbahn, die Erhebung von Entgelten für die Nutzung von Eisenbahnkapazität und die Sicherheitsbescheinigung, ABl. EG Nr. L 75, S. 29.

406 Holst, in Frohmeyer/Mückenhausen (Hrsg.), EG-Verkehrsrecht, Kap. 21 ff.

1. Richtlinie 2001/12/EG

Richtlinie 2001/12/EG trägt den seit Umsetzung der Richtlinie 91/440/EWG gesammelten Erfahrungen und weiteren Entwicklungen im europäischen Eisenbahnwesen Rechnung.[407] Ausdrücklich als reformbedürftig eingestuft wurden die Bereiche Regulierung, Unabhängigkeit von Netz und Transportbetrieb sowie Zugangsrechte im Schienengüterverkehr.[408] Auf dieser Basis enthält Richtlinie 2001/12/EG einige wesentliche inhaltliche Neuerungen.[409] Gemäß Art. 10 Abs. 3 der Richtlinie 2001/12/EG erhalten überregional tätige Eisenbahnunternehmen für den grenzüberschreitenden Güterverkehr ein erweitertes Zugangsrecht zu einem in Art. 10a in Verbindung mit Anhangs I der Richtlinie 2001/12/EG definierten Transeuropäischen Schienengüternetz und nach dem 15.03.2008 zu dem gesamten europäischen Schienennetz.[410] Auf diesem Transeuropäischen Schienengüternetz, welches alle wesentlichen Schienenverkehrsstrecken sowie Umleitungsstrecken und Schienenzugänge zu Häfen und Terminals umfasst und etwa ein Drittel des europäischen Schienennetzes ausmacht, werden 70% des Schienengüterverkehrs abgewickelt.[411] International operierende Eisenbahnunternehmen können somit grenzüberschreitende Güterverkehrsleistungen selbständig erbringen, ohne dabei auf eine Partnerschaft beziehungsweise die Bildung einer internationalen Gruppierung angewiesen zu sein. Nach der Erweiterung der Zugangsrechte ab dem Jahre 2008 ist im Güterverkehr lediglich die Kabotage ausgeschlossen. Für den internationalen Personenverkehr gilt die Erweiterung der Zugangsrechte dagegen nicht. Art. 10 der Richtlinie 91/440/EWG behält Gültigkeit, wonach zur Erbringung grenzüberschreitender Verkehrsleistungen die Bildung einer internationalen Gruppierung erforderlich ist. Art. 10 der Richtlinie 2001/12/EG erweitert zwar grundsätzlich die Zugangsrechte für grenzüberschreitende Verkehrsdienstleistungen, überlässt es jedoch den einzelnen Mitgliedstaaten, bei der Umsetzung Regelungen über Niederlassungsmöglichkeiten zu treffen, die die Notwendigkeit der Bildung internationaler Gruppierungen beeinflussen.

---

407 Richtlinie 2001/12/EG, Erwägungsgrund 1.

408 Richtlinie 2001/12/EG, Erwägungsgrund 2. Zu den einzelnen Forderungen in den Bereichen vgl. Richtlinie 2001/12/EG, Erwägungsgründe 3-12.

409 Weitere Änderungen betreffen u. a. die Überschriften der Abschnitte I und II, Zielsetzung, Anwendungsbereich und Definitionen der Richtlinie 91/440/EWG.

410 Das Transeuropäische Schienengüternetz umfasst nach Art. 10a Abs. 1 folgende Strecken: Bedeutende Schienenverkehrsstrecken nach Maßgabe des Kartenmaterials in Anhang I (lit. a), beispielsweise von den wichtigen Nordseehäfen durch Deutschland, Österreich und die Schweiz nach Italien; Umleitungsstrecken zur Umgehung überlasteter Fahrwege im Sinne der Richtlinie 2001/14/EG (lit. b); Schienenzugänge zu Terminals, einschließlich der entsprechenden Zubringerstrecken (lit. c); Schienenzugänge zu und von Häfen nach Maßgabe des Anhangs I (in Deutschland vor allem die Häfen in Bremerhaven, Cuxhaven, Wilemshaven und Hamburg), einschließlich Zubringerstrecken (lit. d).

411 Freise, TransportR 2003, 267, 270.

Zweite wesentliche Neuerung ist die Veränderung hinsichtlich der Trennung von Betrieb der Infrastruktur und Erbringung von Verkehrsleistung durch Eisenbahnunternehmen. Ohne Verpflichtung zur vollständigen organisatorischen Trennung beider Bereiche sieht Art. 6 Abs. 3 der Richtlinie 2001/12/EG vor, dass wesentliche Funktionen für einen gerechten und nicht diskriminierenden Zugang zur Infrastruktur, insbesondere Entscheidungen über die Zulassung von Eisenbahnunternehmen, über die Trassenzuweisung sowie über die Wegeentgelte,[412] an unabhängige Stellen zu übertragen sind, die selbst keine Eisenbahnverkehrsleistungen erbringen. In diesem Zusammenhang hat die Kommission den Vortrag der Deutschen Bundesregierung bestätigt, dass die Konzernstruktur der DB AG, nach der die Infrastrukturgesellschaften mit den Transportgesellschaften über die Holding verbunden sind, nicht gegen die Vorgaben der Richtlinie 2001/12/EG verstößt, solange die einzelnen Unternehmen hinsichtlich der wesentlichen Funktionen über eine ausreichende Unabhängigkeit verfügen.[413]

2. Richtlinie 2001/13/EG

Richtlinie 2001/13/EG ändert Richtlinie 95/18/EG und stellt eine Anpassung der Maßgaben zu Genehmigungserteilungen für Eisenbahnunternehmen an die Ausweitung der internationalen Zugangsrechte zur Schieneninfrastruktur dar. Ausgangspunkt ist die angestrebte Verwirklichung europaweit einheitlicher Anforderungen bezüglich Zuverlässigkeit, finanzieller Leistungsfähigkeit und fachlicher Eignung, die zur Erteilung einer Genehmigung von den beantragenden Eisenbahnunternehmen zu erfüllen sind.[414] Gemäß Art. 1 Abs. 1 und Art. 4 Abs. 5 der Richtlinie 2001/13/EG sind Genehmigungen im gesamten Gebiet der Europäischen Gemeinschaft gültig. Die Genehmigung wird von dem Mitgliedstaat erteilt, in dem das Eisenbahnunternehmen seinen Hauptsitz hat. Danach gilt im Eisenbahnwesen hinsichtlich der gemeinschaftsrechtlichen Dienstleistungsfreiheit der Grundsatz der Kontrolle durch das Herkunftsland.[415] Darüber hinaus betreffen die Änderungen in Art. 1 Nr. 2-7 der Richtlinie 2001/13/EG Begriffsbestimmungen, Zuständigkeit zur Erteilung von Genehmigungen, Voraussetzungen und Reichweite der Genehmigungen, Mitteilungspflichten, sowie weitere Rechte und Pflichten der Genehmigungsinhaber. Entsprechend der Richtlinie 2001/12/EG enthält auch Richtlinie 2001/13/EG keine Regelung bezüglich einer etwaigen Niederlassungsmöglichkeit von Eisenbahnunternehmen in den einzelnen Mitgliedstaaten,

---

412 Richtlinie 2001/12/EG, Anhang II.

413 Zustimmend Ronellenfitsch, DVBl. 2002, 657, 667. Ablehnend Berschin, DVBl. 2002, 1079, 1081 ff., der für die geforderte Unabhängigkeit ohne schwere Verfehlungen im Aktienrecht die Trennung der Konzerngesellschaften in Infrastrukturbetreiber und Eisenbahnverkehrsunternehmen als unabdingbar erachtet.

414 Richtlinie 2001/13/EG, Erwägungsgrund 2.

415 Maier/Dopheide, EuZW 2003, 456, 458.

sondern überlässt eine solche Entscheidung den Mitgliedstaaten. Trotz des Versuchs der Harmonisierung von Genehmigungsvoraussetzungen unterscheidet sich die tatsächliche Genehmigungspraxis in den europäischen Mitgliedstaaten erheblich. Abhängig vom jeweiligen Stand der Liberalisierung des Eisenbahnverkehrs und von dem politischen Einverständnis zur Einführung von Wettbewerb haben einige Mitgliedstaaten zahlreiche Genehmigungen erteilt, während beispielsweise Frankreich bislang sehr sparsam damit umging. Als Hintergrund dessen deutet einiges auf ein Bestreben der Regierung hin, die französische Staatsbahn SNCF in ihrem eigenen Markt vor Wettbewerbern zu schützen, während sie in anderen europäischen Mitgliedstaaten vom dortigen Marktzugang profitiert.[416]

3. Richtlinie 2001/14/EG

Richtlinie 2001/14/EG ersetzt und ergänzt Richtlinie 95/19/EG und enthält die umfangreichsten Neuerungen des Eisenbahninfrastrukturpakets.[417] Detaillierte Regelungen betreffend die Zuweisung von Fahrwegkapazität der Eisenbahn, die Erhebung von Entgelten für die Nutzung der Eisenbahninfrastruktur und die Sicherheitsbescheinigung sollen zur Einheitlichkeit bei der Ausführung des Gemeinschaftsrechts beitragen. Richtlinie 2001/14/EG ist insofern Reaktion auf die unbefriedigende Situation, dass die Richtlinien 91/440/EWG und 95/19/EG den Mitgliedstaaten durch zu unbestimmte Regelungen einen erheblichen Umsetzungsspielraum hinsichtlich Struktur und Höhe von Wegeentgelten sowie bei Form und Dauer der Verfahren zur Fahrwegzuweisung gelassen haben.[418] Übergeordetes Ziel war eine stärkere Integration des Eisenbahnsektors, um die Vollendung des Binnenmarktes und die Gewährleistung einer nachhaltigen Mobilität entscheidend zu fördern.[419] Die Förderung eines fairen und diskriminierungsfreien intramodalen Wettbewerbs,[420] die Verbesserung der Position des Eisenbahnwesens im intermodalen Wettbewerb[421] sowie das Erreichen eines Konsens zwischen der Berücksichtigung von geopolitischen und geographischen Besonderheiten in einigen Mitgliedstaaten und der Wahrung der Integrität des Binnenmarktes sollten diesem Ziel dienen.[422] Im Vordergrund der Richtlinie 2001/14/EG steht die Zuweisung von Fahrwegkapazität. Diese wird in Art. 2g definiert als Möglichkeit, für einen Teil des Fahrwegs für einen bestimmten Zeitraum beantragte Zugtrassen

416 So auch Maier/Dopheide, EuZW 2003, 456, 458.

417 Ausführlich zu Richtlinie 2001/14/EG Holst, RL 2001/14/EG, in: Frohnmeyer/Mückenhausen (Hrsg.), EG-Verkehrsrecht, Kap. 23.

418 Richtlinie 2001/14/EG, Erwägungsgrund 4; vgl. insbesondere die umfassenden Regelungen in Art. 13 bis 29 gegenüber dem knappen Inhalt der Art. 3 bis 5 der alten Richtlinie 95/19/EG.

419 Richtlinie 2001/14/EG, Erwägungsgrund 1.

420 Richtlinie 2001/14/EG, Erwägungsgründe 5, 11.

421 Richtlinie 2001/14/EG, Erwägungsgründe 6, 10.

422 Richtlinie 2001/14/EG, Erwägungsgrund 47.

einzuplanen und stellt die entscheidende Vorstufe für die Aufnahme in den Netzfahrplan des Infrastrukturbetreibers dar. Art. 3 Abs. 1 der Richtlinie 2001/14/EG verpflichtet Infrastrukturbetreiber, Schienennetz-Nutzungsbedingungen zu erstellen und zu veröffentlichen. Art. 3 Abs. 2 und Art. 2j der Richtlinie 2001/14/EG legen dafür inhaltliche Anforderungen fest. Art. 5 Abs. 1 der Richtlinie 2001/14/EG verpflichtet den Infrastrukturbetreiber weiterhin, Eisenbahnunternehmen diskriminierungsfrei sowohl ein Mindestzugangspaket zum Schienennetz als auch den Schienenzugang zu Serviceeinrichtungen zur Verfügung zu stellen.[423] Entsprechende Pflichten gelten gemäß Absatz 2 für Zusatzleistungen aus dem Anhang II Nr. 3. Für Nebenleistungen nach Anhang II Nr. 4 ist dem Infrastrukturbetreiber gemäß Art. 5 Abs. 3 der Richtlinie 2001/14/EG die Überlassung freigestellt. Diese detaillierte Ausgestaltung verdeutlicht das Anliegen der Kommission, jegliche Zweifelsfragen hinsichtlich des Umfangs des Zugangs zur Infrastruktur auszuräumen und einen angemessenen Ausgleich zwischen Eisenbahnverkehrsunternehmen, die Zugang zur Infrastruktur begehren, sowie Infrastrukturbetreibern, die an einer effizienten Auslastung der Infrastruktur interessiert sind, herzustellen.

Bezüglich der Trassenentgelte kommt die Forderung nach Diskriminierungsfreiheit an verschiedenen Stellen zum Ausdruck.[424] Bezüglich der konkreten Entgeltgestaltung bestimmt Art. 6 Abs. 1 der Richtlinie 2001/14/EG, dass sich die Einnahmen eines Infrastrukturbetreibers aus Wegeentgelten, dem Gewinn aus anderen wirtschaftlichen Tätigkeiten sowie der staatlichen Finanzierung auf der einen Seite und die Fahrwegausgaben auf der anderen Seite unter normalen geschäftlichen Umständen und über einen angemessenen Zeitraum zumindest ausgleichen sollen. Art 6 Abs. 1 der Richtlinie 2001/14/EG manifestiert einerseits die grundsätzliche Maxime des Eisenbahnwesens, sich zu einem gewinnorientierten, unternehmerischen Wirtschaftszweig zu entwickeln, in der auch der Infrastrukturbereich nach wirtschaftlichen Maßstäben zu führen ist. Andererseits anerkennt die Kommission auch die Unverzichtbarkeit staatlicher Mittel zur Finanzierung der Infrastruktur. Gemäß Art. 7 Abs. 3 der Richtlinie 2001/14/EG richtet sich das Nut-

---

423 Das Netzzugangspaket umfasst gemäß Anhang II Nr. 1 folgende Leistungen: Bearbeitung von Anträgen auf Zuweisung von Fahrwegkapazität (lit. a); Recht zur Nutzung zugewiesener Fahrwegkapazität (lit. b); Nutzung von Weichen und Abzweigungen (lit. c); Zugsteuerung einschließlich Signalisierung, Regelung, Abfertigung sowie Übermittlung und Bereitstellung von Informationen über Zugbewegungen (lit. d); alle anderen Informationen, die zur Durchführung oder zum Betrieb des Verkehrsdienstes, für den Kapazität zugewiesen wurde, erforderlich sind (lit. e). Der Schienenzugang zu Serviceeinrichtungen umfasst nach Anhang II Nr. 2: Nutzung von Versorgeeinrichtungen für Fahrstrom, sofern vorhanden (lit. a); Einrichtungen für die Brennstoffaufnahme (lit. b); Personenbahnhöfe, deren Gebäude und sonstige Einrichtungen (lit. c); Güterterminals (lit. d); Rangierbahnhöfe (lit. e); Zugbildungseinrichtungen (lit. f), Abstellgleise (lit. g); Wartungs- und andere technische Einrichtungen (lit. h).

424 So bspw. in Art. 4 Abs. 5 u. Art. 8 Abs. 3 der Richtlinie 2001/14/EG.

zungsentgelt für das Mindestzugangspaket und den Zugang zu Serviceeinrichtungen nach der Höhe der Kosten, die unmittelbar aufgrund des Zugbetriebs anfallen. In anderen Worten hat danach ein Zugangspetent lediglich die kurzfristigen Grenzkosten zu entrichten.[425] Eine Ausnahme von diesem Grundsatz ist nur unter den Voraussetzungen des Art. 8 Abs. 1 der Richtlinie 2001/14/EG möglich. Auch eine Berücksichtigung der Attraktivität bestimmter Strecken ist nicht vorgesehen. Hintergrund der Regelung des Art. 7 Abs. 3 der Richtlinie 2001/14/EG ist das Anliegen der Kommission, durch ein niedriges Nutzungsentgelt Anreize für vermehrte Markteintritte zu erzeugen und mittels eines effektiven intramodalen Wettbewerbs im Schienenverkehrsmarkt die Konkurrenzfähigkeit des Verkehrsträgers Eisenbahn im intermodalen Wettbewerb zu stärken. Gleichwohl besteht zwischen Art. 6 Abs. 1 und Art. 7 Abs. 3 der Richtlinie 2001/14/EG ein Spannungsverhältnis. Während für den Zugang von Eisenbahnunternehmen lediglich ein Entgelt in Höhe der unmittelbaren Grenzkosten im Sinne des Art. 7 Abs. 3 der Richtlinie 2001/14/EG vorgesehen ist, sollen nach Art. 6 Abs. 1 der Richtlinie 2001/14/EG diese Einnahmen zuzüglich eines Gewinns aus anderen wirtschaftlichen Tätigkeiten sowie der staatlichen Finanzierung sämtliche Ausgaben für die Infrastruktur zumindest ausgleichen. Richtlinie 2001/14/EG lässt es im Ergebnis offen, ob eine Entgeltbemessung nach dem Grenzkosten- oder nach dem Vollkostenprinzip die überlegene Berechnungsmethode darstellt. Prinzipiell müssten sich entweder die Einnahmen aus Wegeentgelten und die Fahrwegausgaben des Infrastrukturbetreibers ausgleichen oder der Staat für den Differenzbetrag aufkommen. In der Praxis sind gleichwohl Wegeentgelte in Höhe der Grenzkosten nicht einmal zur Abdeckung der Kosten des Infrastrukturbetreibers ausreichend.[426] Insofern wäre er in nicht unerheblichem Maße auf staatliche Mittel angewiesen, die außerdem nicht nur für den Auf- und Ausbau der Infrastruktur bereitzustellen sind, sondern auch den Erhalt und den Betrieb mitfinanzieren.[427]

Im Hinblick auf gegenwärtige und zukünftige Finanzlagen öffentlicher Haushalte besteht trotz der verfassungsrechtlichen Verpflichtung des Staates aus Art .87e Abs. 4 GG die Gefahr eines Mangels an neuen Schienenwegen. Stellt der Staat nur begrenzte Mittel für den Schienenverkehr zur Verfügung, trägt aber gleichzeitig die finanzielle Verantwortung sowohl für den Ausbau als auch den Erhalt und Betrieb des bestehenden Schienennetzes, liegt eine Konzentration des Staates auf die finanzielle Unterstützung des Erhalts und des Betriebs nahe, da eine Finanzierung neuer Schienenwege zur Folge hätte, dass die Gesamtkosten für

---

425 So auch Freise, TransportR 2003, 267, 275.

426 Vgl. für die Bundesrepublik Deutschland Kommission Verkehrsinfrastrukturfinanzierung, Schlussbericht, S. 48. Dies ist auch nicht anders zu sehen bei erhöhter Anzahl von Eisenbahnunternehmen, die die Infrastruktur nutzen, da dadurch auch die Notwendigkeit von erhaltenden Maßnahmen erhöht wird.

427 Gemäß § 8 BSchwAG gibt der Staat Baukostenzuschüsse.

Erhalt und Betrieb infolge der Netzerweiterung ansteigen würden. Ein Verzicht auf die Erweiterung des Schienennetzes resultiert wiederum in einer langfristigen Schwächung des Gesamtsystems Schienenverkehr im Wettbewerb mit anderen Verkehrsträgern.[428] Dieser staatliche Zwiespalt ließe sich nur durch eine Entgeltbemessung nach dem Vollkostenprinzip auflösen, was jedoch Anreize für potentielle Markteinsteiger reduziert. Insofern hat der europäische Gesetzgeber den Mitgliedstaaten beide Möglichkeiten zur konkreten Gestaltung der Entgeltregelungen aufgezeigt, die Entscheidungsfindung jedoch den nationalen Gesetzgebern bei der Umsetzung der Richtlinie 2001/14/EG überlassen.

Vorschriften über den Ablauf des Zuweisungsverfahrens enthalten Art. 19 in Verbindung mit Anhang III sowie Art. 20-23 der Richtlinie 2001/14/EG. Basis dessen sind die Pflicht zur jährlichen Neuerstellung des Netzfahrplans durch den Betreiber der Infrastruktur, bestimmte Fristen für einzelne Verfahrensschritte bei der Netzfahrplanerstellung sowie die Beantragung von Fahrwegkapazität durch den Zugangspetenten. Art. 13 Abs. 2 der Richtlinie 2001/14/EG legt fest, dass die Fahrwegkapazität grundsätzlich für die Dauer einer jährlichen Netzfahrplanperiode zugewiesen wird. Davon ausgenommen ist gemäß Art. 17 der Richtlinie 2001/14/EG die Möglichkeit von Rahmenverträgen über eine Laufzeit von mehreren Jahren zur Erhöhung der Planungssicherheit.[429] Art. 21 der Richtlinie 2001/14/EG normiert ein Koordinierungsverfahren für den Fall, dass mehrere Anträge für die Zuweisung einer Trasse abgegeben werden. Ein besonderes Verfahren bei Kapazitätsengpässen bestimmen Art. 22, 25, 26 der Richtlinie 2001/14/EG. Dahinter steht der Grundsatz, dass zunächst sämtliche Anträge auf Zuweisung von Fahrwegkapazitäten zu berücksichtigen sind und eine einvernehmliche Lösung, gegebenenfalls durch Alternativangebote, anzustreben ist.

Die Errichtung einer besonderen Regulierungsbehörde sieht Art. 30 der Richtlinie 2001/14/EG vor. Es handelt sich dabei um eine unabhängige Behörde, die zu Unklarheiten bezüglich Schienennetz-Nutzungsbedingungen sowie deren Kriterien, Zuweisungsverfahren, Entgeltregelung und Sicherheitsregelungen kontaktiert werden kann. Insbesondere beaufsichtigt die Regulierungsstelle gemäß Art. 30 Abs. 3 der Richtlinie 2001/14/EG Verhandlungen über die Höhe von Wegentgelten und gewährleistet, dass die von Infrastrukturbetreibern festgesetzten Nutzungsentgelte gemeinschaftsrechtlichen Vorgaben entsprechen und nicht diskriminierend sind. Ihre Entscheidungen sind nach Art. 30 Abs. 5 und 6 der Richtlinie 2001/14/EG für alle Parteien verbindlich und gerichtlich nachprüfbar[430]. Mit der

---

428 Vgl. auch Freise, TransportR 2003, 267, 275.

429 Dort wird jedoch auch festgelegt, dass durch den Abschluss eines Rahmenvertrages selbst noch keine Fahrwegkapazität zugewiesen wird und andere Antragsteller dadurch nicht von der Nutzung des Schienennetzes ausgeschlossen werden dürfen.

430 Richtlinie 2001/14/EG, Art. 30 Abs. 5, 6.

Zielrichtung einheitlicher Entscheidungsgrundsätze tauschen nationale Regulierungsbehörden gemäß Art. 31 der Richtlinie 2001/14/EG Informationen über ihre Tätigkeiten aus.

VII. Richtlinie 2001/16/EG

Die Richtlinie 2001/16/EG über die Interoperabilität des konventionellen Eisenbahnsystems vertieft die Bestrebungen der Europäischen Kommission nach einem einheitlichen transeuropäischen Schienennetz. Die Interoperabilität ist zwingende Voraussetzung, um einen offenen und wettbewerbsorientierten europäischen Markt im Eisenbahnwesen zu verwirklichen.[431] Art. 1 der Richtlinie 2001/16/EG bestimmt, dass einheitliche Bedingungen hinsichtlich Planung, Bau, Inbetriebnahme, Umrüstung, Erneuerung, Betrieb und Instandhaltung von Bestandteilen des Eisenbahnsystems, beruflichen Qualifikationen sowie Gesundheit und Sicherheit des Betriebspersonals festzulegen sind. Im Vordergrund stehen die in Art. 5 ff. der Richtlinie 2001/16/EG normierten TSI, die in sämtlichen Mitgliedstaaten zu implementieren sind. Damit führt die Europäische Kommission den mit der Richtlinie 96/48/EG in Gang gesetzten Interoperabilitätsprozess fort, berücksichtigt gleichwohl den hohen zeitlichen und finanziellen Aufwand, den die Mitgliedstaaten insbesondere bei der Umrüstung und Erneuerung des alten Schienenmaterials sowie des Fahrzeugbestands haben, und stellt darum ein mehrstufiges Konzept dar.[432] Die Richtlinie 2001/16/EG ist sowohl in Deutschland im Rahmen der AEG-Novelle 2005 als auch in sämtlichen anderen Mitgliedstaaten umgesetzt.[433]

VIII. Weißbuch von 2001

Das Weißbuch von 2001 befasst sich im Allgemeinen mit der Entkopplung des gesamten Verkehrswachstums vom Wirtschaftswachstum in Europa sowie im Speziellen unter anderem mit der Empfehlung von Maßnahmen zur Verbesserung der Position des Schienenverkehrs im intermodalen Wettbewerb.[434] Anlass für das Weißbuch waren stetig sinkende beziehungsweise stagnierende Marktanteile der anderen Verkehrsträger gegenüber der Straße bei gleichzeitig zu erwartendem Verkehrswachstum in Europa. Im Güterverkehr wird beispielsweise infolge der Erweiterung der Europäischen Union ein Zuwachs von 64% bis zum Jahr

---

431 Richtlinie 2001/16/EG, Erwägungsgrund 15.

432 Richtlinie 2001/16/EG, Erwägungsgründe 6–9.

433 Kommission, Bericht über die zwischen 2000 und 2005 erzielten Fortschritte bei der Umsetzung der Interoperabilitäts-Richtlinien 96/48/EG über den Hochgeschwindigkeitsverkehr und 2001/16/EG über den konventionellen Eisenbahnverkehr v. 06.11.2006, KOM (2006) 660 endg.

434 Weißbuch "Die Europäische Verkehrspolitik bis 2010: Weichenstellungen für die Zukunft" vom 12.09.2001; KOM (2001) 370.

2015 erwartet. Das Streben nach einem ausgewogenen Verhältnis zwischen den Verkehrsträgern ist daher Gegenstand des ersten Teils des Weißbuchs. Neben der Verbesserung des Straßenverkehrs, der Bewältigung des Luftverkehrsanstiegs, der Modernisierung des See- und Binnenschifffahrtssystems sowie einer gemeinsamen Strategie für alle Verkehrsträger ist die Wiederbelebung des Schienenverkehrs als notwendige Maßnahme aufgeführt. Im Bereich des Schienenverkehrs, der sich bislang auf das Erbringen von nationalen Dienstleistungen fokussierte, soll demnach eine verstärkte Konzentration auf den internationalen Verkehr erfolgen, der höhere Expansionspotentiale bereithalte als der nationale, indem man Kunden grenzüberschreitenden Service bieten könne.[435] Der allgemeine Teil des Weißbuchs kündigt außerdem ein zweites Maßnahmepaket zur Liberalisierung des Schienenverkehrs an und stellt die Errichtung einer Europäischen Agentur für die Interoperabilität und die Sicherheit im Schienenverkehr sowie die Förderung neuer Infrastrukturen in Aussicht.

Der zweite Teil des Weißbuchs beschäftigt sich im Wesentlichen mit der Beseitigung von Engpässen im europäischen Verkehrsnetz. Vorgeschlagene Maßnahmen sind insbesondere die Förderung von Korridoren für den Güterverkehr, die Verwirklichung notwendiger geplanter Vorhaben gemäß der Essener Liste sowie die Integration der Verkehrsnetze neuer Beitrittsländer für ein ausgeweitetes transeuropäisches Verkehrsnetz. Das Ziel, die Verkehrspolitik auf den Benutzer auszurichten, ist Gegenstand des dritten Teils. Dabei geht es vor allem um die Garantie, Reisenden Dienstleistungen von hoher Qualität zu bieten und damit die Vorgaben der Kommission über Leistungen der Daseinsvorsorge in Europa zu erfüllen. Die Globalisierung des Verkehrs sachgerecht zu bewältigen, ist Gegenstand des vierten Teils des Weißbuchs. Die Anbindung der Schienennetze von Beitrittsstaaten an das vorhandene transeuropäische Schienennetz wird als notwendig angesehen, um die weitere Herabsenkung des Marktanteils der Schiene aufzuhalten und die Vollendung des europäischen Binnenmarktes zu fördern. Weiterhin wird die Nutzung privatwirtschaftlicher Finanzierungen angestrebt und eine Errichtung eines Satellitennavigationssystems mit globaler Abdeckung sowie Effizienzsteigerung und Vereinheitlichung der nationalen Verwaltungsapparate in Aussicht gestellt.

IX. Das zweite Maßnahmepaket

Die Europäische Kommission hat im Jahre 2002 ein zweites Maßnahmepaket zur Revitalisierung des Schienenverkehrs erlassen. Es besteht aus einer an den Europäischen Rat und das Europäische Parlament gerichteten Mitteilung[436] sowie aus

435 Vinois, Schaffung eines europäischen Verkehrsraums im Rahmen des Weißbuchs über die europäische Verkehrspolitik, S. 1.

436 Mitteilung der Europäischen Kommission an den Rat und das Europäische Parlament über die Schaffung eines integrierten europäischen Eisenbahnraums, KOM (2002) 18 endg.

fünf konkreten Vorschlägen.[437] Die Leitlinien des Weißbuchs aus dem Jahre 2001 fanden darin insofern Berücksichtigung, dass die Verbesserung der Sicherheit und Interoperabilität sowie Öffnung des europäischen Eisenbahngüterverkehrsmarktes in Richtung eines umfassenden europäischen Eisenbahnverkehrsraums im Mittelpunkt des zweiten Maßnahmepakets waren. Nach dem Vorschlag für eine Richtlinie über Eisenbahnsicherheit sollen in den Mitgliedstaaten gemeinsame Sicherheitsziele vereinbart und Sicherheitsverfahren zur Gewährleistung der fortschreitenden Netzöffnung und zur Vermeidung sicherheitsbedingter Netzzugangsbarrieren entwickelt werden.[438] Dies beinhaltet auch die Einrichtung von Sicherheitsbehörden und Unfalluntersuchungsstellen.

Die Änderungen der Richtlinien 96/48/EG und 2001/16/EG über die Interoperabilität des transeuropäischen Eisenbahnsystems stehen unter der Maßgabe, die Anforderungen an die Interoperabilität auf das gesamte europäische Schienenverkehrssystem und damit auch auf Nebenbahnen und Strecken mit ausschließlich nationaler Reichweite auszuweiten.[439] Die Errichtung einer Europäischen Eisenbahnagentur als Behörde mit Aufsichts- und Überwachungsaufgaben wurde von der Kommission vorgeschlagen, um die Entwicklung in den Bereichen der Sicherheit und Interoperabilität zu steuern.[440] Weiterhin setzte sich die Kommission für einen Beitritt der Europäischen Gemeinschaft zum Übereinkommen über den internationalen Eisenbahnverkehr (COTIF) ein.[441] Sie erstrebte damit, durch die Mitgliedstaaten an der in Art. 1 COTIF vorgesehenen zwischenstaatlichen Organisation für den internationalen Eisenbahnverkehr (OTIF) beteiligt zu sein und unmittelbaren Einfluss auf die Ausgestaltung des internationalen Eisenbahnrechts nehmen zu können. Der Einfluss besteht insbesondere in einer Übernahme des Stimmrechts der in der OTIF vertretenen Mitgliedstaaten durch die Europäische Union. Mitglieder der OTIF sind auch Nichtmitgliedstaaten wie die Schweiz, Norwegen oder Liechtenstein, verschiedene Nahoststaaten sowie nordafrikanische Mittelmeerstaaten. Darüber hinaus trat die Kommission für eine erweiterte und

437 Sicherheitsrichtlinie, KOM (2002) 21, ABl. EG C126E v. 28.05.2002, S. 332; Änderung der Interoperabilitätsrichtlinien, KOM (2002) 22, ABl. EG C126E v. 28.05.2002, S. 312; Verordnung über die Europäische Agentur, KOM (2002) 23, ABl. EG C126E v. 28.05.2002; Empfehlung zum COTIF, KOM (2002) 24, Änderung der Richtlinie 91/440/EWG, KOM (2002) 25, ABl. EG C291E v. 26.11.2002, S. 1.

438 Vorschlag für eine Richtlinie über Eisenbahnsicherheit, KOM (2002) 21.

439 Änderung der Richtlinien 96/48/EG und 2001/16/EG über die Interoperabilität des transeuropäischen Eisenbahnsystems, KOM (2002) 22.

440 Vorschlag für eine Verordnung zur Einrichtung einer Europäischen Eisenbahnagentur, KOM (2002) 23.

441 Empfehlung für eine Entscheidung des Rates zur Ermächtigung der Kommission, die Konditionen eines Beitritts der Europäischen Gemeinschaft zum Übereinkommen über den internationalen Eisenbahnverkehr (COTIF) auszuhandeln.

beschleunigte Öffnung des Schienennetzes für den Güterverkehr ein.[442] Danach sollte der Zugang zum gesamten europäischen Schienenetz nicht erst im Jahre 2008, sondern bereits im Jahre 2006 gewährleistet sein und die Kabotage ab dem Jahre 2008 ermöglicht.

Insgesamt ist das zweite Maßnahmepaket als ein weiterer kleiner Schritt des europäischen Liberalisierungsprozesses in Richtung eines konkurrenzfähigen Systems Schienenverkehr zu betrachten. Die Errichtung einheitlicher technischer Standards sowie die Gewährleistung einheitlicher Sicherheitsvorschriften in sämtlichen Mitgliedstaaten sind für eine solche Entwicklung unerlässlich. Außerdem müssen weitere Anreize für den Markteintritt geschaffen werden, ohne dabei die Bedürfnisse der Benutzer unberücksichtigt zu lassen.

X. Die Europäische Eisenbahnagentur

Im Dezember 2003 beschloss der Europäische Rat die Errichtung der Europäischen Eisenbahnagentur. Ihre operative Tätigkeit hat sie im Juni 2005 mit Sitz in Lille/Valenciennes (Frankreich) aufgenommen. Ihre Aufgaben, Organisation sowie Arbeitsmethoden sind in der Verordnung 881/2004/EG normiert.[443] Übergeordnete Funktion der Eisenbahnagentur ist es, Hindernisse beim grenzüberschreitenden Schienenverkehr zu verringern sowie durch gemeinsame Normen und eine gemeinsame Politik die Interoperabilität des europäischen Eisenbahnsystems bei gleichzeitiger Erhaltung oder Verbesserung des Sicherheitsniveaus voranzutreiben.[444] Ohne eigene Anordnungsbefugnisse erstellt sie Gutachten und gibt Empfehlungen, auf deren Grundlage die Kommission in Anwendung der Richtlinien über die Sicherheit und Interoperabilität europaweit geltende Beschlüsse fasst. Dabei soll die Europäische Eisenbahnagentur ein für zuständige nationale Institutionen zugängliches neutrales Forum darstellen, welches den Erfahrungs- und Informationsaustausch fördern soll.[445] Im Einzelnen ist ihre konkrete Tätigkeit in vier Teilbereiche aufgegliedert.

In Bezug auf die Eisenbahnsicherheit leistet die Europäische Eisenbahnagentur die notwendige technische Unterstützung für die Umsetzung der Richtlinie 2004/49/EG über die Eisenbahnsicherheit in der Gemeinschaft und erarbeitet diesbezügliche Empfehlungen. Sie sorgt zudem für die laufende Überwachung der Sicherheitsleistungen und fördert die Vernetzung und Zusammen-

442 Weitere und beschleunigte Öffnung der Schienenetze für den Güterverkehr durch eine erneute Änderung der Richtlinie 91/440/EWG.

443 Verordnung (EG) Nr. 881/2004 des Europäischen Parlaments und des Rates zur Einrichtung einer Europäischen Eisenbahnagentur.

444 O.V., Europäische Eisenbahnagentur auf dem Weg.

445 Vgl. Silla, Die Europäische Eisenbahnagentur.

arbeit der nationalen Behörden. Bezüglich der Interoperabilität ist die Agentur für die Weiterentwicklung der technischen Spezifikationen zuständig und kontrolliert die nationalen Umsetzungen. Eine entsprechende Aufgabe kommt der Agentur für den Bereich des Europäischen Eisenbahnverkehrsleitsystems zu, welches das System für Zugsteuerung und Zugsicherung sowie das Mobilfunkkommunikationssystem umfasst. Schließlich führt die Europäische Eisenbahnagentur wirtschaftliche Studien und technische Stellungnahmen zu Investitionsprojekten im Auftrag der Kommission aus. Als supranationale unabhängige Institution gewährleistet sie Transparenz und Rückverfolgbarkeit sowie Vertraulichkeit bestimmter notwendiger wirtschaftlicher, kommerzieller und technischer Daten.[446]

XI. Drittes Eisenbahnpaket

Im dritten Eisenbahnpaket, welches die Kommission im Jahre 2004 veröffentlichte, propagiert sie das weitere Vorantreiben des Reformprozesses im Eisenbahnwesen sowie die Öffnung des grenzüberschreitenden Schienenpersonenverkehrs innerhalb der Mitgliedstaaten der Europäischen Union für den Wettbewerb. Es besteht aus einer Mitteilung,[447] vier Gesetzgebungsmaßnahmen[448] und einer Arbeitsunterlage der Dienststellen der Kommission bezüglich einer erweiterten Wirkungsanalyse der Marktöffnung im Eisenbahnpersonenverkehr. Im Vordergrund steht die Integration des europäischen Verkehrsraums zur Erzeugung eines erhöhten Wettbewerbsdruck aus einem erweiterten Markt. Während sämtliche vorherige Maßnahmen der Kommission das Ziel hatten, einen öffentlichen Ordnungsrahmen für einen liberalisierten, diskriminierungsfreien und deregulierten Schienenverkehrsmarkt zu konstruieren, umfasst das dritte Eisenbahnpaket erstmals Vorschläge für die vertragliche Ebene zwischen Eisenbahnunternehmen und ihren Kunden. In der Mitteilung zur Fortsetzung der Integration des europäischen Eisenbahnsystems wird unter Bezugnahme auf das Weißbuch aus dem Jahre 2001 erneut

446 Vgl. zu den vier besonderen Aufgabengebieten ausführlich o.V., Europäische Eisenbahnagentur auf dem Weg.

447 Mitteilung der Kommission; Fortsetzung der Integration des europäischen Eisenbahnsystems – drittes Eisenbahnpaket, vom 03.03.2004, KOM (2004) 140 endg.

448 Vorschlag für eine Richtlinie des Europäischen Parlaments und des Rates zur Änderung der Richtlinie 91/440/EWG des Rates zur Entwicklung der Eisenbahnunternehmen der Gemeinschaft, vom 03.03.2004, KOM (2004) 139 endg.; Vorschlag für eine Richtlinie des Europäischen Parlaments und des Rates über eine Zertifizierung von mit dem Führen von Triebfahrzeugen und Lokomotiven im Eisenbahnnetz der Gemeinschaft betrauten Zugpersonal, vom 03.03.2004, KOM (2004) 142 endg.; Vorschlag für eine Verordnung des Europäischen Parlaments und des Rates über die Rechte und Pflichten der Fahrgäste im grenzüberschreitenden Eisenbahnverkehr, vom 03.03.2004, KOM (2004) 143 endg.; Vorschlag einer Verordnung des Europäischen Parlaments und des Rates über die Entschädigungen bei Nichterfüllung vertraglicher Qualitätsanforderungen im Schienengüterverkehr, vom 03.03.2004, KOM (2004) 144 endg.

das Ziel der Wiederbelebung des Schienenverkehrs in den Mittelpunkt gerückt, um die Attraktivität und die Wettbewerbsfähigkeit des umweltfreundlichen Verkehrsträger im intermodalen Wettbewerb zu erhöhen. Neben sachgerechten Rahmenbedingungen ist dafür ebenfalls die Gewährleistung hoher Qualitätsstandards essentiell, um Kunden zufrieden zu stellen. Nach dem Vorschlag zur Änderung der Richtlinie 91/440/EWG sollen bei grenzüberschreitenden Schienenpersonenverkehrsdiensten auch Fahrgäste innerhalb eines Mitgliedstaates befördert werden können. Diese Möglichkeit der Kabotage soll zur Förderung eines fairen Wettbewerbs eingeführt werden.[449] Die Vorgaben der Verordnung 1191/69/EWG in der Fassung der Verordnung 1893/91/EWG sind dabei soweit zu berücksichtigen, dass als allgemeiner Grundsatz die Öffnung für den Wettbewerb auf der Grundlage des freien Zugangs zu gewährleisten ist, die Mitgliedstaaten im Falle der Notwendigkeit der Vergabe von gemeinwirtschaftlichen Verkehrsdiensten gemäß der Verordnung jedoch diesen Zugang einschränken können.[450] Der Vorschlag für eine Richtlinie über die Zertifizierung von Triebfahrzeugführern umfasst die Pflicht für Triebfahrzeugführer, durch einen ihnen persönlich ausgestellten und in allen Mitgliedstaaten gültigen Führerschein nachweisen zu können, die dafür nötigen allgemeinen Fähigkeiten zu besitzen. Weiterhin ist eine Bescheinigung des Eisenbahnunternehmens erforderlich, die die besondere Ausbildung für die befahrenen Strecken, das eingesetzte Material sowie für das jeweilige Unternehmen spezifischen Betriebs- und Sicherheitsverfahren nachweist. Dafür ist die Entwicklung eines einheitlichen Verfahrens zur Zertifizierung zu fördern.

Die Kommission empfiehlt in dem Vorschlag für eine Verordnung über die Rechte und Pflichten der Fahrgäste im grenzüberschreitenden Eisenbahnverkehr, dass Mindestvorschriften für die Information der Fahrgäste, die Vorgehensweise bei Verspätungen, die Beschwerdebearbeitung und die Betreuung von Personen eingeschränkter Mobilität festgelegt werden. Damit wird die Erhöhung des Verbraucherschutzes sowie Verbesserung der Qualität und Effektivität im grenzüberschreitenden Schienenpersonenverkehr angestrebt.[451] Bereits bestehende Rechte der Luftverkehrsreisenden im Luftbeförderungsrecht gelten als Vorbild dieses Verordnungsvorschlages.[452] Mangelnde Qualität des Schienenverkehrs als Mitursache für den Verlust von Marktanteilen waren Anlass für die Kommission, in dem Vorschlag einer Verordnung über die Entschädigung bei Nichterfüllung vertraglicher Qualitätsanforderungen im Schienengüterverkehr Mindestqualitätsklauseln in

449 KOM (2004) 139 endg., Rn. 2.3.

450 KOM (2004) 139 endg., Rn. 2.4.

451 KOM (2004) 143 endg., Erwägungsgründe 1 f.

452 Vgl. im Einzelnen zu dem Verordnungsvorschlag KOM (2004) 143 endg. und dem Vergleich zum europäischen Luftbeförderungsrecht, Freise, TranspR 2004, 377, 377 ff., der eine Überarbeitung der vorgelegten Vorschläge fordert und eigene Empfehlungen unterbreitet.

Verträgen zwischen Eisenbahnunternehmen und ihren Kunden zu fordern. Detaillierte inhaltliche Vorgaben bleiben zwar angesichts der allgemeinen Vertrags- und Gestaltungsfreiheit den jeweiligen Parteien überlassen, eine Standardisierung von Grundsätzen und Mindestanforderungen ist trotzdem anzustreben, um insgesamt eine Qualitätsverbesserung des Schienengüterverkehrs zu erzielen.

XII. Fazit

Die Liberalisierung der Schienenverkehrsmärkte entwickelt sich seit den 1990er Jahren stetig. Initiiert werden diese Bestrebungen von dem Europäischen Rat und der Kommission, die vor allem durch Vorgaben des sekundären Gemeinschaftsrechts sämtliche Mitgliedstaaten zur schrittweisen Marktöffnung mit dem Ziel eines harmonisierten und im Wettbewerb organisierten, europäischen Schienenverkehrsmarktes verpflichten. Dass es sich bei der Liberalisierung des Eisenbahnwesens um einen langwierigen und bei den Mitgliedstaaten nicht immer beliebten Prozess handelt, bestätigen die nationalen Verzögerungen bei der Implementierung gemeinschaftsrechtlicher Vorgaben. So hat die Kommission gegen 13 Mitgliedstaaten, unter anderem die Bundesrepublik Deutschland, ein Verletzungsverfahren eingeleitet, da sie keine nationalen Umsetzungsmaßnahmen bezüglich der Richtlinien 2004/49/EG und 2004/50/EG des zweiten Maßnahmepakets mitgeteilt haben, welches bis zum 30.04.2006 hätte geschehen sollen. Obwohl die Kommission insgesamt ein positives Fazit über die erreichten Fortschritte im Liberalisierungsprozess zieht,[453] war sie dennoch bisher aufgrund nationaler Widerstände außerstande, Mitgliedstaaten zu der von ihr stets favorisierten vollständigen institutionellen Trennung von Infrastruktur und Transportbetrieb zu verpflichten.

Insgesamt ist die europäische Entwicklung des Eisenbahnwesens nicht ausschließlich am intramodalen Wettbewerb, sondern auch verstärkt an der intermodalen Wettbewerbsfähigkeit auszurichten. Dafür ist neben der Errichtung eines homogenen Verkehrssektors Eisenbahn eine Angleichung der Wettbewerbsbedingungen zwischen den konkurrierenden Verkehrsträgern anzustreben.[454] Unter dieser Maßgabe hat Bundesverkehrsminister Tiefensee vor der am 01.01.2007 beginnenden EU-Ratspräsidentschaft der Bundesrepublik Deutschland angekündigt, sowohl die Vereinheitlichung europäischer Bahnstandards als auch durch eine zunehmende Verknüpfung sämtlicher Verkehrsträger eine Effizienzsteigerung der intermodalen

---

453 Vgl. Bericht der Kommission an das Europäische Parlament, den Rat, den Europäischen Wirtschafts- und Sozialausschuss und den Ausschuss der Regionen über die Durchführung des ersten Eisenbahnpaketes, SEK (2006) 530.

454 Vgl. bereits das Weißbuch aus dem Jahre 2001 sowie Richtlinie 2001/14/EG, Erwägungsgrund 10.

Transportkette zu forcieren.[455] Diese weitere Entwicklung des Eisenbahnwesens wird in Zukunft entscheidend von den Fortschritten hinsichtlich der Interoperabilität abhängen, die erste Voraussetzung für einen intermodal konkurrenzfähigen, grenzüberschreitenden Verkehr ist.

455 O.V. Tiefensee will Europas Verkehr beschleunigen, Hamburger Abendblatt vom 30.12.2006.

Kapitel III
Entwicklung des Deutschen Eisenbahnwesens

Veränderungen der organisationsrechtlichen Ausgestaltung des Eisenbahnwesens in Deutschland kennzeichnen die gesamte Entwicklung dieses Wirtschaftssektors. Insofern werden aktuelle Systemdiskussionen teilweise lediglich als Ausdruck einer stetigen Pendelbewegung zwischen Staatsnähe und Staatsferne der Eisenbahn bezeichnet, für die politische Einflüsse sowie hoheitliche Daseinsvorsorgeverpflichtungen einerseits und privatwirtschaftliche Initiativen andererseits die Pole dieses Spannungsverhältnisses ausfüllen.[456] Daher erscheint eine chronologische Herangehensweise zum Verständnis der Entwicklung des Deutschen Eisenbahnwesens sowie des gegenwärtigen nationalen Eisenbahnrechts zweckmäßig.

A. Chronologie bis zur Bahnreform

I. Von der Privatbahn zur Staatsbahn

Die erste deutsche Eisenbahnlinie wurde im Jahre 1835 zwischen Nürnberg und Fürth in Betrieb genommen. Gegenüber ihren Konkurrenten im intermodalen Wettbewerb der Verkehrsträger, vor allem der Binnenschifffahrt und dem Fuhrtransport zu Lande, galt die Eisenbahn als überlegenes Transportmittel, da sie eine deutliche Reduktion der Transportkosten für Rohstoffe ermöglichte. Die anfängliche Erfolgsgeschichte des Eisenbahnwesens lässt sich am Beispiel Preußens demonstrieren, wo die erste Strecke zwischen Berlin und Potsdam im Jahre 1838 eingeweiht wurde.[457] Wie auch in Hessen, Sachsen und der bayrischen Pfalz übernahmen private Aktiengesellschaften Planung, Finanzierung, Aufbau und Betrieb.[458] Andere deutsche Staaten bevorzugten demgegenüber ein Staatsbahnmodell.[459] Die preußische Privatbahnstruktur auf Basis von Konzessionen und weitreichenden Kontrollbefugnissen des Staates prägte sodann das ebenfalls im Jahre 1838 verabschiedete preußische Gesetz über die Eisenbahn-Unternehmungen.[460] In wettbewerblicher Hinsicht ist besonders erwähnenswert, dass auch ein Netzzugang für Dritte gesetzlich verankert war. Während § 26 dem Konzessionär ein Monopolrecht über drei Jahre mit grundsätzlich freier Preissetzung zugestand,

456 So auch Hermes, in: Hermes/Sellner (Hrsg.), AEG, Einf A, Rn. 1.

457 Ausführlich zur Entwicklung des preußischen Eisenbahnwesens Delbanco, in: Ronellenfitsch/Schweinsberg (Hrsg.), Aktuelle Probleme des Eisenbahnrechts V, S. 215, 221 ff.; Ronellenfitsch, DÖV 1996, 1028, 1030 ff.

458 Gaupp, Der Netzzugang im Eisenbahnwesen, S. 67.

459 Badura, Das Verwaltungsmonopol, S. 183 ff.

460 Gesetz vom 03.11.1838, Gesetzessammlung für die Königlich Preußischen Staaten, 1838 Nr. 35, S. 505, ausführlich dazu Püttner, in: FS-Blümel, S. 467, 473 ff.

sah § 27 nach Ablauf dieser drei Jahre ein Netzzugangsrecht für Dritte gegen ein nach § 29 zu berechnendes Entgelt vor. Gleichwohl war die Möglichkeit des Netzzugangs für Dritte eher theoretischer Natur, da in der Praxis Konzessionäre entscheidende Privilegien genossen.[461] Insgesamt war das preußische Eisenbahnwesen in den Anfangsjahren geprägt von einer Verzahnung zwischen Staat und Wirtschaft. Dem Staat waren einerseits Investitionen in einen jungen Wirtschaftszweig zu riskant, andererseits erkannte er früh die Bedeutung dieses Verkehrsträgers für das Militär.[462]

In der Folgezeit nahm jedoch der staatliche Einfluss zu, insbesondere über die Gewährung von Subventionen, Zinsgarantien oder zinsfreien Darlehen, festgelegte Genehmigungspflichten für Bahnlinien, Tarife und Fahrplangestaltungen.[463] Auch fand der Gedanke der staatlichen Verantwortung zunehmende Berücksichtigung. Wesentliches Hintergrundmotiv für das zunehmende staatliche Engagement im Eisenbahnwesen war dennoch die wirtschaftliche Profitabilität des Wirtschaftssektors.[464] So entstand nach der Inbetriebnahme der ersten staatlichen Bahn im Jahre 1847 sowie vermehrten Übernahmen von privaten Konzessionären, die in finanzielle Schwierigkeiten geraten waren, ein Mischsystem aus Privat- und Staatsbahnen.[465] Im Jahre 1876 legte Preußen durch die Verstaatlichung des gesamten preußischen Eisenbahnnetzes den Grundstein für eine spätere Vereinheitlichung aller deutschen Bahnen zur Reichsbahn.[466] Art. 4 Ziffer 8 der Bismarckschen Reichsverfassung unterstellte fortan das Eisenbahnwesen im Interesse der Landesverteidigung und des allgemeinen Verkehrs der Beaufsichtigung und Gesetzgebung des Reichs. Ausschlaggebend für die Vereinheitlichung des Eisenbahnwesens in Staatshand waren neben militärischen und staatspolitischen Motiven, insbesondere Daseinsvorsorgeverpflichtungen und Verhinderung von Monopolmissbräuchen, die Erkenntnis, dass Parallelstrecken beziehungsweise überflüssige Lokomotiv- und Wagenwechsel als Verschwendung ökonomischer Ressourcen vermieden werden sollten und stattdessen eine technische Standardisierung anzustreben war.[467] Letzte einzelstaatliche Widerstände gegen eine Vereinheitlichung des Eisenbahnwesens unter preußischer Führung waren im Jahre 1914 gebrochen.[468]

---

461 Ewers/Meyer, Jahrbuch für Neue Politische Ökonomie 1994, S. 178, 191; Fehling, VerwArchiv 86 (1995), 600, 602.

462 Kämmerer, Privatisierung, S. 64, Hermes, Infrastrukturverantwortung, S. 263 ff.

463 Then, Eisenbahn und Eisenbahnunternehmer, in der industriellen Revolution, S. 259 ff.

464 Kämmerer, Privatisierung, S. 54.

465 Gaupp, Der Netzzugang im Eisenbahnwesen, S. 68.

466 Hermes, in: Hermes/Sellner (Hrsg.), AEG, Einf A, Rn. 9.

467 Vgl. Laaser, Wettbewerb im Verkehrswesen, S. 121 ff.; Albrecht, Bismarcksche Eisenbahngesetzgebung, S. 104 f.

468 Hermes, in: Hermes/Sellner (Hrsg.), AEG, Einf A, Rn. 11.

II. Von der Staatsbahn zur Bahnreform

Nach dem 1. Weltkrieg wurden die Staatsbahnen im Jahre 1920 auf Grundlage von Art. 89 in Verbindung mit Art. 171 der Reichsverfassung sowie dem Staatsvertrag der Weimarer Verfassung auf das Reich übertragen.[469] Danach war das Reich für die Übernahme der dem allgemeinen Verkehr dienenden Eisenbahngesellschaft sowie für die Verwaltung der Gesellschaft als einheitliche Verkehrsanstalt verantwortlich. Nach den Vorschriften des Reichsbahngesetzes von 1924 wurde die Umwandlung in eine Gesellschaft eigenen Rechts mit privatwirtschaftlichem Charakter, aber mit starkem öffentlich-rechtlichem Einfluss, vorgenommen.[470] Obwohl die Reichsbahn-Gesellschaft in dieser hybriden Organisationsform erhebliche Betriebsüberschüsse erwirtschaftete,[471] löste man sie im Zuge der Reichsbahngesetz-Novelle von 1939 wieder auf.[472] Fortan stand die Deutsche Reichsbahn im Sondervermögen des Reiches und wurde als gemeinwirtschaftliches und unselbständiges Unternehmen ausschließlich von der öffentlichen Hand verwaltet.[473]

Nach dem 2. Weltkrieg konzentrierten sich die Siegermächte ausschließlich auf die Wiederinbetriebnahme der Eisenbahn, ohne jedoch Modernisierungsmaßnahmen oder eine Neuorganisation nach marktwirtschaftlichen Grundsätzen einzuleiten.[474] Organisationsrechtliche Grundlagen des Eisenbahnwesens wurden im Jahre 1949 in das Grundgesetz aufgenommen. So regelte Art. 73 GG die ausschließliche Gesetzgebungskompetenz des Bundes und Art. 87 Abs. 1 GG begründete nach herrschender Auffassung als öffentliche Auftragsnorm eine Pflicht des Bundes, ausreichende Verkehrsleistungen bereitzustellen und ein bundesweites Eisenbahnnetz vorzuhalten.[475] Danach war die Deutsche Bahn als Sondervermögen in bundeseigener Verwaltung mit eigenem Verwaltungsunterbau zu führen, wobei der Bund eine Haftungsverpflichtung für sämtliche Verbindlichkeiten in Höhe des Bundeseisenbahnvermögens übernahm. Im Jahre 1951 wurden verschiedene Spezialgesetze erlassen, nämlich das AEG,[476] das Gesetz über die vermögensrechtlichen Verhältnisse der Deutschen Bundesbahn[477] sowie das BbG.[478] Aus

469 Gesetz betreffend den Staatsvertrag über den Übergang der Staatseisenbahnen auf das Reich v. 31.03.1920, RGBl. S. 773 ff.

470 Badura, Verwaltungsmonopol, S. 212 f.; Fromm, Int. Verkehrswesen 1994, 97, 100.

471 Ronellenfitsch, DVBl. 2002, 657, 660; Fromm, DVBl. 1994, 187, 188.

472 Deutsches Reichsbahngesetz vom 04.07.1939, RGBl I S. 1205.

473 Ronellenfitsch, DÖV 1996, 1028, 1031.

474 Gaupp, Der Netzzugang im Eisenbahnwesen, S. 73.

475 Vgl. nur Vesting, in: Denninger (Hrsg.), AK-GG, Art. 87e, Rn. 16.

476 Allgemeines Eisenbahngesetz v. 29.03.1951, BGBl. I 1951, S. 225 ff.

477 Gesetz über die vermögensrechtlichen Verhältnisse der Deutschen Bundesbahn v. 02.03.1951.

478 Bundesbahngesetz v. 13.12.1951, BGBl. I 1951, S. 955 ff.

diesem Normengefüge entwickelte sich eine Doppelnatur des Eisenbahnwesens, wonach die Eisenbahn einerseits als vertikal integrierte Staatsbahn, andererseits als wirtschaftlich handelndes Unternehmen agierte.[479] Selbst zu Zeiten des Wirtschaftswunders unter Bundeskanzler Ludwig Erhard war gleichwohl eine umfassende marktwirtschaftliche Öffnung des Eisenbahnwesens politisch undenkbar.[480] Während § 4 Abs. 1 AEG 1951 die Allgemeinwohlverpflichtung der öffentlichen Eisenbahnen enthielt, forderte § 4 Abs. 1 S. 1 BbG eine Führung nach kaufmännischen Grundsätzen. Die Doppelnatur zwischen Autonomie des Eisenbahnwesens zur Förderung des Wettbewerbs einerseits sowie gemeinwirtschaftlicher Zweckbestimmung und staatlicher Bindung andererseits manifestierte insbesondere § 28 Abs. 1 des im Jahre 1961 novellierten BbG,[481] wonach die Bundesbahn wie ein Wirtschaftsunternehmen mit dem Ziel bester Verkehrsbedingungen nach kaufmännischen Grundsätzen zu führen sei und in diesem Rahmen auch ihre gemeinwirtschaftlichen Aufgaben zu erfüllen habe. Die Verankerung im damaligen Art. 87 Abs. 1 GG sowie weitere Regelungen des BbG bestätigten indes einen Vorrang der gemeinwirtschaftlichen Aufgabenverpflichtung der Deutschen Bahn als Anstalt des öffentlichen Rechts und damit eine Bindung an die allgemeine Bundesverwaltung.[482] Im Rechtskleid einer Behörde war die Bundesbahn zudem an das öffentliche Dienst- und Haushaltsrecht gebunden und geriet des Öfteren zum Spielball politischer Auseinandersetzungen zwischen Bund und Ländern.[483]

In wirtschaftlicher Hinsicht entwickelte sich das deutsche Eisenbahnwesen zunehmend defizitär. Im intermodalen Wettbewerb erhöhte sich nach dem 2. Weltkrieg besonders der Wettbewerbsdruck des Straßenverkehrs mit der Folge erheblicher Marktanteilsverluste des Schienenverkehrs. Die Verschuldung der Bundesbahn wuchs schließlich auf 47 Milliarden DM im Jahre 1990, nach der Vereinigung mit der Reichsbahn sogar auf etwa 70 Milliarden DM an.[484] Ende der 1980er Jahre gelangten Politik und Verantwortliche der Bundesbahn zur Erkenntnis, dass nur eine umfassende Eisenbahnstrukturreform eine Revitalisierung des Eisenbahn-

479 Vgl. dazu Dürr, in FS-Blümel, S. 23, 23 f; Reinhardt, ZGR 1996, 373, 375; Delbanco, in: Blümel/Kühlwetter/Schweinsberg (Hrsg.), Aktuelle Probleme des Eisenbahnrechts IV, S. 179, 181 ff.; Kämmerer, Privatisierung, S. 293.

480 Schulz, in: Gall/Pohl (Hrsg.), Die Eisenbahn in Deutschland von den Anfängen bis zur Gegenwart, S. 320, 321 f.

481 Bundesbahngesetz v. 01.08.1961, BGBl. I 1961, S. 1161 f.

482 Vgl. §§ 12, 9 I 3 BbG iVm § 10 IV BbG, wonach die Geschäftsführung vom Verwaltungsrat beschlossen wurde, der nach dem Allgemeinwohl zu handeln hatte. Die Bundesregierung hatte gemäß §§ 14-17, 31 BbG verschiedene Aufsichts- und Einwirkungsrechte. Ferner unterlag die Wirtschaftsführung einer haushaltsrechtlichen Prüfung und damit den Grundsätzen des BHHG. Ausführlicher zur Organisationsstruktur Dürr, Bahnreform, S. 5; Lecheler, NVwZ 1989, 834, 834 ff.

483 Suckale, in: Hermes/Sellner (Hrsg.), AEG, Einf C, Rn. 6.

484 Hermes, in: Hermes/Sellner (Hrsg.), AEG, Einf A, Rn. 18.

wesens erzeugen könnte. Als normales Wirtschaftsunternehmen wäre die Bundesbahn längst ein Insolvenzfall geworden.[485]

III. Ursachen der defizitären Entwicklung

Die prekäre Finanzlage in Verbindung mit zu erwartenden Haushaltsbelastungen infolge des Zusammenschlusses beider nationaler Bahnen sowie die europäische Liberalisierungspolitik gaben die entscheidenden Impulse für eine umfassende Bahnreform in Deutschland. Die Hauptursachen für die defizitäre Entwicklung lagen gleichermaßen in der Unternehmensverfassung der Deutschen Bundesbahn sowie in der Verschiebung von Marktanteilen begründet.

1. Unternehmensverfassung der Deutschen Bundesbahn

Die Deutsche Bundesbahn war als nichtrechtsfähiges, unter der Aufsicht des Bundesverkehrsministers stehendes Sondervermögen mit eigenem Verwaltungsunterbau und eigener Wirtschafts- und Rechnungsführung von der Politik dominiert. Die Einflussnahmemöglichkeiten von Bund und Ländern über Aufsichts- und Mitbestimmungsrechte hinderten eine effizienzorientierte, wirtschaftliche Ausrichtung.[486] Zudem blockierte das strukturelle Spannungsverhältnis der Eisenbahn als Verwaltungsbehörde einerseits und als wirtschaftliches Verkehrsunternehmen andererseits jegliches positives Entwicklungspotential.[487] Neben der dominierenden Daseinsvorsorgeverpflichtung der Deutschen Bundesbahn begründete die Bindung an Dienst- und Hausrecht eine deutliche Benachteiligung im Wettbewerb mit privatrechtlich organisierten Verkehrssektoren.[488] Unternehmerisch wurde die Deutsche Bundesbahn als staatlich geführtes Unternehmen stets monopolistisch geführt, so dass Innovation und Effizienzsteigerung nie im Vordergrund standen und auf Veränderungen der Marktsituation und Nachfragebedürfnisse unzureichend reagiert wurde.[489] Staatliche Schutzmaßnahmen in Form von Marktzugangsbeschränkungen, Tarifüberwachungen, Tarifzwängen, Bestimmungen über Kontingentierungen sowie an den monopolistischen Eisenbahntarifen orientierten Beförderungsmindestpreisen für den Güterverkehr wurden zur Stärkung der Position im intermodalen Wettbewerb eingeführt, verfehlten jedoch ihren Zweck und bewirkten in erster Linie eine weitere Marktabschottung sowie zunehmende Effizienzverluste des Eisenbahnwesens.[490]

---

485 Vgl. Deutsche Bahn AG, 10 Jahre Deutsche Bahn AG.

486 Suckale, in: Hermes/Sellner (Hrsg.), AEG, Einf C, Rn. 6.

487 Schmidt-Aßmann/Röhl, DÖV 1994, 577, 578.

488 Gaupp, Der Netzzugang im Eisenbahnwesen, S. 79.

489 Jäntschi-Haucke, Zusammenarbeit europäischer Eisenbahnen im internationalen Schienenverkehr im Hinblick auf eine Steigerung ihrer Wettbewerbsfähigkeit, S. 20.

490 Müller, Möglichkeiten der Privatisierung im Bereich der Deutschen Bundesbahn, S. 310.

2. Marktanteilsverluste im intermodalen Wettbewerb

Die Bahn stand seit Mitte des 20. Jahrhunderts im verstärkten intermodalen Wettbewerb mit den anderen Verkehrssektoren Straßenverkehr, Schifffahrt und Flugverkehr. Grundsätzlich verfügte die Eisenbahn zwar über einige strukturelle Vorteile gegenüber den konkurrierenden Verkehrsträgern. So verfügte sie grundsätzlich über ein erhebliches Effizienzpotential, weil sie als Massentransportmittel große Mengen in kurzen Abständen mit theoretisch hoher Geschwindigkeit über weite Entfernungen transportieren konnte.[491] Als elektrifiziertes Verkehrsmittel war die Eisenbahn seit jeher zudem das umweltverträglichste aller motorisierten Verkehrsmittel.[492] Darüber hinaus galt die Bahn vor allem aufgrund der technischen Möglichkeiten, Zugbewegungen voneinander zu trennen und Betriebsabläufe zu steuern, als sicherstes Verkehrsmittel.[493]

Dennoch musste die Eisenbahn trotz deutlicher Zunahme der Gesamtverkehrsströme signifikante Marktanteilsverluste auf den Verkehrsmärkten verzeichnen.[494] So sank der Marktanteil im Güterverkehr zwischen 1950 und 1990 von 60% auf 29% und im Personenverkehr im gleichen Zeitraum von 36% auf 6%.[495] Dieses Verhältnis spiegelte sich in der Verteilung von Steuergeldern in den jeweiligen Infrastrukturausbau wider. Während zwischen 1960 und 1992 450 Milliarden DM in den Ausbau von Fernstraßen investiert wurden, flossen in den Ausbau des Schienennetzes nur 56 Milliarden DM.[496] Im Bereich des Personenverkehrs verlor die Bahn große Anteile gegenüber der Personenbeförderung mit dem Personenkraftwagen und dem Flugzeug. Infolge des intensiven Ausbaus des Straßenverkehrsnetzes gewann der Straßenverkehr deutlich an Flexibilität gegenüber dem Schienenverkehr.[497] So standen 1.000 km neu geschaffener Schienenwege zwischen 1945 und 1999 ein Neubau von 350.000 km Straße gegenüber.[498] Diese Nachteile des Schienenverkehrs resultieren vor allem aus dem zunehmenden Wohlstand und damit einhergehender Bevorzugung individueller Reisegestaltungen der Bevölkerung im 20. Jahrhundert.[499] Zudem hat die frühzeitige Liberalisierung des Flugverkehrs eine Mehrzahl an neuen Fluggesellschaften hervorgebracht, die

---

491 Vgl. Jäntschi-Haucke, Zusammenarbeit europäischer Eisenbahnen im internationalen Schienenverkehr im Hinblick auf eine Steigerung ihrer Wettbewerbsfähigkeit, S. 19.

492 Anders, Int. Verkehrswesen 2006, 416, 416.

493 Europäische Kommission, Neuer Schwung für die Schiene in Europa, S. 9.

494 Vgl. zu den Verschiebungen der Marktanteile im Verkehr in Deutschland Schulz, in: Gall/Pohl (Hrsg.), Die Eisenbahn in Deutschland, S. 317, 320 ff. 334 ff.

495 Schulz, in: Gall/Pohl (Hrsg.) Die Eisenbahn in Deutschland, S. 317, 320 ff.

496 Dürr, in: Blümel (Hrsg.), Verkehrswegerecht im Wandel, S. 23; Schwarz, in: Gall/Pohl (Hrsg.), Die Eisenbahn in Deutschland, S. 377, 390.

497 Vgl. Kommission Verkehrsinfrastrukturfinanzierung, Schlussbericht, S. 14.

498 Suckale, in: Hermes/Sellner (Hrsg.), AEG, Einf C, Rn. 5.

499 Vgl. PRIMON-Gutachten, S. 68.

Passagiere über längere Distanzen schneller und günstiger als per Eisenbahn zu transportieren vermochten.

Auch im Bereich des Gütertransports musste die Eisenbahn erheblich Marktanteile gegenüber ihren Hauptkonkurrenten Straßenverkehr und Schifffahrt hinnehmen. Dort ist die negative Entwicklung zu einem großen Teil auf den Strukturwandel der Wirtschaft und einem daraus resultierenden Rückgang von Massenguttransporten zurückzuführen.[500] Während die Bahn noch immer ihre Transporte auf Rohstoffe konzentriert, wo sie Effizienzvorteile gegenüber dem Straßenverkehr aufweist, hat sich die Nachfrage in der Güterbeförderung in Richtung von Teilladungstransporten und hochwertigen Stückgütern gewandelt. Transportunternehmen im Straßenverkehr haben sich frühzeitig den veränderten Bedürfnissen des Marktes angepasst und sich durch ein flexibleres Dienstleistungsangebot entscheidende Marktvorteile gesichert.[501] Entscheidend zur negativen Entwicklung hat weiterhin beigetragen, dass im Zuge der Erweiterung des Binnenmarktes die Nachfrage nach grenzüberschreitenden Transporten deutlich zugenommen hat. Theoretische Vorteile der Eisenbahn beim Gütertransport über lange Distanzen wurden jedoch konsumiert durch Nachteile der nationalen Abschottung von Eisenbahnverkehrsmärkten mit der Konsequenz von intermodal nicht wettbewerbsfähigen Durchschnittsgeschwindigkeiten von 18 km/h bei internationalen Schienengütertransporten.[502]

B. Die Bahnreform

I. Vorbereitung

Nachdem zwischen den Jahren 1949 und 1990 insgesamt 16 mehr oder minder weitreichende Initiativen zur Revitalisierung des nationalen Eisenbahnwesens die defizitäre Entwicklung nicht umkehren konnten,[503] beschloss die Bundesregierung unter Kanzler Helmut Kohl im Jahre 1989 die Einsetzung einer unabhängigen Regierungskommission zur Entwicklung eines umfassenden Konzeptes für die weitere Entwicklung der Bahn unter verkehrs-, finanz-, wirtschafts-, umwelt- und raumordnungspolitischen Aspekten mit dem Ziel einer intra- und intermodal wettbewerbsfähigen Ausrichtung des Eisenbahnwesens. Die Regierungskommission Bahn setzte sich aus Vertretern von Wissenschaft, Wirtschaft, Politik und

---

500 Munzert, Das Schienennetz in Deutschland nach der Bahnreform, S. 9 ff.; Rahmeyer, in: FS-Peters, S. 503, 519 ff.

501 Kommission Verkehrsinfrastrukturfinanzierung, Schlussbericht, S. 8.

502 Ende/Kaiser, WuW 2004, 26, 26.

503 Die zeitlich letzte waren die „Leitlinien zur Konsolidierung der Deutschen Bundesbahn" aus dem Jahre 1983, die trotz hoher Erwartungen keine positiven Impulse setzen konnte, da der Veränderungsspielraum eng limitiert war.

Arbeitnehmern unter dem Vorsitz von Günther Sassmannshausen zusammen und nahm ihre Arbeit im September 1989 auf. Konkreter Arbeitsauftrag war die Erstellung einer eingehenden Analyse des wirtschaftlichen Niederganges sowie die Vorlage eines konkreten Reformvorschlages, der den Bund vom Haushaltsrisiko des Postens Deutsche Bundesbahn befreien und gleichzeitig dem Verkehrssektor Bedingungen für eine unternehmerische und effizienzorientierte Ausrichtung des Eisenbahnwesens bieten sollte.[504] Wesentlicher Unterschied zu vorigen Reforminitiativen war die Reichweite des Auftrags, nämlich die Diskussion einer zweckmäßigen Organisationsstruktur und zukünftigen Rechtsform der Deutschen Bahn unter Einbeziehung einer möglichen Änderung des Art 87e GG.[505] Der Kommissionsauftrag erweiterte sich nach dem Einigungsvertrag aus dem Jahre 1990 um die sachgerechte Integration der Deutschen Reichsbahn, die in das Sondervermögen des Bundes implementiert wurde, so dass damit die „Wiedervereinigung" beider Deutscher Bahnen in den Mittelpunkt der Agenda rückte. Mit veralteten Fahrzeugen und einem maroden Schienennetz befand sich die Deutsche Reichsbahn in einem so desolaten Zustand, dass nach Schätzungen ein finanzieller Nachholbedarf in Höhe von etwa 100 Milliarden DM bestand, um das Niveau der Deutschen Bundesbahn zu erreichen.

Am 19.12.1991 präsentierte die Regierungskommission in ihrem Abschlussbericht konkrete Vorschläge zur Neuordnung des Eisenbahnwesens.[506] Nachdem sie zunächst die besorgniserregende Situation der gesamtdeutschen Bahn darstellte,[507] empfahl sie eine Änderung des Art. 87 GG sowie eine komplette Umstrukturierung der Bahn.[508] Zunächst sollten eine Überführung der Deutschen Bahn und Deutschen Reichsbahn in die bundeseigene Deutsche Eisenbahnaktiengesellschaft mit den Geschäftsbereichen Personenverkehr, Güterverkehr und Fahrweg sowie eine Übernahme sämtlicher finanzieller Altlasten beider Bahnen durch den

504 Ewers/Meyer, Jahrbuch für Neue Politische Ökonomie 1994, S. 178, 194; Ewers/Ilgmann, Zukunft des Schienenverkehrs, S. 12. Als Ausgangsbasis war zunächst klärungsbedürftig, in welchen Sparten die Deutsche Bundesbahn überhaupt wettbewerbsfähig war und ohne staatliche Zuschüsse auskommen konnte. Daran schloss sich die Frage der Finanzierung von nichtwettbewerbsfähigen Sparten an genauso wie eine Lösung des Konflikts zwischen Daseinsvorsorge und unternehmerischer Ausrichtung.

505 Die Reichweite des Auftrags stieß selbst bei den Verantwortlichen der Deutschen Bundesbahn überwiegend auf Zustimmung.

506 Regierungskommission Bundesbahn, Abschlussbericht.

507 Demzufolge wurde der Finanzbedarf der gesamtdeutschen Bahn im Jahr 2000 mit 63 Milliarden DM beziffert, der Verlust der Markanteile vor allem gegenüber der Straße würde anhalten und immer höhere staatliche Zuschüsse würden benötigt. Gerade im Hinblick auf die weitere Öffnung des EG-Marktes gen Osteuropa sei dringender Handlungsbedarf geboten. Vgl. dazu Delbanco, in: Foos (Hrsg.), Eisenbahnrecht und Bahnreform, S. 19, 20 ff.

508 Übersichtliche Zusammenfassung von 11 wesentlichen Aspekten Suckale, in: Hermes/ Sellner (Hrsg.), AEG, Einf C, Rn. 11.

Staat vollzogen werden. Die Rechtsform Aktiengesellschaft versprach eine verstärkte unternehmerische Ausrichtung der Eisenbahn bei deutlicher Verringerung des politischen Einflusses. Darüber hinaus war ein bestimmtes Maß an Unabhängigkeit von Infrastruktur und Transportbetrieb angestrebt, ohne jedoch beide Bereiche institutionell zu trennen. Ein Verbot der Quersubventionierung innerhalb des entstehenden Konzerns sollte außerdem ausdrücklich normiert werden. Die Förderung des Wettbewerbs war durch ein diskriminierungsfreies Netzzugangsrecht für dritte Eisenbahnverkehrsunternehmen gegen Zahlung eines angemessenen Entgelts zu realisieren. Die von der Kommission empfohlene neue Organisationsstruktur war nur als Beginn einer Entwicklung vorgesehen. Bei erfolgreicher Umsetzung dieser ersten Phase sollten weitere Reformierungen folgen, um mittelfristig attraktive Voraussetzungen für einen verstärkten und kalkulierbaren Markteintritt potentieller Investoren zu schaffen.[509]

Die Bundesregierung beauftragte im Anschluss an die Veröffentlichung des Endberichts der Kommission im Februar 1992 den Bundesverkehrsminister, auf Grundlage der Kommissionsergebnisse unter Berücksichtigung der gemeinschaftsrechtlichen Vorgaben aus Richtlinie 91/440/EWG eine Konzeption für die Bahnreform zu erarbeiten. Zentrale Vorgaben waren eine Stärkung der Wettbewerbsfähigkeit der Bahn, Orientierung der Bahn an marktwirtschaftlichen Grundsätzen, Öffnung gegenüber dem Wettbewerb, Befreiung vom öffentlichen Dienst- und Haushaltsrecht, Entlastung des Staatshaushalts sowie klare Verantwortungsstrukturen für eigenwirtschaftliche und gemeinwirtschaftliche Aufgaben.

II. Gesetzesänderungen

In der Folgezeit entstanden trotz Einigkeit über eine notwendige zeitnahe Umsetzung der Bahnreform kontroverse politische Diskussionen über die Reichweite der Neuerungen,[510] insbesondere über die Regionalisierung des SPNV. Schließlich einigten sich Bund und Länder im November 1993 hinsichtlich der Regionalisierung und der Normierung in Art. 106a GG insoweit, dass den Bundesländern für Zwecke des SPNV Steuermittel des Bundes gewährt würden.[511] Nach Zustimmung des Bundesrates am 17.12.1993 traten das Gesetz zur Änderung des Grundgesetzes[512] am 23.12.1993 sowie das Gesetz zur Neuordnung des Eisenbahnwe-

509 Regierungskommission Bundesbahn, Abschlussbericht, S. 24.

510 Um eine sich anbahnende Befassung des Vermittlungsausschusses zu vermeiden, wurden Beratungen ausgesetzt und die parlamentarische Sommerpause genutzt, um die Beteiligten zu einer grundsätzlichen Einigung zu führen. Vgl. Fromm, DVBl. 1994, 187, 187; Julitz, Bestandsaufnahme Deutsche Bahn, S. 50 f.

511 Im Gesetz zur Regionalisierung des öffentlichen Personennahverkehrs vom 27.12.1993 wurde die Erbringung der Mittel aus dem Mineralölsteuergesetz normiert.

512 BGBl. 1993 I, S. 2089.

sens (ENeuOG)[513] am 01.01.1994 in Kraft. Aufgrund der Einführung mehrerer Einzelgesetze und der Änderung von über 130 Gesetzen und Verordnungen im ENeuOG wird die Bahnreform auch als Jahrhundertwerk bezeichnet.[514]

1. Verfassungsrechtlicher Rahmen

Nach dem Gesetz zur Änderung des Grundgesetzes erfolgte eine Änderung der Art. 73, 74, 80 und 87 GG sowie die Neueinführung der Art. 87e, 106a und 143a GG. Art. 87e GG ist seit der Bahnreform und der Streichung der Bundeseisenbahnen als Gegenstand bundeseigener Verwaltung in Art. 87 a.F. GG zentrale Norm des verfassungsrechtlichen Rahmens für das Eisenbahnwesen.[515] Gemäß Art. 87e Abs. 1 S. 1 GG wird die Eisenbahnverkehrsverwaltung für Eisenbahnen des Bundes in bundeseigener Verwaltung geführt, die Bundeskompetenz des Bundes somit auf hoheitliche Aufgaben beschränkt.[516] Die Erbringung von Eisenbahnverkehrsleistungen sowie der Infrastrukturbetrieb liegen fortan nicht mehr in der Zuständigkeit des Bundes.[517] Dies bestätigt Art. 87e Abs. 3 S. 1 GG, der die Führung der Eisenbahnen des Bundes als Wirtschaftsunternehmen in privatrechtlicher Form vorsieht und insofern eine Befreiung vom Gemeinwohlauftrag sowie eine gewinnorientierte Unternehmensausrichtung nach kaufmännischen Grundsätzen enthält[518] und außerdem der Vorgabe des Art. 5 Abs. 1 S. 1 der Richtlinie 91/440/EWG entspricht, Tätigkeiten der nationalen Eisenbahnen dem Markt anzupassen und sowohl effiziente als auch angemessene Leistungen anzubieten. Die im Rahmen der Bahnreform eingeführte weitestgehende Befreiung vom Gemeinwohlauftrag erfuhr dennoch Einschränkungen durch einfachgesetzliche Verpflichtungen in Form von Betriebs-, Beförderungs-, Fahrplan- und Tarifpflichten.[519] Insofern blieb die Grundverantwortung des Staates für Organisation und einen angemessenen Interessenausgleich erhalten, wenn auch bei erweiterter unternehmerischer Ausrichtung.[520]

---

513 BGBl. 1993 I, S. 2387.

514 Albach, ZfB-Ergänzungsheft 3/2002, 51, 52; Laaser, Die Bahnstrukturreform, S. 9.

515 Während Art. 73 Nr. 6a und Art. 74 Abs. 1 Nr. 23 GG Gesetzgebungsregelungen enthalten, normiert Art. 80 Abs. 2 GG Zustimmungstatbestände des Bundesrates für bestimmte Rechtsverordnungen. Art. 106a GG regelt den finanziellen Ausgleich der Regionalisierung und Art. 143a GG sichert die Personalüberleitung und die Regionalisierung verfassungsrechtlich.

516 Heinze, BayVBl. 1994, 266, 268.

517 Vgl. BT-Drs. 12/5015, S. 6 f.; Schmidt-Aßmann/Röhl, DÖV 1994, 577, 579.

518 BT-Drs. 12/5015, S. 5.

519 Schulz, Das Eisenbahnwesen des Bundes und die Stellung der deutschen Bahnen auf dem europäischen Binnenmarkt, S. 169 ff. m.w.N.

520 Schmidt-Aßmann/Röhl, DÖV 1994, 577, 581 f.

Trotz der in Art. 87e Abs. 3 S. 1 GG verankerten Verpflichtung zur formellen Privatisierung existiert eine weiterreichende materielle Privatisierungsbefugnis lediglich für Eisenbahnunternehmen des Bundes, deren Tätigkeit nicht den Bau, die Unterhaltung und das Betreiben von Schienenwegen umfassen. Eine Veräußerung von Anteilen an diesen Infrastrukturunternehmen des Bundes bedarf nach Art. 87e Abs. 3 GG den Erlass eines zustimmungsbedürftigen Gesetzes, welches die mehrheitlichen Anteile beim Bund belässt. Gemäß Art. 87e Abs. 4 GG gewährleistet der Bund, dass dem Wohl der Allgemeinheit, vor allem den Verkehrsbedürfnissen, beim Ausbau und Erhalt des Schienennetzes Rechnung getragen wird, soweit diese nicht den SPNV betreffen[521]. Dieser Gewährleistungsauftrag bezieht sich insbesondere auf die Infrastrukturfinanzierung nach Maßgabe des BSchwAG und enthält darüber hinaus einen Sicherstellungsauftrag an den Bund, zum Wohl der Allgemeinheit für Verkehrsangebote auf dem Schienennetz zu sorgen.[522]

2. Eisenbahnneuordnungsgesetz

Unter dem Titel Gesetz zur Neuordnung des Eisenbahnwesens wurden sämtliche weiteren zur Umsetzung der Bahnreform erforderlichen Einzelgesetze erlassen. Insgesamt enthält das ENeuOG über 100 Gesetzes- und Verordnungsänderungen.[523] Von erheblicher Bedeutung ist das Gesetz zur Zusammenführung und Neugliederung der Bundeseisenbahn (BEZNG).[524] § 1 BEZNG normiert die Vereinigung der Sondervermögen Deutsche Bundesbahn und Deutsche Reichsbahn zu einem nicht rechtsfähigen, vom Bund verwalteten Sondervermögen des Bundes, dem Bundeseisenbahnvermögen als Voraussetzung für sämtliche Folgeentwicklungen des Eisenbahnwesens. Das Bundeseisenbahnvermögen trat die Rechtsnachfolge beider Sondervermögen an und übernahm deren Vermögensgegenstände und –rechte sowie Verbindlichkeiten.[525] Das Bundeseisenbahnvermögen verwaltete und tilgte auf dieser gesetzlichen Grundlage übernommene Verbindlichkeiten in Höhe von etwa 70 Milliarden DM, so dass in der Eröffnungsbilanz der DB AG die zinspflichtigen Verbindlichkeiten mit Null ausgewiesen werden konnten.[526] Es ist nach § 3 Abs. 1 BEZNG in einen Unternehmens- und einen Verwaltungsbereich geteilt, wobei die Aufgabenschwerpunkte gemäß § 3 Abs. 2 BEZNG im Verwaltungsbereich liegen. § 30 Abs. 1 BEZNG ermächtigt den Bund, das Bundeseisen-

521 Zum Spannungsverhältnis zwischen Art. 87 Abs. 3 und Abs. 4 GG ausführlich oben unter Kapitel I, B.I.2.

522 Vgl. zu beiden Verpflichtungen Steiner, in: Schmidt (Hrsg.), Öffentliches Wirtschaftsrecht, BT 2, S. 127, 187; Menges, Die Rechtsgrundlagen für die Strukturreform der Deutschen Bahnen, S. 88 ff.

523 Art. 6 ENeuOG, BGBl. 1993 I, S. 2378, 2405 ff.

524 Art. 1 ENeuOG, BGBl. 1993 I, S. 2378, 2378 ff.

525 Vgl. § 2 BEZNG.

526 Vgl. dazu ausführlicher Riegger, Wettbewerb im Eisenbahnverkehr, S. 137.

bahnvermögen ab dem 01.01.2004 aufzulösen und die verbleibenden Aufgaben – vorrangig die Schuldentilgung[527] – auf das EBA, das BMVBW sowie die Bundesschuldenverwaltung zu übertragen.

Die Organisationsstruktur der DB AG ist im Gesetz über die Gründung einer Deutsche Bahn Aktiengesellschaft (DBGrG) verankert.[528] Es stellt die Rechtsgrundlage für die Privatisierung der unternehmerischen Bereiche des Bundeseisenbahnvermögens dar und setzt die verfassungsrechtlichen Vorgaben des Art. 87e Abs. 3 S. 1 GG um.[529] Das Gesetz über die Eisenbahnverkehrsverwaltung des Bundes (BEVVG)[530] enthält in Umsetzung des Art. 87e Abs. 1 GG die Errichtung des EBA, das gemäß § 2 Abs. 1 BEVVG als selbständige Bundesoberbehörde für Aufgaben der Verkehrsverwaltung zuständig ist. Das EBA ist Aufsichts- und Genehmigungsbehörde im Sinne des § 3 Abs. 1 BEVVG in Verbindung mit § 5 AEG. Ihm obliegen gemäß § 3 Abs. 2 BEVVG die Planfeststellung für die Schienenwege von Eisenbahnen des Bundes, die Ausübung der Eisenbahnaufsicht sowie die Erteilung und der Widerruf von Betriebsgenehmigungen.

Das Gesetz zur Regionalisierung des öffentlichen Personennahverkehrs (RegG)[531] normiert die Übertragung der Aufgaben- und Ausgabenverantwortung für den gesamten Personennahverkehr auf die Gebietskörperschaften der Länder. Während § 1 Abs. 1 RegG eine ausdrückliche Daseinsvorsorgeverpflichtung enthält, ermächtigt § 4 RegG die nach Landesrecht bestimmten Stellen zum Abschluss von Verträgen über Verkehrsleistungen im ÖPNV. Als Ausprägung des Art. 106a GG erfolgt die Finanzierung des ÖPNV gemäß § 5 Abs. 1 RegG aus dem Mineralölsteueraufkommen des Bundes und ist nach § 7 RegG größtenteils für den SPNV zu verwenden. Die Regionalisierung entbindet folglich den Bund von seiner Verantwortung und erhöht die Flexibilität der DB AG, indem sie von ihren defizitären gemeinwirtschaftlichen Verpflichtungen in Bezug auf das Angebot von Transportleistungen befreit ist, sowie der öffentlichen Besteller, denen die Möglichkeit der Ausschreibung von Verkehrsleistungen im ÖPNV eröffnet ist.[532] Wesentliche Bedeutung hat darüber hinaus die Novellierung des AEG,[533] welches den Ordnungsrahmen für Eisenbahnen bestimmt und gemäß § 1 Abs. 2 AEG der Angleichung von Wettbewerbsbedingungen der Verkehrsträger zur Ermöglichung eines lauteren Wettbewerbs dient.

---

527 Benz, in: König/Benz (Hrsg.), Privatisierung und staatliche Regulierung, S. 182, 182 f.
528 Art. 2 ENeuOG, BGBl. 1993 I, S. 2378, 2386 ff.
529 Das DBGrG wird sogleich im Rahmen der Gründung der DB AG gesondert erörtert.
530 Art. 3 ENeuOG, BGBl. 1993 I, S. 2378, 2394 f.
531 Art. 4 ENeuOG, BGBl. 1993 I. S. 2378, 2395 f.
532 Munzert, Das Schienennetz in Deutschland nach der Bahnreform, S. 23; Riegger, Wettbewerb im Eisenbahnverkehr, S. 136.
533 Art. 5 ENeuOG, BGBl. 1993 I, S. 2378, 2396 ff.

III. Gründung der DB AG

Die Ausgliederung sämtlicher Teile des Bundeseisenbahnvermögens auf die DB AG, die zum Erbringen von Eisenbahnverkehrsleistungen und zum Betreiben der Eisenbahninfrastruktur notwendig sind, ist in § 1 Abs. 1 DBGrG verankert. In Umsetzung dessen erfolgte im Sinne der §§ 20, 21 BEZNG die Übertragung der Liegenschaften, dies sind Grundstücke, Teile hiervon, grundstücksgleiche Rechte, beschränkte dingliche Rechte, sowie des sonstigen Vermögens, das zur Erbringung von Eisenbahnverkehrsleistungen und für den Betrieb der Infrastruktur notwendig ist, auf die DB AG. Nicht bahnnotwendige Liegenschaften verblieben in Umsetzung des § 20 Abs. 3 BEZNG beim Bundeseisenbahnvermögen. Der nach § 4 Abs. 2 Nr. 1 BDGrG zu erstellende Austauschplan enthielt die Pflicht zur Ausgabe von Aktien der DB AG an den Bund als Gegenleistung für die Übertragung der Teile des unternehmerischen Bereichs des Bundeseisenbahnvermögens. Nach Eintragung der DB AG ins Handelsregister (§ 8 Abs. 1 Nr. 2 DBGrG) wurde der Bund alleiniger Aktionär der DB AG. Die am 01.01.1994 gegründete DB AG erhielt ihre Genehmigung zum Betrieb der Eisenbahninfrastruktur sowie zur Erbringung von Eisenbahnverkehrsleistungen am 03.01.1994 auf Grundlage des § 3 BEVVG von dem zuständigen EBA. Am 05.01.1994 wurde dann das Unternehmen Deutsche Bahn AG nach § 1 Abs. 2 DBGrG mit einem Stammkapital von 4,2 Milliarden DM ins Handelsregister des Amtsgerichts Berlin-Charlottenburg eingetragen.[534] Die Rechtsform Aktiengesellschaft sollte die verfassungsrechtlichen Vorgaben des Art. 87e Abs. 3 GG zur Führung der Bahn nach unternehmerischen und wirtschaftlichen Grundsätzen optimal umsetzen. Insbesondere die Unabhängigkeit des Vorstands nach § 76 AktG sollte die Vermeidung erhöhter politischer Einflussnahmen gewährleisten.[535] § 3 Abs. 1 DBGrG verankert als Unternehmensgegenstand die Erbringung von Eisenbahnverkehrsleistungen zur Beförderung von Gütern und Personen sowie den Betrieb der Infrastruktur.

Das DBGrG legt zudem die Organisationsstruktur der DB AG fest. § 25 S. 1 DBGrG verpflichtet zur internen Mindestgliederung in die Bereiche des Personennahverkehrs, Personenfernverkehrs, Güterverkehrs und Fahrwegs in Verbindung mit einer organisatorischen und rechnerischen Trennung sowie einer bereichsunabhängigen Zuordnung von Vermögenswerten. Gleichwohl erlaubt § 25 S 2 DBGrG eine gemeinsame Gewinn- und Verlustrechnung, Bilanz, Finanzierung und Finanzierungsberechnung. Die DB AG errichtete in Umsetzung dieser Vorgaben fünf Geschäftsbereiche, und zwar Fernverkehr, Nahverkehr, Ladungsverkehr, Fahrweg und Personenbahnhöfe. Sie unterlag zu diesem Zeitpunkt bereits

---

534 Suckale, in: Hermes/Sellner (Hrsg.), AEG, Einf C, Rn. 27.

535 Vgl. zur Diskussion um die Rechtsformwahl Schmidt/Aßmann/Röhl, DÖV 1994, 577, 580.

der Verpflichtung des § 2 Abs. 1 DBGrG, im Rahmen einer zweiten Stufe der Bahnreform die einzelnen Unternehmensbereiche in neu zu gründende Aktiengesellschaften auszugliedern.

IV. Staatliche Infrastrukturverantwortung

Die verfassungsrechtlich in Art. 87e Abs. 4 GG festgelegte Infrastrukturverantwortung des Bundes findet ihre Konkretisierung im Gesetz über den Ausbau der Schienenwege des Bundes von 1993 (BSchwAG).[536] Gemäß § 1 Abs. 1 BSchwAG 1994 wird das Schienenwegenetz des Bundes nach dem Bedarfsplan für die Bundesschienenwege ausgebaut. § 8 Abs. 1 BSchwAG 1994 normiert die Finanzierung der im Bedarfsplan enthaltenen Projekte durch den Bund. Eine Mitfinanzierungspflicht der DB AG im Falle eines wirtschaftlichen Interesses an dem Bau oder Ausbau der jeweiligen Schienenwege legt § 10 BSchwAG 1994 fest. In diesem Fall ist gemäß § 10 Abs. 1 S. 1 BSchwAG 1994 eine Zahlung an den Bund in Höhe der jährlichen Abschreibungen auf den vom Bund finanzierten Schienenweg vorgesehen. Die Summe der Rückzahlung reduziert sich gemäß § 10 Abs. 1 S. 2 BSchwAG bei verringertem wirtschaftlichem Interesse der DB AG bis hin zur Gewährleistung eines nicht bilanzierten Baukostenzuschusses im Falle eines mangelnden Interesses der DB AG. Diesbezügliche Regelungen sieht in § 9 Abs. 1 BSchwAG 1994 vor. In diesem Zusammenhang ist bemerkenswert, dass die Darlehensfinanzierung im Jahre 1998 abgeschafft wurde und anschließende Projektfinanzierungen ausschließlich über Baukostenzuschüsse erfolgten,[537] obwohl die überwiegenden Projekte im Bedarfsplan bezüglich Neu- und Ausbau der Schienenwege auf Vorschläge der DB AG hin verwirklicht wurden. Insofern lag in diesen Fällen ein tatsächliches wirtschaftliches Interesse vor, das eigentlich eine Darlehensfinanzierung zur Konsequenz gehabt haben müsste.[538]

V. Das Allgemeine Eisenbahngesetz im Überblick

Mehr Wettbewerb auf die Schiene zu bringen, war eines der zentralen Ziele der Bahnstrukturreform. Den Ordnungsrahmen zur Verwirklichung eines funktionierenden Wettbewerbs auf dem Schienenverkehrsmarkt bildet das im Jahre 1994 in Kraft getretene und umfassend reformierte AEG.

536 Das Gesetz über den Ausbau der Schienenwege des Bundes war Bestandteil des Art. 6 des ENeuOG, BGBl. 1993 I, 2378, 2423 f.

537 Seit 1998 erfolgen nach Abschaffung der Darlehensfinanzierung sämtliche Projektfinanzierungen über Baukostenzuschüsse des Bundes unabhängig vom wirtschaftlichen Interesse der DB AG. Vgl. Aberle/Eisenkopf, Schienenverkehr und Netzzugang, S. 61.

538 Vgl. Aberle/Eisenkopf, Schienenverkehr und Netzzugang, S. 61 f.

1. Allgemeines

Gemäß § 1 Abs. 2 AEG 1994 haben Bundesregierung und Landesregierungen mit dem Ziel bester Verkehrsbedienung darauf hinzuwirken, dass die Wettbewerbsbedingungen der Verkehrsträger angeglichen werden, und dass durch einen lauteren Wettbewerb der Verkehrsträger eine volkswirtschaftlich sinnvolle Aufgabenteilung ermöglicht wird. Dahinter steht die Intention, durch Belebung des intramodalen Wettbewerbs die Konkurrenzfähigkeit des Verkehrsträgers Eisenbahn im intermodalen Wettbewerb zu stärken. Den Anwendungsbereich des Gesetzes bestimmt § 1 Abs. 1 AEG 1994 im Einklang mit dem verfassungsrechtlichen Verständnis des Begriffs Eisenbahn.[539] Dagegen ist für Straßenbahnen das Personenbeförderungsgesetz,[540] für Magnetschwebebahnen das Allgemeine Magnetschwebebahngesetz[541] anwendbar, Bergbahnen fallen schließlich unter die Gesetzgebungskompetenz der Länder.[542]

§ 2 Abs. 1 AEG 1994 enthält eine Differenzierung zwischen Eisenbahnverkehrsunternehmen und Eisenbahninfrastrukturunternehmen, die für nachfolgende Separierungsvorschriften von elementarer Bedeutung ist. Danach werden Eisenbahnenverkehrsunternehmen definiert als öffentliche Einrichtungen oder privatrechtlich organisierte Unternehmen, die Eisenbahnverkehrsleistungen erbringen. Dagegen sind Eisenbahninfrastrukturunternehmen öffentliche Einrichtungen oder privatrechtlich organisierte Unternehmen, die eine Eisenbahninfrastruktur betreiben. Zur Eisenbahninfrastruktur gehören nach § 2 Abs. 3 AEG 1994 insbesondere Schienenwege, Betriebsleit- und Sicherheitssysteme, Gebäude, die der Verwaltung der Eisenbahninfrastruktur dienen sowie ortsfeste und bewegliche Verkaufs-, Abfertigungs- und Verladeeinrichtungen, sofern sie jedem Eisenbahnunternehmen zur Verfügung stehen. Auskunfts- und Buchungssysteme sind von der Rechtsprechung nicht als Eisenbahninfrastruktureinrichtungen im Sinne des § 2 Abs. 3 AEG 1994 eingestuft worden, obwohl sie in engem Zusammenhang mit den dort aufgeführten Einrichtungen stehen und wichtige Voraussetzung für den Betrieb sind.[543]

Gemäß § 3 Abs. 1 AEG 1994 dienen Eisenbahnen dem öffentlichen Verkehr und gelten als öffentliche Eisenbahnen, wenn sie als Eisenbahnverkehrsunternehmen gewerbs- oder geschäftsmäßig betrieben werden und dabei nach ihrer Zweckbe-

---

539 Vgl. Sannawald, in: Schmidt-Bleibtreu/Klein/Brockmeyer (Hrsg.), GG-Komm., Art. 73 Nr. 70 mwN.

540 PBefG vom 08.08.1990 (BGBl I 1690), zuletzt geändert am 26.08.1998 (BGBl I, 2522).

541 AMbG vom 19.07.1996 (BGBl I, 1019), zuletzt geändert am 25.06.1998 (BGBl I, 1588).

542 Für sonstige Schienenbahnen hat der Bund gemäß Art. 74 Abs. 1 Nr. 23 GG die konkurrierende Gesetzgebung.

543 Vgl. KG Berlin, WRP 2004, 112, 115.

stimmung von jedermann genutzt werden können oder als Eisenbahninfrastrukturunternehmen gewerbs- oder geschäftsmäßig betrieben werden und dabei ihre Schienenwege nach deren Widmung von jedem Eisenbahnverkehrsunternehmen genutzt werden können. Eine Gewinnerzielungsabsicht ist dabei nicht erforderlich.[544] §§ 6 und 7 AEG 1994 regeln die Erteilung und Versagung beziehungsweise den Widerruf von Genehmigungen zur Erbringung von Eisenbahnverkehrsleistungen und zum Betrieb einer Eisenbahninfrastruktur. Sind die Voraussetzungen des § 6 Abs. 2 AEG 1994 gegeben, hat der Antragsteller einen Anspruch auf Erteilung der Genehmigung.[545] Liegen die Voraussetzungen nicht mehr vor, ist die Genehmigung nach § 7 Abs. 1 1994 AEG zu widerrufen. War die Genehmigung bereits im Zeitpunkt der Erteilung rechtswidrig, ist in Ermangelung einer spezialgesetzlichen Regelung der begünstigende Verwaltungsakt nach § 48 VwVfG zurückzunehmen.[546]

2. Trennungsvorgaben

Während § 8 AEG 1994 die Obliegenheit zur geschäftsführerischen Unabhängigkeit der öffentlichen Eisenbahnunternehmen von der öffentlichen Hand beinhaltet, verpflichtet § 9 Abs. 1 S. 1 AEG 1994 öffentliche Eisenbahnunternehmen, die sowohl Eisenbahnverkehrsleistungen erbringen als auch eine Eisenbahninfrastruktur betreiben, zur getrennten Rechnungsführung. Diese zentrale Norm setzt die europarechtlichen Vorgaben des Art. 6 Abs. 1 der Richtlinie 91/440/EWG zur Verpflichtung der Trennung von Unternehmensbereichen um. Sie entspricht § 25 DBGrG und untersagt gleichwohl nicht die vertikal integrierte Unternehmensstruktur. Darüber hinaus normiert § 9 Abs. 1 S. 2 AEG 1994 das Verbot von Quersubventionierungen zwischen einzelnen Unternehmensbereichen.

3. Gemeinwirtschaftliche Verpflichtungen

Trotz unternehmerischer und marktwirtschaftlicher Gesamtausrichtung des Eisenbahnwesens enthält das AEG 1994 einige Vorschriften, die das Gemeinwohlinteresse berücksichtigen. So sind öffentliche Eisenbahnverkehrsunternehmen gemäß § 10 AEG 1994 zur Beförderung von Personen und Reisegepäck verpflichtet. Dies entspricht im Wesentlichen § 22 PBefG für öffentliche Verkehrsmittel auf der Straße und stellt aufgrund des darin enthaltenen Kontrahierungszwanges einen Eingriff in die Vertragsfreiheit dar. In die gleiche Schutzrichtung geht die Tarifpflicht in § 12 AEG 1994, wonach insbesondere Tarife öffentlicher Eisenbahnver-

---

544 Eine Gewinnerzielungsabsicht wird für die Gewerbsmäßigkeit einer Tätigkeit verlangt, während die Geschäftsmäßigkeit bereits bei einer unternehmerischen Tätigkeit von gewisser Dauer vorliegt. Vgl. Frotscher/ Kramer, NVwZ 2001, 24, 25.

545 Vgl. dazu Werner, Nach der Regionalisierung – Der Nahverkehr im Wettbewerb, S. 109.

546 Frotscher/Kramer, NVwZ 2001, 24, 27.

kehrsunternehmen im Bereich des Schienenpersonenverkehrs einer besonderen staatlichen Kontrolle unterliegen. Gemäß § 12 Abs. 2-7 AEG 1994 sind diese für jedermann in gleicher Weise geltend aufzustellen und bedürfen der Genehmigung sowie der Bekanntmachung.

Eine andere Schutzrichtung verfolgt § 11 AEG 1994 über die Stilllegung von Eisenbahninfrastruktureinrichtungen, die an besondere Voraussetzungen und an ein besonderes Genehmigungsverfahren gebunden ist. Die Freiheit des Unternehmens, mit seiner Infrastruktureinrichtung nach Belieben umzugehen, wird damit öffentlich-rechtlichen Zwängen unterworfen.[547] § 11 AEG 1994 beruht auf der Infrastrukturverantwortung des Staates und schützt darüber hinaus Eisenbahnverkehrsunternehmen, die auf die Nutzung der Infrastruktur angewiesen sind.[548] Außerdem setzt sie die Einstufung der Stilllegung einer Infrastruktureinrichtung als last resort um.[549] Im Verfahren hat das die Stilllegung beabsichtigende Unternehmen der zuständigen Aufsichtsbehörde gemäß § 11 Abs. 1 S. 2 AEG 1994 darzulegen, dass der Betrieb der Infrastruktur nicht mehr aufrechtzuerhalten ist und Verhandlungen mit Dritten, denen ein Angebot zur Übernahme der Infrastruktur unterbreitet worden ist, gescheitert sind. Das Angebot muss dabei zu in diesem Bereich üblichen Bedingungen erfolgen.[550] Dabei sind die Ziele des § 11 AEG 1994, der Erhalt des Betriebs der Schieneninfrastruktur und damit die Sicherung des Wettbewerbs, genauso zu berücksichtigen wie die Interessen der Beteiligten. Die entsprechenden Rentabilitätsberechnungen sind dabei von dem beantragenden Unternehmen vorzulegen und werden von der zuständigen Behörde kursorisch überprüft.[551] Bei Erfüllung der Voraussetzungen befindet das die zuständige Aufsichtsbehörde gemäß § 11 Abs. 2 AEG 1994 unter Berücksichtigung verkehrlicher und wirtschaftlicher Kriterien innerhalb von drei Monaten über den Antrag. Insofern erfolgt eine Stilllegung erst bei mangelndem Interesse dritter Betreiber sowie der öffentlichen Hand am Weiterbetrieb der Einrichtung.

4. Netzzugang

Die Gewährleistung eines diskriminierungsfreien Netzzugangs in Umsetzung eines der herausragenden Ziele der Bahnreform, mehr Wettbewerb auf die Schiene zu bringen, stand im Mittelpunkt der AEG-Novelle[552] Ein verstärktes Streben nach Effizienzgewinnen jedes Marktakteurs sollte das ehemalige Staatsmonopol zu

547 Vgl. Spoerr, DVBl. 1997, 1309, 1309.
548 Frotscher/Kramer, NVwZ 2001, 24, 30.
549 Ausführlich zu § 11 AEG Kühl, Übernahme von Infrastruktur der DBAG durch Dritte, S. 50 ff., 189; Frotscher/Kramer, NVwZ 2001, 24, 30 ff.
550 Vgl. Kühl, Übernahme von Schieneninfrastruktur der DBAG durch Dritte, S. 85 ff.
551 Frotscher/Kramer, NVwZ 2001, 24, 31 f.
552 Frotscher/Kramer, NVwZ 2001, 24, 29.

wirtschaftlicherer Handlungsweise zwingen und entscheidend zur Revitalisierung des gesamten Schienenverkehrs beitragen.[553] § 14 Abs. 1 AEG 1994 regelt die diskriminierungsfreie Benutzung der Schienenetze öffentlicher Eisenbahninfrastrukturunternehmen in Deutschland für alle Eisenbahnverkehrsunternehmen mit Sitz in der Bundesrepublik Deutschland. Gleiches gilt gemäß § 14 Abs. 3 AEG 1994 für ausländische Unternehmen, insbesondere internationale Gruppierungen, Eisenbahnen aus einem anderen Mitgliedstaat der Gemeinschaft oder eines EFTA-Mitgliedstaates, Eisenbahnen aus Drittstaaten aufgrund zwischenstaatlicher Vereinbarungen und mit Einschränkungen gemäß § 14 Abs. 2 AEG 1994 für nichtöffentliche Unternehmen. Gemäß § 14 Abs. 1 S. 2 AEG 1994 besteht das Recht auf diskriminierungsfreien Zugang zur Infrastruktur auch für andere Verkehrsarten,[554] was der Berücksichtigung unterschiedlicher Anforderungen dient und beispielsweise eine nach § 9 Abs. 1 S. 2 AEG 1994 untersagte Quersubventionierung durch erhöhte Entgelte für Leistungen des subventionierten SPNV ausschließt.[555] Die Pflicht zur Berücksichtigung von vertaktetem oder ins Netz eingebundenem Verkehre gemäß § 14 Abs. 1 S. 3 AEG 1994 ist als verhältnismäßiges Vorrangkriterium zu verstehen,[556] das einen sachlich gerechtfertigten Grund für eine Ungleichbehandlung von Trassennachfragern im Sinne des § 14 Abs. 1 S. 1 AEG 1994 darstellt.

§ 14 Abs. 4 AEG 1994 normiert die Verpflichtung von Infrastrukturbetreibern und Trassennachfragern zum Abschluss einer privatrechtlichen Vereinbarung über Einzelheiten des Netzzugangs, insbesondere hinsichtlich des Zeitpunkts und der Dauer der Nutzung sowie des Entgelts.[557] Erzielen die Parteien keine Einigung, entscheidet nach § 14 Abs. 5 S. 1 AEG 1994 auf Antrag eines der Beteiligten das EBA. Die Entscheidung des EBA stellt einen Verwaltungsakt mit privatrechtsgestaltender Wirkung dar.[558] Dieser ordnungspolitische Rahmen zur Belebung des

---

553 Fehling, VerwArchiv 86 (1995), 600, 600 f.

554 Diese Regelung war nicht Bestandteil des Regierungsentwurfs, wurde aber auf Drängen des Bundesrats eingefügt. Vgl. dazu BT-Drs. 12/5014, S. 5; Wachinger/Wittemann, Regionalisierung des ÖPNV, S. 65 f.

555 Werner, Nach der Regionalisierung – der Nahverkehr im Wettbewerb, S. 112, Frotscher/Kramer, NVwZ 2001, 24, 29.

556 Insofern handelt es sich nicht um einen absoluten Vorrang. Vgl. ausführlich zu dieser Differenzierung, die hinter den europäischen Vorgaben aus Art. 4 und 5 der Richtlinie 95/19/EG zurückbleibt Delbanco, in: Blümel/Kühlwetter/Schweinsberg (Hrsg.), Aktuelle Probleme des Eisenbahnrechts IV, S. 179, 191; Antweiler, Der Nahverkehr 7&8/2001, 9, 11; Frotscher/Kramer, NVwZ 2001, 24, 29.

557 Vgl. zur Einordnung als privatrechtlicher Vertrag Delbanco, in: Blümel/Kühlwetter/Schweinsberg (Hrsg.), Aktuelle Probleme des Eisenbahnrechts IV, S. 179, 205; Eiermann, NJW 1998, 1846, 1847.

558 Wachinger/Wittemann, Regionalisierung des ÖPNV, S. 67; Spoerr, DVBl. 1997, 1309, 1309.

Wettbewerbs im Eisenbahnwesen, insbesondere der Kreis der Zugangsberechtigten nach § 14 AEG 1994, geht insgesamt über die gemeinschaftsrechtlichen Vorgaben der Richtlinie 91/440/EWG hinaus.[559] Die Einzelheiten des diskriminierungsfreien Netzzugangs konkretisierte der Gesetzgeber erst im Jahre 1997 in einer der Zustimmung des Bundesrates bedürftigen Rechtsverordnung.[560]

5. Regulierung

Als Regulierungsbehörde wurde auf Grundlage von § 2 Abs. 1 BEVVG das EBA als selbständige Bundesoberbehörde eingerichtet, die dem BMVBW untersteht. Das EBA ist sektorspezifische Aufsichts- und Genehmigungsbehörde für Eisenbahnen des Bundes und für Eisenbahnverkehrsunternehmen mit Sitz im Ausland für das Gebiet der Bundesrepublik Deutschland nach §§ 5 Abs. 7 AEG 1994, 3 Abs. 1 BEVVG.[561] Gemäß § 5 Abs. 1 und 2 AEG 1994 können die Länder ihre Aufsichtsverpflichtung bezüglich nichtbundeseigener Eisenbahnunternehmen dem EBA übertragen. § 4 Abs. 2 AEG 1994 normiert weiterhin die Aufsicht über die Einhaltung der Sicherheitsvorschriften als Aufgabenbereich des EBA. Neben einem Katalog hoheitlicher Aufgaben nach § 3 Abs. 1 BEVVG obliegt dem EBA zudem die Sicherstellung des diskriminierungsfreien Netzzugangs. So bestimmt das EBA gemäß § 14 Abs. 5 S. 1 AEG 1994 bei Uneinigkeiten der Vertragsparteien über Netzzugangsbedingungen im Sinne des § 14 Abs. 4 AEG 1994 durch Verwaltungsakt. Aufgaben und Zuständigkeiten der Kartellbehörden bleiben nach § 14 Abs. 5 S. 1 AEG 1994 unberührt. Demzufolge ist das BKartA mit der ausschließlichen Kompetenz über die allgemeine Wettbewerbsaufsicht betraut, insbesondere die allgemeine Missbrauchsaufsicht gemäß §§ 19, 20 GWB sowie die Zusammenschlusskontrolle nach § 35 GWB.[562] Nach einem ersten Gesetzesentwurf war für Unstimmigkeiten beim Zugangsrecht nach § 14 AEG 1994 ausschließlich die Kartellbehörde als Einigungsbehörde vorgesehen, bevor auf Länderinitiative hin die Zuständigkeit des EBA festgesetzt wurde.[563] Eine weitere Konkretisierung von Aufgabenbereichen im Rahmen des Zugangsrechts enthält das AEG 1994 genauso wenig wie ausdrückliche Regelungen von Befugnissen zur Verfolgung von Rechtsverstößen seitens der Eisenbahnunternehmen.[564] Bezüglich

559 Freise, TranspR 2003, 265, 269; Bartosch/Jaros, WuW 2005, 15, 20.

560 Vgl. zu den Debatten BR-Drs. 230/97, 804/97.

561 Ausführlich zur sektorspezifischen Regulierung, Koenig/Kühling, WuW 2001, 810, 811 ff.

562 Bartosch/Jaros, WuW 2005, 15, 21.

563 Vgl. BT-Drs. 12/5014, S. 15 f., 44; Frotscher/Kramer, NVwZ 2001, 24, 30.

564 Ausführlich zur Diskussion Grupp, in: Blümel/Kühlwetter (Hrsg.), Aktuelle Fragen des Eisenbahnrechts I, S. 297, 305 ff.; Werner, Nach der Regionalisierung – Der Nahverkehr im Wettbewerb, 122 ff.; Grupp, DVBl. 1996, 591, 591 f.; Studenroth, VerwArchiv 87 (1996), 97, 109 ff.; Frotscher/Kramer, NVwZ 2001, 24, 28.

des Bereichs der Sicherheitsvorschriften hat das Bundesverwaltungsgericht entschieden, dass die Zuständigkeitsnorm des § 3 Abs. 2 Nr. 2 BEVVG zugleich eine Befugnis zu rechtsaufsichtlichen Maßnahmen darstellt.[565]

C. Weitere Entwicklung des Eisenbahnrechts

I. Eisenbahninfrastruktur-Benutzungsverordnung von 1997

Zur näheren Ausgestaltung der Netzzugangsvorschriften wurde im Jahre 1997 auf Grundlage der Ermächtigung nach § 26 Abs. 1 Nr. 6 und 7 AEG 1994 die EIBV erlassen, die zugleich gemäß § 26 Abs. 4 Nr. 1 AEG 1994 die gemeinschaftsrechtlichen Vorgaben der Richtlinie 95/19/EG umsetzte.[566] § 3 Abs. 1 EIBV 1997 verpflichtet Eisenbahninfrastrukturunternehmen zur Gewährleistung einer diskriminierungsfreien Benutzung ihrer Schieneninfrastruktur im Sinne des § 14 AEG 1994. Als Konkretisierung dessen ist insbesondere nach § 3 Abs. 1 Nr. 1 EIBV 1997 über Anmeldungen auf Benutzung der Eisenbahninfrastruktur ohne sachlich gerechtfertigten Grund nicht unterschiedlich zu entscheiden, gemäß § 3 Abs. 1 Nr. 2 EIBV 1997 allgemeine Geschäftsbedingungen einschließlich der Entgeltverzeichnisse für die Benutzung der Zugtrassen sowie der sonstigen Anlagen und Einrichtungen einheitlich für alle Eisenbahnverkehrsunternehmen aufzustellen sowie nach § 3 Abs. 1 Nr. 3 EIBV 1997 technische und betriebliche Anforderungen an die Benutzung der Eisenbahninfrastruktur auf das für einen sicheren Betrieb jeweils erforderliche Maß zu beschränken.[567]

§ 4 EIBV 1997 normiert das der Zugangsgewährung zugrunde liegende Verfahren. Danach besteht gemäß § 4 Abs. 1 EIBV 1997 eine Anmeldepflicht für die Benutzung einer Eisenbahninfrastruktur. Frist und Inhalt der Anmeldung bestimmen § 4 Abs. 2-4 EIBV 1997. Die Anmeldung stellt privatrechtlich noch kein Angebot zum Vertragsschluss dar, sondern lediglich eine invitatio ad offerendum.[568] § 4 Abs. 5 EIBV 1997 legt ein zweistufiges Verfahren für den Fall konkurrierender Anmeldungen auf die gleiche Trasse fest. Danach ist zunächst im Verhandlungswege eine einvernehmliche Lösung anzustreben. Zur Gewährleistung der Chancengleichheit sollen gemäß § 4 Abs. 5 S. 1 EIBV 1997 Verhandlungen mit sämtlichen Trassenkonkurrenten zeitgleich stattfinden. In der Praxis wurden diese

565 BVerwG, NVwZ 1995, 379, 380.

566 Eisenbahninfrastruktur-Benutzungsverordnung v. 17.12.1997, BGBl. I, 3153.

567 Aus dem Begriff „insbesondere" folgt, dass es sich dabei nicht um eine abgeschlossene Aufzählung handelt. Eisenbahninfrastrukturunternehmen haben sich vielmehr in ihren Verhaltensweisen an der Aufzählung zu orientieren. Bemerkenswert ist, dass sie nicht nur zum Unterlassen diskriminierender Verhaltensweisen verpflichtet werden, sondern durch § 3 Abs. 1 Nr. 2 EIBV auch zu einer konkreten Tätigkeit.

568 Frotscher/Kramer, NVwZ 2001, 24, 29.

Gespräche jedoch weitestgehend zuerst mit dem im Konzernverbund stehenden Unternehmen geführt und dann erst mit weiteren Unternehmen, was stets Bedenken hinsichtlich der Diskriminierungsfreiheit auslöste.[569] Bei Erfolglosigkeit der Verhandlungen ist auf der zweiten Stufe der Konfliktlösung ein Höchstpreisverfahren gemäß § 4 Abs. 5 S. 2, 3 EIBV 1997 vorgesehen.[570] Es entscheidet schließlich das höhere gebotene Entgelt für die Benutzung der Eisenbahninfrastruktur über die Erteilung der Benutzungsrechte. Die Ablehnung einer Anmeldung ist gemäß § 4 Abs. 5 S. 6 EIBV 1997 zu begründen und den nicht berücksichtigten Eisenbahnverkehrsunternehmen mitzuteilen. § 4 Abs. 6 EIBV1997 untersagt die Übertragung des Benutzungsrechts auf Dritte.

§§ 5 ff. EIBV 1997 beinhalten Grundsätze zur Bemessung von Entgelt für die Trassennutzung. Sie orientieren sich dabei am Trassenpreissystem TPS 94 der DB AG und gelten auch für Verkehrsunternehmen der DB AG.[571] Die Entgelte für die Benutzung der Zugtrassen sowie der sonstigen Anlagen und Einrichtungen können von dem Eisenbahninfrastrukturbetreiber gemäß § 5 Abs. 1 EIBV 1997 grundsätzlich frei gestaltet werden. Die Nutzungsentgelte stellen eine finanzielle Kompensation für Eisenbahninfrastrukturunternehmen dar, die mit der Bereitstellung ihrer Infrastruktur für Dritte einem Eingriff in Art. 14 Abs. 1 GG ausgesetzt sind.[572] Kriterien bezüglich der Bemessung des Entgelts sind in § 6 EIBV 1997 niedergelegt. Dabei ist § 3 Abs. 1 Nr. 2 EIBV 1997 zu beachten, wonach die Verzeichnisse der Entgelte einheitlich für alle Eisenbahnverkehrsunternehmen aufzustellen sind. Entgeltnachlässe sind daher nur unter den engen Voraussetzungen des § 7 EIBV 1997 zulässig.

II. Zweite Stufe der Bahnreform

Auf Grundlage der Verpflichtung aus § 2 Abs. 1 DBGrG zur Ausgliederung der gemäß § 25 DBGrG errichteten Unternehmensbereiche auf neu zu gründende Aktiengesellschaften entstanden in der DB AG Diskussionen über die Umsetzung sowie insbesondere über eine vorzeitige Ausgliederung des Geschäftsbereichs

569 Heinrichs, in: DVWG (Hrsg.), Wettbewerb im Schienenverkehr, Formen, Stärken, Schwachstellen und Grenzen, 74, 76.

570 Aufgrund der möglichen Benachteiligung kleinerer Unternehmen im Wettbewerb stand das Höchstpreisverfahren in der Kritik. Als Vorteile standen jedoch die Transparenz und der geringe Aufwand des Verfahrens im Vordergrund. Die Zuweisung nach dem Höchstpreisverfahren stellt insofern einen sachlich gerechtfertigten Grund für eine unterschiedliche Entscheidung über die Anmeldung auf Benutzung der Eisenbahninfrastruktur iSd § 3 Abs. 1 Nr. 1 EIBV dar.

571 Vgl. ausführlich zum Preissystem Gaupp, Der Netzzugang im Eisenbahnwesen, S. 134 ff.

572 Vgl. Fehling, VerwArchiv 86 (1995), 600, 606.

Güterverkehr.[573] Schließlich entschied man sich für eine einheitliche Ausgliederung, so dass nach Überschreitung der in § 2 Abs. 1 DBGrG vorgesehenen Frist die neu gegründeten Aktiengesellschaften zum 01.06.1999 im Handelsregister eingetragen wurden. Die Ausgliederung erfolgte nach den Vorschriften des zum damaligen Zeitpunkt noch im Gesetzgebungsverfahren befindlichen Umwandlungsgesetzes.[574] Der DB Konzern war fortan unter dem Dach der Holding DB AG untergliedert in die Unternehmensbereiche DB Reise & Touristik AG (ehemals Geschäftsbereich Fernverkehr) und DB Regio AG (ehemals Geschäftsbereich Nahverkehr) für Personenverkehre, DB Cargo AG (ehemals Geschäftsbereich Ladungsverkehr) für Güterverkehre, DB Netz AG (ehemals Geschäftsbereich Fahrweg) für den Fahrweg sowie DB Station & Service AG (ehemals Geschäftsbereich Personenbahnhöfe) für Personenbahnhöfe. Als Konsequenz dieser partiellen Gesamtrechtsnachfolge durch die Ausgliederung nach dem Umwandlungsgesetz wurden sämtliche Aktiva und Passiva der Geschäftsbereiche auf die neuen Aktiengesellschaften übertragen. Im Gegenzug erhielt die DB AG 100% der Aktien an den Gesellschaften. Schließlich übernahm die DB Services Immobilien GmbH die Verwaltung und Verwertung der nicht direkt für den Betrieb notwendigen Immobilien.

Die neu gegründeten Gesellschaften waren fortan entsprechend der in § 25 S. 1 und 2 DBGrG normierten Vorgaben gegenüber der Holding rechtlich selbständig. Als Ausprägung des § 25 S. 3 DBGrG, wonach trotz rechnerischer und organisatorischer Trennung der verschiedenen Unternehmensbereiche eine gemeinsame Gewinn- und Verlustrechnung sowie gemeinsame Bilanzierung und Finanzrechnung zugelassen werden, wurden im Zuge der zweiten Stufe der Bahnreform zwischen der Holding und den Tochtergesellschaften Beherrschungs- und Gewinnabführungsverträge nach aktienrechtlichen Vorgaben geschlossen.[575] Diese Unternehmensstruktur erfüllt zudem die gesetzlichen Vorgaben aus § 9 Abs. 1 AEG 1994 und Art. 6 Abs. 1 der Richtlinie 91/440/EWG, ohne von der in Art. 6 Abs. 2 Alt. 2 der Richtlinie 91/440/EWG vorgesehenen Ausgestaltungsmöglichkeit der institutionellen Unabhängigkeit der Infrastruktur Gebrauch zu machen. Als Option hat sich der Gesetzgeber die Umsetzung einer dritten Stufe der Bahnreform in § 2 Abs. 2 DBGrG vorbehalten. Gestaltungsmöglichkeiten wären die Auflösung der DB AG als Holding, die Verschmelzung der DB AG mit einer der neu gegründeten Aktiengesellschaften oder die Aufspaltung der DB AG auf die

573 Man erhoffte sich von einer sukzessiven Ausgliederung einen Erfahrungsschatz vorangegangener Ausgliederungen, der insbesondere bezüglich der abschließenden Zuordnung von Personal- und Betriebsmitteln bei späteren Ausgliederungen zu nutzen wäre. Vgl. Suckale, in: Hermes/Sellner (Hrsg.), AEG, Einf C, Rn. 30.

574 Vgl. BT-Drs. 12/4609, S. 77. Zu den einzelnen Schritten des Ausgliederungsverfahrens Suckale, in: Hermes/Sellner (Hrsg.), AEG, Einf C, Rn. 34.

575 Deutsche Bahn AG, Geschäftsbericht 2001, S. 95 ff.

Aktiengesellschaften. § 2 Abs. 3 DBGrG bestätigt die in Art. 87e Abs. 3 GG verankerte Einschränkung, wonach Anteile und Stimmrechte an der DB Netz AG nur zu maximal 49,9% und durch ein zustimmungspflichtiges Bundesgesetz veräußert werden dürften. Diese Holdingstruktur bot trotz der eisenbahnrechtlich vorgeschriebenen Unabhängigkeit der Aktiengesellschaften durch die Anwendbarkeit des Aktienrechts der Holding DB AG wesentliche Einflussnahmemöglichkeiten der Holding auf die einzelnen Unternehmensbereiche. Die Holdingführung machte aufgrund der mit den Gesellschaften geschlossenen Beherrschungs- und Gewinnabführungsverträge von § 264 Abs. 3 HGB Gebrauch, der bei beherrschten Gesellschaften die Möglichkeit eines Verzichts auf die Veröffentlichung der Jahresabschlüsse normiert, und veröffentlichte lediglich einen Jahresabschluss und Jahresbericht für den gesamten Konzern.[576] Außerdem begründeten die Leitungspflicht des Vorstands nach § 76 Abs. 1 AktG sowie die Pflicht zur Geschäftsführung gemäß § 93 Abs. 1 AktG eine Pflicht zur einheitlichen Konzernleitung.[577] Da die DB Holding keine reine Finanzholding darstellte, sondern über Beherrschungsverträge auch für das operative Geschäft verantwortlich war, bestand somit eine aktienrechtliche Pflicht im Rahmen ordnungsgemäßer Leitung und Geschäftsführung zur Einflussnahme auf die Konzerntöchter.[578] Darüber hinaus war die Führung der Holding gemäß § 308 Abs. 1 AktG zur Erteilung von Weisungen an die Vorstände der Aktiengesellschaften berechtigt, denen im Gegenzug nach § 308 Abs. 2 AktG die Befolgung der Weisungen oblag, wenn sie nicht offensichtlich gegen das Interesse des Gesamtkonzerns oder eines verbundenen Unternehmens verstießen.[579] Die ohnehin straffe Holdingstruktur der DB AG wurde durch neue Organisationsmaßnahmen im Jahre 2000 weiter verstärkt. So wurden die DB Regio AG und die DB Reise & Touristik AG unter einheitlicher Leitung in einen neuen Geschäftsbereich Personenverkehr zusammengeführt. Zudem waren die Vorstandsvorsitzenden der einzelnen Aktiengesellschaften zugleich Mitglieder des Vorstands in der DB AG Holding. Vor allem diese personelle Verflechtung verstärkte die unmittelbare Einflussnahme der Holding in die operativen Tätigkeiten der Aktiengesellschaft.[580] Eine Koordination und Kontrolle der Konzerntöchter erfolgte schließlich durch weitreichende Zuständigkeiten der Holding. Ihr Aufgabengebiet umfasste insbesondere das Treasury-Zentrum, die Finanzplanung, das Controlling, den zentralen Einkauf sowie zentrale Dienste wie Recht und Personalentwicklung, Forschung und Entwicklung.[581]

576 Vgl. Aberle/Eisenkopf, Schienenverkehr und Netzzugang, S. 64.
577 Einhellige Auffassung, vgl. Hommelhoff, Konzernleitungspflicht, 1982, S. 54 ff.; Semler, Leitung und Überwachung der AG, S. 163 ff.; Götz ZGR 1998, 525, 527 ff.
578 So auch Berschin, DVBl. 2002, 1079, 1082.
579 Berschin, DVBl. 2002, 1079, 1081.
580 Vgl. Aberle/Eisenkopf, Schienenverkehr und Netzzugang, S. 63 f.
581 Vgl. Berschin, DVBl. 2002, 1079, 1079.

II. Zweites Gesetz zur Änderung eisenbahnrechtlicher Vorschriften

Nach anhaltenden Diskussionen, insbesondere über unzureichende Kompetenzen des EBA, beschloss die Regierung am 25.04.2001 den Entwurf eines zweiten Gesetzes zur Änderung eisenbahnrechtlicher Vorschriften.[582] Die Novellierung, die am 01.07.2002 in Kraft trat,[583] verfolgte im Wesentlichen die vier Ziele Verpflichtung des EBA zum Eingriff von Amts wegen bei diskriminierenden Verhaltensweisen im Bereich des Netzzugangs, Einführung einer netzbezogenen Zuständigkeit der Aufsichtsbehörden, Normierung der Eingriffskompetenzen der Aufsichtsbehörden sowie Regelung der Rechte und Pflichten von Teilnehmern am Eisenbahnbetrieb, welche keine Eisenbahnen sind.[584] Den drei erstgenannten Maßgaben kommt erhöhte Bedeutung für die Entwicklung des Wettbewerbs im Eisenbahnwesen zu.

1. EBA und Netzzugang

Während nach den Regelungen des AEG 1994 das EBA über die Durchsetzung eines Netzzugangs nur bei Uneinigkeiten zwischen den Parteien und auf Antrag einer Partei entscheiden durfte,[585] ist es seit Einführung des § 14 Abs. 3a AEG 2002 befugt, von Amts wegen bei Verstößen gegen die diskriminierungsfreie Netzzugangsgewährung zu ermitteln. In erster Linie erstreckt sich die Kompetenz auf die Untersagung Allgemeiner Geschäftsbedingungen, die über das erforderliche Maß hinausgehende technische oder betriebliche Anforderungen enthalten, und die Untersagung von diskriminierend wirkenden Trassenpreissystemen.[586] Gleichwohl ist das EBA nicht auf Eigeninitiative zum Eingriff in einzelne Trassennutzungsverträge befugt und kann diesbezüglich nur auf Antrag entscheiden, da eine Vertragsprüfung von Amts wegen ohne entsprechenden Antrag unzulässig ist.[587]

§ 14 Abs. 3a S. 2 AEG 2002 übernimmt den Wortlaut des vorherigen § 14 Abs. 5 S. 2 AEG 1994, wonach Aufgaben und Zuständigkeiten der Kartellbehörden nach dem GWB unberührt bleiben. Zwar kooperierten die Behörden innerhalb der nicht unproblematischen Parallelzuständigkeit bereits seit der Bahnreform miteinander,[588] im Zuge der Novellierung hat der Gesetzgeber dennoch in § 14

582 Vgl. BR-Drs. 343/01.
583 Zweites Gesetz zur Änderung eisenbahnrechtlicher Vorschriften v. 21.05.2002, BGBl. I 2002, S. 2191 ff.
584 BR-Drs. 343/01, S. 23 ff.
585 Zur alten Rechtslage und der damit verbundenen praktischen Probleme Grupp, DVBl. 1996, 591, 591 ff.
586 BR-Drs. 343/01, S. 23.
587 BR-Drs. 343/01, S. 23.
588 Vgl. Gaupp, Der Netzzugang im Eisenbahnwesen, S. 142.

Abs. 3a S. 3-5 AEG 2002 die Pflicht zur Zusammenarbeit der Behörden ausdrücklich festgelegt. Danach informieren sie sich gegenseitig insbesondere über beabsichtigte Entscheidungen und geben daraufhin einander Gelegenheit zur Stellungnahme, bevor das Verfahren von der zuständigen Behörde abgeschlossen wird.

2. Netzbezogene Zuständigkeit

Die neu eingeführte netzbezogene Zuständigkeit der Eisenbahnaufsicht gemäß § 5 Abs. 1c AEG 2002 ersetzt die als nicht praktikabel empfundene vorherige Regelung des § 5 Abs. 1 S. 1 und Abs. 2 AEG 1994, wonach nicht bundeseigene Eisenbahnen mit Sitz in der Bundesrepublik Deutschland von dem Bundesland beaufsichtigt wurden, in dem sie ihren Sitz haben.[589] Soweit Eisenbahnverkehrsunternehmen eine Eisenbahninfrastruktur nutzen, ist gemäß § 5 Abs. 1c AEG 2002 die Behörde zuständig, die auch die Aufsicht über das Eisenbahninfrastrukturunternehmen führt.[590] § 5a Abs. 3 AEG 2002 schränkt jedoch wiederum ihre Kompetenzen ein. Die Neuregelung des § 5 Abs. 1c 2002 AEG gilt gleichermaßen für nichtbundeseigene Eisenbahnen und für Eisenbahnen des Bundes gleichermaßen.[591]

3. Normierung der Eingriffskompetenzen

Mit Einführung des § 5a AEG 2002 wurde der Kritik an den unzureichenden Eingriffsbefugnissen der Aufsichtsbehörden gegenüber Eisenbahnunternehmen Rechnung getragen.[592] § 5a Abs. 2 AEG 2002 befugt Aufsichtsbehörden, Eisenbahnunternehmen zur Einhaltung der in § 5 Abs. 1 AEG 2002 genannten Verpflichtungen anzuweisen. Zur effektiven Ausübung dessen erhalten sie Betretungs-, Unterlageneinsichts- und Verwahrungsrechte nach § 5a Abs. 4 AEG 2002 sowie Auskunfts- und Nachweiserbringungsansprüche nach § 5a Abs. 5 AEG 2002. Zudem erhalten sie die Befugnis zum Einsatz von Verwaltungsvollstreckungsmaßnahmen und können ein Zwangsgeld von bis zu einer Million DM festsetzen.

III. Kommission Verkehrsinfrastrukturfinanzierung

Eine zunehmende Diskrepanz zwischen verfügbaren Haushaltsmitteln und benötigten Mitteln für eine hinreichende Substanzerhaltung sowie den im Hinblick auf eine Osterweiterung der Europäischen Union notwendigen Ausbau der Bundesverkehrswege waren im Jahre 1999 Anlass für die Einrichtung einer unabhän-

---

589 BR-Drs. 343/01, S. 24.

590 BR-Drs. 343/01, S. 29.

591 Ausgenommen davon sind die Tarifaufsicht nach §§ 5 Abs. 3, 12 Abs. 3 AEG sowie die Aufsicht im Bereich des Netzzugangs nach § 14 AEG. Vgl. BR-Drs. 343/01, S. 24.

592 Vgl. BR-Drs. 343/01, S. 25.

gigen Kommission Verkehrsinfrastrukturfinanzierung durch das BMVBW und BMF.[593] Allein bei den Bundesschienenwegen wurde von einer Finanzierungslücke in Höhe von etwa 3 Milliarden DM ausgegangen.[594] So war es Auftrag der Regierungskommission, konkrete Empfehlungen für die zukünftige Finanzierung der Bundesfernstraßen, der Bundesschienenwege und der Binnenwasserstraßen des Bundes zu erarbeiten.[595] Der im Jahre 2000 vorgelegte Schlussbericht enthält zunächst die grundlegende Feststellung, dass eine die Bundesfernstraßen entlastende Verkehrsverlagerung auf die Schiene oder Binnenwasserwege mittelfristig unrealistisch sei.[596] Trotz Schuldentilgung der zusammengeführten Staatsbahnen im Zuge der Bahnreform bedingten signifikante Neuverschuldungen Forderungen nach erhöhten staatlichen Finanzmitteln.[597] Als besonders problematisch in diesem Zusammenhang wurde die Unmöglichkeit einer Erwirtschaftung von Wegekosten über Trassenentgelte bewertet.[598]

Als Lösung für das Eisenbahnwesen empfahl die Kommission eine Herauslösung der DB Netz aus dem DB Konzern als entscheidenden Schritt zur vollständigen Liberalisierung dieses Wirtschaftssektors. Die Schienenwege sollten als unmittelbares Staatseigentum unter Berücksichtigung des Art. 87e Abs. 3 GG in der Rechtsform einer AG betrieben werden.[599] Eine Beibehaltung des Netzes in der Holding und damit in dem privatunternehmerischen Risiko wurde als gleichbedeutend mit einer Verhinderung der Kapitalmarktsfähigkeit bewertet.[600] Die Kommission führte wettbewerbspolitische Gründe für Vorteilhaftigkeit einer institutionellen Unabhängigkeit der Infrastrukturgesellschaft an. Neben dem erfolgreich liberalisierten Luftverkehrssektor nannte sie auch das englische Bahnsystem als Vorbild, in dem die Verkehrsbetriebs- und Leasinggesellschaften ohne den Verbund mit dem Netz kapitalmarktfähig seien.[601] Ferner müssten Anreizsysteme und Zielvorgaben für das DB Netz AG-Management erzeugt werden, um Effizienzsteigerungen, eine höhere Auslastung der Netze und eine Verbesserung der ökonomischen Gesamtsituation des Eisenbahnwesens zu erreichen.[602] Darüber hinaus empfahl die Kommission eine stärkere gemeinschaftsbezogenere Ausrichtung, die Förderung von privaten Finanzierungen für größere Neu- und Ausbauprojekte

593 Die Kommission Infrastrukturfinanzierung wurde auch unter dem Namen „Pällmann-Kommission“ nach ihrem Vorsitzenden bekannt.

594 Kommission Verkehrsinfrastrukturfinanzierung, Schlussbericht, S. 5.

595 Kommission Verkehrsinfrastrukturfinanzierung, Schlussbericht, S. 5.

596 Kommission Verkehrsinfrastrukturfinanzierung, Schlussbericht, S. 14.

597 Kommission Verkehrsinfrastrukturfinanzierung, Schlussbericht, S. 47.

598 Kommission Verkehrsinfrastrukturfinanzierung, Schlussbericht, S. 48.

599 Kommission Verkehrsinfrastrukturfinanzierung, Schlussbericht, S. 48.

600 Kommission Verkehrsinfrastrukturfinanzierung, Schlussbericht, S. 50.

601 Kommission Verkehrsinfrastrukturfinanzierung, Schlussbericht, S. 51.

602 Kommission Verkehrsinfrastrukturfinanzierung, Schlussbericht, S. 49.

sowie eine Mitfinanzierung der Bundesschienenwege durch Dritte.[603] Insgesamt sollte die Finanzierung für die Bundesschienenwege stärker am Nutzer orientiert sein.[604]

Die Forderungen der Kommission wurden auf politischer Ebene zwar zur Kenntnis genommen und erörtert, im Ergebnis jedoch vom Bundesverkehrsminister abgelehnt und stattdessen den Argumenten der DB AG, nicht zuletzt aufgrund der Verbundenheit des Vorstands der DB AG mit politischen Entscheidungsträgern, für eine Beibehaltung der vertikalen Integration gefolgt. Demzufolge seien ökonomische Vorteile dieser Organisationsstruktur durchaus mit den Grundgedanken einer Liberalisierung des Wirtschaftssektors zur Förderung des Wettbewerbs vereinbar. So seien auf der einen Seite die Verbundvorteile der Konzernstruktur zu nutzen und auf der anderen Seite auch unternehmensintern sicherzustellen, dass ein diskriminierungsfreier Wettbewerb durch geeignete Netzzugangsregelungen und angemessene Trassenentgelte stattfinde.[605]

IV. Task Force Zukunft der Schiene

Die Frage nach einer sachgerechten Organisationsstruktur zur Verbesserung der Wirtschaftlichkeit des Systems Schienenverkehr wurde zunehmend zu einem Streitthema der Fraktionen im Bundestag und stand auch aufgrund eines angestrebten Börsengangs der DB AG regelmäßig auf der politischen Agenda. Daraufhin wurde im Jahre 2001 vom BMVBW eine Task Force zur Untersuchung der Frage der Trennung von Infrastruktur und Transportbetrieb eingesetzt. Sie sollte in einem ergebnisoffenen Prozess prüfen, welche Organisationsmodelle die verkehrspolitisch gewünschte und gemeinschaftsrechtlich notwendige Unabhängigkeit des Schienennetzes am besten gewährleisten können.[606] Die Beteiligung des Vorstands der DB AG sowie zweier Staatssekretäre des BMVBW sowie des BMWA an der Task Force erzeugte bereits vor der ersten Sitzung Kritik an der Ergebnisoffenheit der Prüfung. Sowohl die DB AG als auch beide Ministerien vertraten seit jeher eine grundsätzlich ablehnende Haltung gegenüber einer Herauslösung der Infrastruktur aus der Holding der DB AG. Wettbewerber der DB AG fehlten hingegen in der Besetzung der Task Force.

---

603 Kommission Verkehrsinfrastrukturfinanzierung, Schlussbericht, S. 49 f.

604 Diese Forderung erhob die Kommission im Übrigen auch für andere Verkehrsträger.

605 Antwort der Bundesregierung auf eine große Anfrage im Bundestag zur Bahnpolitik, BT-Drs. 14/3682, S. 7 ff.

606 Die Varianten reichten von einer unabhängigen Organisation innerhalb der Holdingstruktur bis zu einer vollständigen Herauslösung. Vgl. Bericht der Task Force “Zukunft der Schiene”.

Zwar standen insgesamt acht Modelle zur Organisation des Eisenbahnwesens zur Diskussion, dennoch verkündete der Verkehrsminister bereits frühzeitig die Beibehaltung der Integration in der Holding.[607] Der Abschlussbericht empfahl somit bei grundsätzlich positiver Bewertung der Bahnreform eine konsequente Fortführung des eingeschlagenen Weges in Übereinstimmung mit dem Gemeinschaftsrecht und den übergeordneten Zielen der Wettbewerbsbelebung sowie der Verkehrverlagerung zugunsten der Schiene.[608]

Zentrale Forderung der Task Force war eine transparente Gestaltung des Verhältnisses der Infrastruktur zum DB Konzern. Bilanz, Gewinn- und Verlustrechnung seien separat zu veröffentlichen, Leistungsbeziehungen der Netzgesellschaft zu anderen Konzerntöchtern seien wie unter fremden Dritten auszugestalten. Eine Anwendung des § 264 Abs. 3 HGB, der die Notwendigkeit detaillierter Geschäftsberichte einschränkt, sei auszuschließen.[609] Zudem sollten Trassenvergabe und Trassenpreisfestsetzung in der ausschließlichen und vom Konzernvorstand unabhängigen Kompetenz der Netzgesellschaft liegen, um eine Ungleichbehandlung der Transportanbieter sicherzustellen und den Vorgaben der Gemeinschaftsrichtlinien zu entsprechen.[610] Eine einzurichtende unabhängige Trassenagentur beim EBA sollte diese wettbewerbsrelevanten Bereiche überwachen und dem BMVBW berichtspflichtig sein.[611] Schließlich sollte das Eisenbahnrecht hinsichtlich der Gewährung eines diskriminierungsfreien Netzzugangs entsprechend den Vorgaben der Richtlinie 2001/14/EG angepasst werden.[612] In Bezug auf die Organisationsstruktur schlug die Task Force im Schlussbericht einen Verbleib der Netzgesellschaft unter dem Dach der DB Holding vor, der ebenfalls eine Förderung des Wettbewerbs ermögliche.[613] Als Begründung führte sie aus, dass die DB AG sich in einem Sanierungsprozess befinde und der Wettbewerb sich erst schrittweise entfalten könne, das integrierte Holdingmodell aber insgesamt die überlegene Organisationsstruktur darstelle.[614] Nach dieser ersten Sanierungsphase sollte verstärkt an dem Ziel gearbeitet werden, die DB AG zu einem kapitalmarktfähigen und profitablen Unternehmen zu entwickeln. Über einen angestrebten Börsengang sei in der nächsten Legislaturperiode zu entscheiden.[615]

607 Bemerkenswert dabei ist, dass die überwiegende Zahl der von der Task Force hinzugezogenen Experten eine Herauslösung des Netzes aus der Holding favorisierte. Vgl. Wissenschaftlicher Beirat beim Bundesminister für Verkehr, Bau- und Wohnungswesen, Int. Verkehrswesen 2002, 260, 260.

608 Bericht der Task Force "Zukunft der Schiene", S. 1 f.

609 Bericht der Task Force "Zukunft der Schiene", S. 3.

610 Bericht der Task Force "Zukunft der Schiene", S. 3 f.

611 Bericht der Task Force "Zukunft der Schiene", S. 4.

612 Bericht der Task Force "Zukunft der Schiene", S. 4.

613 Bericht der Task Force "Zukunft der Schiene", S. 5.

614 Bericht der Task Force "Zukunft der Schiene", S. 6.

615 Bericht der Task Force "Zukunft der Schiene", S. 6.

D. AEG-Novelle 2005

I. Gesetzgebungsverfahren

Auf Grundlage der Ergebnisse der Task Force „Zukunft der Schiene“, der Pflicht zur Umsetzung gemeinschaftsrechtlicher Vorgaben sowie anhaltender Kritik am Eisenbahnrecht erarbeiteten die Koalitionsfraktionen einen Gesetzesentwurf zur Novellierung eisenbahnrechtlicher Vorschriften, den sie im März 2004 dem Bundestag vorlegten.[616] Dem Ziel „Mehr Verkehr auf der Schiene“ dienend, basierte er auf drei Kernelementen.[617] Diese bestanden aus einer wettbewerbsorientierteren Ausrichtung des Eisenbahnwesens, einer detaillierten Ausgestaltung der Netzzugangsregelungen sowie einer effizienteren Kontrolle des Trassenzugangs durch eine Befugniserweiterung der Regulierungsbehörde.[618] Gleichwohl stieß der Regierungsentwurf auf Kritik, die vor allem mangelnde Investitionsanreize für potentielle Marktneulinge sowie unzureichende Wachstumsimpulse als Hindernisse für eine Belebung des Wettbewerbs bemängelte.[619] Der Bundesrat schlug in seiner konkreten Stellungnahme zum Gesetzesentwurf ebenfalls einige Änderungen vor, so dass ab Juni 2004 Beratungen zur Überarbeitung des Gesetzesentwurfs der Bundesregierung im vereinfachten Verfahren ohne Debatte stattfanden und die Überweisung an die betreffenden Ausschüsse gemäß § 80 Abs. 4 GO BT veranlasst wurde.[620]

Der überarbeitete Gesetzesentwurf wurde vom Plenum des Deutschen Bundestages am 03.12.2004 gegen die Stimmen der Opposition beschlossen.[621] Dennoch verweigerte der Bundesrat am 17.12.2004 seine Zustimmung und beschloss mehrheitlich auf Antrag des Bundeslandes Baden-Württemberg die Anrufung des Vermittlungsausschusses.[622] Im Zentrum der politischen Debatte stand die Errichtung einer neuen Regulierungsbehörde. Während der Gesetzesentwurf die Ansiedlung

---

616 BT-Drs. 15/2743.

617 Vgl. Kohl, in: DVWG (Hrsg.), Wettbewerb im Schienenverkehr, Formen, Stärken, Schwachstellen und Grenzen, S. 17, 20.

618 Vgl. BT-Drs. 15/3280, S. 10 ff.

619 Zu einzelnen Kritikpunkten am Gesetzesentwurf vgl. insbesondere Lindemann, in: DVWG (Hrsg.), Wettbewerb im Schienenverkehr, Formen, Stärken, Schwachstellen und Grenzen, S. 121, 125 ff.; Allianz pro Schiene, Stellungnahme zum Gesetzentwurf zur Änderung eisenbahnrechtlicher Vorschriften (3. AEG-Novelle); GDBA, Stellungnahme der Verkehrsgewerkschaft GDBA zum Gesetzentwurf und zum Verordnungsentwurf zur Änderung eisenbahnrechtlicher Vorschriften.

620 Trotz der zeitlichen Anstrengung konnte ein Verfahren vor dem EuGH wegen der Fristüberschreitung zur Umsetzung gemeinschaftsrechtlicher Vorgaben der Richtlinien 2001/12-14/EG nicht vermieden werden. Vgl. EuGH, Urteil vom 21.10.2004, Rs. C 477/03.

621 BT-Plenarprotokoll 15/146, 13652 ff.

622 BR-Plenarprotokoll Nr. 807, S. 628.

einer Trassenagentur beim EBA vorsah, forderten Gegner die Zuweisung der Regulierung bei einer neutralen und sektorunabhängigen Behörde.[623] Aufgrund der in Art. 87 Abs. 4 GG verankerten Zustimmungspflichtigkeit des Änderungsgesetzes war der Gesetzesentwurf nicht nur suspendiert, sondern auch inhaltlich zur Disposition gestellt.[624] Im Ergebnis beruht die Änderung des AEG im Jahre 2004[625] somit lediglich auf der Pflicht zur Umsetzung der Richtlinie 2001/16/EG.[626]

Vertreter von Bundestag und Bundesrat verhandelten im Vermittlungsausschuss ab dem 24.02.2005 intensiv über das Gesetzesvorhaben. Als Resultat gab der Vermittlungsausschuss am 16.03.2005 eine Beschlussempfehlung ab, die weitreichende Änderungen des im Bundestag verabschiedeten Gesetzesentwurfs vorsah und als Kompromisslösung am 17. und 18.03.2005 von Bundestag und Bundesrat mehrheitlich verabschiedet wurde.[627] Durch Artikel 1 des dritten Gesetzes zur Änderung eisenbahnrechtlicher Vorschriften trat am 27.04.2005 die AEG-Novelle 2005 in Kraft.[628] Ein Ausbau der klassischen Regulierungsinstrumente aus Zugangs-, Entgelt- und Separierungsregulierung sowie der Erweiterung von Befugnissen auf eine neu errichtete Behörde sollte Hoffnungen auf mehr Wettbewerb im Eisenbahntransportwesen begründen.[629] Im Zusammenhang mit der AEG-Novelle wurde auch die EIBV neugefasst, deren Regelungen zur Gewährung eines diskriminierungsfreien Netzzugangs detaillierter ausgestaltet wurden.[630] Die

623 Vgl. BT-Drs. 15/4634; BR-Plenarprotokoll Nr. 807, Anlage 7, S. 645.

624 Die gesamte politische Debatte stand unter dem Einfluss der Uneinigkeit um die v.a. seitens der Unionsparteien favorisierte Trennung von Netz und Transportbetrieb. Die Regierungsparteien lehnten eine Trennung ab mit der Begründung, dass infolge einer Zerschlagung des nationalen Marktführers das deutsche Eisenbahnwesen im europäischen Vergleich wesentlich an Bedeutung verlieren würde und außerdem zahlreiche Arbeitsplätze verloren gingen. Vgl. Transnet: Drittes Eisenbahngesetz: TRANSNET kritisiert Bundesratsvotum – Politik behindert Wettbewerb auf der Schiene.

625 §§ 5, 5a und 26 geändert durch Artikel 1 des Gesetzes zur Änderung eisenbahnrechtlicher Vorschriften hinsichtlich der Regelung der Interoperabilität des transeuropäischen Eisenbahnnetzes v. 27.12.2004, BGBl. I 3833.

626 Vgl. BT-Drs. 15/4420, S. 2 ff. Die Europäische Union hatte auch diesbezüglich bereits zwischenzeitlich ein Vertragsverletzungsverfahren beim EuGH angestrengt.

627 BT-Drs. 15/5122.

628 §§ 1 bis 6, 8, 9, 11 bis 14, 26 und 28 geändert, §§ 9a, 9b, 14a bis 14f, 23 und 34 bis 37 eingefügt sowie bisherigen § 34 in § 38 umnummeriert und geändert durch Artikel 1 des dritten Gesetzes zur Änderung eisenbahnrechtlicher Vorschriften vom 27.04.2005, BGBl. I S. 1138.

629 Kühling/Ernert, NVwZ 2006, 33, 33.

630 Verordnung über den diskriminierungsfreien Zugang zur Eisenbahninfrastruktur und über die Grundsätze zur Erhebung von Entgelt für die Benutzung der Eisenbahninfrastruktur (Eisenbahninfrastruktur-Benutzungsverordnung – EIBV, verkündet am 13.06.2005 als Artikel 1 der Verordnung zum Erlass und zur Änderung eisenbahnrechtlicher Vorschriften; BGBl I. S. 1566, in Kraft seit dem 01.08.2005.

gesetzlichen Neuerungen[631] sind daher mit Fokus auf die weitere Liberalisierung zur Förderung des Wettbewerbs im Eisenbahnwesen zu untersuchen.[632]

II. Wesentliche Neuerungen des AEG

1. Allgemeines

a. Anwendungsbereich, Wettbewerbsbedingungen

Gemäß § 1 Abs. 1 S. 1 AEG dient das AEG der Gewährleistung eines sicheren Betriebs der Eisenbahn und eines attraktiven Verkehrsangebotes auf der Schiene sowie der Sicherstellung eines wirksamen und unverfälschten Wettbewerbs auf der Schiene beim Erbringen von Verkehrsleistungen und dem Betrieb von Eisenbahninfrastrukturen. Als weitere Maßgabe nennt § 1 Abs. 1 S. 2 AEG die Umsetzung oder Durchführung von Rechtsakten der Europäischen Gemeinschaft. Diese eindeutige Formulierung an der Spitze des Gesetzes entspricht den Strukturen vergleichbarer Gesetze in anderen ehemaligen staatsmonopolistischen Wirtschaftssektoren.[633] Die Ziele sind zwar nicht einklagbar, jedoch können sie zur Bestimmung des gesetzgeberischen Willens bei Auslegungsfragen und zur Präzisierung des Zwecks, an welchem sich Ermessentscheidungen im Sinne des § 40 Abs. 1 VwVfG orientieren, sowie bei planerischen Entscheidungen berücksichtigt werden.[634] Selbst das Gemeinschaftsrecht ist aufgrund der konkreten Bezugnahme aus § 1 Abs. 1 S. 2 AEG als Auslegungshilfe heranzuziehen.[635]

Nach § 1 Abs. 2 S. 3 AEG sind auf Vorschlag des Vermittlungsausschusses im Zuge des Gesetzgebungsverfahrens sowohl Energieversorgung als auch Telekommunikationsdienstleistungen im Eisenbahnwesen vom Anwendungsbereich des AEG ausgeschlossen, soweit dieses Gesetz oder eine auf diesem Gesetz beruhende Rechtsverordnung nicht ausdrücklich etwas anderes bestimmt.[636] Diese Klarstellung beruht auf Rechtsstreitigkeiten im Zusammenhang mit Diskriminierungsvorwürfen gegen die DB AG bei der Gestaltung der Fahrstrompreise durch die Konzerntochter DB Energie.[637] Statt den §§ 14 ff. AEG sind nunmehr die Regelungen des Energiewirtschaftsgesetzes sowie des Telekommunikationsgeset-

---

631 Soweit Änderungen des Vierten Gesetzes zur Änderung eisenbahnrechtlicher Vorschriften vom 03.08.2005 (BGBl. I, 2270) relevant sind, werden sie auch hier diskutiert.

632 Vgl. zur Frage nach der formellen Verfassungsmäßigkeit des AEG aufgrund der Rolle des Vermittlungsausschusses im Gesetzgebungsverfahren Elsner, N&R 2006, 53, 53 ff.

633 So z.B. §§ 1, 2 TKG, § 1 PostG. Vgl. Hermes, in: Hermes/Sellner (Hrsg.), AEG, § 1, Rn. 2.

634 Hermes, in: Hermes/Sellner (Hrsg.), AEG, § 1, Rn. 1; Kramer, NVwZ 2006, 26, 27.

635 Kramer, NVwZ 2006, 26, 27.

636 BT-Drs. 15/5122, S. 2

637 Vgl. LG Frankfurt, WuW 2005, 798, 798 ff.; LG Frankfurt, Urteil vom 06.07.2005, Az.: 3-08 O 25/04.

zes anwendbar,[638] die eigene Spezialvorschriften gegen diskriminierende Verhaltensweisen durch den Infrastrukturbetreiber enthalten. Die Bereichsausnahmen finden lediglich bei Bahnstromfernleitungen gemäß §§ 2 Abs. 3, 18 Abs. 1 AEG und bei Anlagen zur streckenbezogenen Versorgung gemäß § 4 Abs. 3 AEG keine Anwendung mit der Folge, dass diesbezüglich Netzzugangsansprüche nach § 14 ff. AEG bestehen.[639] Die Benutzung gemäß § 14 Abs. 1 S. 1 AEG beschränkt sich im Hinblick auf die Bedeutung des § 1 Abs. 2 S. 3 AEG ausschließlich auf die technische Nutzung der Anlagen, während wirtschaftliche Zugangsfragen den energiewirtschaftsrechtlichen beziehungsweise den telekommunikationsrechtlichen Vorschriften unterliegen.[640]

b. Begriffsbestimmungen

§ 2 Abs. 2a AEG definiert den Begriff grenzüberschreitender Güterverkehr nach Vorgabe der Art. 1 Nr. 4 lit. b der Richtlinie 2001/12/EG. Die Bestimmung des Begriffs Serviceeinrichtung in § 2 Abs. 3c AEG gestaltet § 2 Abs. 3a AEG näher aus, der an § 5 Abs. 1 S. 1 der Richtlinie 2001/14/EG anknüpft. Bedeutsam ist die in § 3 Abs. 1 Nr. 2, 3 in Verbindung mit § 2 Abs. 3, Abs. 3a AEG vorgenommene Differenzierung zwischen Betreibern von Schienenwegen und Eisenbahninfrastrukturunternehmen.[641] Hintergrund und Zweck ist die Privilegierung von Serviceeinrichtungen im Sinne des § 2 Abs. 3c AEG.[642] Gemäß § 2 Abs. 1, 2. Alt. AEG ist der Betreiber der Schienenwege ein Sonderfall eines Eisenbahninfrastrukturunternehmens.[643] § 2 Abs. 3a AEG bestimmt, dass das Eisenbahninfrastrukturunternehmen für den Betrieb, den Bau und die Unterhaltung von Schienenwegen die Verantwortung trägt,[644] aber gerade nicht für Serviceeinrichtungen im Sinne des § 2 Abs. 3c AEG, wobei Schienenwege in Übereinstimmung mit dem Begriff im Sinne des Art. 87e Abs. 3 S. 2 GG sowie des Begriffs Fahrwege im Sinne des Art. 2 lit. h der Richtlinie 2001/14/EG zu verstehen sind.[645] Darüber hinaus ist nach § 4 Abs. 3 AEG der Betreiber der Schienenwege für den Betrieb der zuge-

---

638 So hat bspw. der Gesetzgeber im Rahmen der Neufassung des EnWG in § 3a EnWG normiert, dass die allgemeinen, für die Regulierung der Stromversorgungsnetze geltenden Vorschriften des EnWG auch für die Versorgung von Eisenbahnen mit leitungsgebundener Energie, insbesondere mit Fahrstrom, gelten, soweit im Eisenbahnrecht nichts anderes geregelt ist.

639 So auch Ehricke, N&R 2006, 105, 106 f.

640 Hermes, in: Hermes/Sellner (Hrsg.), AEG, § 1 Rn. 30.

641 Vgl. Frenzel, NZV 2006, 57, 60; Kramer, NVwZ 2006, 26, 27.

642 Vgl. Hermes, in: Hermes/Sellner (Hrsg.), AEG, § 3, Rn. 10 f.

643 Der Begriff des Betreibers der Schienenwege wird auch als Unterbegriff des weitergehenden Oberbegriffs des Eisenbahninfrastrukturunternehmens bezeichnet, vgl. Ehricke, N&R 2006, 105, 107 mit Verweis auf die Gesetzesbegründung BT-Drs. 15/2743, S. 12 f.

644 Damit ist der Gesetzgeber den Anforderungen der gemeinschaftsrechtlichen Vorgaben aus Art. 2 lit. h der Richtlinie 2001/14/EG nachgekommen.

645 Hermes, in: Hermes/Sellner (Hrsg.), AEG, § 2 Rn. 94.

hörigen Steuerungs- und Sicherungssysteme sowie der zugehörigen Anlagen zur streckenbezogenen Versorgung mit Fahrstrom verantwortlich. Diese Differenzierung greift § 14 Abs. 1 AEG auf, wonach für Eisenbahninfrastrukturunternehmen lediglich die Verpflichtung zur diskriminierungsfreien Erbringung der von ihnen angebotenen Leistung besteht, während Betreiber von Schienenwegen nach § 14 Abs. 1 S. 3 AEG zusätzlich zur Erbringung eines Mindestumfangs an Leistungen und zur Bereitstellung der betriebenen Schienenwege einschließlich der zugehörigen Steuerungs- und Sicherungssysteme zur Nutzung verpflichtet sind.

c. Eisenbahnaufsicht

Gemäß § 5a Abs. 2 AEG haben Aufsichtsbehörden in Wahrnehmung ihrer Aufgaben die allgemeine Befugnis zur Ergreifung von Maßnahmen, die zur Beseitigung festgestellter Verstöße und zur Verhinderung künftiger Verstöße gegen die in § 5 Abs. 1 AEG genannten Vorschriften erforderlich sind. Mit der Neufassung wurde der Adressatenkreis nach den gemeinschaftsrechtlichen Vorgaben aus Art. 13 der Richtlinie 2001/16/EG um Hersteller und Inverkehrbringer von Infrastruktur, Eisenbahnfahrzeugen oder Teilen davon erweitert.[646] Neben den klassischen Adressaten der Aufsicht, nämlich Eisenbahnverkehrsunternehmen, Eisenbahninfrastrukturunternehmen sowie die in §§ 31, 32 AEG aufgeführten Halter, fallen damit nunmehr weitere Marktakteure in den Anwendungsbereich der Norm, die den sicheren, gesetzmäßigen und reibungslosen Schienenverkehr gefährden können.[647] § 5a Abs. 2 AEG dient als Ermächtigungsgrundlage, durch Verwaltungsakt sämtliche in § 5 Abs. 1 AEG genannten eisenbahnspezifischen Rechtspflichten zu konkretisieren und gegenüber den Adressaten durchzusetzen.

2. Separierungsvorschriften

Den Separierungsvorschriften kommt von jeher aufgrund der vertikal integrierten Organisationsstruktur des nationalen Eisenbahnwesens erhöhte Bedeutung für die Gewährleistung eines fairen und diskriminierungsfreien Wettbewerbs zu.

a. Geschäftsführung der Eisenbahnen

§ 8 Abs. 3 AEG normiert die Unabhängigkeit des Betreibers der Schienenwege von staatlichen und kommunalen Gebietskörperschaften im Hinblick auf Trassenzuweisung und Wegeentgelte. Die Vorschrift gilt allerdings nur für nichtbundeseigene Betreiber, da die entsprechende Pflicht für bundeseigene Betreiber bereits

---

646 § 5a Abs. 2 AEG wurde bereits durch das „Gesetz zur Änderung eisenbahnrechtlicher Vorschriften hinsichtlich der Regelung der Interoperabilität des transeuropäischen Eisenbahnsystems“ neu gefasst. Präzisiert wurde die Norm durch das 4. Änderungsgesetz vom 03.08.2005 (BGBl. I, S. 2270) und in der Formulierung der Befugnis der Regulierungsbehörde nach § 14c Abs. 1 AEG angeglichen.

647 Kramer, NVwZ 2006, 26, 28.

aus der Verpflichtung zur privatrechtlichen Organisationsform gemäß Art. 87e Abs. 3 S. 1 GG folgt.[648] Bei Verstößen können Aufsichtsbehörden gemäß § 5a Abs. 2 in Verbindung mit § 5 Abs. 1 Nr. 1 AEG die zur Befolgung erforderlichen Anweisungen aussprechen. In Falle einer Nichtbefolgung droht dem Adressaten gemäß § 5a Abs. 7 S. 2 AEG ein Zwangsgeld von bis zu 500.000,- Euro.

b. Getrennte Rechnungslegung, organisatorische Trennung, unabhängige Entscheidungen

§ 9 Abs. 1 AEG enthält mit der Verpflichtung zu getrennter Rechnungslegung, organisatorischer Trennung sowie unabhängiger Entscheidungen hohe Anforderungen an die Separierung der dort aufgeführten Unternehmensteile und geht damit deutlich über § 9 AEG 1994 hinaus.[649] Ziel der Vorschrift ist neben der Umsetzung gemeinschaftsrechtlicher Vorgaben aus Art. 6 Abs. 1 der Richtlinie 2001/12/EG sowie Art. 1 Abs. 5 der Verordnung 1191/69/EWG die Gewährleistung von erhöhter Transparenz im Rechnungswesen sowie die Vermeidung von Diskriminierungen Dritter und Wettbewerbsverzerrungen.[650]

Während sich in Art. 6 Abs. 2 der Richtlinie 91/440/EWG bereits eine Regelungsbefugnis zur strukturellen Separierung fand, die der deutsche Gesetzgeber umsetzte, indem er die DB AG zur Ausgliederung des Betriebs der Infrastruktur auf eine eigene Konzerngesellschaft gemäß § 25 DBDrG verpflichtete, was bereits nach dem Handelsrecht eine getrennte Rechnungsführung erforderte, wurden die Anforderungen durch die zusätzlichen Verpflichtungen aus § 9 Abs. 1 AEG zur Erstellung, Prüfung und Offenlegung getrennter Jahresabschlüsse und Lageberichte für jede Konzerngesellschaft weiter erhöht. Zudem hat der Gesetzgeber in § 9 Abs. 1 AEG die Grundsatzentscheidung der Anwendbarkeit handelsrechtlicher Vorschriften für große Kapitalgesellschaften unabhängig von der tatsächlichen Unternehmensgröße und konzernrechtlicher Struktur unter Ausschluss der Konzernprivilegierung getroffen. Somit unterliegen grundsätzlich auch kleinere Eisenbahnunternehmen den Vorschriften der §§ 264 ff. HGB, die zwar einen erhöhten Kostenaufwand bedeuten, aus Sicht des Gesetzgebers aufgrund des volkswirtschaftlichen Nutzens gleichwohl gerechtfertigt erscheinen.[651] Um eine Verschleierung einzelner Konzernergebnisse zu vermeiden und die Transparenz von Konzernergebnissen zu gewährleisten, untersagt § 9 Abs. 1 AEG die Anwendbarkeit der Konzernprivilegierungen gemäß §§ 264 Abs. 3 und 4, 264b

648 Suckale, in: Hermes/Sellner (Hrsg.), AEG, § 8, Rn. 23.

649 Dagegen enthielt § 9 AEG a.F. als Umsetzung des Art. 6 Abs. 1 der Richtlinie 91/440/EWG lediglich die getrennte Rechnungsführung als Pflicht.

650 Gerstner, in: Hermes/Sellner (Hrsg.), AEG, § 9, Rn. 2 f.

651 Einen erhöhten Aufwand bedeuten die Befolgung von u.a. §§ 268, 275, 279 ff., 289, 316 ff., 325 ff. HGB. Vgl. Gerstner, in: Hermes/Sellner (Hrsg.), AEG, § 9, Rn. 14 ff.

HGB.[652] Das Gebot der buchhalterischen Entflechtung besteht nach § 9 Abs. 1a AEG nicht nur für vertikal integrierte Unternehmen, sondern auch für horizontal integrierte Unternehmen, die Verkehrsleistungen im Personen- und Güterverkehr erbringen. Zudem verbietet § 9 Abs. 1b AEG die Übertragung öffentlicher Gelder, die für einen bestimmten Bereich gewährt werden, auf andere Bereiche. Der Begriff öffentliche Gelder entspricht dabei der in § 9 Abs. 1, S. 2 und 3 AEG 1994 untersagten Subvention.[653] Er umfasst alle staatlichen oder aus staatlichen Mitteln stammenden Zuwendungen im Sinne des Art. 87 Abs. 1 EG unabhängig von ihrer gemeinschaftsweiten Bedeutung.[654] Weder § 9 Abs. 1 b AEG noch § 9 Abs. 1d S. 2 AEG beziehen sich auf das Verbot von Quersubventionierungen. Diese müssen nicht zwingend aus öffentlichen Finanzmitteln stammen und unterliegen nur bei kartellrechtlich missbräuchlichem Finanzmitteltransfer des marktbeherrschenden Unternehmens dem kartellrechtlichen Missbrauchsverbot aus § 19 Abs. 4 Nr. 2 GWB.[655]

Darüber hinaus verpflichtet § 9 Abs. 1c AEG zur organisatorischen Trennung der Tätigkeitsbereiche Erbringung von Verkehrsdienstleitungen und Betrieb der Eisenbahninfrastruktur. Als Voraussetzung dafür sind gemäß § 9 Abs. 1c S. 2 AEG Entscheidungen über den Zugang zur Infrastruktur und das dafür zu entrichtende Entgelt ausschließlich von dem Unternehmensbereich zu treffen, welches die Infrastruktur betreibt. Im Verhältnis zu dem davon unberührt bleibenden § 9a AEG ist § 9 Abs. 1 AEG die allgemeine Regel.[656] Gleichwohl hat der Gesetzgeber in § 9 Abs. 1e AEG eine Ausnahme von den strikten Verpflichtungen aus § 9 Abs. 1, 1a, 1b, 1c und 1d AEG für kleinere Eisenbahnenunternehmen verankert, für die diese Verpflichtungen unsachgerecht sind.[657] Danach kann die zuständige Genehmigungsbehörde auf Antrag Befreiungen erteilen, wenn eine Beeinträchtigung des Wettbewerbs nicht zu erwarten ist. Wann diese Beeinträchtigung des Wettbewerbs vorliegt, ist jedoch im AEG nicht geregelt, so dass zur Auslegung prinzipi-

652 Insbesondere die Anwendung von § 264 Abs. 3 HGB durch die DB AG wurde mehrfach kritisiert, da sie einen Verzicht auf die Veröffentlichung der Einzelabschlüsse von operativ tätigen Tochterunternehmen der Muttergesellschaft DB AG erlaubte. Vgl. Aberle/Eisenkopf, Schienenverkehr und Netzzugang, S. 64.

653 Vgl. BT-Drs. 15/3280, S. 16, 34.

654 Zum Begriff EuGH, Rs. C-280/00, NJW 2003, 2515, 2517.

655 Gerstner, in: Hermes/Sellner (Hrsg.), AEG, § 9, Rn. 28. Vgl. zum Quersubventionierungsverbot im GWB de Bronett, in: Wiedemann (Hrsg.), Handbuch Kartellrecht, § 22, Rn. 93.

656 BT-Drs. 15/3280, S. 16. Vgl. zum Verhältnis beider Vorschriften ausführlich Gersdorf ZHR 168 (2004), 576, 590 ff.

657 Hintergrund der Ausnahmeregelung, die im ursprünglichen Gesetzesentwurf nicht enthalten war, war die Auffassung, dass Adressat der Anforderungen aus § 9 AEG marktbeherrschende bisherige Staatsbahnen sein sollten und nicht wettbewerbspolitisch unbedeutende Kleinunternehmen, denen dadurch existenzbedrohende Belastungen entstehen könnten. Vgl. BT-Drs. 15/4419, S. 16.

ell das GWB heranzuziehen ist. Als Auslegungshilfe dient zudem die Gesetzesbegründung, nach der der Ausnahmebereich unter Bezugnahme auf Art. 2 Abs. 2 der Richtlinie 91/440/EWG Eisenbahnunternehmen umfasst, deren Tätigkeit ausschließlich auf den Stadtverkehr, Vorortverkehr oder Regionalverkehr beschränkt ist.[658] Bei Vorliegen der Voraussetzungen hat der Antragssteller einen Genehmigungsanspruch.[659]

c. Unabhängigkeit des öffentlichen Betreibers der Schienenwege

Gemäß § 9a AEG muss bei integrierten Eisenbahnunternehmen der Betrieb von Schienenwegen rechtlich, organisatorisch und in seinen Entscheidungen von dem Eisenbahnverkehrsunternehmen unabhängig sein, soweit diese die Zuweisung von Zugtrassen und die damit verbundenen Wegeentgelte betreffen. Diese Vorschrift zur Festlegung einer inneren Struktur für betroffene Eisenbahnunternehmen soll den diskriminierungsfreien Wettbewerb fördern und die Art. 4 Abs. 2, 14 Abs. 2 der Richtlinie 2001/14/EG in nationales Recht umsetzen.[660] Netzzugangsrelevante Entscheidungen sollen grundsätzlich ausschließlich nach wirtschaftlichen Interessen unter Berücksichtigung eisenbahnrechtlicher Vorschriften getroffen werden.[661] Dazu hat der deutsche Gesetzgeber einen im Gemeinschaftsrecht nicht vorgesehenen Maßnahmenkatalog erstellt, der jegliche gegenseitige Einflussnahmemöglichkeiten beider Unternehmensbereiche unterbinden soll.[662] § 9a AEG ergänzt § 9 AEG und flankiert § 14 AEG, ohne jedoch mit einer der beiden Vorschriften einen Überschneidungsbereich zu haben. Gegenüber aktienrechtlichen Vorschriften, insbesondere den §§ 291 ff. AktG, stellt § 9a die lex specialis dar und begründet damit ein Sondergesellschaftsrecht im Falle eines Eisenbahnkonzerns.[663] Die Überwachung und Durchsetzung der Trennungsvorgaben obliegt dem EBA, das damit zugleich wesentlich verantwortlich für das Erreichen der angestrebten Transparenzverbesserungen im Eisenbahnwesen ist.[664]

aa. Chinese Walls

Im Rahmen des in § 9a AEG enthaltenen Maßnahmenkatalogs ist § 9a Abs. 1 S. 2 Nr. 5 AEG von erhöhter Relevanz, wonach in integrierten Eisenbahnkonzernen unternehmensinterne Regelungen zu schaffen, aufrechtzuerhalten und zu veröffentlichen sind, die die Einflussnahme von Dritten außerhalb des Betreibers der Schienenwege auf bedeutsame Entscheidungen unterbinden. Diese Regelung

---

658 BT-Drs. 15/3280, S. 16.

659 Gerstner, in: Hermes/Sellner (Hrsg.), AEG, § 9a, Rn. 59.

660 BT-Drs. 15/3280, S. 16.

661 Kramer, NVwZ 2006, 26, 29.

662 Gerstner, in: Hermes/Sellner (Hrsg.), AEG, § 9a, Rn. 1.

663 Vgl. dazu Gersdorf, ZHR 168 (2004), 576, 594 ff.

664 Vgl. Kühling/Ernert, NVwZ 2006, 33, 36, die mit Blick auf die im EnWG zuständige BNetzA eine scharfe Handhabung der Überwachung erwarten.

dient dem gesetzgeberischen Ziel der Errichtung von Chinese Walls.[665] Nach allgemeinem Wirtschaftsverständnis sollen Chinese Walls sicherstellen, dass innerhalb eines integrierten Unternehmens Konzernsparten weisungsunabhängig agieren.[666] Der Begriff entstammt dem Wertpapierhandelsrecht, wonach Chinese Walls im Sinne von § 33 Abs. 1 Nr. 2 WpHG eine einheitliche Leitung von Universalbanken anerkennen, aber eine Organisation erfordern, die eine Minimierung von Interessenkonflikten gewährleistet.[667] Auf das Eisenbahnwesen übertragen soll die organisatorische Unabhängigkeit der Bereiche durch die Verhinderung von Informationsflüssen zu Trassenvergabe, Wegeentgelten sowie Netzfahrplan sichergestellt werden, solange solche Informationen nicht allen Transportunternehmen zugänglich sind.[668] Zur Umsetzung der Chinese Walls wird ein code of conduct empfohlen, der bei der gemeinsamen Nutzung konzerninterner Informationstechnologie eindeutige Verhaltensregeln für das Personal enthält.[669]

Dennoch erscheint die Wirksamkeit von Chinese Walls in der Praxis nur schwer realisierbar, da in einem vertikal integrierten Unternehmen das gesamtwirtschaftliche Konzernergebnis im Vordergrund stehen muss und enge Verbindungen zwischen den Konzernsparten naturgemäß existieren.[670] Bestehen mittels eines Informationsaustausches zwischen Infrastruktur- und Transportsparte höhere Gewinnaussichten, wird das Unternehmen darauf nicht verzichten.[671] Um die Wirksamkeit von Chinese Walls zu verbessern, wurde im Zuge des Gesetzgebungsverfahrens zur AEG-Novelle 2005 gefordert, ein Gebot zur räumlichen Trennung von Konzernsparten einzuführen sowie ein ausdrückliches Verbot des Austausches sensibler geschäftlicher Informationen gesetzlich zu normieren.[672] Dieser Forderung ist zunächst beizupflichten, dass sowohl eine räumliche Nähe beziehungsweise Verbundenheit als auch die Möglichkeit des Austausches von geschäftlich sensiblen Informationen ein nicht unerhebliches Potential zur Wettbewerbsverzerrung beinhalten. Gleichwohl sind die räumliche Nähe und die Zusammenarbeit der Konzernsparten auch wesentliche Argumente für die Effizienz einer vertikal integrierten Unternehmensstruktur. Zudem ist in Zeiten moderner Informationstechnologie die räumliche Nähe zum Austausch von sensiblen Informationen nicht

665 Vgl. BT-Drs. 3280, S. 17.

666 Zu Chinese Walls im allgemeinen Eisele, WM 1993, 1022, 1024; Hopf, in FS-Beusch, S. 404 ff.

667 Vgl. Rigley, RIW 1983, 81, 81 ff.

668 Berschin, DVBl 2002, 1079, 1085.

669 Gerstner, in: Hermes/Sellner (Hrsg.), AEG, § 9a, Rn. 37.

670 Vgl. Kramer, N&R 2004, 134, 140; Wissenschaftlicher Beirat beim BMVBW, Int. Verkehrswesen 2002, 260, 260.

671 Zur vergleichbaren Situation bei der Vergabe von Trassenrechten Monopolkommission, Die Privatisierung der Deutschen Bahn AG, Sondergutachten, Rn. 70.

672 Lindemann, in: DVWG (Hrsg.), Wettbewerb im Schienenverkehr, Formen, Stärken, Schwachstellen und Grenzen, S. 121, 126.

mehr notwendig. Da insofern grundsätzlich ein Informationsaustausch zwischen konzerninternem Eisenbahninfrastrukturunternehmen und Eisenbahnverkehrsunternehmen nicht untersagt ist, wird die Grenze des Zulässigen schlussendlich dem EBA als zuständiger Aufsichtsbehörde sowie gegebenenfalls der Rechtsprechung überlassen sein.[673] Daher wären ein Verbotskatalog sowie eine Umkehr der Beweislast denkbare Maßnahmen, da in der Praxis das vom wettbewerbswidrigen Informationsaustausch benachteiligte Unternehmen Vorwürfe nur in seltenen Fällen beweisen könnte. Letztendlich kann jedoch ein missbräuchlicher Informationsaustausch nicht vollständig unterbunden werden.

bb. Verbot der Doppelmandatierung

Besondere Erwähnung verdient zudem das in § 9a Abs. 1 S. 2 Nr. 6 AEG verankerte Verbot der Doppelmandatierung für Aufsichtsräte. Demzufolge dürfen Aufsichtsräte des Betreibers der Schienenwege nicht gleichzeitig Mitglieder der Aufsichtsräte von Eisenbahnverkehrsunternehmen nach § 9 Abs. 1 Satz 1 Nr. 2 und 3 AEG sein. Es ist mithin weiterhin möglich, als Vorstandsmitglied der DB AG oder eines Tochterunternehmens gleichzeitig einen Sitz im Aufsichtsrat der DB Netz AG zu erhalten.[674] Bei der Ausübung operativer Funktionen in anderen Unternehmensbereichen unterliegen Aufsichtsratsmitglieder des Betreibers von Schienenwegen zwar ihrer Verantwortlichkeit für eine diskriminierungsfreie Trassenvergabe und Trassenpreisfestsetzung im Rahmen ihrer Aufgabenerfüllung.[675] Dennoch sind Interessenkollisionen beziehungsweise wettbewerbsverzerrende Einflussnahmen aufgrund der unternehmensinternen Verbindungen nicht auszuschließen.[676] So bezieht sich die Pflicht des Aufsichtsrates gemäß § 111 AktG zur Überwachung der Geschäftsführung nicht nur auf eine nachträgliche, sondern auch auf eine präventive Kontrolle, die Einflussmöglichkeiten erhöht.[677] Insofern erscheint zur der Förderung eines fairen und diskriminierungsfreien Wettbewerbs

---

673 Insofern bietet sich die im Vergaberecht äußerst umstrittene „Projektantenproblematik" als Vergleich an. Der EuGH hat diesbezüglich geurteilt, dass im Vergabeverfahren die Beteiligung von Projektanten auf der Bieterseite (Unternehmen, die bereits bei der Erstellung von Verdingungsunterlagen wesentlich mitgewirkt haben) zwar grundsätzlich den Wettbewerb im Vergabeverfahren gefährden kann, ein genereller Ausschluss von Projektanten im Bieterverfahren jedoch gemeinschaftswidrig ist. Die Verschaffung eines unzulässigen Wettbewerbsvorteils sei jeweils im konkreten Einzelfall zu beurteilen, wobei dem Projektanten die Beweislast obliegt. Vgl. EuGH, Rs C-21/03 und C-34/03; Fabricom vs. Belgischer Staat, Rn. 29 ff.

674 Kramer, NVwZ 2006, 26, 30.

675 BT-Drs. 15/3280, S. 17.

676 So auch bereits die Kritik zum Gesetzesentwurf. Vgl. Lindemann, in: DVWG (Hrsg.), Wettbewerb im Schienenverkehr, Formen, Stärken, Schwachstellen und Grenzen, S. 121, 125.

677 Vgl. Monopolkommission, Die Privatisierung der Deutschen Bahn AG, Sondergutachten, Rn. 70.

die Beschränkung des Verbots der Doppelmandatierung auf Aufsichtsräte zweifelhaft.[678]

3. Zugang zur Infrastruktur

Das Regime der §§ 14 ff. AEG als Ergebnisse der Task Force Zukunft Schiene sowie der gemeinschaftsrechtlichen Vorgaben der Richtlinien 2001/12-14/EG bilden das Zentrum der AEG-Novelle 2005.[679]

a. Zugangsverpflichtete

§ 14 Abs. 1 AEG greift die in § 2 AEG eingeführte Differenzierung zwischen Eisenbahninfrastrukturunternehmen und Betreibern von Schienenwegen auf. Gemäß § 14 Abs. 1 S. 1 AEG sind Eisenbahninfrastrukturunternehmen nur zur diskriminierungsfreien Erbringung der von ihnen angeboten Leistung verpflichtet, während Betreiber von Schienenwegen nach § 14 Abs. 1 S. 3 AEG einen festgesetzten Leistungsumfang erbringen und die betriebenen Schienenwege einschließlich der zugehörigen Steuerungs- und Sicherungssysteme zur Nutzung bereitstellen müssen. Den konkreten Inhalt des Leistungsumfangs gestaltet die EIBV aus. Zum Verständnis der Diskriminierungsfreiheit normiert § 9 Abs. 1 S. 2 EIBV das Verbot der Ungleichbehandlung, wonach der Betreiber der Schienenwege über Anträge auf Zuweisung von Zugtrassen nicht ohne sachlich gerechtfertigten Grund unterschiedlich entscheiden darf.

Der Gesetzgeber hat mit der Neufassung theoretisch den Kreis der Zugangsverpflichteten erweitert, obwohl gegenwärtig beide möglichen Zugangsverpflichteten in der DB Netz zusammenfallen. Ob die Differenzierung ausschließlich der Umsetzung europäischer Vorgaben des Art. 5 Abs. 1 in Verbindung mit Anhang II der Richtlinie 2001/14/EG dient oder damit bereits legislativer Spielraum für eine materielle Privatisierung der Infrastruktur geschaffen wurde, geht aus der Gesetzesbegründung nicht hervor. Prinzipiell ist der Kreis der Verpflichteten auf alle, auch nach bisheriger Regelung nicht öffentlichen Eisenbahninfrastrukturunternehmen, ausgedehnt.[680]

---

678 Dass es sich dabei nicht um ein bloßes Redaktionsversehen handelt und Tätigkeiten für beide Unternehmensbereiche grundsätzlich denkbar sind, demonstriert § 9a Abs. 1 S. 2 Nr. 3 AEG, wonach Entscheidungen über den Netzfahrplan, die sonstige Zuweisung von Zugtrassen und die Entscheidungen über die Wegeentgelte nur von dem Personal des Betreibers der Schienenwege zu treffen sind, das keine Funktionen im Eisenbahnverkehrsunternehmen oder mit diesen verbundenen Unternehmen ausübt.

679 Vgl. BT-Drs. 15/3280, S. 12 ff.; BT-Drs. 15/4419, S. 17; Gerstner, in: Hermes/Sellner (Hrsg.), AEG, § 14, Rn. 4.

680 Gerstner, in: Hermes/Sellner (Hrsg.), AEG, § 14, Rn. 12.

b. Zugangsberechtigte

§ 14 Abs. 2 und 3 AEG erweitern den Kreis der Zugangsberechtigten. Damit hat der Gesetzgeber zur Wettbewerbsbelebung vor allem von der in Art. 2 lit.b in Verbindung mit Art. 16 Abs. 1 S. 1 der Richtlinie 2001/14 vorgesehenen Möglichkeit Gebrauch gemacht, anderen als Eisenbahnverkehrsunternehmen Netzzugang zu gewähren. So sind gemäß § 14 Abs. 2 Nr. 2 AEG auch Unternehmen mit Sitz im Inland zugangsberechtigt, die Güter durch ein Eisenbahnverkehrsunternehmen befördern lassen wollen, also inländische Frachtunternehmen. Nach dem weiten Begriffsverständnis, das sich auch aus der Gesetzesbegründung zu § 6 EIBV manifestiert,[681] sind neben Spediteuren und Frachtführern auch Unternehmen umfasst, die als Endkunden über eine starke Nachfragemacht nach Transportdienstleistungen verfügen.[682] Sie können Trassenrechte erwerben und ein Eisenbahnverkehrsunternehmen mit der eigentlichen Transportleistung beauftragen.[683] Die dadurch gewonnene Flexibilität wird jedoch relativiert durch die Schwächung der Nachfragemacht von Frachtunternehmen infolge der gemäß § 6 Abs. 1 S. 2 EIBV erforderlichen Hinzuziehung eines Eisenbahnverkehrsunternehmens bereits zu Beginn der Netzzugangsverhandlungen..[684] Aufgabenträger und Behörden hingegen sind nach § 14 Abs. 2 Nr. 3 und 4 AEG aus Gründen der Erleichterung ihrer hoheitlichen Aufgabenerfüllung zur Bestellung von Schienenpersonenverkehrsleistungen direkt zugangsberechtigt.[685] Sie können damit selbst über den Trassenzugang verhandeln und anschließend ohne Verstoß gegen das Übertragungsverbot im Wege der Ausschreibung Nutzungsrechte an ein Eisenbahnverkehrsunternehmen übertragen.[686]

Ferner sind gemäß § 14 Abs. 3 S. 2 AEG Eisenbahnunternehmen zugangsberechtigt, die grenzüberschreitenden Güterverkehr auf dem Transeuropäischen Güternetz beziehungsweise gemäß § 14 Abs. 3 Nr. 2 lit c AEG ab dem 01.01.2007 ohne Beschränkung auf besagtem Netz anbieten wollen.[687] Demzufolge besteht ab diesem Zeitpunkt auch das Recht zur Kabotage, so dass zumindest von einer vollständigen Liberalisierung des Schienengüterverkehrs gesprochen werden kann.[688]

681 BR-Drs. 249/05, S. 39.

682 Gerstner, in: Hermes/Sellner (Hrsg.), AEG, § 14, Rn. 154; Ruge, DVBl. 2005, 1405, 1409; Kühling/Ernert, NVwZ 2006, 33, 34. Ferner muss das Unternehmen seinen Sitz in der Bundesrepublik Deutschland haben.

683 Kühling/Ernert, NVwZ 2006, 33, 34.

684 Dies wird vor allem mit technischen Notwendigkeiten für die Trassenbedienung begründet. Vgl. Kühling/Ernert, NVwZ 2006, 33, 34.

685 Vgl. BT-Drs. 15/3280, S. 18.

686 Gerstner, in: Hermes/Sellner (Hrsg.), AEG.; § 14, Rn. 157; Kühling/Ernert, NVwZ 2006, 33, 34.

687 § 14 Abs. 3 S. 2 AEG ist bereits der Umsetzung der Richtlinie 2004/51/EG geschuldet und im Rahmen des 4. Änderungsgesetzes eingefügt worden.

688 Vgl. Kühling/Ernert, NVwZ 2006, 33, 34.

c. Zugangsobjekt

In Umsetzung des Art. 5 Abs. 1 S. 1 der Richtlinie 2001/14/EG wurde der Zugangsanspruch über die bisherige Verpflichtung des Eisenbahninfrastrukturunternehmens zur Gewährleistung einer diskriminierungsfreien Benutzung der Infrastruktur wesentlich erweitert. So verpflichtet § 14 Abs. 1 S. 3 AEG in Verbindung mit § 3 Abs. 1 S. 2 EIBV den Betreiber von Schienenwegen zur Erbringung eines Mindestumfangs an Leistungen und zur Bereitstellung der von ihm betriebenen Schienenwege sowie der Steuerungs- und Sicherungssysteme. Es besteht für den Zugangsberechtigten somit nicht nur ein derivates Recht auf diskriminierungsfreie Teilhabe an bestehenden Leistungen, sondern ein weiteres originäres Recht auf Bereitstellung bestimmter Leistungen.[689] Dies setzt eine dauerhafte Pflicht voraus, betriebene Schienenwege sowie Steuerungs- und Sicherungssysteme im betriebsbereiten Zustand zu halten.[690] Aus der ersatzlosen Streichung des § 4 BbG, der eine dauerhafte Betriebspflicht vorsah, ergibt sich nichts Abweichendes.[691] Diese Pflicht gilt jedoch nicht für Serviceeinrichtungen und damit verbundene Leistungen, die lediglich diskriminierungsfrei zur Verfügung zu stellen sind. Die in § 14 Abs. 1 AEG unterschiedlich ausgestalteten Pflichten erklären sich vor allem aus der unterschiedlichen Einordnung von Schienenwegen einerseits und Serviceeinrichtungen einschließlich der damit verbundenen Leistungen andererseits als natürliche Monopole.[692] Während Schienenwege ein natürliches Monopol darstellen, sind Serviceeinrichtungen und damit verbundene Leistungen zwar insbesondere für Marktneulinge aufgrund hoher Fixkosten nur schwer duplizierbar, gleichwohl stellen sie kein natürliches Monopol dar.[693]

d. Nutzungsentgelte

Als Ausgleich zur Gewährung von Zugangsrechten nach § 14 Abs. 1 AEG sind Zugangspetenten zur Entrichtung eines Nutzungsentgelts verpflichtet, welches sich grundsätzlich nach dem Prinzip der Entgeltgestaltungsfreiheit ohne vorheriger Genehmigungspflicht richtet.[694] Während das alte Eisenbahnrecht lediglich einen Rahmen zur Ausgestaltung der Nutzungsentgelte vorsah und den Eisenbahninfrastrukturunternehmen die Ausarbeitung von Schienennetz-Benutzungs-

---

689 Kühling/Ernert, NVwZ 2006, 33, 35.

690 Gerstner, in: Hermes/Sellner (Hrsg.), AEG, § 14, Rn. 57ff.; Kramer, IR 2004, 106, 106 ff.

691 A.A. Ruge, DVBl. 2005, 1405, 1409. Er argumentiert, dass die Leistungsverpflichtung ausgeschlossen sei, wenn ein sachlicher Grund vorliegt. Wäre ein tatsächlicher Betrieb der Infrastruktur bzw. eine tatsächliche Leistungserbringung hingegen nicht gegeben, läge ein solcher sachlicher Grund vor. Die Möglichkeit einer Leistungsverweigerung bei Vorliegen eines sachlichen Grundes ergibt sich jedoch nicht aus dem Gesetzeswortlaut und ist daher abzulehnen.

692 Siehe zum natürlichen Monopol im Eisenbahnwesen ausführlich unter Kapitel I, B.III.

693 So auch Kühling/Ernert, NVwZ 2006, 33, 35.

694 Im Rahmen des Gesetzgebungsverfahren zur AEG-Novelle 2005 wurde die Einführung einer solchen Genehmigungspflicht diskutiert, vgl. BR-Drs. 891/04.

bedingungen zur eigenen Bemessung überließ, hat der Gesetzgeber im Zuge der AEG-Novelle 2005 konkretere Vorgaben zur Entgeltregulierung in AEG und EIBV aufgenommen. Dennoch fehlt es den dazu eingeführten § 14 Abs. 4 und 5 AEG zur Setzung von Maßstäben für ein Entgeltsystem an abschließender Klarheit.[695] Aufgrund signifikanter Fixkosten für den Betrieb der Infrastruktur existiert regelmäßig eine Interessenkollision zwischen höheren Nutzungsentgelten, die sich an der Kostendeckung und einer Rendite orientieren, und niedrigeren Entgelten, die bei mangelnder Deckung der Vollkosten Anreize für potentielle Markteinsteiger erzeugen.[696] Fördern Erstere das Ziel der Haushaltsentlastung, tragen Letztere zur Wettbewerbsbelebung bei. Dieser Konflikt, den der europäische Gesetzgeber bereits in Erwägungsgrund 39 der Richtlinie 2001/14/EG betont hat, spiegelt sich zudem in den umzusetzenden gemeinschaftsrechtlichen Vorgaben der Art. 7 Abs. 3, welcher auf die unmittelbar aufgrund des Zugbetriebs anfallenden Kosten abzielt, und Art. 8 Abs. 4 der Richtlinie 2001/14/EG, der die Möglichkeit der Kostendeckung vorsieht, wider. Insofern bietet das Gemeinschaftsrecht keinen Lösungsweg, sondern überlässt es den Mitgliedstaaten, sich durch Prioritätensetzung für ein Modell zu entscheiden[697]. Auf Erkenntnisse und Erfahrungen aus den Wirtschaftssektoren Post, Telekommunikation und Energie wurde aufgrund der dort schwächer ausgeprägten Konfliktsituation verzichtet.[698]

Mit der Regelung des § 14 Abs. 4 S. 1 AEG hat der deutsche Gesetzgeber ein Vollkostenprinzip verankert,[699] wonach Betreiber von Schienenwegen ihre Entgelte nach Maßgabe der EIBV so bemessen können, dass ihnen die insgesamt für die Erbringung der Pflichtleistungen entstehenden Kosten zuzüglich einer Rendite, die am Markt erzielt werden kann, vergütet werden.[700] Er hat er sich insofern gegen den in anderen Wirtschaftssektoren verwendeten Effizienzkostenansatz entschieden, wonach nur diejenigen Kosten geltend gemacht werden dürfen, die bei einer effizienten Bereitstellung der Leistung unter Wettbewerbsbedingungen entstünden.[701] § 14 Abs. 4 S. 2 AEG ermöglicht durch optionale Aufschläge eine leistungsabhängige Entgeltdifferenzierung, welche sich an den Kosten zu orientieren hat, die unmittelbar aufgrund des Zugbetriebs anfallen. Die Differenzierung hat zwischen Marksegmenten und Verkehrsarten zu erfolgen, wobei stets vorausgesetzt wird, dass der Betreiber der Schienenwege mindestens die Deckung

---

695 Ausführlich und mit abweichenden Meinungen vgl. nur Koenig/Neumann/Schellberg, WuW 2006, 139, 139 ff.; Staebe, WuW 2006, 492, 492 ff.

696 Vgl. dazu Gerstner, in: Hermes/Sellner (Hrsg.), AEG, § 14, Rn. 174 ff.

697 Gersdorf, ZHR 168 (2004), 576, 606; Fehling, DÖV 2002, 793, 802.

698 Vgl. Monopolkommission, Die Privatisierung der Deutschen Bahn AG, Sondergutachten, Rn. 28.

699 Ruge, DVBl. 2005, 1405, 1411, Kühling/Ernert, NVwZ 2006, 33, 35.

700 Ruge, IR 2005, 196, 197.

701 Kühling/Ernert, NVwZ 2006, 33, 35.

der durch den Betrieb der Schienenwege entstehenden Kosten erreichen muss.[702] Konsequenz dessen ist eine stark eingeschränkte Bedeutung der unmittelbar auf Grund des Zugbetriebs anfallenden Kosten.[703] §§ 21-23 EIBV enthalten weitere Konkretisierungen der Entgeltgrundsätze, ohne dabei jedoch abschließend zu sein.[704] Lediglich § 21 Abs. 1 EIBV, der die Aufnahme von leistungsabhängigen Entgeltbestandteilen vorsieht, und § 21 Abs. 6 S. 2 EIBV, wonach Entgelte bei nicht vertragsgemäßem Zustand der Schienenwege zu mindern sind, sehen als zentrale Neuerungen zwingende Regelungen vor und eröffnen die Möglichkeit zur Einführung von Anreizsystemen durch Bonus-/Malusregelungen.[705] Die Regelungen für Entgeltnachlässe werden in § 23 Abs. 1 EIBV verschärft, indem sie auf die Höhe der tatsächlich vom Betreiber der Schienenwege eingesparten Verwaltungskosten zu begrenzen sind. Gemäß § 14 Abs. 4 S. 4 Nr. 2 AEG in Verbindung mit § 22 Abs. 1 Nr. 2 EIBV können Aufsichtsbehörde und Regulierungsbehörde gemeinsam sämtliche Betreiber der Schienenwege durch Allgemeinverfügung von diesen Vorgaben zur Entgeltregulierung freistellen.[706] Entgeltbemessungen für die Nutzung von Serviceeinrichtungen der Eisenbahninfrastrukturunternehmen sind dagegen freier gestaltbar. § 14 Abs. 5 AEG bestimmt lediglich, dass die Wettbewerbsmöglichkeiten der Zugangspetenten nicht missbräuchlich eingeschränkt werden und ohne sachlich gerechtfertigten Grund keine Zugangspetenten bevorzugt werden dürfen. Derartige Gründe können sich insbesondere aus der EIBV ergeben.[707] Zur weiteren Auslegung dieser Vorschriften ist auf §§ 19, 20 GWB und der dazu ergangenen Rechtsprechungspraxis zurückzugreifen.[708] Leistungsabhängige Entgeltbestandteile finden nach § 24 Abs. 1 EIBV Berücksichtigung. Dabei ist zu beachten, dass nach § 24 Abs. 3 EIBV die Minderungspflichten nach § 21 Abs. 6 EIBV und die Vorgaben für Entgeltnachlässe nach § 23 EIBV grundsätzlich nicht gelten.

e. Rechtsnatur und Durchsetzung des Zugangsanspruchs

Die Rechtsnatur des Zugangsanspruchs ist auch im Zuge der AEG-Novelle 2005 nicht ausdrücklich gesetzlich normiert worden. Formell entscheidet die Rechtsnatur, ob bei der Geltendmachung des Netzzugangsanspruchs der Verwaltungs-

---

702 Vgl. BT-Drs. 15/4419, S. 17.

703 Gerstner, in: Hermes/Sellner (Hrsg.), AEG, § 14, Rn. 180 f. Umstritten ist ferner , ob nach der Systematik des § 14 Abs. 4 AEG die unmittelbar aufgrund des Zugbetriebs anfallenden Kosten als Grenzkosten aufzufassen sind. Bejahend Gerstner, in: Hermes/Sellner (Hrsg.), AEG, § 14, Rn. 181; zweifelnd Ruge, DVBl. 2005, 1405, 1412.

704 BR-Drs. 249/95, S. 58.

705 Koenig/Neumann/Schellberg, WuW 2006, 139, 144.

706 Vgl. dazu Gerstner, in: Hermes/Sellner (Hrsg.), AEG, § 14, Rn. 192, der aufgrund des Fehlens materieller Kriterien, auf die die Allgemeinverfügung zu stützen ist, verfassungsrechtliche Bedenken äußert.

707 Vgl. Br-Drs. 249/05, S. 58.

708 Ruge, DVBl. 2005, 1405, 1412.

rechtsweg nach § 40 Abs. 1 VwGO eröffnet ist oder der zivile Rechtsweg beschritten werden muss.[709] Die Gesetzesbegründung gibt lediglich vor, dass es sich bei § 14 AEG um eine öffentlich-rechtliche Vorschrift handelt.[710] Bei Zugrundelegung der Subjektstheorie ist der Verwaltungsrechtsweg anwendbar, wenn die maßgebende Norm auf wenigstens einer Seite ausschließlich einen Träger öffentlicher Gewalt berechtigt oder verpflichtet.[711] § 14 AEG als maßgebende Norm ist differenziert zu betrachten, da sie sowohl hoheitliche Befugnisse als auch Elemente privater wirtschaftlicher Aktivität enthält. Während einerseits §§ 14c, 14e und 14f AEG hoheitliche Eingriffsbefugnisse der Regulierungsbehörde normieren und insofern öffentlich-rechtliche Rechtsverhältnisse zwischen der Behörde und dem privatrechtlich organisierten Schienenwegebetreiber begründen, stehen sich andererseits bezüglich des Netzzugangsanspruchs aus § 14 Abs. 1 S. 1 und 3 AEG mit dem Schienenwegebetreiber und den Zugangspetenten ausschließlich privatrechtlich organisierte Unternehmen gegenüber.[712] Mangels direkter Beteiligung der Regulierungsbehörde als Zugangsberechtigte oder –verpflichtete im Rahmen des § 14 Abs. 1 ist der Netzzugangsanspruch dem Zivilrecht zuzuordnen.[713] Dieses Ergebnis bestätigen im Wesentlichen auch die Rechtsprechung sowie der Vergleich mit anderen Infrastruktursektoren.[714] In der Praxis hingegen sind rechtliche Auseinandersetzungen um einen Zugang zur Eisenbahninfrastruktur gemäß § 14 Abs. 1 AEG regelmäßig vor dem Verwaltungsgericht anhängig.[715] Zugangspenten können die Infrastrukturbetreiber dabei zwar nicht direkt mit einer Klage in Anspruch nehmen, allerdings können sie mittels einer Beschwerde oder einem Antrag nach § 14f AEG ein Tätigwerden der Regulierungsbehörde und damit ein behördliches Verfahren initiieren. Da sie dabei keine Partei des Rechtsstreits über eine behördliche Entscheidung sind, entledigen sie sich weitestgehend der Kosten- und Prozessrisiken, profitieren gleichwohl im Ergebnis von den erweiterten Befugnissen der Regulierungsbehörde.[716]

---

709 Zur Eröffnung des Verwaltungsrechtswegs und zur Abgrenzung zum zivilen Rechtsweg nach den verschiedenen Theorien Eyermann, VwGO, § 40, Rn. 41 ff.

710 BT-Drs. 15/3280, S. 12.

711 Eyermann, VwGO, § 40, Rn. 44 m.w.N.

712 Der gesetzlich verwendete Begriff der öffentlichen Eisenbahnen stellt lediglich auf die allgemeine Zugänglichkeit ab, jedoch nicht auf Eigentumsverhältnisse. Gleichermaßen verpflichtet § 14 Abs. 1 S. 1 AEG nicht nur die im öffentlichen Eigentum stehende DB Netz AG, sondern sämtliche Betreiber von Schienenwegen.

713 So auch Ruge, AöR 131 (2006), 1, 28 ff.

714 Vgl. BGH, NJW 1997, 744, 744; LG Berlin IR 2005, 16, 16 ff. Für § 102 EnWG vgl. BR-Drs. 248/05 und BT-Drs. 15/5736. A.A. LG Frankfurt, das die Klage eines Zugangspetenten mit der Begründung abgewiesen hat, dass es an einem Rechtsschutzbedürfnis mangele, da er sich mit einer Beschwerde an die zuständige Regulierungsbehörde wenden könne, LG Frankfurt, Urteil vom 08.12.2004, Az. 3-04 O 191/03.

715 Gemäß § 52 Nr. 2 VwGO liegt die örtliche Zuständigkeit beim VG Köln.

716 Vgl. Ruge, AöR 131 (2006), 1, 69 ff.

4. Regulierung

§§ 14b ff. AEG enthalten wesentliche Veränderungen des Regulierungsregimes im Eisenbahnwesen. Ausgehend vom Grundsatz des verhandelten Netzzugangs stehen die Erweiterung allgemeiner Eingriffsbefugnisse der zuständigen Regulierungsbehörde sowie die Modifizierung des Regulierungsverfahrens im Vordergrund. Insgesamt besteht ein Geflecht von Elementen der ex-ante und der ex-post Regulierung.

a. Allgemeine Eingriffsbefugnisse

§ 14c AEG regelt die allgemeinen Eingriffsbefugnisse der Regulierungsbehörde im Rahmen ihres Zuständigkeitsbereichs. Während das EBA nach § 5a Abs. 5 AEG 2002 lediglich Auskunfts- und Nachweiserbringungsrechte hatte, verfügt nun die Regulierungsbehörde über weitreichende Weisungsbefugnisse und Untersuchungsrechte gegenüber Eisenbahninfrastrukturunternehmen.[717] So kann sie gemäß § 14c Abs. 1 AEG Maßnahmen treffen, die zur Beseitigung festgestellter und zur Verhütung künftiger Verstöße gegen eisenbahnrechtliche Vorschriften über den Zugang zur Eisenbahninfrastruktur erforderlich sind. Ihr steht damit ein weiter Handlungsspielraum offen, indem sie nicht nur ex-ante und ex-post zur Untersagung von Verhaltensweisen, sondern auch zur Erteilung konkreter Anweisungen befugt ist.[718] Bei der Ergreifung und Auswahl von Maßnahmen handelt die Regulierungsbehörde nach pflichtgemäßem Ermessen und ist an den Verhältnismäßigkeitsgrundsatz gebunden.

Erweiterte Weisungsbefugnisse und Untersuchungsrechte gemäß § 14c Abs. 2 und 3 AEG korrespondieren mit den diesbezüglichen Duldungs- und Mitwirkungspflichten der Eisenbahnunternehmen. Auch hier verfügt die Behörde über einen großen Spielraum, unterliegt gleichwohl erhöhten Anforderungen an ein vertretbares Ermittlungskonzept und an den Verhältnismäßigkeitsgrundsatz zur Erreichung des Ermittlungsziels.[719] Gemäß § 14c Abs. 4 AEG kann die Regulierungsbehörde ihre Anordnungen nach dem Verwaltungsvollstreckungsgesetz durchsetzen.[720]

---

717 Vgl. dazu Kühling/Ernert, NVwZ 2006, 33, 36.

718 Gerstner, in: Hermes/Sellner (Hrsg.), AEG, § 14c, Rn. 16 ff. Aufgrund der Weite und Unbestimmtheit werden auch verfassungsrechtliche Bedenken an der Vorschrift geäußert. Vgl. Ruge, DVBl. 2005, 1405, 1413, Rn. 60.

719 Vgl. Ruge, DVBl. 2005, 1405, 1413 mit Bezugnahme auf einen Beschluss des VG Köln, Az. 11 L 911/05.

720 Die Regulierungsbehörde ist dabei gemäß § 7 Abs. 1 VwVG Vollzugsbehörde und hat die Zwangsmittel der Ersatzvornahme und des Zwangsgeldes i.S.d. § 9 Abs. 1 VwVG selbst in der Hand, während in Bezug auf den unmittelbaren Zwang nur zur Anforderung ermächtigt sind.

b. Regulierungsverfahren

Die Aufsicht über die diskriminierungsfreie Zugangsgewährung ist in einem detaillierten Verfahren gemäß §§ 14d-f AEG normiert. So enthält § 14d AEG eine Mitteilungspflicht der Eisenbahninfrastrukturunternehmen für dort abschließend aufgezählte Fallkonstellationen, die zu einer Wettbewerbsverzerrung führen können. § 14e AEG verweist auf § 14d AEG und regelt ein chronologisch durchzuführendes Prüfungssystem. Danach lösen Mitteilungen nach § 14d AEG zunächst Sperrfristen aus, innerhalb derer die Regulierungsbehörde ein Widerspruchsrecht ausüben kann.[721] Der Widerspruch der Behörde ergeht als Verwaltungsakt und ist gemäß § 37 AEG sofort vollstreckbar. Innerhalb der Sperrfrist werden gemäß § 14e Abs. 2 Nr. 1 AEG Entscheidungen des Zugangsverpflichteten nicht wirksam beziehungsweise treten nach § 14e Abs. 2 Nr. 2 AEG Schienennetz-Benutzungsbedingungen, Nutzungsbedingungen von Serviceeinrichtungen sowie Entgeltgrundsätze und die Festlegung von Entgelthöhen nicht in Kraft. Gemäß § 14e Abs. 3 AEG muss der Zugangsverpflichtete nach einem erfolgten Widerspruch der Regulierungsbehörde unter Beachtung behördlicher Vorgaben erneut entscheiden beziehungsweise Regelungen im Sinne des § 14d Nr. 6 AEG anpassen.

Übt die Behörde ihre Widerspruchsbefugnis nicht aus, folgt aus der Systematik des § 14e AEG die rückwirkende Beseitigung der schwebenden Unwirksamkeit.[722] Diese Art der Regulierung stellt weder eine klassische ex-ante Regulierung noch eine Anzeigepflicht dar, sondern wird als dilatorische Anzeigepflicht bezeichnet, einer Art Zwitterform.[723] Gemäß § 14f AEG betreibt die Regulierungsbehörde die nachträgliche Prüfung der dort aufgeführten Vorhaben des betroffenen Eisenbahninfrastrukturunternehmen von Amts wegen. Sie kann Benutzungsbedingungen einerseits negativ für ungültig erklären oder positiv die Zugangsverpflichtete zur Neugestaltung nach bestimmten Vorgaben verpflichten. Abs. 2 hingegen bezieht sich auf das Scheitern von Vertragsverhandlungen zwischen Zugangsberechtigten und Zugangsverpflichteten sowie auf Rahmenverträge.

Die Behörde kann auf Antrag des Zugangsberechtigten und von Amts wegen tätig werden, das bisher bestehende Antragsrecht des Zugangsverpflichteten wurde damit ersatzlos gestrichen. Nach erfolgter Prüfung verfügt die Behörde über verschiedene Handlungsmöglichkeiten. § 14f Abs. 3 AEG verweist auf Abs. 2 und ermächtigt die Behörde zu erheblichen Eingriffen in die Privatautonomie der Beteiligten, indem sie das Eisenbahninfrastrukturunternehmen zur Abänderung von Entscheidungen verpflichten beziehungsweise über die Gültigkeit von Verträgen entscheiden und sogar neue Vertragsbedingungen festsetzen kann, wenn das Scheitern entsprechender Vereinbarungen zu einer Beeinträchtigung des Zugangs-

721 Die jeweilige Sperrfrist ist gemäß § 14e AEG abhängig vom Mitteilungsgegenstand.

722 Gerstner, in: Hermes/Sellner (Hrsg.), AEG, § 14e, Rn. 23.

723 Kühling/Ernert, NVwZ 2006, 33, 37.

rechts führt. Vertragsersetzende Entscheidungen nach § 14f Abs. 3 Nr. 2 AEG sind für beide Parteien verbindlich.[724] Insofern wird die Regulierungsbehörde in diesen Fällen unmittelbar zivilrechtsgestaltend tätig.[725]

c. Bundesnetzagentur

Während im Regierungsentwurf zur AEG-Novelle 2005 noch die Errichtung einer beim EBA angesiedelten Trassenagentur vorgesehen war,[726] übertrug man auf Vorschlag des Vermittlungsausschusses entscheidende Regulierungszuständigkeiten auf einen unabhängigen und sektorenübergreifenden Netzregulator in der Erwartung maximaler Unabhängigkeit von Marktteilnehmern.[727] Gemäß § 4 Abs. 1 BEVVG ist die BNetzA als Nachfolgebehörde der RegTP Regulierungsbehörde für Elektrizität, Gas, Telekommunikation, Post und Eisenbahnwesen.[728] So übernahm gemäß § 38 Abs. 7 AEG zum 01.01.2006 der Aufbaustab Schienenregulierung innerhalb der BNetzA die Regulierungsaufgaben des bisher zuständigen Referats 15 vom EBA. Der Aufbaustab ist gemäß § 14b Abs. 1 AEG in Verbindung mit §§ 2 Abs. 1 Nr. 4 BNAG, 4 Abs. 1 BEVVG für die Zugangs- und Entgeltregulierung zuständig.[729] § 4 Abs. 1 BEVVG verweist auf die Zugangsregulierung, die nach der Gesetzessystematik des AEG auch die Entgeltregulierung umfasst. Dies bestätigt zudem § 14b Abs. 1 Nr. 4 AEG, so dass sich eine Gesamtzuständigkeit der BNetzA für die §§ 14 ff. AEG ergibt. Die Zuständigkeiten des EBA für sicherheitsrechtliche Aufgaben gemäß §§ 5, 5a AEG sowie des BKartA bleiben unberührt.

Die tatsächliche Unabhängigkeit der Regulierungsbehörde im Hinblick auf eine effiziente Regulierung unterliegt jedoch einigen Zweifeln. So ist zunächst hinsichtlich der Überprüfbarkeit fragwürdig, dass für Entscheidungen der Regulierungsbehörde nach §§ 14a ff. AEG im Gegensatz zu anderen ehemaligen staatsmonopolistischen Wirtschaftssektoren (§ 132 Abs. 1 S. 1 TKG, § 46 Abs. 1 S. 1 PostG, § 59 Abs. 1 S. 1 EnWG) im Eisenbahnwesen keine Beschlusskammer als zuständiges Organ vorgesehen ist.[730] Auch auf andere erfolgreiche Verfahrensmittel des Telekommunikationsrechts wie der Durchführung von mündlichen Verhandlungen gemäß § 135 TKG sowie des Ausschlusses von Vorverfahren nach § 137 Abs.

---

724 Ruge, DVBl. 2005, 1405, 1413.

725 Vgl. Kühling/Ernert, NVwZ 2006, 33, 37 mit Verweis auf die Parallelprobleme im Telekommunikationsrecht.

726 BT-Drs. 15/3280, S. 9, 15/4419, S. 5. Wie bereits dargestellt, war die Uneinigkeit über die Errichtung einer Trassenagentur maßgeblich für die Einschaltung des Vermittlungsausschusses im Rahmen des Gesetzgebungsverfahrens.

727 Vgl. Kühling/Ernert, NVwZ 2006, 33, 38.

728 Sie wird als Behörde „neuen Stils“ bezeichnet und trägt auch deshalb die Bezeichnung „Agentur“. Vgl. Frenzel, NZV 2006, 57, 61.

729 Kühling/Ernert, NVwZ 2006, 33, 38.

730 Frenzel, NZV 2006, 57, 61.

TKG wurde bei der AEG-Novelle 2005 verzichtet.[731] In diesem Zusammenhang sind zudem institutionelle Einflussnahmemöglichkeiten zu berücksichtigen. Die BNetzA ist gemäß § 1 S. 2 BNAG als Bundesoberbehörde im Geschäftsbereich des Bundesministeriums für Wirtschaft angesiedelt. Als Regulierungsbehörde des AEG untersteht sie zudem gemäß § 4 Abs. 1 S. 1 BEVVG der Dienst- und Fachaufsicht des BMVBS.[732] Während die Dienstaufsicht einvernehmlich mit der BNetzA auszuüben ist, trägt das BMVBS die alleinige Verantwortung für die Fachaufsicht. Infolge dieser Einzelweisungskompetenz sowie einer mangelnden Pflicht zur Publikation von Einzelweisungen, die im Telekommunikationssektor durch § 117 S. 1 TKG gegeben ist,[733] bestehen insbesondere hinsichtlich der Bundesanteile an der DB AG Diskriminierungspotentiale.[734] Auch eine mittelbare Einflussnahme des BMF, begründet aus der Infrastrukturfinanzierungsverantwortung des Bundes, ist daher nicht gänzlich auszuschließen.[735] Um die Regulierung nicht auf Kosten der Effektivität zum Spielball der Politik werden zu lassen, wird die vollständige Übertragung der Regulierungstätigkeit auf das BKartA gefordert, dem eine der richterlichen Unabhängigkeit aus Art. 97 Abs. 1 GG entsprechende Stellung zugebilligt wird.[736]

d. Kooperation der zuständigen Behörden

Die Aufsicht über die Separierungsvorschriften gemäß §§ 8 ff AEG sowie die sonstige Eisenbahnaufsicht gemäß §§ 4 ff. AEG, insbesondere der Gefahrenabwehr nach § 5a Abs. 1 S. 2 Nr. 1 AEG,[737] obliegt dem EBA gemäß § 3 Abs. 1 Nr. 2 BEVVG. Dritte im Bereich des Eisenbahnwesens zuständige Regulierungsinstitution ist das BKartA, dessen Zuständigkeiten nach § 14b Abs. 2 AEG unberührt bleiben. Davon betroffen sind insbesondere Sachverhalte, die die Voraussetzungen der §§ 19 Abs. 4 Nr. 4 oder 20 Abs. 1 GWB erfüllen oder der Fusionskontrolle unterliegen.[738] § 14b Abs. 2 AEG sieht Kooperationspflichten sämtlicher beteiligter Behörden vor. Sie sollen sich gemäß § 14 Abs. 2 S. 3 AEG gegenseitig über beabsichtigte Entscheidungen informieren, mit denen ein missbräuchliches

---

731 Vgl. Kühling/Ernert, NVwZ 2006, 33, 38, die die Überflüssigkeit mit einer überhöhten Lobbyismusanfälligkeit begründen, mit Hinweis auf die ebenfalls inhaltlich umstrittene Novellierung des EnWG, bei der die o.g. Instrumente Berücksichtigung fanden.

732 Zur Interpretation des ehemaligen BMVBW als Aufsichtsbehörde vgl. Holst, in: König/Benz (Hrsg.), Privatisierung und staatliche Regulierung, S. 83 ff.

733 Gemäß § 4 Abs. 3 BEVVG ist lediglich eine Publikationspflicht für allgemeine Weisungen vorgesehen.

734 Vgl. Kühling/Ernert, NVwZ 2006, 33, 38.

735 So auch Kramer, N&R 2004, 134, 141; Kühling/Ernert, NVwZ 2006, 33, 38.

736 Vgl. Kramer, N&R 2004, 134, 141. Vgl. dazu auch mit Argumenten für und gegen eine umfassende Übertragung der Regulierungstätigkeiten auf das BKartA Monopolkommission, Netzwettbewerb durch Regulierung, Hauptgutachten 2000/2001, Rn. 797.

737 Zur Gefahrenabwehr in Bezug auf Terrorismus vgl. Ronellenfitsch, DVBl. 2005, 65, 71 ff.

738 Bartosch/Jaros, WuW 2005, 15, 22 f.

oder diskriminierendes Verhalten von Eisenbahninfrastrukturunternehmen untersagt werden soll, sowie sich einander gemäß § 14 Abs. 2 S. 4 AEG Gelegenheit zur Stellungnahme vor Abschluss des Verfahrens geben. Zweck der Kooperationspflichten ist insbesondere die Bündelung von Spezialkompetenzen der einzelnen Behörden zum Nutzen der Wettbewerbsförderung sowie die Ergänzung der Behördentätigkeiten untereinander.[739] Gleichwohl ist weder eine Formalisierung der Informationsmitteilung noch eine Pflicht zur Reaktion auf Information oder Stellungnahme normiert.[740] Auch eine Pflicht zum Hinwirken auf einvernehmliche Entscheidungen nach dem Vorbild des § 123 Abs. 1 TKG existiert im AEG nicht.

Zudem ist auch durch die Novellierung des AEG das Verhältnis der Regulierungsbehörde und dem BKartA in Bezug auf die jeweiligen Zuständigkeitsbereiche sowie deren Kooperation nicht eindeutig geklärt. Die Frage nach einer Parallelzuständigkeit beziehungsweise einer ausschließlichen oder vorrangigen Zuständigkeit der sektorspezifischen Behörde wird durch die gesetzliche Formulierung des § 14b Abs. 2 AEG nicht eindeutig beantwortet.[741] Relevanz dieser Streitfrage liegt insbesondere in einer möglichen Rechtswegspaltung, die die Gefahr divergierender Entscheidungen hervorruft.[742] Während Entscheidungen der Zugangsverpflichteten gemäß § 14 AEG so lange regulierungskonform sind, bis die Regulierungsbehörde eine gegenteilige Entscheidung trifft, gegen die wiederum der Verwaltungsrechtsweg zu beschreiten wäre, führt ein Verstoß gegen § 19 GWB zur Nichtigkeitsentscheidung durch das Bundeskartellamt, gegen die der Zivilrechtsweg eröffnet wäre. Auch in den vergleichbaren Wirtschaftssektoren Post und Telekommunikation ist diese Streitfrage gegenwärtig.[743] So hatte das OLG Düsseldorf im Jahre 2005 explizit über das Verhältnis der sektorspezifischen Missbrauchsaufsicht gemäß § 32 PostG und der allgemeinen wettbewerblichen Missbrauchsaufsicht nach §§ 19, 20 GWB zu urteilen.[744] In seinem Beschluss hat

739 Kühling/Ernert, NVwZ 2006, 33, 38.

740 Gerstner, in: Hermes/Sellner (Hrsg.), AEG, § 14b, Rn. 30 f.

741 Vgl. zum Meinungsstand nach alter Rechtslage Bartosch/Jaros, WuW 2005, 15, 15 ff.; Koenig/Kühling, WuW 2001, 810, 810 ff.; Kramer, N&R 2004, 134, 134 ff.

742 Vgl. Gerstner, in: Hermes/Sellner (Hrsg.), AEG, § 14b, Rn. 21 ff.

743 Vgl. Geppert, in: Geppert (Hrsg.), TKG-Komm, § 82, Rn. 15; Schroeder, WuW 1999, 14, 14 f.; Gramlich, VerwArchiv 88 (1997), 598, 641; Piepenbrock/Schuster, CR 2002, 98, 102 f., die für eine Parallelzuständigkeit streiten. Für einen Vorrang der sektorspezifischen Regulierungsbehörde Gerstner, in: Badura/Gerstner (Hrsg.), PostG-Komm., § 32, Rn. 6, 20; Habersack, K&R 2001, 121,129; Möschel, WuW 1999, 832, 839 f.

744 Gemäß § 32 PostG hat die Regulierungsbehörde eine sektorspezifische Aufsicht über das Verhalten von marktbeherrschenden Postdienstunternehmen. Sie kann nach § 32 Abs. 1 S. 1 und Abs. 2 PostG Maßnahmen gegen ein Unternehmen ergreifen, welches auf einem Markt für Postdienstleistungen marktbeherrschend ist und seine marktbeherrschende Stellung ausnutzt. Ein Marktmissbrauch liegt nach § 32 Abs. 1 S. 2 PostG vor, wenn ein marktbeherrschender Anbieter von Postdienstleistungen durch Verträge über Leistungen nach

es im Ergebnis eine Parallelzuständigkeit zwischen der RegTP und dem BKartA angenommen.[745] Unter Bezugnahme auf die Parallelproblematik im TKG führte das Gericht in der Begründung aus, dass eine ausschließliche Zuständigkeit der Regulierungsbehörde zwar in der Gesetzesbegründung angeklungen war.[746] nach dem Gesetzeswortlaut des § 2 Abs. 3 PostG das GWB jedoch unberührt und ohne Einschränkungen anwendbar bleibe. Eine abschließende Zuständigkeit der sektorspezifischen Regulierungsbehörde sei nur dann gegeben, „soweit das PostG demgegenüber Vorschriften, Zuständigkeitsregelungen oder Eingriffsmöglichkeiten für die RegTP enthält, die keine korrespondierende Regelung im GWB finden".[747]

Im Eisenbahnwesen erscheint eine differenzierte Betrachtungsweise sachgerecht. Zur Vermeidung von Rechtswegspaltungen und divergierenden Entscheidungen mit der Konsequenz wettbewerbshemmender Tendenzen sind klare Kompetenzzuweisungen anzustreben. Danach ist § 14 Abs. 1 AEG lex specialis gegenüber dem GWB und verdrängt dieses grundsätzlich.[748] Existiert somit im AEG eine abschließende Regelung bezüglich kartellrechtlicher Sachverhalte, ist kein Raum für die unmittelbare Anwendung der §§ 19 Abs. 4 Nr. 4 und 20 GWB und eine Zuständigkeit des BKartA.[749] Vor allem die immer differenziertere Ausgestaltung des AEG streitet für den sektorspezifischen Vorrang. Dafür spricht ebenfalls, dass es sich bei Netzzugangsfragen in der Praxis stets um eine dreipolige Beziehung zwischen Zugangsverpflichteten, Zugangspetenten sowie der bereits im Ermittlungsprozess involvierten Regulierungsbehörde handelt. Bei der Entscheidungsfindung hat die Behörde sämtliche in § 1 Abs. 1 S. 1 AEG normierten Ziele des Eisenbahnrechts zu berücksichtigen, während Entscheidungen nach dem GWB ausschließlich nach den Wettbewerbsverhältnissen ausgerichtet sind.[750] Dagegen finden die Vorschriften des GWB Anwendung, wenn das AEG keine abschließenden Regelungen enthält, so bei der Überprüfung von Sachverhalten, die nicht den Zugang zur Eisenbahninfrastruktur im Sinne des § 2 Abs. 3 AEG zum Gegenstand haben.[751] Gleichwohl folgt trotz Kompetenzabgrenzungen aus der Verwandtheit des § 14 Abs. 1 AEG zu den §§ 19 Abs. 4 Nr. 4 und 20 GWB eine gegenseitige Berücksichtigung bei Wertungsfragen. So sind auf der einen Seite bei Entschei-

§§ 28, 29 PostG die Wettbewerbsmöglichkeiten anderer Anbieter von Postdienstleistungen ohne sachlich gerechtfertigten Grund beeinträchtigt. Vgl. dazu Gerstner, in: Badura/Gerstner (Hrsg.), PostG-Komm., § 32.

745 OLG Düsseldorf, WuW 2005, 637, 639.

746 Vgl. BT-Drs. 13/774, S. 19.

747 OLG Düsseldorf, WuW 2005, 637, 639.

748 So bereits Fromm, DVBl. 1994, 187, 193; Bunte, WuW 1997, 302, 307.

749 Gerstner, in: Hermes/Sellner (Hrsg.), AEG, § 14b, Rn. 24; Ruge, DVBl. 2005, 1405, 1407.

750 So auch Gerstner, in: Hermes/Sellner (Hrsg.), AEG, § 14b, Rn. 25.

751 Gerstner, in: Hermes/Sellner (Hrsg.), AEG, § 14b, Rn. 24; Ruge, DVBl. 2005, 1405, 1407 f.

dungen nach § 14 Abs. 1 AEG generelle kartellrechtliche Auslegungen heranzuziehen.[752] Auf der anderen Seite sollen bei Anwendung des allgemeinen nationalen Kartellrechts im Eisenbahnwesen sektorspezifische Wertungen einfließen.[753] Selbst aus der dezentralen Anwendung des europäischen Kartellrechts, insbesondere Art. 82 EG, ergibt sich keine generelle Parallelzuständigkeit des BKartA beim Vorliegen einer abschließenden Regelung des AEG.[754] Insgesamt hat sich ein komplexes Regulierungsgefüge im Eisenbahnwesen herauskristallisiert. Je weiter die Liberalisierung dieses Wirtschaftssektors mit den Zielen der intramodalen und intermodalen Wettbewerbsförderung bei verbleibender Existenz eines vertikal integrierten marktdominierenden Unternehmens vorangetrieben wird, desto tiefgreifender und ausgefeilter das Regulierungsregime, welches sich nunmehr aus Elementen der ex-ante und ex-post Regulierung zusammensetzt. Inwieweit sich in der Theorie bestehende Unklarheiten der §§ 14a ff AEG bezüglich der Zugangs- und der Entgeltregulierung negativ auf die Entwicklung des Wettbewerbs auswirken, wird sich in der praktischen Umsetzung herausstellen müssen.[755]

5. Weitere Vorschriften mit Wettbewerbsrelevanz

a. Abgabe und Stilllegung von Infrastruktureinrichtungen

§ 11 AEG war bereits Gegenstand der Gesetzesänderung im Jahre 2002, in deren Zuge die erforderliche Streckenkapazität als Voraussetzung für ein Streckenstilllegungsverfahren modifiziert wurde.[756] Nach der Neufassung des § 11 Abs. 1 S. 1 AEG ist nunmehr eine mehr als geringfügige Kapazitätsverringerung ausreichend aber auch notwendig zur Auslösung eines Streckenstilllegungsverfahrens. Die Herabsetzung der Schwelle ist als Reaktion des Gesetzgebers auf die anhaltende Kritik an der Praxis der DB Netz AG im Zusammenhang mit den Bedingungen einer Übernahme durch Dritte zu sehen.[757] In der alten Formulierung sah der Gesetzgeber das Ziel der Erhaltung wirtschaftlich zu führender Eisenbahninfrastruktur gefährdet.[758] Nunmehr liegt eine mehr als geringfügige Kapazitätsverringerung im Sinne des § 11 Abs. 1 S. 1 AEG bereits dann vor, wenn die Reduzierung der Streckenkapazität zu einer Reduzierung des Verkehrsangebots führen würde.[759]

752 LG Berlin Az. 16 O 465/04 Kart. mit Anmerkung Ruge, IR 2005, 16, 16 ff., wo die gleiche Reichweite der Normen betont wird.

753 Gerstner, in: Hermes/Sellner (Hrsg.), AEG, § 14b, Rn. 24. Dies hat insbesondere Bedeutung für die Auslegung der Diskriminierung im Eisenbahnwesen.

754 Vgl. dazu ausführlicher Gerstner, in: Hermes/Sellner (Hrsg.), AEG, § 14b, Rn. 27 f.

755 Vgl. zu Unklarheiten in der Zugangsregulierung Kühling/Ernert, NVwZ 2006, 33, 38, bzw. in der Entgeltregulierung ausführlich Koenig/Neumann/Schellberg, WuW 2006, 139, 139 ff.

756 Bezüglich des Ausmaßes war eine deutliche Verringerung erforderlich.

757 Hermes/Schütz, in: Hermes/Sellner (Hrsg.), AEG, § 11, Rn. 4.

758 BT-Drs. 15/4419, S. 16.

759 Hermes/Schütz, in: Hermes/Sellner (Hrsg.), AEG, § 11, Rn. 35.

b. Fahrplaninformation

Nach § 12 Abs. 8 AEG haben Eisenbahnverkehrsunternehmen die Pflicht zur Aufnahme von Anschlussverbindungen aller Transportanbieter in ihre Fahrplaninformationsmedien. Diese Vorschrift hat einen Sonderstatus in § 12 AEG und verfolgt das Ziel, Bahnkunden eine umfassende und diskriminierungsfreie Information über Angebote konkurrierender Eisenbahnunternehmen zu ermöglichen und damit den Wettbewerb sämtlicher Anbieter zu stärken.[760] Adressat der Vorschrift sind sämtliche Eisenbahnverkehrsunternehmen, deren Informationspflicht sich auf Anschlussverbindungen jedes Anbieters bezieht.[761] Der Begriff Fahrplanmedien umfasst alle physischen und elektronischen Medien wie zum Beispiel Informationsbroschüren, mechanische oder elektronische Anzeigetafeln sowie Informationssysteme per Telefon oder im Internet.[762] War die Aufnahme in Fahrpläne der DB AG vor der AEG-Novelle 2005 Gegenstand von Rechtsstreitigkeiten unter Anwendung des GWB, ist nunmehr im AEG normiert, dass im Sinne eines fairen Wettbewerbs bezüglich der Aufnahme in Fahrplanmedien alle Anbieter grundsätzlich gleich zu behandeln sind, wenn dem kein sachlich gerechtfertigter Grund entgegensteht.[763] Konkurrenten der DB wird damit ein unmittelbarer Anspruch auf Aufnahme der Anschlussverbindungen in die Fahrplaninformationsmedien gewährt.[764]

c. Sicherheitsbescheinigung

Ein weiteres Aufsichtsinstrumentarium stellen die Vorschriften über die Sicherheitsbescheinigung in § 14 Abs. 7-9 AEG dar, die für Zugangsberechtigte zwingend erforderlich sind, um am öffentlichen Eisenbahnbetrieb teilnehmen zu können. Infolge der systematischen Stellung in § 14 AEG ist die Sicherheitsbescheinigung zudem subjektive Voraussetzung für die Geltendmachung des Zugangsrechts.[765] Erfüllt das beantragende Eisenbahnverkehrsunternehmen die Voraussetzungen gemäß § 14 Abs. 7 S. 2 Nr. 1 und 2 AEG, hat es einen Anspruch auf Erteilung der Sicherheitsbescheinigung, ohne dass dem nach § 14 Abs. 7 S. 2 AEG zuständigen EBA ein Beurteilungs- oder Ermessensspielraum zusteht.

d. Rahmenverträge

Als Ausnahme zur jährlichen Neuvergabe konkreter Trassen ermöglichen Rahmenverträge gemäß § 14a AEG in Verbindung mit § 13 EIBV eine längerfristi-

---

760 BT-Drs. 15/4419, S. 17.

761 Die ursprünglich erwogene Beschränkung auf marktbeherrschende Unternehmen ist nicht übernommen worden. Vgl. Gerstner, in: Hermes/Sellner (Hrsg.), AEG, § 12, Rn. 112 ff.

762 Gerster, in: Hermes/Sellner (Hrsg.), AEG, § 12, Rn. 113, Kramer, NVwZ 2006, 26, 30.

763 Das Gericht verneinte eine Anwendbarkeit des § 14 I AEG sowie sämtlicher anderer eisenbahnrechtlicher Vorschriften. Vgl. KG Berlin, WRP 2004, 112, 112 ff.; Bartosch/Jaros, WuW 2005, 15, 16.

764 Gerstner, in: Hermes/Sellner (Hrsg.), AEG, § 13, Rn. 117.

765 Gerstner, in: Hermes/Sellner (Hrsg.), AEG, § 14, Rn. 160.

gere Trassenvergabe. Der Gesetzgeber hat damit nach kontroverser Diskussion im Gesetzgebungsverfahren Art. 17 der Richtlinie 2001/14/EG umgesetzt.[766] Nach der Legaldefinition des § 2 Nr. 9 EIBV ist der Rahmenvertrag eine Vereinbarung über Rechte und Pflichten eines Antragstellers und des Betreibers der Schienenwege in Bezug auf die zuzuweisenden Zugtrassen und die zu erhebenden Entgelte über einen längeren Zeitraum als eine Netzfahrplanperiode. Gemäß § 13 Abs. 5 S. 1 EIBV beträgt die Regellaufzeit fünf Jahre.[767] Bei Laufzeiten von mehr als fünf Jahren Vertragsdauer bestehen nach § 14a Abs. 2 S. 1 AEG besondere Genehmigungspflichten. Übersteigt die vorgesehene Vertragsdauer zehn Jahre, sind gemäß § 14a Abs. 2 S. 2 Nr. 2 AEG die Anforderungen an die Erteilung einer Genehmigung nochmals verschärft.[768] Bei Vorliegen der Voraussetzungen nach § 14a Abs. 2 AEG besteht ein Genehmigungsanspruch gegen die Regulierungsbehörde. Dagegen sind Verträge von weniger als fünf Jahren nach Maßgabe der EIBV, insbesondere § 13 EIBV, ohne zusätzliche Genehmigung zulässig. Aufgrund des den Rahmenverträgen innewohnenden Potentials zur Wettbewerbsbehinderung infolge der Blockierung von Trassen über einen längeren Zeitraum dürfen sie lediglich einzelne Trassenkorridore betreffen, gleichzeitig aber gemäß § 13 Abs. 1 S. 4 EIBV niemals die Zuweisung einzelner Trassen regeln.[769] Als Kompromiss bietet § 13 Abs. 1 S. 2 EIBV die Vereinbarung von Bandbreiten an, um über Varianten zu der ursprünglich beantragten Zugtrasse zu verfügen.[770] Die Verweigerung des Abschlusses eines Rahmenvertrages durch den Betreiber der Schienenwege unterliegt ebenso der vollen Überprüfung der Regulierungsbehörde nach § 14d S. 1 Nr. 4 in Verbindung mit § 14f Abs. 2 AEG, da dadurch ebenfalls das grundsätzliche Zugangsrecht nach § 14 Abs. 1 AEG betroffen ist.[771]

e. Freistellung von Bahnbetriebszwecken

§ 23 AEG regelt die Freistellung für Grundstücke von Bahnbetriebszwecken und formalisiert damit das Verfahren für Fälle, in denen kein Verkehrsbedürfnis mehr besteht und langfristig eine Nutzung der Infrastruktur im Rahmen der Zweckbestimmung nicht mehr zu erwarten ist. Vor der AEG-Novelle 2005 konstruierten Rechtsprechung und Literatur den Beginn und das Ende des Fachplanungsprivilegs und des spezifischen öffentlichen Status von Eisenbahnanlagen mittels einer

766 Vgl. BT Drs. 15/3280, S. 7 ff.; 15/4419, S. 5; BR-Drs. 186/05.

767 Problematisch ist in diesem Zusammenhang, dass gem. § 13 Abs. 4 EIBV Rahmenverträge nur bis zum Ende einer Rahmenfahrplanperiode geschlossen werden dürfen und die aktuelle Fahrplanperiode im Jahre 2010 endet. Insofern müssten bezüglich der Regellaufzeit von fünf Jahren Übergangsregelungen geschaffen werden. Vgl. Ruge, IR 2005, 197, 199.

768 Hintergrund dessen ist die gesteigerte Wettbewerbsbehinderung bei langen Rahmenvertragslaufzeiten.

769 Kramer, NVwZ 2006, 26, 31.

770 Zum möglichen Verfahren bei einem Nutzungskonflikt in Bezug auf rahmenvertraglich vereinbarte Trassen Grün/Ostendorf, N&R 2006, 59, 62 f. m.w.N.

771 Vgl. Grün/Ostendorf, N&R 2006, 59, 62.

Übertragung des aus dem allgemeinen Recht der öffentlichen Sachen bekannten Rechtsinstituts der Widmung beziehungsweise Entwidmung.[772] Diese Konstruktion ist nunmehr mit der Einführung des § 23 AEG obsolet geworden, da diese Norm zusätzlich Zuständigkeits- und Verfahrensregeln enthält, mit deren Hilfe Grundstücke ihre Eigenschaft als Bahngrundstücke verlieren und dadurch in den Geltungsbereich des allgemeinen Bauplanungsrechts überführt werden können. Wettbewerbsrelevanter Hintergrund des § 23 AEG ist, dass die DB AG im Rahmen umfangreicher Streckenreduzierungen oder Umgestaltung insbesondere in innerstädtischen Lagen Grundstücke nicht mehr für eisenbahnspezifische Nutzungen benötigt, sondern möglichst hohe Erlöse bei Grundstücksveräußerungen erwartet.[773] Mit der Einführung des § 23 AEG unterliegt insofern das Verhalten der DB AG einer diesbezüglichen verstärkten Kontrolle durch die zuständige Planfeststellungsbehörde.

f. Netzbeirat

Ein unabhängiger Netzbeirat ist auf Verlangen der Aufsichtsbehörde gemäß § 34 AEG einzurichten, Adressat des Verlangens ist der betreffende Betreiber von Schienenwegen. Voraussetzung ist eine anerkannte Notwendigkeit der Einrichtung zur Entwicklung, zum Ausbau oder zum Erhalt von Schienenwegen. Der Netzbeirat gibt Empfehlungen ab, die in Beratungen des Betreibers der Schienwege aufzunehmen sind. Mitglieder des Netzbeirats, deren Zahl auf fünfzehn begrenzt ist, werden von der Aufsichtsbehörde nach § 34 S. 3 AEG einberufen. Hinter der Vorschrift steht das Ziel, Interessen aller Nutzer und Besteller von Trassen- und Anlagenkapazität bei Entscheidungen des Betreibers von Schienenwegen angemessen berücksichtigt zu wissen.[774] § 34 AEG stellt insofern ein Instrument der Selbstregulierung zur Förderung des Dialoges und der Zusammenarbeit zwischen Infrastrukturbetreiber, Aufsichtsbehörden und Netznutzern dar.[775] Was bei der Regelung jedoch offen bleibt ist die Frage, inwieweit Empfehlungen des Netzbeirats tatsächlich operative Entscheidungen des Schienenwegebetreibers beeinflussen können. Dem gesetzgeberischen Ziel der Ermöglichung und Förderung des Dialoges zwischen den Beteiligten ist eine Berücksichtigungspflicht zu entnehmen. Darüber hinaus besteht aufgrund des Sinn und Zwecks des § 34 AEG sowie der Monopolverantwortung eine Mitteilungspflicht von Beratungser-

---

772 BVerwGE 81, 111; 102, 269; ausführlich zur Anwendung der Entwidmung im Eisenbahnwesen Blümel, Fragen der Entwidmung von Eisenbahnbetriebsanlagen, S. 3 ff.; Kühlwetter, Widmung und Entwidmung im öffentlichen Eisenbahnrecht – eine unbekannte Größe? S. 309, 310 ff.; Steenhoff, UPR 1998, 182, 182 ff.; Kramer, Das Recht der Eisenbahninfrastruktur, S. 159 ff.; Schmitz-Valckenberg, Entwidmung und bahnfremde Nutzung von Bahnanlagen, S. 139 ff.

773 Hermes, in: Hermes/Sellner (Hrsg.), AEG, § 23, Rn. 4.

774 BT-Drs. 15/4419, S. 18.

775 BT-Drs. 15/4419, S. 18; Schmidt/Hermes, in: Hermes/Sellner (Hrsg.), AEG, § 34, Rn. 1.

gebnissen gegenüber dem Netzbeirat.[776] Gleichwohl enthält die Vorschrift keine Verpflichtung zur tatsächlichen Befolgung von Empfehlungen.[777] Somit besteht durchaus die Gefahr, dass die Errichtung eines solchen Netzbeirates sich als stumpfes Schwert entpuppt, wenn seine Empfehlungen keinerlei Entscheidungen zu beeinflussen vermögen.

g. Eisenbahninfrastrukturbeirat

Weiteres vorgesehenes Gremium zur Förderung des Dialogs im Eisenbahnwesen ist der Eisenbahninfrastrukturbeirat gemäß § 35 AEG, der den Einfluss von Bundestag und Ländern in bahnpolitische Entscheidungen sichern soll.[778] Während die Aufgaben des Beirats, dessen Struktur dem entsprechenden Gremium nach § 120 TKG nachgebildet ist,[779] gemäß § 35 AEG in der Beratung der Regulierungsbehörde bei der Wahrnehmung ihrer Aufgaben liegen, normiert § 4 Abs. 4 BEVVG die Einrichtung, Zusammensetzung und innere Organisation. Es handelt sich dabei um ein selbständiges Bundesorgan, welches sich nach § 4 Abs. 4 S. 2 BEVVG paritätisch aus neun Mitgliedern des Bundestages und neun Vertretern des Bundesrats zusammensetzt.

Der Beirat hat einen umfassenden Informationsanspruch gegenüber der Regulierungsbehörde, der neben Auskünften und Stellungnahmen zu rechtlichen, ökonomischen und verkehrspolitischen Fragen auch Betriebs- oder Geschäftsgeheimnisse umfasst.[780] Darüber hinaus hat der Beirat über den Wortlaut des § 35 S. 2 und 3 AEG hinaus das Recht auf Berücksichtigung seiner Stellungnahmen und seiner Beratung, die mit der entsprechenden Berücksichtigungspflicht der Regulierungsbehörde, die Beiratsvorschläge zur Kenntnis nehmen, in Erwägung ziehen und ihre Reaktion dem Beirat mitteilen muss, korrespondieren. Analog zur Regelung des § 34 AEG besteht jedoch keine Pflicht der Regulierungsbehörde zur Umsetzung von Empfehlungen.

h. Gutachten der Monopolkommission

§ 36 AEG normiert die Erstellung eines Gutachtens der Monopolkommission zur Entwicklung des Wettbewerbs im Schienenverkehr im regelmäßigen Abstand von zwei Jahren. Sie unterstützt die Verwaltungs-, Regierungs- sowie die Gesetzgebungsorgane mit ihrem Sachverstand in Wettbewerbsfragen der ehemals staatsmonopolistisch geführten Wirtschaftssektoren. Die Monopolkommission hat

776 Schmidt/Hermes, in: Hermes/Sellner (Hrsg.), AEG, § 34, Rn. 20.

777 Eine solche Verpflichtung wäre indes verfassungsrechtlich nicht unbedenklich.

778 Schmidt, NVwZ 2006, 907, 909.

779 Vgl. Hermes, in: Hermes/Sellner (Hrsg.), AEG, § 35, Rn. 4 ff.

780 Hermes, in: Hermes/Sellner (Hrsg.), AEG, § 35, Rn. 28 ff. Der Beirat ist als Bundesorgan genauso an verfassungsrechtliche und gesetzliche Bestimmungen zum Schutze personen- oder unternehmensbezogener Daten gebunden.

damit eine ähnliche Aufgabe wie im Telekommunikationsrecht (§ 121 TKG) und Energiewirtschaftsrecht (§ 62 EnWG) und leistet einen entscheidenden Beitrag zur Steigerung der Transparenz im Eisenbahnwesen.[781]

i. Sofortige Vollziehbarkeit

Gemäß § 37 AEG haben Widerspruch und Anfechtungsklage gegen Entscheidungen nach den §§ 14c, 14e und 14f AEG nicht länger aufschiebende Wirkung. Neben der angestrebten Rechtssicherheit hat der Gesetzgeber damit das regelmäßig vorrangige öffentliche Interesse an der sofortigen Vollziehbarkeit von Verwaltungsakten der Regulierungsbehörde gesetzlich verankert.[782] Damit wurde der Forderung Folge geleistet, dass durch das Einlegen von Rechtsbehelfen behördliche Anordnungen nicht länger blockiert werden sollten.[783] Während Betreiber von Schienenwegen in der Vergangenheit von dieser Möglichkeit regelmäßig Gebrauch gemacht haben mit der Konsequenz praktischer Wirkungslosigkeit von Anordnungen, stellten auch Gerichte erhöhte Anforderungen an die Begründungspflicht gemäß § 80 Abs. 2 S. 1 Nr. 4 VwGO.[784]

Zwar haben Erfahrungen aus vergleichbaren Wirtschaftssektoren, insbesondere der Telekommunikation, die Vorteile der sofortigen Vollziehbarkeit von Zugangsentscheidungen für die Belebung des Wettbewerbs prinzipiell demonstriert.[785] Dennoch entfällt nach der Neuregelung keinesfalls jeglicher Rechtsschutz für das betroffene Unternehmen, dem nach § 80 Abs. 5 VwGO die Möglichkeit eines Antrags auf Anordnung der aufschiebenden Wirkung zusteht.[786]

III. Wesentliche Neuerungen der EIBV

Im Zuge der AEG-Novelle 2005 ist ebenso eine Neufassung der EIBV am 01.08.2005 in Kraft getreten.[787] Besondere Relevanz im Hinblick auf die Förderung eines diskriminierungsfreien Wettbewerbs kommt den Vorschriften über die

---

781 Vgl. BT-Drs. 15/5122, S. 5.

782 BT-Drs. 15/4419, S. 18 f.; Gerstner, in: Hermes/Sellner (Hrsg.), AEG, § 35, Rn. 2.

783 Kühling/Ernert, NVwZ 2006, 33, 36.

784 Vgl. OVG Münster, NVwZ-RR 2004, 399, 399.

785 Kühling/Ernert, NVwZ 2006, 33, 36.

786 Inwieweit § 37 AEG tatsächlich Rechtssicherheit gewährleisten kann, wird sich in der Praxis zeigen müssen, Zweifelhaft auch Gerstner, in: Hermes/Sellner (Hrsg.), AEG, § 37, Rn. 1.

787 Neu gefasste Verordnung über den diskriminierungsfreien Zugang zur Eisenbahninfrastruktur und über die Grundsätze zur Erhebung von Entgelt für die Benutzung der Eisenbahninfrastruktur, BGBl. 2005 I, 1566. In der Neufassung, die mit 25 Paragraphen und zwei Anlagen wesentlich umfangreicher ist als die Fassung von 1997, wurden die gemeinschaftsrechtlichen Vorgaben der Richtlinie 2001/14/EG detailliert umgesetzt.

Nutzungsbedingungen, das Zuweisungsverfahren sowie die Nutzungsentgelte, auf die bereits im Rahmen der Erörterung von § 14 Abs. 4 und 5 AEG eingegangen wurde, zu.

1. Nutzungsbedingungen

a. Pflichten der Schienenwegebetreiber und Eisenbahninfrastrukturunternehmen

§ 4 Abs. 1 EIBV normiert die Pflicht des Betreibers der Schienenwege, Benutzungsbedingungen zu erstellen und im Bundesanzeiger oder im Internet zu veröffentlichen und die Adresse im Bundesanzeiger bekannt zu machen. Gemäß § 4 Abs. 2 in Verbindung mit Anlage 2 EIBV müssen darin bestimmte Mindestangaben sowie die Allgemeinen Geschäftsbedingungen enthalten sein.[788] Zu den Mindestangaben, deren inhaltliche Ausgestaltung nicht vorgegeben ist, zählen insbesondere Zugangsbedingungen zu Schienenwegen, Entgeltgrundsätze und Verfahrensregelungen über Entgeltänderungen und über leistungsabhängige Entgeltbestandteile sowie über das Zuweisungsverfahren.[789]

Die Liste der Entgelte ist nach § 4 Abs. 2 S. 2 EIBV ausdrücklich nicht Bestandteil der Nutzungsbedingungen und unterliegt somit nicht den Veröffentlichungsfristen der § 4 Abs. 4 und 5 EIBV. § 4 Abs. 6 EIBV verankert die diskriminierungsfreie Anwendung der Nutzungsbedingungen. Danach sind sie gegenüber jedem Antragsteller in gleicher Weise anzuwenden und für alle Beteiligten verbindlich. Dennoch sind darin enthaltene Allgemeine Geschäftsbedingungen davon unberührt mit der Konsequenz, dass sie im Gegensatz zu den Mindestangaben durch individuelle Vertragsabreden abdingbar sind.[790]

Dies ermöglicht dem Betreiber von Schienenwegen wiederum eine im Einzelfall nicht sachgerechte differenzierte Anwendung der Allgemeinen Geschäftsbedingungen und könnte im Ergebnis das diskriminierungsfreie Zugangsrecht konterkarieren.[791] Insofern kommt der Vorabprüfung der Regulierungsbehörde, die gemäß § 14e Abs. 1 Nr. 4 in Verbindung mit § 14d Nr. 6 AEG innerhalb von vier Wochen nach Eingang der Mitteilung über eine beabsichtigte Neufassung oder Änderung von Nutzungsbedingungen ihr Widerspruchsrecht ausüben kann, erhöhte Bedeutung zu. Darüber hinaus haben auch Eisenbahninfrastrukturunternehmen, die Serviceeinrichtungen betreiben, gemäß § 10 Abs. 1 EIBV Nutzungsbedingungen aufzustellen. Aufgrund der nach § 10 Abs. 1 S. 3 in Verbindung mit § 4 Abs. 1 S.

788 Diese bestimmten Mindestangaben stellen insofern Besondere Geschäftsbedingungen dar, vgl. Koenig/Schellberg, IR 2006, 84, 85.
789 Ruge, IR 2005, 196, 197.
790 Vgl. BR-Dr. 249/05, S. 32, 38. So auch Koenig/Schellberg, IR 2006, 84, 85.
791 Koenig/Schellberg, IR 2006, 84, 85.

1, 2 EIBV bestehenden Pflicht zur diskriminierungsfreien Anwendung und zur Verbindlichkeit gegenüber allen Beteiligten ist es den Betreibern von Serviceeinrichtungen nicht möglich, sich durch individualvertragliche Vereinbarungen den verordnungsrechtlichen Vorgaben zu entziehen.[792]

b. Recht der Eisenbahninfrastrukturunternehmen auf Sicherheitsleistungen

Eisenbahninfrastrukturunternehmen haben gemäß § 5 Abs. 1 EIBV das Recht, eine Sicherheitsleistung von den Zugangspetenten zu verlangen. Dafür geltende Grundsätze sind nach § 5 Abs. 1 S. 2 EIBV in den Nutzungsbedingungen aufzuführen. Demzufolge ist das Eisenbahninfrastrukturunternehmen nach den Grundsätzen der Privatautonomie in Ausübung des zivilrechtlichen Zurückbehaltungsrechts zur Ablehnung des Zugangs zur Infrastruktur und den Serviceeinrichtungen berechtigt, wenn ein Verlangen nach Sicherheitsleistungen nicht erfüllt wird.[793]

Diese Vorschrift beinhaltet mit Blick auf die wirtschaftlichen Kräfteverhältnisse der Vertragsparteien im Eisenbahnwesen Potential zur Wettbewerbsbehinderung und widerspricht zunächst § 14 Abs. 1 S. 1 AEG, der das Zugangsrecht zur Eisenbahninfrastruktur nicht mit einer Entgeltleistung verknüpft oder es davon abhängig macht, sowie der Systematik der Zugangsregelungen, nach der das Eisenbahninfrastrukturunternehmen zur Vorleistung verpflichtet ist.[794] Danach wäre eine Forderung von Sicherheitsleistungen vor Zugangsgewährung nicht zulässig, so dass die Zugangsverpflichtete auf die zivilgerichtliche Verfolgung von Entgeltansprüchen angewiesen wäre. Gleichwohl hat das OVG Münster entgegen eines Bescheids des EBA, der durch Beschluss vom VG Köln bestätigt wurde,[795] bezüglich der eisenbahnrechtlich nicht geregelten Geltendmachung eines Zurückbehaltungsrechts des Eisenbahninfrastrukturunternehmens entschieden, dass das Eisenbahnrecht, hinsichtlich der Zahlung von Entgelten für die Nutzung der Infrastruktur, einer Ergänzung durch vertragliche Ausgestaltungen der Rechtsbeziehungen sowie durch Heranziehung allgemeiner Rechtsgrundsätze bedarf.[796] Es führte weiter aus, dass demzufolge der eisenbahnrechtliche Anspruch auf diskriminierungsfreien Netzzugang die Geltendmachung eines zivilrechtlichen Zurückbehaltungsrechts durch den Zugangsverpflichteten gegenüber dem Zugangsberechtigten nicht ausschließe.[797] Zudem verfüge die Regulierungsbehörde im Netzzugangsverfahren über ein materielles Prüfungsrecht, welches sie auch auszuschöpfen habe.[798] Die

---

792 Koenig/Schellberg IR 2006, 84, 84.

793 Vgl. Ruge, IR 2005, 196, 198.

794 So Mäßen über den möglichen Ausschluss zivilrechtlicher Zurückbehaltungsrechte des Netzbetreibers durch den Anspruch auf diskriminierungsfreien Netzzugang im Eisenbahnrecht, IR 2006, 93, 94.

795 VG Köln, IR 2005, 162, 162.

796 OVG Münster, N&R 2006, 81, 82.

797 OVG Münster, N&R 2006, 81, 82.

798 Vgl. zur Kritik an dieser Argumentation Mäßen, IR 2006, 93, 94, der es nicht als Aufgabe

im Beschluss des OVG Münster dargelegten Grundsätze müssen erst recht für den gesetzlich geregelten Fall der Sicherheitsleistung gemäß § 5 Abs. 1 EIBV gelten, der keine abschließende Einzelfallregelung sondern vielmehr eine Art der Forderungssicherung darstellt.[799] Insofern ist für das Spannungsverhältnis zwischen dem Kontrahierungszwang des § 14 Abs. 1 S. 1 AEG und der Sicherheitsleistung gemäß § 5 Abs. 1 EIBV als Ausfluss der Privatautonomie festzuhalten, dass Forderungssicherungen auch im Bereich des Netzzugangs grundsätzlich anwendbar sind, jedoch am Maßstab des Diskriminierungsverbots des § 14 Abs. 1 S. 1 AEG zu messen sind und in der konkreten Geltendmachung der Prüfung der Regulierungsbehörde im Netzzugangsverfahren unterliegen.

2. Zuweisungsverfahren

a. Netzfahrplan

Grundlage des novellierten Zuweisungsverfahrens ist die in § 14 Abs. 1 S. 3 in Verbindung mit § 14 Abs. 2, 3 AEG sowie § 3 Abs. 1 S. 2 in Verbindung mit Anlage 1 EIBV normierte Verpflichtung des Betreibers von Schienenwegen, die von ihnen betriebenen Schienenwege nebst Steuerungs- und Sicherungssystemen und einem definierten Mindestumfang an Leistungen Zugangsberechtigten zur Nutzung bereitzustellen. Gemäß § 6 Abs. 1 EIBV können Zugangsberechtigte bei dem Betreiber der Schienenwege jederzeit einen Antrag auf Zuweisung von Zugtrassen stellen, dem nach § 14 Abs. 1 S. 1 AEG grundsätzlich stattzugeben ist, sofern Kapazitäten vorhanden sind. Bezüglich der Zuweisungen unterscheidet die EIBV zwischen Trassen, die zum Netzfahrplan im Sinne des § 8 EIBV beantragt werden, und dem Gelegenheitsverkehr gemäß § 14 EIBV außerhalb des Netzfahrplans.

§ 8 EIBV enthält genaue Vorgaben zum Anmelde- und Zuweisungsverfahren. Nach § 8 Abs. 1 S. 2 Nr. 2 Hs. 1 EIBV können Zugangsberechtigte innerhalb einer festgelegten Frist Anträge auf Trassenzuweisungen stellen. Diese Anträge stellen keine verbindliche Vertragsangebote im Sinne der §§ 145 ff. BGB dar, sondern sind rechtlich lediglich als invitatio ad offerendum zu bewerten.[800] Betreiber der Schienenwege sind gemäß § 8 Abs. 1 Nr. 4 EIBV verpflichtet, auf Grundlage der Anträge einen vorläufigen Netzfahrplan zu erstellen, zu dem Zugangsberechtigte nach § 8 Abs. 1 Nr. 5 EIBV schriftlich Stellung nehmen können. Beanstandungen sind fristgerecht Rechnung zu tragen, wenn sie berechtigt sind und nicht bereits Gegenstand vorheriger Erörterungen im Rahmen des Fahrplanerstellungsprozes-

---

der Regulierungsbehörde sieht, im zeitkritischen Netzzugangsverfahren die zivilrechtliche Ebene, insbesondere die Rechtmäßigkeit von konkreten Zurückbehaltungsrechten, einer inhaltlichen Prüfung zu unterziehen.

799 So auch Ruge, N&R 2006, 84, 85.

800 So auch Grün/Ostendorf, N&R 2006, 59, 59 f.

ses waren.[801] Nach Fristablauf haben Betreiber der Schienenwege gemäß § 8 Abs. 1 Nr. 6, 7 EIBV auf der Basis eines endgültigen Netzfahrplanentwurfs verbindliche Angebote im Sinne der §§ 145 ff. BGB abzugeben, die sich bei Nichtvorliegen von Nutzungskonflikten nach den Anträgen richten.[802] Gemäß § 9 Abs. 1 S. 1 EIBV hat der Betreiber von Schienenwegen grundsätzlich allen Anträgen auf Zuweisung stattzugeben, § 11 Abs. 1 S. 1 EIBV verpflichtet ihn zur schriftlichen Begründung im Falle einer Antragsablehnung.

b. Nutzungskonflikt

§ 9 EIBV ersetzt § 4 EIBV 1997. und legt Vorgaben für Entscheidungskriterien bei Nutzungskonflikten fest. Während die alte Fassung den Infrastrukturbetreibern die Bestimmung von Kriterien weitestgehend überließ,[803] sieht die Neufassung strenge Maßstäbe zur Lösung von Nutzungskonflikten vor, was dem übergeordneten Bedürfnis nach Transparenz, Rechtssicherheit und Diskriminierungsfreiheit Rechnung trägt.[804] Das mehrstufige Nutzungskonfliktverfahren ist danach als Ausnahme vom Prinzip des verhandelten Netzzugangs im Sinne des § 14 Abs. 6 AEG zu verstehen. Nutzungskonflikte liegen gemäß § 9 Abs. 3 S. 1 EIBV bei Unvereinbarkeiten zwischen mehreren Anträgen auf Nutzungszuweisungen vor. Die Pflicht zur Hinwirkung auf einvernehmliche Lösungen im Falle von Nutzungskonflikten gemäß § 9 Abs. 3 EIBV entspricht im Grundsatz der alten Regelung aus § 4 Abs. 5 EIBV 1997 und sieht ein Koordinierungsverfahren vor, bei dem der Schienenwegebetreiber alternative Zugtrassen anbietet. Ist eine Einigung im Koordinierungsverfahren nicht erreichbar, kommt als nächste Stufe der Konfliktlösung das Entscheidungsverfahren zur Anwendung. Dieses richtet sich nach §§ 9 Abs. 4-6, 13 und 19 EIBV. § 9 Abs. 4 EIBV nennt Vorrangkriterien nach Art des Verkehrs, wonach grenzüberschreitende Zugtrassen Vorrang vor vertaktetem oder ins Netz eingebundenem Verkehr haben, welcher wiederum Vorrang vor Zugtrassen für den Güterverkehr hat. Noch vor diesen Verkehrsarten können Zugtrassen im Rahmen von Bandbreiten nach Rahmenverträgen gemäß § 13 EIBV sowie auf besonderen Fahrwegen nach § 19 EIBV bevorzugt werden.[805] Sicherheitsaspekte und mögliche Auswirkungen auf andere Schienenwegebetreiber sind stets gemäß § 9 Abs. 4 S. 2 EIBV angemessen zu berücksichtigen. Nach dem Wortlaut der Vorschrift verfügt der Betreiber der Schienenwege bei der Konfliktlösung über ein eingeschränktes Ermessen und kann in begründeten Fällen entgegen der gesetzlichen Vorrangre-

---

801 Ruge, IR 2005, 196, 198.

802 Grün/Ostendorf, N&R 2006, 59, 60.

803 Zur alten Rechtslage und insbesondere zur Kritik am Höchstpreisverfahren, Ruge N&R 2005, 170, 170 ff.

804 Vgl. Grün/Ostendorf, N&R 2006, 59, 60.

805 Die Privilegierung von Rahmenverträgen bei Nutzungskonflikten wird nicht unkritisch betrachtet. Vgl. dazu ausführlicher Jung/Schultzky, IR 2005, 178, 180; Ruge, DVBl. 2005, 1405, 1410, Grün/Ostendorf, N&R 2006, 59, 62 ff.

gelungen entscheiden.[806] Bei Konflikten zwischen gleichrangigen Verkehren sind gemäß § 9 Abs. 5 EIBV die Entgelte für die streitigen Trassen gegenüberzustellen und nach dem höheren Regelentgelt den Vorrang zu bestimmen. Erst wenn keine andere Kollisionsregel den Nutzungskonflikt lösen kann, wird gemäß § 9 Abs. 6 EIBV die streitige Trasse an den meistbietenden Zugangspetenten vergeben, der bereit ist, das höchste Entgelt zu zahlen. Dieses Höchstpreisverfahren entspricht weitestgehend der alten Fassung mit dem Unterschied, dass Angebote der Regulierungsbehörde zuzuleiten sind und nach Ablauf der Eingangsfrist auch Mitbietern bekannt gemacht werden.[807] In der Praxis kommt dem Verfahren bei Nutzungskonflikten bislang keine besondere Bedeutung zu. Wird jedoch das Ziel der Förderung des Wettbewerbs erreicht und agieren zahlreiche Konkurrenten auf dem Schienentransportmarkt, gewinnt die Zweckmäßigkeit eines solchen Verfahrens erheblich an Bedeutung, wenn mehrere Anbieter Anträge zur Bedienung derselben rentablen Trasse stellen. Aus diesem Grund wird die Rechtmäßigkeit des Nutzungskonfliktsverfahrens an anderer Stelle gesondert untersucht.

IV. Schlussbetrachtungen

Die Neuregelungen im Rahmen der AEG-Novelle 2005 sind der Pflicht zur Umsetzung europarechtlicher Vorgaben, Erfahrungen aus mehr als 10 Jahren Öffnung des deutschen Schienenverkehrsmarktes sowie einer Stagnation der Wettbewerbsentwicklung geschuldet. Im Zentrum der Novelle stehen Regelungen zur Gewährleistung von Diskriminierungsfreiheit, Transparenz und Rechtssicherheit, um nicht zuletzt den deutschen Spitzenplatz im europäischen Vergleich bezüglich des Liberalisierungsgrades zu festigen.[808] Mit der Ausweitung der Zugangsrechte sowie der Verschärfung von Zugangs-, Entgelt- und Separierungsregulierung einschließlich der Verlagerung zentraler Regulierungsaufgaben auf die sektorenübergreifende Bundesnetzagentur sowie der sofortigen Vollziehbarkeit behördlicher Entscheidungen sind wesentliche Verbesserungen im Vergleich zu älteren AEG-Fassungen implementiert worden, die eine positive Entwicklung des Wirtschaftssektors erwarten lässt.[809] Dies wird unterstützt durch das klare Bekenntnis zur Förderung des Wettbewerbs im Eisenbahnsektor in § 1 Abs. 1 AEG, das zwar keine unmittelbare Rechtswirkung entfaltet, aber bei sämtlichen Auslegungsfragen der folgenden Vorschriften heranzuziehen ist. Dennoch verbleiben verschiedene Kritikpunkte am nationalen Eisenbahnrecht, die einer positiven Entwicklung des gesamten Wirtschaftssektors im intermodalen Vergleich entschieden entge-

---

806 Ruge, IR 2006, 196, 198.

807 Das Höchstpreisverfahren, welches auch nach der alten Fassung kaum zur Anwendung kam, wird durch die Einfügung des § 9 Abs. 5 EIBV weiter an Bedeutung verlieren und wird bereits als „überflüssig" bezeichnet. Vgl. Ruge IR 2006, 196, 198.

808 Vgl. IBM Consulting, Liberalisierungsindex Bahn 2004.

809 Vgl. Kühling/Ernert, NVwZ 2006, 33, 39.

genstehen, da der Novelle im Wesentlichen ein Kompromisscharakter zukommt. Es bestehen bereits begründete Zweifel, dass das aktuelle Eisenbahnrecht hinsichtlich des Verfahrensablaufs und des materiellen Gehalts dauerhaften Bestand haben wird. So werden weitere gemeinschaftsrechtliche Vorgaben bezüglich der Entwicklung im Eisenbahnwesen erwartet, die wiederum nationale Umsetzungen erfordern.[810] Insofern bleibt das Eisenbahnrecht weiterhin unter Reformdruck, um das anzustrebende Fernziel eines vollständig liberalisierten, europäischen Schienenverkehrsmarktes ohne jegliche nationale Abschottung zu erreichen, auf dem internationale Transportanbieter auf einem level playing field miteinander konkurrieren. Nur eine solche Intensivierung des Wettbewerbs verspricht eine entscheidende Erhöhung des modal splits zugunsten des Schienenverkehrs.

Ausgangspunkt der Kritik ist stets die Grundsatzentscheidung des Gesetzgebers zur Beibehaltung der vertikal integrierten Organisationsstruktur. Es wird argumentiert, dass die durch das AEG legitimierte gegenwärtige Organisationsstruktur eine entscheidende und erforderliche Marktöffnung und Liberalisierung des Eisenbahnsektors verhindere.[811] Ohne vollständige institutionelle Trennung von Netz und Transportbetrieb erfordert das dem System innewohnende Diskriminierungspotential eine detaillierte Ausgestaltung von Separierungsvorschriften, Zugangsregeln und Regulierungsbefugnissen zur bestmöglichen Gewährung eines fairen Wettbewerbs sowie zur Setzung maximaler Anreize für potentielle Markteinsteiger. Dennoch ist die Zweckmäßigkeit dieser Kernelemente des AEG ernsthaft in Zweifel zu ziehen. In Bezug auf die Separierungsvorschriften überlagert das auf den diesbezüglichen Vorschriften des Aktienrechts basierende übergeordnete Konzerninteresse nach Gewinnmaximierung sämtliche Vorgaben zur Unabhängigkeit einzelner Konzergesellschaften. Weder das unzureichende Doppelmandatierungsverbot noch die in der Praxis nur schwer zu realisierenden Chinese Walls können eine dem desintegrierten System vergleichbare Unabhängigkeit der Wertschöpfungsstufen gewährleisten.

Bezüglich des Netzzugangs ist trotz grundsätzlicher Erweiterung von Rechten der Zugangsberechtigten sowie Pflichten der Zugangsverpflichteten nicht verständlich, warum Frachtunternehmen als neu eingeführte Gruppe von Zugangsberechtigten gemäß § 14 Abs. 2 S. 2 AEG im Gegensatz zu öffentlichen Aufgabenträgern durch § 6 Abs. 1 S. 2 EIBV wieder in ihren Rechten eingeschränkt werden. Ebenfalls zu kritisieren ist die Beibehaltung der Rahmenverträge nach § 14a AEG in Verbindung mit § 13 EIBV, denen ein nicht unwesentlicher wettbewerbshindernder Charakter zukommt. Sie stellen weder einen prinzipiellen Ausnahmefall dar

810 Frenzel, NZV 2006, 57, 62. In den meisten Mitgliedstaaten sind bislang noch ehemalige Staatsmonopole marktdominierend und stehen einer signifikanten Belebung des Wettbewerbs sowohl in nationaler als auch in internationaler Hinsicht entgegen.

811 Kramer, NVwZ 2006, 26, 32.

noch sind besondere Anforderungen zu erfüllen, um in den Genuss dieser Großvaterrechte zu gelangen. Eine feste Vergabe von rentablen Trassen über mehrere Jahre erzeugt vielmehr negative Anreize für Wettbewerber ohne Rahmenverträge, ihr Engagement im Eisenbahnwesen zu verstärken beziehungsweise für potentielle Markteinsteiger, signifikante Investitionen für einen erfolgversprechenden Markteinstieg zu tätigen. Vergleichbar negative Anreize bedingen die im europäischen Vergleich hohen Trassenpreise, die auf dem Vollkostenprinzip beruhen und sich damit kontraproduktiv für einen verstärkten Marktzuwachs auswirken.[812] Schließlich ergibt sich aus den Vorrangregelungen bei Nutzungskonflikten gemäß § 9 Abs. 4 EIBV weiterer Anlass zur Kritik. Diese belassen einem marktdominierenden Eisenbahnverkehrsunternehmen die Möglichkeit, durch einen vermehrten Einsatz von vertakteten Verkehren Trassen gegenüber Konkurrenten zu blockieren. Hingegen ist auf eine verstärkte Berücksichtigung von kleinen und mittleren Unternehmen als Vorrangkriterium nach dem Vorbild des nationalen und europäischen Vergaberechts verzichtet worden.[813] Gerade im Hinblick auf eine langfristig anzustrebende Annäherung der Marktanteile zwischen dem Marktführer und seiner Wettbewerber erscheint eine zwingende Berücksichtigung mittelständischer Interessen förderlich zur Belebung des Wettbewerbs.

Bedenken bestehen darüber hinaus bezüglich des umfassenden und komplexen Regulierungsregimes. Nach Installierung der BNetzA sind nunmehr gemeinsam mit dem EBA sowie dem BKartA drei Behörden für die Aufsicht im Eisenbahnwesen zuständig. Während in der Theorie zwar eine eindeutige Kompetenzabgrenzung besteht, so muss sich dies in der Praxis erst bestätigen. Insbesondere die BNetzA, die gegenwärtig noch über einen Mangel an Expertise und Ressourcen verfügt, hat als zuständige Regulierungsbehörde für die §§ 14 ff. AEG ihre tatsächliche Handlungsfähigkeit in der Praxis unter Beweis zu stellen. Eindeutige Schlüsse zur Effektivität der Vorschriften zum Regulierungsverfahren lassen sich noch nicht ziehen, da insbesondere die Durchführung der ex-ante Befugnisse der BNetzA wesentlich von ihrer eigenen Handlungsfähigkeit abhängt. Jegliche diskriminierenden Verhaltensweisen eines vertikal integrierten Unternehmens gegenüber Konkurrenten wird jedoch auch das effektivste Regulierungsregime nicht verhindern können. Warum der Gesetzgeber innerhalb der Verfahrensvorschriften bei der Gesetzesnovelle auf die Implementierung einiger bewährter Regelungen des EnWG sowie des TKG verzichtet hat, ist nicht ersichtlich. Abschließend bleibt festzuhalten, dass sich ein paradoxes Gesamtgefüge im Eisenbahnwesen herauskristallisiert hat. Je weiter die Liberalisierung dieses Wirtschaftssektors mit den Zielen der intramodalen und intermodalen Wettbewerbsförderung vorangetrieben

812 Gersdorf, ZHR 168 (2004), 576, 612.

813 Vgl. beispielsweise die Pflicht zur Berücksichtigung mittelständischer Interessen gemäß § 97 Abs. 3 GWB sowie § 5 Nr. 1 VOL/A; Europäische Kommission, KMU-Definition, Unternehmen Europa No 8/2002.

wird, desto tiefgreifender und ausgefeilter entwickeln sich die Separierungsvorgaben sowie das Regulierungsregime. Bei Beibehaltung des vertikal integrierten marktdominierenden Unternehmens bedient sich insofern die oftmals mit dem Begriff der Liberalisierung verbundene Deregulierung der Regulierung.[814] Ein deutliches Minus an Vorschriften zur Gewährleistung eines fairen Wettbewerbs im Eisenbahnwesen wäre dagegen in einem vertikal desintegrierten System nötig, in dem das Eisenbahninfrastrukturunternehmen nicht zur Unabhängigkeit per Gesetz verpflichtet werden muss, sondern sein wirtschaftliches Interesse bereits auf einem funktionierenden Wettbewerb von Eisenbahnverkehrsunternehmen liegt, die um die Bedienung einzelner Trassen konkurrieren.

814 Basedow, ZHR 170 (2006), 178, 196.

Kapitel IV
Vereinbarkeit gesetzlicher Zugangsregelungen mit den Grundrechten

Vor dem Hintergrund eines klaren Bekenntnisses zur Förderung des Wettbewerbs im Eisenbahnwesen auf der einen Seite sowie der Infrastrukturgebundenheit, des hohen Kapitalaufwandes einschließlich langer Amortisationszeiten für die Schienennetze und der daraus resultierenden mangelnden Flexibilität des gesamten Wirtschaftssektors auf der anderen Seite sind Zugangsrechte für Konkurrenten der DB AG wesentlicher Bestandteil der wettbewerblichen Ordnung. Die gesetzliche Verpflichtung zur Zugangsgewährung hat der Gesetzgeber spezialgesetzlich in § 14 AEG in Verbindung mit den Regelungen der EIBV niedergelegt. Die Besonderheit dieser Vorschriften besteht darin, dass die DB AG gezwungen wird, die in ihrem Eigentum stehende Schieneninfrastruktur Konkurrenten zur Verfügung zu stellen, damit sich zu Lasten ihres Marktanteils auf den vor- und nachgelagerten Märkten Wettbewerb entfalten kann. Grundsätzlich ist diese Zugangsgewährung in einer marktwirtschaftlichen Ordnung fremd, in der jeder Anbieter von Leistungen im Markt für seine notwendigen Investitionen selbst verantwortlich ist, die er für eine aussichtsreiche Teilnahme am Wettbewerb im betreffenden Markt für erforderlich erachtet. Aufgrund der technisch-wirtschaftlichen Besonderheiten im Eisenbahnwesen ist es jedoch für Konkurrenten nicht sinnvoll, parallele Schienenwege zu errichten, da dies eine volkswirtschaftliche Verschwendung von Ressourcen bedeuten würde. Sie sind auf die Mitbenutzung der Schieneninfrastruktur angewiesen, um vor allem Transportleistungen am Markt anbieten zu können. Insofern erscheint eine Durchbrechung des Prinzips der wirtschaftlichen Eigenverantwortlichkeit durch entsprechende gesetzliche Regelungen in § 14 AEG sowie den Regelungen der EIBV zugunsten der Förderung von Wettbewerb überzeugend und gerechtfertigt. Auch in anderen Wirtschaftsbereichen sind vergleichbare Ausnahme-Regelungen nicht fremd, die auf die allgemeine Verpflichtung des marktbeherrschenden Unternehmens zurückgehen, gemäß § 19 Abs. 4 GWB Dritten Zugang zu seiner wesentlichen Einrichtung zu gewähren. Beispielhaft sei § 20 Abs. 1 EnWG angeführt, wonach Betreiber von Energieversorgungsnetzen nach sachlich gerechtfertigten Kriterien diskriminierungsfrei Zugang zum eigenen Netz gewähren müssen.

Einher mit der wirtschaftlich sinnvollen gesetzlichen Netzzugangsgewährung zu Einrichtungen des Infrastrukturbetreibers und dem daraus resultierenden konkurrentennützigen Kontrahierungszwang[815] geht die Frage nach der Verfassungsmäßigkeit dieser Regelungen. Prinzipiell gilt, dass Teilnehmern im Wirtschaftsleben

815 Vgl. zum Begriff des konkurrentennützigen Kontrahierungszwangs Dittmann, Öffnung von Märkten durch kartellrechtlichen Kontrahierungszwang, S. 153.

die Freiheit zustehen muss, ihr Eigentum ausschließlich nach unternehmenseigenem Nutzen einsetzen zu dürfen.[816] Kein Unternehmen kann verpflichtet werden, einen Wettbewerber zum eigenen Schaden zu fördern.[817] Ein Tätigwerden im Interesse eines Wettbewerbers darf selbst einem marktbeherrschenden Unternehmen nicht ohne weiteres auferlegt werden.[818] Auch dieser Kategorie von Unternehmen steht es zu, sämtliche wettbewerbskonformen Funktionen und Methoden im Markt auszuüben. Kartellrechtliche Missbrauchsvorschriften richten sich schließlich nicht gegen das wettbewerbskonforme Entstehen von Marktmacht, insbesondere nicht wenn sie auf eigener Leistung beruht,[819] sondern gegen ihren Missbrauch. In der Konsequenz streiten einige Stimmen für die Verfassungswidrigkeit der Pflicht, unternehmenseigene Ressourcen an Konkurrenten zu überlassen.[820] Es besteht somit ein Spannungsverhältnis zwischen den Rechten der Eigentümer der Infrastruktur und der wettbewerblichen Grundausrichtung des betreffenden Wirtschaftszweigs. Im Eisenbahnwesen ist dieses Spannungsverhältnis ebenfalls auszumachen. Die unternehmerische Freiheit des vertikal integrierten Unternehmens DB AG wird durch Zugangsregelungen insofern eingeschränkt, als dass sie nicht mehr ausschließlich über die Benutzung der Schieneninfrastruktur entscheiden darf und gegen ihren Willen anderen Unternehmen Zugang gewähren muss. Nach den gesetzlichen Regelungen der § 14 Abs. 1 AEG sowie §§ 8 ff. EIBV sind die Transportsparten der DB AG hinsichtlich der Benutzung der Schieneninfrastruktur genauso zu behandeln wie andere Nachfrager.

Es ist insofern der Fragestellung nachzugehen, inwieweit die gesetzlichen Zugangsregelungen mit den Rechten der DB AG, insbesondere aus Art. 14 und 12 GG, vereinbar sind. Dabei ist zu berücksichtigen, dass die maßgebenden Vorschriften letztendlich auf gemeinschaftsrechtlichen Vorgaben der Richtlinie 91/440/EWG beziehungsweise der nachfolgenden Eisenbahnpakete zurückzuführen sind. Obwohl daher eine Anwendung europäischen Rechts nahe liegt,[821] ist für die Frage der Verfassungsmäßigkeit deutsches Recht anzuwenden,[822] da der nationale Gesetzgeber bei der Adaption der Gemeinschaftsvorgaben von seinem Umsetzungsspielraum Gebrauch gemacht hat.[823]

816 BGHZ 128, 17, 36.

817 BGH WuW/E 2755, 2759.

818 BGHZ 128, 17, 37.

819 So genannter „Tüchtigkeitsvorteil“, KG Berlin, RdE 1994, 20, 28; Stewing, BB 1995, 1968, 1970.

820 Klaue, BB 1993, 740, 740 ff.; Langer, ET 1994, 158, 162; Langer, ET 1995, 395, 399.

821 Fehling, AöR 121 (1996), 59, 90.

822 Vgl. BVerfGE 73, 339, 376 ff.; Hüffer/Ipsen/Hettinger, Die Transitrichtlinien für Gas und Elektrizität, S. 312.

823 Als Beispiel für den Umsetzungsspielraum sei alleine Art. 6 der Richtlinie 91/440/EWG anzuführen, der den Mitgliedstaaten verschiedene Ausgestaltungsmöglichkeiten eröffnete.

A. Grundrechtsberechtigung der DB AG

Ob die DB AG den Zugang Dritter zur Infrastruktur zulassen muss, hängt entscheidend davon ab, ob sich das Unternehmen überhaupt auf den Schutz materieller Grundrechte berufen kann. Diese Frage wird kontrovers diskutiert und im Ergebnis unterschiedlich beurteilt. Ausgangspunkt der Diskussion ist die Beteiligung des Bundes an der DB AG als Nachfolgeunternehmen des ehemaligen Sondervermögens Deutsche Bundesbahn. Während teilweise die Grundrechtsfähigkeit kategorisch abgelehnt wird,[824] streiten andere für eine Grundrechtsfähigkeit der DB AG.[825] Schließlich differenziert eine weitere Grundposition zwischen der Schieneninfrastruktur und dem Transportbetrieb.[826]

Die Grundrechtsberechtigung der DB beurteilt sich nach Art. 19 Abs. 3 GG, wonach die Grundrechte auch für inländische juristische Personen gelten, soweit sie ihrem Wesen nach auf diese anwendbar sind. Eine Differenzierung zwischen verschiedenen Organisationsformen der betreffenden juristischen Person ist der Vorschrift nicht zu entnehmen. Dennoch besteht Einigkeit über den Grundrechtsschutz von juristischen Personen des Privatrechts, an denen die öffentliche Hand weder beteiligt ist noch sie als beliehene Unternehmen mit der Wahrnehmung von Verwaltungsaufgaben betraut hat.[827] Ist hingegen die öffentliche Hand an der juristischen Person beteiligt, divergieren die Meinungen bezüglich der Grundrechtsberechtigung. Die Beteiligung der öffentlichen Hand an einer juristischen Person kann vielfältiger Natur sein. So ist ein öffentliches Unternehmen denkbar, bei dem das Eigenkapital ausschließlich bei der öffentlichen Hand liegt.[828] Die Ausgestaltung einer solchen Eigengesellschaft ist sowohl in privater Rechtsform, vorrangig als AG oder als GmbH, als auch in öffentlich-rechtlicher Rechtsform, Anstalten, Körperschaften, Stiftungen, Eigen- oder Regiebetriebe sowie Sondervermögen des Bundes, möglich.[829] Auch in privatrechtlicher Erscheinungsform wird regelmäßig nur öffentliche Verwaltung ausgeübt.[830] Sind mehrere Verwal-

---

824 LG Kassel, Gewerbemiete und Teileigentum 2003, 42, 44; Gersdorf, in: v. Mangoldt/Klein/Starck (Hrsg.), GG-Komm, Art. 87e, Rn. 52; Grupp, DVBl. 1996, 591, 594.

825 Uerpmann, in: v. Münch/Kunig (Hrsg.), GG-Komm., Art. 87e, Rn. 10; Vesting, in: Denninger (Hrsg.), AK-GG, Art. 87e, Rn. 41; Lang, NJW 2005, 3601, 3601 ff.; Ruge, AöR 131 (2006), 1, 15 f.

826 Windthorst, in: Sachs (Hrsg.), GG-Komm., Art. 87e, Rn. 52a.

827 BVerfGE 21, 362, 368 f.; BVerfGE 68, 193, 205 f.; Krüger/Sachs, in: Sachs (Hrsg.), GG-Komm., Art. 19, Rn. 57; Hofmann, in: Schmidt-Bleibtreu/Klein/Brockmeyer (Hrsg.), GG-Komm, Art. 19, Rn. 19.

828 Büchner, Die rechtliche Gestaltung öffentlicher Unternehmen. S. 18.

829 Klein, Die Teilnahme des Staates am wirtschaftlichen Wettbewerb, S. 33 ff; Ronellenfitsch, in: HdStR IV, § 98, Rn. 20 ff.

830 Vgl. BVerfGE 45, 63, 78 ff. Die Stadt Hameln war alleinige Aktionärin der Stadtwerke Hameln AG.

tungsträger an dem öffentlichen Unternehmen beteiligt, so handelt es sich um ein gemischt-öffentliches Unternehmen, dessen rechtliche Einordnung bezüglich der Grundrechtsfähigkeit keine Unterschiede zur Eigengesellschaft aufweist.[831] Die öffentliche Hand kann außerdem in einem gemischt-wirtschaftlichen Unternehmen agieren. Dieses ist eine in privater Rechtsform geführte Beteiligungsgesellschaft, die von der öffentlichen Hand gemeinsam mit Privaten betrieben wird.[832] Die jeweilige Beteiligungsquote in der Gesellschaft beeinträchtigt die Einordnung als gemischt-wirtschaftliches Unternehmen grundsätzlich nicht.[833]

I. Die Rechtsnatur der DB AG unter Berücksichtigung eines möglichen Börsenganges

Nach der Umwandlung in ein privatrechtlich organisiertes, erwerbswirtschaftlich ausgerichtetes Unternehmen im Zuge der Bahnreform ist die DB AG als öffentliches Unternehmen in privater Rechtsform einzuordnen.[834] An dieser Eigengesellschaft hält der Bund gegenwärtig noch 100% der Anteile. Jedoch ist noch vor dem Jahre 2010 ein Börsengang des Unternehmens DB AG zu erwarten.[835] Dies hätte zur Folge, dass innerhalb der gesetzlichen Vorgaben – zu berücksichtigen ist das verfassungsrechtliche Gebot der Mehrheitsbeteiligung des Bundes an der Schieneninfrastruktur nach Art. 87 Abs. 3 S. 2, 3 GG – Aktienanteile auch von privaten beziehungsweise institutionellen Anlegern gezeichnet würden, und die DB AG als gemischt-wirtschaftliches Unternehmen zu qualifizieren wäre. Eine Aufteilung des Kapitals zwischen öffentlicher Hand und privaten Aktionäre resultiert regelmäßig in einer Interessendivergenz zwischen den Anteilseignern, die wiederum für die rechtliche Beurteilung des Unternehmens im Hinblick auf die Grundrechtsfähigkeit Relevanz erlangt.[836] Demzufolge wird zunächst der status quo zugrunde gelegt und die Grundrechtsfähigkeit der DB AG als Eigengesellschaft der öffentlichen Hand geprüft. Sollte sich durch einen Börsengang und einer daraus resultierenden Einordnung als gemischt-wirtschaftliches Unterneh-

831 Püttner, Die öffentlichen Unternehmen, S. 26.

832 Püttner, Die öffentlichen Unternehmen, S. 26; Rüfner, in: HdStR V, § 116 Rn. 81; Wirth, Grundrechtsberechtigung und Grundrechtsverpflichtung öffentlicher und gemischt-wirtschaftlicher Unternehmen am Beispiel der Deutschen Post AG unter Berücksichtigung verfassungsrechtlicher Folgeprobleme der Postreform II, S. 31.

833 Wirth, Grundrechtsberechtigung und Grundrechtsverpflichtung öffentlicher und gemischt-wirtschaftlicher Unternehmen am Beispiel der Deutschen Post AG unter Berücksichtigung verfassungsrechtlicher Folgeprobleme der Postreform II, S. 31.

834 Vgl. BT-Drs. 12/5015, S. 5.

835 Der Spiegel 05/06, Gespräch mit Hartmut Mehdorn, Unser Produkt heißt Mobilität, S. 82 ff.

836 Vgl. zur ähnlichen Problematik im Telekommunikationssektor im Zuge des Börsengangs, Windthorst, VerwArchiv 95 (2004), 377, 378, der daraus eine „Zwitterstellung" des gemischt-wirtschaftlichen Unternehmens herleitet.

men eine abweichende Beurteilung der Grundrechtsfähigkeit ergeben, wäre dies gesondert zu diskutieren. Aufgrund einer eventuell notwendigen differenzierten Betrachtung infolge veränderter Beteiligungsverhältnisse der DB AG ist es erforderlich, zunächst im Allgemeinen die Grundrechtsfähigkeit sowohl für Eigengesellschaften als auch für gemischt-wirtschaftliche Unternehmen zu untersuchen.

II. Grundsätzliche Maßstäbe zur Trennung von juristischen Personen des Privatrechts und des öffentlichen Rechts im Sinne des Art. 19 Abs. 3 GG

Nach anerkannter restriktiver Auslegung des Art. 19 Abs. 3 GG[837] wird die Grundrechtsberechtigung juristischer Personen des öffentlichen Rechts von Rechtsprechung und Literatur grundsätzlich abgelehnt.[838] Juristische Personen des öffentlichen Rechts unterscheiden sich wesentlich von solchen des Privatrechts, da sie aufgrund von Kompetenzen, die vom positiven Recht zugeordnet, inhaltlich bemessen und begrenzt sind, in der Regel öffentliche Aufgaben erfüllen und gerade nicht in Wahrnehmung unabgeleiteter, ursprünglicher Freiheiten handeln.[839] Zumindest für zweidimensionale Rechtsverhältnisse zwischen Staat und Bürger gilt die Konfusionstheorie, nach der die öffentliche Hand nicht gleichzeitig gemäß Art. 1 Abs. 3 GG durch die Grundrechte verpflichtet werden kann und zu den Grundrechtsberechtigten zu zählen ist.[840] Grundrechte sind vorrangig individuelle Rechte, die den Schutz konkreter, besonders gefährdeter Bereiche menschlicher Freiheit zum Gegenstand haben.[841] Gerade in Bezug auf Art. 14 GG hat das Bundesverfassungsgericht selbst bei Wahrnehmung nicht spezifischer hoheitlicher Tätigkeit von juristischen Personen des öffentlichen Rechts einen Grundrechtsschutz mangels Vorliegen einer „grundrechtstypischen Gefährdungslage" kategorisch abgelehnt.[842] Als weiteres Entscheidungskriterium hat die Rechtsprechung entwickelt, dass juristische Personen nur dann grundrechtsberechtigt sein könnten, wenn

---

837 Vgl. nur Krüger/Sachs, in: Sachs (Hrsg.), GG-Komm., Art. 19, Rn. 89 mwN.

838 BVerfGE 23, 353, 372 f.; 45, 63, 78 ff.; 61, 82, 101 ff.; 98, 17, 47 für Gemeinden; BVerfGE 39, 302, 312 ff. für Allgemeine Ortskrankenkassen; BVerfGE 21, 362, 369 ff; 77, 340, 344; für Berufsgenossenschaften; BVerfGE 75, 192, 196 ff. für öffentlich-rechtliche Sparkassen; Hofmann, in: Schmidt-Bleibtreu/Klein/Brockmeyer (Hrsg.), GG-Komm, Art. 19, Rn. 22; Krüger/Sachs, in: Sachs (Hrsg.), GG-Komm., Art. 19, Rn. 92; Rüfner, in: HdStR V, § 116 Rn. 63 ff.

839 Huber, in: v. Mangoldt/Klein/Starck (Hrsg.), GG-Komm., Art. 19 Rn. 251.

840 So genannte „Konfusionsthese", BVerfGE 15, 256, 262; 21, 362, 369 ff.; 17, 1, 16 f.; Bethge, Die Grundrechtsbindung juristischer Personen nach Art. 19 Abs. 3 GG, S. 65 f.; Möstl, Grundrechtsbindung öffentlicher Wirtschaftstätigkeit, S. 131 f.

841 BVerfGE 50, 290, 337; 61, 82, 100.

842 BVerfGE 61, 82, 105; die Entscheidung erging hinsichtlich der fiskalischen Tätigkeit einer Gemeinde (Sasbach) zur Frage, ob sie sich als privatrechtliche Eigentümerin von verschiedenen Grundstücken auf Art. 14 GG berufen kann. Vgl. auch BVerfG, DVBl. 2002, 1404, 1404 f.

deren Bildung und Betätigung Ausdruck der freien Entfaltung von natürlichen Privatpersonen sei, insbesondere wenn ein möglicher „Durchgriff" auf die hinter der juristischen Person stehenden Menschen es als sinnvoll oder erforderlich erscheinen lassen.[843] Schließlich wird als dritter zu berücksichtigender Aspekt zur Abgrenzung nach Funktionen und Aufgaben der juristischen Person differenziert. Bestehen diese in der Wahrnehmung öffentlicher Aufgaben, so sei eine juristische Person unabhängig von ihrer Rechtsform nicht grundrechtsberechtigt.[844] Dies gelte insbesondere, wenn ein Träger öffentlicher Gewalt hinter der im Bereich der Daseinsvorsorge tätigen juristischen Person stehe.[845]

Diese Betrachtungsweise lässt jedoch auch Ausnahmen zu.[846] So ist es nicht von vornherein ausgeschlossen, einerseits juristischen Personen des Privatrechts den Grundrechtsschutz zu versagen, wenn sie öffentliche Aufgaben wahrnehmen, und andererseits juristischen Personen des öffentlichen Rechts die Grundrechtsberechtigung anzuerkennen, wenn sie keine öffentlichen Aufgaben erfüllen.[847] Stehen bei Tätigkeiten der öffentlichen Hand freiheitliche Zielsetzungen im Vordergrund und treten demgegenüber hoheitliche Verpflichtungen in den Hintergrund, sei im Ergebnis regelmäßig von einer grundrechtstypischen Gefährdungslage auszugehen, die einen Grundrechtsschutz gemäß Art. 19 Abs. 3 GG rechtfertige.[848] Diesen Grundsätzen zufolge wären juristische Personen des öffentlichen Rechts nur dann grundrechtsberechtigt, wenn sie als eigenständige, vom Staat unabhängige oder zumindest wesentlich distanzierte Einrichtungen in Bereichen tätig seien, die unmittelbar solchen durch bestimmte Grundrechte geschützten Lebensbereichen zuzuordnen seien.[849]

1. Anwendung auf Eigengesellschaften und gemischt-öffentliche Gesellschaften

Weitestgehend Einigkeit besteht darüber, dass nach den allgemein entwickelten Abgrenzungsmaßstäben Eigengesellschaften sowie gemischt-öffentliche Gesellschaften in privater Rechtsform, die Aufgaben und Funktionen der öffentlichen

843 BVerfGE 21, 362, 369; 61, 82, 101; 68, 193, 205 f.

844 BVerfGE 45, 63, 79 f.; BVerfG NJW 1990, 1783, 1783.

845 BVerfGE 68, 193, 207 ff.; 70, 1, 15 ff.

846 Vgl. Krüger/Sachs, in: Sachs (Hrsg.), GG-Komm., Art. 19, Rn. 93 ff.; Hofmann, in: Schmidt-Bleibtreu/Klein/Brockmeyer (Hrsg.), GG-Komm., Art. 19, Rn. 23 f.

847 Hofmann, in: Schmidt-Bleibtreu/Klein/Brockmeyer (Hrsg.), GG-Komm., Art. 19, Rn. 22; Seidel, in FS-Zeidler, S. 1459, 1459 f.

848 Huber, in: v. Mangoldt/Klein/Starck (Hrsg.), GG-Komm., Art. 19, Rn. 260; Schmidt-Aßmann, in: FS-Niederländer, S. 383, 390 ff.

849 BVerfG, NJW 1996, 1588, 1589, Huber, in: v. Mangoldt/Klein/Starck (Hrsg.), GG-Komm., Art. 19, Rn. 261.

Verwaltung erfüllen, regelmäßig nicht grundrechtsberechtigt sind.[850] Sie sind vielmehr bei ihrer Tätigkeit gemäß Art. 1 Abs. 3 GG an Grundrechte gebunden und können nach der Konfusionstheorie nicht gleichzeitig grundrechtsberechtigt sein. Ein abweichendes Ergebnis hätte zur Folge, dass sich die öffentliche Hand mit der Wahl einer privatrechtlichen Handlungsform grundrechtlichen Bindungen entledigen und gleichzeitig in den Genuss von Grundrechtsschutz kommen könnte. Eine mögliche Flucht ins Privatrecht widerspricht den Prinzipien des Grundgesetzes.[851] Vor dem Hintergrund, dass die öffentliche Hand die Wahlfreiheit in Bezug auf ihre Handlungsform hat,[852] gilt nach überwiegender Auffassung auch für Unternehmen, die sich unabhängig von ihrer Rechtsform zu 100% in öffentlicher Hand befinden, dass sie in der Regel nicht grundrechtsberechtigt sind, wenn ihre Bildung und Betätigung nicht Ausdruck der freien Entfaltung natürlicher Personen gleichkommt.[853]

2. Anwendung auf gemischt-wirtschaftliche Unternehmen

Für gemischt-wirtschaftliche Unternehmen ist die Frage der Grundrechtsfähigkeit nicht abschließend geklärt.[854] Obwohl aufgrund defizitärer Haushaltslagen die öffentliche Hand vermehrt auf eine Zusammenarbeit mit privaten Unternehmen zurückgreift und daher gemischt-wirtschaftliche Betreibergesellschaften gegründet werden,[855] existiert lediglich vereinzelt Rechtsprechung zur Grundrechtsfähigkeit dieser Unternehmen. Die Problematik einer sachgerechten Einordnung liegt wesentlich in unterschiedlichen Schutzbedürftigkeiten von öffentlicher Hand und Privaten begründet. So werden hinsichtlich des Grundrechtsschutzes vielfältige

---

850 Dreier, in: Dreier (Hrsg.), GG-Komm., Art. 19 GG, Rn. 70; Huber, in: v. Mangoldt/Klein/Starck (Hrsg.), GG-Komm., Art. 19, Rn. 282; Koch, Der rechtliche Status kommunaler Unternehmen in Privatrechtsform, S. 145; Badura, DÖV 1990, 353, 354; v. Arnauld, DÖV 1998, 437, 443; Koppensteiner, NJW 1990, 3105, 3109; Ehlers, JZ 1990, 1089, 1096; einschränkend Wirth, Grundrechtsberechtigung und Grundrechtsverpflichtung öffentlicher und gemischt-wirtschaftlicher Unternehmen am Beispiel der Deutschen Post AG unter Berücksichtigung verfassungsrechtlicher Folgeprobleme der Postreform II, S. 39 ff; Möstl, Grundrechtsbindung öffentlicher Wirtschaftstätigkeit, S. 144 f.

851 Begriff von Fleiner, Institutionen des Deutschen Verwaltungsrechts, S. 326.

852 Vgl. zur Herleitung der Handlungsformfreiheit v. Danwitz, JuS 1995, 1, 2; v. Danwitz, AöR 120 (1995), 595, 599 ff.; Kempen, Die Formenwahlfreiheit der Verwaltung, S. 122 f.

853 Wolff/Bachof/Stober, Verwaltungsrecht II, § 104a, Rn. 22; Bethge, AöR, 104 (1979), 265, 272; Stober, Die privatrechtlich organisierte öffentliche Verwaltung, NJW 1984, 449, 450.

854 Vgl. Poschmann, Grundrechtsschutz gemischt-wirtschaftlicher Unternehmen, S. 15; Gersdorf, Öffentliche Unternehmen im Spannungsfeld zwischen Demokratie und Wirtschaftlichkeitsprinzip, S. 136 ff.

855 Dies verdeutlicht bspw. die rasante Entwicklung von PPP. Vgl. dazu Drey u.a., in: Proll/Drey (Hrsg.), Die 20 Besten: PPP-Beispiele aus Deutschland, S. 7 ff.

Ansichten vertreten, deren Ausgangspunkte zum Teil in den von der Rechtsprechung entwickelten Abgrenzungsmaßstäben liegen.

a. Rechtsformbezogene Ansicht

Nach einer Ansicht entscheidet alleine die Rechtsform über die Grundrechtsfähigkeit eines gemischt-wirtschaftlichen Unternehmens.[856] Tritt das Unternehmen demnach als juristische Person des Privatrechts auf, so soll es den Regeln des Gesellschaftsrechts unterliegen und Grundrechtsschutz genießen. Ist es hingegen in eine öffentlich-rechtliche Rechtsform gekleidet, soll ihm jeglicher Grundrechtsschutz versagt werden. Leicht abgeschwächt wird vertreten, dass die Wahl einer privaten Rechtsform lediglich eine widerlegbare Vermutung der Grundrechtsfähigkeit darstelle.[857] Zur Begründung der rechtsformbezogenen Ansicht wird angeführt, dass einzig dieses Verständnis hinreichend Rechtssicherheit schaffen könne und dass der Grundrechtsschutz privater Anteilseigner in gemischt-wirtschaftlichen Unternehmen nicht gänzlich unberücksichtigt bleiben dürfe.[858] Eine Einschränkung müsse jedoch für Fälle vorgenommen werden, in denen private Anteilseigner lediglich marginale Beteiligungen an dem Unternehmen hätten.[859] Die deutlichen Schwächen dieser Ansicht liegen in der bereits kritisierten und nicht hinnehmbaren möglichen Flucht der öffentlichen Hand ins Privatrecht sowie der Wahlfreiheit der öffentlichen Hand hinsichtlich der Rechtsformwahl, die unabhängig von möglichen Konsequenzen für eine Grundrechtsberechtigung erfolgen soll. Insofern ist sie abzulehnen und in der anschließenden Auseinandersetzung zu vernachlässigen.

b. Durchgriffsthese

Weiterhin wird für die Einordnung gemischt-wirtschaftlicher Unternehmen die Möglichkeit des Durchgriffs als entscheidungsrelevant erachtet.[860] Nach diesem Ansatz ist ein gemischt-wirtschaftliches Unternehmen grundrechtsfähig, wenn hinter der juristischen Person eine natürliche Person steht und der Grundrechts-

856 So Pieroth, NWVBl. 1992, 85, 85 ff.; vgl. auch Stern, Staatsrecht III/1, S. 1169 f.; Püttner, Die öffentlichen Unternehmen, 1985, S. 120 f.; Wirth, Grundrechtsberechtigung und Grundrechtsverpflichtung öffentlicher und gemischt – wirtschaftlicher Unternehmen am Beispiel der Deutschen Post AG unter Berücksichtigung verfassungsrechtlicher Folgeprobleme der Postreform II, S. 69 f.; Klein, Die Teilnahme des Staates am wirtschaftlichen Wettbewerb, S. 234 f; Koppensteiner, NJW 1990, 3105, 3109.

857 Schmidt-Aßmann, in: FS-Niederländer, S. 383, 393 f., der die Privatrechtsform als „Regelaussage“ zugunsten einer Grundrechtsfähigkeit sieht.

858 Stern, Staatsrecht III/1, S. 1169 f.; Scholz, FS-Lorenz, 213, 216; Ehlers, Verwaltung in Privatrechtsform, S. 85.

859 Schmidt-Aßmann, Das Allgemeine Verwaltungsrecht als Ordnungsidee, 5/63; Pieroth, NWVBl. 1992, 85, 88.

860 Dieses vom Bundesverfassungsgericht entwickelte Abgrenzungskriterium wird teilweise als personaler Ansatz verstanden. Windthorst, VerwArchiv 95 (2004), 377, 381.

schutz sinnvoll und erforderlich scheint.[861] Steht hingegen ein Träger öffentlicher Gewalt hinter der juristischen Person, ist diese nicht grundrechtsfähig. Offen bleibt allerdings, wer der entscheidende Bezugspunkt im Hintergrund sein soll, wenn es um die Beurteilung eines gemischt-wirtschaftlichen Unternehmens geht, bei dem sowohl die öffentliche Hand als auch private Anteilseigner beteiligt sind. Während einige Vertreter dabei auf die Beteiligungsquote abstellen, wird teilweise auch entscheidend auf die privaten Anteilseigner abgestellt, denen ansonsten hinsichtlich des Unternehmens Grundrechtsschutz gänzlich versagt bliebe.[862]

c. Funktionsbezogene Ansicht

Als nächster Ansatz zur Einordnung gemischt-wirtschaftlicher Unternehmen wird die ebenfalls vom Bundesverfassungsgericht entwickelte Differenzierung nach der konkreten Tätigkeit herangezogen. Erfüllt das betreffende gemischt-wirtschaftliche Unternehmen Aufgaben der öffentlichen Verwaltung, insbesondere in Bereichen der Daseinsvorsorge, so soll ihm kein Grundrechtsschutz zustehen.[863] Stellt sich hingegen die Tätigkeit als grundrechtliche Freiheitsbetätigung dar, ist die Gewährung von Grundrechtsschutz berechtigt.[864] Im Rahmen der Differenzierung nach der Tätigkeit werden darüber hinaus weitere Kriterien herangezogen. So wird teils auf die Staatsferne, teils auf die grundrechtstypische Gefährdungslage abgestellt,[865] sowie eine Grundrechtsfähigkeit danach bestimmt, ob das betreffende Unternehmen im Rahmen seiner Tätigkeit durch Monopole geschützt ist.[866]

d. Beherrschungsansatz

Eine weitere Auffassung stellt entscheidend auf das dem gemischt-wirtschaftlichen Unternehmen zugrunde liegende Beteiligungsverhältnis ab. Einem gemischt-wirtschaftlichen Unternehmen ist demnach die Grundrechtsberechtigung zu versagen, wenn es einer Beherrschung der öffentlichen Hand unterliegt.[867] Eine Beherrschung sei gegeben, wenn sich die öffentliche Hand hinter dem Unternehmen verberge oder das Unternehmen weitestgehend verdeckt staatlich tätig sei.[868] Im Ergebnis ähnlich hat der BGH entschieden, dass typische öffentliche Bindun-

861 Ständige Rechtsprechung, vgl. nur BVerfGE 21, 362, 368.

862 Scholz, in: FS-Lorenz, 1991, S. 213, 227 ff.; Koppensteiner, NJW 1990, 3105, 3109.

863 Vgl. nur BVerfG NJW 1990, 1783, 1783.

864 Vgl. Lang, NJW 2005, 3601, 3602 f.

865 Vgl. Windthorst, VerwArchiv 95 (2004), 377, 382.

866 Möstl, Grundrechtsbindung öffentlicher Wirtschaftstätigkeit, S. 179.

867 BVerfG, NJW 1990, 1783; 1783; Krebs, in: Schmidt-Aßmann/Hoffmann-Riem (Hrsg.), Verwaltungsorganisationsrecht, S. 339 f.; Gersdorf, Öffentliche Unternehmen im Spannungsfeld zwischen Demokratie- und Wirtschaftlichkeitsprinzip, S. 170; Schallemacher, Die industriellen Bundesunternehmen, S. 160 ff; Badura, DÖV 1990, 353, 354.

868 Windthorst, VerwArchiv 95 (2004), 377, 382.

gen bestehen, wenn die Verwaltung zwar nicht selbst oder durch einen Eigenbetrieb in privatrechtlicher Organisationsform handelt, doch trotzdem dem Bürger „in Gestalt eines von der Verwaltung beherrschten, privatrechtlich verfassten Rechtssubjekts" gegenübertritt.[869] Nach Rechtsprechung des BVerfG kann sich ein beherrschender Einfluss auch über die Beteiligungsquote im Unternehmen bestimmen.[870] Ungeklärt ist jedoch die für eine Beherrschung eines Unternehmens erforderliche Beteiligungsquote. Das Bundesverfassungsgericht hat sich dazu bislang nicht explizit geäußert, eine Beherrschung der öffentlichen Hand infolge der Möglichkeit einer entscheidenden Einflussnahme auf die Geschäftsführung der Gesellschaft jedoch in einem Fall angenommen, in dem sich das Aktienkapital der Hamburger Elektrizitätswerke AG zu 72% in der Hand der beteiligten Bundesländer befand.[871] Ausführungen zu etwaigen Schwellenwerten, bei denen die Grenze einer Beherrschung anzusiedeln wäre, blieben in der Urteilsbegründung jedoch aus.[872] Während in der Literatur teilweise eine einfache Mehrheitsbeteiligung als ausreichend erachtet wird,[873] lassen andere für einen beherrschenden Einfluss des Staates schon eine Sperrminorität von 25% des Gesellschaftskapitals ausreichen.[874] Weitere fordern sogar eine Beteiligung von mindestens 75%.[875] Eine vermittelnde Ansicht im Schrifttum vertritt das Prinzip eines reduzierten Grundrechtsschutzes, wonach sich der Grundrechtsschutz des gemischt-wirtschaftlichen Unternehmens senkt, je höher die Beteiligung der öffentlichen Hand ist.[876] Sie weist jedoch deutliche Schwächen auf, da sie mangels konkreter Schwellenwerte sowie vor allem durch Schwierigkeiten bei der praktischen Einordnung von reduzierten Grundrechten keine Rechtssicherheit bieten kann.[877]

---

869 BGHZ 91, 84, 97.

870 BVerfG, NJW 1990, 1783, 1783.

871 BVerfG, NJW 1990, 1783, 1783.

872 Zur Kritik an der ausbleibenden Klärung vgl. Scholz,in: FS-Lorenz, S. 213, 217; Koppensteiner, NJW 1990, 3105, 3109; Kühne, JZ 1990, 335, 336. So wären im konkreten Fall bezüglich des beherrschenden Einflusses in einer AG Erörterungen zur Kompetenzabgrenzung zwischen Vorstand, Aufsichtsrat und Hauptversammlung sowie zu den verschiedenen Mehrheitsverhältnissen bei Beschlussfassungen hilfreich gewesen. Zur Kompetenzabgrenzung in einer AG vgl. nur Hüffer, AktG-Komm., § 76 Rn. 4; zur Einflussmöglichkeit kraft Beteiligung Hüffer, AktG Komm., § 17, Rn. 9 ff.

873 Vgl. Huber, in: v. Mangoldt/Klein/Starck (Hrsg.), GG-Komm., Art. 19, 285 ff.; Badura, DÖV 1990, 353, 354;

874 Maser, Die Geltung der Grundrechte für juristische Personen und teilrechtsfähige Verbände, S. 158 ff.

875 Pfeifer, Möglichkeiten und Grenzen der Steuerung kommunaler Aktiengesellschaften durch ihre Gebietskörperschaften, S. 20.

876 Emmerich, Das Wirtschaftsrecht der öffentlichen Unternehmen, S. 92 f.; Bethge, Zur Problematik von Grundrechtskollisionen, S. 66; Storr, Der Staat als Unternehmer, S. 227 ff.; Bull, Die Staatsaufgaben nach dem Grundgesetz, S. 98, 155 f.

877 Gersdorf, Öffentliche Unternehmen im Spannungsfeld zwischen Demokratie- und Wirtschaftlichkeitsprinzip, S. 162.

e. Wettbewerblicher Ansatz

Weiterhin lässt sich ein wettbewerblicher Ansatz, der vor allem bei der grundrechtlichen Einordnung der Deutschen Telekom AG vertreten wird,[878] auch auf andere ehemalige Staatsmonopole übertragen. Ausgangspunkt dieses Ansatzes ist Art. 87f Abs. 2 S. 1 GG, der das Gebot enthält, einen fairen, chancengleichen Wettbewerb zwischen den Nachfolgeunternehmen der Deutschen Bundespost und ihren Konkurrenten sicherzustellen.[879] Nach Ansicht der Verfechter dieses Ansatzes verpflichte der Verfassungsauftrag den Staat, gleiche Wettbewerbsbedingungen im Wirtschaftssektor Telekommunikation zu herzustellen, wofür wiederum erforderlich sei, dem ehemaligen Staatsunternehmen Deutsche Telekom AG wie ihren privaten Konkurrenten die vollständige Grundrechtsfähigkeit zuzubilligen.[880] Dieser von jeweiligen Beteiligungsverhältnissen unabhängige Ansatz stellt einzig auf die Marktbedingungen ab und müsste daher auch auf Eigengesellschaften Anwendung finden, die ehemals als Staatsmonopol geführt und später privatisiert wurden, um im jeweiligen Wirtschaftssektor wettbewerbliche Bedingungen einzuführen.

f. Gemeinschaftsbezogener Ansatz

Schließlich wird die Grundrechtsfähigkeit gemischt-öffentlicher Unternehmen an dem für das nationale Recht richtungsweisenden Gemeinschaftsrecht gemessen. So wird ähnlich dem wettbewerblichen Ansatz vertreten, dass Unternehmen unabhängig vom Ausmaß der staatlichen Beteiligung Grundrechtsschutz zu gewähren sei, wenn sie mit Privatunternehmen im Wettbewerb stünden.[881] Obwohl im Gemeinschaftsrecht keine dem Art. 19 Abs. 3 GG enstsprechende Vorschrift existiert, hat der EuGH bereits in mehreren Entscheidungen grundrechtliche Gewährleistungen des Gemeinschaftsrechts auf juristische Personen des Privatrechts angewendet, ohne jedoch eine grundsätzliche Herleitung der Grundrechtsfähigkeit im Detail auszuführen.[882] Der Rechtsprechung ist lediglich zu entnehmen, dass selbst die

878 Vgl. Windthorst, VerwArchiv 95 (2004), 377, 386.

879 Vesting, in: Denninger (Hrsg.), AK-GG, Art. 87f, Rn. 91 ff; Scholz, Postmonopol und Grundgesetz, S. 56 f.; Windthorst, VerwArchiv 95 (2004), 377, 386.

880 Windthorst, VerwArchiv 95 (2004), 377, 386.

881 Burmeister, Der Wettbewerb der Eisenbahnen im europäischen Binnenmarkt, S. 153. Dies gilt in der Konsequenz auch für Eigengesellschaften.

882 Im Fall „Internationale Handelsgesellschaft", EuGH, Urteil v. 17.12.1970, Rs. 11/70 (Internationale Handelsgesellschaft/ Einfuhr und Vorratsstelle für Getreide und Futtermittel), Slg. 1970, 1125, 1135 ff. hat der EuGH die Rechtmäßigkeit einer Lizenzregelung anhand der Grundrechte einer GmbH geprüft, ohne die Grundrechtsfähigkeit einer GmbH zu diskutieren. Erörterungen zum Grundrechtsschutz von juristischen Personen des Privatrechts finden sich hingegen vereinzelt in späteren Entscheidungen, jedoch lediglich auf die jeweils in Rede stehenden Grundrechte. Vgl. EuGH, Urteil v. 26.06.1980, Rs. 136/79 (National Panasonic/Kommission), Slg. 1980, 2033, 2068; EuGH, Urteil v. 21.09.1989, verb. Rs. 46/87 und 227/88 (Hoechst AG/Kommission), Slg. 1989, 2859, 2924; EuGH, Urteil v. 17.10.1989, Rs. 85/87 (Dow Benelux BV/Kommission), Slg. 1989, 3137, 3139:

Grundrechtsfähigkeit von juristischen Personen des Privatrechts nicht ohne weiteres angenommen werden kann, sondern einer besonderen Begründung bedarf, was in der Konsequenz umso mehr für gemischt-wirtschaftliche Unternehmen mit staatlicher Beteiligung gelten müsste.[883]

Andere gemeinschaftsrechtliche Vorgaben sind ebenfalls wenig ziehlführend. So gibt die nicht unmittelbar rechtlich bindende Europäische Grundrechtscharta von Nizza[884] ebenso wenig Aufschluss wie die Verfassungslage in den anderen Mitgliedstaaten.[885] Auch Art. 1 Abs. 1 S. 1 des Zusatzprotokolls zur EMRK[886] sowie die auf Art. 34 EMRK beruhende Rechtsprechung hat ohne weitere, auf gemischt-wirtschaftliche Unternehmene übertragbare, Herleitung lediglich die Grundrechtsberechtigung juristischer Personen des Privatrechts anerkannt.[887] Vielmehr wird entscheidend für die Frage nach der Grundrechtsberechtigung auf die Ziele und Struktur des Gemeinschaftsrechts abgestellt.[888] Daraus folge ein funktionaler Unternehmensbegriff, der vom Prinzip der Gleichbehandlung öffentlicher und privater Unternehmen unabhängig von der gewählten Rechtsform ausgehe.[889] Hätten damit gemischt-wirtschaftliche und öffentliche Unternehmen das Recht, wie natürliche Personen oder juristische Personen des Privatrechts ohne öffentliche Beteiligung in gleichem Maße am Wirtschaftsleben teilnehmen zu können, sei ihnen auch regelmäßig in gleicher Weise Grundrechtsschutz zu gebieten.[890] Gemischt-wirtschaftliche Unternehmen befänden sich infolge der wirtschaftsbezogenen Gleichstellung in grundrechtstypischen Gefährdungslagen, so dass ihnen die entsprechende Möglichkeit einzuräumen sei, sich gegen etwaige Gefährdungen wehren zu können, solange nicht Eigenschaften vorausgesetzt wer-

---

Vgl. auch zur allgemeinen Diskussion Rengeling, Grundrechtsschutz in der Europäischen Gemeinschaft, S. 201; Wetter, Grundrechtscharta des Europäischen Gerichtshofs, S. 80.

883 So auch Burmeister, Der Wettbewerb der Eisenbahnen im europäischen Binnenmarkt, S. 153; Tettinger, in: FS-Börner, S. 625, 627 ff.; Müller-Michaels, Grundrechtlicher Eigentumsschutz in der Europäischen Union, S. 43.

884 ABl. EG 2000 Nr. 364/1. Insbesondere in Art. 51 Abs. 1 der Charta wird der Kreis der Grundrechtsverpflichteten festgelegt, eine entsprechende Bestimmung zur Grundrechtsberechtigung fehlt hingegen.

885 Tettinger, in: FS-Börner, S. 625, 629 ff.; Quasdorf, Dogmatik der Grundrechte der Europäischen Union, S. 142 f.

886 Zusatzprotokoll zur EMRK v. 20.03.1952 (BGBl. 1956 II S. 1880).

887 EGMR, Urteil 24.10.1986, (Allgemeine Gold- und Siberschneideanstalt GOSI/ United Kingdom), EuGRZ 1988, 513, 513 ff.; EGMR, Urteil v. 22.05.1990, (Autronic AG/ Schweiz), EuGRZ 1990, 261, 262. Vgl. Tettinger, in: FS-Börner, S. 625, 633 ff.; Stern, Staatsrecht, III/1, S. 1103; Burmeister, Der Wettbewerb der Eisenbahnen im europäischen Binnenmarkt, S. 155.

888 Tettinger, in: FS-Börner, S. 625, 637 ff.

889 Burmeister, Der Wettbewerb der Eisenbahnen im europäischen Binnenmarkt, S. 156.

890 Kugelmann, Grundrechte in Europa, 1997, S. 23.

den, die ausschließlich von natürlichen Personen ausgefüllt werden könnten.[891] Zur Unterstützung dieser funktionsbezogenen Sichtweise werden insbesondere Art. 48 Abs. 2 EG und Art. 55 EG angeführt, die die Niederlassungs- und Dienstleistungsfreiheit auch auf juristische Personen des öffentlichen Rechts beziehen, wenn sie einen Erwerbszweck verfolgen.[892] Dieser Sichtweise ist jedoch entgegenzuhalten, dass sie nicht auf Grundrechte, sondern lediglich auf Grundfreiheiten der Gemeinschaft zugeschnitten ist. Vielmehr ist eine Differenzierung zwischen Grundfreiheiten und Grundrechten aufgrund unterschiedlicher Reichweite und Bedeutung geboten.[893] Während Grundfreiheiten dem Ziel der Vollendung des Binnenmarktes dienen und sich in erster Linie gegen Beschränkungen durch Mitgliedstaaten richten, schützen gemeinschaftsrechtliche Grundrechte gegen Eingriffe durch Gemeinschaftsorgane.[894] Eine Gleichstellung bezüglich der Grundfreiheiten ist mithin nicht gleichbedeutend mit einer Gleichstellung bezüglich der Grundrechte.[895] Im Wesentlichen entspricht diese Differenzierung auch der im nationalen Recht. Trotz gleichberechtigter Teilnahme von Eigengesellschaften, gemischt-wirtschaftlichen Unternehmen und privaten Unternehmen am Wirtschaftsleben ist dies nicht ohne weiteres gleichbedeutend mit einer Anerkennung der Grundrechtsfähigkeit von Unternehmen mit öffentlicher Beteiligung. Es wäre widersprüchlich, ohne Heranziehung weiterer Kriterien im Gemeinschaftsrecht Grundrechte gemischt-wirtschaftlicher Unternehmen mit der Vergleichbarkeit bei Grundfreiheiten zu begründen – diese sind im nationalen Recht ebenso vorhanden, werden jedoch zu Recht nicht als ausreichend erachtet – und schließlich eine sich ergebende Grundrechtsfähigkeit aus Gemeinschaftsrecht auf nationales deutsches Recht zu übertragen.

Selbst wenn man einen Grundrechtsschutz gemischt-wirtschaftlicher Unternehmen aus der Struktur des Gemeinschaftsrechts anerkennt, ergibt sich daraus noch kein automatischer Grundrechtsschutz im nationalen Recht. Für eine gemeinschaftsrechtskonforme Auslegung des Art. 19 Abs. 3 GG fehlt es bereits an der dafür vorausgesetzten Friktion mit dem Gemeinschaftsrecht.[896] Eine nicht zu recht-

---

891 Tettinger, in: FS-Börner, S. 625, 638; Scholz/Langer, Europäischer Binnenmarkt und Energiepolitik, S. 639 f.

892 Burmeister, Der Wettbewerb der Eisenbahnen im europäischen Binnenmarkt, S. 156.

893 Kugelmann, Grundrechte in Europa, S. 13; Schilling, EuGRZ 2000, 3, 11 ff.

894 Beutler, in: von der Groeben (Hrsg.), EUV/EGV, Bd. 1, Art. 6 EU, Rn. 42; Tettinger, in: FS-Börner, S. 625, 638; Streinz, Bundesverfassungsgerichtlicher Grundrechtsschutz und Europäisches Gemeinschaftsrecht, S. 44.

895 Windthorst, VerwArchiv 95 (2004), 377, 385. A.A. Burmeister, die die Wertungen bezüglich der Grundfreiheiten auf die Grundrechte überträgt und den gemischt-wirtschaftlichen Unternehmen im Ergebnis Grundrechtsschutz zuerkennt, soweit sie am Wirtschaftsleben teilnehmen und wie private Konkurrenten ihre Grundfreiheiten in Anspruch nehmen, Der Wettbewerb der Eisenbahnen im europäischen Binnenmarkt, S. 156 f.

896 Nettesheim, AöR 119 (1994), 261, 268; Störmer, AöR 123 (1998), 541, 547.

fertigende Besserstellung deutscher Unternehmen hinsichtlich ihrer Grundrechte im Gemeinschaftsrecht liegt darin nicht. Das Gemeinschaftsrecht kann durchaus weitergehenden Grundrechtsschutz enthalten, ohne dass eine Anpassung und Erweiterung des nationalen Grundrechtsschutzes erforderlich werden.[897]

III. Einordnung der DB AG

1. Lösungsansätze nach der Rechtsprechung

Während die höchstrichterliche Rechtsprechung juristischen Personen des Privatrechts prinzipiell eine Grundrechtsberechtigung zuerkennt, hat das BVerfG über eine Grundrechtsberechtigung der DB AG bislang nicht entscheiden müssen.[898] Im Einzelfall wäre nach Zugrundelegung der vom BVerfG angewandten Abgrenzungskriterien der Frage nachzugehen, ob hinter der juristischen Person eine natürliche Person tätig ist und ein Durchgriff auf deren Freiheitsentfaltung möglich und sachgerecht erscheint. Bei Erfüllung dieser Voraussetzung wäre eine grundrechtstypische Gefährdungslage anzunehmen, die eine Grundrechtsfähigkeit indiziert. Entscheidungsrelevant können weiterhin die Funktion des Unternehmens sowie die Beteiligung des Staates am Unternehmen sein. Die DB AG erfüllt mitunter Aufgaben in Bereichen der Daseinsvorsorge. Ein Durchgriff auf eine natürliche Person ist aufgrund der gegenwärtigen Organisation als Eigengesellschaft nicht möglich. Mangels privater Anteilseigner kommt außerdem eine Schutzwürdigkeit von Privatpersonen nicht in Betracht. Insofern wäre bei Zugrundelegung dieser Maßstäbe ein die Grundrechtsfähigkeit ablehnendes Urteil des BVerfG nicht überraschend. Auch Bundesverwaltungsgerichte und Instanzgerichte haben bislang nicht über die Grundrechtsfähigkeit der DB AG entschieden. Ein Mangel an einheitlich angewandten Entscheidungskriterien lässt zudem eine eindeutige zu erwartende Entscheidungstendenz nicht erkennen. So hat lediglich das LG Kassel in einer nicht rechtskräftigen Entscheidung das Berufen eines Tochterunternehmens der DB AG auf das Grundrecht aus Art. 14 GG verneint mit der Begründung, dass ein Tochterunternehmen die die DB AG betreffenden Einschränkungen des Grundrechtsschutzes gegen sich gelten lassen müsse.[899] Unabhängig von der privaten Rechtsform der DB AG erfülle diese durch den Betrieb des Bahnverkehrs Aufgaben der allgemeinen Daseinsvorsorge und sei aus diesem Grunde nicht grundrechtsfähig.[900] Diese Entscheidung folgt der Rechtsprechung des Bun-

---

897 Vgl. EuGH, Urteil v. 21.09.1989, verbundene Rs. 46/87 und 227/88 (Hoechst AG/Kommission), Slg. 1989, 2859, 2924 ff.; Streinz, Europarecht, Rn. 364; Cirkel, Die Bindung der Mitgliedstaaten an die Gemeinschaftsgrundrechte, S. 193.

898 BVerfGE 21, 362, 368 f.; BVerfGE 68, 193, 216.

899 LG Kassel, Gewerbemiete und Teileigentum 2003, 42 ff.

900 LG Kassel, Gewerbemiete und Teileigentum 2003, 42, 44, mit Hinweis auf BVerfG NJW 1990, 1783, 1783.

desverwaltungsgerichts zu einem anderen ehemaligen Staatsmonopol, nach der von einer die Grundrechtsberechtigung ausschließenden Grundrechtsbindung der Deutschen Post AG ausgegangen wurde, soweit diese im Alleineigentum des Staates stehe oder von ihm beherrscht werde.[901]

Dagegen hat das Bundesverwaltungsgericht in einer späteren Entscheidung die Grundrechtsfähigkeit der Deutschen Telekom AG angenommen und mit der ausschließlich privatwirtschaftlichen Aufgabenstellung und Tätigkeit begründet, die Art. 87f Abs. 2 S. 1 GG zwingend vorschreibe.[902] Dies, obwohl das Unternehmen aus dem öffentlich-rechtlichen Teilsondervermögen Deutsche Bundespost Telekom hervorgegangen ist und es trotz Veräußerung von Aktien an private Investoren mehrheitlich im Eigentum des Bundes steht.[903] Verschiedene Instanzgerichte haben diese Entscheidung bestätigt.[904] In einem jüngeren Beschluss hat das Bundesverwaltungsgericht ebenfalls in diesem Sinne entschieden und darüber hinaus hinzugefügt, dass ein Verlust der Kapitalanteilsmehrheit des Bundes für die Grundrechtsfähigkeit nicht entscheidungserheblich sei.[905]

2. Stellungnahme

Das BVerfG hat in seinen zur Grundrechtsberechtigung relevanten Entscheidungen die Art der Aufgabenerfüllung als Abgrenzungskriterium in den Vordergrund gestellt. Demzufolge wäre der DB AG trotz der in Art. 87 Abs. 3 S. 1 GG verankerten Verpflichtung zur privatwirtschaftlichen Tätigkeit die Grundrechtsfähigkeit zu versagen, da sie im Bereich der Daseinsvorsorge tätig ist. Die Aufgabenerfüllung als allein maßgebliches Abgrenzungskriterium ist jedoch abzulehnen, da dies nicht mehr den Gegebenheiten des gegenwärtigen Wirtschaftslebens entspricht.[906]

Während zwar früher Aufgaben der Daseinsvorsorge ausschließlich von der öffentlichen Hand erfüllt wurden, sind seit mehreren Jahrzehnten zunehmend private Unternehmen damit beauftragt, die sich teilweise ausschließlich auf Bereiche der Daseinsvorsorge spezialisiert haben. Bei diesen Unternehmen ginge eine Argumentation fehl, nach der es sich materiell um eine bloß konstruktiv anders gewählte Form der Aufgabenerfüllung der juristischen Person des öffentlichen

---

901 BVerwG DÖD 1998, 231, 232.

902 BVerwGE 114, 160, 189.

903 BVerwGE 114, 160, 189.

904 VG Berlin, MMR 1998, 164, 165 ff.; VG Köln, CR 1999, 79, 83.

905 BVerwG, NVwZ 2004, 742, 743.

906 Im Ergebnis so auch Scholz, in: FS-Lorenz, S. 213, 216; Zimmermann, Der grundrechtliche Schutzanspruch juristischer Personen des öffentlichen Rechts, S. 233 ff; Schmidt-Aßmann, BB 1990, Beilage 34, 1, 14.

Rechts handele.[907] Unternehmen mit originärem privatrechtlichem Ursprung müssen vielmehr stets grundrechtsberechtigt sein und zählen mithin nicht zu den Gegenständen der demokratisch legitimationsbedürftigen Staatsverwaltung.[908]

Nach der ebenfalls vom Bundesverfassungsgericht entwickelten Durchgriffsthese, die entscheidend auf die Existenz einer grundrechtsfähigen natürlichen Hintergrundperson abstellt, fehlt es im Falle der DB AG an einer Durchgriffsmöglichkeit auf eine solche Person, da sie als Eigengesellschaft über keinerlei private Anteilseigner verfügt. Dieses Abgrenzungskriterium beruht auf einem überholt individualisierten Grundrechtsverständnis und entspricht ebenfalls nicht mehr den aktuellen Gegebenheiten des Wirtschaftslebens.[909] Eine Hervorhebung der natürlichen Person im Hintergrund erscheint bereits prinzipiell zweifelhaft eingedenk der Überlegung, dass juristischen Personen des Privatrechts in Form von Stiftungen, großen oder undurchsichtigen Kapitalgesellschaften Grundrechtsschutz zuerkannt wird, obwohl natürliche Personen nicht oder nur verschleiert auszumachen sind.[910] Den nahezu vollständigen Verlust des personalen Bezugs bei diesen juristischen Personen hat das BVerfG selbst anerkannt.[911] Darüber hinaus ist gegen die Durchgriffsthese einzuwenden, dass Art. 19 Abs. 3 GG gerade den Kreis der Grundrechtsberechtigten, welche sonst nur natürliche Personen sind, auf juristische Personen ausweitet. Eine Beschränkung auf dahinter stehende natürliche Personen würde den Grundrechtsschutz wiederum einschränken.[912]

Zu diskutieren ist weiterhin das Kriterium des beherrschenden Einflusses im gemischt-wirtschaftlichen Unternehmen. Danach hätte die DB AG in ihrer gegenwärtigen Organisationsform von vornherein keine Grundrechtsberechtigung, da sie als Eigengesellschaft über keine privaten Anteilseigner verfügt. Die Frage, welche Beteiligungsquote für einen beherrschenden Einfluss notwendig wäre, würde somit erst mit erfolgtem Börsengang Bedeutung erlangen. Gegen das Abgrenzungskriterium der Beteiligungsquote ist zunächst grundsätzlich anzuführen, dass auch der öffentliche Mehrheitseigner den Bindungen des Gesellschaftsrechts unterliegt. Insofern ist es problematisch, einen beherrschenden Einfluss ohne weiteres an einer pauschalen Beteiligungsquote festzumachen.[913] Darüber hinaus bleibt unklar, welcher konkrete Schwellenwert für eine beherrschende Beteili-

---

907 Vgl. Koppensteiner, NJW, 1990, 3105, 3109;

908 Gersdorf, Öffentliche Unternehmen im Spannungsfeld zwischen Demokratie- und Wirtschaftlichkeitsprinzip, S.141.

909 So auch Erichsen/Scherzberg, NVwZ 1990, 8, 10 f.

910 So BVerfGE 22, 380, 383; BVerfGE 66, 116, 130.

911 BVerfGE 50, 290, 363; BVerfGE 99, 367, 391 f.

912 Vgl. Dreier, in: Dreier (Hrsg.), GG-Komm., Art. 19, Rn. 20 f, 53 ff; Stern, Staatsrecht III/1, S. 1105.

913 Im Ergebnis so auch Lang, NJW 2005, 3601, 3602.

gungsquote entscheidend sein sollte. Eine Drei-Viertel-Mehrheit, eine Zwei-Drittel-Mehrheit, eine einfache Mehrheit, der größte Anteil sowie eine Sperrminorität wären allesamt mögliche Varianten. Eine Abstufung des beherrschenden Einflusses nach der Bedeutung einzelner Unternehmensentscheidungen entsprechend gesellschaftsrechtlicher Mehrheitserfordernisse vermag nicht zu überzeugen, da dies schwerlich zur Rechtssicherheit beiträgt.[914] Schließlich können im Einzelfall Beteiligungsverhältnisse bei Schachtelbeteiligungen schwer zu ermitteln sein und zudem fortlaufenden Veränderungen unterliegen.[915] Für einen Börsengang der DB AG hätte dies zur Konsequenz, dass sich je nach aktueller Beteiligungsquote die Grundrechtsfähigkeit des Unternehmens ändern könnte. Auch dies hätte negative Auswirkungen auf die Rechtssicherheit. Die Beurteilung des Grundrechtsschutzes eines Unternehmens anhand einer festgelegten Beteiligungsquote ist im Ergebnis als nicht zielführend abzulehnen.

Im Allgemeinen wird gegen die von der Rechtsprechung entwickelten Abgrenzungskriterien mit personalem Bezug (Durchgriffsthese, beherrschender Einfluss anhand Beteiligungsquote) eingewandt, dass mit einer pauschalen Versagung des Grundrechtsschutzes berechtigte grundrechtliche Belange privater Minderheitsgesellschafter nicht hinreichend gewürdigt würden.[916] Gewähre man einem Unternehmen bei hinreichender Beteiligung durch die öffentliche Hand insgesamt keinen Grundrechtsschutz, so seien private Anteilseigner ebenfalls nicht grundrechtsfähig. So wird aus Gründen des Anlegerschutzes und des allgemeinen Bedürfnisses natürlicher Personen, insbesondere aus Art. 14 und 12 GG, eine Grundrechtsfähigkeit verlangt.[917] Diese Argumentation verkennt jedoch, dass Art. 19 Abs. 3 GG trotz des insgesamt anthropozentrischen Grundrechtsbildes des Grundgesetzes nicht den Grundrechtsschutz privater Anteilseigner stärken soll, sondern den Grundrechtsschutz auf juristische Personen unter den dortigen Voraussetzungen erweitert.[918] Darüber hinaus betrifft eine mögliche Grundrechtsfähigkeit des jeweiligen gemischt-wirtschaftlichen Unternehmens nicht nur das

914 So auch Schmidt-Aßmann, BB 1990, Beilage 34, 1, 10.

915 So auch für den Bereich der Telekommunikation Cannivé, Infrastrukturgewährleistung in der Telekommunikation zwischen Staat und Markt, S. 147.

916 Stern, Staatsrecht, Bd. III/1, S. 1170; Bleckmann, Die Grundrechte – Staatsrecht II, § 9, Rn. 12; Scholz, in: FS-Lorenz, S. 213, 226 f.; Ehlers, Verwaltung in Privatrechtsform, S. 85; Koppensteiner, NJW 1990, 3105, 3109 ff.

917 Vgl. ausführlich zu den vorgetragenen Argumenten, Gersdorf, Öffentliche Unternehmen im Spannungsfeld zwischen Demokratie- und Wirtschaftlichkeitsprinzip, S.150 ff.; bezogen auf andere Wirtschaftsbereiche ehemaliger Staatsmonopole, Wirth, Grundrechtsberechtigung und Grundrechtsverpflichtung öffentlicher und gemischt-wirtschaftlicher Unternehmen am Beispiel der Deutschen Post AG unter Berücksichtigung verfassungsrechtlicher Folgeprobleme der Postreform II, S. 70 f.; Windthorst, VerwArchiv 95 (2004), 377, 390.

918 BVerfGE, 21, 362, 369; Gersdorf, Öffentliche Unternehmen im Spannungsfeld zwischen Demokratie- und Wirtschaftlichkeitsprinzip, S.153.

Verhältnis zwischen den Anteilseignern im Unternehmen, sondern hat vor allem auch Auswirkungen auf Dritte, insbesondere Wettbewerber und Kunden. Denen stünden bei Grundrechtsfähigkeit des gemischt-wirtschaftlichen Unternehmens keine grundrechtlichen Abwehransprüche gegen dieses zu. Der Staat könnte sich mithin durch schlichte Abgabe von Minderheitsbeteiligungen seiner Grundrechtsbindung in dem jeweiligen Aufgabenbereich entziehen. Es läge aus Sicht des Staates somit nahe, sämtliche Eigengesellschaften und öffentliche Einrichtungen nach Möglichkeit in gemischt-wirtschaftliche Unternehmen umzuwandeln, um diese von dem Erfordernis demokratischer Legitimation zu befreien und in den grundrechtlichen Freiheitsbereich zu entlassen.[919] Diese mögliche Folge käme einer zu vermeidenden möglichen Flucht ins Privatrecht gleich. Zudem benachteiligt sie Wettbewerber und Kunden gleichermaßen und widerspricht dem Sinn und Zweck des Art. 19 Abs. 3 GG. Somit ist eine Anerkennung der Grundrechtsfähigkeit alleine nach der Schutzbedürftigkeit privater Anteilseigner abzulehnen.

Festzuhalten ist, dass die von der Rechtsprechung entwickelten personalbezogenen Abgrenzungskriterien zur Grundrechtsfähigkeit juristischer Personen prinzipiell in Zweifel zu ziehen sind. Vielmehr sind Eigengesellschaften nicht per se als grundrechtsunfähig einzustufen mit dem Argument, dass sie sich ohne schutzbedürftige private Anteilseigner im Hintergrund lediglich als Institution der Verwaltung in einem privaten Rechtskleid am Wirtschaftsleben beteiligen. Überzeugender ist es, die Grundrechtsfähigkeit nach der konkreten Tätigkeit und dem dabei ausgeübten Grad der Freiheitsentfaltung des Unternehmens zu beurteilen. Maßgeblich ist danach, ob dem in Rede stehenden Unternehmen unter dem Aspekt der Freiheitsentfaltung ein spezifischer Eigenwert zukommt und ob aufgrund seiner Unabhängigkeit vom Staat hinsichtlich der unternehmerischen Tätigkeit eine grundrechtstypische Gefährdungslage sowie eine Schutzbedürftigkeit vorliegen.[920] Sind jene Voraussetzungen gegeben, ist ein Grundrechtsschutz des Unternehmens gerechtfertigt.

Hingegen sprechen gegen die Grundrechtsfähigkeit eine vorrangige Wahrnehmung von öffentlichen Interessen und vor allem ein beherrschender Einfluss des Staates, unabhängig von der tatsächlichen Beteiligungsquote, in die Unternehmenspolitik. Bei Anwendung dieser Abgrenzungsmaßstäbe ist eine pauschale Differenzierung zwischen Eigengesellschaft und gemischt-wirtschaftlichem Unternehmen nicht gerechtfertigt. Insofern können sowohl Eigengesellschaften grundrechtsfähig sein als auch gemischt-wirtschaftlichen Unternehmen die Grundrechtsfähigkeit ver-

919 Gersdorf, Öffentliche Unternehmen im Spannungsfeld zwischen Demokratie- und Wirtschaftlichkeitsprinzip, S. 154.

920 Vgl. Lang, NJW 2005, 3601, 3602; Windthorst, VerwArchiv 95 (2004), 377, 392, der dies auf die Deutsche Telekom AG und damit auf ein gemischt-wirtschaftliches Unternehmen bezieht.

sagt werden. Insbesondere vor dem Hintergrund der hybriden Erscheinungsformen von Unternehmen mit öffentlicher Beteiligung, insbesondere Nachfolgeunternehmen ehemaliger Staatsmonopole, erscheint allein diese Ansicht sachlich gerechtfertigt.

Die eine grundrechtstypische Gefährdungslage indizierende Unabhängigkeit eines Unternehmens ist anzunehmen, wenn das Unternehmen am freien Markt Wirtschaftsleistungen unter den für sämtliche Akteure geltenden rechtlichen Rahmenbedingungen erbringt, dabei eine überwiegende selbständige Entscheidungsgewalt hat und nicht durch die öffentliche Hand für ihre Zwecke fremdbestimmt wird.[921] Ist das Unternehmen hingegen bei unternehmerischen Entscheidungen durch Gesetz, Satzung oder Vertrag einer besonderen öffentlichen Zweckbindung unterworfen, die über einen grundsätzlichen, alle Privatrechtssubjekte betreffenden Rechtsrahmen hinausgeht, liegt es nahe, dass der Staat die Erfüllungsverantwortung trägt und damit einer öffentlichen Zweckbindung unterliegt.[922] Eine öffentliche Zweckbestimmung liegt indes noch nicht bei einer allgemeinen Steuerung und Sicherung des Staates vor. Erforderlich ist eine Erfüllungs- beziehungsweise Durchführungsverantwortung.[923] Schließlich muss bei der Abgrenzung nach der Tätigkeit die Stellung des Unternehmens im Wettbewerb Berücksichtigung finden. Während einerseits eine Entziehung der Tätigkeit aus dem Bereich des wettbewerblichen Wirtschaftslebens für eine staatliche Zweckbindung und Erfüllungsverantwortung spricht, liegt andererseits eine grundrechtstypische Gefährdungslage nahe, wenn das Unternehmen losgelöst von staatlicher Erfüllungsverantwortung innerhalb eines für alle Marktakteure gleich geltenden Rechtsrahmens einem Wettbewerb ausgesetzt ist. Art. 87 Abs. 3 S. 1 GG enthält das verfassungsrechtliche Gebot, Eisenbahnen des Bundes als Wirtschaftsunternehmen zu führen. Diesem Privatisierungsgebot liegt die Entscheidung zugunsten einer wettbewerbs- und gewinnorientierten kaufmännischen Führung zugrunde.[924] Demzufolge hat die DB AG als Nachfolgeunternehmen der Deutschen Bundesbahn ihre unternehmerischen Tätigkeiten am freien Markt auszurichten. Innerhalb einer regulierten Wettbewerbsordnung, vor allem den Vorschriften des AEG, agiert die DB AG in einem subjektiv-rechtlichen Freiraum, in dem sie unternehmerische Entscheidungen trifft, die auf wirtschaftlichen Erfolg abzielen. Sie nimmt wie ein Privater am Wirtschaftsleben teil und verfolgt autonome Zwecke in Ausübung grundrechtlicher Freiheiten.[925] Somit befindet sich die DB AG prinzipiell in einer grundrecht-

---

921 So auch Lang, NJW 2005, 3601, 3603.

922 Möstl, Grundrechtsbindung öffentlicher Wirtschaftstätigkeit, S. 120 ff., 139 f.

923 Möstl, Grundrechtsbindung öffentlicher Wirtschaftstätigkeit, S. 112.

924 Uerpmann, in: v. Münch/Kunig (Hrsg.), GG-Komm., Art. 87, Rn. 10; Hommelhoff/ Schmidt-Aßmann, ZHR 160 (1996), 521, 532 f.

925 So auch Vesting, in: Denninger (Hrsg.): AK-GG; Art. 87, Rn. 40; Uerpmann, in: v. Münch/ Kunig (Hrsg.), GG-Komm., Art. 87, Rn. 10; Lang, NJW 2005, 3601, 3604 f.

stypischen Gefährdungslage, in der die Versagung des Grundrechtsschutzes eine Benachteiligung gegenüber anderen Wettbewerbern darstellen würde.

Schließlich ist zu beurteilen, ob der Staat trotz der unternehmerischen und wettbewerbsorientierten Ausrichtung der DB AG einen solchen beherrschenden Einfluss auf die Tätigkeiten des Unternehmens ausüben kann, dass trotz des Vorliegens einer an sich grundrechtstypischen Gefährdungslage im Ergebnis doch die Grundrechtsfähigkeit des Unternehmens abzulehnen ist. Gemäß Art. 87e Abs. 4 GG ist der Staat zur Wahrnehmung öffentlicher Interessen verpflichtet, wobei dieser Einfluss allein einen Ausschluss der Grundrechtsfähigkeit der DB AG nicht rechtfertigen kann. Weiterhin müsste die Gemeinwohlverantwortung des Staates auch eine Beherrschung begründen. Diese liegt erst dann vor, wenn die staatlichen Einflussmöglichkeiten die Entscheidungsfreiheit des Unternehmens überlagern.[926] Im Konfliktfall müssten sich also gemeinnützige Ziele gegenüber privatwirtschaftlichen Unternehmensinteressen soweit durchsetzen, dass die politische Willensbildung unternehmerische Entscheidungen verhindern könnte beziehungsweise wesentliche Entscheidungen ausschließlich aus gemeinwohlorientierten Gründen entgegen unternehmerischen Erwägungen zu treffen wären.[927]

Zunächst ist in diesem Zusammenhang zu berücksichtigen, dass die Wahrnehmung der Gemeinwohlverantwortung im Sinne des öffentlichen Interesses in der Praxis durch den Staat nahezu ausschließlich anhand einer grundlegenden Regulierungsverantwortung innerhalb der eröffneten Wettbewerbsspielräume sowie einer Finanzierungsverantwortung für die Schienenwege umgesetzt wird. Eine Regulierung des Eisenbahnwesens ist zwar vor allem in AEG und EIBV verankert und betrifft die DB AG als Marktführer naturgemäß am meisten, eine spezifische und unmittelbare Einflussnahme, die als Beherrschung eingestuft werden kann, ist dadurch jedoch nicht gegeben.[928] Hinsichtlich der Einflussnahmemöglichkeiten des Staates auf die unternehmerischen Entscheidungen der DB AG gilt nichts anderes. Die verfassungsrechtlich verankerte und geschützte Ausrichtung als Wirtschaftsunternehmen schließt jede Einflussnahme des Staates aus, die mit einer wirtschaftlich vernünftigen Unternehmensführung nicht vereinbar ist.[929] Die DB AG ist in der Praxis derzeit nahezu ausschließlich als unabhängiges und selbständiges Wirtschaftsunternehmen tätig, welches darüber hinaus eine Entwicklung vom reinen Eisenbahnunternehmen zu einem Mobilitätskonzern und Logistikunternehmen vollzogen hat und Leistungen der Daseinsvorsorge in den Hintergrund

926 Windthorst, VerwArchiv 95 (2004), 377, 396.
927 Windthorst, VerwArchiv 95 (2004), 377, 396.
928 Vgl. zur Parallelproblematik im Telekommunikationswesen, Windthorst, VerwArchiv 95 (2004), 377, 395.
929 Gersdorf, in: v. Mangoldt/Klein/Starck (Hrsg.), GG-Komm., Art. 87e, Rn. 51.

getreten sind.[930] Bei unternehmerischen Entscheidungen agiert sie selbständig und unabhängig vom staatlichen Willen.[931] Aus der Systematik des Art. 87e GG folgt zudem, dass der Einfluss des Staates aus der Gemeinwohlverantwortung engen Grenzen unterliegt. So besteht im Falle eines Zielkonflikts zwischen Privatwirtschaftlichkeit nach Art. 87e Abs. 3 GG und Gemeinwirtschaftlichkeit nach Abs. 4 GG spätestens seit der Bahnreform ein grundsätzlicher Vorrang der Privatwirtschaftlichkeit[932]. Darüber hinaus gilt das Wirtschaftlichkeitsgebot gemäß Art. 87e Abs. 3 S. 1 GG, dass eine kaufmännische, wettbewerbs- und gewinnorientierte Führung nach handelsrechtlichen Grundsätzen für sämtliche Eisenbahnunternehmen erfordert,[933] somit nicht nur für Eisenbahnverkehrsunternehmen, sondern auch für Eisenbahninfrastrukturunternehmen. Dieser Grundsatz soll einen ordnungspolitischen Paradigmenwechsel von Gemein- zu Privatnützigkeit sowie von Monopol- zu Wettbewerbswirtschaft signalisieren und infolge dessen ein unmittelbares Handlungsverbot für den Staat begründen.[934] Eine Einflussmöglichkeit des Staates auf die Entscheidungsautonomie des Unternehmens wäre insofern mit dem Privatisierungsgebot des Art. 87e Abs. 3 GG nicht vereinbar. Seinen verbleibenden Einfluss kann der Staat lediglich im Rahmen der allgemeinen gesellschaftsrechtlichen Befugnisse geltend machen und muss dabei insbesondere die in § 9 AEG normierte Unabhängigkeit der Geschäftsführung des Wirtschaftsunternehmens DB AG vom Staat beachten.[935]

3. Zwischenergebnis

Es bleibt festzuhalten, dass einer Grundrechtsberechtigung der DB AG kein beherrschender Einfluss des Staates auf die wirtschaftliche Tätigkeit des Unternehmens entgegensteht. Trotz der Existenz als Eigengesellschaft ist sie bezüglich ihrer unternehmerischen Tätigkeit in ihren Entscheidungen selbständig und handelt eigenverantwortlich, so dass sie sich in einer grundrechtstypischen Gefährdungslage befindet. Die Gleichbehandlung im Wettbewerb muss außerdem zu einer Gleichbehandlung mit Konkurrenten hinsichtlich der Grundrechtsfähigkeit

930 Vgl. Der Spiegel 05/06, Gespräch mit Hartmut Mehdorn, Unser Produkt heißt Mobilität, S. 82 ff.

931 An der unternehmerischen Selbständigkeit ändert auch die mit politischem Einschlag geführte Diskussion um die Sitzverlegung der DB AG von Berlin nach Hamburg nichts. Vgl. Der Spiegel 05/06, Gespräch mit Hartmut Mehdorn, Unser Produkt heißt Mobilität, S. 82 ff.

932 Windthorst, in: Sachs (Hrsg.), GG-Komm., Art. 87e, Rn. 51.

933 Windthorst, in: Sachs (Hrsg.), GG-Komm., Art. 87e, Rn. 37.

934 Gersdorf, in: v.Mangoldt/Klein/Starck (Hrsg.), GG-Komm., Art. 87e, Rn 47 ff.; Windthorst, in: Sachs (Hrsg.), GG-Komm., Art. 87e, Rn. 51.

935 Zur Trennung von Geschäftsführung und Eigentümerstellung in Bezug auf die ursprüngliche Fassung des Art. 6 der RL 91/440/EWG, vgl. ausführlich Hommelhoff/SchmidtAßmann, ZHR 160 (1996), 521, 554 ff.

führen. Diese vorzugswürdigen Abgrenzungskriterien müssen in konsequenter Weise nicht nur für gemischt-wirtschaftliche Unternehmen, sondern auch für Eigengesellschaften gelten, da sie die Grundrechtsfähigkeit unabhängig von der tatsächlichen Beteiligung am jeweiligen Unternehmen bestimmen.

4. Differenzierung zwischen Betrieb und Infrastruktur

Trotz Anerkennung des privatwirtschaftlichen Charakters der Tätigkeit der DB AG wird in der Literatur hinsichtlich der Grundrechtsfähigkeit vereinzelt zwischen Eisenbahnverkehrsunternehmen und Eisenbahninfrastrukturunternehmen differenziert.[936] So wird angenommen, dass die Transportsparten der DB AG als Eisenbahnverkehrsunternehmen grundrechtsberechtigt seien, während die Infrastruktursparten (DB Netz, DB Station & Service AG) keinen Grundrechtsschutz genießen dürften. Eine Sonderstellung der Eisenbahninfrastruktur ergebe sich aus der in Art. 87e Abs. 3 S. 2 und 3 GG verankerten Pflicht des Staates, das Mehrheitseigentum an der Infrastruktur zu behalten. Dadurch habe sich der Bund im Eisenbahnwesen weiterreichende gemeinnützige Einwirkungsmöglichkeiten als beispielsweise in der Telekommunikation vorbehalten. Obwohl auch die Eisenbahninfrastrukturunternehmen nicht an Grundrechte gebunden seien, fehle es infolge der beherrschenden Stellung des Staates an einer grundrechtstypischen Gefährdungslage, so dass ihnen schließlich ein Grundrechtsschutz abzusprechen sei.[937]

Diesem Ansatz ist insofern beizupflichten, dass Eisenbahninfrastrukturunternehmen durch Ausgliederung der DB AG entstanden sind und als 100%ige Tochtergesellschaften weiterhin zur Holding DB AG gehören.[938] Sie sind darüber hinaus ebenso wie die Eisenbahnverkehrsunternehmen Eisenbahnen des Bundes im Sinne des Art. 73 Nr. 6a GG und nach Art. 87e Abs. 3 S. 3 dürfen ihre Anteile nur soweit veräußert werden, dass jedenfalls die Mehrheit der Anteile beim Bund verbleibt. Gegen diesen Ansatz sprechen jedoch gewichtige Argumente. Die Veräußerungsbeschränkung soll zwar ein Mindestmaß an Einfluss des Bundes auf die Infrastruktur sichern,[939] eine Pflicht zur eigenen Erfüllung von Aufgaben folgt daraus jedoch nicht.[940] Darüber hinaus beschränkt die Regelung auch nicht das Wirtschaftlichkeitsgebot aus Art. 87 Abs. 3 S. 1 GG, welches für das gesamte Unternehmen gilt. Ein besonderes Einwirkungspotential kann der verfassungsrechtlichen Pflicht zum Mehrheitseigentum des Staates an der Eisenbahninfrastruktur gemäß Art. 87 Abs. 3 S. 2 und 3 GG nicht entnommen werden, da nach überzeugender Ablehnung der

936 So Windthorst, in: Sachs (Hrsg.), GG-Komm., Art. 87e, Rn. 52a.
937 Windthorst, in: Sachs (Hrsg.), GG-Komm., Art. 87e, Rn. 52a.
938 Vgl. Bundesfinanzministerium, Beteiligungsbericht 2005.
939 Windthorst, in: Sachs (Hrsg.), GG-Komm., Art. 87e, Rn. 52a.
940 Vesting, in: Denninger (Hrsg.), AK-GG, Art. 87e, Rn. 46.

strikt personalbezogenen Abgrenzungskriterien eine staatliche Mehrheitsbeteiligung nicht zwangsläufig die Versagung des Grundrechtsschutzes eines Unternehmens zur Folge hat. Auch für den Bereich der Infrastruktur müssen Tätigkeit und Zweckverfolgung des Unternehmens im Hinblick auf das Vorliegen einer grundrechtstypischen Gefährdungslage entscheidend sein. Dabei ist zu berücksichtigen, dass eine unterschiedliche Beurteilung auch eine umfassende Differenzierung der Unternehmensbereiche bedingen würde. Während der Transportbereich der DB AG ausschließlich nach wirtschaftlicher und gewinnorientierter Ausrichtung am Markt agieren würde, würde der Staat für den Bereich der Infrastruktur Entscheidungen nach ausschließlich öffentlichen Zwecken ausrichten. Dies scheint aus Gründen der gegenseitigen Abhängigkeit von Transport und Schiene bereits in der Theorie zweifelhaft. Eine autonome Entscheidung des Staates, beispielsweise die Verhinderung einer Streckenstilllegung aus Gründen des öffentlichen Interesses, erscheint außerdem in der Praxis unrealistisch, da daran regelmäßig Folgeentscheidungen anknüpfen, die einheitlich im Gesamtunternehmen DB AG getroffen werden.

In der gegenwärtigen Organisationsstruktur steht seit der Bahnreform nach dem Privatisierungsgebot aus Art. 87e Abs. 3 S. 1 GG die Ausrichtung auf wirtschaftliche Gewinnerzielung des Gesamtunternehmens im Vordergrund.[941] Die Privatisierungsgrenze aus Art. 87e Abs. 3 S. 2 und 3 GG wirkt dem nicht entgegen, da das Wirtschaftlichkeitsgebot für das gesamte Unternehmen gilt und der Systematik sowie dem Sinn und Zweck des Art. 87e GG einVorrang der Wirtschaftlichkeit zu entnehmen ist. Folglich ist eine Differenzierung hinsichtlich des Grundrechtsschutzes der DB AG nicht vorzunehmen, solange die DB AG in einer vertikal integrierten Organisation unter dem Dach einer Holding organisiert ist.

5. Ausblick auf den Einfluss eines geplanten Börsengangs der DB AG

Im Falle eines Börsengangs der DB AG wäre die Grundrechtsfähigkeit unter Umständen neu zu beurteilen. Bestünde die DB AG als vertikal integriertes Unternehmen fort, läge nach der hier vertretenen Auffassung die Grundrechtsfähigkeit des gesamten Unternehmens vor. Eine differenzierende Betrachtungsweise erschiene hingegen sachgerecht, wenn eine politische Entscheidung zugunsten einer vollständigen institutionellen Trennung von Infrastruktur und Transportbetrieb getroffen würde. Die DB AG wäre als Eigentümerin der Transportgesellschaften grundrechtsberechtigt, während einer etwaigen im vollständigen Eigentum des Bundes stehende Infrastrukturgesellschaft mbH mangels unternehmerischer Tätigkeit und privatwirtschaftlicher Ausrichtung die Grundrechtsfähigkeit abzusprechen wäre. Schwierig zu beurteilen könnte die Frage nach der Grundrechts-

941 Vesting, in: Denninger (Hrsg.), AK-GG, Art. 87e, Rn. 41.

fähigkeit der Infrastrukturgesellschaft sein, wenn das bereits in der Einleitung skizzierte und dem im aktuell vorliegenden Gesetzesentwurf zur Neuordnung der Eisenbahnen des Bundes zugrundeliegende Eigentumssicherungsmodell umgesetzt würde. Die Grundrechtsfähigkeit hinge entscheidend davon ab, ob man das wirtschaftliche Eigentum der DB AG als ausreichend erachten würde, um ihr diesbezüglich nicht nur grundrechtsähnliche Rechte, sondern einen vollständigen Grundrechtsschutz zugestehen würde. Der Begriff des wirtschaftlichen Eigentums entstammt dem Steuerrecht und verlangt eine entscheidend gesicherte Rechtsposition sowie einen dauerhaften und wirtschaftlichen Ausschluss des juristischen Eigentümers von der Einwirkung auf die Sache.[942]

Obwohl einiges dafür spricht, aufgrund der wirtschaftlichen Eigentümerposition eine Grundrechtsberechtigung der DB AG auch in Bezug auf die Infrastruktur anzunehmen, kann dies zu diesem Zeitpunkt nicht abschließend geklärt werden, da die konkrete Ausgestaltung dieses Modells noch Gegenstand wirtschaftspolitischer und juristischer Kontroversen sein wird.

IV. Ergebnis

Die DB AG ist im Ergebnis als Gesamtunternehmen grundrechtsfähig. Dies gilt sowohl für die gegenwärtige Organisationsstruktur als auch für einen zukünftigen Börsengang des Unternehmens. Für die zukünftige Organisationsstruktur des Eisenbahnwesens wird dennoch eine gesonderte Prüfung angezeigt sein. Aus dem Privatisierungsgebot des Art 87 Abs. 3 GG folgt eine grundrechtstypische Gefährdungslage, die einen vergleichbaren Schutz wie ihn die Konkurrenten der DB genießen, rechtfertigen. Insofern ist die DB AG im Hinblick auf den Eigentumsschutz gemäß Art. 14 GG sowie auf die Berufsfreiheit gemäß Art. 12 GG, jeweils in Verbindung mit Art. 19 Abs. 3 GG, schutzbedürftig.

B. Verfassungsmäßigkeit gesetzlicher Zugangsrechte

Die Vereinbarkeit kartellrechtlicher Maßnahmen in Form von gesetzlichen Zugangsregelungen mit Grundrechten, insbesondere Art. 14 und 12 GG, führt in der Rechtsprechung bislang ein Schattendasein. Vereinzelt existierende Entscheidungen betreffen dabei bislang nicht das Eisenbahnwesen, jedoch sachnahe Wirtschaftsbereiche wie beispielsweise dem Energiesektor.[943] Im Zuge der Energiereform aus dem Jahre 1988 entfachte eine rege Diskussion darüber, inwieweit gesetzliche Durchleitungsansprüche gegen den Willen des Netzeigentümers ver-

---

942 Weber-Grellet, BB 2005, 36, 36 ff.

943 Vgl. BGHZ 36, 91, 98 f.; BGH WuW/E 863, 871; BGH WuW/E 1423, 1424; BGH WuW/E 2370, 2373; BGH NJW 1987, 2931, 2932 f.

fassungskonform sind.[944] Im Jahre 1995 hatte der BGH einen Fall anhand § 22 Abs. 4 in Verbindung mit § 103 Abs. 5 S. 2 Nr. 4, Abs. 7 GWB a.F. zu entscheiden, in dem ein Energieversorgungsunternehmen die Durchleitung von Gas eines Wettbewerbers verweigerte.[945] Im Mittelpunkt des Verfahrens stand die Frage, ob die vom Netzeigentümer verweigerte Durchleitung als Missbrauch einer marktbeherrschenden Stellung und als verbotene unbillige Behinderung zu beurteilen war. Generalisierend wies der BGH daraufhin, dass eine Einschränkung des unternehmerischen Freiraums, der auch einem marktbeherrschenden Unternehmen zustehe, das durch Art. 14 Abs. 1 GG geschützte Eigentum berühre.[946] Zu berücksichtigen sei einerseits, dass ein Unternehmen mit besonderer Marktmacht im Vergleich zu anderen Unternehmen engeren Schranken in seiner Betätigungsfreiheit und im Gebrauch seines Eigentums unterliege.[947] Nach Verweis auf diesbezügliche Rechtsprechung, die auch im Rahmen der Missbrauchsaufsicht des § 22 GWB a.F. gelte, hat der BGH weiter ausgeführt, dass andererseits ein Tätigwerden im Interesse von Wettbewerbern auch von marktmächtigen Unternehmen nicht ohne weiteres verlangt werden kann, sondern stets im Rahmen einer Interessenabwägung unter Berücksichtigung der auf die Freiheit des Wettbewerbs gerichteten Zielsetzung des Gesetzes zu beurteilen sei.[948] Diese grundsätzlichen Erwägungen des BGH verdeutlichen bereits, dass jeder Kontrahierungszwang beziehungsweise jede Netzzugangsverpflichtung die durch Art. 12 GG geschützte unternehmerische Vertragsabschlussfreiheit des verpflichteten Unternehmens genauso berührt wie die Eigentumsgarantie des Art. 14 Abs. 1 GG, wenn die erzwungene Vertragserfüllung den Einsatz von Eigentum seitens des verpflichteten Unternehmens erfordert. Für das Eisenbahnwesen ist eine verfassungswidrige Verletzung der in Betracht kommenden Art.12 und 14 GG – jeweils in Verbindung mit Art. 19 Abs. 3 GG – zunächst an der Grundnorm der gesetzlichen Zugangsregelung § 14 AEG zu untersuchen. Unter Umständen ist weiterführend eine Prüfung der speziellen Ausgestaltungen des Zugangs in den Regelungen der §§ 8 ff. EIBV am Maßstab des Verfassungsrechts angezeigt.

---

944 Eine entsprechende Vorschrift wurde im Rahmen der Energiereform 1988, deren Ziel die Deregulierung dieses Wirtschaftsbereichs war, in das EnWG eingeführt (BGBl. I, 730, Gesetz zur Neuregelung des Energiewirtschaftsrechts). Ausgangspunkt der Reform war die gesetzgeberische Wandlung, Wettbewerb zwischen Energieversorgungsunternehmen nicht mehr als volkswirtschaftlich schädlich, sondern als nützlich anzusehen (vgl. Begr. zum Regierungsentwurf des EnWG, BT-Dr. 13/7274, S.9). Dazu Scholz/Langer, Europäischer Binnenmarkt und Energiepolitik, S. 271 f.; Baur/Moraing, Rechtliche Probleme einer Deregulierung der Elektriziätswirtschaft, S. 59 ff.

945 BGHZ 128, 17, 17 ff.; Anmerkungen hierzu Markert, WuW 1995, 560 ff.; Kühne/Pohlmann, JZ 1995, 725. Besondere Würdigung des Urteils im Lichte des Verfassungsrechts Papier, BB 1997, 1213, 1213 ff.

946 BGHZ 128, 17, 36 f.

947 BGHZ 128, 17, 37.

948 BGHZ 128, 17, 33 ff.

I. Verfassungsmäßigkeit des grundsätzlichen Zugangsrechts des § 14 Abs. 1 AEG im Lichte des Art. 14 GG

Für den Grundrechtsschutz der DB AG als Infrastrukturbetreiber hinsichtlich der gesetzlichen Verpflichtung zur Netzzugangsgewährung Dritter ist insbesondere die Eigentumsgarantie gemäß Art. 14 Abs. 1 GG von Bedeutung, da sich der konkurrentennützige Kontrahierungszwang auf ihre Eigentumsbefugnisse auswirkt.

1. Schutzbereich des Art. 14 Abs. 1 GG

Nach der Rechtsprechung des BVerfG handelt es sich bei der Eigentumsgarantie um „ein elementares Grundrecht“, welches eine Wertentscheidung von besonderer Bedeutung enthält.[949] Der durch Art. 14 Abs. 1 GG gesicherte Freiheitsraum soll dem Bürger Rechtssicherheit hinsichtlich der durch die Rechtsordnung anerkannten Vermögensrechte gewähren und das Vertrauen in den Bestand dieser Rechte sichern.[950] Art. 14 Abs. 1 GG schützt im Bereich des Privatrechts grundsätzlich alle vermögenswerten Rechte, die dem Berechtigten in einer Weise zugeordnet sind, dass er die damit verbundenen Befugnisse nach eigenverantwortlicher Entscheidung zu seinem privaten Nutzen ausüben kann.[951] Damit steht die Eigentumsgarantie in engem Zusammenhang mit der persönlichen Freiheit sowie der wirtschaftlichen Betätigungsfreiheit im Allgemeinen.[952] Dies beinhaltet ein subjektiv-öffentliches Abwehrrecht des Bürgers gegen staatliche Eingriffe.[953] Die eigenverantwortliche Entfaltung des Einzelnen im vermögensrechtlich geschützten Bereich zeichnet sich insbesondere aus durch die Privatnützigkeit der Vermögenswerte, also die Zuordnung zu einem Rechtsträger, in dessen Hand das Eigentum nach seinen persönlichen Vorstellungen zu seinem Nutzen verwendet werden kann sowie durch die grundsätzliche Verfügungsbefugnis des Eigentümers.[954] Darüber hinaus hat die Eigentumsgarantie eine wesentliche Bedeutung für ein wettbewerbsorientiertes Wirtschaftssystem, das keinen eigenständigen ausdrücklichen Schutz in der Verfassung genießt.[955] Die bewusst gewählte wirtschaftspolitische Neutralität des Grundgesetzes betont vielmehr eine diesbezügliche Gestaltungsfreiheit des Gesetzgebers, ohne die verfassungsrechtlichen Bindungen zu negieren. Mit der

949 BVerfGE 14, 263, 277; 102, 1, 14.

950 BVerfGE 51, 193, 218; BGHZ 133, 265, 268.

951 BVerfGE 89, 1, 6; 95, 267, 300; BGHZ 125, 293, 298.

952 BVerfGE 51, 193, 218; 78, 58, 73 f.

953 BVerfGE 24, 367, 400; 31, 229, 239.

954 Zur Privatnützigkeit und Verfügungsbefugnis BVerfGE 31, 229, 240; 52, 1, 30; 79, 292, 303 f.; 88, 366, 377 m.w.N.

955 Die gewährleisteten Grundrechte begrenzen das hoheitliche Handeln gegenüber Einzelpersonen (Ausn. Art. 19 Abs. 3 GG) und ermöglichen somit zwar eine freie wirtschaftliche Entfaltung, legen damit jedoch noch keine auf den Wettbewerb ausgerichtete Wirtschaftsordnung zwangsläufig vor. Wendt, in: Sachs (Hrsg.), GG-Komm., 3. Aufl., Art. 14, Rn. 7 f.

gewährleisteten Existenz subjektiver Privatrechte fördert der Staat die eigenverantwortliche, autonome und privatnützige Mitwirkung des Einzelnen am Aufbau und an der Gestaltung der Rechts-, Gesellschafts- und Wirtschaftsordnung.[956] Das unternehmerische Eigentum, gekennzeichnet durch eigenverantwortliche freie unternehmerische Initiative und dezentralisierte, am wirtschaftlichen Gewinn orientierte Tätigkeit, setzt als Organisationsform eine private und freie Marktwirtschaft voraus.[957] Ferner enthält Art. 14 Abs. 1 GG eine Einrichtungs- beziehungsweise Institutionsgarantie, die die objektive ordnungsgestaltende Bedeutung des Privateigentums zum Tragen bringt und einen Kernbestand von Normen sichert, der die Existenz und Funktionstüchtigkeit privatnützigen Eigentums ermöglicht und ordnet.[958] Sämtliche Eigentumsrechte können auch von einem Unternehmen als juristischer Person ausgeübt werden. Unter dieser Voraussetzung ist Art. 14 GG auf sämtliche grundrechtsfähige Unternehmen gemäß Art. 19 Abs. 3 GG anwendbar, die ihren Verwaltungssitz in Deutschland haben.

2. Eingriff in den Schutzbereich

Die Herrschafts- und Verfügungsbefugnisse aus Art. 14 Abs. 1 GG werden durch den gesetzlich garantierten Netzzugang gemäß § 14 Abs. 1 AEG betroffen, indem durch eine hoheitlich erzwungene Gewährung von unternehmenseigenen Ressourcen oder Gütern die Verfügungsfreiheit des Schieneninfrastrukturbetreibers erheblich eingeschränkt wird. Eine solche Einschränkung liegt bereits in der Versagung der absoluten Entscheidungsfreiheit bei der Verteilung von eigener Netzkapazität. Bei einem Eingriff in das Grundrecht aus Art. 14 Abs. 1 GG hat der Staat die Möglichkeit einer Enteignung nach Art. 14 Abs. 3 GG oder einer legislatorischen Inhalts- und Schrankenbestimmung gemäß Art. 14 Abs. 1 S. 2 GG. Eine Enteignung als schwerwiegender Eingriff ist regelmäßig bei einer gezielten hoheitlichen Entziehung konkreter Eigentumsrechte zur Erfüllung öffentlicher Aufgaben gegeben[959]. Als vergleichsweise milderen Eingriff kann der Gesetzgeber mittels sozialbindender Bestimmung von Inhalt und Schranken des Eigentums einen Ausgleich zwischen Eigentumspositionen des Einzelnen und den Interessen der Allgemeinheit schaffen.[960] Entscheidend für die Abgrenzung zwischen Enteignung und Inhalts- und Schrankenbestimmung ist alleine, ob dem Eigentümer trotz des Eingriffs formal die Eigentumsposition rechtlich zugewiesen bleibt. Bei einer Verpflichtung, den Eigentumsgegenstand überwiegend aus Gründen des Gemeinwohls auch der Fremdnutzung zur Verfügung zu stellen, fehlt es jedoch an der

---

956 BVerfGE 50, 290, 344.

957 Wendt, in: Sachs (Hrsg.), GG-Komm, 3. Aufl., Art. 14, Rn. 8.

958 Bryde, in: v. Münch/Kunig (Hrsg.), GG-Komm. Bd. 1, 5. Aufl., Art. 14, Rn. 32.

959 BVerfGE 70, 191, 199 f.; 72, 66, 76; 101, 239, 259. Zur weiteren Differenzierung bzgl. der Enteignung Wendt, in: Sachs (Hrsg.), GG-Komm., 3. Aufl., Art. 14, Rn. 148 ff.

960 BVerfGE 58, 300, 344; 71, 230, 246.

erforderlichen Entziehung des Eigentums im Sinne des Art. 14 Abs. 3 GG, da die Eigentumsposition selber unberührt bleibt und es durch die Gewährleistung der Eigennutzung auch an einer faktischen Enteignung fehlt.[961] Der gesetzlich geregelte Netzzugang nach § 14 Abs. 1 AEG, der sich zur Förderung des Wettbewerbs im Eisenbahnwesen als konkurrentennütziger Kontrahierungszwang darstellt, greift sehr sehr wohl in den Schutzbereichs des Eigentumsrechts aus Art. 14 Abs 1 GG ein. Betroffene Eigentumspositionen des Eisenbahninfrastrukturinhabers sind vor allem die Verfügungsbefugnis des Netzeigentümers, über Nutzung und Gebrauch seines Eigentumsobjekts zu bestimmen,[962] sowie die Privatnützigkeit der Eigentumsverwendung, der Schutz der in die Infrastrukturanlagen getätigten Investitionen und der Schutz der Unternehmensorganisation des Netzeigentümers. Eine formale Entziehung der Eigentumsposition findet gleichwohl nicht statt. Der Qualität des Eingriffs als Inhalts- und Schrankenbestimmung steht nicht entgegen, dass in der Verpflichtung zur Gewährung des Netzzugangs und der damit verbundenen Förderung des Wettbewerbs auch eine Beseitigung von Ausschließlichkeitsrechten des Netzeigentümers liegt. Die Sicherung von Ausschließlichkeitsrechen als Schutz vor Konkurrenz ist nicht schutzwürdig.[963] Weder das Entstehen von Konkurrenz noch der dauerhafte Bestand einer Marktbeherrschung, die alleine von dem zukünftigen wirtschaftlichen Erfolg abhängt, genießen nach ständiger Rechtsprechung verfassungsrechtlichen Schutz.[964] Durch den Kontrahierungszwang wird der Eigentümer allerdings verpflichtet, aktiv sein Eigentumsobjekt Konkurrenten zur Verfügung zu stellen. Diese Verpflichtung zu fremdnützigen Tätigkeiten geht deutlich über das nicht schützenswerte Unternehmerrisiko hinaus, bedarf aber nur in diesen Grenzen Verfassungsschutz. Dies folgt nicht zuletzt daraus, dass eine schützenswerte Verfügungsbefugnis sich auch auf die negative Freiheit erstreckt, Dritte prinzipiell von der Nutzung seines Eigentums auszuschließen und somit jeden Zugang zu verweigern.[965] Insofern handelt

961 Zum Streit über die Reichweite der Enteignung auf der einen Seite Depenheuer, in: v. Mangoldt/Klein/Starck (Hrsg.), GG-Art. 14, Rn. 401, der für das Erfordernis eines konkretindividuellen Bezugs streitet, und auf der anderen Seite Wendt, in: Sachs (Hrsg.), GG, Art. 14, Rn. 149; Leisner, in: HdStR VI, § 149, Rn. 148, 168 f., die eine Enteignung entscheidend abhängig machen von der Intensität des Eingriffs.

962 Zur vergleichbaren Situation im Energiesektor vgl. Schröder, Kompetenz- und eigentumsrechtliche Fragen bei der Verwirklichung des Elektrizitätsbinnenmarkts, S. 60.

963 Baur/Moraing, Rechtliche Probleme einer Deregulierung der Elektrizitätswirtschaft, S. 29 f.

964 Zum „Entstehen von Konkurrenz“ BVerfGE 7, 377, 408; 11, 192, 203; 34, 252, 256 f. Zum dauerhaften Bestand einer „bestimmten Marktmacht“ BVerfGE 28, 119, 141 f.; 74, 129, 148; BGHZ 111, 349, 356 f. Die Aufrechterhaltung einer bestimmten Marktmacht wird als eine bloße Chance oder unternehmerische Erwartung eingeordnet, die von der eigenen Leistung in der Zukunft abhängig ist und somit in der Gegenwart nicht durch konkrete Ansprüche gesichert werden kann.

965 Göbbels, Durchleitungsverträge unter dem Wettbewerbsregime auf den Märkten für elektrische Energie, S. 41.

es sich mangels Entziehung der Eigentumsposition bei dem Eingriff durch den konkurrentennützigen Kontrahierungszwang um eine Inhalts- und Schrankenbestimmung im Sinne des Art. 14 Abs. 1 S. 2 GG.

3. Rechtmäßigkeit der Grundrechtseinschränkung

Die Inhalts- und Schrankenbestimmung gemäß Art. 14 Abs. 1 S. 2 GG unterliegt dem Erfordernis einer verfassungsmäßigen Rechtfertigung, welche neben dem Gemeinwohlinteresse die Beachtung der allgemeinen Schranken, insbesondere des Verhältnismäßigkeitsgebots sowie als absolute Grenze des zulässigen Inhalts einer Inhalts- und Schrankenbestimmung die Einrichtungsgarantie umfasst.[966] Im Rahmen der Abwägung zwischen dem vermögensrechtlichen Freiraum des Eigentümers einerseits und dem Gemeinwohlinteresse andererseits erweitert sich der gesetzgeberische Spielraum gemäß Art. 14 Abs. 2 GG, je größer die Sozialbindung des konkreten Eigentumsobjekts.[967] Gemäß Art. 14 Abs. 1 S. 2 GG ist die Einschränkung der Eigentumsgarantie nur aufgrund eines Gesetzes möglich. Dieses Erfordernis ist mit § 14 Abs. 1 AEG erfüllt, wonach das Infrastrukturunternehmen Dritten diskriminierungsfrei Zugang zu seiner Infrastruktur gewähren muss. Als Ausgleich erhält das Infrastrukturunternehmen gemäß § 14 Abs. 4 AEG ein Entgelt, welches die für die Erbringung seiner Pflichtleistungen entstehenden Kosten zuzüglich einer erzielbaren Marktrendite deckt. Ihm verbleiben somit zunächst grundsätzlich die ökonomischen Vorteile seiner Eigentumsposition.[968] Von der formellen Rechtmäßigkeit der genannten Vorschriften ist auszugehen. Allein maßgebend ist, ob die daraus resultierende Beschränkung des Eigentums verhältnismäßig ist.

4. Verhältnismäßigkeit der Grundrechtseinschränkung

Der Grundsatz der Verhältnismäßigkeit wird aus dem Rechtsstaatsprinzip abgeleitet und bindet die öffentliche Gewalt insoweit, dass Grundrechtseinschränkungen nur zum Schutze des öffentlichen Interesses unter Berücksichtigung der individuellen Rechts- und Freiheitssphäre des Grundrechtsträgers vorgenommen werden dürfen.[969] Die grundrechtseinschränkende Maßnahme muss im Rahmen der Verhältnismäßigkeit einen verfassungsmäßigen Zweck verfolgen und die Teilgebote der Geeignetheit, Erforderlichkeit und Verhältnismäßigkeit im engeren Sinne einhalten.

---

966 BVerfGE 53, 257, 290; 58, 300, 339.

967 BVerfGE 21, 73, 83; 37, 132, 140; 42, 263, 294; 50, 290, 340 f.

968 Im Energiesektor wird dies bereits ohne zusätzliche Rendite angenommen, vgl. Koch, DVBl. 1994, 840, 842.

969 Jarass, in: Jarass/Pieroth (Hrsg.), GG, Art. 20, Rn. 80 m.w.N.

a. Zweck

Ausdrücklicher Zweck der gesetzlichen Verpflichtung zur Zugangsgewährung ist die Förderung des Wettbewerbs auf dem Schienenverkehrsmarkt.[970] Dieses Ziel ging bereits der Richtlinie 91/440/EWG voraus, war eines der Grundpfeiler der Bahnreform von 1994 und ist in § 1 Abs. 1 AEG ausdrücklich normiert. Trotz der verfassungsrechtlichen Neutralität hinsichtlich des Wettbewerbs sind einzelnen Grundrechten, insbesondere den Art. 12 und 14 GG, Wertentscheidungen zugunsten einer freien wettbewerblich orientierten wirtschaftlichen Grundordnung zu entnehmen.[971] So führt eine Ausübung der Grundrechte aus Art. 12 und 14 GG zwangsläufig zur Entstehung von Wettbewerb. Die Wettbewerbsförderung gilt darüber hinaus als legitimes Mittel, um zur Verwirklichung der hinter dieser Wirtschaftsordnung stehenden Grundrechte der Mitbewerber beizutragen.[972] Insofern ist trotz fehlendem Bekenntnis zum Wettbewerb im Grundgesetz die Förderung des Wettbewerbs ein grundsätzlich zulässiger Zweck.

Geht der Gesetzgeber infolge einer politischen Wertentscheidung davon aus, dass brancheninterner Wettbewerb auch in vormals staatsmonopolistisch geführten Wirtschaftsbereichen vorteilhaft ist, so hat er nicht nur auf die Beeinträchtigung der marktbeherrschenden Unternehmen Rücksicht zu nehmen, sondern vor allem die Freiheit von Konkurrenten zu fördern, in den Wettbewerb mit anderen Unternehmen zu treten. Schließlich ist schützenswert im Bereich der Förderung des Wettbewerbs nicht nur ein bereits existierender, sondern auch potentieller Wettbewerb.[973] Deshalb sind auch Marktneulinge, die in ein künftiges Konkurrenzverhältnis zum marktbeherrschenden Unternehmen treten wollen, schutzwürdig. Aufgrund der Besonderheit im Eisenbahnwesen, dass die Errichtung der Infrastruktur noch kostenintensiver ist und längerfristiger Investitionen bedarf als in den vergleichbaren Wirtschaftssektoren Telekommunikation und Energie, muss eine Diskussion um die Reichweite des Zwecks Förderung des Wettbewerbs, Beschränkung auf eine Geburtshilfe oder Ausweitung auf bereits existierenden Wettbewerb, nicht geführt werden, da es Konkurrenten regelmäßig auch nach

---

970 Dabei ist zu berücksichtigen, dass durch die Verpflichtung zur Netzzugangsgewährung zunächst vordergründig den Individualinteressen des einzelnen Konkurrenten gedient ist, der von dem Kontrahierungszwang des Infrastrukturbetreibers profitiert und dadurch Marktzutritt erlangt. Darüber hinaus wird jedoch gleichzeitig das allgemeine Interesse am Entstehen von Wettbewerb im Markt gefördert. Letzteres steht bei den betreffenden Regelungen im Vordergrund.

971 Huber, DÖV 1956, 97, 100 ff.; Schmidt-Preuß, DVBl. 1993, 236, 239 f; Tettinger, DVBl. 1999, 679, 683 ff.

972 Wendt, in: Sachs (Hrsg.), GG-Komm., 3. Aufl., Art. 14, Rn. 99.

973 Vgl. Hoppmann, Wirtschaftsordnung und Wettbewerb, S. 495. Die Schutzwürdigkeit des potentiellen Wettbewerbs folgt wesentlich daraus, dass potentielle Wettbewerbern zum relevanten Markt gehören. Über die Rolle des potentiellen Wettbewerbs in Bezug auf Marktbeherrschung siehe Gey, Potentieller Wettbewerb und Marktbeherrschung.

erfolgtem Markteintritt nicht möglich sein wird, ein eigenes Schienennetz zu errichten.[974] Wettbewerb im Eisenbahnwesen lässt sich lediglich mit dauerhaften Maßnahmen fördern.

b. Geeignetheit

Grundsätzlich ist ein Kontrahierungszwang geeignet, um den Wettbewerb in einem Wirtschaftsbereich zu beleben, in welchem die Marktteilnahme von Konkurrenten ohne das zur Verfügung gestellte Eigentumsobjekt des marktbeherrschenden Unternehmens nicht möglich wäre.[975] Trotz der Begünstigung eines einzelnen potentiellen Konkurrenten im konkreten Fall steht die Förderung des gesamten Wirtschaftssektors im Mittelpunkt der Maßnahme. Im Bereich des Eisenbahnwesens können sich Zweifel an der Geeignetheit sich aus der Tatsache ergeben, dass das marktbeherrschende Unternehmen zwar zur Kontrahierung mit anderen Eisenbahnverkehrsunternehmen gezwungen wird, eine für einen funktionierenden Wettbewerb erforderliche Chancengleichheit jedoch mangels institutioneller Trennung von Infrastruktur und Betrieb nicht gegeben ist. Stattdessen geht die gesetzliche Verpflichtung gemäß § 9 AEG lediglich dahin, beide Bereiche rechnerisch und organisatorisch zu trennen. Somit bestehen für das marktbeherrschende Unternehmen weiterhin vielfältige Möglichkeiten, einen fairen und für alle Konkurrenten chancengleichen Wettbewerb zu verhindern. In eine ähnliche Richtung gehen Argumentationen, die aufgrund eines damit verbundenen wesentlich erhöhten Regulierungsbedarfs den Nutzen des gesetzlich geregelten Netzzugangs ablehnen.[976]

Dem ist jedoch entgegenzuhalten, dass die Geeignetheit einer Maßnahme sich nicht danach richtet, ob das gewählte Mittel den gewünschten Zweck alleinig erfüllt.[977] Vielmehr ist schon eine Förderung des Zweckes ausreichend aber auch notwendig, so dass ein Grundrechtsverstoß demzufolge erst vorliegt, wenn eine Maßnahme offensichtlich absolut ungeeignet ist, den Zweck zu fördern.[978] Bei der Beurteilung der Geeignetheit kommt dem Gesetzgeber ein weiter Beurteilungsspielraum zu, der umso größer ist, je komplexer sich die zu beurteilenden wirt-

---

974 Vgl. für den Energiesektor Schmidt-Preuß, Die Gewährleistung des Privateigentums durch Art. 14 GG im Lichte aktueller Probleme, Die Aktiengesellschaft 1996, S. 1, 7 f.; Schmidt-Preuß., RdE 1996, 1, 4 ff., der besondere eigentumsrechtliche Eckwerte benennt, nach denen nur unter außerordentlich restriktivenVoraussetzungen im Ausnahmefall eine Durchleitung hinsichtlich Art. 14 Abs. 1 GG verfassungskonform sein könne.

975 Für den Energiesektor Papier, Die Regelung von Durchleitungsrechten, S. 29 f. Zur Erforderlichkeit im Allgemeinen nur BVerfGE 70, 278, 278; 78, 232, 245.

976 Vgl. für den Energiesektor Scholz/Langer, Europäischer Binnenmarkt und Energiepolitik, S. 203; Klaue, BB 1992, 1940, 1940.

977 Jarass, in: Jarass/Pieroth (Hrsg.), GG, Art. 20, Rn. 84.

978 BVerfGE 30, 292, 316; 67, 157, 173; 96, 10, 23; Sachs, in: Sachs (Hrsg.), GG-Komm., Art. 20, Rn. 150.

schaftlichen Zusammenhänge darstellen.[979] Insofern kann die Geeignetheit eines gesetzlich geregelten Netzzugangs zur Förderung des Wettbewerbs im Eisenbahnwesen nicht von vornherein abgelehnt werden. Nationale Erfahrungen im Telekommunikationssektor haben demonstriert, dass durch einen gesetzlich geregelten Netzzugang der Wettbewerb in einem ehemals staatsmonopolistisch geführten Wirtschaftsbereich wesentlich gefördert werden kann. Vergleichbare Effekte sind im Eisenbahnwesen nicht von vornherein auszuschließen.

c. *Erforderlichkeit*

Nach dem Prinzip der Erforderlichkeit darf keine Maßnahme über das zur Verfolgung ihres Zwecks notwendige Maß hinausgehen.[980] Ein Mittel ist dann als erforderlich zur Zweckerfüllung anzusehen, wenn unter mehreren möglichen Mitteln dasjenige gewählt wurde, welches für den betroffenen Grundrechtsträger den mildesten Eingriff darstellt.[981] Das mildeste Mittel muss zur Zweckerreichung genauso geeignet sein wie andere Mittel und zudem Dritte sowie die Allgemeinheit nicht stärker belasten.[982] Eine im Vergleich zum gesetzlich geregelten Netzzugang mildere Maßnahme für den marktbeherrschenden Infrastrukturbetreiber bestünde darin, tatsächlichen oder potentiellen Wettbewerbern den Zugang zu seinen Ressourcen zu verweigern. Was in allgemeiner ökonomischer Hinsicht zur Folge hätte, dass sich Konkurrenten entweder das begehrte Gut auf einem anderen Markt verschaffen oder sich selber mit der benötigten Ressource versorgen müssten,[983] bedeutet im Eisenbahnwesen nichts anderes als die Verpflichtung zur Errichtung eigener Schieneninfrastruktur. Solche Maßnahmen sind jedoch aufgrund der volkswirtschaftlichen Besonderheiten der Schieneninfrastruktur abzulehnen. Fehlende anderweitige Einsetzbarkeit, Größenvorteile, Langfristigkeit und Irreversibilität der Kosten indizieren eine Anerkennung der Schieneninfrastruktur als natürliches Monopol.[984] Eine Duplizierung würde eine volkswirtschaftliche Verschwendung von Ressourcen bedeuten, so dass aus ökonomischer Sicht ein Verweis auf die Errichtung eigener Infrastruktur ungeeignet ist. In der Realität wären Unternehmen, die auf die Errichtung eigener Infrastruktur verwiesen würden, aufgrund immenser Markteintrittskosten in der Regel von erheblichen staatlichen Subventionen abhängig.[985] Dies wäre jedoch mit der Wettbewerbspolitik nicht vereinbar, die auf unternehmerische Eigenverantwortung abzielt, und würde

979 Jarass, in: Jarass/Pieroth (Hrsg.), GG-Komm., Art. 20, Rn. 87.
980 Jarass, in: Jarass/Pieroth (Hrsg.), GG-Komm., Art. 20, Rn. 85.
981 BVerfGE 53, 135, 145 f.; 67, 157, 177; 92, 262, 273.
982 Jarass, in: Jarass/Pieroth, GG-Komm., Art. 20, Rn. 85.
983 Vgl. zur so genannten Eigenrealisierung vor allem im Energiesektor v. Burchardt, EuZW 1992, 693, 696; Markert, WuW 1995, 560, 565; ders., BB 1997, 1421, 1421; Lindemann/ Köster, DVBl. 1997, 527, 530 ff.; Kühne/Scholtka, NJW 1998, 1902, 1904.
984 Vgl. bereits Michelbach, Probleme der Sanierung der Deutschen Bundesbahn durch die Änderung institutioneller Rahmenbedingungen, S. 191 ff.
985 Dittmann, Öffnung von Märkten durch kartellrechtlichen Kontrahierungszwang, S. 170 f.

im Rahmen einer Interessenabwägung gemäß Art. 14 Abs. 1 S. 2 GG wohl als unzulässig zu bewerten sein, da Subventionsmaßnahmen zu aller Erst eine Förderung von Individualinteressen darstellen. Ein Verweis auf die Errichtung eigener Infrastruktur ist somit zwar ein geringerer Eingriff im Vergleich zum gesetzlich geregelten Netzzugang, stellt jedoch keine gleich geeignete Maßnahme dar, um den verfolgten Zweck zu erreichen. Eine geeignete Maßnahme wäre hingegen in einer Enteignung gemäß Art. 14 Abs. 3 GG zu sehen. Der Staat entzöge dem marktbeherrschenden Unternehmen die Eigentumsposition an der Schieneninfrastruktur und würde diese entweder selbst bewahren oder einem Konkurrenzunternehmen beziehungsweise einem Unternehmen, welches nicht im Eisenbahntransportmarkt tätig ist, übertragen. Dem Zweck, Förderung des Wettbewerbs im Eisenbahnwesen, käme die staatliche Entziehung des Eigentums zwar zugute, das betroffene marktbeherrschende Unternehmen wäre jedoch ungleich schwerer belastet als durch einen gesetzlich geregelten Netzzugang, bei dem ihm zumindest formal das Eigentum an der Infrastruktur verbleibt. Insofern ist ein gesetzlich geregelter Netzzugang für Konkurrenzunternehmen zur Förderung des Wettbewerbs im Eisenbahnwesen prinzipiell die einzige Maßnahme, die unter mehreren möglichen Mitteln sowohl geeignet ist als auch für das betroffene marktbeherrschende Unternehmen das mildeste Mittel darstellt.

d. Verhältnismäßigkeit im engeren Sinne

Schließlich ist im Rahmen einer Gesamtbetrachtung zu beurteilen, ob die gesetzliche Verpflichtung zur Überlassung des eigenen Netzes im Hinblick auf die Förderung des Wettbewerbs im Eisenbahnwesen angemessen und für das betroffene marktbeherrschende Unternehmen zumutbar ist.[986] Es sind die Interessen des Netzeigentümers aus Art. 14 Abs 1 GG, eigenverantwortlich und ohne staatliche Beschränkungen über sein Eigentumsobjekt verfügen zu können, mit den Interessen der Nichteigentümer, deren eigene wirtschaftliche Entfaltung von der Nutzungsmöglichkeit der Ressourcen des Netzeigentümers entscheidend abhängt, abzuwägen und weitestgehend miteinander in Einklang zu bringen.[987] In diesem Zusammenhang gilt grundsätzlich, dass eine eingriffslegitimierende Wirkung des Förderungsaspekts nicht übersteigert werden darf, da ansonsten in die Zukunft gerichtete und auf Chancen und Möglichkeiten basierende Grundrechte Dritter einer bereits bestehenden und gefestigten Eigentumsposition des marktbeherrschenden Unternehmens vorgezogen würden. Ohne ein Hinzutreten gesonderter Umstände ist dem realen individualrechtlichen Gehalt der Eigentumsfreiheit gegenüber direktiven Ordnungszielen der Wettbewerbsförderung ein Vorrang einzuräumen.[988]

986 Std. Rspr., vgl. nur BVerfGE 50, 217, 227; 70, 278, 286; Jakobs, Der Grundsatz der Verhältnismäßigkeit, S. 13 f.; Lerche, Übermaß und Verfassungsrecht, S. 19.

987 Prinzip der praktischen Konkordanz. BVerfGE 58, 137, 147; 79, 174, 198.

988 So auch Selmer, Unternehmensentflechtung und Grundgesetz, S. 30 f.

Hinsichtlich der Förderung des Wettbewerbs im Eisenbahnwesen streiten zunächst für eine Überlassung der Ressourcen des Netzeigentümers vor allem das Interesse der Konkurrenten an der eigenen wirtschaftlichen Entfaltung sowie daraus resultierende Vorteile für das Gemeinwohl infolge eines innovativen und effizienten Eisenbahnsektors.[989] Das Interesse der Konkurrenten wiegt besonders schwer, wenn sie bei der Ausübung ihrer Rechte auf unternehmensfremde Ressourcen angewiesen sind und die Wettbewerbsordnung zudem eine politische Grundentscheidung zugunsten der Förderung von Wettbewerb im vormals staatlich geführten Wirtschaftssektor getroffen hat.[990] Als Resultat der gesetzgeberischen Wertentscheidung, dass sparteninterne Konkurrenz positive Auswirkungen auf den Wettbewerb und schlussendlich auch für den Verbraucher hat, ist ein geregelter Zugang zum Netz des marktbeherrschenden Unternehmens essentielle Voraussetzung für den angestrebten, funktionierenden Wettbewerb. Im Vordergrund der politischen Entscheidung steht nicht die Schwächung des marktbeherrschenden Unternehmens, sondern vielmehr die Stärkung eines gesamten Wirtschaftssektors infolge der Wirkung anerkannter Vorteile des Wettbewerbs, die schließlich auch dem marktführenden Unternehmen zugute kommen sollen.[991]

Dagegen ist auf Seiten des Netzeigentümers von besonderer Bedeutung, dass eine Verpflichtung zur Überlassung seiner Ressourcen in Verbindung mit einem Kontrahierungszwang einen schwerwiegenden Eingriff in seine geschützte Rechtsposition aus Art. 14 Abs. 1 GG darstellt.[992] Mit einer Beschränkung der Privatnützigkeit sowie der freien Verfügungsbefugnis über sein Eigentumsobjekt kann gar die besonders geschützte Substanz des Eigentums tangiert werden.[993] Durch eine Entziehung der eigenverantwortlichen Entscheidungsbefugnis über das Eigentum, die durch einen konkurrentennützigen Kontrahierungzwang hervorgerufen wird, ist der elementare Bereich der Handlungsfreiheit bezüglich des Eigentums berührt.[994] Die verfassungsrechtliche Gewährleistung fordert bei einer Inhalts- und

989 Dittmann, Öffnung von Märkten durch kartellrechtlichen Kontrahierungszwang, S. 171 f.

990 Koch, DVBl. 1994, 840, 843.

991 Zu den anerkannten Vorteilen eines funktionierenden Wettbewerbs in Wirtschaftsbereichen siehe oben unter Kapitel I, A.

992 Vgl. nur Hüffer/Ipsen/Tettinger, Die Transitrichtlinien für Gas und Elektrizität, S. 230, nach denen eine Überlassung unternehmenseigener Ressourcen an Wettbewerbskonkurrenten zur Stärkung ihrer Position im Wettbewerb und zur Entstehung von Konkurrenz nach einer Enteignung der stärkste Eingriff sei.

993 BVerfGE 30, 292, 334 f.; 50, 290, 341; 79, 292, 303 f.

994 Auch wenn es sich bei dem Netzzugang um einen zwischen den Parteien ausgehandelten Vertrag handelt, beruhen sämtliche Grundsätze des Vertragsinhaltes auf bereits festgelegten Standards, die der Netzeigentümer vor Beginn einer Fahrperiode von der Bundesnetzagentur genehmigen lassen musste. Darüber hinaus können die Verträge im Nachhinein von der BNetzA überprüft werden. Eine Verweigerung des Zugangs ist in der Regel von vornherein unzulässig.

Schrankenbestimmung in jedem Fall die Erhaltung der Substanz des Eigentums.[995] Grundsätzlich sind Eingriffe in die Substanz zugunsten des Wohls der Allgemeinheit für den Eigentümer unzumutbar und sind jedenfalls nicht allein durch eine finanzielle Gegenleistung in Form eines angemessenen Entgelts zu rechtfertigen.[996] Eine Substanzverletzung bewirkt allerdings auch nicht zwangsläufig die Verfassungswidrigkeit einer Maßnahme. Dennoch ist sie mit besonderem Gewicht innerhalb der Verhältnismäßigkeit zu berücksichtigen.

Wesentliche Einschränkung erfährt der Eigentumsschutz durch den Mangel eines Tüchtigkeitsvorteils.[997] Ein besonders schutzwürdiger Tüchtigkeitsvorteil besteht dann, wenn das marktbeherrschende Unternehmen sich seine Position im Wettbewerb mit Konkurrenten erarbeitet hat. Beruht hingegen die Eigentumsposition des marktbeherrschenden Unternehmens nicht auf eigenen Verdiensten, beispielsweise auf Innovations- oder Effizienzvorsprüngen, sondern auf einer Exklusivität infolge der Einräumung ausschließlicher Rechte als Ergebnis politischer Grundsatzentscheidungen, verringert sich das originäre Recht auf Erhalt der Eigentumsposition.[998] Prinzipiell gilt, je geringer die eigene Leistung an der Eigentumsposition, desto schwächer ist der verfassungsrechtlich wesentliche, personale Bezug.[999] Der verfassungsrechtliche Schutz ist selbstverständlich einer auf hoheitlichen Ausschließlichkeitsrechten basierenden Marktstärke nicht vollends versagt, er entfaltet gleichwohl geringere Wirkung als bei marktbeherrschenden Unternehmen, die sich im chancengleichen, dynamischen Wettbewerb ihre Stellung erarbeitet beziehungsweise verdient haben.[1000]

Eine bedeutende Einschränkung erfährt die Schutzwürdigkeit des Schieneninfrastrukturbetreibers außerdem durch die Sozialbindung seines Eigentumsobjektes.[1001] Das Bedürfnis Dritter an der Nutzung des Eigentumsobjekts zur eigenen Freiheitssicherung und eigenverantwortlichen Lebensgestaltung im Rahmen einer Wettbewerbsförderung begründet diesen sozialen Bezug.[1002] Im Eisenbahnwesen ergibt sich der soziale Bezug bereits daraus, dass Konkurrenten im Rahmen ihrer wirtschaftlichen Handlungsfreiheit und Berufsausübung aufgrund des natürlichen Monopols unbedingt auf die Nutzung der Schieneninfrastruktur des marktbeherr-

995 BVerfGE 42, 263, 295; 68, 361, 368; 84, 382, 385.

996 BVerfGE 58, 137, 151 f.; 79, 292, 304; Papier, Die Regelung von Durchleitungsrechten, S. 20.

997 Zum Verlust eines Tüchtigkeitsvorteils Dittmann, Öffnung von Märkten durch kartellrechtlichen Kontrahierungszwang, S. 147 ff.

998 BVerfGE 50, 290, 340; 69, 272, 301; 91, 294, 311; Koch, DVBl. 1994, 840, 843.

999 BVerfGE 53, 257, 291 f.; Jarass, in: Jarass/Pieroth (Hrsg.), GG-Komm., Art. 14, Rn. 44.

1000 Vgl. zum chancengleichen, dynamischen Wettbewerb BGHZ 56, 327, 334; 114, 218, 234 f.; Ulmer, GRUR 1977, 565, 567 f.

1001 BVerfGE 70, 191, 200 ff.; Fehling, AöR 121 (1996), 59, 91.

1002 BVerfGE 68, 361, 368; 71, 230, 247; BGHZ 101, 24, 27.

schenden Unternehmens angewiesen sind. Darüber hinaus folgt ein sozialer Bezug aus der grundlegenden Bedeutung der Schieneninfrastruktur für die Daseinsvorsorge sowie der Mobilität des Einzelnen, aufgrund dessen sie stets im Mittelpunkt gemeinwohlorientierter staatlicher Planung stand und auch in Zukunft trotz Privatisierung stehen wird.[1003] Die Gemeinwohlverpflichtung des Staates bezüglich der Schieneninfrastruktur schließt jedoch nicht einen Wettbewerb auf dem Transportmarkt aus, vielmehr spricht vieles dafür, dass die Gemeinwohlverpflichtung des Staates auch bei einem Wettbewerb um die Nutzung der Infrastruktur aufrechtzuerhalten ist.[1004] Die erhöhte Sozialpflichtigkeit des Eigentums an der Schieneninfrastruktur eröffnet dem Gesetzgeber mithin grundsätzlich die Möglichkeit dem Eigentümer Verpflichtungen aufzuerlegen, die seine Ausschließlichkeitsrechte an der Nutzung seines Eigentumsobjektes einschränken.

Festzuhalten ist an dieser Stelle, dass die schutzwürdigen Eigentümerinteressen aus Art. 14 Abs. 1 GG infolge erheblicher Eingriffsintensität durch mangelnden Tüchtigkeitsvorteil sowie der Sozialbindung des Eigentums zu relativieren sind. Eine geschwächte Eigentumsposition führt dazu, dass der Aspekt der finanziellen Gegenleistung als Kompensation für den Eigentumseingriff innerhalb der Verhältnismäßigkeitsprüfung wiederum verstärkte Berücksichtigung finden kann.[1005] Der Schieneninfrastrukturinhaber erhält gemäß § 14 Abs. 4 AEG eine Gegenleistung für die Überlassung seines Eigentumsobjektes. Auch diese Regelung beruht ursprünglich auf einer gemeinschaftsrechtlichen Vorgabe, dem Art. 8 der Richtlinie 91/440/EWG.[1006] Insofern stehen dem Eigentümer die ökonomischen Vorteile seines Eigentumsobjekts vordergründig weiterhin zu, ohne jedoch ausschließlich darauf beschränkt zu sein. Das Übermaßverbot verlangt einen Ausgleich, den die finanzielle Entschädigung darstellen kann,[1007] um eine einseitige Belastung zu Lasten des Eigentümers zu vermeiden.[1008] Gegen die Beibehaltung des ökonomischen Vorteils durch ein Entgelt für die Überlassung des Netzeigentums nach § 14 Abs. 4 AEG ließe sich einwenden, dass dieses Entgelt gerade nicht den vollstän-

---

1003 Fehling, AöR 121 (1996), 59, 91.

1004 Siehe dazu ausführlich oben unter 1. Kapitel, B. I.

1005 Dies ist auch Hüffer/Ipsen/Tettinger, Die Transitrichtlinien für Gas und Elektrizität, S. 230, zu entnehmen, die die besondere Stärke des Eingriffs und damit die Schutzwürdigkeit des Eigentümers auf „selbstgeschaffene" Leistungen beziehen.

1006 Gemäß Art. 8 Abs. 1 S. 2 bestimmen die Mitgliedstaaten die Modalitäten des Entgelts, welches nach Art. 8 Abs. 2 S. 1 diskriminierungsfrei festzulegen ist. Eine Konkretisierung dessen findet sich in der Art. 7 Abs. 3 der Richtlinie 2001/14/EG, wonach das Entgelt auf die kurzfristigen Grenzkosten beschränkt wird.

1007 Die Bedeutung einer finanziellen Entschädigung bei Eingriffen in Art. 14 GG ist vom BVerfG seit der „Pflichtexemplar-Entscheidung" (BVerfGE 58, 137, 148 ff.) anerkannt. Vgl. auch BVerfGE 84, 361, 368; 100, 389, 303 f.

1008 Wendt, Eigentum und Gesetzgebung, S. 340 ff.

digen ökonomischen Vorteil des Eigentums widerspiegelt.[1009] Zwar ist zu berücksichtigen, dass sich gemäß § 21 Abs. 3 EIBV in der Angemessenheit des Entgelts die Attraktivität des jeweils zu überlassenden Streckenabschnitts widerspiegeln darf und dass dem Eisenbahninfrastrukturbetreiber gemäß § 14 Abs. 4 AEG ein Ausgleich zugestanden wird, der eine Marktrendite umfasst. Allerdings verliert das marktbeherrschende Unternehmen mit der Überlassung des Netzes an Wettbewerber Marktanteile auf dem nachgelagerten Transportmarkt, wird zum bloßen Mitbenutzer herabgestuft und unterliegt einem Preiswettbewerb, dem es vorher nicht ausgesetzt war. Der Verlust des ausschließlichen Rechts auf Zugang zur eigenen Infrastruktur hat zwangsläufig den Verlust des ausschließlichen Rechts zum Transportbetrieb zur Folge. Diese Aspekte finden im Rahmen der Entgeltberechnung keine Berücksichtigung, so dass der finanzielle Ausgleich als unzureichend erachtet werden könnte und demzufolge zusätzlich eine finanzielle Entschädigung in Höhe sämtlicher ökonomischer Folgen zu fordern wäre. Dieser Argumentation ist jedoch entscheidend entgegenzuhalten, dass ein grundsätzlicher Schutz vor Konkurrenz sowie ein darauf beruhender Erhalt von Absatzinteressen weder im deutschen Recht noch im Gemeinschaftsrecht existieren. Abweichendes würde den auf Förderung und Sicherung von Wettbewerb und Konkurrenz gerichteten, zulässigen Interessen des nationalen und des europäischen Gesetzgebers zuwiderlaufen.[1010] Der Erhalt von Absatzinteressen ist vielmehr als eigentumsfremdes Interesse des Netzeigentümers einzuordnen, welches nicht dem grundrechtlichen Schutz des Art. 14 Abs. 1 GG unterliegt. Ein Verlust ausschließlicher Rechte auf dem Transportmarkt ist dem Netzeigentümer mithin finanziell nicht auszugleichen. Es obliegt ihm selber, durch wirtschaftliche Methoden seine marktbeherrschende Stellung im Wettbewerb mit Konkurrenten zu sichern. Folglich stellt ein auf die konkrete Netznutzung beschränktes Entgelt eine hinreichend angemessene finanzielle Entschädigung für unmittelbar eigentumsimmanente Interessen dar. Ferner ist zu berücksichtigen, dass trotz der gesetzlichen Verpflichtung zur Überlassung der eigenen Ressourcen die zukünftige Nutzung des Eigentumsobjekts nicht ausgeschlossen wird, sondern bei einem marktkonformen Verhalten in hohem Maße beim Netzeigentümer verbleibt.[1011]

1009 So auch Schröder, Kompetenz- und eigentumsrechtliche Fragen bei der Verwirklichung des Elektrizitätsbinnenmarktes, S. 66.

1010 Im Gemeinschaftsrecht geht die Schutzwürdigkeit des Wettbewerbs ausdrücklich aus Art. 3 lit. f, Art. 81 ff. hervor. Ferner hat der EuGH entschieden, dass ausschließliche Rechte jedenfalls dann zu beseitigen sind, wenn andernfalls das mit ausschließlichen Rechten versehene Unternehmen seinen Konkurrenten den Zutritt zum Markt in einem anderen Markt verweigern kann und dadurch eine Marktbeherrschende Stellung auf beiden Märkten innehat (EuGH, Urteil vom 19.03.1991, Rs. C-202/88, Französische Republik/Kommission, Slg. I-1991, 1223).

1011 Dittmann, Öffnung von Märkten durch kartellrechtlichen Kontrahierungszwang, S. 173 f.; Koch, DVBl. 1994, 840, 843.

5. Zwischenergebnis

Als Ergebnis der Prüfung der Verfassungsmäßigkeit gesetzlicher Zugangsrechte in Verbindung mit einem konkurrentennützigen Kontrahierungszwang ist festzuhalten, dass der Eingriff in das Eigentum des Schieneninfrastrukturbetreibers gerechtfertigt ist. Die Belange des Eigentümers an der Erhaltung der alleinigen Nutzungs- und Verfügungsbefugnis werden von den Interessen der Allgemeinheit überwogen. Die Sozialbindung des Eigentums mit der verbleibenden Möglichkeit der Eigennutzung, ein mangelnder Tüchtigkeitsvorteil sowie ein Entgelt als Gegenleistung für die Überlassung seines Eigentumsobjektes führen dazu, dass der Eingriff in das Grundrecht aus Art. 14 Abs. 1 GG als verhältnismäßig anzusehen ist. Der dem Gesetzgeber bei der Gestaltung der Inhalts- und Schrankenbestimmung zustehende Beurteilungsspielraum ist ausgenutzt und eingehalten.[1012] Einschränkend ist zu beachten, dass die gesetzliche Verpflichtung zur Überlassung des Eigentums nicht zu einer Existenzvernichtung beziehungsweise Existenzgefährdung führen darf. Somit ist im Ergebnis der gesetzlich geregelte Netzzugang für Dritte gemäß § 14 Abs. 1 AEG in Verbindung mit einem Kontrahierungszwang hinsichtlich der Eigentumsgarantie des Art. 14 Abs. 1 GG prinzipiell verfassungskonform.

II. Verfassungsmäßigkeit des § 9 EIBV zur Entscheidung kollidierender Netznutzungswünsche im Lichte des Art. 14 GG

Nach Feststellung der Verfassungskonformität gesetzlicher Zugangsrechte in Verbindung mit einem konkurrentennützigen Kontrahierungszwang ist weitergehend zu untersuchen, ob die Verpflichtungen nur bei freier Kapazität gelten oder ob der Netzeigentümer auch bei Kapazitätsengpässen Netzzugangswünsche Dritter erfüllen muss. Im Kern geht es um die Frage des Ausmaßes der Sozialpflichtigkeit aus dem Eigentum. Es stehen dabei den Interessen des Eigentümers, trotz grundsätzlicher Netzzugangsgewährung einen Vorrang bei kollidierenden Nutzungswünschen zu haben, Interessen der Konkurrenten auf ausnahmslose Gleichbehandlung bei der Geltendmachung von Nutzungswünschen gegenüber.

1. Gesetzlicher Regelungsgehalt

Die Kollisionsproblematik ist lediglich bei rechtlich gleichwertigen Netznutzungswünschen gegeben. Dies ist nach § 9 Abs. 3 EIBV unter Berücksichtigung der in § 9 Abs. 4 EIBV genannten Vorrangverkehre dann der Fall, wenn bei Netzfahrplanerstellung mindestens zwei Anmeldungen auf die zeitgleiche, miteinander nicht zu vereinbarende Benutzung derselben Eisenbahninfrastruktur gerichtet sind.

1012 Vgl. Jarass, in: Jarass/Pieroth (Hrsg.), GG, Art. 20, Rn. 87.

Eine Bevorratung durch den Schieneninfrastrukturbetreiber[1013] beziehungsweise die Ablehnung von Netznutzungswünschen Dritter ohne Konkretisierung einzelner eigener Nutzungsinteressen mit der pauschalen Begründung, die gesamte Netzkapazität im Laufe der Fahrplanperiode zu nutzen, ist per se unzulässig, da Anmeldungen auch bezüglich einzelner Trassenwünsche hinreichend konkretisierte Angaben enthalten müssen.[1014]

Die Vorschrift des § 9 EIBV geht über das Gemeinschaftsrecht hinaus, welches weder in der Eisenbahnrichtlinie 91/440/EWG noch in einem der Eisenbahnpakete, insbesondere der Richtlinie 2001/14/EG betreffend die Zuweisung von Fahrwegkapazitäten, die Erhebung von Entgelten für die Nutzung von Eisenbahninfrastruktur und die Sicherheitsbescheinigung, konkrete Regelungen zur Entscheidung kollidierender Netznutzungswünsche im Einzelfall enthält. Gemäß Art. 5 Abs. 1 der Richtlinie 2001/14/EG haben Eisenbahnunternehmen unter Ausschluss jeglicher Diskriminierung Anspruch auf ein Mindestzugangspaket sowie auf Schienenzugang zu Serviceeinrichtungen.[1015] Art. 22 ff. der Richtlinie 2001/14/EG regeln ferner, dass bei überlasteten Fahrwegen ein Koordinierungsverfahren durchgeführt werden muss, bei dem eine einvernehmliche Lösung anzustreben ist, um sämtliche Nachfrager zu bedienen. Ein weiterreichendes Verfahren ist in Richtlinie 2001/14/EG nicht enthalten. Der Grundsatz, dass Eisenbahninfrastrukturunternehmen verpflichtet sind, die diskriminierungsfreie Benutzung der von ihnen betriebenen Eisenbahninfrastruktur und die diskriminierungsfreie Erbringung der von ihnen angebotenen Leistungen zu gewähren, ist im deutschen Recht in § 14 Abs. 1 AEG verankert. Konkretisiert wird die diskriminierungsfreie Benutzung der Eisenbahninfrastruktur in § 3 Abs. 1 EIBV.[1016] § 8 EIBV, der das Verfahren für die Festlegung und Zuweisung von Zugtrassen im Rahmen des Netzfahrplans regelt, verweist in Abs. 1 Nr. 3 bei Unvereinbarkeiten zwischen verschiedenen Anträgen auf das Entscheidungsverfahren nach § 9 EIBV. Gemäß

1013 Vgl. zur vergleichbaren Problematik im Energiesektor Bündenbender, WuW 2000, 119, 122.

1014 § 4 EIBV enthält insoweit keine zwingenden Vorgaben, verweist jedoch in Abs. 2 auf die allgemeinen Geschäftsbedingungen für die Benutzung der Eisenbahninfrastruktur, der die erforderlichen Angaben zu entnehmen sind.

1015 In Anhang 2 Nr. 1 und Nr. 2 der Richtlinie 2001/14/EG werden beide Zugangsrechte detailliert beschrieben.

1016 Nach § 3 Abs. 1 EIBV 1997, der § 14 Abs. 1 AEG konkretisierte, umfasste die Gewährleistung einer diskriminierungsfreien Benutzung insbesondere, dass über Anmeldungen im Sinne des § 4 EIBV nicht ohne sachlichen Grund unterschiedlich entschieden wird, dass Allgemeine Geschäftsbedingungen, die Entgeltverzeichnisse enthalten, einheitlich aufgestellt werden sowie, dass technische und betriebliche Anforderungen an die Benutzung der Infrastruktur auf das für einen sicheren Betrieb jeweils erforderliche Maß beschränkt werden. Solch eine beispielhafte Aufzählung ist in der aktuellen Fassung des § 3 EIBV nicht mehr enthalten.

§ 9 Abs. 3 EIBV hat sich im Falle einer Kollision das Eisenbahninfrastrukturunternehmen im Verhandlungswege um eine einvernehmliche Lösung mit den betreffenden Eisenbahnverkehrsunternehmen zu bemühen und unter Umständen eine Alternativtrasse anzubieten. Darüber hinausgehend ist bei weiterhin bestehender Uneinigkeit im Sinne des § 9 Abs. 3 EIBV vorgesehen, dass zunächst nach Berücksichtigung der in § 9 Abs. 4 EIBV genannten Verkehre gemäß § 9 Abs. 5 EIBV die Entgelte für die streitigen Trassen gegenüberzustellen sind und nach dem höheren zu erzielenden Entgelt der Vorrang zu bestimmen ist. Führt auch dies nicht zu einer Lösung, wird das Höchstpreisverfahren nach § 9 Abs. 6 EIBV angewendet, nach dem die Trassenbewerber innerhalb einer Frist von fünf Werktagen ein erhöhtes Entgelt für die Trassenutzung anbieten können. Dem meistbietenden Eisenbahnverkehrsunternehmen wird daraufhin der Zuschlag erteilt und ein Angebot zur Trassennutzung gemacht. Die Transparenz des Höchstpreisverfahrens wird durch Informationen an die Bieter über Angebote und deren Höhe von Konkurrenten nach Fristablauf zur Abgabe von Entgeltangeboten gewahrt. Damit gehen die Vorschriften im Eisenbahnwesen auch über entsprechende Regelungen in der Energiewirtschaft hinaus, in der ein solches Verfahren selbst in der Neufassung des EnWG nicht enthalten ist.

§ 9 EIBV enthält zwar keine ausdrückliche Aussage bezüglich der Verweigerung vorrangiger Nutzungsrechte des Netzeigentümers, dennoch ist insbesondere dem Sinn und Zweck der eisenbahnrechtlichen Vorschriften zu entnehmen, dass eine Gleichbehandlung von Netznutzungsinteressen des Netzeigentümers und Dritter vom Gesetzgeber gewollt ist. Auch die Legaldefinition von Eisenbahnverkehrsunternehmen in § 2 Abs. 1 AEG enthält keine Differenzierung zwischen dem vertikal integrierten Unternehmen und dessen Konkurrenten auf dem Transportmarkt. Bestätigt wird dies ferner durch die zwingende Vorgabe des § 9 AEG, die ein Mindestmaß an Unabhängigkeit und Selbständigkeit der einzelnen Unternehmensbereiche gewährleisten und einen chancengleichen Wettbewerb auf dem Transportmarkt fördern soll.[1017] Außerdem wird der Transportsparte des vertikal integrierten Eisenbahnunternehmens an keiner Stelle im AEG und in der EIBV eine Sonderstellung zugestanden, aus der sich ein Vorrang bezüglich der Trassennutzung entnehmen ließe. Ein solches wäre auch mit dem grundsätzlichen Bekenntnis zum Wettbewerb im Eisenbahnwesen nur schwer vereinbar, wonach sämtliche Eisenbahnverkehrsunternehmen gleichermaßen zum Zugang zur Eisenbahninfrastruktur berechtigt sind. Insofern ist das Recht auf vorrangige Nutzung des Eigentums nicht als sachlich gerechtfertigter Grund im Sinne des § 9 Abs. 1 EIBV anzuerkennen, der es erlaubt, unterschiedlich über Anträge auf Zuweisung von Zugtrassen zu entscheiden und der eigenen Transportsparte einen Vorrang im Falle kollidierender Netznutzungswünsche einzuräumen. Dennoch ist zu klären, ob das Bekenntnis zum Wettbewerb so weit gehen darf, dass der Netz-

1017 So genanntes „Unbundling", vgl. Bündenbender, WuW 2000, 119, 126.

eigentümer nicht nur bei freier Kapazität seine Infrastruktur Wettbewerbern zur Verfügung stellen muss, sondern auch bei Kapazitätsengpässen seinen eigenen Netznutzungswunsch nicht vorrangig erfüllen darf. Anders formuliert, ob eine Gleichbehandlung sämtlicher Trassennachfrager, die Transportsparten des Infrastruktureigentümers eingeschlossen, mit dem Grundrecht auf Eigentum nach Art. 14 Abs. 1 GG vereinbar ist.

2. Rechtsprechung

Eine gerichtliche Entscheidung bezüglich kollidierender Netznutzungswünsche im Eisenbahnwesen, die sich mit der Frage der Verfassungsmäßigkeit entsprechender Regelungen befasst hat, insbesondere dem Verfahren bei Kapazitätsengpässen gemäß § 9 EIBV, ist bisher nicht ergangen. Insofern sind an dieser Stelle wiederum unter Berücksichtigung der jeweiligen Gesetzeslage Erfahrungen aus Wirtschaftssektoren heranzuziehen, in denen vergleichbare Konstellationen vorstellbar sind.

Im Bereich der Energiewirtschaft war die Problematik kollidierender Netznutzungswünsche im Zusammenhang mit verfassungsrechtlichen Fragen Gegenstand eines Beschlusses des BKartA.[1018] In diesem Fall wurde ein regional tätiges Stromversorgungsunternehmen, welches von Dritten bezogene und in eigenen Kraftwerken erzeugte Elektrizität an Endverbraucher vertrieb und Eigentümerin der in ihrem Versorgungsgebiet gelegenen Elektrizitätsversorgungsnetze und anderer Elektrizitätsversorgungsanlagen war, seitens des seinerzeit größten inländischen, auf allen Stufen der Elektrizitätswirtschaft tätigen Stromverbundunternehmens, das jedoch in der betreffenden Region über keine Stromleitungen verfügte, mit dem Ziel in Anspruch genommen, Kunden dieses regionalen Netzbetreibers abzuwerben. Der Netzbetreiber verweigerte die Einräumung von Durchleitungsrechten und begründete dies unter anderem mit der fehlenden Netzkapazität, die eine Befriedigung aller Durchleitungswünsche unter der Berücksichtigung von Interessen, Planungen und vertraglichen Absprachen zur Inanspruchnahme des eigenen Netzes nicht zulasse. Die verfügbaren Leitungskapazitäten seien lediglich ausreichend, um die eigenen Netznutzungswünsche erfüllen zu können.[1019] Der Netzbetreiber vertrat in diesem Zusammenhang die Rechtsauffassung, dass die maßgebliche Vorschrift des § 19 Abs. 4 S. 4 GWB eine Duldungsverpflichtung enthalte, die nur eingreife, soweit ausreichend Kapazität vorhanden sei. Sobald der Eigentümer hingegen seine Kapazitäten selbst nutze oder eine Nutzung beabsichtige, sei die Gewährung des Netzzugangs aus Gründen eines Kapazitätsengpasses unmöglich.[1020] Darüber hinaus habe man zeitlich vor allen anderen Nutzungsin-

1018 BKartA, RdE 2000, 31, 31 ff.
1019 BKartA, RdE 2000, 31, 31.
1020 BKartA, RdE 2000, 31, 33.

teressenten ein die vorhandenen Kapazitäten zu bestimmten Zeiten auslastendes Nutzungsbegehren an sich selbst gestellt.[1021]

Das BKartA lehnte diese Rechtsauffassung ab und entschied, dass das Nutzungsinteresse des Netzbetreibers keinen Vorrang gegenüber den Nutzungsbegehren Dritter hat.[1022] Bei einer Verteilung knapper Ressourcen sei das Nutzungsinteresse des Netzeigentümers zwar angemessen zu berücksichtigen, jedoch müsse er sich eine Gleichbehandlung mit den Netzzugangswünschen Dritter gefallen lassen. Aus der Eigentümerstellung folge jedenfalls kein Vorrang. Praktische Konsequenz dessen sei, dass sich ein Netzeigentümer für die Nutzung seines Eigentums in der gleichen Art und Weise zu bewerben habe wie nutzungsbegehrende Dritte. Dieser Grundsatz bestehe unabhängig davon, ob der Netzbetrieb eine rechtlich unselbständige Sparte eines vertikal integrierten Unternehmens oder gesellschaftsrechtlich aus dem Unternehmen ausgegliedert sei.[1023] Bei Heranziehung dieses Beschlusses ist zu berücksichtigen, dass das EnWG weder in der alten noch in der neuen Fassung eine Regelung enthält, die dem Verfahren bei Kapazitätsengpässen im Eisenbahnwesen gemäß § 9 EIBV entspricht. Die Argumentation des BKartA beruht alleine auf § 6 EnWG a.F. (§ 20 EnWG n.F.[1024]), der allgemein die Pflicht zur diskriminierungsfreien Gewährung eines Netzzugangs regelt, sowie auf § 19 Abs. 4 S. 4 GWB. Trotzdem lassen sich aufgrund der Vergleichbarkeit beider Wirtschaftssektoren die zu einer Gleichbehandlung der Nutzungsinteressen des Netzeigentümers und der Konkurrenten führenden Grundsätze auch auf das Eisenbahnwesen und die eisenbahnrechtlichen Vorschriften zum Netzzugang übertragen. Als Begründung zur Gleichbehandlung der Nutzungsinteressen des Netzeigentümers mit Durchleitungswünschen Dritter führte das BKartA aus, dass § 6 Abs. 1 S. 1 EnWG (§ 20 Abs. 1 S. 1 EnWG n.F.) einen Grundsatz der Nichtdiskriminierung anderer Netzbenutzer gegenüber Netznutzungsinteressen der eigenen Gesellschaft enthalte.[1025] Dieses Prinzip sei bereits zur Auslegung des EnWG heranzuziehenden europäischen Vorgaben zur Neuordnung des Energiewesens, insbesondere der Richtlinie 96/92/EG,[1026] zu entnehmen.[1027] So bestimme Erwä-

1021 BKartA, RdE 2000, 31, 34.

1022 BKartA, RdE 2000, 31, 34.

1023 BKartA, RdE 2000, 31, 35.

1024 Neufassung „Gesetz über die Elektrizitäts- und Gasversorgung“ in Kraft seit dem 07.07.2005, BGBl I, 2005, 1970, 3621. Diese Regelung ist spezialgesetzliche Ausgestaltung von § 19 Abs. 4 S. 4 GWB und entspricht sinngemäß § 14 Abs. 1 S. 1 AEG.

1025 BKartA, RdE 2000, 31, 34 f.

1026 Richtlinie 96/92/EG des Europäischen Parlaments und des Rates vom 19.12.1996 betreffend gemeinsame Vorschriften für den Elektrizitätsbinnenmarkt, ABl. EG, L027 vom 30.01.1997, S. 20.

1027 Entsprechend verhält es sich im Eisenbahnwesen mit der Richtlinie 91/440/EWG als Ursprung der Neuordnung im Eisenbahnwesen, in der sich vergleichbare Regelungen finden.

gungsgrund 25 Satz 3 der Richtlinie 96/92/EG, dass Übertragungsnetze objektiv, transparent und nichtdiskriminierend zu betreiben seien. Nach Erwägungsgrund 30 müsse die Übertragungsfunktion von vertikal integrierten Unternehmen unabhängig von den anderen Aktivitäten betrieben werden, um Transparenz und Nichtdiskriminierung auch tatsächlich sicherzustellen. Dies komme entscheidend in Art. 14 Abs. 3 S. 1 der Richtlinie 96/92/EG zum Ausdruck, wonach integrierte Elektrizitätsunternehmen zur Vermeidung von Diskriminierungen, Quersubventionen und Wettbewerbsverzerrungen in ihrer internen Buchführung getrennte Konten für ihre Erzeugungs-, Übertragungs- und Verteilungsaktivitäten sowie gegebenenfalls konsolidierte Konten für ihre sonstigen Aktivitäten außerhalb des Elektrizitätsbereichs in derselben Weise zu führen hätten, wie sie dies tun müssten, wenn die betreffende Tätigkeit von separaten Firmen ausgeführt würde.[1028] Infolge dieser geforderten Separierung müsse die Abteilung des Netzbetriebs eines vertikal integrierten Unternehmens rechtlich behandelt werden wie ein selbständiger und eigenverantwortlicher Netzbetreiber, der sich bei Netzzugangsbegehren ausschließlich den Interessen fremder Unternehmen gegenübersehe.[1029] Diesen Regelungen, die auch dem EnWG zugrunde liegen, sei insgesamt ein Bekenntnis zum freien Wettbewerb zu entnehmen, welches mit einem vorrangigen Nutzungsinteresse des Netzeigentümers nicht zu vereinbaren wäre.[1030] Entsprechende Erwägungen hat das BKartA zu § 19 Abs. 4 S. 4 GWB vorgenommen und ausgeführt, dass auch aus dieser Vorschrift kein vorrangiges Recht auf Netznutzung für den Eigentümer zu entnehmen sei. Das BKartA hat sich nicht nur mit der gesetzgeberischen Wertentscheidung zugunsten eines freien und chancengleichen Wettbewerbs auseinandergesetzt, sondern auch die Eigentumsgarantie des Art. 14 Abs. 1 GG berücksichtigt, ohne jedoch ausdrücklich die Eröffnung des Schutzbereichs zu erörtern.[1031] Es betrachtet jedenfalls § 19 Abs. 4 S. 4 GWB sowie § 6 Abs. 1 EnWG a.F. im Ergebnis als zulässige Inhalts- und Schrankenbestimmungen im Sinne des Art. 14 Abs. 1 S. 2 GG. Ferner seien angemessene Entgelte für die Netzbenutzung vorgesehen. Insofern verblieben dem Netzeigentümer die ökonomischen Vorteile seines Eigentums.[1032] Darüber hinaus unterliege der Netzeigentümer infolge seiner auf faktischer Monopolstellung beruhenden Marktmacht einer besonderen Verhaltenspflicht, welche die Berücksichtigung von Netzzugangsinteressen Dritter umfasse, da sich eine vorrangige Eigennutzung als Befugnis zur Monopolisierung vor- und nachgelagerter Märkte auswirken könne, was wiederum dem Wettbewerbsgedanken zuwiderlaufe und die Rechte Dritter wesentlich einschränke.[1033] Diese Möglichkeit der Monopolisierung führe voraussichtlich mangels positiver

1028 BKartA, RdE 2000, 31, 35.
1029 So auch Bündenbender, WuW 2000, 119, 124.
1030 BKartA, RdE 2000, 31, 34.
1031 BKartA, RdE 2000, 31, 35.
1032 BKartA, RdE 2000, 31, 35.
1033 BKartA, RdE 2000, 31, 35.

Effekte des Wettbewerbs zu volkswirtschaftlichen Nachteilen. Insofern folge aus dem Netzeigentum eine besondere Sozialpflichtigkeit zur Förderung des Wettbewerbs, die eine Gleichbehandlung von Netzzugangsrechten Dritter rechtfertige.[1034] Außerdem hat das BKartA betont, dass bei der Einschränkung der Verfügungsbefugnis des Netzeigentümers auch die Entstehung der Monopolstellung von Bedeutung sei. Es sei anerkannt, dass eine Einschränkung des Eigentumsgrundrechts in Form von Mitbenutzungsrechten Dritter prinzipiell eher zumutbar sei, wenn die Monopolstellung nicht auf eigener wirtschaftlicher Leistung beruhe beziehungsweise unter Ausschluss erheblicher unternehmerischer Risiken errichtet werden konnte.[1035] Als ehemals staatliches Unternehmen wäre der Ausbau eines Versorgungsmonopols ohne wettbewerblichen Einfluss politisch gewünscht gewesen. Der Geschichte des Energiewirtschaftsrechts sei eine geringere Schutzwürdigkeit des Netzeigentümers und eine erhöhte Sozialbindung des Eigentums zu entnehmen, welche schließlich einer Berufung auf Art. 14 Abs. 1 GG entgegenstünden, soweit es um die bevorzugte Wahrnehmung eigener Vertriebsinteressen auf dem nachgelagerten Markt durch das vertikal integrierte Unternehmen ginge.[1036]

3. Literaturauffassungen

Auch in der Literatur existieren lediglich vereinzelte Stellungnahmen zur Frage der Verfassungsmäßigkeit von Regelungen in Bezug auf kollidierende Netznutzungswünsche. Heranzuziehen sind dabei ausschließlich Auffassungen, die eine grundsätzliche Verfassungskonformität gesetzlicher Zugangsregelungen bei verfügbaren Kapazitäten anerkennen. Zum Kern der Frage nach der vollständigen Gleichbehandlung von Netznutzungswünschen der Transportsparte des Eisenbahninfrastrukturinhabers mit denen zugangsberechtigter Dritter bei Kapazitätsengpässen divergieren die Auffassungen.

Nach einer Ansicht, die weitestgehend im Einklang mit dem erörterten Beschluss des BKartA steht, führt die Gleichbehandlung von Netznutzungsinteressen sämtlicher Zugangsberechtigten nicht zu einem Verstoß gegen das Grundrecht auf Eigentum aus Art. 14 Abs. 1 GG.[1037] Im Ergebnis überwiege das öffentliche Interesse gegenüber dem Interesse des Netzeigentümers, so dass die Inhalts- und Schrankenbestimmung rechtmäßig sei. Eine ausgedehnte Sozialbindung des Eigentums an der Infrastruktur sei erforderlich, um einen diskriminierungsfreien und chancengleichen dynamischen Wettbewerb auf dem nachgelagerten Transportmarkt fördern zu können, da ansonsten der Netzeigentümer bei Geltendmachung seines

1034 BKartA, RdE 2000, 31, 35.

1035 BKartA, RdE 2000, 31, 35.

1036 BKartA, RdE 2000, 31, 36.

1037 Fehling, AöR 121 (1996), 59, 92 f.; Burmeister, Der Wettbewerb der Eisenbahnen im europäischen Binnenmarkt, S. 169 f.

Vorrangs stets einen ungerechtfertigten Bereich der Monopolisierung behielte.[1038] Ein die Substanz beeinträchtigender Eingriff in das Eigentum sei zudem gerechtfertigt, da die Eigentumsposition nicht auf eigener Leistung und Durchsetzung im dynamischen Wettbewerb beruhe, sondern auf einer früheren politischen Wertentscheidung zugunsten einer Monopolisierung des Wirtschaftsbereichs.[1039] Infolge der Aufgabe dessen und der nunmehr existierenden Wertentscheidung zugunsten einer volkswirtschaftlichen Vorteilhaftigkeit sparteninterner Konkurrenz sei eine Gleichbehandlung beim Netzzugang unabdingbare Voraussetzung des angestrebten Wettbewerbs. Schließlich erhalte der Netzeigentümer eine angemessene finanzielle Gegenleistung für die Überlassung seines Eigentumsobjektes, so dass ihm die ökonomischen Vorteile seiner Eigentumsposition verblieben.[1040]

Die andere Auffassung streitet für einen Vorrang der Netznutzungswünsche des Netzeigentümers.[1041] Eine Gleichbehandlung von Netzzugangsrechten Dritter mit denen des Netzeigentümers sei unverhältnismäßig und demnach verfassungswidrig. Zur Begründung wird ausgeführt, dass sämtliche Bekenntnisse zum Wettbewerb nicht zu einer Aberkennung der Dispositionsbefugnisse aus dem Kern des Art. 14 GG führen dürften.[1042] Bei der Verweigerung vorrangiger Nutzungsrechte am eigenen Eigentum handele es sich um einen schwerwiegenden Eingriff in Art. 14 GG, der die besonders schützenswerte Substanz im Kern des Eigentums beeinträchtige. Eine Verweigerung vorrangiger Nutzung des Eigentums stelle demnach ein Beispiel dessen dar, was die Grenze des verfassungsrechtlich Zumutbaren überschreite.[1043] Die Annahme eines verhältnismäßigen Eingriffs in das Eigentum durch Gleichbehandlung der Netznutzungswünsche führe zur Aushöhlung eines elementaren Grundrechts, das eine Wertentscheidung von besonderer Bedeutung enthalte.[1044] Dies sei im Lichte des Verfassungsrechts nicht hinzunehmen. Vielmehr dürfe auch ein grundsätzlich zu begrüßendes Bekenntnis zum Wettbewerb nicht uferlos sein, sondern sei an wesentliche garantierte Grundrechte gebunden.

4. Stellungnahme

Da beide Auffassungen zu voneinander abweichenden Ergebnissen führen und keine der beiden bereits bei oberflächlicher Betrachtung als unvertretbar abzuleh-

---

1038 Fehling, AöR 121 (1996), 59, 92.

1039 Burmeister, Der Wettbewerb der Eisenbahnen im europäischen Binnenmarkt, S. 169.

1040 Fehling, AöR 121 (1996), 59, 93, Burmeister, Der Wettbewerb der Eisenbahnen im europäischen Binnenmarkt, S. 169.

1041 Dittmann, Öffnung von Märkten durch kartellrechtlichen Kontrahierungszwang, S. 175; Bündenbender, WuW 2000, 119, 129 ff.

1042 Bündenbender, WuW 2000, 119, 135.

1043 Dittmann, Öffnung von Märkten durch kartellrechtlichen Kontrahierungszwang, S. 175; Fn. 255 zu weiteren Beispielen der Unzumutbarkeit.

1044 BVerfGE 14, 263, 277; 102, 1, 15.

nen ist, erscheint an dieser Stelle eine Auseinandersetzung unter Berücksichtigung der Besonderheiten im Eisenbahnwesen vorzunehmen. Die Argumentation des BKartA aus dem Beschluss B8-40100-T-99/99 ist darüber hinaus zur Betrachtung heranzuziehen, da sie auf das Eisenbahnwesen weitestgehend übertragbar ist.

Zunächst besteht grundsätzliche Einigkeit über die Intensität des Eingriffs. Beide Auffassungen erkennen an, dass es sich bei der Verweigerung einer vorrangigen Netznutzungsberechtigung des Eigentümers um einen Eingriff handelt, der das Grundrecht aus Art. 14 Abs. 1 GG weiter einschränkt als die bloße Verpflichtung zur Überlassung von Netznutzungsrechten bei ausreichender Netzkapazität. Bezüglich der Eingriffsintensität erscheint einzig die Argumentation des BKartA fragwürdig, der Netzinhaber müsse seine eigenen Nutzungsinteressen nicht zurückstellen, sondern werde diesbezüglich lediglich genauso behandelt wie alle anderen Nutzungsinteressenten.[1045] Dem ist zwar zuzustimmen, dass es um eine Gleichbehandlung und nicht um eine Schlechterstellung gegenüber Konkurrenten geht. Dennoch stellt ein Eingriff in die Privatnützigkeit und Verfügungsbefugnis durchaus eine Zurückstellung von Interessen dar. Während der Netzeigentümer ohne gesetzliche Beschränkungen ausschließlich nach eigenen Interessen agieren würde, ohne dabei Interessen Dritter zu berücksichtigen, wirkt eine Gleichbehandlung sämtlicher Nachfrager, die bei kollidierenden Netznutzungsinteressen auch zu einer Zurückweisung der Interessen des Netzeigentümers führen kann, aus Sicht des Netzeigentümers als deutliche Einschränkung. Insofern ist die Gleichbehandlung zwar keine Zurückstellung hinter die Interessen Dritter, jedoch aus Sicht des Netzeigentümers für sich genommen eine deutliche Zurückstellung seiner Eigentumsrechte, die einen Eingriff in den Kern des Art. 14 Abs. 1 GG darstellt.

Insofern beeinträchtigt die Verweigerung der vorrangigen Nutzung in der Tat die Substanz des Eigentums. Diese Substanzverletzung muss allerdings nicht zwangsläufig zu einer Verfassungswidrigkeit der betreffenden Maßnahme führen. Es ist anerkannt, dass eine Inhalts- und Schrankenbestimmung nach Art. 14 Abs. 1 S. 2 GG unter bestimmten Voraussetzungen die Eigentumsgarantie so weit einschränken darf, dass eine völlige Beseitigung geschützter Eigentumspositionen beziehungsweise ein vergleichbar wirkender Eingriff rechtmäßig sein kann.[1046] In diesem Fall kann trotz eigentlichen Vorliegens einer Inhalts- und Schrankenbestimmung gemäß Art. 14 Abs. 1 S. 2, Abs. 2 GG Prüfungsmaßstab das bei einer Enteignung nach Art. 14 Abs. 3 GG zum Ausdruck kommende Gewicht des Eigentumsschutzes sein.[1047]

1045 BKartA, RdE 2000, 31, 35.

1046 BVErfGE 83, 201, 212; Koch, DVBl. 1994, 840, 841.

1047 BVerfGE 83, 201, 213.

In Bezug auf Substanzverletzungen des Eigentums ist Augenmerk auf die ähnlich gelagerte Eigenbedarfsrechtsprechung zu richten.[1048] Das BVerfG hat entschieden, dass das Wohnungseigentum in seinem rechtlichen Gehalt durch Privatnützigkeit und grundsätzliche Verfügungsbefugnis gekennzeichnet ist und darüber hinaus die Freiheit zur Nutzung des Eigentumsgegenstands sowie die Freiheit, das Eigentumsobjekt ungenutzt zu lassen, zur Substanz des Eigentums gehören.[1049] Dennoch ist aufgrund der Bedeutung einer angemieteten Wohnung für die Lebensbedürfnisse des Mieters, insbesondere aufgrund des Charakters der Wohnung als Lebensmittelpunkt für den Mieter und seine Familie, die Kündigungsmöglichkeit im Mietrecht erheblich eingeschränkt.[1050] Mietern wird dabei grundsätzlich ein eigentumsähnliches Recht zugestanden,[1051] so dass Vermieter bei der Geltendmachung von Eigenbedarf nach § 573 Abs. 2 Nr. 2 BGB ein berechtigtes Interesse darzulegen und zu begründen haben. Selbst im Falle des Vorliegens eines berechtigten Interesses hat der Mieter gemäß § 574 Abs. 1 S. 1 BGB wiederum die Möglichkeit, durch ein Berufen auf eine so genannte soziale Härte, die ein Auszug für ihn bedeuten würde, eine Verlängerung des Mietverhältnisses gegen den Willen des Vermieters zu erreichen. Das Gericht hat im Einzelfall nach Interessenabwägung zwischen dem Recht aus Eigentum und dem Recht des Mieters an der Nutzung zu entscheiden. Allerdings ist eine zu restriktive Handhabung der Geltendmachung von Eigenbedarf unzulässig und dem Recht des Eigentümers grundsätzlich ein Vorrang einzuräumen.[1052] Bei einer Kollision von gleichgewichtigen Interessenlagen ist aufgrund des Rechts aus Art. 14 Abs. 1 GG Eigenbedarfskündigungen regelmäßig stattzugeben. Selbst die Sozialpflichtigkeit seines Eigentums aus Gründen der Rücksichtnahme auf Bedürfnisse und Rechte des Mieters können den Vorrang der eigenen Nutzung des Eigentumsobjekts nicht beseitigen.[1053]

Vertreter des Vorrangs der Eigentumsposition ziehen diese Grundsätze der Eigenbedarfsrechtsprechung im Ausgangsstreit um die Rechtmäßigkeit der Gleichbehandlung von Nutzungsinteressen heran. Danach demonstriere die Eigenbedarfsrechtsprechung, dass selbst in einem von sozialer Rücksichtnahme geprägten Bereich wie dem Mietrecht Eigentümern bei gleichem Nutzungsinteresse ein vorrangiges Recht zugestanden würde.[1054] Auf Eigentümer einer Netzinfrastruktur bezogen folge daraus, dass trotz politischer Wertentscheidung zugunsten der Wettbewerbsförderung und der damit verbundenen sozialen Funktion des Netz-

1048 Vgl. Bündenbender, WuW 2000, 119, 133 f., Fehling, AöR 121 (1996), 59, 92; Burmeister, Der Wettbewerb der Eisenbahnen im europäischen Binnenmarkt, S. 170.

1049 BVerfGE 79, 292, 303.

1050 BVerfGE 68, 361 ff.; 79, 292 ff.

1051 BVerfGE 89, 1, 6.

1052 BVerfGE 68, 361, 374f.; 79, 292, 306.

1053 So im Ergebnis Bündenbender, WuW 2000, 119, 133 f.

1054 Bündenbender, WuW 2000, 119, 134.

eigentums Eingriffe in das Eigentum nicht zu einer Gleichbehandlung von Nutzungsinteressen führen könnten.[1055] Insbesondere das Recht auf eigene Nutzung des Eigentums gehöre zu einem tradierten und gefestigten Wert, über den sich nicht durch eine neue Wettbewerbsordnung hinweggesetzt werden dürfte. Davon abweichendes entwerte die besonders schutzwürdige Eigentumsgarantie und könne nicht verfassungskonform sein. Der wesentliche Kern der Eigentumsgarantie müsse mithin Grenze jeglicher politischen Wertentscheidung sein und bei der Festlegung von Wirtschaftsordnung stets hinreichende Berücksichtigung finden.[1056]

Gegen eine Vergleichbarkeit mit der Eigenbedarfsrechsprechung wird vorgebracht, dass wesentliche Unterschiede zwischen der Nutzung von Infrastruktur und der Nutzung von Wohnraum dem im Wege stünden. Zunächst sei Wohnraum zwar ebenso durch Immobilität gekennzeichnet, jedoch nicht durch das ein natürliches Monopol kennzeichnende Merkmal der mangelnden Duplizierbarkeit.[1057] Das natürliche Monopol des Infrastrukturinhabers sei schließlich wesentlicher Grund sowohl für die Sozialbindung des Eigentums als auch für die Gleichbehandlung sämtlicher Nutzungsinteressen. Eine Gleichbehandlung von Nutzungsinteressen sei deshalb unabdingbar zur Förderung des Wettbewerbs im Eisenbahnwesen. Außerdem beruhe das aktuelle Eigentum des Infrastrukturbetreibers auf einer früheren politischen Wertentscheidung zugunsten eines monopolisierten Wirtschaftsbereiches in Verbindung mit in der Vergangenheit erfolgten Enteignungen, die für die Errichtung eines umfassenden Netzes notwendig waren.[1058] Infolge der früheren Übertragung des Eigentumsobjektes durch den Staat fehle es am Tüchtigkeitsvorteil als schützenswerter Eigenleistung. Aus der besonderen Allgemeinwohlbindung, die in der Vergangenheit für Enteignungen mit dem Ziel der Monopolisierung geltend gemacht worden seien, resultiere eine dauerhafte Gemeinwohlbindung der Flächen der Infrastruktur.[1059] Demgegenüber beruhe das Eigentum an einer Mietwohnung regelmäßig gerade nicht auf einer staatlichen Initiative, sondern regelmäßig auf einer Leistung des Eigentümers. Außerdem sei dem Umstand Beachtung zu schenken, dass ein Wohnungseigentümer für die Zeit der Vermietung seiner Wohnung seines Nutzungsrechts gänzlich enthoben ist, da ihm allenfalls ein Zugangsrecht, jedoch kein Wohnrecht zusteht und der Mieter ein eigentumsähnliches Recht erhält. Der Netzbetreiber hingegen behalte ein gleichberechtigtes Nutzungsrecht und sei mithin nicht gänzlich von der Netznutzung ausgeschlossen.[1060] Der Eingriff in das Eigentumsrecht des

1055 Bündenbender, WuW 2000, 119, 134.
1056 Bündenbender, WuW 2000, 119, 135.
1057 Theobald/Zenke, Grundlagen der Strom- und Gasdurchleitung, S. 56.
1058 Theobald/Zenke, Grundlagen der Strom- und Gasdurchleitung, S. 56; Fehling, AöR 121 (1996), 59, 91.
1059 Burmeister, Der Wettbewerb der Eisenbahnen im europäischen Binnenmarkt, S. 170.
1060 Theobald/Zenke, Grundlagen der Strom- und Gasdurchleitung, S. 57 f.

Wohnungseigentümers sei damit intensiver als der Eingriff in das Eigentum des Schieneninfrastrukturbetreibers. Insofern biete sich mithin eher eine Vergleichbarkeit des Netzeigentümers mit einem staatlich subventionierten Unternehmen an.[1061] Dessen ökonomischer Vorteil beruhe ebenfalls nicht auf eigener Leistung, so dass er Beschränkungen hinnehmen müsse, welche sicherstellen würden, dass die Förderung auch der Allgemeinheit zugute komme.[1062] Die Anwendung dieser Grundsätze auf monopolisierte Infrastrukturen habe zur Folge, dass aus Gründen der erhöhten Sozialbindung des Eigentums die Gleichstellung der Netznutzungsinteressen von Eigentümer und Konkurrenten gerechtfertigt erscheine.[1063]

Letztgenannte Ansicht führt zu Recht den Unterschied an, dass das nicht auf eigener Leistung beruhende Eigentum an der Infrastruktur weniger schutzwürdig ist. Auch handelt es sich bei der Netzinfrastruktur um eine wesentliche Einrichtung, deren Nutzung für Wettbewerb vor allem auf dem nachgelagerten Transportmarkt unbedingte Voraussetzung ist, da ohne Netzzugang auch dieser Markt monopolisiert wären. Dem Vergleich mit einem staatlich subventionierten Unternehmen steht jedoch entscheidend entgegen, dass sich in der als Bestätigung aufgeführten Fallkonstellation weder die Allgemeinheit auf unmittelbare Konkurrenz bezog noch hinzunehmende Beschränkungen von Rechten des subventionierten Unternehmens zu einer direkten Begünstigung von Konkurrenten geführt haben.[1064] Der Grundsatz, dass auch marktbeherrschende Unternehmen zu einer Förderung von Konkurrenten nicht ohne weiteres verpflichtet werden dürfen, bedurfte mithin im Subventionsfall keiner Berücksichtigung. Die Wirkungen der Eigentumsbeschränkungen hatten infolgedessen aus Sicht des betroffenen Grundrechtsberechtigten deutlich geringere Ausmaße. Demgegenüber lässt sich aus der Eigenbedarfsrechtsprechung der Grundsatz übertragen, dass trotz erhöhter Sozialpflichtigkeit die Substanz des Eigentumskerns, die mitunter in der vorrangigen Nutzungsmöglichkeit begründet liegt, unberührt bleiben muss. Die Anerkennung der grundgesetzlichen Eigentumsordnung ist eine der wesentlichen rechtsstaatlichen Vorgaben, die auch trotz Ausübung einer sozialen Funktion im Kern zu gewährleisten ist. Eine Aushöhlung dieses Kerns, auch zugunsten der Realisierung einer politischen Wertentscheidung wie der Gleichbehandlung sämtlicher Trassennachfrager, wäre als Substanzverletzung zu kennzeichnen und verstieße gegen diese gefestigten Werte des Grundgesetzes. Die staatliche Verweigerung eines Vorrangs für den Netzeigentümer bei Kapazitätsengpässen greift in den Kern seines Eigentumsrechts ein, da er nicht mehr unabhängig und eigenverantwortlich über das Ausmaß der Nutzung seines Eigentums entscheiden kann und ihm vor allem eigene Nutzungs-

1061 Burmeister, Der Wettbewerb der Eisenbahnen im europäischen Binnenmarkt, S. 169.

1062 BVerfGE 21, 150, 158; Ehlers, VVDStRL 51 (1992), S. 211, 232; Fehling, AöR 121 (1996), 59. 92.

1063 Fehling, AöR 121 (1996), S. 59, 92.

1064 Vgl. BVerfGE 21, 150 ff.

wünsche verwehrt bleiben, wenn er sich im gleichberechtigten Verfahren nach § 9 EIBV nicht gegen andere Nutzungsinteressenten durchgesetzt hat. So sehr die Gleichbehandlung der Netznutzungsinteressen von Infrastrukturbetreiber und Konkurrenten für einen diskriminierungsfreien und chancengleichen Wettbewerb auf nachgelagerten Märkten wünschenswert und auch notwendig erscheint, darf sich die gesetzliche Regelung nicht über die elementaren Vorgaben des Grundgesetzes hinwegsetzen und den Kern des Eigentumsrechts aus Art. 14 Abs. 1 GG verletzen. Wird dem Netzeigentümer auferlegt, seine Infrastruktur Konkurrenten zu überlassen, wenn er selbst ein Interesse an der Nutzung hat, so ist die Grenze des verfassungsrechtlich Zumutbaren überschritten.[1065] Zur Unterstützung dessen lassen sich auch Ansätze im vergleichbaren Wirtschaftssektor der Telekommunikation heranziehen. Dort ist im Rahmen der Zugangsverpflichtung des marktbeherrschenden Infrastrukturbetreibers gemäß § 21 TKG unter anderem eine Veränderungsverpflichtung anerkannt, um den erstrebten Wettbewerb auf vor- und nachgelagerten Märkten zu fördern.[1066]

Hinsichtlich der Veränderungspflichten wird differenziert zwischen Anbau, Ausbau, Umbau und Neubau.[1067] Der Monopolist hat Durchleitungsrechte zu dulden und darüber hinaus auch die Zusammenschaltung von Netzen zu gewährleisten.[1068] Jedoch ist es für den Monopolisten nicht zumutbar, seine Einrichtung oder ihre Nutzungskapazität wesentlich zu erweitern, um entsprechende Nutzungsinteressen erfüllen zu können. So fordert Art. 12 Abs. 2 der Zugangsrichtlinie 2002/19/EG bezüglich der Zugangsverpflichtung eine Interessenabwägung, bei der insbesondere die verfügbaren Kapazitäten zu berücksichtigen sind.[1069] Grenze der Interessenabwägung ist stets dort, wo der Netzbetreiber zu einem Neubau gezwungen würde, da dieser ebenso von einem Zugangspetenten verwirklicht werden könnte.[1070] In diesem Sinne hat das OVG Münster eine Ausbauverpflichtung des Netzbetreibers aufgrund eines Kapazitätsmangels prinzipiell abgelehnt mit der Begründung, dass bei erreichter Netzkapazität der Monopolist nicht zu einem Ausbau zu Gunsten seiner Konkurrenten gezwungen werden dürfe.[1071] Übertragen auf das Eisenbahnwesen wäre der Netzbetreiber bei einer Gleichbehandlung seiner Interessen mit den Inter-

1065 So auch Dittmann, Öffnung von Märkten durch kartellrechtlichen Kontrahierungszwang, S. 175.

1066 RegTP, MMR 1999, 430, 433.

1067 Vgl. zur Differenzierung und zur Begriffsbestimmung im Einzelnen Koenig/Kühling/Winkler, WuW 2003, 228, 230 ff.

1068 Die Zusammenschaltung als Anbaumaßnahme gilt als „Kern“ der Zugangsverpflichtung im Telekommunikationsrecht, Vgl. VG Köln, MMR 2002, 266, 267.

1069 Richtlinie 2002/19/EG v. 07/03.2002 über den Zugang zu elektronischen Kommunikationsnetzen und zugehörigen Einrichtungen sowie deren Zusammenschaltung, ABl. EG 2002 Nr. L 108, S. 7.

1070 So im Ergebnis Koenig/Kühling/Winkler, WuW 2003, 228, 240.

1071 OVG Münster, MMR 2002, 566, 567.

essen der Konkurrenten im Falle einer Ablehnung seines Netznutzungswunsches im Verfahren nach § 9 EIBV gezwungen, entweder auf die Wahrnehmung eigener Interessen zu verzichten oder seine Kapazitäten entsprechend zu erweitern. Eine solche Kapazitätserweiterung ist im Eisenbahnwesen ausschließlich durch einen Ausbau in Gestalt einer Parallelstrecke möglich, was die Grenzen der Zumutbarkeit für den Netzeigentümer überschreitet. Insofern ist dem Schieneninfrastrukturbetreiber im Ergebnis ein vorrangiges Recht an der Nutzung der Infrastruktur einzuräumen. Abweichendes würde eine nicht hinzunehmende Aushöhlung der Eigentumsgarantie bedeuten. Selbst die politische Grundentscheidung zugunsten der Förderung von Wettbewerb im Eisenbahnwesen sowie die gesetzlich verankerte Gemeinwohlbindung der Schieneninfrastruktur in Art. 87 Abs. 3 S. 2 GG dürfen die Eigentumsgarantie als Grundrecht von besonderem Wesensgehalt nicht unzumutbar einschränken.

5. Ergebnis

Als Ergebnis ist festzuhalten, dass eine Versagung der vorrangigen Nutzung der Eisenbahninfrastruktur durch den Eigentümer DB AG im Hinblick auf Art. 14 Abs. 1 GG nicht verfassungskonform ist. Dies gilt insbesondere für § 9 EIBV, der im Falle einer Netznutzungskollision ein Kollisionsverfahren vorsieht, bei dem sämtliche Netznutzungsinteressenten gleichrangig zu behandeln sind. Diese Regelung ist für den Netzeigentümer verfassungsrechtlich unzumutbar und verstößt gegen die Eigentumsgarantie aus Art. 14 Abs. 1 GG.

III. Verfassungsmäßigkeit gesetzlicher Zugangsregelungen im Lichte der Berufsfreiheitsgarantie des Art. 12 GG

Die gesetzlichen Zugangsregelungen, die Verpflichtung zur Netzzugangsgewährung Dritter sowie die Verweigerung einer vorrangigen Nutzung der eigenen Infrastruktur, denen sich die DB AG als Infrastrukturbetreiber ausgesetzt sieht, ist ebenso für die Berufsfreiheitsgarantie des Art. 12 GG von Bedeutung. Der Zwang des Infrastrukturbetreibers, einen Vertrag über die Nutzung seines Eigentums abzuschließen, ist daher auf Vereinbarkeit mit dem Grundrecht auf Berufsfreiheit zu prüfen.

1. Schutzbereich des Art. 12 GG

Art. 12 Abs. 1 GG schützt umfassend die berufliche Betätigung des Einzelnen vor staatlicher Einflussnahme. Als Beruf im Sinne des Art. 12 Abs. 1 GG ist jede Tätigkeit einzustufen, die sowohl in ideeller als auch in materieller Hinsicht der Schaffung und Erhaltung einer Lebensgrundlage dient.[1072] Jede auf Erwerb ausge-

---

1072 BVerfGE 54, 301, 313; 97, 228, 252; 102, 197, 212.

richtete Beschäftigung, die sich nicht in einem einmaligen Erwerbsakt erschöpft, unabhängig davon ob es sich um selbständige oder unselbständige Tätigkeiten handelt, ist davon umfasst.[1073] Diese Voraussetzung ist bei juristischen Personen regelmäßig dann erfüllt, wenn die Führung eines Geschäftsbetriebes zu ihren satzungsmäßigen Zwecken gehört.[1074] Innerhalb der Berufsfreiheit ist zu differenzieren zwischen der freien Berufswahl und der freien Berufsausübung.[1075] Während die Berufswahl in erster Linie die Entscheidung, überhaupt einen Beruf zu ergreifen oder aber darauf zu verzichten, sowie die Wahl eines bestimmten Berufs umfasst, gehören zur Berufsausübungsfreiheit Form, Mittel und Umfang sowie Inhalt der Betätigung.[1076] Dazu zählt insbesondere die Freiheit, ein Unternehmen zu gründen und zu führen.[1077] Unabdingbar für die Freiheit und Selbständigkeit bei der Unternehmensführung ist wiederum die allgemeine Vertragsfreiheit, die auch in Art. 2 Abs. 1 GG ihren Schutz findet.[1078] Soweit diese Freiheit, sich durch Verträge mit anderen auf bestimmte Art und Weise zu binden, auf eine berufliche Tätigkeit abzielt, ist jedoch Art. 12 Abs. 1 GG die speziellere Norm.[1079]

Das besondere Interesse der beruflich tätigen Person liegt darin, zur Steigerung des wirtschaftlichen Erfolges und nach den Grundsätzen der Privatautonomie Vertragspartner und Vertragsinhalte frei wählen zu können. Der Betreiber der Schieneninfrastruktur wird regelmäßig in seiner Berufsausübung daran interessiert sein, ausschließlich nach eigenen wirtschaftlichen Interessen seine Vertragspartner auszuwählen.

2. Einschränkung des Grundrechts aus Art. 12 GG

Der Kontrahierungszwang, der dem Schieneninfrastrukturbetreiber auferlegt wird, zwingt ihn zu einer bestimmten Leistung, über die er nach den Prinzipien der Vertrags- und Abschlussfreiheit selbst entscheiden könnte. Die Pflichten aus § 14 Abs. 1 AEG schränken insbesondere die Auswahl seiner Vertragspartner wesentlich ein. Somit stellen auch die bloße Indienstnahme von Infrastrukturbetreibern und vor allem die Verpflichtung zu Vertragsverhandlungen und zum Vertragsschluss Eingriffe in die durch Art. 12 Abs. 1 geschützte Freiheit des Berufs dar.[1080] Ein Eingriff in die Berufsfreiheit liegt darüber hinaus erst recht in der

1073 Jarass, in: Jarass/Pieroth (Hrsg.), GG-Komm., Art. 12, Rn. 4 m.w.M.
1074 BVerfGE 97, 228, 253.
1075 BVerfGE 7, 377, 400 ff.; Jarass, in: Jarass/Pieroth (Hrsg.), GG-Komm, Art. 12, Rn. 8.
1076 Jarass, in: Jarass/Pieroth (Hrsg.), GG-Komm., Art. 12, Rn. 8.
1077 BVerfGE 7, 377, 397; 74, 129, 148 f.; Pfeiffer, Schwerpunkte, S. 73, 76 m.w.N.
1078 Jarass, in: Jarass/Pieroth (Hrsg.), GG-Komm., Art. 2, Rn. 4 m.w.N. aus der Rspr.
1079 BVerfGE 30, 292, 336 m.w.N.; Cornils, NJW 2001, 3758, 3758 f.; Grabitz, ZHR 149 (1985), 263, 265.
1080 So für den Energiebereich auch Papier, Die Regelung von Durchgangsrechten, S. 41; Scholz/Langer, Europäischer Binnenmarkt, S. 257 ff.; Schmidt-Preuß, RdE 1996, S. 1, 9.

gesetzlich geregelten Gleichbehandlung der Netznutzungsinteressen. Durch eine Verweigerung der vorrangigen Nutzung eigener Infrastruktur wird der Infrastrukturinhaber in seinem Recht eingeschränkt, den Umfang seiner Berufsausübung selbst zu bestimmen.

3. Rechtmäßigkeit der Grundrechtseinschränkung

Nach der vom BVerfG entwickelten Drei-Stufen-Theorie hängt die jeweilige Grundrechtsschranke des Art. 12 Abs. 1 GG entscheidend davon ab, auf welcher Stufe der Grundrechtsträger in seiner Berufsfreiheit betroffen wird.[1081] Die Grundrechtseinschränkungen beinhalten für den Schieneninfrastrukturbetreiber die Verpflichtung, der Konkurrenz das eigene Netz zur Verfügung zu stellen und dafür eine Mehrzahl von Dienstleistungen zu erbringen, vor allem einen Vertrag über die Netznutzung zu schließen, der in aller Regel nicht den Wünschen des Netzeigentümers entspricht. Die Berufswahlfreiheit ist durch diese Eingriffe weder objektiv noch subjektiv betroffen, denn der Schieneninfrastrukturbetreiber kann trotz der Überlassung einzelner Trassen seinen gewählten Beruf weiter ausüben. Die Eingriffe sind vielmehr als eine Beeinträchtigung der Berufsausübungsfreiheit zu sehen.[1082]

Der Zwang, einzelne Trassen Konkurrenten zur Verfügung stellen zu müssen, beeinträchtigt nicht nur die Vertrags- und Abschlussfreiheit, sondern auch die Wettbewerbsfreiheit, allesamt Bestandteile der Berufsausübungsfreiheit.[1083] Sowohl der gesetzliche Kontrahierungszwang als auch die Verweigerung der vorrangigen Nutzung der eigenen Infrastruktur bei einer Kollision von Netznutzungsinteressen können demzufolge nur dann gerechtfertigt sein, wenn die Schranken des Art. 12 Abs. 1 GG durch den Gesetzgeber eingehalten worden sind. Die Voraussetzung des Art. 12 Abs. 1 S. 2 GG, dass die Berufsausübungsfreiheit nur durch Gesetze eingeschränkt werden kann, ist durch § 14 Abs. 1 AEG beziehungsweise § 9 EIBV erfüllt.[1084] Nach der Drei-Stufen-Theorie sind die Voraussetzungen für die Rechtmäßigkeit eines Eingriffs in die Berufsausübungsfreiheit weniger streng als bei Eingriffen in die Berufswahlfreiheit,[1085] so dass Beschränkungen der Berufsaus-

1081 Die Drei-Stufen-Theorie wurde in der Entscheidung BVerfGE 7, 377, 405; ausführlich dazu Jarass, in: Jarass/Pieroth (Hrsg.), GG-Komm., Art. 12, Rn. 24 m.w.N.

1082 Vgl. zum Energiesektor, Papier, Die Regelung von Durchleitungsrechten, S. 41; Schmidt-Preuß, RdE 1996, 1, 9.

1083 Vgl. zu den betroffenen Freiheiten des Grundrechtsträgers durch einen Kontrahierungszwang Götz, Netzzugang für Dritte, S. 135 ff.; Schmidt-Preuß, RdE 1996, 1, 9.

1084 Die einschränkende gesetzliche Grundlage kann ein förmliches Gesetz, eine Rechtsverordnung oder eine Satzung sein, so dass auch die EIBV eine hinreichende gesetzliche Grundlage im Sinne des Art. 12 Abs. 1 S. 2 GG darstellt, vgl. dazu Jarass, in: Jarass/Pieroth (Hrsg.), GG-Komm., Art. 12 Rn. 21.

1085 Vgl. Jarass, in: Jarass/Pieroth (Hrsg.), GG-Komm., Art. 12, Rn. 31 ff.

übungsfreiheit bereits durch jede vernünftige Erwägung des Allgemeinwohls legitimiert werden können.[1086]

4. Verhältnismäßigkeit der Grundrechtseinschränkung

Der Gesetzgeber hat im Rahmen der Abwägung von Interessen des Grundrechtsträgers einerseits und der Allgemeinheit andererseits einen weiten Beurteilungsspielraum, darf den Grundrechtsträger jedoch nicht übermäßig belasten.[1087] Übergeordneter Zweck des gesetzlich geregelten Kontrahierungszwanges sowie der Gleichbehandlung von Netznutzungsinteressen ist die Förderung des Wettbewerbs im Eisenbahnwesen, insbesondere die Gewährleistung von fairen Bedingungen für sämtliche Wirtschaftsunternehmen des nachgelagerten Transportmarkts. Dieser Zweck entspringt einer politischen Wertentscheidung und ist als hinreichend sachgerechter Gemeinwohlgrund anzuerkennen. Bezüglich der Geeignetheit und Erforderlichkeit des Eingriffs in Art. 12 Abs. 1 GG ergeben sich gegenüber der Prüfung an Art. 14 Abs. 1 GG keine Besonderheiten.

Auch in Bezug auf die Verhältnismäßigkeit im engeren Sinne kann auf die Vergleichbarkeit der Schrankenregelungen zwischen den Grundrechten auf Eigentum und Berufsfreiheit hingewiesen werden, die im Bereich von unternehmerischen Tätigkeiten prinzipiell funktionell aufeinander bezogen sind.[1088] In diesen Fällen verbietet sich bei der Rechtmäßigkeitsprüfung eines Grundrechtseingriffs in die Berufsfreiheit ein von der verfassungsrechtlichen Untersuchung des Art. 14 Abs. 1 GG abweichendes Ergebnis.[1089] Dient die freie Nutzung eines Eigentumsobjektes beruflichen Zwecken und wird bereits in das Eigentumsrecht eingegriffen, stehen Art. 14 GG und Art. 12 GG in Idealkonkurrenz zueinander. Insofern erübrigt sich eine gesonderte Verhältnismäßigkeitsprüfung des Eingriffs in die Berufsausübungsfreiheit.[1090] Stellt somit der gesetzliche Kontrahierungszwang nach § 14 Abs. 1 AEG grundsätzlich eine verfassungskonforme Inhalts- und Schrankenbestimmung des Netzeigentums im Sinne des Art. 14 Abs. 1 S. 2 GG dar, so ist der ebenfalls darin enthaltene Eingriff in die Berufsausübungsfreiheit des Schienennetzeigentümers nach Art. 12 Abs. 1 GG verhältnismäßig im Sinne der Schranken

---

1086 BVerfGE 70, 1, 28; 78, 155, 162, 95, 173, 183.

1087 Jarass, in: Jarass/Pieroth (Hrsg.), GG-Komm., Art. 12, Rn. 36.

1088 BverfGE 50, 290, 365; Jarass, in: Jarass/Pieroth (Hrsg.), GG-Komm., Art. 12, Rn. 3. Für das Gemeinschaftsrecht v. Milczewski, Der grundrechtliche Schutz des Eigentums im Europäischen Gemeinschaftsrecht, S. 103.

1089 Vgl. Göbbels, Durchleitungsverträge unter dem Wettbewerbsregime auf den Märkten für elektrische Energie, S. 49.

1090 Die Verhältnismäßigkeitsprüfung hinsichtlich des Eingriffs in die Berufsfreiheit unterliegt zwar eigenen Grundsätzen. Durch die Vorgabe des Ergebnisses ist eine eigene Prüfung jedoch entbehrlich.

des Art. 12 Abs. 1 S. 2 GG und schließlich als verfassungskonform zu bewerten. Auch bezüglich der Verfassungskonformität einer Verweigerung des Vorrangs zur eigenen Nutzung des Eigentums im Sinne des § 9 EIBV kann auf die Ausführungen zu Art. 14 GG verwiesen werden. Soweit dem Netzeigentümer bei Kapazitätsengpässen ein Vorrang verweigert wird und er sich im Rahmen einer gesetzlichen Gleichbehandlung wie Konkurrenten auf dem nachgelagerten Transportmarkt um die Bedienung der Trassen nach einem gesetzlich festgelegten Verfahren bewerben muss, erscheint die diesbezügliche gesetzliche Regelung als verfassungswidrig.

5. Zwischenergebnis

Es ist festzuhalten, dass Eingriffe in die Freiheit der Berufsausübung gemäß Art. 12 Abs. 1 GG in Form von gesetzlichen Zugangsrechten in Verbindung mit einem konkurrentennützigen Kontrahierungszwang bei freien Kapazitäten verfassungsrechtlich gerechtfertigt sind. Bestehen hingegen Kapazitätsengpässe, so ist die sich aus § 9 EIBV ergebende Versagung der vorrangigen Nutzung der eigenen Infrastruktur nicht mit der Freiheit der Berufsausübung zu vereinbaren.

C. Fazit

Die Förderung des Wettbewerbs im Eisenbahnwesen ist unerlässlich für die angestrebte Liberalisierung und Weiterentwicklung dieses Wirtschaftssektors, welche wiederum für die Positionierung im intermodalen Wettbewerb mit anderen Verkehrsbereichen maßgebende Auswirkungen hat. Aufgrund des natürlichen Monopols der Eisenbahninfrastruktur kommt dem gesetzlich geregelten Netzzugang für sämtliche Konkurrenten auf vor- und nachgelagerten Märkten in diesem Zusammenhang eine entscheidende Bedeutung zu und legt eine wettbewerbsorientierte Auslegung dieser Vorschriften daher nahe. Diesen Zugangsrechten steht jedoch der Rechtsgrundsatz entgegen, dass ein Unternehmen nicht zur aktiven Förderung seiner Konkurrenten gezwungen werden darf, es ihm vielmehr zusteht, sämtliche wettbewerbskonformen Funktionen und Methoden im Markt auszuüben. Dieses Recht umfasst regelmäßig auch die Befugnis, Dritte von der Nutzung des eigenen Eigentums auszuschließen.

Inwieweit die DB AG Rechte aus Art. 14 beziehungsweise 12 GG geltend machen kann, hängt davon ab, ob sie überhaupt Trägerin materieller Grundrechte sein kann. In ihrer gegenwärtigen Organisationsform ist sie als Eigengesellschaft einzustufen, nach einem Börsengang und damit verbundener Anteilsverkäufe an private Investoren hätte sie den Status eines gemischt-wirtschaftlichen Unternehmens. Zur Frage nach der Grundrechtsfähigkeit ehemaliger Staatsmonopole hat sich bislang keine herrschende Ansicht herausgebildet. Für die DB AG gilt, dass sie trotz Existenz als Eigengesellschaft in ihren unternehmerischen Entscheidungen selbständig ist, so dass sie sich in einer grundrechtstypischen Gefährdungslage befindet. Die grundgesetzliche Vorgabe des Art. 87e Abs. 3 S. 1 GG, als wirtschaftlich ausgerichtetes Unternehmen eigenverantwortlich und gewinnorientiert zu agieren, spricht entscheidend für eine Grundrechtsfähigkeit des Unternehmens. Eine Versagung der Grundrechtsfähigkeit hätte eine Benachteiligung der DB AG im Wettbewerb gegenüber den Konkurrenten zur Folge.

Die Möglichkeit der DB AG, sich in Verbindung mit Art. 19 Abs. 3 GG auf Grundrechte berufen zu können, führt dazu, dass sich das Spannungsverhältnis zwischen der Förderung von Wettbewerb zum Gemeinwohl und dem Eigentumsrecht des Infrastrukturinhabers auch im Eisenbahnwesen stellt. Für eine Verfassungskonformität der Zugangsregelungen streiten insbesondere, dass die Eisenbahninfrastruktur unter dem Schutz eines staatlichen Monopols und unter Verwendung öffentlicher Mittel ohne eigene Verdienste des Unternehmens entstanden sind sowie darüber hinaus der Infrastrukturbetreiber ein Entgelt für als Kompensation für die Gewährung des Netzzugangs an Dritte erhält.

Hinsichtlich des allgemeinen Zugangsrechts aus § 14 Abs. 1 AEG ist die Zugangsgewährung als verfassungskonform anzusehen, da bei verfügbarer Kapazität die Belange des Allgemeinwohls gegenüber den Interessen des Infrastrukturinhabers überwiegen. Hinsichtlich der gesetzlichen Regelung bei Kapazitätsengpässen, dass gemäß § 9 EIBV dem Infrastrukturinhaber eine vorrangige Nutzung seiner Infrastruktur verweigert wird, überwiegt hingegen das Interesse des Eigentümers. Eine vollständige Gleichbehandlung mit anderen Nutzungsinteressenten ist für den Infrastrukturinhaber nicht zumutbar. Sämtliche Bekenntnisse zum Wettbewerb dürfen nicht dazu führen, dass gegen tradierte und gefestigte Werte wie die substantielle Anerkennung des Grundrechts auf Eigentum nach Art. 14 Abs. 1 GG verstoßen wird. Entsprechendes gilt in diesem Zusammenhang für die Verfassungskonformität gesetzlicher Zugangsregelungen im Lichte der Berufsfreiheit.

Teil 2
Organisationsrechtliche Ausgestaltung des Eisenbahnwesens

Kapitel V
Gegenüberstellung der Grundmodelle

Nach Erörterung der gegenwärtigen wirtschaftlichen und rechtlichen Ausgangslage erscheint es auf Grundlage der Erkenntnis, dass eine signifikante Wettbewerbsbelebung unerlässlich ist, um im Eisenbahnwesen Effizienz und Innovation zu steigern, den Kosten- und Subventionsbedarf zu senken und schließlich im intermodalen Wettbewerb konkurrenzfähig zu werden, zweifelhaft, ob ein vertikal integriertes System die optimale Organisationsstruktur für das Eisenbahnwesen darstellt. Sämtliche bereits eingeleiteten Maßnahmen konnten bislang den wirtschaftlichen Niedergang des Eisenbahnwesens nicht aufhalten beziehungsweise zur Revitalisierung dieses Wirtschaftssektors positive Anreize erzeugen und Markteintrittsbarrieren beseitigen. Das stets als treibende Kraft des Liberalisierungsprozesses fungierende Gemeinschaftsrecht gewährt gemäß Art. 6 Abs. 1 der Richtlinie 2001/12/EG den Mitgliedstaaten weiterhin einen weiten Spielraum zur Ausgestaltung nationaler Organisationsstrukturen, den die Bundesrepublik Deutschland in § 9 AEG umgesetzt hat.

A. Darstellung

Die ordnungspolitische Ausgestaltung des Eisenbahnwesens hat sich seit Jahren zu einer Art Glaubensfrage zwischen zwei divergierenden Grundpositionen entwickelt, die von wirtschaftlichen und politischen Interessen erheblich beeinflusst wird. Eine Grundposition stellt das Ordnungsmodell der vertikalen Desintegration dar, die mittels einer institutionellen Trennung von Infrastruktur und Transport notwendige Impulse für eine Wettbewerbsbelebung im Schienenverkehrsmarkt setzen soll.[1091] In diesem System werden voneinander abhängige Wertschöpfungsstufen von unterschiedlichen und unabhängigen Unternehmen angeboten, so dass marktliche Transaktionen ein Maximum an Diskriminierungsfreiheit und Transparenz gewährleisten.[1092]

1091 Schwalbach, Wettbewerb auf der Schiene, S. 193; Aberle/Eisenkopf, Schienenverkehr und Netzzugang, S. 36.

1092 Rodi, Effizienz im Schienenverkehr, S. 60.

Der vertikalen Desintegration diametral entgegen steht das System der vertikalen Integration. Anhänger dieses gegenwärtigen Systems erachten es trotz eines hohen Regulierungsaufwandes als unentbehrlich zur Gewährung eines stabilen Verkehrsektors Eisenbahn und begründen dies entscheidend mit der gegenseitigen Abhängigkeit beider Wertschöpfungsstufen.[1093] Der Wettbewerb soll durch vermehrte Regulierung des integrierten Unternehmens sowie der Gewährung diskriminierungsfreien Netzzugangs für konzernfremde Schienenverkehrsunternehmen eine optimale Förderung erfahren. Diese bereits in der Vergangenheit kontrovers geführte Diskussion hat jüngst wieder an Aktualität gewonnen durch die Umsetzung der EG-Richtlinien, die AEG-Novelle aus dem Jahre 2005 sowie vor allem infolge des geplanten Börsengangs der DB AG.

I. Vertikale Desintegration

Das Organisationsmodell der vertikalen Desintegration zeichnet sich durch eine vollständige institutionelle Trennung der Wertschöpfungsstufen Infrastruktur und Transport aus.[1094] Die vertikale Integration stellt die von der Europäischen Union stets favorisierte Struktur dar.[1095] Der Infrastrukturbetreiber als natürlicher Monopolist auf der einen und die Transportdienstleistungen anbietenden Eisenbahnverkehrsunternehmen auf der anderen Seite sind institutionell voneinander unabhängig und auch nicht indirekt über eine Holding oder eine andere Beteiligungsstruktur gesellschaftsrechtlich oder organisatorisch verbunden.[1096] Der Schieneninfrastrukturbetreiber stellt im Rahmen seiner Verantwortlichkeit für die Trassenvergabe konkurrierenden Transportunternehmen Nutzungsrechte an der Infrastruktur gegen ein Entgelt zur Verfügung und ist darüber hinaus für die Instandhaltung des Netzes, die Festlegung und Überwachung von Sicherheitsstandards, die Koordination von Betriebsabläufen im Netz sowie den Investitionsentscheidungen im Zusammenhang mit der Infrastruktur verantwortlich.[1097] Ihm fehlt jeglicher Anreiz, den Wettbewerb zwischen den Eisenbahnverkehrsunternehmen durch diskriminierende Verhaltensweisen zu behindern. Während ein privater Infrastrukturbetreiber aus dem Streben nach eigener Gewinnmaximierung ein umworbenes Produkt liefern wird, um welches sich ein funktionierender Wettbewerb entfacht, gewährleistet ein staatlicher Betreiber schon aus volkswirtschaftlichem und haushalterischem Interesse an einem effizienten Wirtschaftssektor einen diskriminierungsfreien Markt für konkurrierende Transportgesellschaften.

1093 So vor allem die Argumentation der DB AG, zusammengefasst in Schnell, Int. Verkehrswesen 2001, 529, 529 ff.

1094 Aberle/Eisenkopf, Schienenverkehr und Netzzugang, S. 20.

1095 Vgl. nur KOM (96) 421 endg., Zusammenfassung Nr. 5.

1096 Schnell, Int. Verkehrswesen 2001, 529, 532.

1097 Brenck, in: Ewers (Hrsg.), Privatisierung des Schienenverkehrs, S. 37, 135; Rodi, Effizienz im Schienenverkehr, S. 60 f.

Eisenbahnverkehrsunternehmen können ihrerseits sämtliche Energien und Ressourcen auf den Wettbewerb konzentrieren, ohne dabei Verzerrungen oder Behinderungen seitens des Infrastrukturbetreibers befürchten zu müssen. Diese Organisationsstruktur erfordert mangels Diskriminierungsanreizen lediglich ein Minimum an Regulierung und bietet sämtlichen Konkurrenten die gleiche Basis zur eigenen freien Entfaltung. Eine Regulierungsbedürftigkeit reduziert sich im System der vertikalen Desintegration auf mögliche monopolistische Preissetzungen des Infrastrukturbetreibers sowie unzulässige Absprachen zwischen Unternehmen.

II. Vertikale Integration

Das System der vertikalen Integration zeichnet sich dadurch aus, dass ein Mehrproduktunternehmen als Vorleistung eines Gesamtproduktes voneinander abhängige Güter einer Wertschöpfungskette herstellt.[1098] Auch diese Struktur ist im Eisenbahnwesen europarechtlich nach den Art. 4 ff. der Richtlinie 2001/12/EG mit der Einschränkung einer rechnerischen und organisatorischen Trennung von Schieneninfrastruktur und Transportbetrieb legitimiert. Die gegenwärtige Konzernstruktur der DB AG erfüllt diese Mindestanforderungen, da sämtliche Infrastrukturgesellschaften und Transportsparten voneinander unabhängig sind, eine Verbindung jedoch über Beherrschungs- und Gewinnabführungsverträge mit der Holding gemäß § 291 AktG besteht. Die Gewährleistung eines diskriminierungsfreien Netzzugangs für Dritte gemäß § 14 Abs. 1 AEG sowie eine effektive staatliche Regulierung sollen einen funktionierenden Wettbewerb zwischen den Eisenbahnverkehrsunternehmen auf dem Transportmarkt sicherstellen. Je nach Ausgestaltung des Regulierungsregimes und davon abhängiger Gestaltungsfreiheit der Beteiligten ist weiterhin zwischen dem verhandelten Netzzugang und dem regulierten Netzzugang zu unterscheiden.[1099] Die Begrifflichkeiten entstammen weder dem europäischen noch dem deutschen Eisenbahnrecht, sondern haben ihren Ursprung in Art. 17 Abs. 1 beziehungsweise Art. 17 Abs. 4 der Richtlinie 96/92/EG im Bereich des Energiesektors. Die Zulässigkeit beider Regulierungssysteme für das Eisenbahnwesen folgt aus Art. 13 Abs. 3 der Richtlinie 2001/14/EG.

1. Verhandelter Netzzugang

Beim verhandelten Netzzugang beruht der diskriminierungsfreie Netzzugang ausschließlich auf einer gesetzlichen Grundlage, im nationalen Eisenbahnrecht namentlich § 14 Abs. 1 AEG. Basierend auf privatrechtlicher Gestaltungsfreiheit der Vertragsparteien und effektiver staatlicher Intervention bei Wettbewerbsverletzungen durch das vertikal integrierte Unternehmen wird der verhandelte Netzzu-

---

1098 Knieps, Wettbewerbsökonomie, S. 151.

1099 Vgl. Aberle/Eisenkopf, Schienenverkehr und Netzzugang, S. 20.

gang auch als Ex-Post-Regulierung bezeichnet.[1100] Die Konditionen des Netzzugangs, insbesondere Benutzungsentgelt und Trassenzuweisung, sind grundsätzlich frei verhandelbar und unterliegen den Grundsätzen der Vertragsautonomie der Parteien.[1101] In der Theorie bedarf dieses System innerhalb eines weiten Rahmens keiner weiteren staatlichen Intervention vor Vertragsschluss.[1102]. Dennoch hat in der Praxis der Infrastrukturbetreiber als Monopolist eine stärkere Verhandlungsposition sowie das Bestreben, seine integrierte Transportsparte zu bevorzugen. Bei wettbewerbsschädigenden Verhaltensweisen in Form von Diskriminierungen oder sonstigen Behinderungen durch das vertikal integrierte Unternehmen im Zuge von Vertragsverhandlungen oder Vertragsbeziehungen ist die betroffene Partei auf die Beschreitung des Rechtswegs angewiesen. Eine staatliche Kontrolle des tatsächlich gewährleisteten Netzzugangs erfolgt somit erst ex-post und auf Initiative der Parteien. Gegenwärtig gilt im nationalen Eisenrecht das Prinzip des verhandelten Netzzugangs. Dies folgt aus § 14 Abs. 6 AEG, wonach Einzelheiten des Netzzugangs, insbesondere hinsichtlich des Zeitpunktes und der Dauer der Nutzung sowie das zu entrichtende Entgelt und die sonstigen Nutzungsbedingungen einschließlich die der Betriebssicherheit dienenden Bestimmungen zwischen den Trassennachfragern und dem Infrastrukturunternehmen zu vereinbaren sind, sowie aus § 14a AEG, der Vereinbarungen über Rahmenverträge erlaubt.[1103] Als Verhandlungsergebnis schließen die Parteien stets einen zivilrechtlichen Vertrag.[1104] § 4 EIBV, der die Betreiber von Schienenwegen zur Aufstellung von Nutzungsbedingungen einschließlich der AGB verpflichtet, und § 10 Abs. 1 S. 4 in Verbindung mit § 4 EIBV, der den Eisenbahninfrastrukturunternehmen entsprechende Verpflichtungen auferlegt, unterstützen die zivilrechtliche Einordnung. Darüber hinaus bestätigen sie auch die prinzipiell stärkere Verhandlungsposition des Infrastrukturbetreibers als Leistungserbringer.[1105]

2. Regulierter Netzzugang

Beim regulierten Netzzugang garantiert der Staat nicht nur den grundsätzlichen Netzzugang, sondern legt zudem verbindliche Netzzugangskonditionen fest.[1106] Aufgrund der staatlichen Kontrolle bereits vor Vertragsschluss wird diese Variante

---

1100 Eisenkopf, Ex ante vs. ex post Regulation in the German Railway Sector.

1101 Ruge, IR 2004, 248, 248 f. Ähnlich auch Art. 17 Abs. 1 der RL 96/92/EG, wonach der Netzzugang „auf der Grundlage freiwilliger kommerzieller Vereinbarungen" beruht.

1102 OVG Münster, NVwZ-RR 2004, 399, 399.

1103 Frenzel, NZV 2006, 57, 61.

1104 Ruge, DVBl. 2005, 1405, 1406.

1105 Ruge, AöR 131 (2006), 1, 18.

1106 PRIMON-Gutachten, S. 163. Ähnlich auch Art. 17 Abs. 4 der RL 96/92/EG, der von einem gesetzlich geregelten Zugangsanspruch aufgrund öffentlich-rechtlicher Tarife für die Netznutzung ausgeht.

auch als Ex-Ante-Regulierung bezeichnet.[1107] Detaillierte gesetzliche Ausgestaltungen von Zugangsbedingungen in Form von verbindlichen legislativen Vorgaben für Allgemeine Geschäftsbedingungen regeln beim regulierten Netzzugang das Verhältnis der Beteiligten. Auch geführte Vertragsverhandlungen unter Aufsicht der Regulierungsinstanz oder die Genehmigung von Vertragsbedingungen sind als Einzelfallregulierungen denkbar. Vor allem Trassenzuweisung, Netznutzungsgebühren sowie Vertragsdauer stellen wesentliche, mögliche Gegenstände staatlicher Intervention dar, die auch ohne Antrag der Parteien auf Eigeninitiative der Regulierungsinstanz erfolgen kann.[1108] Das AEG enthält verschiedene Elemente der Ex-Ante-Regulierung. So normiert beispielsweise § 14 Abs. 4-6 AEG Vorgaben zur Entgeltbemessung und § 14e AEG gewährt der Regulierungsbehörde eine Vorabprüfungsbefugnis über geplante Vorhaben der öffentlichen Eisenbahninfrastrukturunternehmen, die gemäß § 14d AEG der Mitteilungspflicht unterliegen.[1109] Im Vergleich zum System der vertikalen Desintegration und dem verhandelten Netzzugang handelt es sich bei dem regulierten Netzzugang um das eingriffsintensivste staatliche Kontrollinstrument, das aufgrund der Einschränkung der freien Entfaltung des Wettbewerbs einer hinreichend fundierten Rechtfertigung bedarf.[1110] Andererseits bietet er die größte Rechtssicherheit, da langwierige Rechtsstreitigkeiten nach Vertragsschluss ausbleiben. Trotz der existenten Elemente der Ex-Ante-Regulierung dominiert im Eisenbahnrecht der Grundsatz des verhandelten Netzzugangs nach § 14 Abs. 6 AEG.[1111]

B. Vertikale Integration versus vertikale Desintegration

Die kontroversen Diskussionen um eine überlegene Grundstruktur für die organisationsrechtliche Ausgestaltung des Eisenbahnwesens begründen sich wesentlich in den divergierenden Interessenlagen der Beteiligten. So streiten insbesondere Vertreter der DB AG für eine Beibehaltung der vertikalen Integration, um die Kontrolle über die Infrastruktur zu behalten, während Wettbewerber zur Verbesserung der eigenen Marktsituation für eine vertikale Integration eintreten.

I. Vorteile der vertikalen Integration

Befürworter der vertikalen Integration führen in erster Linie Effizienzvorteile ins Feld, die eine Produktion voneinander abhängiger Güter einer Wertschöpfungs-

---

1107 Eisenkopf, S. 1; Monopolkommission, Netzwettbewerb durch Regulierung, Hauptgutachten 2000/2001, Rn. 802.

1108 Monopolkommission, Netzwettbewerb durch Regulierung, Hauptgutachten 2000/2001, Rn. 802.

1109 Gerstner, in: Hermes/Sellner (Hrsg.), AEG, § 14, Rn. 17.

1110 So auch Aberle/Eisenkopf, Schienenverkehr und Netzzugang, S. 23.

1111 Ruge, AöR 131 (2006), 1, 18.

kette in einem Unternehmen bietet.[1112] Höhere Effizienzgewinne beruhen insbesondere auf der Ausnutzung von Verbundvorteilen, die sich in verschiedenen Ausprägungen darstellen,[1113] sowie auf der Existenz vorhandener Kettenmonopole zur Vermeidung überhöhter Wohlfahrtsverluste.[1114]

1. Verbundvorteile

Verbundvorteile sind definiert als Kosten- und Erlösvorteile, die bei steigender Unternehmensgröße und Diversifizierung erzielt werden und im Mehrproduktunternehmen für das Vorliegen eines natürlichen Monopols als erforderlich erachtet werden.[1115] Zur Gewinnmaximierung eines Unternehmens ist demnach stets die optimale Ausnutzung von Verbundvorteilen anzustreben.[1116] So resultiert in einem vernetzten System, bestehend aus einer vielfältigen Wertschöpfungskette, ein marktfähiges Gesamtprodukt erst aus der Summe sämtlicher voneinander abhängiger Leistungen.[1117] Auch im Eisenbahnwesen werden Verbundvorteile mit der Komplexität des Gesamtsystems begründet.[1118]

Entscheidend für ebenso reibungslos wie effizient ablaufende Planungs- und Produktionsprozesse sind vor allem sachgerechte Abstimmungen der voneinander abhängigen Komponenten Angebot, Rollmaterial und Infrastruktur. Während in der Angebotskomponente die Optimierung des Fahrplanes abhängig von der Leistungsfähigkeit des Rollmaterials und der Infrastruktur ist, muss das Rollmaterial auf die Infrastruktur und das Angebot abgestimmt werden. Schließlich ist die Infrastruktur für die Bereitstellung nötiger Kapazitäten und technischer Einrichtungen verantwortlich, um das Fahrplanangebot mit dem entsprechenden Rollmaterial zu bedienen.[1119] Wesentliche Determinanten der Verbundvorteile im Eisenbahnwesen sind technologische Einheit des Gesamtsystems, Transaktionskostenersparnisse, Sicherheit des Systemverkehrs sowie einheitliches Störungsmanagement.

1112 Vgl. Knieps, Wettbewerbsökonomie, S. 151.

1113 In der Literatur besteht Uneinigkeit über die Begriffsbestimmungen. Während teilweise Effizienzvorteile nach Transaktionskostenersparnissen und Verbundvorteilen getrennt werden, Rodi, Effizienz im Schienenverkehr, S. 130 ff., verwendet die überwiegende Literatur Verbundvorteile als Oberbegriff, vgl. Hedderich, Vertikale Desintegration im Schienenverkehr, S. 63 ff.; Ewers/Meyer, Jahrbuch für Neue Politische Ökonomie 1994, 178, 187 ff.In Übereinstimmung mit der mehrheitlichen Begriffsfassung werden hier die Verbundvorteile als Oberbegriff verwendet.

1114 Vgl. Rodi, Effizienz im Schienenverkehr, S. 130.

1115 PRIMON-Gutachten. S. 192.

1116 Hedderich, Vertikale Desintegration im Schienenverkehr, S. 63.

1117 Vgl. Schnell, Int. Verkehrswesen 2001, 529, 529.

1118 Pachl, Int. Verkehrswesen 2005, 510, 511.

1119 Vgl. Schnell, Int. Verkehrswesen 2001, 429, 430.

a. Technologische Einheit des Gesamtsystems

Zentrales Argument für die Produktion in einem vertikal integrierten Unternehmen ist die Notwendigkeit eines Verbundes zur Sicherung der technologischen Einheit des Gesamtsystems Schienenverkehr.[1120] Vor dem Hintergrund gegenseitiger Abhängigkeit der einzelnen Komponenten sei eine einheitliche technologische Weiterentwicklung unverzichtbar.[1121] Die Produktion von Erfolgsprodukten wie dem TGV, dem ICE oder dem Eurostar sei nur in vertikal integrierten Unternehmen möglich, da dort das Zusammenspiel von Angebot, Rollmaterial und Infrastruktur gewährleistet sei und reibungslos funktioniere.[1122] Zur Vermeidung von Ressourcenverschwendungen müssten sämtliche Produktionsstufen als Einheit betrachtet werden.[1123] Zahlreiche Schnittstellen technischer Art zwischen Infrastrukturqualität und komplementären Fahrzeugen erforderten aufeinander abgestimmte Innovationen und Investitionen, die sich zudem auf weitere Bereiche, unter anderem der Signalisierung und den Leit- und Sicherungssystemen erstreckten. Etwaige Koordinationsmängel technischer, zeitlicher oder finanzieller Art würden in einem vertikal integrierten Unternehmen weitestgehend vermieden.[1124] Zudem ließen sich weitere Verbundvorteile aus produktionstechnischen Kostenersparnissen infolge des Einsatzes bestimmter Produktionsfaktoren auf beiden Wertschöpfungsstufen, beispielsweise Arbeitskräfte, Maschinen oder Produktionsstätten, generieren.[1125] Außerdem sei ein vertikal integriertes Unternehmen durch eine eigene Transportsparte direkt mit dem Endkunden in Verbindung und könne somit bei weiteren Produktionsentwicklungen sachgerecht auf dessen Bedürfnisse eingehen.[1126]

b. Transaktionskostenersparnisse

Weitere entscheidende Verbundvorteile des vertikal integrierten Unternehmens werden im Ausnutzen von Transaktionskostenersparnissen ausgemacht. Eine Transaktion ist abstrakt definiert als Austausch von Verfügungsrechten.[1127] Transaktionskosten entstehen mit der Anbahnung, Vereinbarung, Abwicklung, Kontrolle und Anpassung von notwendigen Verträgen und treten sowohl bei marktlicher als

---

1120 Hedderich, Vertikale Desintegration im Schienenverkehr, S. 63 ff; BDI/DIHK-Gutachten, S. 17.

1121 Pachl, Int. Verkehrswesen 2005, 510, 511.

1122 Vgl. LITRA, Bahnreform 2: Die Vorteile der integrierten Bahn 2001, S. 7.

1123 Ewers/Meyer, Jahrbuch für politische Ökonomie 1994, S. 178, 189; Rodi, Effizienz im Schienenverkehr, S. 127,

1124 Pachl, Int. Verkehrswesen 2005, 510, 510.

1125 Hedderich, Desintegration im Schienenverkehr, S. 70.

1126 Pachl, Int. Verkehrswesen 2005, 510, 510.

1127 Rodi, Effizienz im Schienenverkehr, S. 131. Verfügungsrechte werden dort definiert als das Recht, ein materielles oder immaterielles Gut zu nutzen, sich den Ertrag aus der Nutzung anzueignen, das betreffende Gut zu verändern bzw. das Gut zu veräußern.

auch bei unternehmensinterner Koordination einer Aktivität auf.[1128] Die Produktion in einem verbundenen Unternehmen ist dann überlegen, wenn die Kosten der unternehmensinternen Transaktionsabwicklung niedriger sind als die Kosten einer marktlichen Abwicklung. Andernfalls ist ein Leistungsaustausch über den Markt vorteilhaft.[1129] Im Eisenbahnwesen erfordert die Übertragung des Nutzungsrechts an einer Trasse von dem Infrastrukturbetreiber auf die Transportunternehmen komplexe Verhandlungs- und Vertragsbeziehungen zwischen den Beteiligten, die sich vorwiegend als marktliche Transaktionskosten darstellen. Im Rahmen des Netzzugangs sind neben rechtlichen und wirtschaftlichen Einigungen zusätzliche technische Anpassungen hinsichtlich der Ausgestaltung und Finanzierung zu vereinbaren. Dagegen führen interne Abstimmungen zu signifikanten Transaktionsersparnissen in Form von Kosten- und Zeitvorteilen.

Zusätzlich spielen Investitionen eine wesentliche Rolle hinsichtlich der Transaktionskosten, die die gegenseitige Abhängigkeit der beiden Produktionsstufen reflektieren. Investitionen in die Schieneninfrastruktur stellen versunkene Kosten dar. Das investierende Unternehmen ist zur Refinanzierung auf die Nutzung der Infrastruktur durch Transportunternehmen angewiesen, um entsprechende Trassenerlöse zu erzielen. Transportunternehmen wiederum müssen das rollende Material auf die technischen Anforderungen der Infrastruktur abstimmen. Für die Gewährleistung der Kompatibilität beider Produktionsstufen ist zur Vermeidung von Ressourcenverschwendungen eine Kooperation zwischen beiden Wertschöpfungsstufen anzustreben, die aufgrund der langen Lebensdauer des rollenden Materials längerfristig anzulegen ist.[1130] Dies gilt nicht nur für erstmalig getätigte Investitionen, sondern auch für die technische Weiterentwicklung sowie den gesamten Bereich Forschung und Entwicklung. Für die Vorteilhaftigkeit des vertikal integrierten Systems wird deshalb argumentiert, dass dort Investitionspläne nach übergeordneten und einheitlichen Konzerninteressen getroffen würden, während bei einer vertikalen Trennung die Gefahr bestünde, dass die betreffenden Unternehmen unterschiedliche Unternehmensstrategien verfolgten.[1131] So sei vorstellbar, dass der Infrastrukturbetreiber die Verbesserung seines wirtschaftlichen Ergebnisses wesentlich durch Kostenreduzierungen anstrebe, wohingegen ein Transportunternehmen Investitionen in die technische Weiterentwicklung plane. Ein solcher Zielkonflikt aus den divergierenden Investitionsplänen könne in beträchtlichen Ressourcenverschwendungen resultieren.[1132] Schließlich werden Transaktionskosten bei der Fahrplanerstellung sowie auf gering ausgelasteten

1128 Hedderich, Desintegration im Schienenverkehr, S. 71; Rodi, Effizienz im Schienenverkehr, S. 131.

1129 Hedderich, Desintegration im Schienenverkehr, S. 71.

1130 Rodi, Effizienz im Schienenverkehr, S. 138.

1131 Vgl. Hedderich, Vertikale Desintegration, S. 76 f.

1132 So auch Laaser, Wettbewerb im Verkehrswesen, S. 270 ff.

Netzteilen ausgemacht. Vertreter der vertikalen Integration argumentieren, dass einzig eine Koordination der Fahrpläne im integrierten Unternehmen eine für alle Marktteilnehmer vorteilhafte Beständigkeit gewährleiste.[1133]

Auch dies folge bereits aus der Komplexität, die eine im Voraus bestimmbare Zahl zu vergebener Trassen unmöglich mache.[1134] Maximale Vorhersehbarkeit, Zuverlässigkeit und Integration förderten die Etablierung eines Markennamens sowie die Imageverbesserung des gesamten Eisenbahnwesens und ermöglichten Marktakteuren eine längerfristige Planungssicherheit.[1135] Schließlich werden Transaktionskostenersparnisse beim Betrieb auf gering ausgelasteten Netzteilen vermutet, da es eine überflüssige Duplizierung von Personalkosten darstelle, wenn dort sowohl Mitarbeiter des Infrastrukturbetreibers als auch des Transportunternehmens tätig wären.[1136] In einem vertikal integrierten Unternehmen sei das Personal dagegen auf beiden Wertschöpfungsstufen einsetzbar.

c. Sicherheit des Systemverkehrs

Die Sicherheit des Systemverkehrs ist ein weiterer Faktor in der Diskussion um Verbundvorteile. Wirkende Massenkräfte bei Zuglängen von 400 bis 500 Metern, einem zulässigen Gesamtgewicht von über 700 Tonnen bei einem Triebfahrzeug sowie einem geringen Reibungswert zwischen Rad und Schiene stellen besonders hohe Anforderungen an die Sicherheit. Im Gegensatz zum Straßenverkehr wird im Schienenverkehr in der Regel nicht auf Sicht gefahren, sondern auf Basis von Fahrplänen und signalisierten Befehlen des Infrastrukturbetreibers, was ein besonderes Maß an Organisation und Koordination erfordert. Vertreten wird, dass nur eine vertikal integrierte Unternehmensstruktur die hinreichende Einhaltung von Sicherheitsstandards gewährleiste, indem technische Normen, die Qualifikation des Personals sowie die gegenseitige Abhängigkeit von Infrastruktur und Rollmaterial einheitlich an sicherheitsrelevante Bedürfnisse der Kunden angepasst würden.[1137] Der ökonomische Grundsatz, kritische Erfolgsfaktoren aus einer Hand zu produzieren, gelte insbesondere für ein solch komplexes Wirtschaftssystem wie dem Eisenbahnwesen, wo die Sicherheit von mehreren Faktoren abhinge.[1138] Entscheidend sei indes eine einheitliche Verantwortung für die Sicherheit des

1133 Vgl. Rodi, Effizienz im Schienenverkehr, S. 138.

1134 Pachl, Int. Verkehrswesen 2005, 510, 511.

1135 Rodi, Effizienz im Schienenverkehr, S. 138 f.

1136 Vgl. dazu Rodi, Effizienz im Schienenverkehr, S. 144.

1137 Vgl. LITRA, Bahnreform 2: Die Vorteile der integrierten Bahn, S. 7.

1138 Vgl. LITRA, Bahnreform 2: Die Vorteile der integrierten Bahn, S. 7. Als sicherheitsrelevante Faktoren werden dort die technische Weiterentwicklung von Sicherheitsmaßnahmen, Investitionen in rollendes Material, Infrastruktur und Signalanlagen, Ausbildungsstandards beim Personal, koordinierter Wartungseinsatz, funktionierendes Kommunikationsnetz genannt.

Systems, welche auch nach außen hin Verlässlichkeit demonstriere, um das hohe Sicherheitsniveau des Eisenbahnwesens in Zukunft halten zu können. Gegen ein desintegriertes System wird deshalb vorgetragen, dass ein erhöhter Wettbewerbsdruck sowie Kosteneinsparungen zu Vernachlässigungen in Sicherheitsfragen verleiten könnten.[1139] Insofern stünden kurzfristige Ziele der Gewinnmaximierung längerfristigen sicherheitsrelevanten Entwicklungen entgegen.

d. Einheitliches Störungsmanagement

Bezüglich des Störungsmanagements gelten vergleichbare Erwägungen wie bei der Sicherheit im Eisenbahnwesen. Zugunsten einer vertikalen Integration wird vorgebracht, dass ein zweckmäßiges Störungsmanagement nur in einer Betriebszentrale im integrierten Unternehmen gewährleistet werden könne.[1140] Bei Betriebsstörungen seien oftmals unter großem Zeitdruck optimal abgestimmte Entscheidungen mit netzweiten Auswirkungen zu treffen. So müssten Züge umgeleitet und in einen bestehenden Fahrplan eingefügt werden, die dennoch zeitnah ihr Ziel erreichen sollten, was ein überaus effizientes Verfahren erfordere.[1141]

2. Vermeidung von Wohlfahrtsverlusten

Die Existenz eines etwaigen Effizienzvorteils infolge der Vermeidung von Wohlfahrtsverlusten basiert auf der Annahme, dass bei einer Produktion in voneinander unabhängigen Unternehmen Monopole auf beiden Produktionsstufen entstehen können.[1142] Eine doppelte Marginalisierung wäre Folge einer monopolistischen Cournot-Preisbildung auf beiden Wertschöpfungsstufen.[1143] Im Eisenbahnwesen setzt die Entstehung einer doppelten Marginalisierung demnach sowohl ein Monopol im Bereich der Infrastruktur als auch ein Monopol im Bereich des Transportbetriebes voraus. Letzteres erscheint äußerst zweifelhaft, denn eine Trennung beider Ebenen erzeugt gerade Anreize für die Entfaltung von Wettbewerb auf der Transportebene. Außerdem erscheint bei Monopolstellungen auf beiden Ebenen ein kooperatives Verhalten der Monopolisten wahrscheinlicher, welches eher zur Gewinnmaximierung beitragen wird als eine isolierte Monopolpreisbildung.[1144] Die Gefahr einer doppelten Marginalisierung besteht indes nicht. Insofern ist auch eine Vermeidung von Wohlfahrtsverlusten als Argument für Effizienzvorteile einer gemeinsamen Produktion in einem vertikal integrierten Unternehmen nicht haltbar. Für nachstehende Untersuchungen entfaltet sie keine Relevanz.

1139 BDI/DIHK-Gutachten, S. 335.

1140 Vgl. BDI/DIHK-Gutachten, S. 333.

1141 Pachl, Int. Verkehrswesen 2005, 510, 510.

1142 Diese werden dann als Kettenmonopole bezeichnet. Zu den theoretischen Grundlagen vgl. Rodi, Effizienz im Schienenverkehr, S. 145 f.

1143 Rodi, Effizienz im Schienenverkehr, S. 147.

1144 So auch Rodi, Effizienz im Schienenverkehr, S. 147.

3. Zwischenergebnis

Festzuhalten ist, dass gewisse Verbundeffekte in einem vertikal integrierten Eisenbahnunternehmen existieren. Dies gilt insbesondere hinsichtlich der technologischen Einheit des Systems Schiene, der Einsparung von Transaktionskosten, der Sicherheit des Schienenverkehrs sowie eines einheitlichen Störungsmanagements. Eine doppelte Marginalisierung durch Kettenmonopole aufgrund einer Trennung beider Produktionsstufen als weitere Begründung für ein vertikal integriertes Unternehmen existiert hingegen nicht.

II. Vorteile der vertikalen Desintegration

Als entscheidender Vorteil einer vertikalen Desintegration wird die institutionelle Unabhängigkeit der Wertschöpfungsstufen Infrastruktur und Transportbetrieb genannt.[1145] Während Diskriminierungspotentiale sowie Finanzierungsvorteile des vertikal integrierten Systems Wettbewerbsbehinderungen begründeten, fehle einem unabhängigen Schieneninfrastrukturbetreiber nahezu jeder Anreiz zu diskriminierenden Verhaltensweisen gegenüber Transportunternehmen.[1146] Als Konsequenz reduzierter Diskriminierungspotentiale ließen sich in einem transparenten System bei deutlich reduziertem Regulierungsbedarf maximale wirtschaftliche Ergebnisse erzielen.[1147]

1. Diskriminierungspotentiale

a. Begriff

Der Begriff der Diskriminierung ist gesetzlich zwar nicht legaldefiniert, wird aber in verschiedenen Rechtsbereichen verwendet. In Einklang mit Art. 3 Abs. 1 GG liegt eine Diskriminierung grundsätzlich sowohl bei einer unsachgerechten Ungleichbehandlung gleicher Sachverhalte als auch bei einer unsachgerechten Gleichbehandlung ungleicher Sachverhalte vor.[1148] Die konkrete Bestimmung einer Diskriminierung erfordert somit die Bildung von Vergleichsgruppen zur Prüfung der unterschiedlichen Behandlung ohne rechtlichen Grund.[1149] Entsprechendes gilt für den anderen Fall der Gleichbehandlung ungleicher Sachverhalte.

1145 Marquard Andresen, Die Pflichten der EU-Mitgliedstaaten zum Abbau versorgungspolitisch motivierter Marktinterventionen 2005, S. 155.

1146 Vgl. Aberle/Eisenkopf, Schienenverkehr und Netzzugang, S. 20. Auf Diskriminierungspotential in einem vertikal desintegrierten System durch Bevorzugung bestimmter Transportunternehmen wird unten eingegangen.

1147 Monopolkommission, Netzwettbewerb durch Regulierung, Hauptgutachten 2000/2001, Rn. 811.

1148 Aberle/Eisenkopf, Schienenverkehr und Netzzugang, S. 37 f.

1149 Gubelt, in: von Münch/Kunig (Hrsg.), GG-Komm., Art. 3 Rn 10 ff. m.w.N.

Im Eisenbahnwesen folgt das grundsätzliche Verständnis aus § 3 Abs. 1 Nr. 1 EIBV,[1150] welches zudem dem kartellrechtlichen Diskriminierungsbegriff des § 20 GWB entspricht.[1151] Allerdings ist eine einfache Subsumtion von Sachverhalten unter die verfassungsrechtliche Definition nicht immer sachgerecht.[1152] Zwar ist regelmäßig das Vorliegen eines dreipoligen Verhältnisses Voraussetzung für die Beurteilung einer Diskriminierung, so dass im Beispiel des Netzzugangsanspruchs eine ungerechtfertige Benachteiligung eines oder mehrerer Trassennachfrager durch den Infrastrukturinhaber im Vergleich zu einem anderen Transportunternehmen vorliegen müsste.[1153] Diese Betrachtungsweise berücksichtigt jedoch nicht hinreichend, dass im System der vertikalen Integration Gleichbehandlungen aller Transportgesellschaften konzernfremde Unternehmen entscheidend benachteiligen und damit diskriminierende Wirkungen entfalten können. Sachgerecht erscheint daher im Rahmen einer Gesamtbetrachtung wettbewerbshindernde Verhaltensweisen eines vertikal integrierten Unternehmens nach den Begleitumständen einer Entscheidung und ihren Folgewirkungen für den Wettbewerb zu beurteilen.[1154] Maßgebend für das Vorliegen einer Diskriminierung ist somit nicht die Ungleichbehandlung, sondern die Auswirkung des Verhaltens auf einen fairen Wettbewerb im Eisenbahnwesen. Diskriminierungen sind in verschiedenen Stadien der Beziehungen zwischen einem vertikal integrierten Unternehmen und Konkurrenten möglich und können sich in diversen Verhaltensweisen ausdrükken. Differenzieren lässt sich zwischen Zugangsverweigerungen, welche sich als Marktsperren darstellen und die Entstehung von Wettbewerb behindern, sowie Benachteiligungen im bestehenden Wettbewerb.[1155]

b. Zugangsverweigerungen

Trotz des in § 14 Abs. 1 AEG gesetzlich verankerten diskriminierungsfreien Zugangs zur Infrastruktur hat das vertikal integrierte Unternehmen durch Anwendung gesetzlicher Ausnahmevorschriften Möglichkeiten, konzernfremden Transportbetreibern den Zugang zur Schieneninfrastruktur zu verweigern beziehungs-

1150 So auch VG Koblenz, Beschluss vom 24.07.2002, Az. 3 L 1900/02.KO, das auch den europarechtlichen Diskriminierungsbegriff heranzog.

1151 Vgl. Bunte, Kartellrecht, S. 217 f. m.w.N.

1152 Vgl. dazu Kramer, N&R 2004, 134, 139. Kramer führt zur Erklärung dessen den Fall VG Koblenz, Beschluss v. 6.12.2002 – Az. 3 L 3379/02.KO, BA 8 an, in dem ein Eisenbahnverkehrsunternehmen für Sonderzugfahrten am Wochenende Nutzungsrechte bei der DB Netz AG bestellte. Die DB Netz AG verneinte dies mit der Begründung, auf den betreffenden Trassen am Wochenende grundsätzlich keine Zugfahrten zuzulassen. Dieser Fall fand übrigens seine Fortsetzung mit einer Sperrung der fraglichen Strecke durch die DB Netz AG, vgl. OVG Koblenz, Beschluss v. 19.02.2004 – Az. 7 B 11999/03. OVG.

1153 Ruge, AöR 131 (2006), 1, 18.

1154 So auch Kramer, N&R 2004, 134, 139.

1155 Vgl. den Überblick in Stichpunkten der Monopolkommission, Netzwettbewerb durch Regulierung, Hauptgutachten 2000/2001, Rn. 830.

weise bei Trassenkonflikten konzerneigene Transportsparten zu bevorzugen. Als solche sind vordergründig Großvaterrechte sowie Vorrangverkehre zu nennen.

aa. Großvaterrechte

Trassenwünsche konzernfremder Transportunternehmen kann die Infrastruktursparte des DB Konzerns mit der Begründung von Großvaterrechten verweigern. Als solche werden Vorrechte auf Trassen infolge des Bedienens derselben Trasse seit mehreren Fahrplanperioden bezeichnet.[1156] Die gesetzliche Basis folgt aus § 14a AEG in Verbindung mit § 13 EIBV in Umsetzung der gemeinschaftsrechtlichen Vorgaben zum Abschluss von Rahmenverträgen aus Art. 13 Abs. 2 S. 2, Art. 17 der Richtlinie 2001/14/EG. Der Rahmenvertrag im eisenbahnrechtlichen Sinne gemäß § 14a Abs. 1 AEG beschreibt die Vereinbarung über die Nutzung von Zugtrassen für einen längeren Zeitraum als eine Netzfahrplanperiode.[1157] Diese Vergaberechtspraxis verstößt grundsätzlich nicht nur gegen das Gebot der Gleichbehandlung, sondern stellt auch eine wettbewerbsbeschränkende Ausnahme der gesetzlich vorgeschriebenen jährlichen Trassenvergabe nach § 11 Abs. 2 EIBV dar. Der Schieneninfrastrukturbetreiber verfügt gemäß § 13 EIBV hinsichtlich Abschluss und Angebot von Rahmenverträgen unter Berücksichtigung des Diskriminierungsverbots über einen Entscheidungsspielraum.[1158] Insofern dient dieses Instrument zur Bevorzugung eigener konzerneigener Transportunternehmen.[1159]

Beispielsweise machte die DB Netz AG Konstruktionsprioritäten zum entscheidungsrelevanten Kriterium für die Trassenvergabe in der Fahrplanperiode 2003/2004. Danach wurden Trassenbestellungen von konzernfremden Eisenbahnverkehrsunternehmen zurückgewiesen, wenn die nachgefragte Trasse bereits vertraglich gebunden war.[1160] Eine weite Auslegung der Erlaubnis zum Abschluss längerfristiger Rahmenverträge gemäß § 14a AEG in Verbindung mit § 13 EIBV ermöglicht jedoch auch nach der AEG-Novelle 2005 durch eine vorgesehene Regellaufzeit nach § 13 Abs. 5 EIBV von fünf Jahren die Durchsetzung von Großvaterrechten.[1161] Trotz Bestreitens der rechtlichen Zulässigkeit dieses Vorrangkriteriums durch die Regulierungsbehörde fand die Rechtmäßigkeit von Großvaterrechten mehrfach gerichtliche Bestätigung.[1162]

1156 BDI/DIHK-Gutachten, S. 92 f.

1157 Ruge, DVBl. 2005, 1405, 1410.

1158 Vgl. Ruge, AöR 131 (2006), 1, 58.

1159 Vgl. BDI/DIHK-Gutachten, S. 92 f.

1160 EBA, Pressemitteilung vom 13.10.2003. Das EBA ordnete an, dass die DB Netz AG die Trassenvergaben in den beanstandeten Fällen neu zu treffen habe und verband die Entscheidung zugleich mit einem Zwangsgeld.

1161 Vgl. BDI/DIHK-Gutachten, S. 292.

1162 So zuletzt VG Köln, WuW 2005, 798, 798 ff.

bb. Vorrangverkehre

Gemäß § 14 Abs. 1 S. 2 AEG in Verbindung mit § 9 Abs. 4 Nr. 2 EIBV sind bei konkurrierenden Trassenwünschen zunächst vertaktete beziehungsweise ins Netz eingebundene Verkehre hinreichend zu berücksichtigen. Dieser gesetzliche Vorzug geht auf Forderungen des Bundesrates im Zuge der Bahnreform aus dem Jahre 1994 zurück, die einen besonderen Schutz des von den Bundesländern subventionierten SPNV vorsahen.[1163] Trotz kritischer Stimmen im Vorfeld der AEG-Novelle 2005 wurde dieses gesetzliche Berücksichtigungsgebot aufrechterhalten. Zwar handelt es sich bei diesem Vorrangkriterium nicht um ein zwingendes, sondern nur um ein verhältnismäßiges, dennoch ermöglicht es dem vertikal integrierten Unternehmen durch ein Angebot der bevorzugten Verkehrsarten die Behinderung von Konkurrenten. Je stärker oder gezielter das marktführende Eisenbahnunternehmen von dieser Möglichkeit Gebrauch macht, desto mehr werden Konkurrenten in der eigenen Trassenwahl eingeschränkt. Kleineren Unternehmen, die diese Verkehrarten nicht anbieten, bleiben Zugänge zu zahlreichen Trassen von vornherein verschlossen.

cc. Sonstige Diskriminierungen beim Zugang

Der Zugang zu anderen Einrichtungen bietet der DB AG weitere Diskriminierungsmöglichkeiten. Diese betreffen die Fahrplankonzeption, den Zugang zu rollendem Material, die Streckenausschreibung sowie den Zugang zu Zugreinigungseinrichtungen.

aaa. Fahrplankonzeption

Diskriminierungspotential enthält die von dem Schieneninfrastrukturbetreiber zu gestaltende Fahrplankonzeption, die in der Praxis nicht unabhängig in der Netzgesellschaft beschlossen wird, sondern auf höherer Ebene nach übergeordneten Konzerninteressen, die sich ausschließlich an den Wünschen der konzerneigenen Transportgesellschaften orientieren. Zwar besteht nach Einführung des § 12 Abs. 8 AEG im Zuge der AEG-Novelle 2005 die Pflicht des Infrastrukturbetreibers zur Aufnahme sämtlicher Transportanbieter in den Fahrplan. Aber die Möglichkeit zum Informationsaustausch zwischen den Konzernsparten schränkt die gesetzlich vorgegebene Unabhängigkeit der Netzgesellschaft stark ein. Bei Trassenanfragen Dritter kann der Infrastrukturbetreiber die konzerneigenen Transportgesellschaften informieren, so dass diese bei eigenem Interesse oder übergeordneten Konzerninteresse in den Wettbewerb um die jeweilige Trasse eintreten. Folge daraus ist ein Netznutzungskonflikt und eine mögliche Unrentabilität des Transportbetriebs für Dritte bei gestiegenen Trassenpreisen mit der Konsequenz eines Ausstiegs aus dem Bieterwettbewerb.[1164]

1163 Aberle/Eisenkopf, Schienenverkehr und Netzzugang, S. 41.

1164 Vgl. Aberle/Eisenkopf, Schienenverkehr und Netzzugang, S. 65.

bbb. Zugang zu rollendem Material

Weitere Diskriminierungsmöglichkeiten liegen darin, Konkurrenten weder Lokomotiven noch sonstiges rollendes Material zur Verfügung zu stellen.[1165] Obwohl es sich bei rollendem Material nicht um eine wesentliche Einrichtung handelt, für die ein Zugangsrecht zu garantieren wäre, kann eine diesbezügliche Zugangsverweigerung diskriminierende Wirkung entfalten. Marktneulinge sind auf den Erwerb von rollendem Material angewiesen, um Transportdienstleistungen anzubieten, was nicht zuletzt aufgrund der hohen Lebensdauer dies mit einem hohen Kapitaleinsatz verbunden ist. Um diese Fixkosten gering zu halten, sind insbesondere kleinere Unternehmen an dem Erwerb von gebrauchtem rollendem Material interessiert, welches sich allerdings größtenteils im Eigentum des DB Konzerns befindet. So enthält das Vertragswerk beim Verkauf von gebrauchtem rollendem Material regelmäßig einen Passus, der es dem Käufer untersagt, das betreffende Fahrzeug im Wettbewerb mit DB-Transportgesellschaften einzusetzen. Verträge mit Schrotthändlern umfassen entsprechende Regelungen, die Verkäufe an Konkurrenten zu Modernisierungs- und Einsatzzwecken im Wettbewerb gegen die DB AG untersagen.[1166] Ein verweigerter Zugang zu rollendem Material stellt insbesondere für kleinere Unternehmen eine schwer zu überwindende Markteintrittsbarriere dar und entfaltet diskriminierende Wirkung.[1167]

ccc. Streckenausschreibung

Weiteres Diskriminierungspotential beim Netzzugang liegt in den Streckenausschreibungen selber begründet. Dies mag zunächst überraschen, da sie grundsätzlich im Wettbewerb ausgeschrieben werden. Gleichwohl wurde konkurrierenden Transportunternehmen immer wieder der Zugang zu Strecken erschwert. Die Ankündigung der Deutschen Bahn AG, bei Nichtberücksichtigung der konzerneigenen Transportgesellschaft einen Standort zu schließen, ist ein nicht seltenes Szenario.[1168] In Anbetracht damit verbundener zahlreicher Arbeitsplätze in der betroffenen Region gerät der öffentliche Auftraggeber in eine Drucksituation und erteilt der DB-Transportgesellschaft den Auftrag, auch wenn ihr Angebot nicht das wirtschaftlich attraktivste war. Das Ringen um die aufgrund jährlicher Beförderungszahlen von etwa 5,5 Millionen Fahrgästen und etwa 850.000 Pkws und Lkws wirtschaftlich attraktive Ausschreibung der Strecke Hamburg – Westerland

---

1165 Monopolkommission, Netzwettbewerb durch Regulierung, Hauptgutachten 2000/2001, Rn. 830.

1166 Aberle/Eisenkopf, Schienenverkehr und Netzzugang, S. 65.

1167 So auch Aberle/Eisenkopf, Schienenverkehr und Netzzugang, S. 40 f.

1168 Wettbewerber kritisieren oftmals nicht infrastrukturrelevante „Koppelgeschäfte" der DB AG, bei denen die freihändige Vergabe von SPNV-Bestellungen mit nicht vergaberelevanten Themen verknüpft wird, bspw. mit Hinweisen auf Arbeitsplatzsicherungen in Werkstätten oder Instandhaltungswerken, Anschluss von Regionen an den Fernverkehr oder Maßnahmen des Streckenbaus. Vgl. PRIMON-Gutachten, S. 177.

(Sylt) beschreibt ein weiteres Beispiel. Als die Nord-Ostsee-Bahn (NOB), Tochter des französischen Verkehrskonzerns Connex, ein verstärktes Angebot auf der Strecke zu niedrigeren Preisen im Vergleich zur Deutschen Bahn AG plante, verweigerte die DB Autozug den begehrten Zugang zu ihren Verladerampen mit der Begründung, es bestehe keine kartellrechtliche Pflicht, Zugang zu den Verladeeinrichtungen zu gewähren sowie mit dem weiteren Hinweis, dass eine getrennte Auto-Verladung für verschiedene Züge in der Praxis nicht möglich sei.[1169] Die Strecke Hamburg – Westerland stand im Mittelpunkt weiterer Streitigkeiten zwischen dem DB Konzern und der NOB, nachdem diese die Ausschreibung des Landes Schleswig-Holstein gewann und besagte Strecke seit Dezember 2005 ab dem Hamburger Bahnhof Altona betrieb.[1170] Sie beantragte die zusätzliche Nutzung des Hamburger Hauptbahnhofs, um die Verbindung Hamburg – Westerland nach Berlin und Neuss auszuweiten. Nachdem die DB Netz AG den gewünschten Zugang verweigerte, da sie bei der Trassenvergabe für den Jahresfahrplan 2005/2006 verschiedenen Fernverkehrszügen der DB Fernverkehr AG den Vorrang gegeben hatte, machte das EBA vom Instrument der präventiven Regulierung Gebrauch, erklärte die geplanten Trassenablehnungen für unwirksam und verpflichtete die DB Netz AG, der Konkurrentin die gewünschten Termine für den Trassenzugang zu überlassen.[1171] Das EBA begründete die Entscheidung mit einem Hinweis auf die europäische Richtlinie 2001/14/EG, die im Rahmen der AEG-Novelle 2005 in nationales Recht umgesetzt worden ist. Dagegen reichte die DB Netz AG verschiedene Eilanträge beim VG Köln ein, das diesen stattgab und die sofortige Vollziehung der Widerspruchsbescheide des EBA aussetzte. Nach der Entscheidung des VG Köln durfte die DB Netz AG die Trassen weiterhin nach den bisher geltenden Kriterien vergeben. Die maßgebende Neufassung der EIBV trete erst am 01.08.2005 in Kraft und sei mithin erst auf den Fahrplan 2006/2007 anzuwenden, da alle Unternehmen Zeit bräuchten, um sich auf die neuen Vergabekriterien einzustellen. Darüber hinaus sei die Richtlinie 2001/14/EG zu unbestimmt, um direkt anwendbar zu sein.[1172] Dieses Urteil hatte zur Folge, dass statt der gewünschten 18 lediglich maximal 7 Züge der NOB über den Hamburger Hauptbahnhof fahren durften. Das EBA legte gegen diese Entscheidung Beschwerde beim OVG Münster ein, zog diese jedoch auf Anraten des OVGs wieder zurück.[1173]

ddd. Zugang zu Zugreinigungseinrichtungen

Diskriminierungsvorwürfe wurden des Weiteren im Streit zwischen dem Transportunternehmen Connex und dem DB Konzern um den Zugang zu Reinigungsanlagen erhoben. Im Jahre 2003 beantragte Connex die nächtliche Mitbenutzung

1169 Vgl. dazu Ende/Kaiser, WuW 2004, 26, 36.
1170 Vgl. BDI/DIHK-Gutachten, S. 92 f.
1171 Vgl. Wanner/Paterak, Financial Times Deutschland vom 21.06.2005.
1172 VG Köln, WuW 2005, 798, 798 ff.
1173 Vgl. BDI/DIHK-Gutachten, S. 122, Fn. 95.

der Außenreinigungsanlage in Rostock für den Fernverkehrszug Interconnex der Verbindung Rostock-Berlin-Halle-Kassel-Köln. Die Unternehmensführung trug vor, dass das Land Mecklenburg-Vorpommern etwa 75% der Investitionssumme für die neue Anlage bereitgestellt habe, ein alleiniges Nutzungsrecht der Deutschen Bahn AG daher nicht sachgerecht sei. Die DB AG lehnte dennoch die gewünschte Mitbenutzung der Reinigungsanlagen ab mit der Begründung, dass die eigenen Züge dort vor allem nachts gereinigt würden und daher eine Reinigung des Interconnex aus betrieblichen Gründen nicht möglich sei.[1174]

c. Diskriminierungen im Wettbewerb

Neben Diskriminierungen zur Verhinderung des Entstehens von Wettbewerb beziehungsweise des Zugangs zu Einrichtungen sind im Eisenbahnwesen Diskriminierungen im bestehenden Wettbewerb gegenüber Konkurrenten möglich. Zu differenzieren ist dabei zwischen preislichen und nichtpreislichen Diskriminierungen des vertikal integrierten Unternehmens.

aa. Preisliche Diskriminierungen

Trotz formeller Gleichbehandlung sämtlicher Eisenbahnverkehrsunternehmen können konzernfremde Transportunternehmen durch bestimmte Verhaltensweisen des Schieneninfrastrukturbetreibers monetär benachteiligt werden. Preisliche Diskriminierungspotentiale bieten insbesondere Trassenpreise sowie Bahnstrompreise.

aaa. Trassenpreise

Heftig umstritten und Gegenstand rechtlicher Auseinandersetzungen waren die Trassenpreissysteme der Deutschen Bahn AG, deren Zusammensetzung und Niveau stets Möglichkeiten zur Diskriminierung eröffneten.[1175]

aaaa. Grundsätze

Trassenpreise bieten vielfältige Varianten zur Benachteiligung von Konkurrenten. Während ein Festsetzen unterschiedlicher Preise ohne Rechtfertigung eine offensichtliche Diskriminierung darstellt und umgehend von der zuständigen Regulierungsbehörde unterbunden würde, bietet bereits die Befugnis zur Preisdifferenzierung ein gewisses Diskriminierungspotential.[1176] Bei entsprechender Begründung vor dem EBA ist etwa eine allgemeine Erhöhung der Trassenpreise durchsetzbar, da Betreibern von Schienenwegen nach § 14 Abs. 4 AEG ein Spielraum zur Ent-

1174 Mehrbahnen! Schwarzbuch Diskriminierung, 2003.

1175 So auch Hedderich, Vertikale Desintegration, S. 244.

1176 Auch hierbei handelt es sich nicht um Diskriminierungen nach herkömmlicher Definition, da Transportunternehmen nach außen hin gleich behandelt werden. Die eisenbahnrechtliche Besonderheit der vertikalen Integration lässt solche Verhaltensweisen gleichwohl diskriminierende Wirkung entfalten.

geltgestaltung zusteht, der auch die Erwirtschaftung einer Rendite umfasst. Dies ist im Hinblick auf die Wirkungen des Wettbewerbs grundsätzlich auch sachgerecht. Handelt es sich um eine begehrte Trasse, führt die erhöhte Nachfrage zu erhöhten Angeboten. Die Bereitschaft zur Zahlung eines höheren Entgelts spiegelt somit die Knappheit des Gutes wider. Eine Grenze der erhöhten Zahlungsbereitschaft ist naturgemäß dort gegeben, wo den erhöhten Kosten keine entsprechenden Gewinnerzielungsmöglichkeiten gegenüberstehen. Sollte ein verstärkter Wettbewerb um eine nachgefragte Trasse entstehen, kann die Transportsparte des vertikal integrierten Unternehmens stets die gewünschte Trasse gewinnen, indem sie weit überhöhte Trassenentgelte zu offerieren in der Lage ist.[1177] Dieses Vorgehen wirkt diskriminierend, da sich die erhöhten Trassenentgelte für Wettbewerber kostenerhöhend auswirken, während sie sich im vertikal integrierten Unternehmen als Nullsummenspiel intern konsolidieren.[1178] So stehen den erhöhten Kosten der Transportsparte für den Erwerb der Trassenrechte auch erhöhte Gewinne der Infrastruktursparte gegenüber.[1179] Ist infolge der erhöhten Trassenpreise das Kalkulationsrisiko für Wettbewerber nicht mehr vertretbar und wird der erhöhte Trassenpreis seitens der staatlichen Kontrollinstanz nicht beanstandet, gewinnt die Transportsparte des vertikal integrierten Unternehmens den Wettbewerb um die Trasse, da sie dieses Kalkulationsrisiko nicht trägt. Umfassende Trassenpreiserhöhungen sind mithin als Instrument eines aggressiven Verdrängungswettbewerbs einsetzbar. Die Trassenpreissysteme der DB AG waren aus diesem Grund stets Gegenstand erheblicher Kritik von Wettbewerbern.

bbbb. Trassenpreissystem TPS 94

Im Jahre 1994 führte die DB AG als erstes europäisches Eisenbahnunternehmen für die Nutzung der Infrastruktur ein Trassenpreissystem ein. Ziel war es, marktverträgliche Preise für die Netznutzung festzulegen, die neben der Umlegung von Kosten auch die Nachfrage steuernde Elemente berücksichtigen sollten.[1180] Das TPS 94 bestand aus den drei Komponenten Streckenkategorie, Zugpreisklasse sowie Abschlägen. Der Grundpreis für die Nutzung der Trasse ergab sich aus der Streckenkategorie, die sich wiederum aus den Parametern Verkehrspotential und Streckenqualität sowie der Zugpreiskategorie zusammensetzte.[1181] Abschläge gewährte die DB Netz AG als Mengen- und Zeitrabatte unter der offiziellen Maß-

1177 Ob es sich dabei tatsächlich um nicht gerechtfertigte Mondpreise handelt, wäre von der BNetzA ex ante zu überprüfen. Die Beurteilung wird jedoch durch komplexe Grundlagen der Preiskalkulation sowie dem Entscheidungsspielraum der DB Netz AG erschwert.

1178 Ewers/Ilgmann, Trassenpreissystem TPS 01, S. 14.

1179 BDI/DIHK-Gutachten, S. 340.

1180 Zum TPS 94 ausführlich Aberle/Brenner, Bahnstrukturreform in Deutschland, S. 42 ff.; Rodi, Effizienz im Schienenverkehr, S. 79 ff.; Schwalbach, Wettbewerb auf der Schiene, die Vergabe von Fahrbahntrassen nach der Bahnreform, S. 140 ff.

1181 Rodi, Effizienz im Schienenverkehr, S. 81.

gabe, neue Anreize zu verstärkter Netznutzung zu erzeugen.[1182] Dennoch wurde am TPS 1994 kritisiert, dass es einen Mangel an Preisdifferenzierung gäbe, das Preisniveau zu hoch sei und die Rabattstaffeln sich diskriminierend auswirkten.[1183] Aufgrund seines grundsätzlich linearen Tarifs hemme es das Bedienen zusätzlicher Züge und damit eine erhöhte Netzauslastung. Die Mengenrabatte wirkten sich als Gesamtumsatzrabatt aus, woraufhin Konkurrenten des Marktführers wegen der Großkundenrabatte kartellrechtliche Bedenken äußerten. Während konzernfremde Transportgesellschaften maximal 2% Rabatte erreichen konnten, realisierten die DB-Transportgesellschaften bis zu 10% Rabatte.[1184] Entsprechende Zahlen brachten die Zeitrabatte hervor. Das Trassenpreissystem TPS 94 gewährte somit den marktführenden DB-Transportgesellschaften einen unangemessenen Kostenvorteil gegenüber konkurrierenden Transportunternehmen.[1185] Unangemessen vor allem deshalb, da diese Vorteile nicht auf eigenen Verdiensten beruhten, sondern auf originären höheren Marktanteilen. Auch nach einer Reduzierung der Rabatte im Jahre 1995 verringerte sich die Anzahl der Beschwerden nur unwesentlich.

cccc. Trassenpreissystem TPS 98

Im Jahre 1998 richtete die DB AG ein neues Trassenpreissystem ein. Das TPS 1998 beinhaltete einen Zweistufen-Tarif basierend auf den Zielen einer verbesserten Abbildung der Kostenstruktur der Infrastruktur, einer Verstärkung der Steuerungsfunktion der Preise sowie einer Begünstigung erhöhten Verkehrs.[1186] Maßgebende Parameter waren Streckenkategorie, Verkehrszweck und Zugfrequenz. Die erste Stufe des Tarifs bestand aus einem hohen Grundpreis für die Infra-Card zur Benutzung eines näher definierten Teilnetzes, das eine Mindeststreckenlänge aufweisen musste, bei Gütertransporten waren dies 500 km.[1187] Der Preis für die Infra-Card berechnete sich nach Anzahl der Streckenkilometer des abonnierten Teilnetzes und enthielt keine degressiven Effekte.[1188] Zusätzlich hatten Transportunternehmen pro gefahrenen Zugkilometer einen variablen Preis zu entrichten, den Vario-Tarif. Die Mehrheit der Transportunternehmen, die ein kleineres Streckennetz bedienten, fuhren ohne die Kombination Infra-Card/Variopreis, sondern nahmen den vergleichsweise höheren Vario-Tarif in Anspruch.[1189] Im Vergleich der beiden Tarife war bei einer geringen Inanspruchnahme des Schienennetzes der

---

1182 Vgl. Munzert, Das Schienennetz in Deutschland nach der Bahnreform, S. 104.

1183 Vgl. Rodi, Effizienz im Schienenverkehr, S. 82 ff.; zu den Rabatten Schwalbach, Wettbewerb auf der Schiene, S. 170 ff.

1184 Munzert, Das Schienennetz in Deutschland nach der Bahnreform, S. 106.

1185 Ewers/Ilgmann, Trassenpreissystem TPS 01, S. 5.

1186 Munzert, Das Schienennetz in Deutschland nach der Bahnreform, S. 108.

1187 Basedow, in: FS-Sandrock, 13, 26. Dieser Mindestpreis für eine Mindeststreckenlänge war auch zu entrichten, wenn ein Transportunternehmen nur eine kürzere Strecke bedienen wollte, was für kleinere Unternehmen bereits eine Marktzutrittsbarriere darstellte.

1188 Haase, Int. Verkehrswesen 1998, 460, 463.

1189 Haase, Int. Verkehrswesen 1998, 460, 465.

Preis pro Zugkilometer der Infra-Card/Vario-Tarif höher als der Vario-Tarif, aber mit steigender Nutzung des Netzes sank der Kilometerpreis und konnte bei entsprechender Netznutzung deutlich unter dem Vario-Tarif liegen.[1190] Der Degressionseffekt aus der Kombination Infra-Card/Vario-Tarif kam erst ab einer täglichen Mindestfahrtenzahl von 12-16 Zügen zur Geltung.[1191] Darüber hinaus gewährte die Schieneninfrastrukturgesellschaft laufzeitabhängige Rabatte, die bei 10-jähriger Vertragsdauer 10% erreichten.[1192]

Von diesem zweistufigen Trassenpreissystem, das grundsätzlich eine Gleichbehandlung für alle Transportunternehmen vorsah, profitierten in der Realität wiederum lediglich die DB-Transportgesellschaften, und dies in zweierlei Hinsicht. Zum einen konnten sie aufgrund ihres hohen Marktanteils die Kostendegressionen des zweistufigen Systems nutzen, während die Mehrzahl der übrigen Transportunternehmen zu den höheren Variopreisen fuhr.[1193] Zum anderen fehlten kleineren Transportunternehmen oder Marktneulingen hinreichende Planungssicherheiten, um sich vertraglich für 10 Jahre zu binden und laufzeitabhängige Rabatte wahrnehmen zu können. Insgesamt zahlten kleinere Transportunternehmen somit ein höheres Nutzungsentgelt pro Zugkilometer. Außerdem lagen entgegen den Vorgaben der EIBV 1997 die Details des TPS 98 nicht zur Einsicht vor, so dass Preiszusammensetzungen und vor allem Preisdifferenzierungen zwischen einzelnen Trassen für Konkurrenten nicht ersichtlich waren. Auf Nachfrage wurden lediglich einzelne Kalkulationen offen gelegt, denen jedoch die gewünschte Aufklärungswirkung fehlte.

Das BKartA leitete im Jahre 1999 ein Missbrauchsverfahren gegen die DB AG wegen des TPS 98 ein. Es bestand der Verdacht des Diskriminierungs- und Behinderungsmissbrauchs hinsichtlich der Streckenrabatte aufgrund einer unbilligen Bevorzugung der konzerninternen Transportgesellschaften. Das BKartA hielt eine intensive Prüfung für angezeigt, da in Anbetracht der ausgebliebenen vollständigen Trennung von Infrastruktur und Transportbetrieb dem diskriminierungsfreien Netzzugang zur Förderung des Wettbewerbs besondere Bedeutung zukomme.[1194] Im Jahre 2000 waren bereits mehrere Verfahren beim BKartA und EBA anhängig, die sich im Zusammenhang mit dem Trassenpreissystem TPS 98 sowohl gegen

1190 OLG Düsseldorf, Rs. U(Kart) 20/02, Urteil vom 19.03.2003, S. 10.

1191 Aberle/Eisenkopf, Schienenverkehr und Netzzugang, S. 66 f.

1192 Haase, Int. Verkehrswesen 1998, 460, 464.

1193 Aberle/Eisenkopf, Schienenverkehr und Netzzugang, S. 67. Bei einer tatsächlichen Inanspruchnahme des Schienennetzes von ca. 40 Zügen pro Tag war der zu entrichtende Trassenpreis eines kleineren Transportunternehmens pro Zugkilometer, basierend auf dem Vario-Tarif, mehr als doppelt so hoch wie das der DB Cargo AG (ca. 130 %), vgl. OLG Düsseldorf, Rs. U(Kart) 20/02, Urteil vom 19.03.2003, S. 12.

1194 Bundeskartellamt, Tätigkeitsbericht der Jahre 1997/98 sowie über die Lage und Entwicklung auf seinem Aufgabengebiet, BT-Drs. 14/1139, S. 30.

zu hohe Trassenpreise als auch gegen sonstige Behinderungen beim Netzzugang richteten.[1195]

Im Jahre 2003 urteilte das OLG Düsseldorf schließlich, dass das TPS 98 gegen das kartellrechtliche Diskriminierungsverbot in § 20 Abs. 1 GWB sowie gegen § 19 Abs. 1 Abs. 4 Nr. 1 GWB verstieß. Darauf beruhende Vergütungsabreden waren demnach gemäß § 134 BGB nichtig.[1196] Zur Begründung führte das Gericht aus, dass infolge des höheren Kostenaufwands der finanzielle Handlungsspielraum kleinerer Unternehmen insbesondere bei der Preisbildung begrenzt sei und dadurch die Möglichkeiten und Chancen, auf dem Angebotsmarkt mit dem Marktführer DB Cargo AG in einen Wettbewerb zu treten, limitiert seien. Insofern liege eine Behinderung im Sinne des § 20 Abs. 1 GWB vor.[1197] Diese Behinderung wurde auch als unbillig erachtet. Zwar seien auch marktbeherrschenden Unternehmen grundsätzlich unternehmerische Freiräume zu gewähren.[1198] Dennoch habe ein Unternehmen mit besonderer Marktmacht die Verpflichtung, auf die wettbewerbliche Betätigungsfreiheit Dritter und auf die im Allgemeininteresse liegende Freiheit des Wettbewerbs Rücksicht zu nehmen, so dass die Behinderung gleichartiger Unternehmen im Wettbewerb nur bei objektiver Geeignetheit und Angemessenheit sachlich gerechtfertigt sei.[1199] Richtlinie 95/19/EG sowie die Umsetzung in § 7 EIBV 1997, wonach Nachlässe für Trassenpreise nur unter engen Voraussetzungen und diskriminierungsfrei gewährt werden dürfen, bestätigten die Unbilligkeit.

Das LG Berlin urteilte im August 2005 entsprechend und verurteilte die DB Netz AG zur Rückzahlung von Trassenpreisen in der Höhe von 440.000 Euro wegen der missbräuchlichen Ausnutzung des Gestaltungsspielraums bei der Festsetzung von Trassenpreisen.[1200] Zu diesem Zeitpunkt waren bereits weitere 12 Rückzahlungsklagen von Privatbahnen gegen die DB Netz AG bei Gericht anhängig.[1201]

dddd. Trassenpreissystem TPS 01

Aufgrund der Beschwerden konkurrierender Bahnen und vor allem der Intervention des BKartA führte die DB AG unabhängig von dem Ausgang verschiedener Rechtsstreitigkeiten bezüglich des Trassenpreissystems TPS 98 bereits im Jahre 2001 ein neues vereinfachtes lineares Tarifsystem ein. Obwohl mehrheitlich nur

---

1195 Vgl. Theobald, NJW 2003, 324, 325.

1196 OLG Düsseldorf, Rs. U(Kart) 20/02, Urteil vom 19.03.2003, S. 20.

1197 OLG Düsseldorf, Rs. U(Kart) 20/02, Urteil vom 19.03.2003, S. 12.

1198 OLG Düsseldorf, Rs. U(Kart) 20/02, Urteil vom 19.03.2003, S. 15.

1199 OLG Düsseldorf, Rs. U(Kart) 20/02, Urteil vom 19.03.2003, S. 15 mit Bezug auf Markert in: Immenga/Mestmäcker, GWB, § 20 Rz. 142.

1200 LG Berlin, Az. 102 O 19/05 Kart., Urteil vom 09.08.2005.

1201 Pressemitteilung Netzwerk Privatbahnen e.V. vom 25.08.2005.

eine Korrektur des TPS 98 in Form der Einführung einer virtuellen Infra-Card empfohlen wurde, wählte die DB AG ein einstufiges Tarifsystem.[1202] Auf die Anreizwirkung eines zweistufigen Systems zur verstärkten Auslastung des Schienennetzes wurde insbesondere entgegen der Forderungen des BKartA verzichtet.[1203] Auch das TPS 01 war in der Folge nicht frei von Diskriminierungsvorwürfen, obwohl es keine direkten Diskriminierungswirkungen entfaltete.[1204] Dennoch beinhaltete es systembedingte Wettbewerbsbehinderungen. So verteuerte die DB AG trotz grundsätzlicher Herabsetzung der Trassenpreise gezielt einzelne Trassen, welche einer verstärkten Nachfrage der Konkurrenz unterlagen. Ebenso wurde die Einordnung von Strecken durch die DB Netz AG in verschiedene Streckenkategorien des TPS kritisiert, da sich dies auf die Entgelthöhe auswirkte.[1205] Schließlich informierte man die Wettbewerber der DB-Transportgesellschaften erst wenige Tage vor Inkrafttreten des neuen Systems, so dass etwaige Einwände bei der DB Netz AG oder dem EBA nicht rechtzeitig geltend gemacht werden konnten.[1206]

eeee. Trassenpreissystem 05

Zum Fahrplanwechsel am 12.12.2004 errichte die DB Netz AG wiederum ein neues Trassenpreissystem, welches wie das TPS 01 auf einem einstufigen Tarif basierte. Die Entgeltgrundsätze des TPS 05 wurden mit dem EBA im Vorfeld abgestimmt und zur Verwendung angeordnet.[1207] Es enthielt unter anderem eine 10%ige Sonderzuschlagszahlung bei Anmeldung einer Sondertrasse. Dieser Zuschlag war für Trassenbestellungen außerhalb der jährlichen Fahrplanerstellung gemäß § 8 EIBV vorgesehen. Konzernfremde Eisenbahnverkehrsunternehmen haben sich daraufhin mit der Bitte um rechtliche Überprüfung des neuen Trassenpreissystems an das EBA gewendet. Dieses entschied daraufhin, dass die eingeführten Zuschläge rechtswidrig waren und den Wettbewerb im Eisenbahnwesen behindern würden.

1202 Nach dem Vorschlag zur Einführung einer virtuellen Infra-Card sollten Trassennachfrager einer Verkehrsart bezogen auf einen Streckenabschnitt so behandelt werden, als ob sie alle benötigten Trassen gemeinsam erworben hätten. Neben dem variablen Preis pro Fahrzeugkilometer wären ihnen jeweils anteilige Infra-Card-Tarife berechnet worden. Mit diesem zweistufigen System sollten Anreize für Zusatzverkehre durch Preis- und Kostenattraktivität geschaffen werden und damit dem den verkehrs- und umweltpolitischen Zielen einer stärkeren Streckennutzung entsprochen werden. Aberle/Eisenkopf, Schienenverkehr und Netzzugang, S. 71 mit Hinweis auf Ewers/Ilgmann, Trassenpreissystem TPS 98, S. 29 ff., die das Modell der virtuellen Infra-Card vorschlugen.

1203 Ewers/Ilgmann, Trassenpreissystem TPS 01, S. 9, die den entsprechenden Auskunftsbeschluss der 9. Beschlussabteilung des Bundeskartellamtes vom 16.11.1999, Auszug S. 14 abdrucken.

1204 Aberle/Eisenkopf, Schienenverkehr und Netzzugang, S. 68; Ewers/Ilgmann, Trassenpreissystem TPS 01, S. 14.

1205 Vgl. LG Karlsruhe, IR 2006, 164, 164 f.

1206 Ewers/Ilgmann, Trassenpreissystem TPS 01, S. 6.

1207 Vgl. dazu Schmitt, IR 2006, 164, 165.

Zusätzlich führte es die verspätete Bekanntgabe der Einführung von Sonderzuschlägen als Begründung an.[1208] Diese Entscheidung wurde im Jahre 2005 vom VG Köln bestätigt, so dass seit Beginn der Fahrplanperiode 2006/2007 der streitige Sonderzuschlag nicht mehr erhoben wird.[1209]

ffff. Zwischenergebnis

Festzuhalten ist, dass der DB Konzern durch die Verantwortung über Trassenpreissysteme verschiedene Möglichkeiten zur Diskriminierung hat. Benachteiligten die Trassenpreissysteme TPS 94 und TPS 98 aufgrund unangemessener zweistufiger Tarife konkurrierende Transportgesellschaften in direkter Form, enthalten auch die einstufigen Trassenpreissysteme TPS 01 und TPS 05 Potentiale zur Behinderung von Konkurrenten. Preisgestaltungen und Tarifzusammensetzungen beruhen auf komplexen Berechnungsgrundlagen und sind selbst für Regulierungsbehörden nur schwer nachprüfbar. Dadurch stellen sie stets eine latente Gefahr der Benachteiligung von Konkurrenten auf dem Transportsektor dar, welche aus dem System der vertikalen Integration resultiert, in dem keine institutionell unabhängige Trassenvergabestelle existiert, sondern Trassenpreise im Zweifel nach übergeordneten Konzerninteressen festgelegt werden können.[1210]

bbb. Bahnstrompreise

Diskriminierungspotentiale bietet auch der Bereich der Bahnstrompreise. Die Unternehmenstochter DB Energie ist verantwortlich für die Bereitstellung von elektrischer Energie zum Betrieb von Triebfahrzeugen im gesamten Bundesgebiet. Konkurrierende Transportunternehmen sind auf den Bezug des Bahnstroms durch die DB Energie angewiesen, da eine Durchleitung von Drittstrom an unwirtschaftlichen Durchleitungskonditionen der DB AG scheitert und zudem große Energieversorger aufgrund von Geschäftsbeziehungen zu ihrem größten Kunden im Eisenbahnwesen dessen Konkurrenten nicht beliefern. Der Gesamtpreis für den von der DB Energie gelieferten Bahnstrom setzt sich aus den Komponenten Leistungspreis und Arbeitspreis zusammen und ist einem festgelegten Berechnungssystem zu entnehmen.[1211] Aus diesem System ergeben sich Gesamtkosten für die Stromversorgung, von denen etwa 70% fix und 30% abhängig von dem tatsächlichen Energieverbrauch variabel sind. Diese Grundstruktur beinhaltet eine verhältnismäßige Bevorzugung von Abnehmern mit einem hohen Stromver-

---

1208 Eisenbahnbundesamt Pressemitteilung vom 29.12.2004.

1209 VG Köln, Az: 18 K 2670/05, Bahn-Report 1/2007, S. 13.

1210 Vgl. Ewers/Ilgmann, Trassenpreissystem TPS 01, S. 8, die sich auf das verbreitete Argument von gleichzeitiger Tätigkeit als Schiedsrichter und Spieler beziehen und die Ohnmacht von Regulierungsbehörden in einem solchen Fall konstatieren.

1211 Der Leistungspreis ist das jährliche Entgelt für das Bereitstellen der Erzeugungs- und Versorgungsanlagen, welches unabhängig von der tatsächlich verbrauchten Strommenge zu entrichten ist. Der Arbeitspreis ist das Entgelt für die innerhalb einer bestimmten Zeitspanne tatsächlich bezogene Energie.

brauch. Zusätzlich sehen die Strompreissysteme der DB Energie Mengenrabatte vor. Während die DB Cargo (jetzt Railion) einen Rabatt in Höhe von 14% nutzen konnte, erreichten lediglich vier Gütereisenbahnen ein Abnahmevolumen, welches zu einem Preisnachlass von gerade etwa 1% führte. Das LG Frankfurt am Main entschied im Jahre 2004, dass die Bahnstrompreissysteme aus den Jahren 2003 und 2004 gemäß § 134 BGB in Verbindung mit § 14 Abs. 1 AEG beziehungsweise § 20 Abs. 1 GWB nichtig waren, da sie private Wettbewerber der DB Tochtergesellschaft im Geschäftsverkehr unbillig behinderten.[1212] Zur Begründung führte das Gericht aus, dass die Liberalisierung des Eisenbahnwesens es erfordere, dass auch die Zurverfügungstellung von Bahnstrom dem Diskriminierungsverbot des § 14 Abs. 1 AEG unterliege mit der Folge, dass die DB Energie als Tochterunternehmen des DB Konzerns als Eisenbahninfrastrukturunternehmen im Sinne des § 2 Abs. 3 AEG behandelt werde.[1213] Durch den höheren Aufwand für Energie würden die Möglichkeiten und Chancen privater Unternehmen ungerechtfertigt eingeschränkt, auf dem Angebotsmarkt für schienengebundene Güterverkehrsdienste in einen Wettbewerb mit der DB Cargo zu treten.

Ein weiteres Verfahren bezüglich der Bahnstrompreise fand am 06.07.2005 vor dem LG Frankfurt am Main statt.[1214] Die DB Energie klagte auf Zahlung eines von einer Privatbahn einbehaltenen Abschlags in Höhe von 20% für das Jahr 2002. Sie trug dabei vor, dass die Ungleichbehandlung aufgrund unterschiedlicher Preise für den Bahnstrom sachlich gerechtfertigt sei, da die DB Railion deutlich mehr Energie abgenommen habe als das beklagte Eisenbahnunternehmen.[1215] Zudem übersteige der Preisunterschied nicht die Erheblichkeitsschwelle aus §§ 19, 20 Abs. 1 GWB. Schließlich seien weder das AEG noch die EIBV auf die Lieferung von Bahnstrom anwendbar, da Strom beziehungsweise Energie keine Infrastruktur darstelle, zu der eisenbahnrechtliche Vorschriften den diskriminierungsfreien Zugang regelten.[1216] Das LG Frankfurt urteilte dennoch, dass die getroffene Preisvereinbarung zwischen der DB Energie und dem konzernfremden Transportunternehmen gemäß § 20 Abs. 1 GWB in Verbindung mit § 134 BGB nichtig sei. Es führte zur Begründung aus, dass zunächst die DB Energie auf dem betreffenden Markt ohne Wettbewerber (§ 19 Abs. 3 Nr. 1 GWB) und damit marktbeherrschend sei. Entgegen der Auffassung der DB Energie sei die Höhe des Preisunterschiedes nicht maßgebend für die Überschreitung der Erheblichkeitsschwelle. Vielmehr sei die sachliche Rechtfertigung der Preisdifferenz Gegenstand der Prüfung des rele-

---

1212 LG Frankfurt am Main, Az. 3-08 O 72/04; Urteil vom 15.12.2004. Zustimmende Anmerkung von Uhlenhut, IR 2005, 59, 59 ff.

1213 LG Frankfurt am Main, Az. 3-08 O 72/04, Urteil vom 15.12.2004, Orientierungssatz 2.

1214 LG Frankfurt am Main, Az. 3-08 O 25/04, Urteil vom 06.07.2005.

1215 LG Frankfurt am Main, Az. 3-08 O 25/04, Urteil vom 06.07.2005, S. 6.

1216 LG Frankfurt am Main, Az. 3-08 O 25/04, Urteil vom 06.07.2005, S. 7.

vanten § 20 Abs. 1 GWB.[1217] Mit der DB Railion wurde ein anderes gleichartiges Unternehmen im Sinne des § 20 Abs. 1 GWB von der DB Energie gegenüber dem Konkurrenten bevorzugt, indem sie ein verhältnismäßig geringeres Entgelt für die Lieferung von Bahnstrom zu entrichten hatte.[1218] Die Ungleichbehandlung sei nicht aufgrund einer höheren Stromabnahme gerechtfertigt, da die DB Energie als marktbeherrschende Bahnstromlieferantin in der Preisgestaltung durch § 7 Abs. 3 EIBV eingeschränkt werde. Demnach sei ein Preisunterschied nur gerechtfertigt, wenn er zu einer Kostenminderung führe.[1219] Eine solche wurde jedoch von der DB Energie nicht vorgetragen, so dass die Ungleichbehandlung nicht gerechtfertigt war. Ein Verstoß gegen § 19 Abs. 1, Abs. 4 Nr. 1 GWB sei genauso gegeben wie eine Unwirksamkeit der Preisvereinbarung nach § 14 Abs. 1 AEG in Verbindung mit § 7 Abs. 1 und 3 EIBV, da die DB Energie mit diesem Preis keinen diskriminierungsfreien Zugang zu dem von ihr zur Verfügung gestellten Bahnstrom gewährte und § 14 Abs. 1 AEG ein Verbotsgesetz im Sinne von § 134 BGB darstelle.[1220] Auf Vorschlag des Vermittlungsausschusses im Rahmen des Gesetzgebungsverfahrens zur AEG-Novelle 2005 wurde in § 1 Abs. 2 S. 3 AEG eingefügt, dass die Versorgung von Eisenbahnen mit leitungsgebundener Energie, insbesondere Fahrstrom, sowie die Versorgung mit Telekommunikationsleistungen vom Anwendungsbereich des AEG ausgenommen sind, soweit dieses Gesetz oder eine auf diesem Gesetz beruhende Rechtsverordnung nicht ausdrücklich etwas anderes bestimmt.[1221] Dennoch entfällt durch die Einführung des § 1 Abs. 2 S. 3 AEG weder das Diskriminierungspotential der DB AG noch die gerichtliche Überprüfbarkeit in Bezug auf die Durchleitung von Fahrstrom beziehungsweise der Festsetzung der Fahrstrompreise da der Gesetzgeber lediglich eine Entscheidung zugunsten der Anwendbarkeit im Ergebnis vergleichbarer energierechtlicher Vorschriften getroffen hat, die für diesen Bereich Rechtssicherheit erzeugen kann.

ccc. Sonstige Preisliche Diskriminierung

Neben Trassenpreissystemen und Bahnstrompreisen hat die DB AG weitere preisliche Diskriminierungsmöglichkeiten in Bereichen, in denen konzernfremde Unternehmen Nutzungsentgelte an den Konzern für betriebsnotwendige und netzzugangsrelevante Informationen und Dienstleistungen richten müssen. So werden

---

1217 LG Frankfurt am Main, Az. 3-08 O 25/04, Urteil vom 06.07.2005, S. 10.

1218 LG Frankfurt am Main, Az. 3-08 O 25/04, Urteil vom 06.07.2005, S. 11 ff. Das LG begründet dabei ausführlich die Anwendbarkeit des § 20 Abs. 1 GWB, die auch gegeben sei, wenn das marktbeherrschende Unternehmen seine Marktmacht einsetzt, um den Wettbewerb von Abnehmern zu behindern. Es komme mithin nicht darauf an, dass das behinderte Unternehmen auch auf dem beherrschten Markt tätig ist. LG Frankfurt am Main, Az. 3-08 O 25/04, Urteil vom 06.07.2005, S. 13 mit Hinweis auf BGH NJW 2004, 2375, 2376.

1219 LG Frankfurt am Main, Az. 3-08 O 25/04, Urteil vom 06.07.2005, S. 15 f.

1220 LG Frankfurt am Main, Az. 3-08 O 25/04, Urteil vom 06.07.2005, S. 16.

1221 Vgl. BT-Drs. 15/5122, S. 2.

von Dritten beispielsweise Stationspreise für die Nutzung von Bahnhöfen und sonstigen Haltepunkten erhoben.[1222] Weiterhin hat die DB Netz AG für verschiedene Leistungen, die sie Dritten anbietet, ein Artikelverzeichnis erstellt, worin sie unter anderem Preise für Dienstleistungen wie die Aushändigung von Signalbüchern, Fahrdienstvorschriften, Handbüchern und Verzeichnissen festlegte. Für die Erbringung dieser Dienstleistungen verlangte die DB Netz AG gemäß dieses Artikelverzeichnisses ein um zum Teil mehr als 100%ig höheres Entgelt als von konzerneigenen Unternehmen. Benachteiligte Eisenbahnverkehrsunternehmen, die auf die netzzugangsrelevanten Informationen und Dienstleistungen angewiesen waren, wendeten sich daraufhin an das EBA, welches diese Entgeltgestaltung als Verstoß gegen die diskriminierungsfreie Benutzung der öffentlichen Eisenbahninfrastruktur wertete und sie untersagte.[1223]

bb. Nichtpreisliche Diskriminierung

Darüber hinaus bestehen für die DB AG im Wettbewerb verschiedene Möglichkeiten zur nichtpreislichen Diskriminierung, die vorrangig in technischer, organisatorischer sowie kommunikativer Hinsicht bestehen.[1224] Im Unterschied zu preislichen Diskriminierungen spielen sich nichtpreisliche Diskriminierungen oftmals ausschließlich innerhalb des vertikal integrierten Unternehmens ab und sind für Externe nur schwer wahrnehmbar. Ihre konkrete Ausgestaltung und Ausschöpfung sind abhängig von unternehmensinternen strukturellen Bedingungen und Verfahrensabläufen sowie von Auflagen und Eingriffsbefugnissen der Regulierungsbehörde.

aaa. Aus- und Abbau

Der DB Konzern verfolgt beim Ausbau des Schienennetzes unter Berücksichtigung der verfassungsrechtlichen Vorgabe aus Art. 87e Abs. 4 GG naturgemäß die Interessen seiner Transportsparten, so dass sowohl der quantitative als auch der qualitative Ausbau nur in Absprache beider Unternehmensteile geschehen. Während beim quantitativen Ausbau Interessen anderer Unternehmen weitestgehend unberücksichtigt bleiben und neu ausgebaute Strecken somit größtenteils von DB Transporttöchtern betrieben werden, hat der Konzern im Falle des quantitativen Netzabbaus grundsätzlich die Möglichkeit, bei mangelndem eigenen Interesse bestimmte Strecken entweder nicht zu bauen, zurückzubauen oder gar stillzulegen. Bei Grundstücksveräußerung nach Streckenstilllegung profitiert der DB Konzern zudem vom Verkaufserlös. Konkurrierende Eisenbahnunternehmen, welche mit innovativen Betriebskonzepten auf diesen Strecken eigenwirtschaftlich Trans-

1222 Aberle/Eisenkopf, Schienenverkehr und Netzzugang, S. 66.

1223 Aberle/Eisenkopf, Schienenverkehr und Netzzugang, S. 66.

1224 Nichtpreisliche Diskriminierungsmöglichkeiten im Zusammenhang mit Zugangsgewährungen sind bereits diskutiert worden, da sie chronologisch vor Entstehung des Wettbewerbs stattfinden.

portdienstleistungen anbieten könnten, fehlt es oftmals an geeigneten Handlungsmöglichkeiten, um gegen solche Behinderungen vorzugehen. Lediglich hinsichtlich einer geplanten Streckenstilllegung ist das vertikal integrierte Unternehmen gemäß § 11 AEG vor entsprechender Antragsstellung bei der Aufsichtsbehörde verpflichtet, diese Strecken den Konkurrenten anzubieten. Bevor es jedoch die betreffende Strecke offiziell stilllegt, wird es diese jedoch soweit vernachlässigt haben, dass deren Attraktivität bis zur Stilllegung deutlich gesunken ist.

Ein ähnlicher Sachverhalt war im Jahre 2002 Gegenstand eines Rechtsstreits vor dem LG Kiel.[1225] Die Kundin eines konzernfremden Transportunternehmens war durch ein Industriestammgleis an die öffentliche Infrastruktur angebunden. Aufgrund einer faktischen Stilllegung der DB Netz AG entgegen ihrer Verpflichtung aus § 11 Abs. 2 S. 2 AEG 1994 sowie der Vornahme von umfangreichen Bauarbeiten wurde ihr jegliche Schienenanbindung für einen erheblichen Zeitraum abgeschnitten, woraufhin sie einen Antrag auf Erlass einer einstweiligen Verfügung stellte. Das LG Kiel gab dem Antrag statt und untersagte der DB Netz AG per einstweiliger Verfügung, eine öffentliche Eisenbahntrasse vorübergehend so stillzulegen oder Baumaßnahmen in der Weise vorzunehmen, dass der Antragsstellerin ihre Schienenanbindung abgeschnitten wird, ohne Ersatzstrecken zur Verfügung zu stellen. Obwohl der Beschluss keine Begründung enthielt, bezog sich das Gericht im Rahmen des § 14 AEG nicht auf eine Diskriminierung, sondern ausschließlich auf eine Behinderung als solche, da die Antragsstellerin alleinige Trassennutzerin war und es mithin an einem Drei-Personen-Verhältnis mangelte.[1226]

bbb. Technik

Technische Anforderungen bieten dem DB Konzern vielfältige Möglichkeiten zur Diskriminierung von Konkurrenten.[1227] Dies betrifft insbesondere die Bereiche Leit- und Sicherheitstechnik, technische Standards für die Lokomotiven und das Wagenmaterial sowie gegebenenfalls besondere Qualitätsnachweise für das Personal.[1228] Im qualitativen Bereich kann das vertikal integrierte Unternehmen besonders hohe Qualitätsstandards setzen, um eine Trassenpreiserhöhung nach § 14 Abs. 4 AEG zu rechtfertigen. Erhöhte Trassenpreise führen wiederum zu zusätzlichen Kosten für die Transportunternehmen, woraufhin Trassen mangels Refinanzierbarkeit für Konkurrenten an wirtschaftlicher Attraktivität einbüßen.[1229] Spezielle technische Anforderungen unterstützen zusätzlich die Monopolisierung, wenn bis zur Kompatibilität des rollenden Materials von Konkurrenten mit den

---

1225 LG Kiel, Beschluss v. 14.03.2002, Az. 14 O 39/02.

1226 So auch Brauner/Kühlwetter, Int. Verkehrswesen 2002, 492, 492.

1227 Rodi, Effizienz im Schienenverkehr, S. 157.

1228 Aberle/Eisenkopf, Schienenverkehr und Netzzugang, S. 42.

1229 So auch Aberle/Eisenkopf, Schienenverkehr und Netzzugang, S. 42.

erhöhten Standards lediglich konzerneigene Transportsparten diese Streckenteile bedienen können und wirken insofern als potentielle Marktbarrieren.[1230]

Weiteres Behinderungspotential ergibt sich aus dem Setzen übertriebener Sicherheitsstandards, die nicht unbedingt notwendig, aber für Eisenbahnunternehmen mit erhöhten Investitionen verbunden sind. Wird die Erforderlichkeit der erhöhten Sicherheitsstandards von Konkurrenten in Zweifel gezogen, kann das vertikal integrierte Unternehmen durch gezielte Öffentlichkeitsarbeit das Image des Konkurrenten schädigen, da gerade im sensiblen Sicherheitsbereich eine entsprechende Medien- und Kundenaufmerksamkeit zu erwarten ist. Etwaige Kundenboykotte bedingen erhebliche wirtschaftliche Verluste bis hin zu einer Marktverdrängung. Entwickeln hingegen Konkurrenten technische Neuerungen, ergibt sich eine andere Situation. Der integrierte Schieneninfrastrukturbetreiber kann als Verantwortlicher für die Systemtechnik die Einführung von externen Neuerungen verzögern oder gänzlich verhindern. Dies führt nicht nur zu Ressourcenverschwendungen auf Seiten des innovativen Unternehmens, sondern schadet aufgrund eines technischen Stillstandes dem Gesamtsystem.

Schließlich bestehen beim Zusammenschluss von Netzen Diskriminierungspotentiale. Das vertikal integrierte Unternehmen hat grundsätzlich kein Interesse daran, neben der Gewährung des Zugangs zum eigenen Netz auch eine Zusammenschaltung mit anderen Netzen vorzunehmen, ist jedoch gemäß § 13 Abs. 1 AEG dazu verpflichtet. Zeitliche Verzögerungen bei der Zusammenschaltung sowie Vernachlässigungen anliegender Netzteile sind mögliche Behinderungsmaßnahmen, die den Zugang für Wettbewerber zum Schienennetz des vertikal integrierten Eisenbahnunternehmens erschweren.[1231] Ohne die Zusammenschaltung gehen zwar Trasseneinnahmen verloren, doch ist die Aussicht auf den eigenen Transportauftrag in der Regel lukrativer, wenn es keinen konkurrierenden Anbieter für Transportdienstleistungen gibt.[1232]

ccc. Kommunikative Behinderungen

Um im Eisenbahnverkehrsmarkt erfolgreich Transportdienstleistungen anbieten zu können, sind Wettbewerber auf einen Informationsaustausch mit dem Infrastrukturmonopolisten angewiesen. Demgegenüber steht nach übergeordnetem Konzerninteresse der DB AG eine effektive kommunikative Zusammenarbeit

1230 Schnell, Int. Verkehrswesen 2001, 529, 530.

1231 Der dem Rechtsstreit vor dem LG Kiel, Beschluss v. 14.03.2002, Az. 14 O 39/02, zugrunde liegende Sachverhalt dient als Beispiel dafür.

1232 So auch Aberle/Eisenkopf, Schienenverkehr und Netzzugang, S. 42. Ausnahmen ergeben sich lediglich bei vorhandenem Eigeninteresse des Konzerns. So besteht in einigen Bereichen des Güterverkehrs eine geteilte Nutzung von Netzen der DB AG und von anderen privaten Anbietern.

zwischen den Infrastrukturgesellschaften und den Transporttöchtern im Vordergrund.[1233] Kommunikative Behinderungen, die zu Wettbewerbsnachteilen führen, sind dabei in mehrfacher Hinsicht möglich. So werden Konkurrenten nicht in Entscheidungsprozesse miteinbezogen, sondern vor vollendete Tatsachen gestellt. Darüber hinaus können beispielsweise notwendige Informationen bezüglich Veränderungen an der Infrastruktur, neuer Fahrplankonzeptionen oder Details über die Trassenpreiszusammensetzung verzögert weitergegeben oder gar vorenthalten werden. Außerdem ist denkbar, dass Informationen über konkrete Vorhaben oder Pläne der Konkurrenten innerhalb des vertikal integrierten Unternehmens unzulässigerweise weitergegeben werden, die den Transporttöchtern der DB AG signifikante Wettbewerbsvorteile bringen.

d. Zwischenergebnis

Die praktischen Beispiele und theoretischen Erwägungen haben demonstriert, dass ein vertikal integriertes Unternehmen über vielfältige Optionen verfügt, Konkurrenten durch diskriminierende Verhaltensweisen zu behindern. Einzuräumen ist zwar, dass Diskriminierungen grundsätzlich auch bei vertikaler Desintegration nicht gänzlich auszuschließen sind,[1234] jedoch sind sowohl Wahrscheinlichkeit als auch Anreize zur Benachteiligung von Konkurrenten im System der vertikalen Integration wesentlich stärker ausgeprägt. Dies liegt insbesondere daran, dass eine Vielzahl von Transaktionen bei vertikaler Integration unternehmensintern ausgeführt werden und sich somit der Kontrolle durch Außenstehende entziehen. Im Gegensatz dazu finden Transaktionen bei vertikaler Desintegration weitestgehend auf marktlicher Ebene statt, was die Transparenz im gesamten System Schienenverkehr erhöht.[1235] Transparenzsteigerungen verringern nicht nur Transaktionskosten für die Diagnose und Verfolgung wettbewerbsfeindlicher Verhaltensweisen, sondern setzen zusätzliche positive Impulse für potentielle Investoren zum Markteinstieg. Insbesondere in den Bereichen des Zugangs zu Einrichtungen des Infrastrukturbetreibers, bei der Festsetzung von Trassenpreisen sowie im nichtpreislichen Bereich verfügt das vertikal integrierte System über ein erhebliches Diskriminierungspotential. Ob dieses Potential tatsächlich ausgeschöpft wird, spielt im Ergebnis keine wesentliche Rolle, da bereits das Diskriminierungspotential selbst die Markteintrittsbarriere darstellt.[1236]

1233 Monopolkommission, Netzwettbewerb durch Regulierung, Hauptgutachten 2000/2001, Rn. 830.

1234 Rodi, Effizienz im Schienenverkehr, S. 61. Aufgrund von bestehenden Geschäftsverhältnissen in anderen Bereichen oder persönlichen Kontakten zu Transportunternehmen kann der Infrastrukturbetreiber gewisse Transportunternehmen gegenüber anderen bevorzugen.

1235 Rodi, Effizienz im Schienenverkehr, S. 158.

1236 BDI/DIHK-Gutachten, S. 7.

2. Finanzierung

Wettbewerbsbehinderungen treten schließlich auch im Bereich der Finanzierung auf. Die Finanzierung ist für Transportunternehmen ein entscheidender Faktor bei der Kalkulation über einen Markteintritt, insbesondere aufgrund zu erwartender hoher Fixkosten für rollendes Material, Netznutzungsgebühren sowie ausgebildetes Personal. Nachteile hinsichtlich der Finanzierung wirken als Markteintrittsbarrieren und damit wettbewerbshemmend. Die Transporttöchter eines vertikal integrierten Unternehmens haben gegenüber Konkurrenten den grundsätzlichen Vorteil, dass sie vom Rating des etablierten ehemals staatlichen Mutterkonzerns profitieren. Das Konzernrating ermöglicht aufgrund bestehender staatlicher Verantwortungen eine Finanzierung zu günstigen kommunalkreditähnlichen Konditionen.[1237] Durch das in Art. 87 e Abs. 4 GG verankerte mehrheitliche Eigentum des Bundes an dem Schienennetz und der damit verbundenen Infrastrukturfinanzierungsverantwortung sowie infolge der Übernahme der Altschulden im Zuge der Bahnreform genießt die DB AG diese besonderen Kreditkonditionen, von denen wiederum die Transporttöchter profitieren.[1238] Dieser Vorteil wirkt bei der Erstellung von Investitionsplänen als deutliche Benachteiligung, da potentielle Wettbewerber bereits frühzeitig kalkulieren müssen, ob diese negativen Voraussetzungen durch eigene Vorteile auszugleichen sind. Insofern kann bereits diese auf einem Finanzierungsvorteil basierende Wettbewerbsverzerrung als Markteintrittsbarriere für potentielle Konkurrenten der etablierten Transportsparte eines vertikal integrierten Unternehmens wirken.

3. Fazit

Als Ergebnis für die Vorteilhaftigkeit der vertikalen Desintegration ist festzuhalten, dass das der vertikalen Integration innewohnende Diskriminierungspotential sowie Finanzierungsvorteile die Entstehung von Wettbewerb maßgeblich hindern. Dabei wirken bereits das vorliegende Diskriminierungspotential sowie eine mangelnde Marktransparenz als Barriere für potentielle Neueinsteiger und Konkurrenten. Zusätzlich beinhaltet die aktuelle Organisationsstruktur des nationalen Eisenbahnwesens einen Finanzierungsvorteil des vertikal integrierten Unternehmens. Dieser beruht zwar nicht auf diskriminierenden Verhaltensweisen, stellt allerdings eine signifikante Bevorzugung der konzerneigenen Transportsparte gegenüber konzernfremden Transportunternehmen dar und wirkt als zusätzliche Markteintrittsbarriere. Demgegenüber sind bei der Organisationsstruktur der vertikalen Desintegration diese unsachgerechten Benachteiligungen von Wettbewerbern

---

1237 Ausführlich zum Kommunalkredit Goedecke/Kerl/ Scholz, Die deutschen Hypothekenbanken: Pfandbrief, Realkredit, Kommunalkredit, S. 179 ff.; Schwarting, Kommunales Kreditwesen, S. 17 ff.

1238 Vgl. BDI/DIHK-Gutachten, S. 343.

oder potentiellen Wettbewerber aufgrund veränderter Anreize der Marktakteure in dem Ausmaße nicht erkennbar. Zwar sind auch dort wettbewerbsbeschränkende Verhaltensweisen nicht gänzlich auszuschließen, dennoch sind bei einer institutionellen Trennung von Netz und Transport die Interessen des Schieneninfrastrukturbetreibers auf einen funktionierenden Wettbewerb gerichtet, der in einer erhöhten Netzauslastung resultiert.

C. Gegenüberstellung

Während für die vertikale Integration Vorteile der technologischen Einheit, Transaktionskostenvorteile sowie Vorteile im Bereich der Sicherheit angeführt werden, streiten auf Seiten der vertikalen Desintegration vor allem Anreize zur Förderung des Wettbewerbs sowie das Fehlen von Diskriminierungspotentialen und Finanzierungsvorteilen. Vorteile des einen Modells lassen sich jedoch nur schwer mit Vorteilen des anderen Modells messen. So erscheint es unmöglich, auf der einen Seite Verbundvorteile und auf der anderen Seite Diskriminierungspotentiale einander zahlenmäßig gegenüber zu stellen, um ein überlegenes Modell erarbeiten zu können. Insofern wird an dieser Stelle ein anderer Ansatz gewählt und untersucht, ob Vorteile des einen Systems auf das andere System übertragbar sind. Konkret ist also der Frage nachzugehen, ob argumentierte Vorteile der technischen Einheit, Transaktionskostenvorteile sowie Vorteile im Bereich der Sicherheit auch im System der vertikalen Desintegration wirken können oder ob geeignete Regulierungsmaßnahmen im vertikal integrierten System Diskriminierungspotentiale soweit mindern können, dass das Eisenbahnwesen insgesamt als transparent gilt und somit Anreize für potentielle Neueinsteiger erzeugt werden, in den Markt einzutreten, um den Wettbewerb insbesondere auf einem liberalisierten Transportmarkt entscheidend zu beleben.

I. Technologische Einheit in der vertikalen Desintegration

Eines der zentralen Argumente für die Beibehaltung der vertikalen Integration ist die technische Abhängigkeit zwischen der Infrastruktur und dem Transportbetrieb. Der physikalisch-technische Verbund erzeuge Synergien, die bei Wegfall der Integration eine Reduzierung der Leistungsfähigkeit des Gesamtsystems Schienenverkehr sowie eine Steigerung der Transaktionskosten bedingen würde.[1239] Von Synergievorteilen des marktführenden DB Konzerns profitiere der gesamte Wirtschaftssektor. Schließlich vermeide die Integration zusätzliche Schnittstellen und verringere deren Komplexität.[1240] Dem ist grundsätzlich zuzustimmen, dass die Komponenten Infrastruktur und Transportbetrieb eine technologische Einheit bilden, die eine Abstimmung bei der Weiterentwicklung einzelner Komponen-

1239 Vgl. Schnell, Int. Verkehrswesen 2001, 529, 530.
1240 Schnell, Int. Verkehrswesen 2001, 529, 531.

ten sowie des Gesamtproduktes erfordert. Die innerhalb eines verantwortlichen Unternehmens vorgenommene technologische Weiterentwicklung zwei voneinander abhängiger Wertschöpfungsstufen mag deshalb zunächst wirtschaftlich effizienter erscheinen als eine getrennte Weiterentwicklung beider Bereiche in verschiedenen Unternehmen.

Allerdings ist im Eisenbahnwesen zu konstatieren, dass die Anzahl der Schnittstellen zwischen den Wertschöpfungsstufen Netz und Transport produktionstechnisch weitestgehend vorgegeben ist. Aufgrund der systembedingten Komplexität bestehen auch im vertikal integrierten Unternehmen Koordinationsaufgaben, die mit erheblichen Transaktionskosten zu bewältigen sind.[1241] Für die Realisierung von Synergien besteht daher nicht die unbedingte Notwendigkeit der Bündelung von Produktionsprozessen innerhalb eines Unternehmens. Auch andere Kooperationsformen von institutionell unabhängigen Unternehmen können Verbundeffekte erzeugen.[1242] Tendenzielle theoretische Vorteile einer internen Schnittstellenverbindung erfordern zur Realisierung ebenfalls effektive Abstimmungsprozesse, die nicht automatisch vorliegen müssen.[1243] So existieren auch in Großkonzernen regelmäßig organisatorische Mängel, die auf Intransparenz, unzureichende Bestimmung und Koordination von Schnittstellen sowie das Fehlen eindeutiger Verantwortlichkeiten zurückzuführen sind.[1244]

Demgegenüber demonstrieren zahlreiche Beispiele der globalisierten Wirtschaftswelt, dass bei Produktionsprozessen internationale Arbeitsteilungen aufgrund von Spezialisierungsvorteilen sowie Schnittstellenverbindungen über Marktbeziehungen eine höhere Effizienz erzielen können als die Produktion aus einer Hand.[1245] Außerdem erzeugt die Möglichkeit der technischen Spezialisierung zusätzliche Markteintrittsreize, während der Ansatz einer ausschließlichen Verbundproduktion dem Ziel der umfassenden Wettbewerbsförderung widerspricht.[1246] So impliziert das in § 1 Abs. 1 AEG gesetzlich verankerte und übergeordnete politisch festgelegte Ziel der Wettbewerbsförderung eine möglichst hohe Anzahl von Akteuren im Eisenbahnwesen, die nicht ausschließlich im Eisenbahntransportmarkt tätig sein müssen. Darüber hinaus ist unter Effizienzgesichtspunkten nicht zu vernachlässigen, dass eine konzerninterne Verbundproduktion zusätzlich Diskriminierungspotentiale und damit einen erhöhten Regulierungsbedarf erzeugt, die zusätzliche Kosten verursachen und als Markteintrittsbarrieren wirken können.

1241 Monopolkommission, Netzwettbewerb durch Regulierung, Hauptgutachten 2000/2001, Rn. 818.

1242 Synetra-Gutachten, S. 10.

1243 Vgl. einige praktische Beispiele, BDI/DIHK-Gutachten, S. 337.

1244 PRIMON-Gutachten, S. 193.

1245 BDI/DIHKGutachten, S. 315.

1246 So auch Schnell, Int. Verkehrswesen 2001, 529, 532.

Analoges gilt für Forschung und Entwicklung als maßgebende Elemente der technologischen Weiterentwicklung des Gesamtsystems. Zwar wird seitens des DB Konzerns auf eine erfolgreiche Innovationsgeschichte hingewiesen, die einzig auf ein integriertes Unternehmen zurückzuführen sei.[1247] Dennoch deuten beispielsweise langwierige technische Abstimmungsmängel an, beispielsweise bei der Neigetechnikentwicklung, dass eine Vorteilhaftigkeit der konzerninternen Verantwortlichkeit für die technologische Weiterentwicklung nicht zwingend besteht.[1248] Zudem sind hinsichtlich der Organisation von Produktionsprozessen regelmäßig Innovationsanreize in Form von Motivation und Leistungsdruck relevant, die sich besonders bei der technologischen Weiterentwicklung auswirken. Innovationsanreize existieren vorrangig in wettbewerblich orientierten Märkten, in denen ein technischer Vorsprung sich umgehend in erhöhten Marktanteilen und einem Wettbewerbsvorsprung gegenüber Konkurrenten auswirkt. Bei ehemaligen monopolistischen Staatsunternehmen sind dagegen eher unternehmensinterne Ineffizienzen auszumachen, die durch eine teilweise aufrecht erhaltene Behördenstruktur sowie Staatsnähe des Unternehmens effektivere Produktionsprozesse hemmen.[1249] Insbesondere im Güterverkehr hat die Innovationsschwäche des Wirtschaftssektors Eisenbahn erheblich zu Marktanteilsverlusten im intermodalen Wettbewerb beigetragen.[1250] Zusätzlich stehen auch im Bereich Forschung und Entwicklung mögliche Verbundvorteile eines vertikal integrierten Unternehmens einer wettbewerblichen Gesamtausrichtung entgegen und bedürfen aufgrund des bestehenden Diskriminierungspotentials einer verstärkten staatlichen Regulierung, die ihrerseits Verbundvorteile mindert oder sogar kompensiert.[1251] Insgesamt ist daher unabhängig von der Organisationsstruktur eine angemessene Beteiligung konzernfremder Unternehmen an der technologischen Weiterentwicklung unter Fokussierung auf das Gesamtsystem Schienenverkehr anzustreben.[1252] Dies kann auch in einer Branchenlösung mit der Errichtung einer unabhängigen, als Kollektivgut neutral ausgestalteten Institution münden, die auf die Entwicklung des Gesamtsystems im intermodalen Wettbewerb fokussiert ist.

Zusammenfassend bleibt festzuhalten, dass die Frage der Vorteilhaftigkeit von Verbundvorteilen im vertikal integrierten Unternehmen in der Theorie nicht abschlie-

---

1247 Als Beispiel wird u.a. die Neuentwicklung aktiv geregelter Stromabnehmer für Hochgeschwindigkeitsstrecken sowie die Weiterentwicklung des ICE genannt.

1248 BDI/DIHK-Gutachten, S. 336.

1249 PRIMON-Gutachten, S. 193; vgl. zu den X-Ineffizienzen ferner oben unter Kapitel I, B. III. 2.

1250 Monopolkommission, Netzwettbewerb durch Regulierung, Hauptgutachten 2000/2001, Rn. 818.

1251 Monopolkommission, Netzwettbewerb durch Regulierung, Hauptgutachten 2000/2001, Rn. 817.

1252 Rodi, Effizienz im Schienenverkehr, S. 138.

ßend zu klären ist. Entgegen vorgetragener Argumente seitens des DB Konzerns ist jedenfalls eine diesbezügliche Überlegenheit des integrierten Systems nicht eindeutig zu belegen. Vieles spricht dafür, dass sich Synergien aufgrund festgelegter Schnittstellen unabhängig von der Wahl des Organisationsmodells darstellen. Entscheidend für die Nutzung von Synergieeffekten im Eisenbahnwesen ist damit vielmehr die konkrete Ausgestaltung von Verfahrensabläufen und Abstimmungsprozessen. Ob diese effektiver innerhalb einer institutionellen Einheit oder extern über Marktbeziehungen organisiert werden können, erscheint mithin weniger abhängig von der grundsätzlichen Organisationsstruktur, sondern vielmehr von der tatsächlichen Koordination zwischen den Wertschöpfungsstufen Infrastruktur und Betrieb.

II. Transaktionskostenvorteile in der vertikalen Desintegration

Weitere Transaktionskostenvorteile der vertikalen Integration wurden in den Bereichen Verhandlungs- und Vertragsbeziehungen, Abstimmung über Investitionen, mögliche Zielkonflikte, Fahrplanerstellung sowie Betrieb auf gering ausgelasteten Netzteilen vertreten. So gewährleiste im integrierten Unternehmen eine einheitliche und übergeordnete Verantwortlichkeit die Vermeidung von Zielkonflikten zwischen einzelnen Wertschöpfungsstufen.[1253] Entscheidungen würden aus Gesamtsicht des Systems innerhalb des Konzerns getroffen und nach sachgerechter Koordination in den einzelnen Unternehmenssparten umgesetzt.[1254] Eine Führungsbahn mit übergeordneter Verantwortlichkeit demonstriere darüber hinaus in der Außendarstellung ein zuverlässiges und einheitliches Bild des Gesamtsystems Schienenverkehr.

Auch diese Annahmen erscheinen nach kritischer Betrachtung nicht zwingend, da eine effiziente planerische Koordination der Weiterentwicklung des Gesamtsystems über marktliche Mechanismen nicht von vornherein ausgeschlossen werden kann.[1255] Voraussetzungen für eine marktliche Abwicklung sind vergleichbare Zielvorstellungen der Beteiligten oder festgelegte übergeordnete Vorgaben, wie zum Beispiel die Stärkung des Gesamtsystems Schienenverkehr im intermodalen Wettbewerb. Grundsätzlich sind bei Produktionsprozessen marktliche Beziehungen zwischen institutionell unabhängigen Unternehmen in der globalisierten Wirtschaftswelt weit verbreitet. Beispielsweise produzieren Hersteller in der Automobilindustrie teilweise lediglich 20% des Gesamtproduktes im eigenen Unternehmen. Neben technischen Spezialisierungsvorteilen werden auf Verhandlungsebene Konfliktpotentiale erkannt und Lösungsmöglichkeiten vorab und

1253 Bennemann, Die Bahnreform – Anspruch und Wirklichkeit, S. 59 ff., 110 f.
1254 PRIMON-Gutachten, S. 150.
1255 Hedderich, Vertikale Desintegration im Schienenverkehr, S. 78.

eindeutig auf Vertragsebene geregelt.[1256] Vertragliche Haftungsvereinbarungen beruhen ebenfalls auf Verhandlungen und entfalten somit disziplinierende Wirkung, wohingegen Konfliktlösungen im integrierten System vorrangig von der Konzernhierarchie bestimmt sind.[1257] Zudem begründet eine Konzernstruktur nicht zwangsläufig eine einheitliche Willensbildung sämtlicher Unternehmenssparten. Trotz einheitlicher Konzerninteressen und –vorgaben sowie einer übergeordneten Entscheidungsgewalt an der Unternehmensspitze existieren auch in Großunternehmen eigennützige Sparteninteressen sowie interne Konkurrenz.[1258] Dies gilt auch für den DB Konzern bezüglich der Kooperation sowohl zwischen Infrastrukturgesellschaften und Transporttöchtern als auch unter den Transporttöchtern selbst.[1259]

Darüber hinaus besteht die Gefahr, dass vertikal integrierte Unternehmen administrative und organisatorische Entscheidungen nicht im Interesse des Gesamtsystems Schienenverkehr treffen, sondern nach prioritären Konzerninteressen.[1260] Da diese nicht immer deckungsgleich sein werden, drohen Verluste in der Markttransparenz sowie Benachteiligungen von Konkurrenten.[1261] Eine mangelnde Berücksichtigung von Interessen konzernfremder Unternehmen wird daraufhin eine zusätzliche Marktbarriere erzeugen. Auch die argumentierte Notwendigkeit einer einheitlichen Fahrplanerstellung durch das vertikal integrierte Unternehmen ist abzulehnen.[1262] Die Verantwortlichkeit des Schienenwegebetreibers für die Erstellung eines Netzfahrplans nach Maßgabe des § 8 EIBV besteht systemunabhängig, so dass bei gesetzmäßiger Aufgabenerfüllung die Verantwortlichkeit keinen Einfluss auf Transaktionskosten haben dürfte. Eher erzeugt eine Verantwortlichkeit des vertikal integrierten Unternehmens zusätzliche Diskriminierungspotentiale, die das Ziel der Wettbewerbsbelebung gefährden.[1263] Schließlich sind auch in der Koordination des Betriebs auf gering ausgelasteten Netzteilen Transaktionskostenvorteile des vertikal integrierten Unternehmens nicht unbedingt auszumachen. Es hat zwar personelle Einsparmöglichkeiten, indem Mitarbeiter gleichzeitig auf beiden Wertschöpfungsstufen beschäftigt werden. Gleichwohl erscheint auch in

1256 BDI/DIHK-Gutachten, S. 327.

1257 Monopolkommission, Netzwettbewerb durch Regulierung, Hauptgutachten 2000/2001, Rn. 819.

1258 Unternehmensinterne Bonifikationssysteme, die Anreize zum unternehmensinternen Wettbewerb fördern, können dadurch kontraproduktiv werden. Vgl. BDI/DIHK-Gutachten, S. 326.

1259 Vgl. Berschin, Bahn-Report 6/2005, S. 5 ff.; BDI/DIHK-Gutachten, S. 326.

1260 PRIMON-Gutachten, S. 150 f.

1261 Monopolkommission, Netzwettbewerb durch Regulierung, Hauptgutachten 2000/2001, Rn. 817.

1262 Vgl. Rodi, Effizienz im Schienenverkehr, S. 149.

1263 So auch Brenck, in: Ewers (Hrsg.), Privatisierung des Schienenverkehrs, S. 37, 161; Laaser, Die Bahnstrukturreform, S. 11 f.

einem effizienzorientierten System eine Übertragung der Gesamtverantwortung über betroffene Streckenabschnitte an das Transportunternehmen denkbar. Ein Mindestmaß an Flexibilität sowie marktlicher Kooperation und Koordination ermöglichen somit auch in der vertikalen Integration Personaleinsparungen auf gering ausgelasteten Netzteilen.[1264]

Zusammenzufassen ist für den Bereich der Transaktionen, dass die vertikale Integration keine offensichtlichen systembedingten Vorteile gegenüber der vertikalen Desintegration hat. Entsprechend der Ausführungen zur technologischen Einheit gilt auch hier, dass die Verbindung von systembedingten Schnittstellen sowie die Qualität der Koordination einzelner Produktionsstufen von der konkreten Organisation abhängt, die vorrangig durch Anreize, Sachverstand und ein zielführendes Konfliktmanagement bestimmt wird. Bei sachgerechter Bestimmung und Abgrenzung einzelner Teilbereiche weisen Transaktionen basierend auf marktlichen Beziehungen keine Nachteile gegenüber internen Transaktionen auf. Vielmehr resultiert aus einer Fokussierung des vertikal integrierten Unternehmens auf Konzerninteressen wiederum ein erhöhtes Diskriminierungspotential. Interne Transaktionen und Koordinierungen reduzieren die Transparenz im Gesamtsystem und erhöhen die Regulierungsbedürftigkeit. Eine verstärkte Regulierung wiederum erfordert zusätzliche Transaktionskosten, behindert die unternehmerische Gestaltungsfreiheit und setzt schließlich negative Impulse für einen potentiellen Markteinsteiger.[1265]

III. Sicherheit des Schienenverkehrs in der vertikalen Desintegration

Als dritter zentraler Vorteil der vertikalen Integration ist die Sicherheit des Schienenverkehrs angeführt worden. Dass von einer einheitlichen Verantwortung einer etablierten Führungsbahn für die Festlegung von Sicherheitsstandards das gesamte System profitiere, begründe diese Überlegenheit. Die Eisenbahn sei nicht zuletzt aufgrund der bestehenden Organisationsstruktur das sicherste motorisierte Verkehrsmittel und gewährleiste zudem eine zeitnahe Störungsbeseitigung ohne Zuordnungs- und Abstimmungsprobleme.[1266]

Dem ist entgegenzuhalten, dass eine erhöhte Unfallgefahr in einem vertikal desintegrierten System nicht ersichtlich ist. Praktische Erfahrungen in Großbritannien und Schweden haben gezeigt, dass eine Trennung von Infrastruktur und Transport-

---

1264 So auch Rodi, Effizienz im Schienenverkehr, S. 145.

1265 Vgl. Schnell, der argumentiert, dass für ein vertikal integriertes System mit der Begründung von verminderten Transaktionskosten zu streiten, hieße auch das übergeordnete Ziel der Wettbewerbsintensivierung dieses Wirtschaftssektors abzulehnen, Int. Verkehrswesen 2001, 529, 532.

1266 Siehe dazu oben unter Kapitel V, B.I.1.c.

betrieb nicht zu einer erhöhten Unfallhäufigkeit führt.[1267] Zur Setzung einheitlicher Sicherheitsstandards bedarf es außerdem nicht unbedingt einer Führungsbahn, sondern ist auch in Kooperation mehrerer Unternehmen zu bewältigen wie die ausländischen Beispiele belegen. Darüber hinaus ist die Sicherheit systemunabhängig in hohem Maße von staatlicher Überwachung abhängig. Die Zuständigkeit einer Führungsbahn für Sicherheitsstandards verstärkt sogar die Regulierungsbedürftigkeit, da überhöhte Anforderungen Konkurrenzunternehmen benachteiligen können. Dagegen bietet eine unabhängige staatliche Sicherheitsbehörde ein hinreichendes Maß an Diskriminierungsfreiheit und Transparenz in der Festlegung von einheitlichen wie angemessenen Sicherheitsstandards.

IV. Diskriminierungsfreiheit in der vertikalen Integration

Entsprechend der Fragestellung, ob Verbundvorteile, Transaktionskostenvorteile sowie Vorteile betreffend die Sicherheit des Schienenverkehrs auch in der vertikalen Desintegration zur Geltung kommen können, ist zu erörtern, inwieweit die Diskriminierungsfreiheit nicht auch in der vertikalen Integration gewährleistet werden kann. Die Minderung von Diskriminierungspotentialen basiert entscheidend auf drei Säulen, nämlich gesetzliche Ge- und Verbote, eine effektive Regulierung sowie unternehmensinterne Strukturen zur Separierung von Infrastruktur und Transportbetrieb. Diese drei Säulen standen auch bei der AEG-Novelle 2005 im Vordergrund, die unter Beibehaltung der grundsätzlichen Organisationsstruktur eine Wettbewerbsbelebung sowie eine Transparenzsteigerung zum Ziel hatte.[1268] Dennoch kommt der Gesetzesnovellierung insgesamt ein Kompromischarakter zu und lässt der DB AG als marktdominantes Unternehmen vielfältige Möglichkeiten zur Behinderung eines Wettbewerbs auf dem Markt der Anbieter von Schienenverkehrsdienstleistungen.[1269] Zwar wurden sowohl die Rechte der Zugangsberechtigten als auch die Pflichten der Zugangsverpflichteten erweitert, trotzdem verbleiben der DB AG durch eine verstärkte Nutzung von Vorrangverkehren nach § 9 Abs. 4 EIBV sowie Vereinbarungen über Rahmenverträge nach § 14a AEG in Verbindung mit § 13 EIBV Möglichkeiten zur Blockierung von Netzzugangswünschen Dritter. Einschränkend ist zu konstatieren, dass auch in einem vertikal desintegrierten System ein vermehrter Abschluss von Rahmenverträgen sowie ein erhöhter Einsatz von Vorrangverkehren grundsätzlich möglich wären. Bedenklich im Hinblick auf die Gewährleistung eines fairen und transparenten Wettbewerbs sind allerdings Diskriminierungsmöglichkeiten, die sich überwiegend innerhalb des vertikal integrierten Unternehmens abspielen. Dies betrifft vor allem die Bereiche technische Weiterentwicklung, Festlegung der

1267 BDI/DIHK-Gutachten, S. 199 f.

1268 Weiterer Anlasse für die AEG-Novelle war die Pflicht zur Umsetzung gemeinschaftsrechtlicher Vorgaben.

1269 Vgl. ausführlich zur Bewertung der AEG-Novelle oben unter Kapitel III, E.IV.

Trassenpreise sowie Information und Kommunikation, die der marktlichen oder staatlichen Kontrolle nur eingeschränkt zugänglich sind. Die optionale Errichtung eines Netzbeirats gemäß § 34 AEG sowie die Abkehr von einem zweistufigen Trassenpreissystem schränken diese Diskriminierungsmöglichkeiten der DB AG nur unwesentlich ein.[1270] So wird die DB AG bezüglich der technischen Weiterentwicklung stets die endgültige Entscheidungsgewalt haben und die Umsetzung in Abstimmung von konzerneigenen Netz- und Transportgesellschaften erfolgen, so dass diese Transportgesellschaften einen signifikanten Wettbewerbsvorsprung gegenüber konzernfremden Dritten genießen. Für die Festlegung der Trassenpreise gilt, dass diese zwar den Vorgaben der § 14 Abs. 4 AEG in Verbindung mit § 21 EIBV unterliegen, dem Betreiber der Schienenwege dennoch ein Spielraum zur konkreten Bemessung zur Verfügung steht und die Berechnungsgrundlage nur bedingt überprüfbar ist. Bezüglich Information und Kommunikation bestehen konzernintern zahlreiche Informationskanäle und sonstige kommunikative Verbindungen zwischen den Netz- und Transportgesellschaften, die nicht nur in einem Informationsvorsprung gegenüber konzernfremden Dritter, sondern auch in der Weitergabe vertraulicher Informationen Dritter, beispielsweise bei Trassenanfragen an die Netzgesellschaft, innerhalb des Unternehmens resultieren können.[1271] Die mangelnde Transparenz nach außen sowie die Fokussierung auf Konzerninteressen, die im Unternehmensverbund naturgemäß bestehen und durch Ge- und Verbote nicht entscheidend zu mindern sind, erzeugen für sich bereits ein hinreichendes Diskriminierungspotential, dass für interessierte Investoren als Barriere zur Teilnahme am Markt wirkt. Auch das Regulierungsregime als zweite Säule wurde im Zuge der AEG-Novelle 2005 mit der Einrichtung der BNetzA sowie mit der Erweiterung von Regulierungsbefugnissen gemäß §§ 14b ff. AEG verschärft, um einen fairen und transparenten Wettbewerb im Eisenbahnwesen zu fördern.[1272] Als unabhängige, sektorenübergreifende Regulierungsbehörde, die aus Eigeninitiative und ex-ante tätig werden darf, nimmt sie eine entscheidende Rolle im Eisenbahnwesen ein. So existiert beispielsweise ein Katalog an Mitteilungspflichten nach § 14d AEG, wonach die Regulierungsbehörde vor Umsetzung der Maßnahmen über diese im Verfahren nach § 14e AEG entscheidet. Außerdem ist sie als sektorenübergreifende Behörde für sämtliche Netzsektoren nicht mehr im gleichen Maße mit der DB AG verbunden wie das EBA, in dem zahlreiche Mitarbeiter vorher im DB Konzern tätig waren[1273].

1270 Vgl. die Kritik am einstufigen Trassenpreissystem Monopolkommission, Netzwettbewerb durch Regulierung, Hauptgutachten 2000/2001, Rn. 829.

1271 Vgl. auch Monopolkommission, Netzwettbewerb durch Regulierung, Hauptgutachten 2000/2001, Rn. 830.

1272 Vgl. dazu oben unter Kapitel III, E.II.4.

1273 Dies gilt nicht uneingeschränkt, da eine Mehrzahl an ehemaligen Mitarbeitern des EBA in der BNetzAG tätig ist.

Gleichwohl beseitigt auch die effizienteste Regulierungsbehörde nicht systembedingte Schwächen einer Regulierung im Eisenbahnwesen. Eine Regulierungsbehörde kann auf Diskriminierungspraktiken trotz präventiver Befugnisse lediglich reagieren und dadurch nur Verhaltensweisen unterbinden, nicht aber mittels Aktion positive Anreize setzen. Darüber hinaus kann sie nicht alle diskriminierenden Verhaltensweisen aufdecken. Dies betrifft vor allem solche Vorgänge, deren Komplexität eine sachgerechte Bewertung für Konzernfremde erschwert. Infolgedessen kann auch ein erweitertes Regulierungsregime nicht entscheidend systembedingte Diskriminierungspotentiale mindern, die als Markteintrittsbarriere einer Wettbewerbsbelebung abträglich sind.

Für die Separierung der Bereiche Infrastruktur und Transportbetrieb als dritte Säule zur Minderung von Diskriminierungspotentialen gilt entsprechendes wie zur ersten Säule der Ge- und Verbote. Die Separierungsvorschriften der §§ 8 ff. AEG wurden im Rahmen der AEG-Novelle verschärft, insbesondere durch die Untersagung der Anwendung von §§ 264 Abs. 3 und 4, 264b HGB sowie den Katalog des § 9a AEG, der unter anderem die Errichtung von Chinese Walls und das Verbot der Doppelmandatierung vorsieht.[1274] Dennoch existieren in einem vertikal integrierten Unternehmen zahlreiche Verbindungen zwischen den einzelnen Teilbereichen, die auch mit gesetzlichen Separierungsvorschriften nicht zu trennen sind. Das übergeordnete Konzerninteresse zur Gewinnmaximierung verleitet zudem die einzelnen Unternehmenssparten zur verstärkten Ausnutzung dieser Verbindungen, die im Regelfall wettbewerbliche Vorteile gegenüber Konkurrenten bedingen.

Somit ist zu schließen, dass Ge- und Verbote, eine effektive Regulierung sowie eine gesetzlich bestimmte Separierung von Infrastruktur und Transportbetrieb vorhandenes Diskriminierungspotential mindern können. Dies gilt allerdings nur begrenzt für einige Teilbereiche, die von außen kontrollierbar sind. Im internen Konzernverbund verbleiben dagegen ausreichend Verhaltensalternativen mit diskriminierenden Wirkungen, die für potentielle Neueinsteiger als Marktbarriere wirken und einer Wettbewerbsbelebung entgegenstehen. Es existieren im vertikal integrierten Unternehmen zudem die notwendigen Anreize, um von den vorhandenen Diskriminierungsmöglichkeiten Gebrauch zu machen und damit dem übergeordneten Konzerninteresse zu dienen. Die Vorteilhaftigkeit der vertikalen Desintegration, die mangels Diskriminierungsanreize eine deutlich höhere Markttransparenz gewährleistet und positive Impulse für eine Wettbewerbsbelebung erzeugt, ist folglich im vertikal integrierten System nicht zu kompensieren.

1274 Vgl. dazu ausführlich oben unter Kapitel III, E.II.2.c.

D. Ergebnis

Ein System der vertikalen Desintegration ist mithin die überlegene Organisationsform für das Eisenbahnwesen. Es existieren zwar tendenziell Verbundvorteile in einem vertikal integrierten Unternehmen. Jedoch können auch bei institutioneller Trennung von Infrastruktur und Transportbetrieb durch kooperative Verhaltensweisen der Marktakteure mit Blick auf die Gesamtentwicklung des Eisenbahnwesens ähnliche Synergieeffekte erzielt werden. Praktische Beispiele aus der globalisierten Wirtschaftswelt demonstrieren, dass technische Spezialisierungen und marktliche Transaktionen oftmals sogar effizienter und wirtschaftlicher sind als ausschließlich unternehmensinterne Schnittstellenverbindungen. Verbleibende theoretische Verbundvorteile werden durch eine erhöhte Regulierungsbedürftigkeit sowie Nachteile unternehmensinterner Ineffizienzen und mangelnder Wettbewerbseffekte kompensiert. Während unternehmensinterne Ineffizienzen zwar durch interne Anreizsysteme reduziert werden können, begründen vor allem mannigfaltige systembedingte Diskriminierungspotentiale den entscheidenden Nachteil der vertikalen Integration.[1275]

Da solche Benachteiligungsmöglichkeiten sowohl existierenden Wettbewerb behindern als auch Eintrittsbarrieren für potentielle Markteinsteiger darstellen, erscheint eine deutliche Wettbewerbsbelebung im vertikalen System unwahrscheinlich. Die Deutsche Bahn AG propagiert zwar, dass mittlerweile etwa 300 konzernfremde Unternehmen im Eisenbahnwesen tätig sind,[1276] die Marktanteile der DB-Transportgesellschaften von über 90% sprechen jedoch gegen einen ausgeglichenen und funktionierenden Wettbewerb.[1277] Hingegen sind unter gleichen Wettbewerbsbedingungen deutliche Effizienzsteigerungen für das gesamte Eisenbahnwesen zu erwarten.[1278] Zur Förderung des intramodalen Wettbewerbs ist somit die institutionelle Trennung von Infrastruktur und Transportbetrieb angezeigt. Insbesondere die Steigerung der Effizienz sowie Anreize zur Innovation lassen eine Stärkung des Eisenbahnwesens im intermodalen Wettbewerb mit anderen Verkehrsträgern erwarten.

1275 Vgl. Monopolkommission, Netzwettbewerb durch Regulierung, Hauptgutachten 2000/2001, Rn. 834.

1276 Deutsche Bahn Netz AG, Geschäftsbericht 2005, S. 3, 17.

1277 BDI/DIHK-Gutachten, S. 13 f.; Mehrbahnen, Position zur Kapitalmarktsfähigkeit der Deutschen Bahn AG mit Netz/ohne Netz, S. 3.

1278 Hedderich, Vertikale Desintegration, S. 253.

Kapitel VI
Liberalisierung des Eisenbahnwesens in Großbritannien

Großbritannien war einer der ersten Staaten, der die Richtlinie 91/440/EWG über die Verpflichtung zur Liberalisierung nationaler Eisenbahnwesen umsetzte, nachdem sich auch dort das nationale Eisenbahnwesen, geführt von der vertikal integrierten Staatsbahn British Rail, nach mehreren Jahrzehnten wirtschaftlichen Niedergangs in einer schweren Krise befand. Das britische Eisenbahnwesen dient aus mehrerlei Gründen als Vergleichsbeispiel zur Deutschen Entwicklung. Zunächst hat Großbritanniens Eisenbahnwesen infolge der zeitnahen Umsetzung der europäischen Vorgaben eine Art Vorreiterfunktion. Man wählte zudem im Gegensatz zur deutschen vertikalen Integration ein System der vertikalen Desintegration, welches europaweit den höchsten Liberalisierungsgrad aufwies.[1279] Nach einer Implementierungsphase fand die radikale Umsetzung des Privatisierungsgedankens ihren Höhepunkt im Börsengang der Infrastrukturgesellschaft Railtrack.[1280] Ein Börsengang wird von dem Vorstand der Deutschen Bahn AG seit Jahren angestrebt, ist gegenwärtig in Politik, Wirtschaft und Rechtswissenschaft Gegenstand kontroverser Debatten und soll bis spätestens zum Jahre 2010 umgesetzt werden. Schließlich wird das britische System durch die Insolvenz von Railtrack im Jahre 2001 vor allem von Befürwortern der vertikalen Integration als abschreckendes Beispiel genannt.[1281]

Aufgrund der Sonderstellung im europäischen Vergleich soll eine eingehende Untersuchung des britischen Eisenbahnwesens erfolgen, um Vor- und Nachteile der gewählten Organisationsstruktur im Vergleich zur deutschen herauszuarbeiten. Dies umfasst zunächst ein Abriss der historischen Entwicklung der Eisenbahn in Großbritannien,[1282] eine Erörterung der Organisationsstruktur nach der Privatisierung sowie die folgende Entwicklung. Schließlich werden die Gründe für die Insolvenz der Railtrack diskutiert und der entscheidenden Fragestellung nachgegangen, ob das Scheitern der britischen Eisenbahnreform auf einer grundsätzlichen Unterlegenheit der eingeführten vertikalen Desintegration, die entscheidend

---

1279 Vgl. IBM Business Consulting Services/Kirchner, Rail Liberalisation Index, 2004, Comparison of the Market Opening in the Rail Markets of the Member States of the European Union, Switzerland and Norway; Mehde, ZögU Band 25 (2002), 421, 421.

1280 Suckale, in: Hermes/Sellner (Hrsg.), AEG, Einf E , Rn. 9.

1281 Insgesamt differieren die Bewertungen der britischen Entwicklung soweit, dass sich nicht nur Befürworter der vertikalen Integration sondern auch Verfechter der vertikalen Desintegration bestätigt sehen.

1282 Für eine detaillierte Darstellung der historischen Entwicklung des britischen Eisenbahnwesens vor allem nach dem 2. Weltkrieg, siehe u.a. Gourvish, British Railways, 1948-73, a business history; Gourvish, British Rail, 1974-97: from integration to privatisation.

gegen institutionelle Trennung von Infrastruktur und Transportbetrieb sprechen, oder lediglich auf einer mangelhaften Umsetzung beruht. Im Ergebnis sollen sich Lehren für das deutsche Eisenbahnwesen ergeben.

I. Historische Entwicklung bis zur Privatisierung

In Großbritannien wurde im Jahre 1825 die weltweit erste Zugtrasse zwischen Stockton und Darlington eröffnet. Die meisten Städte erhielten im Zuge der Industrialisierung Anschluss an das Schienennetz, so dass die Eisenbahn im 19. Jahrhundert zum beliebtesten Transportmittel für Personen und insbesondere Massengüter avancierte. Private Unternehmen planten, finanzierten und setzten den Ausbau des Schienennetzes um, da der Staat an einer Bewirtschaftung des Eisenbahnwesens nicht interessiert war. Anfangs betrieben von etwa 120 lizensierten Privatbahnen auf zahlreichen kleinen Privatstrecken kontrollierten zu Beginn des 20. Jahrhunderts wenige größere Gesellschaften nach dem Aufkauf kleinerer Teilstrecken ein stetig wachsendes Schienennetz.[1283] Mittels der Zusammenführung von Strecken konnten zwar Größenvorteile genutzt werden, mangels eines effektiven Wettbewerbs zwischen den Gesellschaften befand sich die Eisenbahn bereits vor dem 2. Weltkrieg in einer wirtschaftlichen Krise.[1284] Eine massive Schwächung der Gesamtwirtschaft sowie hohe Kriegsschäden an der Infrastruktur bedingten vor allem einen maroden Zustand der Eisenbahninfrastruktur.[1285] Notwendige Neubau- und Modernisierungsmaßnahmen waren ausgeschlossen. Daraufhin erliess die Regierung den Transport Act 1947 zur Verstaatlichung der vier verbliebenen Eisenbahngesellschaften, so dass zum 01.01.1948 das staatliche Unternehmen British Railways als vertikal integriertes Eisenbahnunternehmen implementiert war. Gleichwohl konnte dadurch die defizitäre Entwicklung des Eisenbahnwesens in der Folgezeit nicht gestoppt werden. Mangelnde staatliche Unterstützung bei Investitionen und stetige Marktanteilsverluste gegenüber der Straße verhinderten ein positiveres wirtschaftliches Ergebnis.[1286] Im Jahre 1962 wurde seitens der Regierung die neu eingerichtete Aufsichtsbehörde British Railways Board (BRB) beauftragt, einen Bericht zur wirtschaftlichen Situation des britischen Eisenbahnwesens sowie zu Lösungsvorschlägen zu erstellen. Diese veröffentlichte im folgenden Jahr als Ergebnis den Beeching Report, der in der Öffentlichkeit kontroverse Diskussionen auslöste.[1287] Er basierte auf ausschließ-

1283 Es fusionierten 1921 123 private Eisenbahngesellschaften zu den folgenden vier Anbietern London, Midland and Scottish Railway, London and North Eastern Railway, Great Western Railway und Southern Railway; Knorr/Eichinger, List Forum für Wirtschafts- und Finanzpolitik, 28 (2002), 370, 371.

1284 Merkert, Die Reorganisation und Zukunft des Eisenbahnwesens in Großbritannien, S. 4.

1285 Welsby/Nichols, Journal of Transport Economics and Policy, Vol. 33 (1999), 55, 55.

1286 Department for Transport, The Future of Rail – White Paper, 2004, S. 9

1287 Richard Beeching war Vorsitzender der Aufsichtsbehörde British Railways Board; offziell handelt es sich um den Bericht "The Reshaping of British Railways" vom 27.03.1963, vgl.

lich betriebswirtschaftlichen Erkenntnissen und legte offen, dass lediglich die Hälfte der Strecken des gesamten Eisenbahnnetzes kostendeckend war. Abschließende Empfehlung war die Stilllegung weiter Netzteile. Obwohl die rein betriebswirtschaftliche Herangehensweise in der Kritik stand, insbesondere hinsichtlich der kaum berücksichtigten staatlichen Verpflichtung zur Daseinsvorsorge, wurden anschließend etwa 2000 Bahnhöfe geschlossen und etwa ein Drittel des Netzes stillgelegt. Als Reaktion auf den zweiten Beeching Report von 1965[1288] erließ die Regierung den Transport Act 1968, der die Aufgabe der Stilllegungspolitik vorsah. Stattdessen unterteilte man die Eisenbahnstrecken in Social Routes, die vom Staat subventioniert wurden, und in Commercial Routes, die eigenwirtschaftlich zu betreiben waren. Zudem übernahm der Staat die damaligen Schulden der British Rail und beschloss jährliche Zuschüsse für mehrere Jahre im Voraus. Trotz verschiedener Modernisierungsmaßnahmen befand sich das britische Eisenbahnwesen in den 1970er Jahren in einer verlustbringenden Situation ohne realistische Aussicht auf Besserung. Die Marktanteile sanken zwischen den Jahren 1953 bis 1973 im Güterverkehrssektor von 42% auf 15% und im Personenverkehr von 15% auf 7%.[1289]

II. Ursachen der negativen Entwicklung

Die wirtschaftlich negativen Entwicklungen des britischen und des deutschen Eisenbahnwesens weisen einige Parallelen auf. Eine historisch schwache Profitabilität, ein Wandel in der Nachfragestruktur sowie politisches Missmanagement begründeten die defizitäre Entwicklung dieses Wirtschaftssektors. Dazu wurden Investitionen in die Infrastruktur über Jahrzehnte vernachlässigt.[1290] Während im Güterverkehrssektor die Nachfrage nach einfachen Massengütertransporten stetig abnahm und sich die Gütertransportnachfrage aufgrund flexiblerer Angebote zugunsten des Straßentransports verlagerte, führte im stark durch den Pendlerverkehr im Großraum London geprägten Personenverkehrssektor steigender Wohlstand zu einer Bevorzugung des Autos als flexibleres Transportmittel. Auf längeren Distanzen war die Eisenbahn starker Konkurrenz durch die frühzeitig liberalisierten Bus- und Flugverkehre ausgesetzt.[1291] Insgesamt verschob sich der Marktanteil Schiene gegenüber der Straße so deutlich, dass in den 1990er Jahren mehr als 85% der motorisierten Passagiertransportmeilen und mehr als

---

Departments of State and Official Bodies. British Railway Board (1965).

1288 Offizieller Titel dieses Berichts war "The Development of the Major Trunk Routes", vgl. Departments of State and Official Bodies. British Railway Board (1965).

1289 Gourvish, British Rail 1974-97, S. 4 f.; Marktanteile gemessen in tonnes/miles bzw. Passenger miles.

1290 Schnöbel, Int. Verkehrswesen 2005, 134, 139.

1291 Gourvish, British Rail, 1974-97, S. 5; Stehmann/Zellhofer, Dominant Rail Undertakings under European Competition Policy, European Law Journal 2004, 327, 329.

60% der Frachttonnenmeilen auf der Straße zurückgelegt wurden.[1292] Politische Zwänge hinderten schließlich die Verantwortlichen daran, das Eisenbahnwesen ausschließlich nach betriebswirtschaftlichen Gesichtspunkten zu betreiben. Aufgrund von Verpflichtungen der Daseinsvorsorge waren Schienenverkehrsdienste auch in unrentablen Regionen anzubieten. Eine sachgerechte Kombination von gemeinwirtschaftlichen Verpflichtungen mit marktwirtschaftlichen Organisationsstrukturen konnte auch in Großbritannien trotz der im Transport Act 1968 vorgesehenen Streckeneinteilungen nicht verwirklicht werden. Im Ergebnis stieg der Bedarf an staatlichen Subventionen für das gesamte Eisenbahnwesen im Verlaufe der Zeit erheblich an.[1293] Gewährte Staatsmittel wurden allerdings statt zur Modernisierung vorrangig zu Verlustausgleichen verwendet, so dass eine konstante Unterfinanzierung vorlag.[1294]

III. Erste Privatisierungsbestrebungen

Nach Amtsübernahme von Margaret Thatcher als Premierministerin änderte sich die britische Politik grundlegend. Übergeordnete wirtschaftspolitische Ziele waren insbesondere die Förderung der freien Marktwirtschaft sowie die Privatisierung von staatlich geführten Wirtschaftsbereichen. Dahinter stand die Erwartung, dass der private Sektor durch Gewinnanreize effizienter wirtschafte als der Staat. Serviceverbesserungen und Innovationen würden ebenso zu gesteigerten Einnahmen führen und schließlich den Bedarf an staatlichen Subventionen senken.[1295] Während die neue Regierung die Bereiche Telekommunikation, Post und Energie bereits zeitnah privatisierte,[1296] war dies für das Eisenbahnwesen mangels ausreichender finanzieller Basis erst für die Zukunft vorgesehen. Die Regierung traf daher zunächst einige vorbereitende Konsolidierungsmaßnahmen. Unter dem Schlagwort Sectorisation wurde im Jahre 1982 British Rail mit einer verstärkten Marktausrichtung in die verschiedenen Sektoren Freight, Parcels, InterCity, London & South East und Provincial Railways aufgeteilt.[1297] Während die drei erstgenannten Einheiten rein nach betriebswirtschaftlichen Gesichtspunkten organisiert waren und eigenwirtschaftlich operieren sollten, erhielten die beiden letztgenannten darüber hinaus beträchtliche staatliche Finanzmittel. Diese Struktur ermöglichte erstmals eine exakte Kostenzuordnung. Darüber hinaus schloss Bri-

---

1292 Vgl. Department for Transport, Transport Statistics Great Britain, 2001.

1293 Pollitt/Smith, The Restructuring and Privatisation of British Rail: Was it really that bad? S. 4.

1294 Meng, Privatisation in Britain: A case study of Railtrack, S. 43.

1295 Kay, Privatisation in the United Kingdom, 1979-1999, S. 1; Martin, British Rail Privatisation: What went wrong? S, 1.

1296 Einen chronologischen Überblick bietet Kay, Privatisation in the United Kingdom, 1979-1999, S. 15 ff. Abb. 3.2.

1297 Merkert, Die Reorganisation und Zukunft des Eisenbahnwesens in Großbritannien, S. 4 f.

tish Rail zu Beginn der 1980er Jahre einige unprofitable Strecken und verkaufte mehrere Tochtergesellschaften wie beispielsweise Sealink UK und BR Hotels, die nicht zum Kerngeschäft Eisenbahn gehörten.[1298] Der anschließend veröffentlichte Serpell Report zeigte auf, dass bisherige Reformbemühungen wenig zielführend waren, da eine mangelnde Profitabilität weiter Teile des Streckennetzes positive Entwicklungen entscheidend hemmte.[1299] Die Gesamtleistung der britischen Eisenbahn – dies umfasste auch in starkem Maße die Servicequalität – wurde insgesamt als deutlich zu niedrig bewertet und die Zunahme der Abhängigkeit von staatlichen Subventionen bemängelt.[1300] Eine umfassende Privatisierung der Eisenbahn wurde im Ergebnis als letzter Ausweg erachtet, um eine Umkehr hin zu einem rentablen Wirtschaftssektor zu erreichen. Weitergehende verkehrspolitische Ziele sollten mit einer Reform allerdings nicht verknüpft werden, da die Regierung grundsätzlich von einer weiter sinkenden Bedeutung des Eisenbahnwesens ausging und eine staatliche Verantwortung weitestgehend vermeiden wollte. Letzte Maßnahmen vor der Reform lagen in personellen Veränderungen im Management der British Rail sowie dem Beschluss, staatliche Subventionen zu kürzen.[1301]

IV. Die Bahnreform

Im Jahre 1992 präsentierte die neu gewählte britische Regierung unter Premierminister John Major kurz nach ihrem Wahlsieg ein Weißbuch zur angestrebten Privatisierung.[1302] Bereits dem Vorwort des Verkehrsministers John MacGregor ist zu entnehmen, dass eine Privatisierung in Form eines Verkaufs des Staatsunternehmens als Gesamtheit – wie in anderen Wirtschaftsbereichen bereits praktiziert – aufgrund der finanziellen Situation von British Rail nicht möglich sei. Vielmehr sei eine flexible Lösung anzustreben, um dem privaten Sektor Anreize für eine Beteiligung im Eisenbahnwesen zu geben. Zielsetzungen waren verbesserte Nutzung der Eisenbahn, Erhöhung der Verantwortlichkeit gegenüber dem Kunden, Erhöhung der Servicequalität und Steigerung der Effizienz.[1303] Nur die Einführung von Wettbewerb durch stärkere Beteiligung des privaten Sektors sowie die Beendigung der Monopolstellung von British Rail sei dafür Erfolg versprechend.[1304]

1298 Pollitt/Smith, The Restructuring and Privatisation of British Rail: Was it really that bad? S. 4.

1299 Vgl. Department of Transport 1983.

1300 Vgl. Department of Transport 1992.

1301 Welsby/Nichols; Journal of Transport Economics and Policy, Volume 33 (1999), 55, 57.

1302 Department for Transport, New Opportunities for the Railways, The Privatisation of British Rail, 1992.

1303 New Opportunities for the Railways, The Privatisation of British Rail, Nr. 1: "The Government is determined to see better use made of the railways, greater responsiveness to the customer, and a higher quality of service and better value for money for the public who travel by rail".

1304 New Opportunities for the Railways, The Privatisation of British Rail, Nr. 2.

Nach eingehender Prüfung mehrerer Optionen für eine effektive Struktur favorisierte die Regierung das Modell einer Trennung von Netz und Betrieb.[1305] Insgesamt galt, soviel Wettbewerb wie möglich zuzulassen und so wenig Regulierung wie nötig einzuführen.[1306] Nach den Vorgaben dieses Weißbuchs erarbeitete die Regierung im selben Jahr einen Gesetzesentwurf, den Railways Bill, der im darauf folgenden Jahr ohne wesentliche Änderungen erlassen wurde. Hintergrund des zügigen Verfahrens waren die Zielrichtungen, dass Privatisierungserlöse die Haushaltslage verbessern sollten und eine durchgeführte Privatisierung bei einem möglichen Regierungswechsel irreversibel wäre.[1307] Gegenüber kritischen Stimmen dienten die Verpflichtungen aus Richtlinie 91/440/EWG als Argumentationsstütze. Der Railways Act 1993 bildete den rechtlichen Rahmen für die Privatisierung der British Rail und die Umstrukturierung des britischen Systems Schienenverkehr. Bemerkenswert ist, dass in diesem umfassenden Gesetzeswerk die errichtete Infrastrukturgesellschaft Railtrack an keiner Stelle erwähnt wird und sie somit theoretisch jederzeit vom britischen Verkehrsministerium hätte umstrukturiert oder aufgelöst werden können.[1308] Ähnliches galt im Übrigen für ein ebenfalls wesentliches Dokument über die Organisation des Franchising-Systems,[1309] welches keinerlei explizite Aussagen hinsichtlich Anzahl und Größe der vorgesehenen Franchises sowie der konkreten Ausgestaltung der Franchiseverträge traf.[1310] Insgesamt fehlten dem gesetzlichen Rahmen nahezu sämtliche Detailregelungen hinsichtlich der Ausgestaltung der Organisationsstruktur, so dass ihm teilweise lediglich ein Weißbuch-Charakter zukommt. Die Regierung entschied sich im Gegensatz zu vorangegangenen Privatisierungen in anderen Wirtschaftssektoren, das ehemalige Staatsunternehmen British Rail nicht als Ganzes zu verkaufen, sondern nach Aufteilung in etwa 100 selbständige Eisenbahnunternehmen eine separate Veräußerung der einzelnen Bestandteile vorzunehmen.[1311] Das System der vertikalen Desintegration galt als sachgerecht zur Erreichung der ausgegebenen Ziele der Belebung des Wettbewerbs, Effizienzsteigerung und Qualitätsverbesserung.[1312] Zudem sollte der Transfer des Finanzierungsrisikos zu den Privaten die notwendige Reduzierung staatlicher Subventionen für das Eisen-

1305 New Opportunities for the Railways, The Privatisation of British Rail, Nr. 12.

1306 Nash, in: Bradshaw/Lawton Smith (Hrsg.), Privatization and Deregulation of Transport, S. 159, 162.

1307 Kemnitz, Der Fahrgast 2004, 5, 6.

1308 Knorr/Eichinger, List Forum für Wirtschafts- und Finanzpolitik, Band 28 (2002), 370, 372.

1309 Consultation Paper, The Franchisig of Passenger Rail Services, Department of Transport, 1992.

1310 Crompton/Jupe, „A deficient Performance“?: The Regulation of the Train Operating Companies in Britain’s Privatised Railway System.

1311 Kemnitz, Der Fahrgast 2004, 5, 5.

1312 O’Donnell, in: Bradshaw/Lawton Smith (Hrsg.), Privatization and Deregulation of Transport, S. 145, 145.

bahnwesen ermöglichen.[1313] Eine vollständige Eigenfinanzierung der Infrastruktur über Trassenpreiserlöse war angestrebt. Allerdings beschloss die Regierung, die Schieneninfrastruktur für eine Übergangszeit im Staatsbesitz zu behalten, um anfängliche Risiken der Aufsplittung von British Rail bestmöglich kontrollieren zu können.[1314] Die vollständige Umstrukturierung des gesamten Wirtschaftssektors war zu Beginn des Jahres 1997 abgeschlossen.

1. Die Organisationsstruktur

Die Organisationsstruktur des britischen Eisenbahnwesens nach der Privatisierung bestand aus fünf Gruppen als Hauptakteure im System. Dies waren der Betreiber der Schieneninfrastruktur, die Eisenbahnunternehmen im Personen- und Güterverkehr, die Anbieter des rollenden Materials, die Instandhaltungs- und Erneuerungsunternehmen sowie die Aufsichts- und Regulierungsbehörden.

a. Der Betreiber der Infrastruktur

Mit der Gründung von Railtrack am 28.02.1994 als öffentliche Trägerschaft wählte die britische Regierung auf Grundlage des Railway Acts 1993 zunächst eine öffentlich-rechtliche Struktur für den Betrieb der Infrastruktur.[1315] Railtrack erhielt die Network Licence und übernahm das Eigentum sowie das Management des überwiegenden Teils der Eisenbahninfrastruktur von British Rail, somit das gesamte Schienennetz und 2.500 Bahnhöfe in England, Schottland und Wales. Sie war als schlanke Institution konzipiert, die sich auf Steuerung und Projektmanagement konzentrieren sollte. Innerhalb der ersten zwei Jahre war Railtrack der Kontrolle der Regierung unterstellt und operierte nach den finanziellen Vorgaben der Regierung. Aus Besorgnis vor einer Wahlniederlage wurde Railtrack im Mai 1996 durch die britische Regierung vollständig materiell privatisiert und an der Börse notiert.

Obwohl verschiedene externe Gutachten das Vermögen des britischen Schienennetzes einschließlich der Bahnhöfe mit zwischen 1,5 und 10 Milliarden GBP bewertet hatten, wurde Railtrack für lediglich 1,95 Milliarden GBP veräußert.[1316] Der Ausgabepreis pro Aktie, die als Volksaktie galt, betrug 3,20 GBP. Die Network Licence, deren Inhalt auf einen öffentlichen Infrastrukturbetreiber mit Pflichten zur Erfüllung von Gemeinwohlaufgaben ausgerichtet war, wurde im Zuge des Börsenganges nicht angepasst, so dass die Network Licence weder Verpflichtun-

---

1313 Nash, in: Bradshaw/Lawton Smith (Hrsg.), Privatisation and Deregulation of Transport, S. 159, 159.

1314 Kemnitz, Der Fahrgast 2004, 5, 5.

1315 Railtrack verblieb somit zunächst als sogenannte „GoCo“ nach dem Companies Act von 1985 innerhalb des öffentlichen Sektors.

1316 Kemnitz, Der Fahrgast 2002, 5, 5.

gen zur Investition in das Schienennetz noch konkrete Messkriterien für die Qualität enthielt.[1317] Trotz materieller Privatisierung durch den Börsengang Railtracks blieb das Eisenbahnwesen Spielball der Politik. Die Labour-Partei, die im Jahre 1997 die Tories in der Regierung ablöste und ursprünglich Gegner der Privatisierung war, stand in der Pflicht zur Fortführung des eingeschlagenen Weges.[1318] Sie veröffentlichte im Jahre 2000 den 10 Year Transport Plan, der eine wesentliche Steigerung sowohl des Personenverkehrs als auch des Güterverkehrs als Ziel ausgab.[1319] Für die notwendigen Investitionsmittel zur Kapazitätserweiterung erhoffte sich die Regierung ein verstärktes Engagement des privaten Sektors.[1320]

Railtrack oblag als zentrale Aufgabe die Veräußerung von Zugangsrechten an Eisenbahnverkehrsunternehmen im Personen- und Güterverkehr. Während im Güterverkehr Trassenpreise weitestgehend frei verhandelbar waren, erfolgte im Personenverkehr die Festlegung auf Basis einer möglichst verursachungsgerechten Kostenzuordnung. 90% der Trassenpreise waren fix, etwa 6% Energiekosten und lediglich etwa 3% variabel.[1321] Daneben waren die Trassennutzungsentgelte nach einem Price-Cap-Verfahren weitgehend festgelegt. Der relevante Produktivitätsparameter X wurde zunächst auf 8%, später auf 2% festgelegt, woraus sich ein gewisses Preisniveau ergab, welches Railtrack eine Rendite von 5,6% ermöglichte.[1322] Weitere Zuständigkeiten waren Fahrplanerstellung, Betrieb, Instandhaltung und Ausbau des Streckennetzes einschließlich der Signalanlagen, Bereitstellung von Elektrizität für den Zugverkehr, Verwaltung des Immobilienbesitzes, Betrieb von vierzehn Großbahnhöfen, Leasing aller anderen Bahnhöfe und Reparaturwerkstätten an Eisenbahnverkehrsunternehmen, Überwachung der Sicherheit der Gleisanlagen und des Zugverkehrs, Formulierung verpflichtender Sicherheitsstandards sowie die Einhaltung der Sicherheitsvorschriften.[1323] Instandhaltungs-, Erneuerungs- und Ausbauarbeiten wurden an Fremdfirmen ausgelagert,[1324] nämlich an Infrastructure Maintenance Companies (IMC) sowie Track Renewal Companies (TRC), die einzelne Aufträge wiederum im Wettbewerb an Subunternehmen vergaben.[1325] Von der Regierung angestrebt wurde eine finanzielle Unabhängigkeit Railtracks von direkten staatlichen Subventionen.[1326] Neben den Trassennutzungsentgelten waren der Verkauf, die Vermietung sowie Verpachtung

---

1317 Vgl. Office of the Rail Regulator, Railtrack's Stewardship of the Network, 1999, S. 3.
1318 Smith, Japan Railway & Transport Review, March 2003, 12, 12 f.
1319 Transport Ten Year Plan 2000: explanatory note.
1320 Vgl. Glaister, Oxford Review of Economic Policy, Volume 18 (2002), 154, 154 f.
1321 Martin, British Rail Privatisation: What went wrong? S. 3.
1322 Schnöbel, Int. Verkehrswesen 2005, 136, 136.
1323 Vgl. Schienen-Control GmbH, Die Eisenbahnen Großbritanniens, S. 23 f.
1324 Schmitz, Die Privatisierung der Eisenbahn in Großbritannien, S. 52.
1325 Kennedy, Smith, Assessing the efficient cost of sustaining Britain's rail network: perspectives based on Zonal Comparisons, S. 3.
1326 Suckale, in: Hermes/Sellner (Hrsg.), AEG, Einf E, Rn. 11.

von Bahnhöfen, Reparaturwerkstätten, Depots und Grundstücken als Einnahmequellen vorgesehen.[1327] Allerdings waren wiederum Trassennutzungsgebühren der Eisenbahnverkehrsunternehmen staatlich subventioniert, so dass sich daraus eine indirekte Unterstützung Railtracks ergab.[1328]

Als Monopolist im Bereich Schieneninfrastruktur unterlag Railtrack der Aufsicht der Regulierungsbehörde Office of the Rail Regulator (ORR) in den Bereichen Trassenzuweisung und Festlegung von Trassennutzungsentgelten, um Diskriminierungen auszuschließen. Sie hatte ab dem Jahre 1997 dem ORR den jährlich zu erstellenden Geschäftsplan Network Management Statement (NMS) zur gemeinsamen Abstimmung darüber sowie zur Kontrolle über die Sanierung und Ausbau des Schienennetzes vorzulegen. Dadurch behielt sich der Staat ein Mindestmaß an Kontrolle über die operativen Geschäfte Railtracks vor.[1329]

b. Die Eisenbahnverkehrsunternehmen im Personen- und Güterverkehr

aa. Train Operating Companies (TOCs)

Auf Grundlage des Railways Act 1993 wurde im Schienenpersonenverkehr von dem Office of Passenger Rail Franchising (OPRAF) ein Ausschreibungsverfahren durchgeführt, nach dem Franchiseverträge an unabhängige Unternehmen vergeben wurden. Insgesamt 25 TOCs erwarben Passenger Rail Franchises zum Betrieb des britischen Eisenbahnnetzes.[1330] Die TOCs bauten jedoch keine eigene Markenidentität auf, so dass Kunden der britischen Bahn oftmals nicht wussten, mit welchem Betreiber sie führen. Dies gewährleistete zwar eine Einheitlichkeit, führte allerdings dazu, dass bei Mängeln keine Differenzierung stattfand und schließlich sämtliche TOCs negative Kundenreaktionen zu fürchten hatten.[1331] Abhängig von einer zu erwartenden Rentabilität der jeweiligen Franchise gewann in der Regel dasjenige Unternehmen den europaweiten Ausschreibungswettbewerb, welches das höchste Entgelt bot oder die wenigsten staatlichen Subventionen benötigte.[1332] Weitere maßgebende Auswahlkriterien waren Verpflichtungen von Bietern zu Investitionen in die Infrastruktur oder in das rollende Material sowie zu Verbesserungen des Verkehrsangebotes, insbesondere der Zuverlässigkeit, Sicherheit und

---

1327 Knorr/Eichinger, List Forum für Wirtschafts- und Finanzpolitik, Band 28 (2002), 370, 375.

1328 Suckale, in: Hermes/Sellner (Hrsg.), AEG, Einf E, Rn. 11.

1329 Kemnitz, Der Fahrgast 2004, 5, 6.

1330 Die Island Line, die auf der Isle of Wight als eine vertikal integrierte Franchise operierte, war eine Ausnahme des Systems. Generell ausgenommen vom Ausschreibungsprozess waren die *Eurostar* Hochgeschwindigkeitszüge zwischen London und Paris, London und Brüssel, der Heathrow Express, die London Underground sowie diverse Light Rail-Systeme; vgl Knorr/Eichinger, List Forum für Wirtschafts- und Finanzpolitik, Band 28 (2002), 370, 375.

1331 Vgl. Schienen-Control GmbH, Die Eisenbahnen Großbritanniens, S. 31.

1332 Merkert, Die Reorganisation und Zukunft des Eisenbahnwesens in Großbritannien, S. 20.

Pünktlichkeit.[1333] Festgelegt war ferner, dass die Summe der gewährten Subvention für die jeweilige Franchise während der Vertragslaufzeit sukzessive abnehmen würde.[1334]

Durchschnittlich fünf ernsthafte Gebote wurden bei den Ausschreibungen eingereicht.[1335] 13 Unternehmen, größtenteils Busunternehmen, erwarben die 25 Franchises und übernahmen bis zum Beginn des Jahres 1997 den Betrieb. Das erfolgreichste Unternehmen dabei war die National Express Group, die fünf Franchiseverträge gewann und später das Unternehmen Prism Rail übernahm, welches ursprünglich vier Franchiseverträge gewann. Damit kontrollierte National Express Group über 30% des Schienenpersonenverkehrs. Im Jahre 2004 verlor man einen Vertrag an First Group, blieb mit 25% Marktanteil jedoch marktstärkstes Unternehmen. Einen Marktanteil von ebenfalls etwa 25% hatte das Joint Venture aus Stage Coach und der Virgin Group. Die Anzahl der Franchises verringerte sich später auf 23, die von 9 Unternehmen geführt wurden, wobei zwei Unternehmen die Hälfte des Marktes kontrollierten, so dass sich eine oligopolistische Marktstruktur entwickelte. Gegenwärtig liegen die Franchises in der Hand von 11 Unternehmen.[1336] Regierungspläne sahen eine zusätzliche mengenmäßige Reduzierung der Franchises vor, die den diesbezüglichen Wettbewerb weiter reduziert hätte.[1337] Die Franchises waren jeweils mit einer Mindestausstattung an rollendem Material, Bahnhöfen und Wartungseinrichtungen versehen. Ein Eigentumserwerb dieser Aktiva war jedoch nicht möglich, da das Eigentum des genutzten Materials sowie der Einrichtungen bei den Anbietern des rollenden Materials beziehungsweise bei Railtrack verblieb. Dadurch fielen zwar geringere Investitionskosten als bei einem Eigentumserwerb an und erleichterten einen Markteintritt. Gleichwohl erzeugte die Unmöglichkeit eines Eigentumserwerbs einen geringeren Anreiz für Zusatzinvestitionen in technische Weiter- und Neuentwicklungen. Schließlich erforderten die Eigentumsverhältnisse eine Ausgestaltung komplexer Nutzungsverträge. Zunächst war eine grundsätzliche Laufzeit der Franchiseverträge von sieben Jahren vorgesehen, die tatsächlich jedoch abhängig von der Investitionsbereitschaft der Franchisenehmer zwischen fünf und 15 Jahre betrug.[1338] Die Festlegung von Franchiselaufzeiten führte stets zu Interessenkonflikten zwischen Franchisenehmern und den zuständigen Aufsichts- und Regulierungsbehörden im Hinblick auf die Planungssicherheit.[1339] Eine lange Laufzeit brachte Franchisenehmern einer-

1333 Knorr/Eichinger, List Forum für Wirtschafts- und Finanzpolitik, Band 28 (2002), 370, 376.

1334 Schnöbel, Int. Verkehrswesen 2005, 136, 137.

1335 Preston, Competition in British Railways – What have we learned?, S. 2.

1336 Suckale, in: Hermes/Sellner (Hrsg.), AEG, Einf E, Rn. 12.

1337 Vgl. zu den Plänen White Paper The Future of Rail, 2004.

1338 Vgl. BDI/DIHK-Gutachten, S. 134.

1339 Bolt, The role of ORR in delivering a safe, well-performing and efficient railway.

seits Sicherheit, Zeit für Erfahrungen sowie Anreize für zusätzliche Investitionen, deren Nutzen man nicht dem nächsten Franchisenehmer überlassen wollte. Andererseits hemmte eine dauerhafte Monopolstellung den Wettbewerb, so dass Innovations- und Effizienzverluste drohten[1340]. Eine kurze Laufzeit hingegen förderte zwar den Wettbewerb um die jeweilige Franchise, wurde aber aufgrund der Unsicherheit über einen neuen Vertrag als Investitionshindernis angesehen. Zudem entwickelte sich die Kostenseite zum Dilemma für die TOCs, da infolge der hohen Fixkostenbelastung eine Amortisation der Neuinvestitionen bei einer Franchiselaufzeit von sieben Jahren nahezu unmöglich war. Infolgedessen wurden regelmäßig Franchiseverträge vereinbart, die eine Verlängerung der Laufzeit auf bis zu 15 und in Ausnahmefällen bis zu 20 Jahren vorsahen, wenn sich der Franchisenehmer zu Investitionen in Rollmaterial verpflichtete.[1341] Im Ergebnis wurde die sukzessive Verlängerung der Laufzeiten in der Folgezeit zur Regel.

Ein weiteres Problem im Zusammenhang mit der Laufzeit von Franchiseverträgen stellten Regelungen bezüglich des Laufzeitendes dar. Die Gefahr, dass TOCs ihre Gewinne mittels systematischen Qualitätsvernachlässigungen zu maximieren versuchten, erhöhte sich gegen Laufzeitende mit Verringerung des Interesses an der Bewahrung des Kundenstammes. Um dieser Gefahr zu begegnen, erließ die zuständige Regulierungsbehörde Passenger Service Requirements (PSR), die die Einhaltung von Mindestverkehrsleistungen bestimmte, insbesondere bezüglich der Fahrpreise, des Fahrplans, der Sitzplatzkapazität sowie der Servicequalität.[1342] Die PSR befanden sich im Spannungsverhältnis zwischen der unternehmerischen Freiheit der Franchisenehmer und dem öffentlichen Interesse an der Gewährleistung von Mindeststandards im Bereich Schienenpersonenverkehr. Deshalb waren die Anforderungen etwas unterhalb der Leistungsangebote angesiedelt, zu denen sich die Franchisenehmer in den Angebotsunterlagen zum Ausschreibungswettbewerb selber verpflichteten.[1343] Obwohl die PSR ursprünglich für die gesamte Vertragslaufzeit gelten sollten, wurden Nachverhandlungen mit dem OPRAF erlaubt. Darüber hinaus war bestimmt, dass die TOCs der Association of Train Operating Companies (ATOC) beitreten mussten, um gemeinsame Fahrplanauskünfte und Vertriebssysteme sowie die gegenseitige Anerkennung von Tickets und insbesondere durchgängige Tickets gewährleisten zu können.[1344]

1340 BDI/DIHK-Gutachten, S. 134.

1341 Strategic Rail Authority, National Rail Trends 2003-04 (Quarter 1), S. 14.

1342 Um die Einhaltung der Leistungsniveaus sicherzustellen, wurden die TOCs mit staatlichen Subventionen ausgestattet. Die Fahrplanauflagen waren auf Frequenz, maximale Reisedauer, Abfahrtszeiten der ersten und letzten verkehrenden Züge gerichtet. Vgl. Freeman/Shaw, All Change – British Railway Privatisation, S. 47 f.

1343 Knorr/Eichinger, List Forum für Wirtschafts- und Finanzpolitik, Band 28 (2002), 370, 375.

1344 Schnöbel, Int. Verkehrswesen 2005, 136, 137.

Regierungspläne sahen ursprünglich keine Gebietsmonopolisierung der Franchises vor. Vielmehr sollte auch ein Erwerb von Trassenrechten möglich sein, um über die 25 lizensierten Franchisenehmer hinaus weiteren Unternehmen die Möglichkeit des Zutritts zum Schienenpersonenverkehrsmarkt zu geben.[1345] Potentielle Franchisenehmer kritisierten jedoch dieses System und argumentierten, dass ein freier Netzzugang mit dem Franchisemodell nicht kompatibel sei und der Erwerb von Franchiseverträgen dadurch deutlich an Attraktivität verlöre. Zur Begründung würde angeführt, dass Konkurrenten sich voraussichtlich die rentabelsten Strekken aussuchen würden, was für die Franchisenehmer zur Konsequenz hätte, dass sie aufgrund vertraglicher Verpflichtungen zum Betrieb auch unrentabler Trassen im Franchisebereich beträchtliche wirtschaftliche Verluste hinnehmen müssten und dementsprechend stärker auf staatliche Subventionen angewiesen wären.[1346] Daraufhin implementierte die Regierung eine Übergangsregelung, nach der im Personenschienenverkehr Wettbewerb innerhalb eines Franchisegebietes grundsätzlich untersagt war.[1347] Erst nach Etablierung des Gesamtsystems sollten Wettbewerbern der Netzzugang zu gewünschten Trassen durch Erwerb bei dem Infrastrukturbetreiber ermöglicht werden.

bb. Freight Operating Companies (FOCs)

Private Unternehmen betrieben bereits vor der britischen Bahnreform mit einem freien Netzzugang den Schienengüterverkehr.[1348] Insofern fehlte es an der Notwendigkeit einer weiteren Liberalisierung und an der Einführung eines Franchisesystems. Ein Lizenzerwerb, ein Sicherheitszertifikat sowie Trassenzugangsrechte waren die entscheidenden Voraussetzungen zum Betrieb von Schienengüterverkehrsdienstleistungen.[1349] Über Vertragsbedingungen bezüglich Trassenzugang und Trassennutzungsentgelt verhandelten die FOCs mit Railtrack in einem weiten Gestaltungsspielraum. Lediglich das Verbot ungerechtfertigter Preisdifferenzierungen sowie die Deckung der langfristigen Grenzkosten durch Entgelt legte der Gesetzgeber fest.[1350] Strecken, die ausschließlich für den Schienengüterverkehr

1345 Es sollte somit nicht nur „competition *for* the market“ um die jeweilige Franchise stattfinden, sondern auch „*in* the market“ zwischen verschiedenen Franchisenehmern und Dritten um einzelne Trassen. Vgl. O’ Donnell, in: Bradshaw/Lawton Smith (Hrsg.), Privatization and Deregulation of Transport; S. 145, 147.

1346 Vgl. Knorr/Eichinger, List Forum für Wirtschafts- und Finanzpolitik, Band 28 (2002), 370, 376.

1347 Ausnahmen sollten nur für Anbieter zugelassen werden, die laufende Verträge vor der Reform hatten sowie für Anbieter, deren Umsatz weniger als 0,2% des Umsatzes der TOC betrug. Vgl. Preston, Competition in British Railways – What have we learned?, S. 2.

1348 Dies waren vor allem Eigenverkehre von Industrieunternehmen. Vgl. Knorr/Eichinger, List Forum für Wirtschafts- und Finanzpolitik, Band 28 (2002), 370, 377.

1349 Vgl. Brewer, Contestability in UK rail freight markets, Transport Policy (1996), 91, 91 f.

1350 Schnöbel, Int. Verkehrswesen 2005, 136, 136.

benötigt wurden, mussten die FOCs selber finanzieren. Trotz des Bestehens eines offenen Marktes agierten nur wenige Teilnehmer im Schienengüterverkehrsmarkt.[1351] Die Zahl der Konkurrenten verringerte sich im Jahre 1996 weiter nach dem Verkauf großer Teile der Frachtsparte von British Rail an ein internationales Konsortium, geführt von dem US-amerikanischen Konzern Wisconsin Central. Das entstandene Unternehmen English, Welsh & Scottish Railway etablierte sich daraufhin als Marktführer und kontrollierte nach der Übernahme von Rail Express Systems und Channel Tunnel Service Railfreight Distribution etwa 90% des britischen Schienengüterverkehrsmarktes.[1352] Weitere Schienengüterverkehrsunternehmen von Marktbedeutung waren Freightliner Ltd. (vormals Gütertransportgeschäfte von British Rail), Direct Rail Services GB (in erster Linie Betrieb von Nukleartransporten) und Railfreight (Bestandteil der First Group). Darüber hinaus agierten verschiedene kleinere Anbieter im Markt, unter anderem Eigenverkehre von Industrieunternehmen, deren einzelne Marktanteile jedoch gering waren.[1353]

Für die mangelnde Belebung eines Wettbewerbs im Schienengüterverkehrsmarkt stehen drei Ursachen im Vordergrund. Zum einen hinderte British Rail das Entstehen eines Marktes für gebrauchtes rollendes Material, indem sie dieses nicht veräußerte. Dies erschwerte den Marktzugang erheblich, da Markteinsteiger auf den Erwerb von kostenintensiverem Neumaterial angewiesen waren und somit ein höheres Investitionsrisiko trugen. Zum zweiten waren durch Spezialisierungen auf verschiedene Transportgüter – besondere Waggontypen für zum Beispiel Kohletransporte – De-Facto-Monopole entstanden.[1354] Unmittelbar vor der Privatisierung schlossen die bereits vorhandenen Anbieter attraktive Langzeitverträge mit ihren Kunden, die auch nach der Privatisierung Bestand hatten.[1355] Schließlich mussten Schienengüterverkehrunternehmen im Gegensatz zu Schienenpersonenverkehrsunternehmen, die durch Franchiseverträge Trassenpakete erwerben konnten, bei Railtrack jede benötigte Trasse einzeln bestellen. Dies führte trotz gewonnener Flexibilität zu erhöhten Kosten sowie geringerer Planungssicherheit.

c. Die Anbieter des rollenden Materials

Sämtliches rollendes Material – Lokomotiven, Triebwagen und sonstige Wagen – wurde im Zuge der Privatisierung von British Rail an unabhängige Rolling

1351 Pittmann, Journal of Transport Economics and Policy (2004), 309, 320.

1352 European Conference of Ministers of Transport, Railway Reform, Regulation of Freight Transport Markets, S. 88.

1353 Knorr/Eichinger, List Forum für Wirtschafts- und Finanzpolitik, Band 28 (2002), S. 370, 377.

1354 Schnöbel, Int. Verkehrswesen 2005, 136, 138.

1355 Knorr/Eichinger, List Forum für Wirtschafts- und Finanzpolitik, Band 28 (2002), 370, 377.

Stock Companies (ROSCOs) transferiert. Es existierten drei Unternehmen, Angel Trains Ltd., HSBC Rail (UK) Ltd. sowie Porterbrook Leasing Company Ltd., die zwischen Januar und Februar 1996 privatisiert wurden. Sie erhielten zu gleichen Teilen ein gemischtes Warensortiment aus neuwertigem und gebrauchtem rollenden Material. Eine gleiche Ausgangsbasis sollte einen Wettbewerb zwischen den ROSCOs fördern, der infolge des Strebens nach Innovationen und Effizienzgewinnen dem gesamten britischen Eisenbahnwesen Vorteile bringen sollte.[1356] Franchisenehmer mussten das von ihnen zur Erfüllung der Pflichten aus dem Franchisevertrag benötigte rollende Material von den ROSCOs leasen. Dieses Leasingsystem sollte zusätzlich Markteintritts- beziehungsweise Marktaustrittsbarrieren für TOCs vermeiden. Da die Lebensdauer des rollenden Materials die Laufzeit eines Franchisevertrages überstieg, wäre eine TOC bei ursprünglichem Eigentumserwerb nach Ablauf ihres Franchisevertrages auf den Verkauf ihres rollenden Materials angewiesen. Deshalb entsprach die Laufzeit des Leasingvertrages grundsätzlich der Laufzeit des Franchisevertrages.[1357] Zusätzlich waren die ROSCOs für die Durchführung aller größeren Wartungsarbeiten zuständig, während leichtere Wartungsarbeiten von den TOCs selber vorgenommen wurden.

Durch ein festgelegtes Preissystem für das Leasing von rollendem Material sollten die ROSCOs mit ausreichendem Cash-flow versorgt werden, um in die Entwicklung neuer Technologien investieren zu können und sich somit einen wettbewerblichen Vorteil gegenüber den Konkurrenten zu erarbeiten. Dies war jedoch ein bloßer Anreiz, eine Investitionsverpflichtung der ROSCOs bestand nicht.[1358] Auch dahinter steckte das grundsätzliche Bestreben, die Entwicklung des Wettbewerbs in weiten Teilen des Eisenbahnwesens zu fördern und das Bedürfnis nach staatlichen Subventionen zu senken.[1359] Der Mangel einer sozialen Verpflichtung zur technischen Weiterentwicklung beinhaltete gleichzeitig die ernsthafte Bedrohung, dass Profite nicht im Unternehmen einbehalten, sondern als Renditen an die Anteilseigener ausgezahlt würden.[1360] Obwohl die Entwicklung eines liberalisierten Wettbewerbs das Ziel dieser Fragmentierung war, blieb das Verkehrsministerium ein bestimmender Akteur. Es war für die Festlegung des Preissystems verantwortlich, wonach die Preisunterschiede für das Leasing von älterem und neuwertigem Material lediglich marginal waren, um Ersatzinvestitionen der TOCs

1356 Welsby/ Nichols, Journal of Transport Economics and Policy, Volume 33 (1999), 55, 68.

1357 Knorr/Eichinger, List Forum für Wirtschafts- und Finanzpolitik, Band 28 (2002), 370, 378.

1358 Welsby/Nichols, Journal of Transport Economic and Policy, Volume 33 (1999), 55, 62 f.

1359 Nash, in: Bradshaw/Lawton Smith (Hrsg), Privatisation and Deregulation of Transport, S. 159, 166.

1360 Welsby/Nichols, View; Journal of Transport Economics and Policy, Volume 33 (1999), 55, 68.

zu fördern.[1361] Zudem setzte es den Buchwert des rollenden Materials deutlich unter den Leasinggebühren fest und versuchte durch den Abschluss lukrativer Verträge mit den TOCs vor der Privatisierung der ROSCOs Interesse bei potentiellen Investoren zu wecken. Potentiellen Investoren waren 80% der Erlöse aus bereits geschlossenen Leasingverträgen garantiert, welche zum Verkaufszeitpunkt noch eine Restlaufdauer von mehreren Jahren hatten. Entgegen der Erwartungen bestand trotz der Maßnahmen nur ein geringes Interesse am Einstieg in den Markt des rollenden Materials.

d. Die Instandhaltungs- und Erneuerungsunternehmen

Railtrack lagerte seine gesamten Instandhaltungs- und Erneuerungsaktivitäten zur weiteren Wettbwerbsbelebung aus. Der British Rail Infrastructure Service (BRIS), der bereits Anfang der 1990er Jahre organisatorisch von British Rail getrennt worden war, wurde nach der Privatisierung nach geographischen Gesichtspunkten in dreizehn selbständige Unternehmen aufgeteilt. Diese wurden im Jahre 1996 an verschiedene britische Bauunternehmen veräußert und in die zwei Bereiche IMC und TRC aufgegliedert.[1362] Für den Bereich der Instandhaltung waren insgesamt sieben IMCs zuständig, die Verträge mit Railtrack über die Inspektion und die tägliche Wartung der Infrastruktur schlossen. Darüber hinaus standen einige IMCs auch über die Instandhaltung von Gebäuden in Vertragsbeziehungen mit TOCs und FOCs. Sechs TRCs waren im Bereich Erneuerung von Schienenwegen beziehungsweise Gebäuden für Reparaturaufgaben tätig und hatten ebenfalls Verträge mit Railtrack beziehungsweise den TOCs und FOCs. Als Folge der Ausgliederung sämtlicher Instandhaltungs- und Erneuerungsaktivitäten sowie der weiteren Einbeziehung von Subunternehmen agierten insgesamt mehr als 2000 Unternehmen im Eisenbahnwesen. Als Konsequenz dessen entstand zwar ein umkämpfter Wettbewerb um Aufträge von Railtrack, aber auch ein Verlust kompetenter Eisenbahningenieure und Informationen bezüglich der Infrastrukturqualität auf Seiten Railtracks.[1363]

e. Die Aufsichts- und Regulierungsbehörden

Zur umfassenden Aufsicht über die Organisationsstruktur wurden mehrere Aufsichts- und Regulierungsbehörden errichtet. Hintergrund des Kontrollsystems war eine gewünschte Trennung der ökonomischen und sicherheitstechnischen Regulierung von der Festlegung des Subventionsniveaus.

1361 Knorr/Eichinger, List Forum für Wirtschafts- und Finanzpolitik, Band 28 (2002), 370, 378.

1362 Knorr/Eichinger, List Forum für Wirtschafts- und Finanzpolitik, Band 28 (2002), 370, 374.

1363 Wolmar, Broken Rails – How Privatisation Wrecked Britain's Railways, S. 92.

aa. Department for Transport, Local Government and the Regions (DTLR)

Das DTLR hatte die übergeordnete Aufgabe der Förderung einer nachhaltigen Wirtschaftsentwicklung hinsichtlich eines modernen Transportwesens sowie der Übereinstimmung von umweltrechtlichen Zielvorgaben mit einer modernen Verkehrsentwicklung.[1364] Ziel war die Implementierung eines einheitlichen Konzeptes für eine integrierte Verkehrspolitik. Es wurde nach den jeweiligen Einzelbereichen in verschiedene Arbeitsgruppen aufgeteilt. Für den Bereich des Eisenbahnwesens war die Railways, Aviation, Logistics and Maritime Group zuständig, dem speziell das Railways Directorate zugeordnet war. Es trug die übergeordnete Verantwortung für die Entwicklung des Eisenbahnwesens sowie die Koordination zur Gewährleistung eines sicheren und dem öffentlichen Interesse entsprechenden Eisenbahnwesens. Dies umfasste die Weisungs- und Empfehlungsbefugnis an die SRA und die Erarbeitung grundsätzlicher Empfehlungen für das OPRAF. Weiterhin war es zuständig für die Förderung von Personen- und Güterverkehr, dem Aufbau der Regulierungsbehörde SRA, dem Management des Channel Tunnel Rail Link Projects, sowie der grundsätzlichen Beratung des Ministers in Eisenbahnfragen.

bb. Office of the Rail Regulator (ORR)

Dem ORR oblag die day-to-day Regulierung der Monopolbereiche des Eisenbahnwesens.[1365] Einzelne Rechte und Pflichten normierte der Railways Act 1993 beziehungsweise der Transport Act 2000. Dies betraf weitestgehend Rechtsbeziehungen und Rechtsgeschäfte in Zusammenhang mit Railtrack,[1366] wobei das ORR die Interessen der TOCs, FOCs sowie sonstiger Nutzer gegenüber der Railtrack wahrnahm. Es kontrollierte Railtracks Vertragsbeziehungen, insbesondere bezüglich der Festsetzung der Trassenpreise, des Zugangs zum Schienennetz, zu den Bahnhöfen und den Werkstätten sowie sonstiger Serviceeinrichtungen. Das ORR war ferner verantwortlich für die Überarbeitung der Rahmenbedingungen im Abstand von fünf Jahren.

Die Zuständigkeit der ORR im Zusammenhang mit Vertragsüberwachungen erstreckte sich darüber hinaus auf die Kontrolle von Vereinbarungen zwischen den einzelnen TOCs. Um trotz zahlreicher Konkurrenten im Markt des Eisenbahnpersonenverkehrsbetriebs ein integriertes Eisenbahnsystem sicherstellen zu können, bedurfte es einer übergeordneten Fahrplankoordinierung unter Berücksichtigung sämtlicher TOCs, einer gegenseitigen Anerkennung von Tickets sowie einer Zusammenarbeit bei der Erstellung von Durchgangstickets. Das ORR

1364 Suckale, in: Hermes/Sellner (Hrsg.), AEG, Einf E, Rn. 15.

1365 Europäische Kommission, EU Rail Liberalisation: Extended Impact Assessment, Regulatory Overview for United Kingdom, S. 2.

1366 Knorr/Eichinger, List Forum für Wirtschafts- und Finanzpolitik, Band 28 (2002), 370, 378.

erteilte schließlich die für die Teilnahme am britischen Eisenbahnverkehr notwendigen Lizenzen. Dies umfasste die an Railtrack ausgegebene Network Licence für den Infrastrukturbetreiber, die Passenger Train Operating Licences für die TOCs, die Light Maintenance Depot Licences der Instandhaltungsunternehmen sowie die Station Licences der Bahnhofsbetreiber.[1367] Für eine Lizenzerteilung war der Nachweis ausreichender Liquidität genauso erforderlich wie die Vorlage einer Sicherheitsbescheinigung von der Health & Safety Executive. Auch über von den TOCs vorgeschlagenen Streckenstilllegungen entschied das ORR, wobei dem Verkehrsministerium als Institution mit übergeordneter Verantwortung für das britische Eisenbahnwesen ein Vetorecht zustand. Mögliche Sanktionen gegen Marktteilnehmer ergaben sich für das ORR aus der Anwendung von Vorschriften aus dem Competition Act 1998 sowie aus den jeweiligen Franchisebedingungen. Auf der anderen Seite konnte jedes Unternehmen gegen Entscheidungen des ORR den Rechtsweg beschreiten. Auch Railtrack konnte gegen Entscheidungen des ORR bei der Competition Commission als unabhängiges Berufungsgericht Einspruch erheben.

cc. Office of Passenger Rail Franchising (OPRAF), Strategic Rail Authority (SRA)

Das OPRAF wurde im Zuge der Privatisierung errichtet mit der Aufgabe, strategische, planende und koordinative Leistungen im Eisenbahnwesen zu erbringen. Die Weiterentwicklung der Schieneninfrastruktur, die finanzielle Ausstattung sowie die Überwachung von Großprojekten im Schieneninfrastrukturbereich gehörten zu zentralen Aufgaben. Zusätzlich war es für das gesamte Franchisesystem von dem Vergabeprozess über den Betrieb der Franchises bis hin zur Vergabe von Subventionen an Franchisenehmer zuständig.[1368] Dem Franchising Director als Leiter des OPRAF oblag die Gestaltung und Abwicklung der Franchise-Verträge mit den TOCs[1369]. Ebenso erstellte das OPRAF Notfallpläne, falls ein Franchisenehmer Insolvenz anmelden müsste oder aus anderen Gründen seine Betriebspflichten nicht ausführen könnte. Eine Überwachung des Schienengüterverkehrs wurde als nicht notwendig erachtet, da dort kein Franchisesystem existierte und ein frei verhandelbarer Netzzugang sowie der intermodale Wettbewerb für eine Selbstkontrolle des Marktes sorgen sollten.

Darüber hinaus beaufsichtigte das OPRAF die TOCs bezüglich deren Erbringung qualitativ hochwertiger und effizienter Dienstleistungen, die nach Möglichkeit auf die Wünsche der Nutzer ausgerichtet sein sollten und einer regelmäßigen Überprü-

---

1367 Knorr/Eichinger, List Forum für Wirtschafts- und Finanzpolitik, Band 28 (2002), 370, 379.

1368 Europäische Kommission, EU Rail Liberalisation: Extended Impact Assessment, Regulatory Overview for United Kingdom, S. 2.

1369 Böttger, Int. Verkehrswesen 2002, 273, 274.

fung unterlagen. Festgelegte Qualitätsziele boten den TOCs ein Anreizsystem in Form eines Bonus/Malus-Regimes.[1370] Verantwortlich für die Durchführung dieses Regimes, welches sich an den zu erbringenden Mindestanforderungen gemäß der PSR orientierte, war mit Railtrack gleichzeitig eine Beteiligte des Systems. Hinsichtlich etwaiger Verspätungen und Zugausfälle legte das Punctuality Incentive Payment anhand eines Sollwerts zu leistende Zahlungen zwischen der OPRAF und den TOCs fest. Durch die Regelungen des Timetable Change Incentive Payment konnten Strafzahlungen verringert werden, wenn Kunden rechtzeitig über Unfälle beziehungsweise Fahrplanänderungen informiert wurden. Zu leistende Zahlungen konnten sich zudem gemäß des Short Formations Incentive Payment aus der Bereitstellung von Mindestkapazitäten ergeben.[1371] Die zu Verspätungspönalen Verpflichtete konnte die Zahlungsverpflichtung an Railtrack weiterleiten, wenn die Verspätung auf Mängel bei der Trassenbereitstellung zurückzuführen war. Railtrack wiederum konnte ihre Zahlungsverpflichtung auf Dritte weiterleiten, wenn diese für die Störung verantwortlich waren.[1372] Im Zusammenhang mit der Qualitätsüberwachung nahm das OPRAF darüber hinaus Verbraucherschutzaufgaben wahr. Die britische Regierung veröffentlichte im Juli 1998 nach anhaltender Kritik am OPRAF und dem gesamten Regulierungssystem das Weißbuch A New Deal for Transport: Better for Everyone,[1373] worin sie für einen radikalen Wandel in der britischen Verkehrspolitik eintrat. Sie schlug die Errichtung der SRA vor, die als Nachfolgeinstitution die Aufgabenbereiche der OPRAF übernehmen sollte.[1374] Die formale Gründung der SRA erfolgte jedoch erst im Jahre 2001 mit dem Inkrafttreten des Transport Act 2000, obwohl sie bereits im Jahre 1999 als Shadow Strategic Rail Authority tätig war.[1375] Sie entstand aus einem Zusammenschluss des BRB und des OPRAF, wobei zusätzlich die Abteilung Passenger Interests des ORR auf die SRA überging. Im Transport Act 2000 wurde gesetzlich verankert, dass die SRA in regelmäßigen Abständen Strategien für den Sektor Eisenbahn vorzulegen hat, was sie erstmals im Jahre 2001 tat.[1376] Ihr wurden mit der Verantwortung über die Franchiseverträge sowie die Überwachung der von den TOCs erbrachten Leistungsqualität die Hauptaufgaben des OPRAF übertragen. Die Kritik an der mangelnden Kontrolle über die Leistungserbringung der

1370 Knorr/Eichinger, List Forum für Wirtschafts- und Finanzpolitik, Band 28 (2002), 370, 379. Im Grundsatz wird die Leistungsqualität an Pünktlichkeitskenngrößen gemessen.

1371 Schnöbel, Int. Verkehrswesen 2005, 136, 137.

1372 Vgl. zum Bonus/Malus Regime Hughes, Incentive regime is the key to efficient franchises, Railway Gazette International, 1994, 231 ff.

1373 White Paper: A New Deal for Transport: Better for Everyone, 1998.

1374 Die Auflösung des OPRAF war auch auf interne Unstimmigkeiten innerhalb der Institution zurückzuführen, vgl. Martin, British Rail Privatisation, What went wrong? S. 1.

1375 Knorr/Eichinger, List Forum für Wirtschafts- und Finanzpolitik, Band 28 (2002), 370, 380.

1376 Der Transport Act 2000 nennt keine expliziten Zeitabstände für die Entwicklung von Strategien, sondern verpflichtet die SRA, „from time to time“ diesbezüglich tätig zu werden.

TOCs resultierte bei der Umstrukturierung in einer Verschärfung der Eingriffsmöglichkeiten für die SRA.[1377] Darüber hinaus übernahm sie als Rechtsnachfolgerin des BRB dessen Aufgaben in der strategischen Planung des Frachtverkehrs sowie übergangsweise die Verantwortung für die British Transport Police (BTP). Ferner wurde der SRA vom Ministerium die Administration der Subventionen für den Güterverkehr sowie die Verwaltung der Eisenbahnstatistik zur Förderung der Transparenz im Eisenbahnwesen übertragen. Vom ORR übernahm sie Teile des Konsumentenschutzes sowie das Entscheidungsrecht über mögliche Stilllegungen von Eisenbahnlinien. Weitere der in Section 205 des Transport Act 2000 genannten Aufgaben waren Sicherstellung einer Verbesserung des Schienennetzes, Erhöhung der Netzkapazität, Förderung eines integrierten Systems aus Güter- und Personenverkehr sowie Wahrung der staatlichen Interessen bei der Entscheidung über die Vergabe von finanziellen Mitteln für Infrastrukturprojekte. Ziel der Regierung bei der weitreichenden Aufgabenerteilung war es, eine übergeordnete und einflussreiche Institution mit umfassender Zuständigkeit zu errichten.

dd. Health and Safety Commission (HSC)

Die HSC war zuständige Regulierungsbehörde für Sicherheitsfragen. Während zunächst Railtrack die erforderlichen Sicherheitsbescheinigungen ausstellte, wurde später die HSC mit dieser Aufgabe betraut, da sie als geeigneter galt, im Eisenbahnwesen Sicherheitsstandards zu setzen. Daneben war sie hauptsächlich für die Gewährleistung der Arbeitnehmersicherheit verantwortlich. Dies umfasste neben der Überprüfung der gesetzlichen Schutzvorschriften auch die Finanzierung der Forschung zur Verbesserung der Sicherheitsstandards. Im operativen Bereich agierte die Health and Safety Executive (HSE) für die HSC. Das Health Management Railways Inspectorate (HMRI) als Bestandteil der HSE war für die Überwachung des Betriebs der einzelnen Eisenbahnen bezüglich der Einhaltung von Sicherheitsstandards zuständig. Darüber hinaus setzte die Behörde Sicherheitsstandards bei der Inbetriebnahme von rollendem Material sowie neuer Infrastruktureinrichtungen fest und kontrollierte diese. Schließlich war die HMRI aufgrund ihrer Sachkenntnis als Unfalluntersuchungsstelle tätig.

1377 Kritisiert wurde u.a., dass bei Nichteinhaltung der Leistungsqualität vertraglich fixierte Sanktionen nicht zur Anwendung kamen, sondern Kompromisslösungen auf dem Verhandlungswege zwischen OPRAF und TOCs gefunden wurden, die im Regelfall nicht die Schärfe von festgelegten Sanktionen aus dem Vertrag hatten. Die neuen Eingriffsmöglichkeiten sahen demgegenüber nicht nur eine Verschärfung von Qualitätszielen hinsichtlich Pünktlichkeit und Sitzplatzkapazität sowie Strafen bei Nichterreichung der vertraglich festgelegten Ziele vor, sondern insbesondere eine bessere Ausschöpfung von vertraglich festgelegten Sanktionsmöglichkeiten bei Nichterreichung der Leistungsziele durch rechtlich stringentere Vorgaben. Am 29.05.2001 erzwang die SRA den ersten Übergang einer Franchise, da das bisherige Betreiberunternehmen Qualitätsstandards nicht erreichen konnte. Vgl. Knorr/Eichinger, List Forum für Wirtschafts- und Finanzpolitik, Band 28 (2002), 370, 386.

2. Auswirkungen der Bahnreform

In den ersten Jahren nach der britischen Bahnreform schien das Wagnis der Umstrukturierung in einer Erfolgsgeschichte zu münden. Die Verkehrsleistungen im britischen Eisenbahnwesen entwickelten sich im europäischen Vergleich überaus positiv. Erstmals seit dem zweiten Weltkrieg gelang es, Marktanteile im intermodalen Wettbewerb zurück zu gewinnen.[1378] Im Personenverkehr nahm die Beförderungsleistung zwischen 1995 und 2001 um 37% zu. Für den intermodalen Wettbewerb bedeutete dies, dass der Marktanteil der Eisenbahn von 6% auf 8% gestiegen war.[1379] Im Schienengüterverkehr war eine ähnliche Entwicklung zu verzeichnen. Trotz verringerter Zahl an Wettbewerbern stieg die Verkehrsleistung in Tonnenkilometern im gleichen Zeitraum um 39%. Dies bedeutete einen Marktanteilsanstieg von 13% auf 17%.[1380] Die positive Entwicklung war im europäischen Vergleich nahezu unerreicht, die meisten nationalen Schienenverkehrsmärkte mussten im gleichen Zeitraum Marktanteilsverluste hinnehmen.[1381] Dies ist für den Bereich Personenverkehr gerade hinsichtlich negativer externer Gründe bemerkenswert.

Zum Zeitpunkt der Steigerung des Marktanteils verzeichnete Großbritannien einerseits einen konjunkturellen Aufschwung, der grundsätzlich infolger der gesteigerten Wohlfahrt des Einzelnen die Benutzung des eigenen Pkws als flexibleres Verkehrsmittel fördert. Zusätzlich herrschte in den 1990er Jahren eine erhöhte Substitutionskonkurrenz durch die frühzeitig liberalisierten Bus- und Flugverkehre, wobei insbesondere die rasante Entwicklung des Billigflugsektors negative Voraussetzungen für Fahrgastzahlen im Eisenbahnwesen erzeugte. Die positive Marktanteilsentwicklung der Eisenbahn schlug sich in den ersten Jahren nach der Privatisierung auch im Aktienkurs von Railtrack nieder. Während der Ausgabekurs im Jahre 1996 3,20 GBP betrug, erreichte der Kurs aufgrund signifikanter Bilanzgewinne Ende des Jahres 1998 mit 17,68 GBP seine höchste Notierung.[1382] Die Dividenden erbrachten eine Rendite von etwa 6,6% bezogen auf den Ausgabepreis. Für das erste Geschäftsjahr 1997 waren dies Gewinne in Höhe von 339 Millionen. GBP, 400 Millionen GBP für 1997/98 und für das erste Halbjahr des Geschäftsjahres 1999/2000 236 Millionen GBP.[1383] Darüber hinaus war es der Regierung gelungen, die Summe der gezahlten Subventionen an die TOCs zwischen 1994/95 und 2000/01 zu reduzieren. Dies war zwar auch Bestandteil der

---

1378 Knorr/Eichinger, List Forum für Wirtschafts- und Finanzpolitik, Band 28 (2002) 370, 380.

1379 Strategic Rail Authority, National Rail Trends 2001-02 (Quarter 3), S. 4.

1380 Strategic Rail Authority, National Rail Trends 2001-02 (Quarter 3), S.23.

1381 Schnöbel, Int. Verkehrswesen 2005, 136, 138.

1382 Kemnitz, Der Fahrgast 2004, 5, 5.

1383 Vgl. Kemnitz, Der Fahrgast 2004, 5, 8.

Franchiseverträge, trotzdem war dessen Realisierung mit Skepsis betrachtet worden.[1384] Der positiven Marktanteilsentwicklung stand jedoch eine Verschlechterung der wirtschaftlichen Situation einiger TOCs gegenüber. TOCs waren in zunehmendem Maße zur Umsatzsteigerung außerstande, da die Kapazitätsgrenze der Infrastruktur aufgrund mangelnder Investitionen seitens Railtrack erreicht war. Infolge dessen versuchten sie, durch Einsparungen im Servicebereich und beim Personal Kosten zu sparen und den Gewinn zu maximieren.[1385] Als zusätzlich die staatlichen Subventionszahlungen reduziert wurden, gerieten viele der TOCs in ernsthafte finanzielle Schwierigkeiten.[1386] Die SRA reagierte darauf, indem sie die betreffenden TOCs vor der drohenden Insolvenz bewahrte und ihnen Cost-Plus Franchiseverträge unter Erhöhung der Subventionen gewährte. Diese Regelung sollte ursprünglich nur von vorübergehender Dauer sein, um das Ziel der Selbständigkeit des Schienenverkehrs nicht zu gefährden. Das ORR veränderte daraufhin das Anreizsystem mit der Vorgabe, die Interessen von Railtrack und den TOCs besser in Einklang zu bringen. Daraufhin wurde insbesondere der variable Teil der Trassenpreise auf 20% erhöht. Diese Planungen zur Stabilisierung des Eisenbahnwesens wurden jedoch durch nachfolgende Ereignisse durchkreuzt.

V. Die Insolvenz von Railtrack

Nach den anfänglichen Erfolgen erregten die Schienenverkehrsunfälle aus den Jahren 2000 und 2001 erhöhte Aufmerksamkeit und leiteten das Scheitern der britischen Bahnreform ein. Innerhalb kurzer Zeit ereigneten sich eine Zugkollision in Paddington/Ladbroke Grove im Oktober 2000, gefolgt von einem Schienenbruch in Hatfield im gleichen Monat und einem entgleisten Zug in Selby im Februar 2001, wobei insgesamt 48 Menschen ums Leben kamen. Die Sicherheit war bereits vor den Unfällen eines der im Zusammenhang mit der Privatisierung kontrovers diskutierten Themen. Gegner der Privatisierung nahmen jeden Schienenverkehrsunfall zum Anlass, um die Neustrukturierung in einem schlechten Licht erscheinen zu lassen.[1387] Hauptargument war, dass das Streben privater Unternehmen nach Gewinnmaximierung automatisch zu erheblichen Kosteneinsparungen in Form von unzureichenden Ausbildungen für Zugführer sowie erheblichen Ver-

---

1384 Vgl. Wolmar, On the Wrong Line: How Ideology and Incompetence Wrecked Britain's Railways, S. 257 f.

1385 Dies betraf vor allem die Ausbildung der Zugführer. Schlechter Service sowie Ausstattung der Züge und die mangelnde Ausbildung von Zugführern wurden von Kritikern mitunter als Gründe für den Niedergang der Privatisierung angeführt.

1386 Wolmar, On the Wrong Line: How Ideology and Incompetence wrecked Britain's Railways, S. 258.

1387 Wolmar, On the Wrong Line: How Ideology and Incompetence wrecked Britain's Railways, S. 238 f.

nachlässigungen im Sicherheitsbereich führte.[1388] Tatsächlich belegte eine von der HSC im Anschluss an den Hatfield Crash in Auftrag gegebene Studie, welche die Arten und Anzahl von Schienenverkehrsunfällen vor und nach der britischen Bahnreform verglich, dass die Schienenverkehrssicherheit eher gestiegen denn gesunken war.[1389]

Die Vorgeschichte des Hatfield Crashs zeigte allerdings grundsätzliche Probleme der Organisationsstruktur im britischen Eisenbahnwesen auf. Das Railtrack-Management hatte schon vorher zugegeben, dass Dissonanzen zwischen wirtschaftlichen Zielen der Anteilseigner und sozialen Verpflichtungen bestanden und Instandhaltungs- und Erneuerungsmaßnahmen der Profitmaximierung im Wege stünden.[1390] So war die Notwendigkeit einer Erneuerung der maroden Schiene den Beteiligten und insbesondere dem Railtrack-Management bereits im Vorfeld bekannt.[1391] Doch die Vielzahl an Eisenbahnunternehmen, die die Privatisierung hervorbrachte, erzeugte auch gegenläufige Interessen, die bei erforderlichen Instandhaltungs- oder Erneuerungsmaßnahmen mangels ausreichender Kooperation der Beteiligten sowie der Existenz eines unabhängigen Störungsmanagements eine einvernehmliche Lösung zwischen den Beteiligten erschwerte. Das Railtrack-Management fürchtete aufgrund des Bonus/Malus-Regimes hohe Schadensersatzzahlungen an die Schienenverkehrsunternehmen infolge einer Sperrung des Gleisabschnittes wegen Ausbesserungsarbeiten, so dass die notwendige Reparatur immer weiter hinausgezögert wurde. Auch das ORR als zuständige Aufsichtsbehörde verfügte nicht über geeignete Druckmittel, um sich gegen die beteiligten Unternehmen durchzusetzen.[1392] Ohne Einigung hinsichtlich eines Termins zur Reparatur oder Erneuerung dieser Schiene ereignete sich nahezu zwangsläufig das Zugunglück, als in einer Kurve unter dem fahrenden Zug zwei Schienenstränge von insgesamt 90 m Länge in 300 Einzelteile zerborsten.[1393]

1388 Wolmar, On the Wrong Line: How Ideology and Incompetence wrecked Britain's Railways, S. 238 f.; Martin, British Rail Privatisation: What went wrong? S. 6.

1389 Cullen, The Ladbroke Grove Rail Inquiry, Part 1 report, HSE 2001.

1390 Der ehemalige chief executive der Railtrack, Gerald Corbett gab im Rahmen eines BBC Radio Interviews zu: "There is tensions between shareholder interests and public service obligations. The only way we can make profits is by not doing the things we should do to make the railways better".

1391 Vgl. Wolmar, On the Wrong Line: How Ideology and Incompetence wrecked Britain's Railways, S. 157.

1392 "Chris Garnett, Vorsitzender der Bahngesellschaft GNER (Great North Eastern Railways), deren Zug entgleist war, kommentierte: " Ursache des Unfalls von Hatfield war nicht ein Schienenbruch. Er wurde ausgelöst durch das totale Missmanagement von Railtrack und ihren Auftragnehmern. Die gebrochene Schiene war das Ergebnis der völligen Inkompetenz des Managements im Zusammenspiel zwischen Railtrack und dem Kontraktor, Balfour Beatty". Vgl. Kemnitz, Der Fahrgast 2004, 5, 8.

1393 Kemnitz, Der Fahrgast 2004, 5, 8.

Sämtlichen Akteuren im Eisenbahnwesen war bewusst, dass es sich bei der Vorgeschichte des Hatfield Crashs keinesfalls um einen Einzelfall handelte. Im Bereich der Unterhaltung der Schieneninfrastruktur existierte eine dauerhafte Kontroverse zwischen den beteiligten Unternehmen und Behörden. Unstimmigkeiten zwischen Railtrack, den Instandhaltungsunternehmen und den Erneuerungsunternehmen bezüglich der Zuständigkeit beruhten vorrangig auf einer mangelnden Zuordnung der zu leistenden Aufgaben.[1394] Subunternehmen, die Railtrack auf notwendige Modernisierungsmaßnahen hinwiesen, fehlte es an Druckmitteln, um Railtrack zur Auftragsvergabe zu bewegen. Auch dem ORR waren Mängel in der Schieneninfrastruktur häufig bekannt, ein effektives Eingreifen gleichwohl durch die Organisationsstruktur erschwert. Während mit Railtrack eine Einigkeit über ein Tätigwerden und die Höhe der notwendigen Zuschüsse zu erzielen war, musste die Finanzierung aus dem Staatshaushalt mit dem zuständigen Schatzkanzler vereinbart werden.[1395] Schließlich fehlte es an geeigneten Messmethoden, um Mängel objektiv offen zu legen und eventuell Sanktionen bei Unterlassen von erforderlichen Maßnahmen zu erlassen. In den Tagen nach dem Hatfield Crash verzeichneten mehrere Franchises Einbußen von bis zu 40% im Personenverkehr durch reduzierte Fahrgastzahlen.[1396]

Die Labour-Regierung nutzte das öffentliche Aufsehen, um ihre grundsätzliche Position gegen die von den Tories durchgeführte Privatisierung zu stützen.[1397] Mittels gezielter Berichterstattung machte sie die Verkehrssicherheit zu einem Politikum und führte die Durchführung der Privatisierung als Hauptgrund für eine mangelnde Verkehrssicherheit und für Verschlechterungen im Servicebereich an.[1398] Dies geschah ohne Rücksicht auf mögliche Folgen für das gesamte Eisenbahnwesen, welches das Vertrauen der Bürger und verlorene Marktanteile zurückgewinnen musste. Darüber hinaus wurden Mitglieder des Managements persönlich diskreditiert mit dem Ergebnis, dass infolge einer möglichen strafrechtlichen Haftbarkeit das Eisenbahnwesen zu einem Ort des Verbrechens gemacht wurde.[1399]

1394 Festgelegt war, dass das Auswechseln von gelaschten Schienen bis zu 60 Fuß Länge oder von nahtlos verschweißten Schienen bis zu 600 Fuß sowie sonstige Arbeiten bis zu einem Wert von 25.000 GBP pro Arbeitsgang als Wartung („maintenance") eingestuft wurden; alles andere galt als Erneuerung („renewal").Darüber hinaus waren die Umsatzmöglichkeiten bei der Erneuerung höher, da die nicht pauschal, abgerechnet wurde wie die Wartung, sondern flexibel. Vgl. Kemnitz, Der Fahrgast 2004, 5, 7, Fn. 11, 13.

1395 Kemnitz, Der Fahrgast 2004, 5, 7.

1396 Commission for Integrated Transport , Facts Sheet No. 1: The Impact of Post Hatfield Rail Disruption, 2001.

1397 Knorr/Eichinger, List Forum für Wirtschafts- und Finanzpolitik, Band 28 (2002) 370, 381.

1398 Smith, Japan Railway & Transport Review, March 2003, 12, 12.

1399 Foster, British Government in Crisis, S. 167.

Als Konsequenz aus dem Unfalls sowie dem Druck der Öffentlichkeit veranlasste das Management von Railtrack eine umfassende Untersuchung großer Teile des Schienennetzes und richtete eine Vielzahl an Langsamfahrstrecken ein, um eventuellen Schadensfällen vorzubeugen.[1400] Entstehende Verzögerungen verhinderten eine Fahrplaneinhaltung, so dass nahezu täglich mit wechselnden Notfahrplänen gerechnet werden musste.[1401] Über die Hälfte aller Reisezüge waren verspätet; und das nicht in Bezug auf die ursprünglichen Fahrpläne, sondern auf die Notfahrpläne.[1402] Die TOCs machten daraufhin nach dem Bonus/Malus-Regime insgesamt mehr als 500 Millionen GBP als Kompensationszahlungen für entgangene Einnahmen von Railtrack geltend. die jedoch nicht annähernd die TOCs für den beträchtlichen Rückgang der Fahrgastzahlen entschädigten.[1403] Infolge dessen gerieten die meisten TOCs in finanzielle Schwierigkeiten, so dass zusätzliche Staatsmittel mehr als die Hälfte der TOCs vor der Insolvenz bewahren mussten.[1404] Railtracks Krise verstärkte sich weiterhin als die tatsächlichen Kosten für mehrere Großprojekte (West Coast Main Line, East Coast Main Line, Channel Tunnel Rail Link) die geplanten Kosten weit überstiegen.[1405] Diese vermeidbaren Fehlkalkulationen dienten für Kritiker als weitere Belege für elementare Managementfehler seitens Railtrack.[1406] Ferner begann Railtrack einige gesellschaftliche Umstrukturierungen vorzunehmen mit dem Ziel, einzelne Unternehmensteile der staatlichen Regulierung zu entziehen. Dies wurde von Regulierungsseite unterbunden und isolierte Railtrack weiter in der öffentlichen Berichterstattung. Schließlich wurden auch andere Mängel im Eisenbahnwesen wie Zugverspätungen, mangelnde Hygiene an Bord, überalterte Technik, undurchsichtige Fahrpläne und Tarifsysteme, für die Railtrack teilweise nicht verantwortlich war, in der Öffentlichkeit dem Unternehmen angelastet. Das mangelnde Vertrauen in Railtrack schlug sich

1400 Noch im Dezember 2000 waren zusätzlich zu etwa 500 üblichen Langsamfahrstrecken weitere 533 Geschwindigkeitsbegrenzungen in Kraft, wovon bei ca. 400 eine Höchstgeschwindigkeit von 20 mph vorgeschrieben war. Eine Vielzahl von Zügen hatte eine Verspätung von mehr als fünfzehn Minuten.

1401 Kemnitz, Der Fahrgast 2004, 5, 8.

1402 Kemnitz, Der Fahrgast 2004, 5, 9.

1403 Kennedy/Smith, Assessing the Efficient Cost of Sustaining Britain's Rail Network: Perspectives Based on Zonal Comparisons, S. 2.

1404 Kemnitz, Der Fahrgast 2004, 5, 9.

1405 Böttger, Int. Verkehrswesen 2002, 273, 275. Die Kosten für die Modernisierung der „West Coast Line“, für die Railtrack 1996 2, 3 Mrd. GBP veranschlagte, betrugen letztendlich 5,8 Mrd. GBP im Jahre 2000.

1406 Im Zuge der Modernisierung der „West Coast Line“ wurde nach der Kostenerweiterung festgestellt, dass das geplante neue Signalsystem nicht einsatzbereit war und man auf konventionelle Signalisierung zurückgreifen musste, da auch die alten Signale nicht mehr funktionstüchtig waren. Die Gesamtkosten der Modernisierung der „West Coast Line“ wurden infolgedessen auf zwischen 8,5 und 10 Mrd. GBP geschätzt. Vgl. Kemnitz, Der Fahrgast 2002, 5, 8, Knorr/Eichinger, List Forum für Wirtschafts- und Finanzpolitik, Band 28 (2002) 370, 388.

schließlich auch auf die Finanzmärkte nieder. Nach deutlichen Verlustausweisungen für das Geschäftsjahr 2000/2001 sank der Aktienkurs unter den Ausgabepreis bis auf 2,80 GBP am 05.10.2001.[1407] Zunächst unterstütze die Regierung Railtrack mit zusätzlichen Subventionen in Höhe von 500 Millionen GBP und Krediten in Höhe von 1,5 Milliarden GBP.[1408] Von den Krediten, die für ein geplantes Investitionsprogramm für die Jahre 2006 bis 2011 vorgesehen waren, schüttete das Unternehmen jedoch noch im selben Jahr 150 Millionen GBP an Dividenden an die Aktionäre aus.[1409] Eine weitere Subventionsforderung in Höhe von 2 Milliarden GBP lehnte das ORR ab.[1410] Am 07.10.2001 wurde schließlich das Insolvenzverfahren gegen Railtrack eingeleitet.[1411] Der Londoner High Court verfügte den Erlass der Railway Administration Order, einer Art Zwangsverwaltung, die vom Verkehrsminister gemäß Section 60 des Railways Acts am selben Tag beantragt wurde.[1412] Section 60 des Railway Acts sieht vor, dass der Verkehrsminister mit der Zustimmung des hohen Gerichts eine Railway Administration gegen ein Eisenbahnunternehmen einleiten kann, wenn dieses zahlungsunfähig ist oder der Eintritt einer Zahlungsunfähigkeit hinreichend wahrscheinlich ist. Antragsbegründung war angesichts eines Bankguthabens von 370 Millionen GBP nicht die Zahlungsunfähigkeit, sondern der Regierungsbeschluss, Railtrack keine weitere finanzielle Unterstützung zu gewähren, was in naher Zukunft zur Insolvenz des Unternehmens führen würde.[1413] Dahinter stand das inoffizielle Vorhaben, als Reaktion auf die negative öffentliche Wahrnehmung eine Umstrukturierung des Unternehmens vorzunehmen.[1414] Die gewählte Insolvenzlösung hatte gegenüber alternativen Maßnahmen aus Sicht der Regierung den Vorteil, dass sie zügiger abzuwickeln war als ein Aktienrückkauf über den Markt oder ein Verfahren zur Entziehung der Network Licence und zudem bei einer Renationalisierung weniger Entschädigungszahlungen an die Kleinaktionäre zu leisten wären.[1415] Diese Vorgehensweise der Regierung war nicht nur juristisch umstritten, sondern rief

1407 Vgl. Knorr/Eichinger, List Forum für Wirtschafts- und Finanzpolitik, Band 28 (2002) 370, 387.

1408 Böttger, Int. Verkehrswesen, 273, 276.

1409 Knorr/Eichinger, List Forum für Wirtschafts- und Finanzpolitik, Band 28 (2002) 370, 381.

1410 Wolmar, Broken Rails – How Privatisation Wrecked Britain's Railways, S. 10.

1411 Böttger, Int. Verkehrswesen 2002, 273, 276.

1412 Mehde, ZögU, Band 25 (2002), 421, 425.

1413 Böttger, Int. Verkehrswesen 2002, 273, 276.

1414 Vgl. Knorr/Eichinger, List Forum für Wirtschafts- und Finanzpolitik, Band 28 (2002) 370, 387.

1415 Knorr/Eichinger, List Forum für Wirtschafts- und Finanzpolitik, Band 28 (2002) 370, 387. Grundsätzlich hätte die Regierung bei der Renationalisierung jedem Aktionär den Mittelwert der Aktie während der letzten drei Jahre ersetzen müssen. Dieser lag bei ca. 8 GBP, während der letzte Aktienwert vor dem Insolvenzantrag bei lediglich 2,8 GPB pro Aktie betrug. Vgl. Wolmar, Broken Rails – How Privatisation Wrecked Britain's Railways, S. 17.

seitens der Financial Community heftige Kritik hervor.[1416] Insbesondere Mitarbeiter von Railtrack und andere Kleinaktionäre verurteilten diesen Akt der Enteignung und leiteten aufgrund mangelnder Entschädigungszahlungen rechtliche Schritte ein.[1417]

Der britische Verkehrsminister stellte unmittelbar nach der gerichtlichen Entscheidung sein Konzept vor, Railtrack in eine privatrechtliche Gesellschaft ohne Eigentümer, eine Private sector company limited by guarantee, umzuwandeln. Diese sollte sich auf die ursprünglichen Aufgaben eines Infrastrukturbetreibers konzentrieren, dabei zwar privatwirtschaftlich tätig sein, jedoch keine Dividenden an Aktionäre ausschütten, sondern vielmehr die Gewinne vollständig reinvestieren.[1418] Eine Verstaatlichung der Eisenbahninfrastruktur entsprach nicht der politischen Agenda und war deshalb unerwünscht.[1419] Statt Aktionären sollte die Gesellschaft Network Rail Mitglieder haben, die von der SRA ernannt werden sollten.[1420] Als Mitglieder kamen in erster Linie Eisenbahnverkehrsunternehmen in Betracht, die aufgrund ihrer Beteiligung im Eisenbahnwesen und ihrer Sachkenntnis ein ausschließliches Interesse an der wirtschaftlichen Tätigkeit im ursprünglichen Aufgabenbereich des Unternehmens hatten.[1421] Darüber hinaus trat der Verkehrsminister für eine Neuorientierung der Regulierung ein, da diese in Zukunft stärker strategisch ausgerichtet sein sollte und eine Zurücknahme des Staates sowie eine Reformierung des Bonus/Malus-Regimes umfassen sollte.[1422] Trotz dieser Zielbestimmung übernahm die Regierung zunächst die Aufsicht bei Railtrack und zugleich die Übernahme der Schulden in Höhe von 3,3 Milliarden GBP.

In der Folgezeit stand Railtrack von Oktober 2001 bis Oktober 2002 unter der Obhut einer Insolvenzverwaltung, die zunächst die operativen Geschäfte des Unternehmens weiterführte.[1423] Mehrere Unternehmen bekundeten ein offizielles und informelles Interesse an der Übernahme von Railtrack, unter anderem die

1416 Als juristisch umstritten galt die Maßnahme insbesondere deshalb, da man durch eine Überprüfung und Erhöhung der Trassenpreise durch die ORR Railtrack finanziell hätte retten können. Doch eine solche Maßnahme war nicht im Sinne der Regierung; vgl. Winsor, The Relationship between the Government and the Private Sector.

1417 Böttger, Int. Verkehrswesen 2002, 273, 276.

1418 Mehde, ZögU, Bd. 25 (2002), 421, 425.

1419 Böttger, Int. Verkehrswesen 2002, 273, 276.

1420 Mehde, ZögU, Bd. 25 (2002), 421, 425. Statt Verfolgung der Interessen von shareholdern sollten nun die der stakeholder verfolgt werden.

1421 DTLR, Presseerklärung 416, 07.10.2001.

1422 DTLR, Presseerklärung 416, 07.10.2001.

1423 Als Insolvenzverwalter wurde die Wirtschaftsprüfungsgesellschaft Ernst & Young eingesetzt. Dies kostete die Regierung täglich ca. 2 Mio. GBP, vgl. Kemnitz, Der Fahrgast 2004, 5, 10.

West LB, die US-amerikanische Gesellschaft Babcock & Brown, einige TOCs sowie eine Gruppe der Infrastrukturinstandhaltungsunternehmen.[1424] Der Verkehrsminister begrüßte diese Entwicklung, war sich jedoch aus vorangegangenen Erfahrungen über mögliche Folgen einer fehlerhaften Entscheidung bewusst und stellte einen Richtlinienkatalog für potentielle Bieter auf.[1425] Dieser formulierte grundsätzliche Kriterien für den Betrieb der Schieneninfrastruktur im Sinne der Regierung. Eine effiziente, zuverlässige, sichere und wirtschaftliche Erfüllung der Infrastrukturaufgaben stand im Vordergrund, Angaben zum Zeitraum oder zum Ablauf eines Bieterverfahrens enthielten die Richtlinien allerdings nicht.[1426] Alternativ diskutierte man auch die Organisationsstruktur als öffentliche Stiftung, der neben der Regierung auch verschiedene Verwaltungen sowie die TOCs angehören könnten. Weitere klärungsbedürftige Aspekte waren die Entschädigung der ehemaligen Railtrack Aktionäre,[1427] die personelle Entwicklung des Unternehmens[1428] sowie die zukünftige Kreditierung Railtracks.[1429] Im Oktober 2002 wurde schließlich Railtrack aus der Zwangsverwaltung entlassen und von dem neugegründeten Unternehmen namens Network Rail übernommen. Die Alt-Aktionäre erhielten schließlich eine Abfindung in Höhe von 2,60 GBP pro Aktie, wobei sich diese insgesamt 1,7 Milliarden GBP vor allem aus staatlichen Zuschüssen zusammensetzte.[1430] Eine Vergabe an eines der interessierten Unternehmen fand überwiegende Ablehnung auf Regierungsseite. Stattdessen war nach der ursprünglichen Planung der Eigentümer und Betreiber der Infrastruktur Network Rail in der Unternehmensform Private sector company limited by guarantee mit staatlicher Eigentümerstellung ausgestaltet. Diesen Schritt betrachtete man als das formelle Ende des Privatisierungsexperiments in Großbritannien.[1431]

Im Jahre 2004 nahm Network Rail einige Umstrukturierungsmaßnahmen vor, um Defizite aus vorangegangenen Jahren zu beseitigen. Zunächst fand eine interne Reorganisation statt, von der sich das Management Effizienzsteigerungen versprach. Darüber hinaus reintegrierte man sämtliche Instandhaltungsaktivitäten, um sowohl Zuordnung und Kosten wieder zu kontrollieren als auch fachliches

1424 Böttger, Int. Verkehrswesen 2002, 273, 276.

1425 DTLR, Presseerklärung 470, 31.10.2001.

1426 DTLR, Presseerklärung 470, 31.10.2001.

1427 Railway Network und die Regierung haben auf den öffentlichen Druck nach dem Insolvenzverfahren schließlich Entschädigungszahlungen in Höhe von ca. 500 Mio. GBP angeboten, Knorr/Eichinger, List Forum für Wirtschafts- und Finanzpolitik, Band 28 (2002) 370, 387, Fn. 55.

1428 Eine Vielzahl qualifizierter Mitarbeiter verließ das Unternehmen oder beabsichtigte dies infolge der unsicheren Zukunft.

1429 Die West LB erhielt das Angebot, für Network Rail die Kapitalbeschaffung von ca. 9 Mrd. GBP zu arrangieren; Böttger, Int. Verkehrswesen 2002, 273, 276.

1430 Kemnitz, Der Fahrgast 2004, 5, 11.

1431 Purkayastha, Railway Privatisation De-rails in Britain, S. 1.

Know-how an Network Rail zu binden. Ferner wurde das interne Bonussystem dahingehend verändert, dass Mitarbeiter nicht länger für individuelle Leistungen belohnt wurden, sondern nur in den Genuss von Bonifikationen kamen, wenn sich das gesamte Unternehmen positiv entwickelte. Ferner unterteilte man die Organisationsstruktur nicht mehr überwiegend nach geographischen Bereichen, sondern zusätzlich nach Funktionen, wodurch die interne Kontrolle erhöht wurde.

VI. Bewertung der Britischen Bahnreform

Das britische Eisenbahnwesen galt nach der Bahnreform als das transparenteste und am meisten liberalisierte in Europa. Es lässt sich sogar als einzigartiges organisationsrechtliches und wirtschaftliches Experiment betrachten, in dem die Regierung ein beträchtliches Risiko einging, um eine Struktur für das Eisenbahnwesen zu schaffen, über die es keine Erfahrungswerte gab. Sie ging davon aus, dass die gewählte Organisationsstruktur das angemessene Verhältnis zwischen der Förderung von Wettbewerb und dem Nutzen von Effizienzvorteilen aus dem natürlichen Monopol des Schienennetzes böte.[1432] Im Ergebnis hat die Infrastruktur in weniger als zehn Jahren drei verschiedene Eigentumskonstellationen durchlaufen, von dem staatlichen Unternehmen über das an der Börse notierte Privatunternehmen bis hin zur privatrechtlichen Gesellschaft ohne Eigentümer, die Erlöse ohne Rücksicht auf Dividenden im Unternehmen zur Reinvestition behält.

1. Positive Aspekte der Bahnreform

a. Entwicklung des Wettbewerbs

Im Vordergrund der positiven Bewertung der Bahnreform steht die bereits erörterte deutliche Steigerung des Verkehrsleistungsvolumens im Schienengüter- und Schienenpersonenverkehr. Die Einführung des vertikal desintegrierten Systems hat zu einer entscheidenden Belebung des Wettbewerbs im Eisenbahnwesen geführt, welcher die Position des gesamten Verkehrsträgers im intermodalen Wettbewerb gestärkt hat. Die meisten europäischen Staaten, unter anderem die Bundesrepublik Deutschland, konnten diese Marktanteilsgewinne nicht verzeichnen. Durch die Ausschreibung der Franchises im Wettbewerb erhöhte sich nicht nur die Anzahl der Konkurrenten, sondern das System gewann zudem durch die Vielzahl der marktlichen Transaktionen insgesamt an Transparenz, was wiederum Anreize für potentielle Investoren zum Eintritt in den Schienenverkehrsmarkt erzeugte. Positive Anreize für einen Marktbeitritt folgten zusätzlich aus der Einrichtung der ROSCOs, die es den Eisenbahnverkehrsunternehmen ermöglichte, das rollende Material von einer Leasinggesellschaft zu beziehen. Leasinglaufzeiten orientierten sich in der Regel an der Laufzeit der Franchises, so dass keine Fixkosten

---

1432 Brewer, Transport Policy 1996, 91, 92.

aufgrund eines kostenintensiven Erwerbs anfielen. Dadurch konnte ein fairer und diskriminierungsfreier intramodaler Wettbewerb der Marktakteure stattfinden, die sich mittels Spezialisierungen auf bestimmte Verkehrsarten oder Strecken lukrative Nischen im Schienenverkehrsmarkt suchen konnten.

b. Wirtschaftlichkeit

Eisenbahnunternehmen konnten teilweise signifikante operative Effizienzgewinne erzielen. Während der Verkehrsleistungsoutput sowie das gesamte Investitionsvolumen seit der Bahnreform anstiegen, sanken die operativen Kosten von Netz und Betrieb um mehrere Prozentpunkte.[1433] Nach Modellrechnungen sanken infolge der Umstrukturierung im Vergleich zur Beibehaltung der vertikalen Integration auch die Stückkosten, woraus sich Einsparungen bis zum Jahre 2000 in Höhe von 800 Millionen GBP ergaben.[1434] Die erhöhten Transaktionskosten im Zuge der Restrukturierung konnten damit zu weiten Teilen kompensiert werden. Ebenfalls positiv zu bewerten ist die grundsätzliche Einführung von Bonus/Malus-Regelungen auf der Basis von festgelegten Leistungs- und Qualitätsstandards. Generell steigert ein solches System zusätzlich den Wettbewerbsdruck, erzeugt Anreize zu Effizienzgewinnen und erhöht infolge der Messbarkeit von Leistungen die Transparenz im Gesamtsystem. Im britischen Eisenbahnwesen resultierten aufgrund einer nicht hinreichenden Ausarbeitung des Systems zwar einige Missstände, dennoch sind eine gesteigerte Pünktlichkeit sowie die Beibehaltung der Verkehrssicherheit positive Folgen des Bonus/Malus-Systems.

2. Negative Aspekte der Bahnreform

Den genannten positiven Aspekten der britischen Bahnreform stehen diverse Defizite gegenüber, die nicht zuletzt zur Insolvenz Railtracks geführt haben und Anlass für Kritiker waren, die vertikale Desintegration mit materieller Privatisierung der Infrastruktur als unterlegenes und gescheitertes Organisationsmodell einzustufen.

a. Beziehungen zwischen Infrastrukturbetreiber und Eisenbahnverkehrsunternehmen

Wesentlicher Faktor für die negative Entwicklung der Bahnreform nach den ersten Erfolgsjahren war Railtracks Vernachlässigung der Kerngeschäfte.[1435] Aufgrund des festgelegten Trassenpreissystems im Schienenpersonenverkehr mit einem variablen Anteil von lediglich etwa 3% der Trassengebühren fehlte Railtrack jeglicher wirtschaftlicher Anreiz, in die Schieneninfrastruktur zu investieren und neue

1433 Politt/Smith, The Restructuring and Privatisation of British Rail; Was ist really that bad?, S. 2.

1434 Schnöbel, Int. Verkehrswesen 2005, 136, 141.

1435 National Audit Office, Network Rail – Making a fresh start, S. 8.

Kapazitäten zu schaffen. Als profitorientiertes Unternehmen strebte Railtrack nach Kostenreduzierungen, so dass Netzinvestitionen aus eigener Initiative meist ausblieben. Entscheidendes Argument für die Einführung sowie die Beibehaltung dieses grundsätzlich anreizfeindlichen Modells war, dass aus einer variableren Kostengestaltung höhere Trassengebühren folgen würden, welche wiederum negative Impulswirkungen für potentielle Neueinsteiger hätten. Gerade um den Schienenverkehrsmarkt für potentielle Investoren wirtschaftlich reizvoll zu machen, wurden grenzkostenorientierte niedrige Trassenpreise angesetzt. Gleichwohl war dies kontraproduktiv für das übergeordnete Ziel der Eigenwirtschaftlichkeit des Netzbetreibers durch Gebührenerhebungen bei gleichzeitiger Reduzierung von Subventionszahlungen.[1436] Im Zuge der Trassenpreisüberprüfung im Jahre 2000 stellte das ORR die falschen Anreize dieses Modells fest und erhöhte den variablen Anteil auf 20%. Diese Maßnahme entfaltete jedoch kaum Wirkung, da während der Trassenpreisüberprüfung im Jahre 2003 der Trassenpreis hinsichtlich des Fixteils insgesamt erhöht wurde. In der Konsequenz sank der variable Teil im Verhältnis wieder deutlich unter 20%.

Das Bonus/Malus-Regime konnte den negativen Impulsen nicht entgegenwirken. Eine steigende Zahl von Zügen bei gleich bleibender Kapazität erhöhte regelmäßig das Risiko von Fahrplanabweichungen, so dass Strafzahlungen drohten. Da Railtrack bei eigenem Verschulden Entschädigungen an TOCs für verspätete Züge zu entrichten hatte, fehlte dem Unternehmen jeglicher Anreiz, zusätzliche Züge in den Fahrplan aufzunehmen sowie Investitionen zur Kapazitätserweiterung zu tätigen.[1437] Gleichwohl waren die TOCs naturgemäß ebenso an einer Gewinnmaximierung interessiert, unterlagen jedoch der Price-Cap-Regulierung, die ihnen eine Fahrpreiserhöhung untersagte. Folglich strebten sie neben Einsparungen auf der Kostenseite bei konstanter Kapazität eine Erhöhung der Fahrgastzahlen an, was sich zusätzlich zu Lasten der Servicequalität auswirkte.[1438] Auch im Hinblick auf die Leistungskontrolle erwies sich das Anreizsystem als Hemmnis für eine längerfristige positive Entwicklung des Eisenbahnwesens. Während es den Anreizen zur Verbesserung der Leistungsqualität an Attraktivität fehlte, waren Messverfahren für die konkrete Leistungserbringung zu unbestimmt. Mangelhafte Messverfahren sowie die Möglichkeit, etwaige Verantwortlichkeiten weiterzuleiten, resultierten bei Störungsfällen des Öfteren in Unklarheit darüber, welchem Unternehmen schließlich die Pönalen zuzuweisen waren. Im Ergebnis konnten TOCs bei sinkender Verkehrsqualität aus dem Saldo von Bonifikationen und Strafzahlungen sogar Gewinne erwirtschaften. In den Geschäftsjahren 1999/2000 bis

---

1436 Vgl. Kemnitz, Der Fahrgast 2002, 5, 8.

1437 Vgl. Knorr/Eichinger, List Forum für Wirtschafts- und Finanzpolitik, Band 28 (2002) 370, 386.

1438 Einsparungen auf der Kostenseite führten zu viel kritisierten Mängeln in der Servicequalität.

2002/03 erhielten die TOCs zudem zwischen 150 und 200 Millionen GBP Kompensationszahlungen von Railtrack beziehungsweise Network Rail. Diese Summe überstieg für einige sogar ihre totalen Geschäftsgewinne.[1439] Im Gegenzug waren Reaktionsmöglichkeiten der Regulierung bei schlechter Leistungserbringung der TOCs begrenzt. Neben Strafzahlungen in geringer Höhe war die Möglichkeit der Beendigung einer Franchise gemäß Section 55 des Railway Acts eher theoretischer Natur. Zumeist einigten sich Regulierungsbehörde und TOCs im Verhandlungswege auf einen Kompromiss.

Ähnliche Unstimmigkeiten traten bezüglich der Subventionen auf. Das Reformziel eines subventionsunabhängigen und eigenwirtschaftlichen Wirtschaftssektors galt von vornherein mit der Einschränkung, dass in der Umsetzungsphase eine kurzfristige Erhöhung von Staatsmitteln als unabdingbar vorgesehen war. Die Aufspaltung der Aktiva des ehemaligen Staatsunternehmen British Rail sowie die Errichtung von diversen Aufsichts- und Regulierungsbehörden bedingte zunächst zusätzliche Transaktionskosten. Darüber hinaus hatten die gegründeten TOCs erstmals Gebühren an den Netzbetreiber Railtrack zu entrichten. Vor allem im letztgenannten Bereich waren zunächst erhebliche Subventionszahlungen notwendig, um die neue Organisationsstruktur finanziell zu unterstützen.[1440] Die Subventionszahlungen reduzierten sich zwar in den Folgejahren bis zum Jahre 2001, jedoch nicht in der von der Regierung erhofften Höhe. Dies lag vor allem daran, dass die TOCs häufig ohne finanzielle Unterstützung des Staates nahezu handlungsunfähig waren.

Ambitionierte Umsatzzahlen und anvisierte Kosteneinsparungen, die im Vergabeverfahren der Gewinn von Franchiseverträgen ermöglichte, verfehlten TOCs regelmäßig. Somit waren Anpassungen in Form von Cost-Plus Franchiseverträgen notwendig, die erhöhte Subventionszahlungen beinhalteten. Nach dem Hatfield Crash stiegen die benötigten Subventionen drastisch in die Höhe, um das britische Eisenbahnwesen überhaupt aufrechterhalten zu können. Staatliche Zuschüsse an die TOCs nahmen zwar auch nach 2000/01 ab, doch erstmals wurde auch Railtrack mit erheblichen Summen in Höhe von 683 Millionen GBP im Geschäftsjahr 2000/01 sowie 1,166 Milliarden GBP im folgenden Geschäftsjahr direkt subventioniert.[1441] Die Insolvenz von Railtrack war schließlich die Folge aus der Weigerung des Staates, immer höhere Summen dem Eisenbahnwesen zukommen zu lassen. Im Zusammenhang mit der Insolvenz ging man davon aus, dass die Bahnreform in Großbritannien den Steuerzahlern volkswirtschaftliche Kosten in Höhe von etwa 9,8 Milliarden GBP verursacht hat. Für weitere Umstrukturierungen bis

---

1439 House of Commons Transport Committee, White Paper: The Future of the Railway, 2004, Chapter 1 no 1.4.6.

1440 Vgl. SRA, National Rail Trends, Yearbook 2003-04, S. 47.

1441 SRA, National Rail Trends, Yearbook 2003-04, S. 34.

zum Jahre 2012 wurde zu diesem Zeitpunkt mit einem weiteren Betrag in Höhe von 33,5 Milliarden GBP gerechnet.[1442]

b. Regulierungssystem

Ein weiterer entscheidender Schwachpunkt der Organisationsstruktur lag in der Komplexität des öffentlich-rechtlichen Bereichs. Statt einer ursprünglich geplanten Reduzierung der Regulierung auf ein Minimum errichtete die Regierung im Zuge der Privatisierung mehr Aufsichts- und Regulierungsbehörden als vor der Bahnreform bestanden,[1443] wodurch hohe Personal- und Verwaltungskosten entstanden.[1444] Während das Verkehrsministerium und die SRA für die Umsetzung der europarechtlichen Vorgaben sowie die grundsätzliche Strategie zuständig waren, beaufsichtigten die SRA und das ORR den Infrastrukturbetreiber. In Sicherheitsfragen war neben Ministerium, SRA und ORR auch das HSE verantwortlich und bei Unfällen zusätzlich das Rail Safety and Standards Board, die Rail Accident Investigation Branch und die British Transport Police. Entstandene Schnittstellen forcierten weiterhin Unsicherheiten und Unstimmigkeiten bezüglich der Verantwortlichkeiten und erzeugten Interessenkonflikte.[1445] Trotz theoretisch eindeutiger Kompetenzabgrenzungen zwischen den einzelnen Behörden wurden fachlich übergreifende Sachverhalte nur mit Verzögerungen und verschiedenen politischen Einflüssen untersucht. Die SRA als führende Behörde mit übergeordneter Verantwortlichkeit konnte ihre Führungsrolle nie in gewünschtem Maße verlässlich ausfüllen.[1446] Komplexität und Intransparenz behinderten mithin eine effiziente Regulierung des Eisenbahnwesens und bedingten teils erhebliche Kontrollverluste.[1447]

c. Fragmentierung des privaten Sektors

Nächster kritischer Aspekt ist der starke Anstieg der Transaktionskosten aufgrund komplexer vertraglicher Beziehungen. Infolge einer Vielzahl von Beteiligten waren entstandene Schnittstellen durch externe Transaktionen zu schließen. So mussten beispielsweise TOCs einen Lizenzvertrag mit dem ORR, der das Sicherheitszertifikat der HSE voraussetzte, einen Franchisevertrag mit dem OPRAF, Leasingverträge über rollendes Material mit den ROSCOs sowie Trassennutzungsverträge mit Railtrack abschließen, bevor sie überhaupt am Schienenverkehr teilnehmen konnten. Gleichwohl ist zu berücksichtigen, dass die erheblichen Transaktionsko-

---

1442 Kemnitz, Der Fahrgast 2002, 5, 9.

1443 Welsby/Nichols, Journal of Transport Ecnonomics and Policy 33 (1999), 55, 61.

1444 Nash, in: Bradshaw/Lawton Smith (Hrsg.), Privatisation and Deregulation of Transport, S. 159, 170.

1445 Martin, British Rail Privatisation: What went wrong? S. 3.

1446 House of Commons Transport Committee, White Paper: The Future of the Railway, 2004, chapter 1, no. 1.4.16-20.

1447 Schnöbel, Int. Verkehrswesen 2005, 136, 140.

stenanstiege im Ergebnis einer ineffizienten Umsetzung der Bahnreform geschuldet sind.[1448] Während einige der Transaktionen systemunabhängig waren, folgen aus einer Mehrzahl an marktlichen Transaktionen regelmäßig Effizienzgewinne sowie eine erhöhte Marktransparenz, welche die Zusatzkosten kompensieren. Zudem behinderten Koordinationsprobleme zwischen sämtlichen Beteiligten des Eisenbahnwesens eine positive und effiziente Entwicklung. Dies galt nicht nur auf Seiten des Regulierungsapparates, sondern auch für das Verhältnis zwischen den einzelnen TOCs. Notwendige Absprachen bezüglich überregionaler Zugverbindungen waren eine Seltenheit, derzufolge kaum Zugtickets für überregionale Strecken existierten. Passagiere waren indes auf den Erwerb mehrerer Tickets mit meist unterschiedlichen Tarifsystemen angewiesen, anstelle von Preiserlässen für Langstrecken fanden sich Passagiere in einem Tarifdschungel wieder. Im intermodalen Wettbewerb mit anderen Verkehrsträgern bewirkte dies einen deutlichen Nachteil. Das Abstimmen von Zugverbindungen sowie das Erstellen von überregionalen Zugtickets mit Rabattmöglichkeiten wären Mindestmaßnahmen zur Förderung der Kundenzufriedenheit gewesen, um die Position der Bahn gegenüber den anderen Verkehrsträgern zu stärken. Schließlich verhinderten die Anreizsysteme eine Kooperation zwischen den TOCs. Um selbst den Fahrplan einhalten zu können und vom Bonus/Malus-Regime profitieren zu können, wartete man nicht auf verspätete Züge anderer TOCs. Leidtragende dessen waren wiederum Passagiere, die mit vermeidbaren Wartezeiten rechnen mussten.

VII. Neuordnung

Die britische Regierung war äußerst unzufrieden mit der Entwicklung des Eisenbahnwesens. Nachdem man infolge der Insolvenz Railtracks mit der Errichtung von Network Rail bereits eine entscheidende Umstrukturierungsmaßnahme eingeleitet hatte, war die finanzielle Sanierung vorrangiges Ziel. Im Gegensatz zu vorherigen Reformierungen, die zumeist ausschließlich aus politischen Gründen und zeitlich überstürzt umgesetzt wurden, ging die Regierung nun pragmatischer an die Reformpläne heran. Zu Beginn des Jahres 2004 befragte man verschiedene Experten zu ihren Einschätzungen der Situation und der Notwendigkeit von Umstrukturierungen. Die Erkenntnisse der Umfrage wurden daraufhin aufgearbeitet und im Weißbuch The Future of Rail veröffentlicht.[1449] Ziel des Weißbuchs war es, in enger Zusammenarbeit zwischen Regierung und Industrie einen Entwurf für eine neue Struktur des Eisenbahnwesens vorzustellen.[1450] Während der Staat seit der Bahnreform das Eisenbahnwesen nahezu ausschließlich der Privatwirtschaft überlassen wollte, strebte er nunmehr vorrangig eine Kompensation jahrzehnte-

---

1448 Schnöbel, Int. Verkehrswesen 2005, 136, 141.

1449 House of Commons Transport Committee, White Paper: The Future of the Railway, 2004.

1450 House of Commons Transport Committee, White Paper: The Future of the Railway, 2004, No. 5.

langer Vernachlässigungen an. Bereits im Vorwort gab Verkehrsminister Alistair Darling eine historische Unterfinanzierung neben der ineffizienten und unstrukturierten Organisation sowie der mangelnden Kostenkontrolle als entscheidende Gründe für die Probleme des Eisenbahnsektors an.[1451] Bei der Erarbeitung einer effektiven neuen Struktur sollten die Missstände des privatisierten Systems vermieden werden und dafür insbesondere die finanzielle Infrastrukturverantwortung gestärkt werden, um das Ziel der Verkehrsverlagerung auf die Schiene erreichen zu können.

Das Weißbuch sah zur Neustrukturierung die Übernahme der direkten Verantwortlichkeit durch die Regierung sowie die Entwicklung einer grundsätzlichen Strategie vor. Dem Infrastrukturbetreiber Network Rail sollte die alleinige Verantwortung für das Schienennetz hinsichtlich des operativen Geschäfts und des Netzzustandes übertragen werden. Die Verbesserung der Kooperation zwischen Network Rail und den Eisenbahnverkehrsunternehmen sowie die weitere Reduzierung der Zahl der Franchises waren zudem angestrebt. Das Plus an Effizienz infolge struktureller und organisatorischer Verbesserungen sollte das Minus an Wettbewerb überwiegen. Kleine und mittlere Unternehmen würden zwar mangels Finanzkraft im Bieterwettbewerb benachteiligt, könnten jedoch aufgrund des garantierten Netzzugangs weiterhin Trassenrechte erwerben. Finanzstarke Bieter hingegen wären in geringerem Maße auf Subventionszahlungen angewiesen. Auch eine Stärkung der lokalen Verwaltung mittels Erhalt von Mitspracherechten bei der Netzdefinition und der Fahrplangestaltung war vorgesehen wie ebenfalls eine intensivere Förderung des Schienengüterverkehrs, um Investoren größere Planungssicherheit zu gewährleisten und Anreize zu schaffen. Eine Konzentration der Regulierung durch Übertragung der Verantwortungen für die Bereiche Sicherheit, Leistung und Kostenkontrolle auf das ORR wurde angestrebt. Während im Vorfeld des Weißbuchs auch das Modell der Self-Regulation diskutiert wurde,[1452] setzte sich die Auffassung durch, dass eine unabhängige und eigenständige Regulierungsbehörde unabdingbar sei, um die verschiedenen Interessen der Beteiligten koordinieren zu können und die Wirtschaftlichkeit des Gesamtsystems zu fördern.[1453]

1451 House of Commons Transport Committee, White Paper: The Future of the Railway, 2004.

1452 Die Selbstregulierung zeichnet sich dadurch aus, dass Wirtschaftsbereiche ihre eigenen Aktivitäten durch die Kräfte des Marktes selbst regulieren, so dass Kosten für die Errichtung eines öffentlichen Regulierungsapparates gespart werden können und der politische Einfluss verringert wird. Dies setzt jedoch einen intensiven Wettbewerb voraus.

1453 Stellvertretend Bolt, The role of ORR in delivering a safe, well-performing and efficient railway, Speech to the Railway Studies Association, 12.01.2005, der ausführt "... that independent regulation is essential if we are going to ensure value for money for fare payers and taxpayers from railway services."

Im Ergebnis übernahm das ORR weitestgehend die Aufgaben der SRA aus Richtlinie 2001/14/EG in Verbindung mit Anhang I, die insbesondere die Kontrolle über Schienennetz-Nutzungsbedingungen, Zuweisungsverfahren sowie Struktur und Höhe der Trassenpreise umfassen. Die einzelnen Aufgaben und Kompetenzen sind im Railways Act 1993 sowie in der Novellierung des Jahres 2005 normiert. Das ORR ist nicht verpflichtet, auf Antrag von Eisenbahnunternehmen tätig zu werden, sondern kann aus Eigeninitiative Ermittlungen durchführen und sowohl ex-ante als auch ex-post Entscheidungen treffen. Diese sind rechtlich verbindlich, können jedoch auf dem Rechtsweg überprüft werden. Widersprüche haben allerdings keine aufschiebende Wirkung. Entsprechend dem deutschen Recht bleiben auch in Großbritannien kartellrechtliche Entscheidungen von den Entscheidungen des ORR unberührt. Zusätzlich wurde im April 2006 das HMRI in das ORR eingegliedert, so dass dieses zukünftig auch für Sicherheitsaufgaben zuständig ist. Damit wurde das ORR zur größten nationalen Eisenbahnregulierungsstelle in Europa.[1454] Diese Bündelung der Zuständigkeiten bezweckt insbesondere die Pflicht zur Koordinierung und Abstimmung der einzelnen Bereiche. Bürokratieabbau sowie die Vermeidung von Zuordnungsproblemen und verzögerten Bearbeitungen bei Störfällen sollen die Regulierungseffizienz erhöhen.

VIII. Fazit

Der Reformansatz des britischen Eisenbahnwesens ist in Europa einzigartig. Die Vorgaben der Richtlinie 91/440/EWG wurden weit über das Mindestmaß hinaus umgesetzt. Infolge der Implementierung der vertikalen Desintegration sowie anschließender materieller Privatisierung der Infrastrukturgesellschaft übernahm die britische Organisationsstruktur eine Vorreiterrolle im europäischen Raum. Gleichwohl führte nicht zuletzt die Insolvenz der Infrastrukturgesellschaft Railtrack dazu, dass diese Art der Umstrukturierung kontrovers diskutiert wurde und als abschreckendes Beispiel für ein gescheitertes Modell herangezogen wurde, so auch von Vertretern der DB AG. Bei objektiver Betrachtung ergibt sich jedoch ein positiveres Bild. Effizienzgewinne wurden erwirtschaftet und eine sonst in Europa unerreichte Verkehrsverlagerung hin zur Schiene konnte erzielt werden. Zudem entstand ein transparenter Wirtschaftssektor ohne diskriminierende Verhaltensweisen des Infrastrukturbetreibers oder eines marktdominierenden Unternehmens, die einen bestehenden Wettbewerb behindern oder als Marktbarriere für potentielle Neulinge wirken können. Ursächlich für das Scheitern des Systems war vielmehr die auf politischen Druck überstürzte Implementierung eines neuartigen Systems, welche ohne ein ausgereiftes Weißbuch oder Erfahrungswerte anderer Staaten durchgeführt wurde. Die Inkonsistenz in der Verkehrspolitik, verstärkt durch einen Regierungswechsel, die ihren negativen Höhepunkt in einer

---

1454 IBM-Studie, Eisenbahn-Regulierung in Europa, S. 40.

unzureichend vorbereiteten Entscheidung zum Börsengang Railtracks hatte, die unklare Regulierung, die unkoordinierten Anreizstrukturen sowie das mangelhafte Vertragsmanagement, insbesondere hinsichtlich Franchise-, Instandhaltungs- und Erneuerungsverträgen, bedingten am Ende den Niedergang des britischen Eisenbahnwesens. Ein weiteres Hemmnis für eine erfolgreiche Entwicklung war der Zustand der Infrastruktur. Eine jahrzehntelange auf politischem Desinteresse für das Eisenbahnwesen beruhende Unterfinanzierung erforderte massive Subventionszahlungen und erschwerte eine Eigenwirtschaftlichkeit. Insbesondere höhere Kapazitätsauslastungen konnten auf dem zu weiten Teilen maroden Schienennetz nicht bewältigt werden.

Die britische Entwicklung als Bestätigung für eine Unterlegenheit der vertikalen Desintegration anzusehen, versperrt jedoch die Möglichkeit einschneidender Erneuerungen mit deutlichen Wettbewerbsbelebungen zur Revitalisierung eines defizitären Wirtschaftsbereichs. Zwar geben die britischen Erfahrungen keinen endgültigen Aufschluss über die Über- beziehungsweise Unterlegenheit eines Systems. Gleichwohl deutet vieles daraufhin, dass ein ausführlich vorbereiteter Umstrukturierungsprozess in Richtung eines getrennten Modells die größten Entwicklungspotentiale birgt, um aus dem Eisenbahnwesen einen konkurrenzfähigen Verkehrsträger zu machen, der zur Bewältigung des internationalen Verkehrswachstums einen entscheidenden Teil beitragen kann. Diese Ansicht begründet sich wesentlich aus der in Großbritannien erzielten Erhöhung von Marktanteilen im intermodalen Vergleich.

IX. Lehren für ein deutsches Modell

Eine direkte Vergleichbarkeit von nationalen Organisationsstrukturen im Eisenbahnwesen als Basis für eventuelle Lehren ist grundsätzlich problematisch. So herrschen zumeist unterschiedliche geo- und topographische, verkehrliche und wirtschaftliche Voraussetzungen vor. Für Großbritannien gilt, dass es zunächst als Inselstaat vom kontinentalen grenzüberschreitenden Verkehrswachstum nicht direkt betroffen ist. Darüber hinaus konzentriert sich der Verkehr stark auf wenige Ballungsgebiete und schließlich ist die historische Unterfinanzierung der Infrastruktur ein noch bedeutenderer Faktor als im deutschen Eisenbahnwesen. Ohne Berücksichtigung dieser Besonderheiten entstünde bei einer direkten Übertragung ein verzerrtes Bild. Trotzdem lassen sich aus einzelnen Aspekten und Elementen Lehren für eine deutsche Organisationsstruktur ziehen.

Zunächst belegt die britische Entwicklung, dass auch im Eisenbahnwesen eine signifikante Belebung des Wettbewerbs eintritt, wenn ein ausgewogener Markt unter Abstinenz eines dominierenden Unternehmens existiert. Die grundsätzliche volkswirtschaftliche Annahme, dass ein Wettbewerb zwischen Unternehmen mit vergleichbaren Marktanteilen die Transparenz im Gesamtmarkt erhöht, das Streben nach Effizienzvorteilen intensiviert sowie Anreize für Investoren zum Markteinstieg bringt, wird nicht durch Besonderheiten im Schienenverkehr ausgeschlossen. Zudem erhöht ein Ausschreibungswettbewerb um den Betrieb von Trassen und Netzteilen zwar die Transaktionskosten im Gesamtsystem, diese können jedoch durch Effizienzgewinne und gesteigerte Transparenz kompensiert werden. Betreiberverträge stellen ferner mittels der Festlegung von Qualitätsstandards ein geeignetes Instrument der Regulierung dar. Darüber hinaus erhöhen trennungsbedingte Schnittstellen im Gesamtsystem gerade nicht sicherheitstechnische Risiken. Selbst in der unkoordinierten und inkonsistenten britischen Umsetzung der vertikalen Desintegration war keine erhöhte Anzahl an Schienenverkehrsunfällen zu verzeichnen. Gleichwohl verdeutlicht die britische Entwicklung, dass das Eisenbahnwesen ein komplexer Wirtschaftsbereich ist, bei dem eine Neustrukurierung nicht als einzelner Akt, sondern vielmehr als längerfristiger Prozess zu verstehen ist.[1455] Eine vollständige Systemwandlung, die auf politischen Druck in kürzester Zeit ohne ausreichende Vorbereitung vollzogen wird, unterliegt der Gefahr von Fehlfunktionen und verlangt Anpassungsmöglichkeiten. Entscheidende Mängel an Kernelementen wie dem Anreizsystem oder dem Regulierungsregime sind als Beispiele für Bereiche anzuführen, in denen in Großbritannien eine Nachjustierung unbedingt erforderlich war. Eine ausreichende Anpassung an veränderte Verhältnisse versäumte man außerdem im Zuge des Börsengangs der Infrastrukturgesellschaft. Modifizierungen waren dadurch ausgeschlossen und der Aktienrückkauf zur Rückgewinnung staatlicher Kontrolle über die Infrastruktur erforderte erhebliche Anstrengungen zu Lasten des Staatshaushalts.

Zur Systemverbesserung ist somit eine schrittweise Reformierung unbedingt angezeigt, in der sich Nachjustierungen in die jeweiligen Umsetzungsstufen implementieren lassen und gegebenenfalls Fehlentwicklungen unter geringem Kostenaufwand reversibel sind. Dabei erscheint grundsätzlich die materielle Privatisierung der Infrastruktur problematisch. Zwar verspricht eine privatwirtschaftliche Beteiligung auf der Infrastrukturebene zusätzliche Effizienzgewinne durch verstärkte Anreize zur Umsatzsteigerung für das Gesamtsystem. Allerdings hat das britische Beispiel demonstriert, dass das kurzfristige Ziel der Gewinnmaximierung langfristig notwendige Maßnahmen zur Instandhaltung und Modernisierung hemmt. Erwirtschaftete Gewinne wurden unter Vernachlässigung der Infrastrukturentwicklung vorrangig als Dividenden an Aktionäre ausgeschüttet. Ein fehlerhaftes Anreizsystem sowie eine unzureichende Regulierung konnten diese Fehlentwicklung nicht verhindern. Wo eigentlich der Staat die übergeordnete Kontrolle über das natürliche Monopol Infrastruktur behalten sollte, konnte tatsächlich der private Infrastrukturbetreiber seine wirtschaftlichen Interessen bei verkehrs- und haushaltspolitischen Fragen durchsetzen. Die britische Entwicklung war schließ-

1455 So auch Schnöbel, Int. Verkehrswesen 2005, 139, 142.

lich Beleg für die Unabdingbarkeit einer wirkungsvollen Regulierung im System. Nur über eine effektive Regulierung kann das öffentliche Interesse an der Infrastruktur gewahrt werden und ist ein fairer und diskriminierungsfreier Netzzugang für sämtliche Marktteilnehmer zu gewährleisten. Nach den Erfahrungen des britischen Modells ist eine Aufteilung der Regulierungsverantwortung auf mehrere Institutionen nicht empfehlenswert. Der Vorteil von spezialisierten Behörden wird durch Probleme in der Koordination sowie mögliche Interessenkonflikte konsumiert. Daraus folgt ein Mangel an Transparenz im Gesamtsystem, der einen Markteintritt für Newcomer nur schwer kalkulierbar und damit wirtschaftlich unattraktiv macht. Im Ergebnis ist somit stets ein schlankes Regulierungsregime mit der vorrangigen Aufgabe einer Aufsicht über das natürliche Monopol des Infrastrukturbetreibers anzustreben.

Zusammenfassend lässt sich festhalten, dass die Entwicklung im britischen Eisenbahnwesen diverse Lehren für eine mögliche deutsche Umstrukturierung enthält. So ist eine Implementierung einer vertikalen Desintegration nicht nur möglich, sondern wirtschaftlich attraktiv, da dieses System die größten Entwicklungspotentiale bietet, um das kontinentale Verkehrswachstum im Verbund mit anderen Verkehrsträgern bewältigen zu können. Zudem ist von großer Bedeutung die Erkenntnis, dass entstehende Schnittstellen weder wirtschaftliche Nachteile hervorrufen noch die Sicherheit im Schienenverkehr gefährden. Allerdings muss aufgrund der Komplexität des Eisenbahnwesens eine Umstrukturierung schrittweise durchgeführt werden, um angemessen und mit geringem Aufwand auf etwaige Fehlentwicklungen reagieren zu können.

Diesbezüglich mag die überstürzte Implementierung des neuen Systems in Großbritannien als warnendes Beispiel dienen. Aufgrund der Tatsache, dass es noch keinem Staat gelungen ist, eine optimale Organisationsstruktur für das Eisenbahnwesen zu errichten und somit als Vorbild zu dienen, ist eine mehrstufige Umstrukturierung unbedingt anzuraten. Unabdingbar ist dabei ein effektives Regulierungssystem, das bei einer schlanken Organisation über weitreichende Befugnisse verfügt. Schließlich ist ein Anreizsystem für sämtliche Beteiligte zu installieren, welches den Wettbewerb fördert und gleichzeitig den Staat deutlich entlastet sowie die Integrität des gesamten Schienenverkehrsmarktes nicht behindert. Das britische System hat keinen endgültigen Aufschluss darüber gegen, ob die Infrastruktur zwingend in der öffentlichen Hand verbleiben sollte, obwohl die Insolvenz Railtracks dies durchaus vermuten lässt. Vielmehr ist zwar in den ersten Entwicklungsstufen und zur Sammlung von Erfahrungswerten auf eine materielle Privatisierung zu verzichten, nach Etablierung der vertikalen Desintegration kann allerdings die generelle Vorteilhaftigkeit privaten Handelns in das gesamte Eisenbahnwesen integriert werden.

Kapitel VII
Strukturvarianten im weiteren Liberalisierungsprozess

Nachdem sich die vertikale Desintegration als überlegen im Vergleich zur vertikalen Integration herauskristallisiert hat, ist eine konkrete Organisationsstruktur für das Eisenbahnwesen zu modellieren, welche im weiteren Liberalisierungsprozess die Potentiale dieses Wirtschaftssektors optimal umsetzt und eine Konkurrenzfähigkeit im intermodalen Wettbewerb mit anderen Verkehrsträgern gewährleistet. Unter dieser Zielrichtung werden verschiedene denkbare Strukturmodelle untersucht, von denen einige Gegenstand der aktuellen Debatte um einen geplanten Börsengang des DB Konzerns sind.[1456] Im Vordergrund steht die Frage, welcher Grad der Trennung zwischen Netz und Transport den Wettbewerb der Transportunternehmen maximal fördert, um die Vorteile hinsichtlich Effizienz und Innovation zu nutzen. Allgemeine Voraussetzungen sind, dass sämtliche Marktakteure im Transportbereich materiell privatisiert sind, das Ziel der Gewinnmaximierung verfolgen und so weit wie möglich kosteneffizient operieren. Wesentliche Kriterien sind dabei verfassungs- und gesellschaftsrechtliche Aspekte bei der Modellumsetzung, Erhalt von Synergien sowie die voraussichtliche Entwicklung des Wettbewerbs unter besonderer Berücksichtigung des Trennungsgrades beziehungsweise verbleibender Diskriminierungspotentiale.

A. Infrastrukturspezifische Grundlagen

Im Zusammenhang mit der Erörterung um ein überlegenes Organisationsmodell im Eisenbahnwesen ist vorauszuschicken, dass einige infrastrukturbedingte Annahmen für sämtliche, zu diskutierende Varianten Gültigkeit haben müssen. Dies sind in erster Linie die staatliche Regulierungsverantwortung und die staatliche Finanzierungsverantwortung.

I. Staatliche Regulierungsverantwortung

Als ordnungspolitischer Wettbewerbshüter obliegt dem Staat stets die Aufgabe, das Marktverhalten der Akteure zu überwachen und wettbewerbshindernde Verhaltensweisen sowohl präventiv als auch repressiv zu unterbinden. Die Regulierungsbedürftigkeit ergibt sich bereits aus der Existenz des natürlichen Monopols der Schieneninfrastruktur, das lediglich eingeschränkt angreifbar ist. Der Schieneninfrastrukturbetreiber verfügt unabhängig von seiner Organisationsstruktur über ein Missbrauchspotential gegenüber Transportunternehmen, indem er überhöhte Preise setzt beziehungsweise geringe Qualität anbietet oder Transportun-

---

1456 Vgl. dazu ausführlich mit Schwerpunkt auf wirtschaftspolitischen Erwägungen, BDI/DIHK-Gutachten; PRIMON-Gutachten.

ternehmen ohne sachlichen Grund den Netzzugang verweigert. Im System der vertikalen Desintegration ist der Regulierungsbedarf für das gesamte Eisenbahnwesen zwar deutlich geringer als bei der vertikalen Integration, er ist jedoch auch nicht gänzlich zu vernachlässigen. Zudem sind vertikale Absprachen zwischen mehreren Eisenbahnunternehmen denkbar, die den Wettbewerb im Eisenbahnwesen behindern können. Insofern ist eine Regulierung durch den Staat in keinem Organisationsmodell verzichtbar.

II. Staatliche Finanzierungsverantwortung

Die Finanzierung der Infrastruktur setzt sich aus den erwirtschafteten Positionen, dies sind vorrangig Nutzungsentgelte für Trassen, Stationen und weitere Anlagen, sowie aus öffentlich bereitgestellten Finanzmitteln zusammen. Die Debatte um die sachgerechte institutionelle Ausgestaltung des Eisenbahnwesens umfasst auch die Frage, inwieweit die Infrastruktur im staatlichen Eigentum verbleiben sollte oder ob sie auch privatisiert werden kann. Für eine verstärkte privatwirtschaftliche Beteiligung sprechen flexiblere Projektgestaltungen, kürzere Planungs- und Bauzeiten und eine Entlastung des Staatshaushalts von Finanzierungsaufgaben.[1457] Demgegenüber streiten für einen Verbleib im Staatseigentum insbesondere mangelnde private Interessen an unrentablen Teilen der Infrastruktur sowie hohe Finanzierungskosten.[1458] Die Finanzierung der Infrastruktur spielt aufgrund der Kostenintensität stets eine entscheidende Rolle bei der Entwicklung des Eisenbahnwesens. Während dem Staat zur Finanzierung von Infrastrukturprojekten Einnahmen aus Steuern und Gebühren zur Verfügung stehen und er zudem Kredite zum Kommunalkreditzinssatz aufnehmen kann, ist ein privates Unternehmen bei der Finanzierung auf Eigenkapital, Kapitalmarktanleihen sowie auf Bankkredite zu einem höheren Zinssatz angewiesen.[1459] Ein privates Unternehmen wird sich deshalb nur an einer Infrastrukturfinanzierung beteiligen, wenn das Gesamtprojekt nach entsprechenden Wirtschaftlichkeitsanalysen eine positive Rendite verspricht und die erwartete Eigenkapitalverzinsung gegenüber dem Fremdkapitalzins als höher vorhergesagt wird. Selbst ohne die Nachteile bezüglich des Zinssatzes bei Kreditaufnahmen wäre eine vollständige Finanzierung durch private Unternehmen realitätsfern, da erzielbare Erlöse aus Wegeentgelten weniger als 50% der gesamten Kosten für die Infrastruktur ausmachen.[1460] Zudem wäre eine Erhöhung der Trassenpreise zur Finanzierung der Infrastruktur im Hinblick auf die Förde-

1457 Vgl. Frerich/Müller, Europäische Verkehrspolitik, Rz. 5.3.1.

1458 Frerich/Müller, Europäische Verkehrspolitik, Rz. 5.3.1.

1459 Vgl. auch BAG-SPNV, Börsengang der Deutschen Bahn AG: Eigentumssicherungsmodell birgt hohe Risiken für den Staat.

1460 Wesentlicher Grund dafür ist Kapitalintensität der Infrastruktur. In der Regel reicht die Zahlungsbereitschaft der Nachfrage kaum aus, laufende Netzbetriebskosten zu decken – an eine Refinanzierung des Abschreibungsaufwandes ist dabei nicht zu denken.

rung von Wettbewerb kontraproduktiv. Je niedriger die Trassenpreise, desto höher die Potentiale zur Gewinnmaximierung und desto attraktiver der Markteintritt für mögliche Neueinsteiger. Eine allgemeine Voraussetzung mit Geltung für jedes Organisationsmodell ist somit die Notwendigkeit der mehrheitlichen Infrastrukturfinanzierung durch den Staat.

Dies spiegelt sich auch im BSchwAG wider, welches die Gewährleistungsverantwortung des Bundes für die Infrastruktur gemäß Art. 87e Abs. 4 S. 2 GG umsetzt. Grundlage jeder Finanzierung ist gemäß § 9 Abs. 1 BSchwAG eine Vereinbarung zwischen den Eisenbahnen des Bundes und dem Bund selbst. Gemäß § 8 Abs. 1 S. 1 BSchwAG finanziert der Bund Investitionen in die Schienenwege der Eisenbahnen des Bundes.[1461] Diese Investitionen umfassen gemäß § 8 Abs. 1 S. 2 BSchwAG den Bau, Ausbau sowie Ersatzinvestitionen der Schienenwege der Eisenbahnen des Bundes im Rahmen der verfügbaren Haushaltsmittel. Der konkrete Ausbau erfolgt gemäß § 1 Abs. 1 BSchwAG nach dem Bedarfsplan, der nach § 3 Abs. 1 BSchwAG insbesondere Schienenverkehrsstrecken des Fern- und Nachverkehrs, Schienenverkehrsknoten und Schienenverkehrsanlagen, die dem kombinierten Verkehr zwischen Schiene, Straße und Wasserstraße sowie der direkten Verknüpfung von Fernverkehrsstrecken mit internationalen Verkehrsflughäfen dienen. § 6 BSchwAG umfasst Ausnahmefälle, nach denen die Ausbaupläne bei einem unvorhergesehenen Verkehrsbedarf insbesondere aufgrund einer Änderung der Verkehrsstruktur vom Bedarfsplan abweichen können. Eine Finanzierungsbeteiligung des Infrastrukturunternehmens normiert § 8 Abs. 4 BSchwAG, wonach die Eisenbahnen des Bundes verpflichtet sind, Kosten der Unterhaltung und Instandsetzung ihrer Schienenwege selbst zu tragen. Weiter sehen die §§ 10 Abs. 1, 11 Abs. 2 BSchwAG im Bereich der förderfähigen Investitionen eine Mitfinanzierung durch die Eisenbahn in Form von jährlichen Zahlungen an den Bund mindestens in Höhe der jährlichen Abschreibungen als Regelfall vor. Die Höhe der Abschreibungen werden nach § 10 Abs. 1 S. 2 BSchwAG nur auf einen Teilbetrag der Investitionssumme begrenzt beziehungsweise. Baukostenzuschüsse gewährt, wenn die bestimmte Maßnahme nicht oder zur zum Teil im unternehmerischen Interesse der Eisenbahnen des Bundes liegt.[1462]

Dennoch einigten sich Bund und DB Netz AG in der Praxis auf eine ausschließliche Finanzierung mittels Baukostenzuschüsse für Bau- und Ausbaumaßnahmen. Im Gegenzug verpflichtete sich die DB Netz AG, die ersparten Tilgungsleistungen nach dem BSchwAG als zusätzliche Eigenmittel in das Bestandsnetz zu inve-

1461 Für nichtbundeseigene Eisenbahnen gilt diese Vorschrift nicht. Eine entsprechende Finanzierungsregelung existiert indes auf Bundesebene nicht.

1462 § 9 BSchwAG regelt Vertragsanpassungen bei Veränderungen des unternehmerischen Interesses vor, wovon mögliche Rückzahlungsansprüche des Bundes abhängig sind.

stieren.[1463] Mangels eintretender Qualitätsverbesserung des Bestandsnetzes vereinbarten BMF, BMVBS und DB AG daraufhin im Jahre 2001 eine Erhöhung der Bundesmittel für das Bestandsnetz sowie eine ausschließliche Finanzierung über nicht rückzahlbare Baukostenzuschüsse für die nächsten Jahre.[1464] Die nicht rückzahlbaren Baukostenzuschüsse des Bundes beliefen sich im Jahre 2004 auf 3,4 Milliarden Euro. Weitere erhebliche Finanzierungsmittel stellt der Bund auf Grundlage des RegG für den ÖPNV sowie des Gemeindeverkehrsfinanzierungsgesetzes zur Verfügung,[1465] wobei letztere unter Mitfinanzierung der Länder in erster Linie für Bahnhöfe verwendet werden. Darüber hinaus wurden für die Jahre 2001 bis 2003 Investitionshilfen von jährlich etwa 1 Milliarde Euro auf der Basis eines Zukunftsinvestitionsprogramms bereitgestellt.[1466] Ferner gewährt der Bund für die Jahre 2005 bis 2008 Investitionsmittel in Höhe von 750 Millionen Euro pro Jahr für Neu- und Ausbauprojekte nach dem Zwei-Milliarden-Investitionsprogramm. Schließlich generiert die vom BMVBS eingerichtete Verkehrsinfrastrukturierungsgesellschaft Finanzmittel aus dem Gebührenaufkommen nach dem Autobahnmautgesetz für schwere Nutzfahrzeuge.[1467]

Mithin ist eine Fortführung der staatlichen Finanzierung über verlorene Baukostenzuschüsse zum Ausbau und Instandhaltung der Infrastruktur unabdingbar. Auch ist die Pflicht zur flächendeckenden Verkehrsbedienung aus Gründen des Gemeinwohls ohne erhebliche staatliche Finanzierung nicht zu gewährleisten. Im Hinblick auf einen Börsengang ist Bestandteil des Entschließungsantrags zur Kapitalprivatisierung der DB AG vom 08.11.2006, dass für sämtliche denkbaren Organisationsmodelle eine Leistungs- und Finanzierungsvereinbarung (LuFv) und ein staatlicher Infrastrukturbeitrag bis zu 2,5 Milliarden Euro pro Jahr für vertraglich zugesicherte Infrastrukturqualität unbedingt erforderlich sind.[1468]

Weite Bereiche der Schieneninfrastruktur sind mangels Rentabilität für private Projektfinanzierungen wirtschaftlich unattraktiv. Nichtsdestotrotz ist auch eine Einbindung privater Investoren bezüglich der Finanzierungsverantwortung denkbar. So erscheint eine Kombination zwischen Effizienzvorteilen einer privaten Projektorganisation mit der Finanzierungsverantwortung und -vorteilen des Staates sogar erstrebenswert. Diese wäre zum einen durch eine Aufgabenteilung wie beim Transrapid zu realisieren, zum anderen aber auch durch staatliche Finanzierungs-

1463 Schäfer, ETR 1998, S. 492, 492.

1464 So genannte Trilaterale Vereinbarung vom 22.03.2001. BT-Drs. 15/3430, S. 8.

1465 Gesetz über Finanzhilfen des Bundes zur Verbesserung der Verkehrsverhältnisse der Gemeinden v. 18.03.1971, BGBl. I 239.

1466 Die Investitionshilfe wurde aus den Zinsersparnissen der Bundesschuldentilgung aufgrund der Versteigerung von UMTS-Lizenzen möglich.

1467 Gesetz über die Erhebung von streckenbezogenen Gebühren für die Benutzung von Bundesautobahnen mit schweren Nutzfahrzeugen v. 05.04.2002, BGBl. I 1234.

1468 Böttger, Bahn-Report 1/2007, 6, 6.

hilfen, wie der Einräumung von Sonderabschreibungsmöglichkeiten, der Gewährung von Ausfallbürgschaften, bis hin zur allgemeinen Defizitübernahme.[1469]

III. Exkurs: PPP als Finanzierungsinstrument

Während die Bundesrepublik Deutschland bezüglich der technischen Entwicklung des Eisenbahnwesens noch international führend ist, liegt es im europäischen Vergleich gemessen an Pro-Kopf-Investitionen in das Schienennetz lediglich im Mittelfeld.[1470] Dennoch werden öffentliche Mittel für Ausbau und Erhalt der Schieneninfrastruktur in Zukunft knapper. So sind Kürzungen im GVFG, im BSchwAG sowie im RegG vorgesehen.[1471] Da alleine Instandhaltungsmaßnahmen und Ersatzinvestitionen jährliche Kosten von etwa 2,5 Milliarden Euro verursachen, ist die Generierung neuer Investitionsmöglichkeiten geboten. Als solche wird seit einiger Zeit die verstärkte Umsetzung von Public Private Partnership (PPP) diskutiert,[1472] um zusätzliche private Finanzmittel zu generieren und die Modernisierung des Schienennetzes zu fördern.[1473]

1. Herleitung von PPP

Seit Mitte der 1990er Jahre schreitet die Entwicklung von PPP in der Bundesrepublik Deutschland stetig voran.[1474] Strukturwandelprozesse, dauerhaft angespannte öffentliche Haushaltslagen sowie eine Diskrepanz zwischen Handlungsbedarf und Handlungsfähigkeit haben die öffentliche Hand zum Umdenken bei der Finanzierung ihrer Aufgabenerfüllung gezwungen. PPP bietet als Baustein moderner Investitionspolitik diesbezüglich große Chancen Finanzierungfragen. Es soll zu einer deutlichen Haushaltsentlastung beitragen und neben privatem Kapital auch privatwirtschaftliche Managementmethoden einbinden.[1475] PPPs ermöglichen dem

1469 Eine Gewährung von Ausfallbürgschaften führt zu der Möglichkeit einer Kreditaufnahme zu kommunalkreditähnlichen Konditionen für das private Unternehmen.

1470 Tegner, Int. Verkehrswesen 2004, 406, 406.

1471 Vgl. dazu nur § 5 RegG.

1472 Trotz der Existenz eines mittlerweile anerkannten deutschen Begriffs (Öffentlich-private Partnerschaft, ÖPP), soll hier der in der Praxis noch geläufigere englische Begriff verwendet werden.

1473 Vgl. bereits die Vorschläge der Kommission Verkehrsinfrastrukturfinanzierung, Schlussbericht, S. 49 f.

1474 Während der Hochbau und Abwasserbereich eine Vorreiterrolle übernahmen, wurde PPP von der Bundesregierung im Jahre 2004 auf die übergeordnete politische Agenda als besondere Form der strategischen Partnerschaften genommen. Im Jahre 2005 trat das „Gesetz zur Beschleunigung der Umsetzung von Öffentlich Privaten Partnerschaften und zur Verbesserung gesetzlicher Rahmenbedingungen für Öffentlich Private Partnerschaften“ in Kraft, welches Anpassungen in PPP-relevanten Gesetzen vorsah, um zur rechtssicheren Umsetzung von PPP-Projekten einen entscheidenden Beitrag zu leisten.

1475 Koenig/Fromm, NZBau 2004, 375, 375 ff.

Staat Effizienzgewinne von über 15% im Vergleich zur herkömmlichen öffentlichen Aufgabenerfüllung und bieten privaten Wirtschaftsunternehmen Planungs- und Finanzierungssicherheit, da sich durch die Schuldnerstellung der öffentlichen Hand stets ein solventer Vertragspartner anbietet. Grundsätzlich verbirgt sich hinter dem Begriff PPP eine Kooperation zwischen öffentlicher Hand und privaten Unternehmen.[1476] Konkrete Definitionsversuche sind zahlreich und oftmals wenig zielführend, so dass eine Annäherung durch eine Fokussierung auf zwei Elemente sachgerecht erscheint.[1477] Danach kennzeichnet sich eine PPP durch die längerfristige Übertragung einer öffentlichen Aufgabe an einen Privaten sowie durch eine Risikoübernahme des Privaten.[1478] Mittels dieser Annäherung werden kurzfristige reine Kaufmodelle sowie klassische Beschaffungen ohne Risikoverlagerung ausgegrenzt.[1479]

Als Voraussetzungen für eine erfolgreiche PPP gelten gemeinhin ein verändertes Beschaffungsverhalten der öffentlichen Hand, ein Lebenszyklusansatz, eine sachgerechte Verteilung sämtlicher Projektrisiken, ein leistungsorientierter Vergütungsmechanismus sowie die Erzeugung eines Bieterwettbewerbs.[1480]

2. Ausgestaltung von PPP

Grundsätzlich steht Hoheitsträgern eine Wahlfreiheit hinsichtlich der öffentlich-rechtlichen oder privatrechtlichen Organisation ihrer Einrichtungen und Unternehmen sowie hinsichtlich der Nutzung öffentlich-rechtlicher oder privatrechtlicher Handlungsformen zu.[1481] Damit sind zunächst vielfältige Kooperationsformen möglich, die rechtssystematisch als Vor- und Zwischenformen der ebenfalls in unterschiedlicher Nuancierung ausgestalteten Grundmuster der materiellen Privatisierung (Aufgabenprivatisierung) und der formellen Privatisierung (Orga-

---

1476 Budäus/Grüning, in: Budäus/Eichhorn (Hrsg.), Public Private Partnership, S. 25, 46; Tegner, Int. Verkehrswesen 2004, 406, 406.

1477 Zu verschiedenen Ansätzen vgl. Tettinger, DÖV 1996, 764, 764; DStGB-Dokumentation Nr. 28, Public Private Partnership – Neue Wege in Städten und Gemeinden, S. 2. Vgl. zur Kritik an der uneinheitlichen Begriffsbestimmung, die einen Entwicklung zum inhaltslosen Modewort befürchten Budäus/Grüning, in: Budäus/Eichhorn(Hrsg.), Public Private Partnership, S. 25, 47.

1478 Vgl. Drey et al., in: Proll/Drey (Hrsg.), Die 20 Besten: PPP-Beispiele aus Deutschland, S. 7, 10.

1479 Ähnlich auch der Definitionsversuch in: O.V., Leitfaden PPP im öffentlichen Hochbau, Band I, S. 2, wonach PPP beschrieben wird als langfristige, vertraglich geregelte Zusammenarbeit zwischen öffentlicher Hand und Privatwirtschaft zur Erfüllung öffentlicher Aufgaben, bei der die erforderlichen Ressourcen in einem gemeinsamen Organisationszusammenhang eingestellt und vorhandene Projektrisiken entsprechend der Risikomanagementkompetenz der Projektpartner angemessen verteilt werden.

1480 Vgl. O.V. Leitfaden PPP im öffentlichen Hochbau, Band II, Teilband I, S. 4 ff.

1481 Vgl. statt vieler Maurer, Allgemeines Verwaltungsrecht, § 3, Rn. 9 m.w.N.

nisationsprivatisierung) anzusiedeln sind.[1482] Im Einzelfall richtet sich die Wahl des Gestaltungsmodells einer PPP nach den Interessen der Vertragspartner unter besonderer Berücksichtigung der Finanzierung und der Risikoverteilung beziehungsweise der politischen Willensrichtung. So haben sich als Basiskonzepte Betreiber-, Konzessions- und Beteiligungsmodelle entwickelt.[1483] Bei der zentralen Frage nach der sachgerechten Risikoverteilung beziehungsweise Finanzierung einer PPP stehen sich das Forfaitierungsmodell (Verkauf von bestehenden oder zukünftigen Forderungen) und das Projektfinanzierungsmodell (Finanzierung einer sich selbst tragenden, abgrenzbaren Wirtschaftseinheit) gegenüber.[1484] Aufgrund der vielfältigen Ausgestaltungsmöglichkeiten für die Zusammenarbeit zwischen der öffentlichen Hand sind im Einzelfall insbesondere verfassungsrechtliche-, kommunalrechtliche-, haushaltsrechtliche, verwaltungsrechtliche, steuerrechtliche, gesellschaftsrechtliche und darüber hinaus auch europarechtliche Bestimmungen zu berücksichtigen.[1485] Ein etwaiges PPP-Gesetz mit detaillierten und standardisierten Vorgaben zur Umsetzung von PPP-Projekten wird zwar gefordert, steht jedoch bislang noch nicht auf der politischen Agenda.[1486]

3. PPP im Eisenbahnwesen

Bislang fanden PPP-Finanzierungsmöglichkeiten in der Debatte um die sachgerechte Ausgestaltung der Organisationsstruktur des Eisenbahnwesens nur wenig Berücksichtigung, obwohl bereits im Jahre 2000 die Kommission Verkehrsinfrastrukturfinanzierung bei Schieneninvestitionsprojekten von größeren Investitionsvolumina die Umsetzung von Betreibermodellen unter Einbeziehung von Privaten gefordert hat.[1487] Dabei verfügt PPP über ein großes Potential als Finanzierungsinstrument und begegnet keinen grundsätzlichen Hindernissen für die Umsetzung im Schienenverkehr. So beinhalten eine Bündelung von Kompetenzen, eine ganzheitliche Investitionsbetrachtung über den gesamten Lebenszyklus sowie vorgezogene Rationalisierungseffekte in einer Projektgesellschaft Potentiale für nicht unerhebliche Effizienzgewinne bei der Infrastrukturfinanzierung.[1488] Ausländische

---

1482 Tettinger, in: Budäus/Eichhorn (Hrsg.), Public Private Partnership, S. 125, 126.

1483 Zu den Modellen im Einzelnen, Leitfaden PPP im öffentlichen Hochbau, Teilband II.

1484 Vgl. zur Finanzierung PPP-Initiative NRW, Public Private Partnership im Hochbau. Finanzierungsleitfaden 2004.

1485 Vgl. dazu besonders ausführlich, Leitfaden PPP im öffentlichen Hochbau, Teilband II.

1486 Gleichwohl wurde am 08.09.2005 das „Gesetz zur Beschleunigung der Umsetzung von Öffentlich Privaten Partnerschaften und zur Verbesserung gesetzlicher Rahmenbedingungen für Öffentlich Private Partnerschaften" als Teil der „20 Maßnahmen zur Fortsetzung der Agenda 2010" erlassen, BGBl. 2005 I, 2676 und beinhaltet diverse Änderungen in PPP-relevanten Gesetzen, um Hemmnisse insbesondere bei der Vergabe, der Vertragsgestaltung oder der Abwicklung von PPP-Projekten zu beseitigen.

1487 Vgl. Kommission Verkehrsinfrastrukturfinanzierung, Schlussbericht 2000, S. 43 ff.

1488 Tegner, Int. Verkehrswesen 2004, 406, 407.

Beispiele demonstrieren die Möglichkeiten einer erfolgreichen Realisierung. Das Hochgeschwindigkeitsprojekt HSL Zuid in den Niederlanden mit einem Investitionsvolumen von etwa 1,4 Milliarden Euro stellt das wohl populärste Beispiel von PPP im Eisenbahnwesen dar.[1489] Ein in der Größenordnung vergleichbares Beispiel ist an der spanisch-französischen Grenze zwischen Perpignan und Figueras mit einem Investitionsvolumen von etwa 1,13 Milliarden Euro realisiert worden.

In Deutschland sind hingegen aufgrund der politischen Zurückhaltung gegenüber PPP lediglich vereinzelte Erfahrungen bei Reaktivierungen von Regionalstrecken gemacht worden, wobei auch dort signifikante Kosteneinsparungen erzielt werden konnten, die den ökonomischen Nutzen von PPP-Projekten auch im Eisenbahnwesen aufgezeigt haben. Die positive Erwartungshaltung bestätigt ein Gutachten aus dem Jahre 2005, worin anhand von vier Fallstudien die Umsetzungserfordernisse und wirtschaftlichen Potentiale von PPP-Modellen für die Schieneninfrastruktur analysiert wurden.[1490] Im Einzelnen untersuchte es im Bereich des Neubaus die Reaktivierung einer Regionalstrecke mittels eines Gesellschaftsmodells in desintegrierter und integrierter Form sowie mittels eines PPP-Light-Modells, im Bereich des Bestandnetzes die Bewirtschaftung eines Regionalnetzes mittels eines PPP-Landesnetzes und schließlich im Bereich des Ausbaus mit einem PPP-Ausbaumodell auf Risikobasis.[1491] Es kam zu dem Ergebnis, dass sämtliche Modelle im Rahmen einer PPP-Realisierung umsetzbar und sowohl für die öffentliche Hand als auch für Private wirtschaftlich attraktiv sind, da sie Effizienzvorteile, niedrigere Trassenpreise sowie Haushaltseinsparungen versprechen. Als wesentliche Erfolgsfaktoren wurden die zielorientierte Kooperation der Beteiligten, die Nutzung von Fördergeldern und klare Vertragsgestaltungen ausgemacht.[1492] Danach umfasste eine effiziente Kooperation zwischen den Beteiligten insbesondere eine optimierte Aufgabenverteilung, einen angemessenen Risiko- und Chancentransfer zum Privaten sowie eine effektive Schnittstellenverbindung.

1489 Ausführlich zum HSL Zuid-Projekt Rohn, Int. Verkehrswesen, Beilage 1/2005, 21, 21 ff; Freudenstein/Obierday, Int. Verkehrswesen, Beilage 1/2005, 24, 24 ff.

1490 O.V. Public Private Partnerships (PPP) für Schieneninfrastruktur: Potentiale, wirtschaftliche Vorteilhaftigkeit, Gestaltungsoptionen, Umsetzungshemmnisse und Handlungsbedarf, Fallstudien, 2005.

1491 O.V. Public Private Partnerships (PPP) für Schieneninfrastruktur: Potentiale, wirtschaftliche Vorteilhaftigkeit, Gestaltungsoptionen, Umsetzungshemmnisse und Handlungsbedarf, Fallstudien, 2005, S. 3.

1492 O.V. Public Private Partnerships (PPP) für Schieneninfrastruktur: Potentiale, wirtschaftliche Vorteilhaftigkeit, Gestaltungsoptionen, Umsetzungshemmnisse und Handlungsbedarf, Fallstudien, 2005, S. 42 ff.

4. Fazit

Der Erfolg von PPP-Projekten in verschiedenen Wirtschaftsgebieten lässt begründete Erwartungen zu, dass PPP-Modelle im Eisenbahnwesen attraktive Realisierungsoptionen darstellen. Den Chancen auf eine effektive Finanzierungsalternative stehen Risiken der Komplexität des Gesamtsystems und des erhöhten Transaktionsbedarfs gegenüber. Maßgebend für die Erzielung von Effizienzgewinnen sind stets die Umsetzung der wesentlichen Aspekte der PPP-Philosophie Lebenszyklusbetrachtung, Optimierung des Risikotransfers, Outputspezifische Leistungsbeschreibung, Leistungsorientierte Vergütung sowie Innovationswettbewerb.[1493] Im Vordergrund der Umsetzung steht insofern die tatsächliche Kooperation zwischen den Vertragspartnern, die für eine angemessene Risikoverteilung und eine sachgerechte Modellstruktur ausschlaggebend ist.[1494]

Ob die Möglichkeit der Einbeziehung von PPP zur Infrastrukturfinanzierung tatsächlich Einfluss auf die Ausgestaltung der Organisationsstruktur des Eisenbahnwesens hat, ist dennoch nicht abschließend zu beurteilen. Weder die vertikale Integration noch eine Variante der vertikalen Desintegration schließen die Realisierung von PPP-Projekten von vornherein aus. Höhere Wettbewerbspotentiale der vertikalen Desintegration lassen jedoch eine grundsätzlich höhere Investitionsbereitschaft privater Unternehmen bei der Infrastrukturfinanzierung vermuten. Die Sicherstellung der wirtschaftlichen Basis sowie klar strukturierte PPP-Vertragsgestaltungen mit einer sachgerechten Risikoverteilung fördern maximale Effizienzgewinne. Trotz Einbeziehung privater Finanzierungsmittel gilt dennoch, dass auf staatliche Fördermittel bei der Realisierung nicht verzichtet werden kann.[1495] Während in der Bundesrepublik Deutschland die Theorie den Erfolg von PPP im Eisenbahnwesen andeutet, gilt es nun in der Praxis, dies zu bestätigen.

B. Alternative Organisationsmodelle

I. Eigentumsmodell

1. Darstellung

Kennzeichen des Eigentumsmodells ist die Ausgliederung des Eigentums an der Eisenbahninfrastruktur aus den Infrastrukturtochtergesellschaften der DB AG und anschließende Übertragung auf den Bund.[1496] Der Bund gründet eine eigenständige Eigentumsgesellschaft, in der die Infrastruktur als Sondervermögen einge-

---

1493 Tegner, Int. Verkehrswesen, Beilage 1/2005, 4, 4 f.
1494 Rohn, Int. Verkehrswesen, Beilage 1/2005, 21, 23.
1495 Tegner, Int. Verkehrswesen, Beilage 1/2005, 4, 10.
1496 BDI/DIHK-Gutachten, S. 357; PRIMON-Gutachten, S. 300.

stellt wird. Umfasst sind Grundstücke, grundstücksgleiche Rechte und Bauten auf fremden Grundstücken, Gleisanlagen, Streckenausrüstungen sowie Sicherungsanlagen. Die Eigentumsgesellschaft ist insbesondere zuständig für die Finanzierung und Entwicklung der Infrastruktur, jedoch nicht für die Wahrnehmung operativer Aufgaben. Betreiber der Infrastruktur bleibt weiterhin eine Sparte des DB Konzerns mit der Verantwortung für Netzentwicklung, Investitionslenkung, Trassenvergabe, Trassenpreisfestsetzung sowie Fahrplankoordination. In Betreiberverträgen zwischen Eigentumsgesellschaft und DB Konzern werden die wirtschaftliche Nutzung sowie die Erhaltung bestimmter Qualitätsstandards vereinbart und koordiniert. Infolge geteilter Verantwortlichkeiten ist eine Kooperation zwischen dem Konzern und der Infrastrukturgesellschaft, insbesondere bei Neu- und Ausbauinvestitionsentscheidungen, zwingend erforderlich. Zur Verhinderung von Diskriminierungen in Bezug auf Trassenvergabe und Trassenpreisfestsetzung überwacht die Regulierungsbehörde Tätigkeiten der DB AG. Interessen Dritter können durch einen zu errichtenden Nutzerbeirat vertreten werden.[1497] Das Eigentumsmodell eröffnet zudem die Möglichkeit der Übertragung von Infrastrukturteilen in eine weitere Trägerschaft. Im Rahmen einer Regionalisierung der Infrastruktur könnte der Bund über Netzteile mit bundesweiter Bedeutung die Eigentümerstellung behalten und – entsprechend der Auftragsverwaltung für Bundesstraßen – die Wahrnehmung der Eigentumsrechte den Ländern überlassen und das Eigentum an Netzteilen mit regionaler Bedeutung übertragen.[1498]

2. Stärken des Eigentumsmodells

Eine Änderung des Art. 87e GG ist bei Umsetzung des Eigentumsmodells nicht erforderlich, da der Bund seine Infrastrukturverantwortung gemäß Art. 87e Abs. 4 GG behält. Verfassungsrechtlich ist zur Eigentumsübertragung lediglich ein förmliches zustimmungsbedürftiges Bundesgesetz im Sinne des Art. 87e Abs. 5 GG zu erlassen. In der Wahl der konkreten Gesellschaftsform ist der Gesetzgeber frei, solange die Gesellschaft nach der Vorgabe des Art. 87e Abs. 3 GG als Wirtschaftsunternehmen operiert. Die Eigentümerstellung des Bundes an der Infrastruktur gewährleistet zudem die Beibehaltung einer staatlichen Kontrolle bei einer weiteren Privatisierung der DB AG, auch in Form eines Börsenganges. Im Bedarfsfall, beispielsweise bei einer drohenden Insolvenz, ist damit jedenfalls bezüglich des Netzes ein Letztzugriffsrecht des Bundes gesichert.[1499] Zusätzlicher Sicherungsrechte bedarf es nicht.[1500] Zudem erfordert die Umsetzung des Eigentumsmodells einen verhältnismäßig geringen Aufwand. Unter Anwendung der §§ 123 ff. UmwG wird das vorher bestimmte Vermögen der einzelnen Infrastruk-

---

1497 PRIMON-Gutachten, S. 301

1498 BDI/DIHK-Gutachten, S. 358 f.

1499 BDI/DIHK-Gutachten, S. 358.

1500 PRIMON-Gutachten, S. 303.

turgesellschaften auf eine neu zu gründende konzerneigene Infrastrukturgesellschaft gemäß § 123 Abs. 2 Nr. 2 UmwG abgespalten. Dieses bietet den optimalen Gestaltungsspielraum für die Umstrukturierung, da gemäß § 123 Abs. 1 UmwG Sachgesamtheiten ohne individuelle Bezeichnung jedes Vermögensgegenstandes übertragbar sind.[1501] Ausreichend ist die Bestimmbarkeit der übertragenen Vermögensteile nach § 126 Abs. 1 Nr. 9, Abs. 2 UmwG.[1502] Ferner ist eine Zustimmung von Gläubigern bei der Übertragung von Verbindlichkeiten nicht notwendig, da diese aufgrund der gesamtschuldnerischen Haftung nach § 133 Abs. 1 UmwG hinreichend geschützt sind.[1503] In einem nächsten Schritt wäre die Infrastrukturgesellschaft als Gesamtheit wiederum gemäß § 123 Abs. 2 Nr. 2 UmwG zur Neugründung auf den Bund abzuspalten. Eine Bilanzanpassung sowie steuerrechtliche Konsequenzen, bei denen insbesondere die eisenbahnrechtlichen Besonderheiten der §§ 8-9a AEG eine Rolle spielen, sind dabei zu berücksichtigen.[1504]

Weitere Stärken des Eigentumsmodells liegen in dessen Flexibilität und Transparenz. Als Eigentümer der Infrastruktur hat der Bund die Möglichkeit, Aufträge bezüglich der Netzentwicklung auch an Dritte zu vergeben. Dies könnte ein Einfallstor für die Realisierung von PPP-Projekten sein. Es entstünde ein neuer Wettbewerb, aus dem wiederum Innovationsvorteile und zusätzliche Effizienzgewinne zu generieren wären. Die Eigentümerstellung des Bundes an der Schieneninfrastruktur bedingt darüber hinaus eine erhöhte Transparenz des Eisenbahnwesens. Transaktionen finden nicht mehr ausschließlich über interne Beziehungen im vertikal integrierten Unternehmen statt, sondern werden im Vertragsverhältnis zwischen unabhängigen Beteiligten vereinbart.

Dies hat beispielsweise Konsequenzen für die Stilllegung von Strecken, die nach dem Eigentumsmodell nur noch in Abstimmung zwischen dem operativen Betreiber und der Eigentumsgesellschaft vorgenommen werden können. Der für die DB AG wirtschaftlich attraktive Aspekt einer Streckenstilllegung, nämlich der Gewinnerzielung aus der Veräußerung der betreffenden Grundstücke, entfiele. Trotz erhöhter Flexibilität und Transparenz können in diesem Modell Synergieeffekte genutzt werden, da der Bund die Investitionsentscheidungen über die Weiterentwicklung der Infrastruktur nicht ohne vorherige Abstimmung mit dem Betreiber treffen wird. Der im integrierten System propagierte Verbundvorteil bleibt im Eigentumsmodell durch die verbleibende umfassende Verantwortung des DB Konzerns für den operativen Betrieb der Infrastruktur weitestgehend bestehen.

1501 Kallmeyer, UmwG, 3. Aufl. 2006, § 123, Rn. 2.
1502 Kallmeyer, UmwG, 3. Aufl. 2006, § 126, Rn. 19 f.; Mayer, DB 1995, 861, 864.
1503 Kallmeyer, UmwG, 3. Aufl. 2006, § 125, Rn. 32, § 133, Rn. 2 ff.
1504 Vgl. zu den einzelnen Schritten PRIMON-Gutachten, S. 304 ff.

3. Schwächen des Eigentumsmodells

Einher mit dem Vorteil des geringen Umstrukturierungsvorteils beim Eigentumsmodell geht der Nachteil, dass lediglich eine geringfügige Veränderung gegenüber dem status quo für das Eisenbahnwesen eintritt. Die juristische Trennung zwischen Infrastruktur und Betrieb wird kaum Auswirkungen auf den tatsächlichen Betriebsablauf haben. Dies gilt insbesondere für den Wettbewerb auf dem Transportmarkt. Während der Bund zwar die formalen Eigentumsrechte an der Infrastruktur hält, verbleiben die faktischen Handlungsrechte bei dem DB Konzern als Betreiber.[1505]

Durch die Verantwortung für die Aufgabenbereiche Netzentwicklung, Trassenvergabe und Trassenpreisfestsetzung wird das vorhandene Diskriminierungspotential nicht verringert und die Regulierung nicht erleichtert. Gleichwohl hängt dies entscheidend von der tatsächlichen Ausübung der Verantwortlichkeit seitens des Bundes ab.[1506] Beschränkt sich der Bund auf die Finanzierungsverpflichtung sowie eine darauf bezogene Kontrollfunktion, besteht ein erhöhtes Diskriminierungspotential. Hingegen verringert sich jegliches Diskriminierungspotential bei weiter Auslegung der Bundesverantwortung bezüglich der Wettbewerbsneutralität bei sämtlichen Entscheidungen über Netzinvestitionen. Erstgenannte Variante erscheint zumindest im Anfangsstadium realistischer, da die Eigentumsgesellschaft auf eine enge Kooperation mit der DB AG angewiesen ist und deren Expertise sowie langjährige Erfahrung im Bereich der Infrastruktur unverzichtbar sind. Insofern ist ein beträchtliches Maß an Möglichkeiten zur Benachteiligung konzernfremder Eisenbahnverkehrsunternehmen im Eigentumsmodell zu erwarten.[1507] Verbleibt der DB AG ein bestimmender Einfluss auf die Infrastruktur und damit die Steuerung des Wettbewerbs auf dem Transportmarkt, entstehen zudem keine zusätzlichen Anreize für einen Markteintritt potentieller Investoren. In jedem Fall kontrolliert die DB AG durch die Verantwortung für die Trassenvergabe und Trassenpreisfestsetzung in diesem Modell die maßgebenden Mechanismen zur Entwicklung eines Wettbewerbs auf dem nachgelagerten Transportmarkt.

4. Zusammenfassung

Das Eigentumsmodell ist ein Fortschritt in Richtung eines liberalisierten Eisenbahnwesens gegenüber dem System der vertikalen Integration, da die Eigentumsübertragung den Infrastrukturauftrag des Bundes sichert und der DB AG abhängig von der tatsächlichen staatlichen Einflussnahme einen monopolistischen Gestaltungsspielraum entzieht. Zudem entstehen nur geringe Synergieverluste und Trans-

---

1505 BDI/DIHK-Gutachten, S. 359.

1506 Vgl. BDI/DIHK-Gutachten, S. 359.

1507 PRIMON-Gutachten, S. 309.

aktionskostennachteile. Allerdings ist der geringe Trennungsgrad nicht ausreichend, um notwendige positive Anreize und Impulse für Newcomer zu erzeugen. Eine entscheidende Belebung des Wettbewerbs scheitert an der Verantwortung der DB AG für den Betrieb der Infrastruktur. Ihr bleiben durch die Zuständigkeit für Trassenvergabe und Trassenpreisfestsetzung Kernbereiche mit Diskriminierungspotential erhalten, welche die Transparenz im Gesamtsystem behindern.

II. Eigentumsmodell in der Gestaltungsvariante

1. Darstellung

Die Umsetzung des Eigentumsmodells ist auch in einer Gestaltungsvariante vorstellbar. Entsprechend dem Grundmodell wird das Eigentum an der Eisenbahninfrastruktur an eine dafür errichtete Eigentumsgesellschaft des Bundes übertragen. Zusätzlich gehen die Infrastruktur steuernden Bereiche mit den jeweiligen Mitarbeitern auf die Eigentumsgesellschaft über.[1508] Die infolgedessen dem Bund obliegende Steuerungsfunktion umfasst auch die wettbewerbsrelevanten Bereiche Trassenvergabe und Trassenpreisfestsetzung, worin der entscheidende Unterschied zum Grundmodell liegt.[1509] Über Sevice-Level-Agreements kooperieren die Eigentumsgesellschaft und die DB AG miteinander, die im Auftrag der Eigentumsgesellschaft den operativen Betrieb der Infrastruktur wahrnimmt. Objekt der Regulierungsbehörde ist vorrangig die Eigentumsgesellschaft aufgrund ihrer Verantwortung über die monopolistische Infrastruktur.

Zur Wahrung der Interessen Dritter besteht wie im Grundmodell die Möglichkeit der Einrichtung eines Netzbeirats. Die Eigentumsgesellschaft trägt sowohl die Kosten für Ausbau- und Neuinvestitionen als auch für die laufende Instandhaltung der Infrastruktur. Sie behält die Trassenentgelte ein, trägt allerdings auch das Auslastungsrisiko. Mit Erneuerungs- und Instandhaltungsarbeiten können wie im Grundmodell die DB AG oder andere Eisenbahninfrastrukturunternehmen gegen Entgelt beauftragt werden.

2. Stärken der Gestaltungsvariante

Bezüglich der Übertragung des Eigentums an der Infrastruktur auf eine bundeseigene Gesellschaft ergeben sich aus der Gestaltungsvariante die gleichen Vorteile wie im Grundmodell. Der Bund behält ein Letztzugriffsrecht und zur Eigentumsübertragung ist gemäß Art. 87e Abs. 5 GG lediglich ein förmliches Bundesgesetz erforderlich, so dass es keiner Verfassungsänderung bedarf. Die im Bereich der Infrastruktur tätigen Unternehmenssparten der DB AG sind neben ihren operati-

1508 Ausführlich zu der Gestaltungsvariante PRIMON-Gutachten, S. 338 ff.
1509 PRIMON-Gutachten, S. 339.

ven Aufgaben im Auftrag des Bundes für Instandhaltungsarbeiten verantwortlich, so dass sie weder verfassungsrechtlich noch eisenbahnrechtlich als öffentliche Infrastrukturbetreiber zu qualifizieren sind.[1510]

Zentraler Vorteil der Gestaltungsvariante gegenüber dem Grundmodell ist der Grad der Liberalisierung. Während zwar auch das Grundmodell die gemeinschaftsrechtlichen Vorgaben sowie die Anforderungen der nationalen eisenbahnrechtlichen Vorschriften erfüllt, geht die Gestaltungsvariante deutlich über das Mindestmaß hinaus und fördert infolge erhöhter Anreize zum Markteintritt eine stärkere Belebung des Wettbewerbs im gesamten Eisenbahnwesen. Durch die zusätzliche Verantwortung der Eigentumsgesellschaft für die Infrastruktur werden Diskriminierungspotentiale wesentlich verringert, da sie als unabhängiges staatliches Unternehmen für die wettbewerbsrelevanten Bereiche Trassenvergabe und Trassenpreisfestsetzung zuständig ist. Zudem ist die Weitergabe von Informationen über Trassenwünsche Dritter, die in einem vertikal integrierten Unternehmen einen Wettbewerbsvorsprung sichert, in der Gestaltungsvariante unwahrscheinlich. Sämtliche Tätigkeiten der Eigentumsgesellschaft werden wettbewerblich neutral ausgeführt. Hingegen entsteht zusätzliches Wettbewerbspotential, wenn die Eigentumsgesellschaft von der Möglichkeit Gebrauch macht, über Ausschreibungen Aufträge an Dritte zu vergeben beziehungsweise PPP-Projekte zu realisieren. Insgesamt erhöht sich die Transparenz des Gesamtsystems durch eine zu erwartende Mehrzahl von Beteiligten und deren marktliche Vertragsbeziehungen. Die Errichtung eines Netzbeirats kann zusätzlich den Einfluss der DB AG als marktführendes Unternehmen auf dem Transportmarkt mindern. Nicht angetastete Wettbewerbsvorteile des Konzerns infolge der dem Unternehmen obliegenden Aufgaben der Instandhaltungsdurchführung und operativer Betriebsführung sind durch die Steuerungsverantwortung der Eigentumsgesellschaft überschaubar. Zusätzlich nimmt die Eigentumsgesellschaft in der Gestaltungsvariante eine bedeutsamere Rolle als Akteur im Eisenbahnwesen ein. Konsequenz eines größeren Mitarbeiterstabes, einer verbesserten Informationslage sowie erweiterter Aufgabenbereiche ist, dass gegenüber dem Grundmodell eine kontrollstarke unabhängige Institution im Markt geschaffen ist und der Regulierungsbedarf insgesamt deutlich geringer sein wird.[1511]

3. Schwächen der Gestaltungsvariante

Als Spiegelbild des erhöhten Trennungsgrades kann sich ein Verlust von Synergien und Transaktionskostenvorteilen in der Gestaltungsvariante negativ auswirken. Es sind marktliche Verhandlungen und Transaktionen zwischen den Beteiligten zu erwarten, die in einem vertikal integrierten Unternehmen, welches einheitliche

1510 PRIMON-Gutachten, S. 340.
1511 PRIMON-Gutachten, S. 343.

übergeordnete Unternehmensziele verfolgt, vermieden werden. Führen marktliche Verhandlungen am Ende zu Kompromisslösungen und resultieren Transaktionen in erhöhten Koordinationserfordernissen und Effizienzverlusten, hemmt dies aufgrund vermeidbarer zusätzlicher Ressourcenaufwendungen die Entwicklung des Gesamtsystems. Diese Nachteile schlagen sich auch in einem zusätzlichen rechtlichen Aufwand bei der Umsetzung der Gestaltungsvariante nieder. Neben der Übertragung des Eigentums an der Infrastruktur auf die Eigentumsgesellschaft nach den Vorgaben des Umwandlungsgesetzes sind komplexe Vertragsgestaltungen zwischen den Infrastrukturunternehmen der DB AG und der Eigentumsgesellschaft erforderlich, um entstandene Schnittstellen zu verbinden. Vertragliche Unklarheiten gehen insbesondere bei Fragen der Zuständigkeit bei Störungsfällen zu Lasten des Gesamtsystems. Die Gestaltungsvariante erzeugt zudem einen erhöhten arbeitsrechtlichen Aufwand in der Umsetzung. Ehemalige Mitarbeiter der DB AG aus Infrastruktur steuernden Bereichen gehen gemäß § 613a BGB auf die Eigentumsgesellschaft über.[1512] Die Arbeitsverhältnisse wirken danach fort, wenn betroffene Arbeitnehmer nicht innerhalb eines Monats nach Unterrichtung über den Betriebsübergang schriftlich widersprechen. § 613a BGB gilt jedoch nicht für Beamte, da sie keine Arbeitnehmer im Sinne der §§ 611 ff. BGB sind und für sie bestimmte Anpassungsmaßnahmen zu treffen sind.[1513] Während eines Übergangszeitraumes ist daher mit Umsetzungs- und Koordinationsproblemen zu rechnen.[1514] Nach Konkretisierung der Übergangspläne werden betroffene Abteilungen der DB AG über Interna voraussichtlich lediglich eingeschränkt informiert und bei zukunftsbezogenen Entscheidungen nicht involviert. Eine aktive Unterstützung des Konzerns beim Aufbau und bei der Positionierung der Eigentumsgesellschaft im Gesamtsystem scheint fern liegend, um sich möglichst lange durch Abhängigkeit der Eigentumsgesellschaft vom operativen Betrieb der DB AG Wettbewerbsvorteile zu sichern.[1515] Nachteilig kann sich das Risiko politisch motivierter und nicht unbedingt marktkonformer Investitionsentscheidungen auswirken, wenn strategische Entscheidungen betreffend Investitionspolitik und Kapitalinvestitionen bei Umsetzung der Gestaltungsvariante in unmittelbarer Staatsnähe liegen. Ein entscheidender Rückschritt sämtlicher Liberalisierungsentwicklungen wäre die Konsequenz, wenn das Eisenbahninfrastrukturunternehmen nur noch formal wie ein Wirtschaftsunternehmen geführt würde, aber tatsächlich als Spielball der Politik fungierte. Auch werden Effizienzverluste infolge einer behördenähnlichen Struktur der staatlich geführten Eigentumsgesellschaft befürchtet, was sich für potentielle Markteinsteiger als schwerwiegender negativer Impuls auswirkt.[1516]

1512 Bei Umsetzung der Gestaltungsvariante wären davon etwa 8.000 Mitarbeiter der Infrastruktur steuernden Bereiche innerhalb der DB AG betroffen.

1513 Richardi, in: Staudinger, BGB-Komm., Vorbem zu §§ 611 ff., Rn. 220.

1514 PRIMON-Gutachten, S. 344.

1515 PRIMON-Gutachten, S. 348.

1516 PRIMON-Gutachten, S. 196.

4. Zusammenfassung

Das Eigentumsmodell in der Gestaltungsvariante erfüllt einen deutlich höheren Trennungsgrad als die Ausgangsvariante. Dies liegt entscheidend in der zusätzlichen Übertragung der Verantwortlichkeit für die Bereiche Trassenvergabe und Trassenpreisfestsetzung auf die Eigentumsgesellschaft begründet. Diskriminierungspotentiale des marktführenden Unternehmens werden minimiert und Anreize für den Eintritt in den Transportmarkt geschaffen. Allerdings sind insbesondere in der Übergangsphase einvernehmliche und zielorientierte Lösungen in Richtung eines liberalisierten Eisenbahnwesens zwischen der Eigentumsgesellschaft und der DB AG anzustreben, um nicht die Weiterentwicklung des Gesamtsystems zu blockieren. Insgesamt ist eine Belebung des Wettbewerbs im Transportmarkt genauso zu erwarten wie die Entstehung eines zusätzlichen Marktes auf der Infrastrukturebene, wenn die Eigentumsgesellschaft vermehrt Aufträge im Ausschreibungsverfahren an Dritte vergibt. Der propagierte Nachteil in Form von Synergieverlusten und erhöhten Transaktionskosten kann durch Effizienzvorteile eines funktionierenden Wettbewerbs sowie Transparenzgewinne kompensiert werden und schlägt sich in der abschließenden Beurteilung der Gestaltungsvariante nicht negativ nieder. Den Befürchtungen in Bezug auf Effizienzverluste durch eine Verstaatlichung wesentlicher Bestandteile des Eisenbahnwesens ist mit der Einführung verschiedener Anreizsysteme sowie der Beteiligung sämtlicher Marktakteure über einen Nutzerbeirat zu begegnen.

III. Finanzholding-Modell

1. Darstellung

Das Finanzholding-Modell ist vor allem mit Blick auf die Börsenmarktsfähigkeit des DB Konzern entwickelt worden.[1517] Es zeichnet sich dadurch aus, dass die DB AG den Konzern nicht mehr als Management-Holding über Beherrschungsverträge zwischen den einzelnen Konzerntöchtern steuert, sondern lediglich mit Mitteln einer Finanzholding als Aktionär der verbundenen Unternehmen. Dem Bund werden die mehrheitlichen Anteile an den Eisenbahninfrastrukturunternehmen von der DB AG übertragen, die sowohl verbleibende Anteile daran sowie Anteile an den Eisenbahnverkehrsunternehmen behält. Die DB Netz AG betreibt weiterhin die Infrastruktur und behält die Zuständigkeit für Trassenvergabe und Trassenpreisfestsetzung. Daher trägt sie auch Betriebs- und Instandhaltungskosten sowie das Auslastungsrisiko. Die Finanzholding selber übernimmt lediglich vermögensverwaltende Tätigkeiten. Formal hat sie weder operativen noch strategischen Einfluss auf die unabhängigen Konzerntöchter, kann allerdings durch

1517 PRIMON-Gutachten, S. 369.

die Besetzung von Führungspositionen in Vorstand und Aufsichtsrat sowie durch die Zuteilung von Investitionsmitteln mittelbaren Einfluss nehmen. Ausbau- und Neuinvestitionen werden auch im Finanzholding-Modell vom Bund wahrgenommen. Der Bund kann je nach Interessenlage und Anbietern zur eigenen Kostensenkung und zur Förderung des Wettbewerbs Leistungen der Erneuerung und Instandhaltung der Infrastruktur durch Ausschreibungen vergeben. Investitionsentscheidungen werden vom Bund in Abstimmung mit den Eisenbahninfrastrukturunternehmen getroffen, die Holding DB AG ist daran nicht direkt beteiligt.[1518] Ersatzinvestitionen bezuschusst der Bund über konkrete Leistungs- und Finanzierungsvereinbarungen. Bei der Umsetzung gilt in verfassungsrechtlicher Hinsicht sowie bezüglich des Letztzugriffsrechts auf die Infrastruktur das zu den vorigen Modellen Ausgeführte.

Auch kann die Einrichtung eines Netzbeirats als Interessenvertretung von Dritten vorgesehen werden. Für die Überwachung sämtlicher wettbewerbsrelevanter Bereiche ist eine Regulierungsbehörde verantwortlich. Gesellschaftsrechtlich steht neben der Eigentumsübertragung insbesondere die Umstrukturierung der DB AG von einer Managementholding zu einer Finanzholding im Mittelpunkt. So sind sämtliche Beherrschungs- und Gewinnabführungsverträge im Sinne des § 291 Abs. 1 AktG zwischen der DB AG und den Infrastrukturtöchtern gemäß § 296 AktG aufzuheben oder nach § 297 AktG zu kündigen.[1519]

2. Stärken des Finanzholding-Modells

Das Finanzholding-Modell soll zunächst vermehrte Anreize für potentielle Investoren erzeugen, in den Schienenverkehrsmarkt einzutreten. Die Aufhebungen oder Kündigungen der Beherrschungsverträge zwischen dem DB Konzern und seiner Infrastrukturtochtergesellschaften entflechten die integrierte Unternehmensstruktur und bewirken Transparenzgewinne für das gesamte System. Dies wiederum erhöht die Chancen auf eine Belebung des Wettbewerbs im Eisenbahnwesen im Vergleich zur bloßen Errichtung von Chinese Walls im bestehenden System, deren Wirksamkeit gerade aufgrund personeller Verflechtungen im Konzern sowie der Existenz von aktienrechtlichen Beherrschungs- und Gewinnabführungsvereinbarungen zweifelhaft erscheint.[1520] Unbegrenzte Beteiligungsmöglichkeiten privater Investoren an der DB AG verringern die Marktmacht des Konzerns. Außerdem eröffnen ausgeschriebene Aufträge für Instandhaltungs- und Erneuerungsmaßnahmen im Infrastrukturbereich weiteres Wettbewerbspotential.

1518 PRIMON-Gutachten, S. 370.

1519 Vgl. zu den Beendigungsarten der Unternehmensverträge Hüffer, AktG zu § 296 und § 297 AktG. PRIMON-Gutachten, S. 372 f.

1520 Zur Kritik an Chinese Walls ausführlich oben unter Kapitel III, E.II.2.c.aa.

3. Schwächen des Finanzholding-Modells

Eine Wettbewerbsbelebung auf dem Infrastrukturmarkt durch Beteiligungsmöglichkeiten Dritter an einzelnen Holdinggesellschaften hat zur Konsequenz, dass eine Weiterentwicklung zu anderen Modellen mit höheren Trennungsgraden mit Hindernissen behaftet ist. Resultiert etwa aus ökonomischen oder juristischen Gründen das Erfordernis einer Nachjustierung in Richtung einer Verstaatlichung der Infrastruktur, so müsste der Staat unter Aufbringung erheblicher finanzieller Mittel die Infrastrukturbeteiligungen von Dritten erwerben. Darüber hinaus erhält dieses Konzept dem DB Konzern eine entscheidende und vor allem wettbewerbsrelevante Beteiligung in Form der Zuständigkeiten für Trassenvergabe und Trassenpreisfestsetzung durch die DB Netz AG. Über weiterhin bestehende Möglichkeiten zu personellen Verflechtungen im Konzern sowie der Zuteilung von Investitionsmitteln sind unverändert Diskriminierungspotentiale gegeben. In Kombination dieser beiden Aspekte mit der Existenz weiterer Konzerntöchter im Transportmarkt können drohende Wettbewerbsverzerrungen potentielle Investoren vom Markteintritt abhalten, so dass theoretische Vorzüge des Finanzholding-Modells keine praktische Relevanz erlangen. Jedenfalls besteht ein erhöhter Regulierungsbedarf im Gesamtsystem, der sich insbesondere auf die Tätigkeiten der DB Netz AG bezieht. Schließlich werden bei einem Rückzug des bisherigen marktbeherrschenden, integrierten Unternehmens infolge der Umstrukturierung Nachteile für das Gesamtsystem in Form von Synergieverlusten und erhöhten Transaktionen befürchtet.[1521]

4. Zusammenfassung

Das Finanzholding-Modell zeichnet sich durch die Besonderheit aus, dass zwar das Infrastruktureigentum als Gesamtheit vom Konzern abgespalten wird, die Konzerntochter DB Netz AG gleichwohl mit entscheidenden Aufgabenbereichen wie der Trassenvergabe und der Trassenpreisfestsetzung betraut bleibt. Die Entwicklung dieses Modells ist wesentlich von Anreizen für den Kapitalmarkt abhängig, der sich grenzenlos in der Höhe an der DB AG beteiligen kann. Obwohl die Umstrukturierung der DB AG von einer Managementholding zu einer Finanzholding grundsätzlich Anreize für den Markteintritt erzeugt, verbleibt ein Potential zur Wettbewerbsverzerrung.

Der Einfluss der DB AG, stets abhängig von der Beteiligung des Kapitalmarktes am Konzern, muss somit ständiger Gegenstand der Kontrolle durch die Regulierungsbehörde sein. Auch die tatsächliche Wahrnehmung von Möglichkeiten zur Ausschreibung durch den Bund entscheidet über eine tatsächliche Belebung des Wettbewerbs im Eisenbahnwesen. Insofern ist eine abschließende Bewertung des

1521 BDI/DIHK-Gutachten, S. 359.

Finanzholding-Modells in der Theorie nicht vorzunehmen, da Auswirkungen des Modells entscheidend von der tatsächlichen Umsetzung abhängen.

IV. Trennungsmodell

1.Darstellung

Das Trennungsmodell entspricht der einfachen Umsetzung der vertikalen Desintegration und basiert auf der vollständigen institutionellen Trennung der beiden Wertschöpfungsstufen Infrastruktur und Transportbetrieb.[1522] Als Idealform der Umsetzung gemeinschaftsrechtlicher Vorgaben werden nach den §§ 123 ff. UmwG sämtliche Eisenbahninfrastrukturunternehmen aus der DB AG herausgelöst und in eine mehrheitlich im staatlichen Eigentum stehende unabhängige Netzgesellschaft übertragen. Die Eigentumsübertragung erfordert keine Änderung des Art. 87e Abs. 3 GG, lediglich den Erlass eines zustimmungsbedürftigen Bundesgesetzes im Sinne des Art. 87e Abs. 5 GG. Jegliche Beteiligung der Transportgesellschaften an der monopolistischen Infrastrukturgesellschaft ist untersagt. Die Infrastrukturgesellschaft ist insbesondere verantwortlich für die Bereiche Trassenvergabe und Trassenpreisfestsetzung und gewährleistet Nachfragern in einem neutralen und transparenten Verfahren einen diskriminierungsfreien Zugang zur Infrastruktur.[1523] Gleichwohl bedingt die Existenz eines natürlichen Monopols der Infrastruktur die Notwendigkeit einer Regulierung durch eine unabhängige Behörde zur Gewährleistung eines fairen und diskriminierungsfreien Netzzugangs für sämtliche Trassennachfrager.[1524] Der Bund finanziert in diesem Modell Ausbau- und Neuinvestitionen sowie Ersatzinvestitionen. Instandhaltungskosten trägt dagegen die Netzgesellschaft, der die Trassenentgelte zufließen.[1525] Um nach transparenten Kriterien sachgerechte Investitionsentscheidungen zu treffen, kann auch in diesem Modell die Einrichtung eines Netzbeirats vorgesehen werden. Diesbezüglich endgültige Entscheidungen trifft allerdings die Netzgesellschaft als Vertragspartnerin des Bundes. Entsprechend verhält es sich mit den Bereichen Forschung und Entwicklung sowie Sicherheit. Auch hier ist die Finanzierung und Kontrolle durch den Bund genauso erforderlich wie eine Beteiligung der Transportgesellschaften. Die DB AG bleibt nach Herauslösung der Infrastrukturbereiche Marktführer unter den Transportgesellschaften, wobei sich der Kapitalmarkt unbeschränkt am Unternehmen beteiligen kann. Weiterhin ist zur Entstehung weiteren Wettbewerbs die Vergabe von Aufträgen im Bereich der Infrastruktur nach Ausschreibungen an Dritte möglich. Verfassungsrechtlich und gesellschaftsrechtlich ergeben sich durch die Herauslösung sämtlicher Infrastrukturbereiche aus

1522 Aberle/Eisenkopf, Schienenverkehr und Netzzugang, S. 20.
1523 Synetra-Gutachten, S. 373.
1524 Aberle/Eisenkopf, Schienenverkehr und Netzzugang, S. 22.
1525 PRIMON-Gutachten, S. 400.

dem DB Konzern keine Besonderheiten im Vergleich zu den Eigentumsmodellen. Einer möglichen Beteiligung Dritter an der Infrastruktur sind jedoch nach Art. 87e Abs. 3 S. 3 GG verfassungsrechtliche Grenzen gesetzt, so dass der Bund in jedem Fall Mehrheitsgesellschafter bleibt.

2. Stärken des Trennungsmodells

Das Trennungsmodell ist seit den Anfängen der Liberalisierungsbemühungen im europäischen Eisenbahnwesen als optimales Modell propagiert worden, da es infolge der vollständigen institutionellen Trennung beider Wertschöpfungsstufen deutliche Vorteile in wettbewerblicher Hinsicht hat. Die errichtete Netzgesellschaft unterliegt keiner Konzernräson, sondern ist organisatorisch und in Entscheidungsprozessen unabhängig.

Ohne Anreize, bestimmte Eisenbahnverkehrsunternehmen zu bevorzugen beziehungsweise zu benachteiligen, vermarktet sie Trassenkapazitäten neutral, transparent und effizient.[1526] Es fehlen aufgrund der institutionellen Unabhängigkeit sowie der Eigentümerstellung des Staates jegliche Anreize zu diskriminierenden Verhaltensweisen gegenüber Transportgesellschaften. Insofern verlieren die Separierungsvorschriften der §§ 9, 9a AEG an Bedeutung. Aus der Unabhängigkeit der Netzgesellschaft folgt eine Minimierung der sektorspezifischen Regulierungsnotwendigkeit für das Gesamtsystem, die sich auf das natürliche Monopol der Infrastruktur reduzieren lässt. Damit werden Markteintrittshindernisse für private Investoren beseitigt und eine maximale Transparenz im Gesamtsystem gewährleistet. Schließlich könnten internationale Wettbewerber der DB AG, wie beispielsweise die SNCF, SBB oder ÖBB, eine institutionelle Trennung zum Anlass nehmen, verstärkt in den deutschen Eisenbahnverkehrsmarkt einzutreten, was neben einer entscheidenden Belebung des Wettbewerbs auch eine Begünstigung des Verbrauchers durch verbesserte Angebote zur Konsequenz hätte. Sämtliche Transportgesellschaften sind im getrennten System vollständig unternehmerisch ausgerichtet und unterliegen keiner politischen Einflussnahme. Schließlich fördert die Möglichkeit zur Ausschreibung von Erneuerungs- und Instandhaltungsarbeiten einen Wettbewerb in diesen Bereichen.

3. Schwächen des Trennungsmodells

Der Verlust von Synergien sowie erhöhte Transaktionskosten werden als entscheidende Schwächen des Trennungsmodells angeführt.[1527] Dagegen entstünden in der gegenwärtigen vertikal integrierten Organisation ohne Synergieverluste bereits dynamische Wettbewerbsprozesse mit innovativen Ideen, die einen Strukturwan-

1526 BDI/DIHK-Gutachten, S. 362.
1527 Vgl. Schnell Int. Verkehrswesen 2001, 529, 529 ff.

del überflüssig machten.[1528] Ein verstärkter Wettbewerb würde danach aufgrund eintretender Ertragseinbußen dem gesamten System schaden, da nur ein finanzstarker Marktführer eine positive Weiterentwicklung des nationalen Eisenbahnwesens gewährleiste.[1529] Zudem wird befürchtet, dass ein erhöhter Koordinationsaufwand infolge des Wegfalls von Verbundvorteilen sowie daraus entstehender Schnittstellen zu Effizienzverlusten und Kostensteigerungen des gesamten Marktes führe.[1530] Mögliche Nachteile können auch aus der Übertragung der Infrastruktur von einem wirtschaftlich geführten Konzern in Staatseigentum folgen. Eine Leitung der Infrastrukturgesellschaft als Behörde alten Stils birgt trotz verfassungsrechtlicher Vorgabe des Art. 87e Abs. 3 GG die allgemeine Gefahr mangelnder Effizienz.[1531] Ohne hinreichende Berücksichtigung betriebswirtschaftlicher Maßstäbe drohen politisch motivierte Investitionsentscheidungen, die in einer Ressourcenverschwendung und im Extremfall in einem Rückschritt für das gesamte Eisenbahnwesen münden könnten.[1532] Dies wiederum hätte negative Impulse für potentielle Investoren zur Folge. Schließlich wird am Trennungsmodell kritisiert, dass es zwar den intramodalen Wettbewerb im Eisenbahnwesen belebe, eine entscheidende Stärkung der Eisenbahn im intermodalen Wettbewerb mit anderen Verkehrsträgern jedoch nicht zu erwarten sei, wenn man den entwicklungsverantwortlichen Marktführer schwäche.[1533] Insofern sei ein mit signifikanten Trennungskosten verbundener Strukturwandel nicht zielführend.

4. Zusammenfassung

Das Trennungsmodell weist mit der vollständigen Herauslösung der Eisenbahninfrastrukturunternehmen aus dem DB Konzern einen maximalen Trennungsgrad auf. Die errichtete, institutionell unabhängige Netzgesellschaft trägt in diesem Modell die Verantwortung für eine marktorientierte, wettbewerbsneutrale und transparente Bewirtschaftung der Infrastruktur und lässt eine deutliche Wettbewerbsbelebung auf dem Transportmarkt infolge des Wegfalls jeglicher Diskriminierungspotentiale erwarten. Der Markteintritt wird für private Investoren wirtschaftlich attraktiv, wenn keinerlei Wettbewerbsverzerrungen drohen. Den Befürchtungen, dass mit einer Trennung der beiden Wertschöpfungsstufen ein Synergieverlust sowie eine Erhöhung von Transaktionskosten einhergehen und dass durch die Verstaatlichung der Infrastruktur Effizienzverluste entstehen, ist insbesondere mit einem

---

1528 Neben der ICE Entwicklung wird als jüngstes Beispiel die Neuentwicklung aktiv geregelter Stromabnehmer für Hochgeschwindigkeitsstrecken angeführt, vgl. PRIMON-Gutachten, S. 195.

1529 PRIMON-Gutachten, S. 409.

1530 Vgl. zu den einzelnen Schnittstellen, Synetra-Gutachten, S. 376 ff.

1531 PRIMON-Gutachten, S. 196 f., 412.

1532 Vgl. PRIMON-Gutachten, S. 412.

1533 PRIMON-Gutachten, S. 455.

Anreizsystem für die Netzgesellschaft zu begegnen, die sie ausschließlich nach markwirtschaftlicher Ausrichtung agieren lässt. Die Beteiligung privater Investoren sowie die Einführung von Bonus-Malus-Regelungen zwischen Netzbetreiber und Transportgesellschaften sind anzusetzende Hebel, um Effizienzverluste staatlichen Handelns zu vermeiden. Zudem ist eine marktkonforme Ausrichtung des Netzbetreibers anzustreben, dem sich keine Anreize zur Verknappung von Kapazitäten bieten.[1534] Außerdem müssen Markttransaktionen im Ergebnis nicht ineffizienter sein als unternehmenseigene Synergien, da geeignete Vertragsgestaltungen, Transparenzgewinne und hybride Koordinationsmuster regelmäßig Verluste von Verbundvorteilen kompensieren können.[1535] Flugzeug- sowie Automobilbau sind nur zwei Beispiele für Branchen, in denen Wertschöpfungsstufen in voneinander unabhängigen Unternehmen produziert und durch Markttransaktionen ohne Effizienzverluste zu einem Gesamtprodukt zusammengeführt werden. Der Wettbewerbsdruck erzeugt vielmehr positive Impulse zu Gewinnmaximierungen und vermeidet etwaige X-Ineffizienzen in einem etablierten marktführenden Unternehmen. Ferner kann durch aktive Beteiligung eines implementierten Netzbeirats die Schnittstelle zwischen Finanzierungs- und Planungsverantwortung des Bundes und den Bedürfnissen der Transportunternehmen koordiniert und Transaktionskosten minimiert werden.

V. Klubmodell

1. Darstellung

Ein weiteres Organisationsmodell für die institutionelle Ausgestaltung der Schieneninfrastruktur ist die Verantwortung eines Klubs der Netznutzer für die Infrastruktur.[1536] Es basiert auf Bereitstellungs- und Finanzierungsüberlegungen der ökonomischen Theorie der Kollektivgüter, die definiert werden als Güter, deren Konsum nicht rivalisierend ist, ein Ausschluss von Nutzern dennoch zu ökonomisch vertretbaren Exklusionskosten ermöglicht wird.[1537] Im Eisenbahnwesen stellt die Schieneninfrastruktur ein Kollektivgut dar, dessen Nutzung zur Beförderung von Gütern und Personen sämtlichen Rechteinhabern erlaubt ist.[1538] Nach

1534 BDI/DIHK-Gutachten, S. 362.

1535 Aberle/Eisenkopf, Schienenverkehr und Netzzugang, S. 22.

1536 Dieses Modell wurde für den Bereich des Schienenverkehrs entwickelt von Brenck, in: Ewers (Hrsg.), Privatisierung des Schienenverkehrs, S. 37, 147 ff. Es wurde auch für Bereich der Straßenverkehrsinfrastruktur diskutiert und in der Theorie als überlegenes Modell dargestellt, vgl. Ewers/Rodi, Privatisierung der Bundesautobahnen, S. 10 ff.

1537 Vgl. zur Definition und zum Rivalitätsgrad als Abstufungskriterium ausführlich Grossekettler, Options- und Grenzkostenpreise für Kollektivgüter unterschiedlicher Art und Ordnung, Finanzarchiv 1985, 211, 212 ff. Ein Überblick gibt Rodi, Effizienz im Schienenverkehr, S. 174 f.

1538 Rodi, Effizienz im Schienenverkehr, S. 175.

der Kollektivgütertheorie sind die dort entwickelten Organisationsregeln auf die Ausgestaltung der Netzgesellschaft übertragbar, die dem Äquivalenz-, dem Demokratieprinzip sowie dem Prinzip der Immediatkontrolle folgen.[1539] Für die Organisationsstruktur der Infrastruktur bedeutet dies, dass die Trassennachfrager sich zu einem genossenschaftsähnlich strukturierten Klub zusammenschließen und gemeinschaftliches Eigentum an der Infrastruktur erwerben.[1540] Dafür würde zunächst nach den §§ 123 ff. UmwG das Eigentum auf den Staat übertragen, der es wiederum auf den Klub überträgt. Abhängig von der Beteiligung des Staates wäre gegebenenfalls eine Änderung des Art. 87e Abs. 3 GG notwendig. Der Klub der Netznutzer ist verantwortlich für Bereitstellung, Finanzierung und Betrieb der Infrastruktur.[1541] Transportunternehmen zahlen für die Klubmitgliedschaft einen Grundbetrag und erhalten dafür Kontrollrechte über das Klubmanagement sowie Entscheidungsgewalt hinsichtlich der Bereitstellung der Infrastruktur in Form von Stimmrechten. Ein gesondertes Organ der Gesellschaft übernimmt die Aufgabe der wettbewerbsrelevanten Bereiche um die Trassenvergabe. Detaillierte Regelungen bezüglich der Ausgestaltung sowie der Entscheidungen betreffend die Entwicklung der Infrastruktur werden in einer Gesellschaftsverfassung niedergelegt. Das Klubmodell beinhaltet wesentliche Elemente von vertikaler Integration und vertikaler Desintegration. So sind einerseits Transportunternehmen als Klubmitglieder auch gleichzeitig Eigentümer des Schienennetzes,[1542] andererseits besteht eine institutionelle Trennung des Klubs von jeder einzelnen Transportgesellschaft. Im Flugverkehr ist dieses Modell teilweise umgesetzt worden, indem die Slotvergabe einem genossenschaftlich organisierten Flughafenkoordinator obliegt.[1543] Gegenwärtig wird das Klubmodell in der Schweiz diskutiert mit der Argumentation, dass durch die Gründung einer Gesellschaft ohne Synergieverluste die Unabhängigkeit der Trassenvergabe gewährleistet sei und damit die Vorgaben des Gemeinschaftsrechts eher erfüllt seien als mit dem integrierten System.[1544]

2. Stärken des Klubmodells

Für das Klubmodell spricht der geringe Verlust von Synergieeffekten infolge der sachlichen Nähe zur vertikalen Integration.[1545] Transaktionskosten können in dieser hybriden Organisationsform gering gehalten werden, da klubinterne Gre-

1539 Rodi, Effizienz im Schienenverkehr, S. 175 f.

1540 Gemäß § 1 Abs. 1 GenG sind Genossenschaften Gesellschaften von nicht geschlossener Mitgliedzahl, welche die Förderung des Erwerbes oder der Wirtschaft ihrer Mitglieder mittels gemeinschaftlichen Geschäftsbetriebes bezwecken.

1541 Bei der Finanzierung sind selbstverständlich auch in diesem Modell erhebliche staatliche Zuschüsse erforderlich.

1542 Rodi, Effizienz im Schienenverkehr, S. 176.

1543 Vgl. BDI/DIHK-Gutachten, S. 356 f.

1544 Vgl. BDI/DIHK-Gutachten, S. 356 f.

1545 Rodi, Effizienz im Schienenverkehr, S. 182.

mien unternehmensbedeutsame einvernehmliche Entscheidungen treffen, unter anderem bezüglich technischer Weiterentwicklung, Trassenpreise oder Streckenstilllegungen. Gemeinsame Gremien fördern trotz Konkurrenz zwischen einzelnen Klubmitgliedern auf der Transportebene die Entwicklung einer gemeinsamen Zielausrichtung für das gesamte Eisenbahnwesen, nämlich der Wettbewerbsfähigkeit eines integrativen Verkehrsträgers im intermodalen Wettbewerb. Darüber hinaus entfallen Transaktionskosten bezüglich Verhandlungs- und Vertragsbeziehungen weitestgehend, da auch sie in Gremien intern geregelt werden. Neben Vorteilen aus der vertikalen Integration sind zudem Effizienzvorteile des Wettbewerbs zwischen privaten Marktakteuren nutzbar, die trotz gemeinsamer Klubmitgliedschaft auf dem nachgelagerten Transportmarkt miteinander konkurrieren. Als Anteilseigner haben die Transportgesellschaften insgesamt ein erhöhtes Interesse an niedrigen Gesamtkosten der Netzgesellschaft.[1546] Eine erhöhte Transparenz des Systems aufgrund von demokratischen Gremienentscheidungen erzeugt wiederum positive Impulse für einen Markteintritt potentieller Investoren. Zusätzliche Impulswirkung entfaltet zudem die weitreichende Unabhängigkeit dieser Organisationsstruktur vom Staat.

Weiterer Vorteil des Klubmodells ist die reduzierte Regulierungsbedürftigkeit.[1547] Mittels einer Gesellschaftsverfassung, die das Verhältnis der Eigentümer basierend auf dem Äquivalenz- und Demokratieprinzip zueinander regelt, wird eine einzelfallbezogene externe Kontrollaufsicht ersetzt. Dies entspricht weitestgehend dem Prinzip der Selbstregulierung. Regelungen der Gesellschaftsverfassung, die vor allem die Struktur der Preisbildung, die Anzahl langfristig gebundener Trassen je Strecke sowie das Vorgehen bei Investitions- und Desinvestitionsentscheidungen festlegen, reduzieren Diskriminierungspotentiale im operativen Geschäft um ein Wesentliches.[1548]

Im Verhältnis zu Transportunternehmen, die nicht Mitglied der Netzgesellschaft sind, regelt die Gesellschaftsverfassung die Gewährung des Zugangs zum Netz sowie eine grundsätzliche Erwerbsmöglichkeit von Gesellschaftsanteilen. Trassenpreise werden von der Netzgesellschaft festgelegt und von einer staatlichen Regulierungsbehörde kontrolliert. Somit ist insgesamt im Klubmodell eine Regulierung zwar nicht überflüssig, ein deutlich reduzierter externer Regulierungsbedarf ermöglicht jedoch erhebliche Kostenvorteile.

1546 Brenck, in: Ewers (Hrsg.), Privatisierung des Schienenverkehrs, S. 37, 148; Borchert/Grossekettler, Preis- und Wettbewerbstheorie, S. 54.

1547 Brenck, in: Ewers (Hrsg.), Privatisierung des Schienenverkehrs, S. 37, 151 ff.

1548 Rodi, Effizienz im Schienenverkehr, S. 178.

3. Schwächen des Klubmodells

So attraktiv das Klubmodell vor allem aufgrund der Verbindung der Vorteile aus vertikaler Integration und Desintegration sowie der Reduzierung der Missbrauchskontrolle erscheint, treten bei genauer Untersuchung deutliche Schwächen hervor. Im Mittelpunkt der Kritik steht die Ausgestaltung der Gesellschaftsverfassung. Sie regelt vorrangig das Innenverhältnis der Gesellschaftsmitglieder zueinander. Bei Gesellschaftsgründung sind allgemeine Regeln festzulegen, die für das Exekutivorgan, das Kontrollorgan beziehungsweise weitere Organe sowie sämtliche Mitglieder verbindlich sind und eine interne Regulierung gewährleisten, die mittels eines angestrebten Konsenses zwischen den Klubmitgliedern das Diskriminierungspotential im operativen Geschäft auf ein Minimum reduziert.[1549] Es sind aber auch wichtige Entscheidungen nach Gründung der Netzgesellschaft zu treffen, wie zum Beispiel über technische Weiterentwicklungen, Neubauprojekte oder Wahlen in Gremien. Dafür sind Regelungen bezüglich des Abstimmungsverfahrens unverzichtbar. Die Gewichtung von Stimmrechten, notwendige Mehrheitserfordernisse sowie die Einräumung von Vetorechten beinhalten erhebliche Konfliktpotentiale. Würden beispielsweise jedem Unternehmen unabhängig von den Gesellschaftsanteilen beziehungsweise der Nutzungsintensität die gleichen Stimmrechte in der Gesellschafterversammlung zugestanden, würde dies zu einer unangemessenen Bevorzugung von Unternehmen mit geringer Trassennachfrage führen. Nicht weniger problematisch ist eine Kopplung der Stimmrechte an die Gesellschaftsanteile oder die Nutzungsintensität, da diese eine Gefahr der Marktdominanz durch nachfragestärkere Unternehmen birgt. Einen Kompromiss bietet eine regionale Differenzierung von Stimmrechten, wonach über Sachverhalte nur regional betroffene Unternehmen mit einem einfachen Stimmrecht nach dem one man – one vote-Prinzip entscheiden.[1550] Die Frage der Stimmrechtgewichtung für Abstimmungen von überregionaler Bedeutung für die gesamte Nutzergesellschaft bliebe damit jedoch ungelöst.

Weiterhin ist das Verhältnis zwischen den Mitgliedern der Netzgesellschaft und dritten Transportunternehmen kritisch zu betrachten. Um in Erfüllung eisenbahnrechtlicher Vorgaben Diskriminierungen von Nichtmitgliedern vorzubeugen, ist festzulegen, dass ein Erwerb von Gesellschaftsanteilen sowie ein Zugang zu Trassen auch ohne Klubmitgliedschaft stets gewährleistet sind. Ein drittes Transportunternehmen muss somit jederzeit eine Klubmitgliedschaft und damit verbundene Kontroll- und Mitspracherechte erwerben können, was in der Theorie eine ständige Verfügbarkeit von Gesellschaftsanteilen erfordert. Zur Sicherstellung dessen kann der Staat Anteile an der Netzgesellschaft halten, die er an Neumitglieder

1549 Brenck, in: Ewers (Hrsg.), Privatisierung des Schienenverkehrs, S. 37, 151.

1550 So auch Burmeister, Der Wettbewerb der Eisenbahnen im europäischen Binnenmarkt, S. 55 f; Rodi, Effizienz im Schienenverkehr, S. 178.

überträgt.[1551] Im Staatseigentum verbleibende Gesellschaftsanteile wären gleichwohl zur Vermeidung von Ineffizienzen staatlichen Handelns stimmrechtslos und würden lediglich zum Zwecke der späteren Übertragung an Neumitglieder verwaltet.[1552] Dies setzt zwar in der Theorie eine Vielzahl von Transportunternehmen voraus, ist aber auch gleichzeitig Ziel der Wettbewerbsförderung im Eisenbahnwesen und deshalb zu berücksichtigen. Jeweilige Zu- oder Austritte von Transportunternehmen beeinflussen wiederum Verschiebungen von Stimmgewichten.[1553]

Alternativ wären ein gänzlicher Rückzug des Staates aus der Netzgesellschaft sowie eine Regelung in der Gesellschaftsverfassung denkbar, die Neulingen jederzeit die Möglichkeit zum Anteilserwerb bietet.[1554] Ein Vermögensverlust infolge der Andienungspflicht wäre mit Zahlung des Klubbeitrags auszugleichen.[1555] Die Festlegung des Anteilserwerbs von Altmitgliedern in der Gesellschaftsverfassung sieht sich jedoch einigen Hindernissen gegenüber. Zunächst ist eine Andienungspflicht trotz des Entgeltausgleichs eigentumsrechtlich problematisch, da Enteignungen gemäß Art. 14 Abs. 3 GG drohen. Einzelne Andienungspflichten sowie eine Bestimmung nach dem Zufallsprinzip wären danach jedenfalls unangemessen und eine relative Benachteiligung nachfrageschwächerer Klubmitglieder zwingend zu vermeiden. Nach dem Gleichheitsprinzip wäre einzig ein auf sämtliche Gesellschaftsanteile bezogener Anteilserwerb sachgerecht.[1556] Im Hinblick auf eine regionale Differenzierung der Stimmrechte ließe sich eine erhöhte Abtretungspflicht für Mitglieder erwägen, die im gleichen regionalen Bereich operieren wie das Neumitglied. Eine Verpflichtung zur anteiligen Abtretungspflicht müsste jedoch relative Anteilsverhältnisse berücksichtigen und dürfte keine bestehenden Mehrheitsverhältnisse verschieben. Neben einer Klubbeitrittsgarantie muss der Schienenverkehrsmarkt auch für solche Unternehmen offen bleiben, denen aufgrund ihrer geringen Trassennachfrage jegliches Interesse an einem Klubbeitritt fehlt.[1557] In der Gesellschaftsverfassung sind diesbezügliche Rahmenbedingungen zu verankern, wobei Trassenpreise grundsätzlich über dem für Mitglieder geltenden Preisniveau liegen werden. Da Nichtmitglieder weder ein Finanzierungs--

1551 Vgl. dazu Brenck, in: Ewers (Hrsg.), Privatisierung des Schienenverkehrs, 37, 151.

1552 Rodi, Effizienz im Schienenverkehr, S. 179.

1553 Eine ständige Anpassung der Stimmgewichte wäre die Folge, wenn man sich nicht für das one man – one vote-Prinzip entscheidet, die wiederum in einer Unsicherheit bei Abstimmung resultieren würde.

1554 Ohne jegliche Beteiligung des Staates wäre eine Änderung des Art. 87e Abs. 3 GG zwingend erforderlich.

1555 Rodi, Effizienz im Schienenverkehr, S. 179.

1556 Eine Ausgabe neuer Anteile im Sinne einer aktienrechtlichen Kapitalerhöhung nach §§ 182 ff. AktG hätte in Bezug auf die Stimmrechtsgewichtung analoge Auswirkungen.

1557 Denkbare Motive für ein mangelndes Interesse am Klubbeitritt sind vor allem Beibehaltung der Unabhängigkeit, Unrentabilität eines über das Trassenentgelt hinausgehende finanzielle Engagement, Verzicht auf Mitspracherecht.

noch ein Auslastungsrisiko für die betreffenden Trassen tragen, sind diese auch gerechtfertigt. Diskriminierungspotentiale auf nichtpreislicher Ebene und hinsichtlich technischer Standards sind zudem durch entsprechende Regelungen in der Gesellschaftsverfassung zu beseitigen.[1558]

Selbst Befürworter des Klubmodells räumen ein, dass eine Gewinnregulierung nur von externer Seite sachgerecht gewährleistet werden kann. Auch eine Netzgesellschaft, die auf Genossenschaftsrecht basiert, verfügt aufgrund des nur eingeschränkt angreifbaren natürlichen Monopols der Schieneninfrastruktur über Anreize zur erhöhten Preissetzung gegenüber Nichtmitgliedern. Erhöhte Preise für die Netznutzung benachteiligen Klubmitglieder nicht, da sie gleichzeitig Eigentümer der Infrastruktur sind.[1559] Dagegen benachteiligen erhöhte Preise externe Nachfrager von Transportdienstleistungen, wenn keine Substitutionskonkurrenz für die betreffende Strecke besteht.[1560] Legt der Klub Trassenpreise fest, müssen diese stets transparent und überprüfbar sein. Dritten ist die Möglichkeit einzuräumen, bei Verdacht des Machtmissbrauchs gegen das Preisniveau und andere Wettbewerbsbehinderungen Einspruch einzulegen. Insofern ist die Verantwortlichkeit einer externen Regulierungsbehörde für die Überprüfung des Trassenpreisniveaus erforderlich. Insgesamt besteht bei dem Klubmodell die Problematik einer internen Regulierung. Ist das Regulierungsinstrument Gesellschaftsverfassung lediglich als Rahmenwerk ausgestaltet, können Regelungslücken zu einer unbilligen Benachteiligung einzelner Mitglieder oder Dritter führen und am Ende theoretische Transaktionskostenvorteile des Klubmodells konsumieren.[1561] Eine Regelungsfülle in der Gesellschaftsverfassung in Verbindung mit komplexen internen Koordinierungen gefährdet hingegen allgemeine Effizienzvorteile des Klubmodells.

Eine Vielzahl an internen Abstimmungsprozessen behindert die Flexibilität und reduziert die wirtschaftliche Attraktivität einer Mitgliedschaft für geringe Trassennachfrager. Der Aufwand, in den Entscheidungs- und Kontrollgremien mitzuwirken, ist für sie im Verhältnis deutlich höher als für größere Unternehmen. Vernachlässigen sie jedoch ihre Teilnahme in den Gremien, werden größere Unternehmen Entscheidungen ausschließlich nach eigenen Bedürfnissen treffen.[1562] Ein erhöhtes Diskriminierungspotential sowie eine erhöhte externe Regulierungsbedürftigkeit wären wahrscheinliche Folgen. Insgesamt erscheint der Nutzen einer

---

1558 Rodi, Effizienz im Schienenverkehr, S. 179.

1559 Dieser Aspekt ist als Beispiel für die Nähe zum System der vertikalen Integration anzuführen.

1560 So auch Burmeister, Der Wettbewerb der Eisenbahnen im europäischen Binnenmarkt, S. 55, Rodi, Effizienz im Schienenverkehr, S. 179.

1561 Vgl. auch Hedderich, Vertikale Desintegration im Schienenverkehr, S. 205.

1562 So auch Hedderich, Vertikale Desintegration im Schienenverkehr, S. 204.

Privatisierung der Infrastrukturgesellschaft zweifelhaft, wenn ehemals staatliche Vorschriften durch ein umfassendes internes Regelungswerk ersetzt werden.[1563] Dies bestätigt die Erkenntnis, dass eine externe Regulierung unabhängig von der Organisationsform der Infrastrukturgesellschaft in keinem Fall verzichtbar ist.[1564]

Schließlich ist die praktische Umsetzung des Klubmodells im deutschen Eisenbahnwesen zu beleuchten. Basisannahme dabei ist eine Umsetzung ohne staatliche Beteiligung infolge einer Verfassungsänderung. Gegenwärtig hält die DB AG im Transportmarkt Marktanteile von über 90%. In dem von Elementen der vertikalen Integration gekennzeichneten Klubmodell spiegeln sich die Marktanteile im Transportmarkt in der Netzgesellschaft wider. Bei einer Stimmrechtsvergabe nach Nutzungsintensität entspräche die Marktdominanz auf der Transportebene der auf der Infrastrukturebene. Bei verringerter unabhängiger staatlicher Regulierung im Vertrauen auf das interne Regulierungsinstrument Gesellschaftsverfassung stiege das Diskriminierungspotential der DB AG sogar, da die Zustimmung des Marktführers zu jeder Entscheidung der Netzgesellschaft notwendig wäre. Auch könnte der Konzern ohne die Verankerung spezieller Vetorechte jedes geplante Vorhaben im Entscheidungsgremium durchsetzen, welches keiner zusätzlichen Legitimation bedürfte. Für eine Ausnutzung von Effizienzvorteilen des Klubmodells wäre somit eine Aufteilung des DB Konzerns in eine Vielzahl von Einzelunternehmen erforderlich. Erst bei einer Mehrzahl von Wettbewerbern mit vergleichbaren Marktanteilen können sich Effizienzvorteile auswirken, die sich aus einer Zusammenführung von wettbewerblichen Elementen sowie Elementen der vertikalen Integration ergeben. In der gegenwärtigen Marktstruktur würden Effizienzvorteile jedoch durch erhöhte Regulierungserfordernisse kompensiert.

4. Zusammenfassung

Das Klubmodell bringt in der Theorie einige strukturelle Vorteile mit sich, da aufgrund einer vertikalen Reintegration gewisse Verbundvorteile nutzbar sind und zudem mittels einer weitestgehend internen Regulierung sowie Anreizen zur Effizienzsteigerung der Wettbewerb gefördert wird. Gleichwohl zeigt eine praxisbezogene Beleuchtung des Modells, dass eine komplizierte interne Regulierung durch die Gesellschaftsverfassung Effizienzvorteile mindert. Eine Benachteiligung kleinerer Unternehmen und Nichtmitglieder ist zudem nicht ausgeschlossen. Auf eine externe Regulierungsbehörde ist insbesondere im Hinblick auf den Schutz der Nachfrager von Transportdienstleistungen nicht zu verzichten. Eine Umsetzung

1563 Vgl. Burmeister, Der Wettbewerb der Eisenbahnen im europäischen Binnenmarkt, S. 55, Hedderich, Vertikale Desintegration im Schienenverkehr, S. 204.

1564 Vgl. die Basisannahme „Staat als Regulierer“ oben unter bzw. die Ausführungen zur Tatsache, dass auch bei Trennung von Infrastruktur und Transportbetrieb nicht sämtliches Diskriminierungspotential beseitigt werden kann.

dieses Modells im deutschen Eisenbahnwesen würde vielmehr die gegenwärtigen Machtverhältnisse sogar noch zugunsten des Marktführers verstärken, wenn sich seine Marktanteile in der Stimmrechtsgewichtung abbilden und gleichzeitig die staatliche Verantwortung auf ein Minimum reduziert wird.

VI. Sonstige Organisationsmodelle

Neben den vorstehend diskutierten Modellen, welche als Grundmodelle die Eckpfeiler der Kontroverse um die optimale Organisationsstruktur des Eisenbahnwesens darstellen, werden weitere Ansätze diskutiert, die im Überblick erörtert werden sollen. Darunter fällt auch das gegenwärtig viel diskutierte und von sowohl der Regierung als auch der DB AG favorisierte Eigentumssicherungsmodell, auf dem der aktuelle Gesetzesentwurf zur Neuordnung der Eisenbahnen des Bundes basiert.

1. Getrenntes Modell – Franchisevariante

Eine Variante des Getrennten Modells stellt der Franchise-Ansatz dar. Nach institutioneller Trennung der Wertschöpfungsstufen Infrastruktur und Transport operieren auf der Transportebene mehrere konkurrierende Marktakteure, während auf der Infrastrukturebene eine weitere Desintegration nicht erfolgt. Im Gegensatz zum Getrennten Modell ist in der Franchisevariante nicht nur eine verstärkte Regulierung des Infrastrukturbereichs, sondern auch des Transportbereichs vorgesehen. Ausgangspunkt für den Regulierungsbedarf im Transportbereich ist der Franchise Bidding-Ansatz, der dem britischen Organisationsmodell nachgebildet ist und auf einer Kombination aus regulierenden und wettbewerblichen Faktoren und dem Einfluss von zeitlichen Begrenzungen basiert.[1565] Der Franchise-Ansatz setzt eine Definition von exakt spezifizierten Transportaufgaben sowie von Rechten, diese Transportaufgaben zeitlich befristet exklusiv durchzuführen, eine öffentliche Ausschreibung dieser Rechte in einem vorgegebenen Verfahren sowie Anpassungsmöglichkeiten bezüglich Preis- und Qualitätsvorgaben während der Franchise-Laufzeit voraus.[1566] Ausschreibungsgegenstand ist der Betrieb bestimmter Netzbereiche oder einzelner Verbindungen. Für diese Leistungen werden Franchises beziehungsweise Konzessionen an den Ausschreibungssieger vergeben. Infolge der Untergliederung des Gesamtnetzes in mehrere Teilnetze kann das Franchise-Modell auch als eine Ausgestaltung des Modells Netzvielfalt bezeichnet werden, welches von der Annahme ausgeht, dass ein effizienter ökonomischer Betrieb auf einem Gesamtnetz von etwa 40.000 Streckenkilometer nicht möglich ist und alleine deshalb eine Netzaufteilung erforderlich ist.[1567]

1565 Synetra-Gutachten, S. 355.

1566 Synetra-Gutachten, S. 355.

1567 Vgl. zum Modell Netzvielfalt BDI/DIHK-Gutachten, S. 363 ff.

Die Komplexität von Franchisesystemen birgt allgemeine Chancen und Risiken.[1568] Zu den Chancen zählt insbesondere die Ausschreibung von Netzen. Daraus lassen sich im Wettbewerb maximale Einnahmen für knappe Leistungen erzielen. Gleichzeitig eröffnet es die Möglichkeit, defizitäre Leistungen zu vergeben. Dies kann durch negative Konzessionszahlungen oder durch gemischte Konzessionen, die sich aus lukrativen und defizitären Leistungen zusammensetzen, erreicht werden.[1569] Weitere Chancen ergeben sich durch festgelegte Leistungsbeschreibungen, die Qualitäts- und Sicherheitsanforderungen über eine bestimmte Laufzeit sicherstellen, eine Kompatibilität der Anforderungen gewährleistet und Kooperationen zwischen Konzessionären zur Verbesserung der Anschlussqualität und zur Beteiligung an Forschungs- und Entwicklungseinrichtungen verlangen. So behält sich der Staat trotz Vergabe der betrieblichen Verantwortung die Kontrolle über die langfristige Kapazitätsplanung des Netzes sowie die strategische Weiterentwicklung des Gesamtsystems vor, da Leistungsbeschreibungen bereits als Regulierungsinstrument fungieren. Risiken liegen insbesondere in dem erheblichen staatlichen Planungsaufwand für die Festlegung der Franchise-Konzessionen. Fehlanreize und Schlupflöcher infolge lückenhafter Ausgestaltungen einzelner Anforderungen, Anreizsysteme und spezifischer Vorgaben sind durch staatliche Regulierung zu vermeiden. Insbesondere die Einhaltung von Qualitätsstandards gegen Ende der Franchiselaufzeit muss einer verstärkten Kontrolle unterliegen. Ein weiteres Risiko ergibt sich für die Franchisenehmer aus einem garantierten Netzzugang für Dritte, der nach Gemeinschafts- und nationalem Recht regelmäßig nicht auszuschließen ist. Konsequenz dessen ist eine Kalkulationsunsicherheit für potentielle Konzessionäre, da der Franchisewert unter anderem von einer zu erwartenden Wettbewerbssituation abhängt. Nur ein zu erwartendes Monopol über einen konkreten Netzteil erhöht die grundsätzliche Zahlungsbereitschaft potentieller Konzessionäre. Auch der Staat hätte infolge eines garantierten Netzzuganges Nachteile zu fürchten. Nehmen Unternehmen, die lediglich einzelne Trassen oder Strecken bedienen wollen, Abstand vom Bieterwettbewerb, sinkt als Folge geringerer Bieterzahlen der Preis für die ausgeschriebene Konzession. Chancen und Risiken gleichermaßen bietet zudem die Konzessionslaufzeit. Während die Festlegung einer kurzen Laufzeit den Wettbewerb intensiviert ohne jedoch die Investitionsbereitschaft zu fördern, bedingt demgegenüber eine längere Laufzeit zwar eine erhöhte Planungssicherheit für den Konzessionär, um auch über die Mindestvorgaben hinausgehende Investitionen in die Infrastruktur zu tätigen, hemmt jedoch den Wettbewerb.

1568 Ausführlich dazu für Franchise Systeme in Infrastrukturbereichen Cave, Franchise Auctions in Network Infrastructure Industries, S. 1, 1 ff.

1569 Negative Konzessionszahlungen sind für solch defizitäre Leistungen denkbar, die nicht mit lukrativen Leistungen zu verbinden sind und nur durch staatliche Zuzahlungen zu betreiben sind. Nach wirtschaftlichen Kriterien ist dasjenige Unternehmen Ausschreibungssieger, welches die wenigsten staatlichen Zuschüsse veranschlagt.

Zusammengefasst hängt der Erfolg eines Franchisesystems entscheidend ab von der Effektivität staatlicher Regulierung und wettbewerblicher Anreize, die durch die Ausgestaltung der konkreten Konzessionen sowie eine Kontrolle über die Einhaltung der Vorgaben umgesetzt werden. Zwar können Risiken durch Vertragsanpassungen während der Laufzeit vermindert werden, beispielsweise durch Kompensationszahlungen an den Konzessionär bei Netzzugängen Dritter, sowie Anreize durch Einführung von Bonus-Malus-Regelungen erhöht werden, trotzdem bleiben am Ende ein erheblicher Planungsaufwand und diverse Unsicherheiten bei der Umsetzung des Systems bestehen.

2. Differenzierungslösung

Die Differenzierungslösung basiert auf einer getrennten Betrachtung einzelner Netzbereiche nach der Trassennachfrage.[1570] Sie wird teilweise auch als Kombinationsmodell bezeichnet, da sie die Vorteile aus der vertikalen Desintegration und dem dezentral integrierten Netzbetrieb kombinieren soll.[1571] Besteht eine intensive Nachfrage bezüglich bestimmter Strecken, ist ein Wettbewerb im Markt möglich und die vertikale Trennung die überlegene Organisationsstruktur. Dies sind vorrangig die großen Magistralen mit internationaler Anbindung sowie aufkommensstarke Mischverkehrsnetze mit erhöhten Renditeerwartungen. Hingegen werden bei nachfrageschwachen Strecken Vorteile bei der Bereitstellung von Infrastruktur und Transportbetrieb aus einem vertikal integrierten Unternehmen vermutet.[1572] Darunter fällt vor allem der flächendeckende klassische Regionalverkehr. Während bei nachfrageintensiven Strecken durch eine Unabhängigkeit der Infrastruktur die Effizienzvorteile des Wettbewerbs im Markt genutzt werden können, ist dies bei nachfrageschwachen Netzteilen nicht möglich, wobei staatliche Organisation und Unterstützung mangels Eigenwirtschaftlichkeit unerlässlich für die Schaffung eines Wettbewerbs um den Markt sind.[1573] Die Möglichkeit zur Reduzierung von Personalkosten ist dabei ein zusätzlich maßgebender Faktor.[1574] In der Umsetzung des Differenzierungsmodells wird der Betrieb von nachfrageschwachen Teilnetzen entsprechend dem Franchise-Modell im Wettbewerb ausgeschrieben und als Konzession vergeben. In der Regel werden auf diesen Netzteilen ausschließlich Ausschreibungssieger fahren,[1575] so dass dort keine Trassennutzungskonflikte entstehen werden. Die Aufspaltung in verschiedene

---

1570 Im Grundsatz wurde dieses Modell entwickelt von dem Wissenschaftlichen Beirat beim BMVBW, Int. Verkehrswesen 2002, 260, 260 ff.

1571 So BDI/DIHK-Gutachten, S. 366.

1572 Synetra-Gutachten, S. 380.

1573 BDI/DIHK-Gutachten, S. 366.

1574 Zimmer, Int. Verkehrswesen 2003, 82, 82.

1575 Dies begründet sich auf mangelnder Rentabilität für Dritte, da nur der Konzessionär subventioniert wird.

Netzteile ermöglicht darüber hinaus regelmäßige Leistungsvergleiche zwischen gleichartigen Netzen sowie gesonderte Berücksichtigungen spezieller Strecken- oder Netzerfordernisse.[1576] Trotz dieser Differenzierung verbleibt das Gesamtnetz im öffentlichen Eigentum, wobei auch im Zuge einer Regionalisierung eine Übertragung nachfrageschwacher Netzteile ins Eigentum der Länder bei einem Verbleib nachfragestarker Netzteile im Eigentum des Bundes denkbar ist.[1577]

Das Differenzierungsmodell nimmt für sich in Anspruch, den unterschiedlichen Verhältnissen und Anforderungen einzelner Netzbereiche optimal gerecht zu werden. Die Desintegration wird nicht als pauschales Heilmittel betrachtet, sondern nur bei konkreter Vorteilhaftigkeit im jeweiligen Teilmarkt implementiert. Gleichwohl verlangt insbesondere der Franchise-Ansatz bei nachfrageschwachen Netzteilen nicht nur die Bewältigung komplexer Aufgaben, sondern bleibt für den Staat aufgrund notwendiger Subventionierungen ein erhebliches Zuschussgeschäft. Die Art und Weise der Netzeinteilung beseitigt die Möglichkeit, defizitäre Netzteile in einem Paket mit nachfragestarken Netzteilen auszuschreiben. Darüber hinaus bedarf die Differenzierungslösung eines erheblichen Zeitaufwandes bei der Vorbereitung und Umsetzung. Während sich bei der Netzeinteilung an der Netz 21-Konzeption orientiert werden kann, entstehen beim Betrieb infolge der Kombination zweier Systeme zusätzliche Schnittstellen, die eine möglichst effiziente Verbindung erfordern.

3. Privatisierungsmodell

Das Privatisierungsmodell folgt der Annahme, dass das Eisenbahnwesen einheitlich zu betrachten ist und die Verbesserung des intramodalen Wettbewerbs nur dem Ziel der Stärkung des Gesamtsektors im intermodalen Wettbewerb mit anderen Verkehrsmitteln dient. Um im intermodalen Wettbewerb konkurrenzfähig zu sein, müssen sämtliche Komponenten des Wirtschaftssektors an Effizienz gewinnen.[1578] Da sich Effizienzgewinne in erster Linie durch Wettbewerbsintensivierungen realisieren lassen, ist dieser in jeder Wertschöpfungsstufe zu fördern. Folgerichtig ist es demnach, sämtliche Transportgesellschaften aus dem DB Konzern herauszulösen und in eigenständige privatisierte Unternehmen umzuwandeln. Die Existenz zahlreicher Konkurrenten auf einem level-playing-field bei Wegfall des marktdominierenden Unternehmens fördert den Wettbewerb um einiges stärker als jede andere Modellumsetzung. Zentrales Merkmal dieses Modells zur maximalen Entfaltung von Kräften des freien Marktes ist die zusätzliche materielle Privatisierung der Infrastruktur unter der Voraussetzung einer Änderung des Art. 87e Abs. 3 GG. Dabei ist grundsätzlich zu berücksichtigen, dass eine ausschließ-

1576 Synetra-Gutachten, S. 381.
1577 Synetra-Gutachten, S. 384 ff.
1578 BDI/DIHK-Gutachten, S. 368.

lich als Gesamtheit durchgeführte Privatisierung der Konzerntöchter keiner Bestandsgarantie unterliegt und eine Trennung von einzelnen Unternehmensteilen bei Erfolglosigkeit eines Vorhabens lediglich allgemeinen Grundsätzen privater Investoren entspricht.[1579] Allerdings käme dieses Modell einer Revolution im Eisenbahnwesen gleich. Während eine tatsächliche Umsetzung bereits aus politischen Gründen wenig wahrscheinlich erscheint, wird darüber hinaus kritisiert, dass eine Zerschlagung des führenden nationalen Unternehmens negative Konsequenzen für das nationale Eisenbahnwesens auf Gemeinschaftsebene bewirken beziehungsweise eine europäische Entwicklung behindern könnte.[1580] Schließlich erfordert das Privatisierungsmodell ein differenziertes und ausgewogenes Verhältnis zwischen staatlicher Regulierung und marktwirtschaftlicher Entfaltung, um gleichzeitig monopolistische Entwicklungen zu verhindern und den Wettbewerb optimal zu fördern.

4. Eigentumssicherungsmodell

a. Einführung

Im Verlaufe der politischen Debatten um einen Börsengang der DB AG hat das Bundesministerium am 25.09.2006 auf Basis des Eigentumsmodells eine neue Variante vorgestellt.[1581] Mit dem Eigentumssicherungsmodell soll das Eigentum des Bundes am Netz bei Beibehaltung eines integrierten Eisenbahnbetriebs sichergestellt werden.[1582] Dabei ist angestrebt, unter Berücksichtigung des verfassungsrechtlichen Infrastrukturauftrages des Bundes auf der Betriebsebene Verbundvorteile optimal auszunutzen. Während die DB AG auf Betriebsebene sämtliche Geschäftsanteile an den Eisenbahninfrastrukturunternehmen hält, überträgt sie gleichzeitig ihr Eigentum daran zur Sicherheit an den Bund.[1583] Diese Konstellation soll den optimalen Kompromiss zur Teilprivatisierung darstellen und der DB AG den Börsengang bis zum Jahre 2008 oder 2009 ermöglichen. Verkehrsminister Tiefensee, der die Ausarbeitung eines Referentenentwurfes für ein Privatisierungsgesetzes bis Ende März 2007 in Aussicht stellte, verkündete bereits früh-

---

1579 BDI/DIHK-Gutachten, S. 368.

1580 Kritisch zur Argumentation über die Unterstützung nationaler Champions Monopolkommission, Wettbewerbspolitik im Schatten „Nationaler Champions", Hauptgutachten 2002/2003, Rn. 78 ff.

1581 Vgl. Kleine Anfrage der FDP-Fraktion, BT-Drs. 16/3057 v. 19.10.2006.

1582 BAG-SPNV, Börsengang der Deutschen Bahn AG: Eigentumssicherungsmodell birgt hohe Risiken für den Staat. Bundesminister Tiefensee erachtet dieses Modell als überlegen, pries damit das Ende der Modelldiskussionen an und verkündete, dass so Bewirtschaftung des Netzes und Transport im Verbund an die Börse gingen; vgl. o.V., F.A.Z. v. 09.11.2006.

1583 Vgl. KCW GmbH, Ökonomische Analyse des Eigentumssicherungsmodells für die Kapitalprivatisierung der Deutschen Bahn AG, Rn. 3; Kleine Anfrage, BT-Drs. 16/3057 v. 19.10.2006.

zeitig ein Ende der Modelldiskussion.[1584] In dem zehn Eckpunkte umfassenden Entschließungsantrag standen die Sicherung der Infrastrukturverantwortung des Bundes durch Vertrag mit Sanktionsmöglichkeiten ohne Beteiligung Privater an der Infrastruktur, ein zeitlich befristeter Betreibervertrag mit der DB AG sowie die damit verbundene Möglichkeit der DB AG, Schienenverkehr und Infrastruktur in einer wirtschaftlichen Einheit zu betreiben und zu bilanzieren im Vordergrund.[1585] Er wurde im Bundestag am 24.11.2006 ohne Aussprache trotz verfassungsrechtlicher Bedenken hinsichtlich der Gewährleistung der staatlichen Verantwortung aus Art. 87e Abs. 4 GG mehrheitlich angenommen.[1586]

b. Gesetzesentwurf zur Neuordnung der Eisenbahnen des Bundes

Auf dieser Grundlage und dem definierten Ziel einer teilweisen Kapitalprivatisierung der DB AG basiert der vom Bundestag vorgebrachte Entwurf des Gesetzes zur Neuordnung der Eisenbahnen des Bundes (EBNeuOG).[1587] Der Gesetzesentwurf enthält im Wesentlichen die Neuregelung dreier Bereiche. Erstens die teilweise Kapitalprivatisierung der DB AG,[1588] zweitens die Änderungen in der Struktur der Eisenbahnen des Bundes und schließlich die Erhaltung der Schienenwege der Eisenbahnen des Bundes. Zentrale Vorschrift des Gesetzesentwurfs ist § 1 des Gesetzes über die Struktur der Eisenbahnen des Bundes (BESG), wonach gemäß Abs. 1 zwar sämtliche Anteile der DB AG an den Eisenbahninfrastrukturunternehmen (DB Netz AG, DB Station&Service AG und DB Energie GmbH) zur Sicherung der Erfüllung gesetzlicher Vorgaben des Bundesschienenwegegesetzes (BSEAG) auf den Bund übergehen, gleichwohl gemäß Abs. 2 die DB AG Schienenverkehr und Eisenbahninfrastruktur in einer wirtschaftlichen Einheit betreibt und bilanziert. Vom einheitlichen Betrieb sind auch die wettbewerbsrelevanten Bereiche Trassenvergabe und Trassenpreisfestsetzung umfasst.[1589] Darüber hinaus erhält die DB AG nach § 2 BESG eine Vollmacht zur Ausübung der Stimmrechte

1584 O.V., Der Tagesspiegel v. 09.11.2006.

1585 Der Eckpunktekatalog sowie ergänzende Regelungen des Entschließungsantrags sind aufgeführt bei Böttger, Bahn-Report 1/2007, 6, 6.

1586 BT-Drs. 16/3493.

1587 Das Gesetz zur Neuordnung der Eisenbahnen des Bundes umfasst insbesondere in Art. 1 das Gesetz über die teilweise Kapitalprivatisierung der Deutschen Bahn AG, in Art. 2 das Gesetz über die Struktur der Eisenbahnen des Bundes, in Art. 3 das Gesetz über die Erhaltung und den Ausbau der Schienenwege der Eisenbahnen des Bundes, in Art. 4 Änderungen des Allgemeinen Eisenbahngesetzes, in Art. 5 Änderungen des Bundeseisenbahnverkehrsverwaltungsgesetzes, in Art. 6 Änderung des Deutsche Bahn Gründungsgesetz, in Art. 7 Änderung der Eisenbahninfrastruktur-Benutzungsverordnung sowie in Art. 8 die Aufhebung des Bundesschienenwegeausbaugesetzes.

1588 § 1 des Gesetzes über die teilweise Kapitalprivatisierung der Deutschen Bahn AG erlaubt die Beteiligung Dritter an der DB AG mit der Einschränkung, dass die Mehrheit der Anteile beim Bund verbleiben muss und dass nach § 2 der Bund Umfang und Zeitfolge der Privatisierung bestimmt.

1589 Böttger, Bahn-Report 1/2007, 6, 7.

in den Hauptversammlungen und Gesellschafterversammlungen der Eisenbahninfrastrukturunternehmen, welche nur der Zustimmung des Bundes bedarf, wenn das Sicherungsinteresse des Bundes nachhaltig gefährdet werden kann. Insofern wird der Bund zu 100% rechtlicher Eigentümer der Anteile und mittelbarer Eigentümer der Infrastruktur. Die Übertragung der Anteile kann wie bei dem Eigentumsmodell nach den Vorschriften der §§ 123 ff. UmwG erfolgen. Gemäß § 5 BESG gilt die Anteilsübertragung zunächst für fünfzehn Jahre, so dass das integrierte Unternehmen seine Wettbewerbsfähigkeit stärken kann, gleichzeitig zusätzliche Schulden und Risiken für den Bundeshaushalt ausgeschlossen werden können und negative Auswirkungen auf den konzerninternen Arbeitsmarkt vermieden werden, und kann seitens des Gesetzgebers verlängert werden[1590] Vor Ablauf der fünfzehn Jahre endet die Sicherungsübertragung gemäß § 5 Abs. 2 BESG, wenn der Bund gegenüber der DB AG die außerordentliche Kündigung aus wichtigem Grund der nach § 4 BSEAG abzuschließenden Leistungs- und Finanzierungsvereinbarung erklärt oder wenn der Bund eine wiederholte Pflichtverletzung nach § 10 BSEAG festgestellt hat.

Die Verpflichtung zur Erhaltung der Schienenwege ist in § 3 BSEAG verankert, wonach die Eisenbahninfrastrukturunternehmen des Bundes ihre Schienenwege in einem betriebsbereiten Zustand zu erhalten haben. Dafür erhalten sie als Unterstützung vom Bund einen jährlichen Zuschussbetrag von bis zu 2,5 Mrd. . § 4 BSEAG als zentrale Vorschrift bezüglich der Sicherungsabrede zwischen Bund und DB AG sieht vor, dass zur Bestimmung des betriebsbereiten Zustandes der Schienenwege sowie der finanziellen Leistungen des Bundes und der Eisenbahninfrastrukturunternehmen des Bundes zur Erlangung und Aufrechterhaltung des betriebsbereiten Zustandes der Schienenwege der Bund und die Eisenbahninfrastrukturunternehmen in der Form eines öffentlich-rechtlichen Vertrages eine Leistungs- und Finanzierungsvereinbarung abschließen sollen. Die konkrete Ausgestaltung der Leistungs- und Finanzierungsvereinbarung obliegt den Parteien, wobei § 4 Abs. 1 BSEAG einen nicht abschließenden Katalog von Vereinbarungsbestandteilen enthält. Kommt es zu keiner Einigung, kann gemäß § 4 Abs. 2 BSEAG das Bundesministerium für Verkehr, Bau und Stadtentwicklung entsprechende Regelungen per Verwaltungsakt festlegen. §§ 8 ff. BSEAG regeln die Sanktionierungsmöglichkeiten des Bundes bei Pflichtverletzungen der Eisenbahninfrastrukturunternehmen aus der Leistungs- und Finanzierungsvereinbarung, wobei das Gesetz zwischen Hauptpflichten, die im Hinblick auf die zu gewährleistende Qualität und die zu erbringenden Nachweise bezüglich Ersatzinvestitionsvolumen und eingesetzter Instandhaltungsmittel auferlegt sind, und Nebenpflichten, die sich vorwiegend als Berichtspflichten darstellen, differenziert. Während nach § 8 BSEAG der Bund seinen jährlichen Zuschussbetrag sowohl von den Eisenbahninfrastrukturunternehmen als auch der DB AG ganz oder teilweise zurückfordern kann, steht dem

1590 Begr. zum Gesetzesentwurf, S. 5.

Bund gemäß § 10 BSEAG bei wiederholter Pflichtverletzung und Feststellung der Pflichtverletzung durch Verwaltungsakt das Recht zur Beendigung der Leistungs- und Finanzierungsvereinbarung zu. Der Bund erhält insoweit die Möglichkeit, bei wiederholten Pflichtverletzungen aufgrund seiner verfassungsrechtlichen Verpflichtung nach Art. 87e Abs. 4 GG die Eisenbahninfrastrukturunternehmen des Bundes aus dem DB-Konzern herauszulösen und diese entweder selbst zu steuern oder ein drittes Unternehmen mit dem Management zu betreuen. Gemäß § 8 BESG entfällt damit zugleich die Sicherungsabrede zwischen Bund und DB AG bezüglich der Gesellschaftsanteile an Eisenbahninfrastrukturunternehmen, die dann im uneingeschränkten Eigentum des Bundes stehen.

Das Sicherungseigentum soll dem Bund die Berücksichtigung sämtlicher staatlicher Interessen im Zusammenhang mit der Infrastruktur gewährleisten, so dass er seiner Infrastrukturverantwortung gemäß Art. 87e Abs. 4 GG gerecht wird. In der praktischen Umsetzung verbleiben gleichwohl die Gestaltungsbefugnisse über die Infrastruktur vollständig bei der DB AG, die Infrastruktur und Schienenverkehr weiterhin in einer wirtschaftlichen Einheit betreiben wird. Eine wirksame Kontrollmöglichkeit des Bundes über die Verwendung staatlicher Finanzierungsmittel erscheint insofern trotz Berichtspflichten der Eisenbahninfrastrukturunternehmen sowie Auskunftsrechte des Bundes fraglich, der sich infolge der Übergabe des Betriebs der Infrastruktur tatsächlich nahezu sämtlicher Steuerungsmöglichkeiten entledigt.[1591] Das Eigentumssicherungsmodell erscheint aus juristischer Sicht äußerst komplex und inhaltlich selbst im vorliegenden Gesetzesentwurf noch nicht gänzlich ausgearbeitet.[1592] Als Beispiel sei an dieser Stelle nur die Leistungs- und Finanzierungsvereinbarung angeführt. So lässt sich dem Gesetzesentwurf, insbesondere § 4 BSEAG nicht entnehmen, ob die zu schließende Leistungs- und Finanzierungsvereinbarung zusätzliche schuldrechtliche Sicherungen des Staates in Form von Vertragsstrafen bei Schlechtleistungen des Infrastrukturbetreibers enthält.[1593] Die im Entwurf aufgeführten Handlungsmöglichkeiten des Bundes infolge einer Pflichtverletzung erscheinen in der praktischen Umsetzung durchaus problematisch. Zunächst würde sich eine Veröffentlichung von durchzuführenden oder lediglich zu prüfenden Sanktionsmöglichkeiten des Bundes gegenüber der DB AG negativ auf den Börsenkurs des Unternehmens auswirken, was wiederum dem Bund als Anteilseigner schaden würde. Darüber hinaus wären Drohungen einer vorzeitigen Vertragskündigung sowie eines Betreiberwechsels stumpfe Handlungs-

---

1591 KCW GmbH, Ökonomische Analyse des Eigentumssicherungsmodells für die Kapitalprivatisierung der Deutschen Bahn AG, Tz. 3.

1592 Vgl. dazu der Fragenkatalog der Kleinen Anfrage der FDP-Fraktion, BT-Drs. 16/3057 v. 19.10.2006 sowie des Antrages der Fraktion der Grünen, BT-Drs. 16/5270 v. 09.05.2007.

1593 KCW GmbH, Ökonomische Analyse des Eigentumssicherungsmodells für die Kapitalprivatisierung der Deutschen Bahn AG, Tz. 2.

möglichkeiten, solange kein Alternativbetreiber zur Verfügung steht.[1594] Es bleibt daher offen, wie die politischen Ziele, eine starke Eigentümerposition des Bundes und ein Bilanzierungsrecht der Bahn, in Einklang zu bringen sind.[1595] Dies betrifft vor allem die Ausgestaltung der Sicherheitsabrede, tatsächliche Handlungsalternativen des Bundes bei Pflichtverletzungen durch die DB AG, die Zuordnung der Bahngrundstücke und schließlich notwendige Regelungen zwischen dem Bund und der Deutschen Bahn AG, welche dem Bund zur Sicherung seiner verfassungsrechtlichen Pflichten ein Mindestmaß an Kontrolle und Mitbestimmung über die Infrastruktur gewährleisten. Die Oppositionsparteien FDP, Grüne und Linkspartei haben bereits frühzeitig und vor Veröffentlichung des Gesetzesentwurfs die Anrufung eines Untersuchungsausschusses in Aussicht gestellt.[1596] Konkrete Kritik am Gesetzesentwurf und dem zugrunde liegenden Strukturmodell enthält ein Antrag der Fraktion der Grünen im Bundestag vom 09.05.2007, so dass auch die weitere Diskussion über den Entwurf mit Spannung zu erwarten ist.[1597]

5. Europäisches Modell

a. Einführung

Das Europäische Modell folgt der grundsätzlichen Erkenntnis, dass die Abschottung der nationalen Netze die Konkurrenzfähigkeit des Eisenbahnwesens im intermodalen Wettbewerb mit den anderen Verkehrsträgern entscheidend behindert.[1598] Die meisten Schienenverkehrsnetze stammen aus einer Zeit, in der ausschließlich lokale oder nationale Verkehrsbedürfnisse Berücksichtigung fanden. Infolge der Fragmentierung der Netze sind Qualität und Zuverlässigkeit grenzüberschreitender Verkehre wesentlich benachteiligt.[1599] Technische Unterschiede sowie Grenzformalitäten bedingen eine Durchschnittsgeschwindigkeit für den grenzüberschreitenden Güterverkehr von lediglich 18 km/h.[1600] Im Vergleich zu anderen liberalisierten Verkehrsmärkten mangelt es somit erheblich an Integration und Interoperabilität im Eisenbahnsektor, so dass ein schneller zuverlässiger und

---

1594 KCW GmbH, Ökonomische Analyse des Eigentumssicherungsmodells für die Kapitalprivatisierung der Deutschen Bahn AG, Tz. 3.

1595 Schwenn, F.A.Z. v. 09.11.2006.

1596 O.V., F.A.Z. v. 09.11.2006.

1597 BT-Drs. 16/5270.

1598 So Palacio, Vorwort, in Europäische Kommission, Neuer Schwung für die Schiene in Europa, S. 1.

1599 Im Jahre 1999 waren lediglich 60% der im kombinierten Ladungsverkehr eingesetzten Züge auf den europäischen Hauptkorridoren pünktlich (d.h. mit einer Verspätung von weniger als 30 Minuten). Der Anteil reduzierte sich weiter auf unter 50% in den Folgejahren. Quelle: Europäische Kommission, Neuer Schwung für die Schiene in Europa, S. 4.

1600 So führen Auswechslungen des Zugpersonals, Austausch der Lokomotive, Zuginspektion, Überprüfung der Ladung sowie der Papiere, Zugbildung, Spurwechsel und Trassenfreigabe zu Verzögerungen von bis zu mehreren Stunden an Grenzübergängen.

leistungsstarker grenzüberschreitender Service von Eisenbahnen bislang nicht existent und eine Konkurrenzfähigkeit mit anderen Verkehrsträgern unter Beibehaltung des status quo mithin aussichtslos ist. Selbst bei politischem Konsens wäre aufgrund der unterschiedlichen technischen Entwicklung nationaler Eisenbahnen eine Vereinheitlichung des europäischen Eisenbahnwesens erst längerfristig möglich.[1601]

Die Vision eines Europäischen Modells zieht sich derweil wie ein roter Faden durch die bisherigen Initiativen der Kommission. Zunehmendes Verkehrswachstum in der Europäischen Union sowie bestimmte strukturelle Wettbewerbsvorteile des Eisenbahnwesens waren Antrieb der Revitalisierungsbestrebungen.[1602] Bereits das erste Eisenbahnpaket, setzte bei den Mängeln der Richtlinie 91/440/EWG an und war Ausdruck des Bestrebens, das Eisenbahnwesen in den europäischen Binnenmarkt zu integrieren und einen konkurrenzfähigen Verkehrsträger im intermodalen Wettbewerb zu schaffen. Diese Zielrichtung wurde im Weißbuch von 2001 sowie im zweiten Eisenbahnpaket aus dem Jahre 2004 bestätigt, welches eine weitere Öffnung des Güterverkehrsmarktes, die Einrichtung der Europäischen Eisenbahnagentur, die Erarbeitung eines gemeinsamen Sicherheitskonzeptes sowie die Förderung der Interoperabilität nationaler Schienennetze vorsah. Schließlich ist ein drittes Eisenbahnpaket veröffentlicht, welches ein erstes europäisches Regelwerk für das Eisenbahnwesen umfassen soll.[1603] Die Öffnung des Gemeinschaftsmarktes für den grenzüberschreitenden Personenverkehr bis zum Jahre 2010, die Zertifizierung des Fahrpersonals sowie einheitliche Fahrgastrechte stehen im Mittelpunkt des dritten Eisenbahnpaketes. Gleichwohl war trotz verschiedener Initiativen der Kommission ein europäischer Ansatz als mögliches Organisationsmodell für das Eisenbahnwesen noch nicht in der politischen Diskussion. Stattdessen entwickeln und modifizieren Mitgliedstaaten ihre nationalen Bahnreformen auf der Grundlage des weiten Spielraums der europäischen Vorgaben ohne Rücksicht auf einen gemeinschaftsrechtlichen Ansatz.[1604]

b. Struktur

Das Europäische Modell zeichnet sich im Kern durch eine vollständige Integration des europäischen Eisenbahnwesens aus und setzt zwingend eine lückenlose Interoperabilität der nationalen Eisenbahnnetze und –systeme voraus, welche Nachteile in Geschwindigkeit, Zuverlässigkeit und Qualität beseitigt und die Eisen-

1601 Körber, Int. Verkehrswesen 2001, 58, 58.

1602 Als Wettbewerbsvorteile, welche die Konkurrenzfähigkeit begründen, gelten die Umweltfreundlichkeit, die Sicherheit sowie Effizienzpotentiale.

1603 Bericht der Kommission an das Europäische Parlament, den Rat, den Europäischen Wirtschafts- und Sozialausschuss und den Ausschuss der Regionen über die Durchführung des ersten Eisenbahnpaketes, SEK (2006) 530, S. 4.

1604 Milz, Int. Verkehrswesen 2001, 446, 446.

bahn so zu einem wettbewerbsfähigen Verkehrsträger macht. Bei der konkreten Umsetzung folgt es zunächst den Prinzipien des Trennungsmodells, um dessen strukturelle Vorteile bezüglich Effizienz, Transparenz, Neutralität und Wettbewerb optimal auszunutzen.[1605] So ist in jedem Mitgliedsstaat das Eigentum an der Infrastruktur auf den Staat zu übertragen.[1606] Eine Privatisierung der Infrastruktur, die zusätzliche marktwirtschaftliche Impulse setzen kann, erscheint dagegen zumindest in einer Umsetzungsphase eher kontraproduktiv für die Entwicklung eines gemeinsamen Schienenverkehrsmarktes. Zusätzlich sind sämtliche Verantwortlichkeiten im Zusammenhang mit der Infrastruktur, insbesondere die wettbewerbsrelevanten Bereiche Trassenvergabe, Trassenpreisfestsetzung, Netzentwicklung und Investitionsentscheidungen, zunächst auf den Staat zu übertragen. Nach deutschem Recht ist dafür keine Verfassungsänderung erforderlich, sondern gemäß Art. 87e Abs. 5 GG lediglich ein zustimmungsbedürftiges Bundesgesetz. Gesellschaftsrechtlich wird die Eigentumsübertragung im Wesentlichen nach den Vorschriften des Umwandlungsgesetzes umgesetzt und unterscheidet sich diesbezüglich nicht von der Umsetzung im Trennungsmodell.

Zentrales Element des Europäischen Modells ist die Übertragung wettbewerbsrelevanter Verantwortlichkeiten auf eine europäische Behörde. Dafür käme eine Kompetenzerweiterung der ERA in Betracht, die gegenwärtig vorrangig für die technische Interoperabilität zuständig ist. Mit Unterstützung nationaler Institutionen fungiert sie als europaweite, unabhängige Trassenvergabestelle mit zusätzlichen Verantwortungen für die Trassenpreisfestsetzung und die Netzentwicklung und trägt damit entscheidend zur Einheitlichkeit und Rechtssicherheit bei. Die Schieneninfrastruktur verbleibt nach den verfassungsrechtlichen Vorgaben im Eigentum der jeweiligen Mitgliedstaaten, die damit auch die Finanzierungsverantwortung tragen und unter Aufsicht der ERA für den Betrieb zuständig sind. Investitionsentscheidungen werden in Kooperation mit der ERA unter der Prämisse einer übergeordneten integrierten europäischen Zielsetzung getroffen. Die wettbewerbliche Aufsicht ist dann bei der Kommission anzusiedeln, die neben der ERA den europäischen Schienenverkehrsmarkt überwacht.

Eine weitere materielle Privatisierung im Sinne einer Aufteilung der ehemaligen staatlichen Eisenbahnunternehmen ist nach dem Europäischen Modell aufgrund der Markterweiterung entbehrlich. Nationale Marktführer verhindern in einem einheitlichen gemeinsamen Schienenverkehrsmarkt nicht länger die Entstehung eines fairen und chancengleichen Wettbewerbs. Während sie in nationalen Märkten über Anteile von mehr als 90% verfügen, sinkt ihr Marktanteil in einer euro-

---

1605 European Rail Circle, Internationale Transport Zeitschrift 2002, 45, 45.

1606 In den meisten Mitgliedstaaten befindet sich gegenwärtig das Eigentum an der Infrastruktur in der Hand eines vertikal integrierten Unternehmens, vgl. IBM Liberalisierungsindex 2004.

päischen Betrachtung deutlich. Darin liegt ein erhebliches Wettbewerbspotential, das zu Revitalisierung des Eisenbahnwesens zu nutzen ist.[1607] So stehen der DB AG im Wettbewerb der Transportgesellschaften anstatt der Connex mit einem Marktanteil von weniger als 3% nunmehr andere ehemalige staatliche Monopolisten gegenüber. Es entsteht ein Wettbewerb auf Augenhöhe, in dem die Kräfte der freien Marktwirtschaft stärker zum Tragen kommen als in jedem nationalen Schienenverkehrsmarkt. Dieser erhöhte Wettbewerbsdruck erzeugt Anreize für sämtliche Unternehmen zu Innovationen und Effizienzgewinnen, die ihnen Wettbewerbsvorteile gegenüber Konkurrenten versprechen. Nachlässigkeiten wirken sich dagegen direkt in Marktanteilsverlusten aus. Zudem bringt eine Marktsituation ohne einen Monopolisten positive Impulse für einen verstärkten Markteintritt potentieller Investoren, die sich durch Spezialisierungen in Teilbereichen etablieren können, ohne einen Verdrängungswettbewerb des dominierenden Akteurs fürchten zu müssen. Privaten Transportunternehmen wird zudem die Möglichkeit eröffnet, europaweit logistische Dienstleistungen als Komplettpakete in Kombination von Straße und Schiene anzubieten.[1608] Schließlich fördert ein europäischer Schienenverkehrsmarkt unter gemeinschaftsrechtlicher Aufsicht die Entwicklung zu einem einheitlichen, integrativen Verkehrsträger und im Hinblick auf die Konkurrenzfähigkeit mit anderen Verkehrsträgern die Revitalisierung des Schienenverkehrs.[1609] Systembedingte Vorteile in puncto Umweltschutz, Sicherheit und Zuverlässigkeit werden sich bei einer Aufhebung der nationalen Fragmentierung stärker auswirken. Insofern ist das Europäische Modell als first-best-Lösung einzustufen, aufgrund politischer Hindernisse und mangelnder Interoperabilität jedoch in den nächsten Jahren nicht realisierbar.

C. Bewertung der Organisationsstrukturen

I. Einführung

Basis der Erarbeitung einer überlegenen Organisationsstruktur für das Eisenbahnwesen ist die Annahme einer grundsätzlichen Überlegenheit des desintegrierten Systems. Die Überlegenheit in wirtschaftlicher Hinsicht folgt vorrangig aus Entwicklungspotentialen infolge einer Belebung des intramodalen Wettbewerbs in einem transparenten und diskriminierungsfreien Markt sowie der Schlussfolgerung, dass Synergie- und Verbundverluste mittels Transaktionen am Markt kompensiert werden können. Ein angestrebter und in Politik und Wirtschaft vieldiskutierter Börsengang des DB Konzerns findet insoweit Berücksichtigung, als er unabhängig von der Organisationsstruktur möglich ist und das wirtschaftliche

1607 Vgl. Aberle, Int. Verkehrswesen 2005, 359, 359.
1608 Porsch, Int. Verkehrswesen 2004, 403, 404.
1609 So auch Milz, Int. Verkehrswesen 2001, 446, 446.

Ergebnis zugunsten eines Modells nicht entscheidend zu beeinflussen vermag.[1610] Aus juristischer Sicht begründen vor allem Bedenken an der Verfassungsmäßigkeit der wettbewerbsfördernden Vorschrift des § 9 EIBV über das Verfahren bei Trassenkonflikten sowie die Diskriminierungsfreiheit die Überlegenheit der vertikalen Desintegration.

Vorauszuschicken ist weiterhin, dass das Europäische Modell die first-best-Lösung darstellt, da es die gemeinschaftsrechtlichen Vorgaben optimal umsetzt und aufgrund der Markterweiterung das größte Entwicklungspotential bietet. Ein einheitlicher, gemeinsamer Schienenverkehrsmarkt erzeugt für sämtliche Marktakteure ein level-playing-field, in dem nationale Marktführer auf Augenhöhe miteinander konkurrieren sowie kleinere und mittlere Unternehmen sich durch Spezialisierungen auf Teilbereiche im Markt etablieren könnten. Ein erhöhter Wettbewerbsdruck, insbesondere zwischen den verschiedenen ehemaligen Staatsmonopolisten, ließe zudem eine deutliche Abnahme ihrer wirtschaftlichen Behäbigkeit erwarten, da mangelnde Effektivität eines Akteurs sich unmittelbar in Marktanteilsverlusten auswirken würde.[1611] Anreize zu Innovationen und Effizienzgewinnen würden das gesamte europäische Eisenbahnwesen stärken und die Entwicklung zu einem integrierten und intermodal wettbewerbsfähigen Verkehrsträger fördern. Gleichwohl ist dieses Modell aufgrund mangelnder gegenwärtiger Realisierbarkeit in nachstehender Untersuchung nicht einbezogen. Es ist insofern eine second-best-Lösung anzustreben, die im Optimalfall eine Vorstufe des Europäischen Modells darstellt und Entwicklungspotential besitzt, um längerfristig zur first-best-Lösung umstrukturiert werden zu können. Maßgebende Kriterien der vergleichenden Bewertung sind vor allem Umsetzung der gemeinschaftsrechtlichen Vorgaben, Umsetzungsaufwand und Reversibilität, Wettbewerbspotential sowie Regulierungsaufwand.

II. Umsetzung europäischer Vorgaben

Die europäischen Vorgaben werden in jedem der erörterten Modelle erfüllt.[1612] Zu berücksichtigen ist jedoch, dass das primäre und vor allem sekundäre Gemeinschaftsrecht lediglich ein Mindestmaß an Liberalisierung fordern, welches selbst vom vertikal integrierten Modell erfüllt ist. Im Hinblick auf den seitens der Kommission stets angestrebten weiterreichenden Liberalisierungsgrad sowie auf eine weitere Europäisierung des Eisenbahnwesens ist eine Verschärfung der europäischen Vorgaben allerdings nicht ausgeschlossen. So bestehen signifikante

1610 Nach dem Ergebnis eines vom Bund in Auftrag gegebenen Gutachtens ist der Konzern nach jedem dort untersuchten Modell kapitalmarktsfähig, lediglich der Zeitpunkt hängt vom Aufwand bei der Umsetzung ab. Vgl. PRIMON-Gutachten, S. 439.

1611 So auch European Rail Circle, Internationale Transport Zeitschrift 2002, 45, 45.

1612 Dies war auch grundsätzliche Voraussetzung für die Erwägung als mögliches Organisationsmodell.

Unterschiede zwischen den einzelnen Modellen in der Übereinstimmung mit den gemeinschaftsrechtlichen Zielen sowie dem Risiko, bei der Umsetzung auf Beanstandungen durch die Kommission zu treffen oder bei zukünftigen verschärften Anforderungen dem Liberalisierungsmaßstab nicht mehr zu entsprechen.

Die beiden Pole bilden das Privatisierungsmodell und das Eigentumsmodell. Während sich das Privatisierungsmodell zusätzlich zur vollständigen Abspaltung der Bereiche Infrastruktur und Transportleistungen durch eine materielle Privatisierung der Infrastruktur auszeichnet, unterscheidet sich das Eigentumsmodell vom vertikal integrierten Modell nur durch die Übertragung des juristischen Eigentums an der Infrastruktur auf den Bund. Das Privatisierungsmodell stimmt wie das Trennungsmodell aufgrund der Systemimmanenz der institutionellen Trennung mit den Idealvorstellungen der Kommission überein. Auch das Franchise-Modell, bei dem die Infrastruktur wie beim Trennungsmodell in öffentlicher Hand verbleibt oder wie beim Privatisierungsmodell materiell privatisiert werden kann, erfüllt die gemeinschaftsrechtlichen Vorgaben maximal. Das Eigentumsmodell erfüllt hingegen gerade das Mindestmaß der gemeinschaftsrechtlichen Vorgaben, da Infrastrukturbetreiber und Eisenbahnverkehrsunternehmen unter dem Dach eines Konzerns bleiben. Die rechtliche Eigentumsübertragung der Infrastruktur auf eine staatliche Gesellschaft vermag aufgrund der unveränderten faktischen beziehungsweise wirtschaftlichen Eigentümerstellung des Konzerns, insbesondere bezüglich der Bereiche Betrieb der Infrastruktur, Trassenvergabe und Trassenpreisfestsetzung, daran nichts zu ändern. Insofern ist in diesem Modell gegenüber der Kommission kontinuierlich der Nachweis zu erbringen, dass trotz des Mangels an institutioneller Trennung beide Bereiche unabhängig voneinander operieren.

Dazwischen befinden sich die übrigen Modelle. Das Eigentumssicherungsmodell entspricht dabei bezüglich der Differenzierung von juristischem und wirtschaftlichem Eigentum dem Eigentumsmodell und erfüllt damit lediglich das Mindestmaß an Liberalisierung. Beim Finanzholding-Modell hängt die Richtlinienkonformität entscheidend vom faktischen Einfluss des DB Konzerns ab. Ändert sich dieser im Vergleich zum status quo nur unwesentlich, ist dieses Modell nahe dem Eigentumsmodell anzusiedeln und unterliegt voraussichtlich einer verstärkten Kontrolle durch die Kommission. Vor dem Hintergrund einer grundlegenden kritischen Position der Kommission gegenüber komplexen Holding-Strukturen sind hohe Anforderungen an den Nachweis der Erfüllung europäischer Vorgaben zu erwarten.[1613] Das Differenzierungsmodell ist abhängig von seiner Ausgestaltung entweder dem Trennungsmodell oder dem Eigentumsmodell zuzuordnen. Als unwirtschaftlich eingestufte Netzteile, die im vertikal integrierten System betrieben werden, sind stets Gegenstand verstärkter Kontrolle. Wirtschaftliche Netzteile, die vertikal des-

1613 Vgl. PRIMON-Gutachten, S. 450.

integriert ausgestaltet sind, erfüllen dagegen weitestgehend die Zielvorstellungen der Kommission. Ähnlich wie die Differenzierungslösung weist das Klubmodell Elemente des vertikal desintegrierten und integrierten Systems auf. Zwar besteht eine rechtliche Trennung zwischen den Transportunternehmen und der Infrastruktur, die im Eigentum eines Klubs der Netznutzer steht. Dennoch kann in einer Marktsituation mit einem dominierenden Unternehmen die faktische Entscheidungsgewalt über die Infrastruktur bei diesem Unternehmen liegen. Dies ist bei der Umsetzung eines solchen Modells von den Markanteilsverhältnissen und insbesondere von der Ausgestaltung der Gesellschaftsverfassung abhängig. Kann das dominierende Unternehmen seine Marktmacht im Klub der Netznutzer durchsetzen, ist die Richtlinienkonformität Zweifeln ausgesetzt. Das Eigentumsmodell in der Gestaltungsvariante, bei dem neben dem Eigentum an der Infrastruktur auch die Verantwortlichkeiten Trassenvergabe und Trassenpreisfestsetzung auf eine staatliche Gesellschaft übertragen werden, ist hingegen in der Nähe des Lagers der getrennten Modelle anzusiedeln. Mangels entscheidender Einflussnahmemöglichkeiten des DB Konzern auf die wettbewerbsrelevanten Bereiche liegt die Richtlinienkonformität deutlich über dem Mindestmaß.

III. Umsetzungsaufwand und Reversibilität

Umsetzungsaufwand und Reversibilität lassen sich gemeinsam untersuchen, da grundsätzlich der entsprechende Aufwand für beide Formen der Umstrukturierung zu betreiben ist. Nicht nur gesellschaftsrechtliche, sondern auch verfassungsrechtliche Aspekte sind bei einer Umstrukturierung in Betracht zu ziehen. Beim Eigentumsmodell wird der Umsetzungsaufwand am geringsten sein, da lediglich eine Übertragung des Eigentums an der Infrastruktur nach den Vorschriften des Umwandlungsgesetzes sowie der Erlass eines Bundesgesetzes auf Grundlage des Art. 87e Abs. 5 GG erforderlich sind. Einer Verfassungsänderung bedarf es nicht. Mangels wesentlicher faktischer Veränderungen sind keine zusätzlichen rechtlichen Anpassungen notwendig. Auch beim Trennungsmodell besteht kein gesteigerter Umsetzungsaufwand, da der Infrastrukturbereich als Gesamtheit auf den Bund übertragen wird. Bei beiden Modellen ist dementsprechend auch der Reversibilitätsaufwand verhältnismäßig gering, hängt im Trennungsmodell allerdings von der weiteren Entwicklung der Infrastrukturgesellschaften ab. Der Reversibilitätsaufwand erhöht sich bei Veräußerung einzelner Infrastrukturgesellschaften durch den Staat mit der Konsequenz eines kostenintensiven Rückerwerbs von Dritten. Ähnlich gering wie bei dem Eigentumsmodell ist der Umsetzungsaufwand beim Eigentumssicherungsmodell. Zusätzlich ist zwischen Bund und DB AG eine Sicherungsabrede zu vereinbaren, deren Ausgestaltung wesentlichen Einfluss auf das Verhältnis der Beteiligten hat. Ein etwas höherer Umsetzungsaufwand ist beim Finanzholding-Modell zu betreiben. Ausgehend davon, dass aufgrund einer unmittelbaren mehrheitlichen Beteiligung des Staates an der Infrastruktur die Voraussetzungen des Art. 87e GG erfüllt sind, sind neben der Eigentumsübertragung nach den §§ 123 ff. UmwG sämtliche Beherrschungs- und Gewinnabführungsverträge nach den Vorgaben des AktG zwischen dem DB Konzern und den Infrastrukturunternehmen aufzuheben beziehungsweise zu kündigen. In Bezug auf die Reversibilität muss der Staat unter Aufbringung beträchtlicher Finanzmittel die an Dritte veräußerten Infrastrukturbeteiligungen zurück erwerben. Eine Rückfallklausel ist indes im Finanzholding-Modell genauso angezeigt wie im Trennungsmodell.

Ein erhöhter Umsetzungs- und Reversibilitätsaufwand besteht zunächst beim Privatisierungsmodell. Nach Übertragung der Infrastrukturgesellschaften auf den Bund sind diese weiterhin auf eine oder mehrere private Gesellschaften zu übertragen, die jeweils von Transportgesellschaften organisatorisch getrennt sind. Je größer die Aufteilung der Infrastrukturgesellschaften in mehrere Gesellschaften zur nachhaltigeren Wettbewerbsförderung, desto höher auch der Umsetzungsaufwand. Darüber hinaus ist bei der Umsetzung eine Verfassungsänderung zwingend erforderlich, da Art. 87e GG keine materielle Privatisierung der Infrastruktur vorsieht. Zur Beibehaltung der staatlichen Infrastrukturverantwortung wäre eine Absicherung in Form eines Letztzugriffsrechts unverzichtbar. Zudem entstünde ein erhöhter Reversibilitätsaufwand in Form von entschädigungspflichtigen Enteignungen im Falle eines Scheiterns des Privatisierungsmodells. Ein verhältnismäßig hoher Aufwand ist auch beim Klubmodell zu betreiben. Wird das Eigentum an der Infrastruktur erst auf den Staat und danach mehrheitlich auf den Klub der Netznutzer übertragen, bedarf es einer Änderung des Art. 87e GG. Die Verteilung der Infrastruktur auf Klubmitglieder ist in der Gesellschaftsverfassung zu regeln. Die sachgerechte und angemessene Ausgestaltung der Gesellschaftsverfassung, die als internes Regulierungsinstrument eine entscheidende Rolle spielt, steht deshalb im Mittelpunkt dieser Modellrealisierung. Dort ist ein Rückfallrecht des Staates zu verankern, so dass eine Reversibilität nicht auf einer Enteignung per Gesetz beruht. Auch das Eigentumsmodell in der Gestaltungsvariante erfordert einen erhöhten Umsetzungsaufwand, da eine Trennung innerhalb des Infrastrukturbereichs vollzogen wird. Neben der Übertragung des Eigentums an der Infrastruktur gehen weitere wesentliche Teile der Infrastrukturgesellschaft auf den Staat über. Dadurch entstehen zusätzliche Schnittstellen, die vorab festzulegen und zu definieren sowie bei Umsetzung zu verbinden sind. Komplexe vertragliche Regelungen zwischen übertragenen und verbleibenden Gesellschaftsteilen sind das Ergebnis. Eine Verfassungsänderung ist jedoch nicht notwendig. Ist die Umsetzung bei Misserfolg zu redigieren, ist dafür ein geringerer Aufwand nötig, da entstandene Schnittstellen automatisch wieder verbunden werden können. Der wohl größte Aufwand ist zur Umsetzung der Franchisevariante erforderlich. Zwar ist die Verfassung nicht zu ändern, da das Infrastruktureigentum nach Übertragung beim Staat verbleibt. Dennoch sind komplexe Vertragskonstrukte auf gesellschaftsrechtlicher Ebene notwendig. So ist das Schienennetz zunächst in einzelne Franchisegebiete aufzuteilen. Der anschließenden Ausgestaltung von Ausschreibungsunterlagen und Franchiseverträgen, die spezifische Leistungs- und Qualitätsstandards festlegen, kommt entscheidende Bedeutung für den Erfolg dieses Modells zu. In regelmäßigen Zeitabständen sind Ausschreibungsunterlagen und Franchiseverträge an vorherrschende Verhältnisse anzupassen. Der Reversibilitätsaufwand ist infolge komplexer Vertragsbeziehungen und einer Mehrzahl an Beteiligter ebenso erhöht. Bei der Differenzierungslösung hängt der Umsetzungsaufwand maßgeblich von der tatsächlichen Ausgestaltung ab. Die Einteilung der Infrastruktur in wirtschaftliche und unwirtschaftliche Netzteile bedeutet zunächst einen geringen planerischen Mehraufwand. Während sich für den eigenwirtschaftlichen Netzteil ein dem Trennungsmodell entsprechendes Bild ergibt, ist bei Umsetzung einer Franchisevariante für den unwirtschaftlichen Teil der dafür erhöhte Aufwand nötig. Wird der unwirtschaftliche Netzteil im vertikal integrierten System belassen, entsteht lediglich ein erhöhter Aufwand für die Schnittstellenkoordination einzelner Netzbereiche. Von der Reichweite der Umsetzung hängt im Differenzierungsmodell auch der Reversibilitätsaufwand ab.

IV. Wettbewerbspotential

Eine Belebung des intramodalen Wettbewerbs wird voraussichtlich die Konkurrenzfähigkeit des Verkehrsträgers Eisenbahn im intermodalen Wettbewerb erhöhen. Unternehmen, die über Effizienzvorteile eine verbesserte Marktposition anstreben, werden innovative Geschäftsmodelle entwickeln und Einsparpotentiale ausschöpfen. Eine differenzierte Betrachtung zwischen intramodalem und intermodalem Wettbewerb ist aufgrund der entsprechenden Anforderungen beider Bereiche entbehrlich. Die Wettbewerbsentwicklung hängt entscheidend von den Möglichkeiten zur Wettbewerbsverzerrung sowie Anreizen zur Intensivierung ab. Je geringer die Benachteiligungspotentiale, desto höher die Gestaltungsfreiheit von Marktteilnehmern. Eine Aussicht auf diskriminierungsfreien Wettbewerb wiederum setzt positive Impulse für potentielle Investoren zum Markteinstieg. Da die Förderung des Wettbewerbs im Eisenbahnwesen eines der elementaren Ziele der europäischen Liberalisierungsbestrebungen war, ergibt sich ein ähnliches Ergebnis wie bei der Untersuchung nach der Richtlinienkonformität.

Die getrennten Strukturen Privatisierungsmodell, Trennungsmodell und Franchisevariante bieten die größten Wettbewerbspotentiale. Deren transparente und diskriminierungsfreie Bedingungen für sämtliche Marktteilnehmer lassen die höchste Wettbewerbsintensität erwarten. Diese Voraussetzungen verringern zudem Markteintrittsbarrieren und setzen positive Impulse für potentielle Markeinsteiger, so dass der Schienenverkehrsmarkt von verstärkten längerfristigen Investitionen profitiert. Dagegen setzen das Eigentumsmodell sowie das Eigentumssicherungsmodell die geringsten Impulse für eine Belebung des Wettbewerbs. Solange der DB Konzern die Verantwortung für Trassenvergabe und Trassenpreisfestsetzung trägt, verbleiben erhebliche Diskriminierungspotentiale und Transparenzdefizite im Eisenbahnwesen. Auch ein mit weitreichenden Befugnissen ausgestatteter Regulierer wird diese Nachteile nicht beseitigen können, da er lediglich reaktiv tätig wird und gegen einige Benachteiligungen machtlos ist.[1614] Zwischen den beiden Polen liegen das Finanzholding-Modell, das Differenzierungsmodell, das Klubmodell und das Eigentumsmodell in der Gestaltungsvariante. Das Wettbewerbspotential im Finanzholding-Modell hängt stark vom verbleibenden Einfluss des DB Konzerns und der Beteiligung des Finanzmarktes ab, im Differenzierungsmodell erfolgt eine Belebung des Wettbewerbs in Bereichen, wo eine Trennung der Bereiche Infrastruktur und Transportdienstleistung vorgenommen wird. Im Klubmodell hängen die Wettbewerbspotentiale entscheidend von den Marktanteilsverhältnissen sowie von der Ausgestaltung der Gesellschaftsverfassung ab. Kann ein dominierendes Unternehmen nach den gesellschaftsinternen Vorschriften seine Marktmacht auch innerhalb des Klubs im Infrastrukturbereich ausüben, erscheint eine Wettbewerbsintensivierung unrealistisch. Aufgrund einer Übernahme der Verantwortung für die wettbewerbsrelevanten Bereiche Trassenvergabe und Trassenpreisfestsetzung durch die errichtete staatliche Gesellschaft ist das Eigentumsmodell in der Gestaltungsvariante im Lager der getrennten Modelle anzusiedeln. Besteht weiterhin eine Abhängigkeit der Eigentumsgesellschaft vom DB Konzern, mindern sich wiederum positive Wettbewerbsimpulse.

V. Regulierungsaufwand

Für alle Modelle gilt, dass eine Regulierung in keinem Modell verzichtbar ist. Aufgrund des natürlichen Monopols der Infrastruktur kann der Staat sich seiner Kontroll- und Steuerungsfunktion, insbesondere hinsichtlich der Umsetzung gemeinschaftsrechtlicher Vorgaben, der Gewährleistung von Diskriminierungsfreiheit sowie des effektiven Einsatzes von Ressourcen, nicht entziehen. Die einzelnen Organisationsmodelle unterscheiden sich gleichwohl in dem Ausmaße der Regulierungsbedürftigkeit, welche entscheidend von Möglichkeiten zur Wettbewerbsverzerrung beeinflusst wird. Je größer die Diskriminierungspotentiale, desto höher auch der Regulierungsaufwand. Je höher dagegen der Trennungsgrad sowie die Markttransparenz, desto geringer der Regulierungsaufwand.

Das Trennungsmodell weist den geringsten Regulierungsaufwand auf. Die Auflösung der Holdingstruktur und damit die Übertragung des Eigentums sowie sämtlicher im Zusammenhang mit der Infrastruktur stehenden Verantwortlich-

1614 Dies gilt insbesondere für Behinderungen, die sich innerhalb eines integrierten Unternehmens, beispielsweise der kommunikativen Behinderung. Vgl. dazu oben unter Kapitel V, B.II.1.c.bb.ccc.

keiten reduzieren die Regulierungsnotwendigkeit auf ein Minimum. Im staatlichen Eigentum besteht selbst für den monopolistischen Infrastrukturbereich kein erhöhter Regulierungsaufwand. Anreize zur Diskriminierung sind zwischen den Ebenen Infrastruktur und Transport nicht gegeben. Ähnlich gering wird der Regulierungsaufwand bei dem Eigentumsmodell in der Gestaltungsvariante sein, da auch dort das Eigentum an der Infrastruktur sowie die wettbewerbsrelevanten Bereiche auf den Staat übertragen werden und damit seiner Kontrolle unterliegen. Im Privatisierungsmodell ist der Regulierungsaufwand etwas höher anzusiedeln. Zwar existiert auch in dieser Struktur eine vollständige institutionelle Trennung, die den Anreiz zu diskriminierenden Verhaltensweisen grundsätzlich minimiert. Jedoch verliert der Staat infolge der materiellen Privatisierung der Infrastruktur weitestgehend seine operative Kontrolle über das natürliche Monopol. Zudem sind Absprachen zwischen Infrastruktureigentümer und Transportunternehmen nicht ausgeschlossen. Eine staatliche Regulierung insbesondere über die Trassenvergabe sowie die Trassenpreisfestsetzung sind mithin unverzichtbar.

Der höchste Regulierungsaufwand existiert im Eigentumsmodell sowie im damit verwandten Eigentumssicherungsmodell. Bei verbleibender Verantwortung des DB Konzerns für wettbewerbsrelevante Bereiche ist der Regulierungsaufwand kaum geringer als im vertikal integrierten Modell. Gegebene Anreize zur Bevorzugung unternehmenseigener Transportsparten bei der Trassenvergabe und Benachteiligung dritter Trassennachfrager bedürfen stets staatlicher Kontrolle. Behält der Konzern im Finanzholding-Modell weitestgehend seinen Einfluss über das operative Geschäft, besteht eine erhöhte Regulierungsbedürftigkeit. Der Regulierungsaufwand im Klubmodell hängt entscheidend von der Ausgestaltung der Gesellschaftsverfassung ab. Grundsätzliche Anreize zur Diskriminierung bestehen trotz Genossenschaftsgedanken auch zwischen Klubmitgliedern, die auf dem Transportmarkt miteinander konkurrieren. Behält sich der Staat vor, das Innenverhältnis der Mitglieder in der Gesellschaftsverfassung zu regeln und eine Änderung der betreffenden Vorschriften ausschließlich selbst vorzunehmen, verlagert er den Regulierungsaufwand auf die Kontrolle der Einhaltung der Gesellschaftsverfassung.

Die Gesellschaftsverfassung fungiert als internes Regulierungsinstrument, das jedoch auch bei detaillierter Ausgestaltung auf eine externe Kontrolle nicht verzichten kann. Ähnlich ist der Regulierungsaufwand in der Franchisevariante. Hier obliegt es dem Staat, in Franchiseverträgen durch das Setzen von Leistungs- und Qualitätsstandards ein Kontrollinstrument einzurichten. Darüber hinaus muss eine Regulierungsbehörde den freien Netzzugang für Dritte überwachen, der auch in der Gebietsmonopolisierung der Franchises nicht ausgeschlossen werden darf. In der Differenzierungslösung werden zwar die gleichen Regulierungsinstrumentarien benötigt wie im vertikal integrierten System, jedoch wird der Aufwand deutlich geringer sein. Während der Regulierungsaufwand für wirtschaftliche Bereiche infolge der Trennung naturgemäß mangels erhöhter Diskriminierungspotentiale als gering einzustufen ist, besteht beim wirtschaftlich unattraktiven Rest des Netzes kein verstärkter Wettbewerb und damit auch kein erhöhter Bedarf an Regulierung.

VI. Fazit

Nach vergleichender Bewertung der verschiedenen Organisationsmodelle hat sich das Trennungsmodell als überlegen herauskristallisiert. Es bietet die größten Potentiale zur Intensivierung des intramodalen Wettbewerbs, was unabdingbare Voraussetzung für die Konkurrenzfähigkeit des Eisenbahnwesens im intermodalen Wettbewerb mit anderen Verkehrsträgern ist. Erhöhte Transaktionskosten nach Verlust von internen Synergien und Verbundvorteilen können durch Effizienz- und Transparenzgewinne infolge marktlicher Transaktionen kompensiert werden. Zugleich wird der Regulierungsaufwand aufgrund fehlender Diskriminierungsanreize der staatlichen Infrastrukturgesellschaft minimiert. Dies setzt positive Impulse für private Unternehmen, den Schienenverkehrsmarkt zu betreten und trägt zudem zur Belebung des Wettbewerbs bei.

Die Umsetzung des Trennungsmodells erfordert keinen erhöhten Aufwand und erschöpft sich im Wesentlichen gesellschaftsrechtlich in der Übertragung von Eigentum und Verantwortlichkeiten der Infrastrukturgesellschaften auf eine staatliche Institution. In wirtschaftlicher Hinsicht ist eine Implementierung eines praktikablen und effizienten Anreizsystems für sämtliche Beteiligte maßgeblich für einen Erfolg des Trennungsmodells,[1615] die sowohl das Streben nach Gewinnmaximierung für private Gesellschaften beziehungsweise nach Effizienzgewinnen für die staatliche Infrastrukturgesellschaft forciert als auch das Zusammenwirken der Beteiligten in Richtung eines einheitlichen und integrierten Gesamtsystems fördert. Schließlich erfüllt es die gemeinschaftsrechtlichen Vorgaben in jeder Hinsicht und stellt die Idealform des von der Kommission stets propagierten Liberalisierungsgrades dar. Die vergleichende Bewertung hat demonstriert, dass kein Modell unter den aufgeführten Kriterien derartige Vorteile aufweist. Ähnlich positiv ist das Eigentumsmodell in der Gestaltungsvariante zu bewerten, weist jedoch nicht den gleichen Trennungsgrad auf und erfordert einen zusätzlichen Aufwand bei der Umsetzung. Es böte sich allenfalls als Zwischenlösung bei Bevorzugung einer schrittweisen Entwicklung des Eisenbahnsystems an.

Ein weiterer entscheidender Vorteil des Trennungsmodells liegt in der Möglichkeit zur Weiterentwicklung in Richtung der first-best-Lösung eines Europäischen Modells begründet. Hat sich die Trennungslösung etabliert und sind die notwen-

---

1615 Vgl. BDI/DIHK-Gutachten, S. 374.

digen Voraussetzung zur Errichtung des Europäischen Modells gegeben, bedarf es im Wesentlichen lediglich der Übertragung von Verantwortlichkeiten für Trassenvergabe und Trassenpreisfestsetzung auf eine europäische Institution, beispielsweise der ERA. Im nationalen Trennungsmodell sind ohnehin unabhängige Bereiche der Regulierung sowie zur Gewährleistung eines einheitlichen Systems, insbesondere hinsichtlich der technischen Weiterentwicklung und der Sicherheit, beim weiteren Umsetzungsprozess auf eine für die Interoperabilität des europäischen Eisenbahnwesens zuständige Institution zu übertragen.

Ob das Eigentum an der Infrastruktur beim Staat verbleiben sollte oder ebenfalls auf eine europäische Institution zu übertragen ist oder ob die Existenz eines level-playing-fields ohne ein marktdominierendes Unternehmen eine Umsetzung des Klubmodells nahe legt,[1616] wäre in einer gesonderten Untersuchung nach Etablierung des Europäischen Modells zu erörtern. Nach alledem hat sich somit die Trennungslösung unter der Prämisse der gegenwärtigen Realisierbarkeit in jeder Hinsicht als überlegenes Modell dargestellt.

1616 Als Hauptschwäche eines sonst überzeugenden Modells wurde die mögliche Dominanz eines Unternehmens ausgemacht, die Genossenschaftsgedanken und Demokratieprinzip konterkarieren und sich auf die Entscheidungsgewalt über die Infrastruktur auswirken kann. Auf europäischer Ebene stehen sich jedoch national champions nahezu auf Augenhöhe gegenüber, so dass die Vorteile eines Klubmodells genutzt werden können.

Zusammenfassung

Seit Beginn der 1990er Jahre befindet sich das europäische Eisenbahnwesen in einem stetigen Liberalisierungsprozess in Richtung eines integrierten, wettbewerblich organisierten Schienenverkehrsmarktes. Ein Strukturwandel in der Verkehrsnachfrage sowie ein Mangel an effizienzorientierten, flexiblen Handlungsweisen von staatsmonopolistischen, vertikal integrierten Unternehmen resultierten in nationalen, wirtschaftlich defizitären Eisenbahnsektoren, die im intermodalen Vergleich über mehrere Jahrzehnte deutliche Marktanteilsverluste gegenüber den anderen Verkehrsträgern hinnehmen mussten. Zusätzlich stellte das natürliche Monopol der Infrastrukturbetreiber aufgrund der Einflussnahmemöglichkeiten auf angrenzende Transportmärkte eine Markteintrittsbarriere für potentielle Investoren dar. Regulierungsinstrumente konnten gleichberechtigte Wettbewerbsstrukturen nicht gewährleisten. Insofern stellen auf europäischer Ebene die Richtlinie 91/440/EWG und auf nationaler Ebene die Bahnreform mit der AEG-Novelle 1994 Meilensteine zur Öffnung der Schienenverkehrsmärkte dar. Dieser eingeleitete Liberalisierungsprozess ist jedoch bei weitem noch nicht abgeschlossen, da sich das Eisenbahnwesen in einem Spannungsverhältnis zwischen Wettbewerb und staatlicher Regulierung befindet.

Zur Revitalisierung des Eisenbahnwesens sind eine Abkehr von monopolistischen Strukturen und eine Belebung des Wettbewerbs angezeigt. Die allgemeinen Wettbewerbsvorteile, insbesondere die effiziente Nutzung von Ressourcen sowie ein gesteigerter Innovationsdruck können auch unter Berücksichtigung der sektorspezifischen Besonderheiten im Eisenbahnwesen Wirkung entfalten. Ein die Regulierung begründendes Marktversagen steht einer wettbewerblichen Ausrichtung nicht entgegen. So ist dem Privatisierungsgebot des Art. 87e Abs. 3 GG, das Eisenbahnunternehmen zum Handeln nach wirtschaftlichen Grundsätzen verpflichtet, ein Vorrang gegenüber bestehenden Gemeinwohlverpflichtungen aus Art. 87e Abs. 4 GG einzuräumen. Zudem mangelt es existierenden externen Effekten an wettbewerbshindernden Auswirkungen. Der Eisenbahninfrastrukturbereich stellt zwar ein natürliches Monopol dar, das sich durch eine subadditive Kostenfunktion auszeichnet und nicht duplizierbar ist. Dennoch rechtfertigt es nicht die Regulierungsbedürftigkeit des gesamten Wirtschaftssektors, da im Eisenbahnverkehrsbereich wirksame potentielle und Substitutionskonkurrenz den Missbrauch einer Monopolstellung verhindern. Insofern bedarf es grundsätzlich lediglich der Sicherstellung eines diskriminierungsfreien Zugangs zur Infrastruktur sowie einer Preisregulierung des natürlichen Monopolisten.

In Bezug auf das primäre Gemeinschaftsrecht sind neben den Grundfreiheiten vor allem das europäische Missbrauchsverbot gemäß Art. 82 EG sowie das Verbot staatlicher Beihilfen nach Art. 87 Abs. 1 EG von erhöhter Relevanz für einen gleichberechtigten Wettbewerb im Eisenbahnwesen. Unter Anwendung der im Lichte des Art. 82 EG nicht unumstrittenen Essential Facilities-Doktrin können dritte Transportunternehmen regelmäßig einen Netzzugangsanspruch gegenüber dem marktbeherrschenden Schieneninfrastrukturbetreiber geltend machen. Das staatliche Beihilfenverbot wäre nach einem Börsengang der DB AG in vertikal integrierter Organisationsform aufgrund der sich in einer Finanzierungsverantwortung ausdrückenden staatlichen Infrastrukturverantwortung des Bundes gemäß Art. 87e Abs. 4 GG besonders zu berücksichtigen. In diesem Falle wäre nach den Grundsätzen der ergangenen Rechtsprechung stets zu gewährleisten, dass die Beihilfe dem übergeordneten gesamtwirtschaftlichen Verkehrsinteresse dient.

Ausgangspunkt der Liberalisierungsentwicklung des europäischen Eisenbahnwesens war die Richtlinie 91/440/EWG. Obgleich die Europäische Kommission sich bereits vor ihrer Veröffentlichung für eine institutionelle Trennung des Eisenbahninfrastrukturbereichs von dem Transportbetrieb aussprach, verpflichtete Art. 6 der Richtlinie lediglich zu einer rechnerischen und organisatorischen Trennung. Weiterreichende Separierungsverpflichtungen scheiterten an der Haltung der überwiegenden Mitgliedstaaten, die zu einer umfassenden Reformierung der nationalen Eisenbahnsysteme nicht willens waren und sich auf die Umsetzung der Mindestanforderungen beschränkten. Seither wurden drei Maßnahmepakete und zwei Weißbücher erlassen sowie mit der ERA eine für die Entwicklung der Interoperabilität verantwortliche Behörde errichtet, die den Weg zu einem intermodal konkurrenzfähigen Eisenbahnsektor weiter ebnen sollten. Bis zum Erreichen eines einheitlichen, integrierten europäischen Schienenverkehrsmarktes bedarf es dennoch eines weiteren Weges. Insofern ist der europäische Liberalisierungsprozess insgesamt als Politik der kleinen Schritte aufzufassen.

Das deutsche Eisenbahnwesen ist seit dem 19. Jahrhundert geprägt von einem Wandel in der Organisationsstruktur. Mangelte es dem Staat in der ersten Entwicklungsphase dieses Wirtschaftssektors am wirtschaftlichen Interesse an einer Beteiligung, entdeckte er doch spätestens Ende des 19. Jahrhunderts erst die militärische Bedeutung und etwas später auch das wirtschaftliche Potential. Dennoch entwickelte sich der Eisenbahnsektor in Deutschland ähnlich wie in den meisten Mitgliedstaaten zu einem defizitären Wirtschaftsbereich. Die europäischen Vorgaben der Richtlinie 91/440/EWG wurden im Zuge der am 01.01.1994 in Kraft getretenen Bahnreform in nationales Recht umgesetzt. Unter Beibehaltung der vertikal integrierten Organisationsstruktur und damit eines marktbeherrschenden Unternehmens DB AG wurde als zentrale Vorschrift zur Marktöffnung für Dritte Eisenbahnverkehrsunternehmen § 14 Abs. 1 AEG eingeführt, der einen diskriminierungsfreien Netzzugang sicherstellen sollte. Detaillierte Regelungen zum Netzzugang wurden in der im Jahre 1997 erlassenen EIBV normiert. Gleichwohl blieb der Grundsatz des verhandelten Netzzugangs bestehen, wonach konkrete Bedingungen unter dem Vorbehalt der Gleichberechtigung zwischen den Parteien zu vereinbaren waren. Das Eisenbahnbundesamt verfügte als zuständige Aufsichtsbehörde über die das Eisenbahnwesen betreffende Regulierungsbefugnisse.

Entsprechend dem europäischen Liberalisierungsprozess schreitet auch die Entwicklung der Marktöffnung im nationalen Eisenbahnwesen voran. Während Kernelement der AEG-Novelle 2002 die Erweiterung der Befugnisse des EBA waren, standen in der AEG-Novelle 2005 die Erweiterung von Zugangsrechten und Zugangspflichten sowie die Übertragung der wettbewerbsrelevanten Regulierungsaufgaben auf die unabhängige und sektorenübergreifende BNetzA im Vordergrund. Obgleich endgültige Schlüsse noch nicht zu ziehen sind, erscheint der Erfolg hinsichtlich eines gleichberechtigten Wettbewerbs im Eisenbahnwesen eher unwahrscheinlich. Insgesamt stellt es sich als Kompromisspaket dar, bei dem Fortschritte hinsichtlich der Liberalisierung durch ein erweitertes Regulierungsregime kompensiert werden. Die AEG-Novelle 2005 manifestiert die Erkenntnis, dass eine Öffnung des Schienenverkehrsmarktes, welcher von einem marktführenden, vertikal integrierten Unternehmen dominiert wird, nur durch eine strenge Kontrolle ermöglicht wird. Dennoch ist in diesem System nicht jegliche Benachteiligung von Konkurrenten des etablierten Unternehmens auszuschließen, so dass das verbleibende Diskriminierungspotential als Markteintrittsbarriere wirkt und im Ergebnis einer positiven wirtschaftlichen Entwicklung des gesamten Wirtschaftssektors entgegensteht. Eine Verpflichtung der DB AG aus § 14 Abs. 1 AEG in Verbindung mit § 9 EIBV, Konkurrenten diskriminierungsfrei Zugang zur Schieneninfrastruktur zu gewähren, erzeugt ein Spannungsverhältnis zwischen der unternehmerischen Freiheit der DB AG und der wirtschaftspolitischen Entscheidung zugunsten eines wettbewerbsorientierten Schienenverkehrsmarktes. Während § 14 Abs. 1 AEG grundsätzlich die Überlassung unternehmenseigener Ressourcen normiert, bestimmt § 9 EIBV, dass Transportgesellschaften des vertikal integrierten Unternehmens auch bei Kapazitätsengpässen kein Recht auf vorrangige Benutzung der Schieneninfrastruktur haben, was eine erhebliche Einschränkung ihrer Rechte zur Folge hat. Die DB AG kann sich nach Art. 19 Abs. 3 GG auf den Schutz der betroffenen Grundrechte berufen. Obwohl die gegenwärtige Organisation DB als Eigengesellschaft grundsätzlich entschieden gegen eine Grundrechtsberechtigung spricht, befindet sie sich in einer grundrechtstypischen Gefährdungslage, die eine Grundrechtsfähigkeit des Unternehmens rechtfertigt. Dies folgt insbesondere aus der Tatsache, dass das Unternehmen nach Vorgabe des Art. 87e Abs. 3 GG, der es als Gesamtheit zu wirtschaftlichem Handeln verpflichtet, eigenverantwortlich und gewinnorientiert zu führen ist und Daseinsvorsorgeverpflichtungen in den Hintergrund getreten sind.

Die allgemeine Zulassungsverpflichtung gemäß § 14 Abs. 1 AEG greift in die Grundrechte des Schieneninfrastrukturbetreibers aus Art. 14 und 12 GG ein, da es durch den konkurrentennützigen Kontrahierungszwang in ihrer Dispositionsbefugnis beziehungsweise in der Auswahl ihrer Vertragspartner beeinträchtigt wird. Diese Grundrechtseingriffe sind jedoch aufgrund der Sozialbindung des Eigentums, des mangelnden Tüchtigkeitsvorteils sowie der monetären Kompensation nach § 14 Abs. 4 AEG verhältnismäßig und damit im Ergebnis gerechtfertigt. Hinsichtlich der Regelung des § 9 EIBV, dass dem Infrastrukturinhaber bei Kapazitätsengpässen kein Recht auf vorrangige Nutzung seines Eigentums zusteht, überwiegen hingegen die Interessen des Eigentümers, so dass diese Vorschrift als verfassungswidrig einzustufen ist. Dieser Eingriff in den Kern des Eigentums mag zwar aus Gründen der Wettbewerbsförderung im Rahmen des Ziels einer vollständigen Liberalisierung wirtschaftspolitisch wünschenswert erscheinen, ist jedoch aufgrund der Eingriffshärte nicht hinzunehmen. Das Grundrecht auf Eigentum als elementarer Bestandteil der Werteordnung würde in unzulässiger Weise eingeschränkt, wenn dem Eigentümer lediglich die gleichen Rechte wie Konkurrenten bezüglich der Nutzung seines Eigentums zustünden. Entsprechend gelten diese Ergebnisse für die Verfassungskonformität der Zugangsrechte im Lichte der Berufsausübungsfreiheit.

Die Diskussion um eine sachgerechte Ausgestaltung des Eisenbahnwesens ist etwa so alt wie das Eisenbahnwesen selbst. Im Kern dieser Auseinandersetzung befindet sich stets die Frage nach der Verantwortung über die Infrastruktur, die als natürliches Monopol wesentlichen Einfluss auf einen funktionsfähigen Wettbewerb im angrenzenden Markt der Transportdienstleistungen hat. Die gegenwärtige Unternehmensstruktur der DB AG verwirklicht dabei das Grundmodell der vertikalen Integration, da sie gleichzeitig Transportdienstleistungen anbietet und Eigentümerin der Schieneninfrastruktur ist. Demgegenüber steht das Modell der vertikalen Integration, bei dem die Wertschöpfungsstufen Schieneninfrastruktur und Transportbetrieb institutionell voneinander getrennt sind. Bezüglich der Liberalisierung unterscheiden sich die Grundmodelle dadurch, dass im vertikal integrierten System die Marktöffnung durch Netzzugangsrechte und ein effektives Regulierungsregime sicherzustellen ist, während sie im vertikal desintegrierten Modell keiner gesteigerten Kontrolle bedarf und die Regulierung sich im Wesentlichen auf Preisfestsetzungen des Schieneninfrastrukturbetreibers beschränken kann.

Der Mangel an Diskriminierungspotential sowie die ebenfalls bestehende Möglichkeit der Ausnutzung von effizienten Transaktionen geben den entscheidenden Ausschlag für die Vorteilhaftigkeit der vertikalen Desintegration. Während im integrierten Modell dem etablierten Unternehmen vielfältige Möglichkeiten zur Benachteiligung von Konkurrenten auf dem Transportmarkt zustehen, die sich als Marktbarrieren auswirken, setzt die institutionelle Unabhängigkeit beider Wertschöpfungsstufen positive Anreize für einen vermehrten Markteintritt und damit für eine Wettbewerbsbelebung. Selbst ein effektives Regulierungsregime vermag nicht sämtliche Verhaltensweisen des Marktführers, aus übergeordnetem Konzerninteresse eigene Transportgesellschaften zu bevorzugen, zu beseitigen. Demgegenüber relativieren sich technische sowie Transaktionskostenvorteile einer gemeinsamen Produktion vor dem Hintergrund, dass eine Vielzahl von Schnittstellen zwischen einzelnen Wertschöpfungsstufen unabhängig von der Organisationsstruktur zu verbinden ist. Beispiele aus anderen Wirtschaftssektoren demonstrieren, dass technische Spezialisierungen in Teilbereichen sowie marktliche Transaktionen zur Verbindung von Schnittstellen Effizienzvorteile gegenüber der gemeinsamen Produktion begründen können

Eine vertikal desintegrierte Organisationsstruktur wurde in Umsetzung der Richtlinie 91/440/EWG im britischen Eisenbahnwesen eingeführt. Ohne internationale Erfahrungswerte und gegen oppositionellen Widerstand setzte die Regierung mit einem Franchise-System das transparenteste und mit dem höchsten Liberalisierungsgrad versehene Modell durch, bei dem nach Auflösung des ehemaligen Staatsmonopols British Rail kein Eisenbahnunternehmen dominierenden Einfluss auf die Wettbewerbsentwicklung im Markt nehmen konnte. Der Börsengang des Schieneninfrastrukturbetreibers Railtrack bedeutete die vollständige Marktöffnung und setzte maximale Anreize für potentielle Neulinge, in den Schienenverkehrsmarkt zu investieren. In den ersten Jahren nach der Bahnreform bahnte sich eine europaweit einzigartige Erfolgsgeschichte an. Aufgrund der Abkehr staatlicher Verantwortung und der Ausrichtung nach marktwirtschaftlichen Grundsätzen konnten Eisenbahnunternehmen erhebliche Effizienzgewinne erzielen, so dass die Subventionsbedürftigkeit sank und der Staatshaushalt entlastet werden konnte. Darüber hinaus steigerte sich das Verkehrsvolumen sowohl im Schienengüter- als auch im Schienenpersonenverkehr deutlich.

Dennoch litt die konkrete Ausgestaltung des eingeführten Systems an erheblichen Schwächen. So blieben notwendige Investitionen in die historisch unterfinanzierte Infrastruktur weitestgehend aus, da Railtrack Gewinne in erster Linie an Aktionäre ausschüttete und die Netzauslastung alsbald die Kapazitätsgrenze erreichte, so dass eine Gewinnmaximierung für Transportunternehmen nur noch über Kostensenkungen zu erzielen war. Darüber hinaus war das Preissystem zu statisch ausgerichtet, um Transportunternehmen notwendige Flexibilität zu gewährleisten. Außerdem wirkte ein unausgereiftes Pönalensystem kontraproduktiv für die wirtschaftliche Entwicklung des Gesamtsystems, da es insbesondere Unsicherheiten bezüglich der Zuweisung von Pönalen erzeugte und Transportunternehmen es als Instrument zur Gewinnmaximierung missbrauchten. Mangelnde Expansionsmöglichkeiten bedingten zudem Finanznöte bei zahlreichen Marktakteuren, so dass der Staat in den nächsten Jahren wieder höhere Subventionszahlungen leisten musste. Eine weitere Schwäche lag in dem Regulierungsregime begründet, das aufgrund der Vielzahl an Behörden hohe Kosten und Unstimmigkeiten bezüglich der Verantwortlichkeiten verursachte, die in Störungsfällen verheerende Auswirkungen hatten, was alleine die Vorgeschichte zum Hatfield Crash eindrucksvoll bestätigte.

Im Ergebnis zeigt die Entwicklung des Eisenbahnwesens in Großbritannien, dass dem vertikal desintegrierten System ein erhebliches Potential zur Wettbewerbsbelebung und Steigerung von Marktanteilen im intermodalen Wettbewerb mit anderen Verkehrsträgern innewohnt. Eine erhöhte Transparenz sowie ein gleichberechtigter Wettbewerb der Marktakteure sind dabei die maßgeblichen Faktoren, die für eine Überlegenheit der institutionellen Trennung von Infrastruktur und Transportbetrieb sprechen. Die Komplexität des Eisenbahnwesens erfordert bei einer Umstrukturierung jedoch eine ausreichende Vorbereitung und schrittweise Umsetzung, die bei Fehlentwicklung eine Reversibilität ermöglicht. Aufgabe des Staates muss es dabei sein, effiziente Marktregeln zu implementieren, die eine weitere Beteiligung in Form eines unübersichtlichen Regulierungsregimes erübrigen. Insofern kann die britische Entwicklung sowohl Vorbild- als auch Warnfunktion für andere europäische Staaten in Bezug auf die nationale Liberalisierung haben.

Eine konkrete Ausgestaltung der Organisationsstruktur der DB AG für einen erfolgreichen Börsengang ist gegenwärtig im Zentrum der politischen, wirtschaftlichen und juristischen Diskussion. Verschiedene Gutachten haben sich umfangreich mit mehreren Modellvarianten auseinandergesetzt, um ein sachgerechtes System zu entwickeln, bei dem im Zuge des weiteren Liberalisierungsprozesses die wirtschaftlichen Potentiale des Wirtschaftssektors optimal umgesetzt werden können und die Konkurrenzfähigkeit im intermodalen Wettbewerb mit anderen Verkehrsträgern gewährleistet wird. Zu berücksichtigen ist dabei stets, dass auf die Regulierungs- und die aus Art. 87e Abs. 4 GG folgende Finanzierungsverantwortung des Staates in keinem der Modelle verzichtet werden kann. Sämtliche diskutierten Modelle sind mit den aktuellen Vorgaben des Gemeinschaftsrechts vereinbar und werden bis spätestens 2010 als kapitalmarktfähig eingestuft.

Eine gegenwärtig noch im Hintergrund stehende Lösung ist das Europäische Modell, welches aus Gründen mangelnder Interoperabilität noch nicht umsetzbar ist. Es basiert auf dem Gedanken einer Markterweiterung und setzt eine vollständige Liberalisierung des Eisenbahnwesens im Europäischen Binnenmarkt voraus. Danach werden nach erfolgter Trennung der beiden Wertschöpfungsstufen in nationalen Schienenverkehrsmärkten sämtliche wettbewerblich relevanten Bereiche der Schieneninfrastruktur auf eine europäische Institution übertragen.

Diese supranationale Institution vergibt Trassenrechte für das gesamte Gebiet der Europäischen Union. Effekt dieses Ansatzes ist vor allem die Förderung eines effektiven Wettbewerbs durch Relativierung der Marktanteile ohne Zerschlagung der nationalen Marktführer. Während bei Fokussierung auf nationale Märkte trotz weitreichender Liberalisierungsbestrebungen das Entstehen gleichberechtigter Marktverhältnisse in absehbarer Zeit infolge der historischen Dominanz des jeweiligen ehemaligen staatlichen Monopols utopisch erscheint, forciert eine Markterweiterung den Wettbewerb der nationalen champions untereinander mit der Konsequenz, dass kleinere Unternehmen sich einfacher im Markt positionieren können. Insofern stellt das Europäische Modell die first best Lösung für die organisationsrechtliche Ausgestaltung des Eisenbahnwesens dar.

Als second best Lösung, die zudem in näherer Zukunft umsetzbar wäre, hat sich das Trennungsmodell herauskristallisiert. Es bietet große Potentiale zur Intensivierung des Wettbewerbs und erhöht die Marktransparenz, so dass strukturelle Anreize für potentielle Neueinsteiger erzeugt werden, sich im Eisenbahnwesen wirtschaftlich zu engagieren. Aufgrund des weitestgehenden Wegfalls von Diskriminierungspotentialen wird zudem der staatliche Regulierungsaufwand minimiert, da sich der Schienenverkehrsmarkt weitestgehend selbst reguliert. Verbundnachteile können in diesem System durch effiziente marktliche Transaktionen ausgeglichen werden. Dazu erfordert weder die Umsetzung des Trennungsmodells noch die Weiterentwicklung des Modells zur Europäischen Lösung einen erhöhten Aufwand. Gleichwohl sind von Seiten des Staates im Rahmen der Umsetzung effiziente Anreizsysteme zu implementieren, die zum Erfolg des Systems maßgeblich beitragen können. Zu den aufgeführten ökonomischen Vorteilen des Trennungsmodells ist aus juristischer Sicht entscheidend zu beachten, dass die im vertikal integrierten System notwendige, wettbewerbsfördernde Vorschrift des § 9 EIBV verfassungsrechtlichen Bedenken ausgesetzt ist. Eine daraus resultierende unrechtmäßige Gleichbehandlung unter Versagung von Vorrangrechten der konzerneigenen Transportgesellschaften steht dem in § 1 Abs. 1 AEG verankerten Ziel der Wettbewerbsförderung entschieden entgegen.

Literaturverzeichnis

Aberle, Gerd: Wettbewerb der Giganten, Auf dem europäischen Eisenbahnmarkt wird neu positioniert, Int. Verkehrswesen 2005, S. 359.

Aberle, Gerd/Brenner, Andrea: Bahnstrukturreform in Deutschland: Ziele und Umsetzungsprobleme, Köln 1996.

Aberle, Gerd/Eisenkopf, Alexander: Schienenverkehr und Netzzugang: Regulierungsprobleme bei der Öffnung des Schienennetzes und wettbewerbspolitische Empfehlungen zur Gestaltung des Netzzugangs, Hamburg 2002.

Albach, Horst: Die Bahnreform in Deutschland, ZfB-Ergänzungsheft 3/2002, S. 51-57.

Albrecht, Claudia: Bismarcks Eisenbahngesetzgebung: Ein Beitrag zur „inneren" Reichsgründung in den Jahren 1871-1879, Köln 1994.

Allianz pro Schiene: Stellungnahme zum Gesetzentwurf zur Änderung Eisenbahnrechtlicher Vorschriften (3. AEG-Novelle), www.allianz-pro-schiene.de/pdf/ApS_AEG_Stellungnahme_040207.pdf.

Anders, Jan: Umweltschutz und Wirtschaftlichkeit müssen ausgewogen sein, Int. Verkehrswesen 2006, S. 416-418.

Antweiler, Clemens: Netzzugang im Eisenbahnrecht, Der Nahverkehr 7+8/2001, S. 9-12.

Areeda, Philip: Essential Facilities: An Epithet in Need of Limiting Principles, Antitrust Law Journal 1989, S. 841-852.

Areeda, Philp/Hovenkamp, Herbert: Antitrust Law, An Analysis of Antitrust Principles and their Application, Supplement Boston 1996.

Arnauld, Andreas von: Grundrechtsfragen im Bereich von Postwesen und Telekommunikation, DÖV 1998, S. 437-452.

Badura, Peter: Das Verwaltungsmonopol, Berlin 1963.

Badura, Peter: Die Daseinsvorsorge als Verwaltungszweck der Leistungsverwaltung und der soziale Rechtsstaat, DÖV 1966, S. 624-633.

Badura, Peter: Die Unternehmensfreiheit der Handelsgesellschaften – Ein Problem des Grundrechtsschutzes juristischer Personen des Privatrechts, DÖV 1990. S. 353-361.

Badura, Peter: Staatsziele und Garantien der Wirtschaftsverfassung in Deutschland und Europa, in Festschrift für Klaus Stern zum 65. Geburtstag, J. Burmeister (Hrsg.), Verfassungsstaatlichkeit, München 1997, S. 409-420.

Badura, Peter/Gerstner, Stephan: Beck'scher PostG-Kommentar, München 2003.

BAG-SPNV: Börsengang der Deutschen Bahn AG: Eigentumssicherungsmodell birgt hohe Risiken für den Staat, www.bag-spnv.de/posi/Pos06-06-01.pdf.

Bartling, Hartwig: Schlussfolgerungen und Entwicklungstendenzen der Wettbewerbstheorie für die Wettbewerbspolitik, WuW 1993, S. 16-30.

Bartosch, Andreas/Jaros, Krzysztof: Die Regulierung des Eisenbahnwesens in Deutschland, WuW 2005, S. 15-28.

Basedow, Jürgen: Wettbewerb auf den Verkehrsmärkten: eine rechtsvergleichende Untersuchung zur Verkehrspolitik, Heidelberg 1989.

Basedow, Jürgen: Der europäische Verkehrsmarkt als Rechtsproblem, Transportrecht 1989, S. 402-407.

Basedow, Jürgen: Wettbewerb in Gleisnetzen, in: K. P. Berger/W. F. Ebke/S. Elsing/B. Großfeld/G. Kühne (Hrsg.) Festschrift für Otto Sandrock zum 70. Geburtstag, Heidelberg 2000, S. 13-34.

Basedow, Jürgen/Dolfen, Michael: Kommentierung Verkehrs- und Transportrecht, in: M. A. Dauses(Hrsg.), Handbuch des EU-Wirtschaftsrechts, Bd. 2, München, Stand Mai 2001, Kapitel L, Rz. 1-340.

Basedow, Jürgen: Regulierung und Wettbewerb in marktwirtschaftlichen Ordnungen, Trier 2003.

Basedow, Jürgen: Die Nutzung fremder Infrastrukturen im Privatrecht, ZHR 170 (2006), S. 178-198.

Baumol, William J./Panzar, John C/Willig, Robert D.: Constable Markets and the Theory of Industry Structure, New York 1982.

Baumol, William J./ Willig, Robert D.: Fixed Costs, Sunk Costs, Entry Barriers and Sustainability of Monopoly, The Quarterly Journal of Economics 1981, S. 405-432.

Baur, Jürgen/Moraing, Markus: Rechtliche Probleme einer Deregulierung der Elektrizitätswirtschaft, 1. Auflage, Baden-Baden 1994.

BDI/DIHK: Privatisierung der integrierten Deutschen Bahn AG – Auswirkungen und Alternativen, Gutachten 2006.

Bechthold, Rainer/Bosch, Wolfgang/Brinker, Ingo/Hirsbrunner, Simon: EG-Kartellrecht, München 2005.

Bennemann, Stefan: Die Bahnreform – Anspruch und Wirklichkeit, Hannover 1994.

Benz, Angelika: Privatisierung und Deregulierung der Bahn, in: K. König/A. Benz (Hrsg.), Privatisierung und staatliche Regulierung, Baden-Baden 1997, S. 162-199.

Berschin, Felix: Daseinsvorsorge durch Wettbewerb: der öffentliche Verkehr zu Lande im Markt, Heidelberg 2000.

Berschin, Felix: Zur Trennung von Netz und Betrieb der Deutschen Bahn AG aufgrund des europäischen Eisenbahnpakets, DVBl. 2002, S. 1079-1086.

Berschin, Felix: Milliarden in neue Schienen – und alles wird gut, Bahn-Report 6/2005, S. 5-9.

Bethge, Herbert: Zur Problematik von Grundrechtskollisionen, München 1977.

Bethge, Herbert: Grundrechtsträgerschaft juristischer Personen – Zur Rechtsprechung des Bundesverfassungsgerichts, AöR 104 (1979), S. 54-111.

Bethge, Herbert: Die Grundrechtsberechtigung juristischer Personen nach Art. 19 Abs. 3 GG, Passau 1985.

Bleckmann, Albert: Staatsrecht 2 – Die Grundrechte, 4. Auflage, Köln 1997.

Blümel, Willi: Fragen der Entwidmung von Eisenbahnbetriebsanlagen, Speyer 2000.

Böttger, Christian: Das Insolvenzverfahren der Railtrack – Mögliche Lehren aus der Krise der britischen Eisenbahnprivatisierung, Int. Verkehrswesen 2002, S. 273-277.

Böttger, Christian: Entscheidung zum Börsengang der DB AG gefallen?, Bahn-Report 1/2007, S. 6-7.

Bogs, Eckhard: Die Planung transeuropäischer Verkehrsnetze, Berlin 2002.

Bolt, Chris: The role of ORR in delivering a safe, well-performing and Efficient railway, Speech to the Railway Studies Association, London 12.01.2005, www.rail-rev.gov.uk/upload/pdf/12jan05.pdf.

Borchert, Manfred/Grossekettler, Heinz: Preis- und Wettbewerbstheorie: Marktprozesse als analytisches Problem und ordnungspolitische Gestaltungsaufgabe, Stuttgart 1985.

Brandt, Eberhard: Untätigkeit in der europäischen Verkehrspolitik, Transportrecht 1986, S. 89-94.

Brauner, Roman/Kühlwetter, Hans-J.: Diskriminierung ja oder nein? Int. Verkehrswesen 2002, S. 492-495.

Brenck, Andreas: Privatisierungsmodelle für die Deutsche Bahn AG, in H. Ewers (Hrsg.), Privatisierung des Schienenverkehrs – Aufsatzsammlung, Göttingen 1993, S. 37-184.

Brewer, Peter R.: Contestability in UK rail freight markets, The economy of open access, Transport Policy 1996, S. 91-98.

Britz, Gabriele: „Kommunale Gewährleistungsverantwortung" – Ein allgemeines Element des Regulierungsrechts in Europa? Die Verwaltung 37 (2004), S. 145-163.

Brosius-Gersdorf, Frauke: Wettbewerb auf der Schiene? DÖV 2002, S. 275-283.

Broß, Siegfried: Daseinsvorsorge – Wettbewerb – Gemeinschaftsrecht – Überlegungen unter dem Blickwinkes des Sozialstaatsprinzips des Art. 20 Abs. 1 GG, in M. Ronellenfitsch/R. Schweinsberg (Hrsg.), Aktuelle Probleme des Eisenbahnrechts IX, Hamburg 2004, S. 1-20.

Budäus, Dietrich/Grüning, Gernod: Public Private Partnership – Konzeptionen und Probleme eines Instruments zur Verwaltungsreform aus Sicht der Public Choice Theorie, in D. Budäus/ P. Eichhorn (Hrsg.), Public Private Partnership, Baden-Baden 1996, S. 25-66.

Büchner, Wolfgang: Die rechtliche Gestaltung kommunaler öffentlicher Unternehmen, Frankfurt 1982.

Büdenbender, Ulrich: Durchleitungen in der Elektrizitätswirtschaft und Eigentumsschutz, WuW 2000, S. 119-135.

Bull, Hans Peter: Die Staatsaufgaben nach dem Grundgesetz, 2. Auflage, Kronberg 1977.
Bundesfinanzministerium: Beteiligungsbericht 2005.
Bundesfinanzministerium: Geschäftsbericht 2005.
Bundeskartellamt: Tätigkeitsbericht der Jahre 1997/98, Bonn.
Bunte, Hermann-Josef: 6. GWB-Novelle und Mißbrauch wegen Verweigerung des Zugangs zu einer „wesentlichen Einrichtung", WuW 1997, S. 302-318.
Bunte, Hermann-Josef: Kartellrecht, München 2003.
Burchard, Friedrich von: Third Party Access & European Law, EuZW 1992, S. 693-697.
Burmeister, Corinna: Der Wettbewerb der Eisenbahnen im europäischen Binnenmarkt, Baden-Baden 2001.

Calliess, Christian/Ruffert, Matthias: Das Verfassungsrecht der Europäischen Union; München 2007.
Cannivé, Klaus: Infrastrukturgewährleistung in der Telekommunikation zwischen Staat und Markt, Berlin 2001.
Cansier, Dieter: Umweltökonomie, 2. Auflage, Stuttgart 1996.
Cave, Martin: Franchise Auctions in Network Infrastructure Industries, Presented at the OECD Conference on Competition and Regulation, Budapest 1995.
Cirkel, Johannes: Die Bindung der Mitgliedstaaten an die Gemeinschaftsgrundrechte, Baden-Baden 2000.
Commission for Integrated Transport: Facts Sheet No. 1: The impact of Post Hatfield Rail Disruption, 2001, www.cfti.cov.uk/factsheets/01/index.htm.
Cornils, Matthias: Vertragsfreiheit und kartellrechtlicher Kontrahierungszwang, NJW 2001, S. 3758-3760.
Crompton, Gerald/Jupe, Robert: „A deficient performance?": The regulation of the Train Operating Companies in Britain's Privatised Railway System, 2004, www.kent.ac.uk/kbs/pdf/Crompton-and-Jupe-No-66.pdf.
Cullen, Lord: The Ladbroke Grove Rail Inquiry, Part 1 report, HSE 2001.

Danwitz, v. Thomas: Die Benutzung kommunaler öffentlicher Einrichtungen – Rechtsformenwahl und gerichtliche Kontrolle, JuS 1995, S. 1-7.
Danwitz, v. Thomas: Vom Verwaltungsprivat- zum Verwaltungsgesellschaftsrecht, AöR 120 (1995), S. 595-630.
Degenhart, Christoph: Staatsrecht I, Staatsorganisationsrecht, 22. Auflage, Heidelberg 2006.
Delbanco, Heike: Der Zugang zum Netz der Eisenbahnen des Bundes, in: W. Blümel/H.-J. Kühlwetter/R. Schweinsberg (Hrsg.), Aktuelle Probleme des Eisenbahnrechts IV, Speyer 2000, S.179-203.

Delbanco, Heike: Ursprünge des europäischen Eisenbahnrechts, in M. Ronellenfitsch/R. Schweinsberg (Hrsg.), Aktuelle Probleme des Eisenbahnrechts V, Hamburg 2000, S. 215-233.

Delbanco, Heike: Die Bahnstrukturreform – Europäische Vorgaben und deren Umsetzung in nationales Recht, in C.R. Foos (Hrsg.), Eisenbahnrecht und Bahnreform, Minfeld 2001, S. 19-55.

Denninger, Erhard: Kommentar zum Grundgesetz für die Bundesrepublik Deutschland, 3. Auflage, Neuwied 2001.

Department for Transport: New Opportunities for the Railways: The Privatisation of British Rail, London 1992.

Department for Transport: The Franchising of Passenger Rail Services, Consultation Paper, London 1992.

Department for Transport: Transport Statistics Great Britain (TSGB), 27th edition, London 2001.

Department for Transport: The Future of Rail – White Paper, TSO, London 2004.

Deselaers, Wolfgang: Die „Essential Facilities"-Doktrin im Lichte des Magill-Urteils des EuGH, EuZW 1995, S. 563-569.

Deutsche Bahn AG: Geschäftsbericht 2001.

Deutsche Bahn Netz AG: Geschäftsbericht 2005.

Deutsche Bahn AG: 10 Jahre Deutsche Bahn AG, Berlin 2004, www.db.de/-site/bahn/de/unternehmen/presse/themendienst/10_jahre_dbag.html.

Dingeldey, Thomas: Das Chinese Wall-Prinzip im Bankrecht der Vereinigten Staaten, RIW 1983, S. 81-89.

Dittmann, Kerstin: Öffnung von Märkten durch kartellrechtlichen Kontrahierungszwang, Frankfurt 2004.

Doherty, Barry: Just what are Essential Facilities? (2001) 38 Common Market Law Reports, S. 397-436.

Dreher, Meinrad: Der Rang des Wettbewerbs im europäischen Gemeinschaftsrecht, WuW 1998, S. 656-666.

Dreier, Horst: Grundgesetz: Kommentar, Bd. 1, 2. Auflage, Tübingen 2004; Bd. 3, Tübingen 2000.

Drey, Franz/Hopfe, Jörg/Pfnür, Andreas/Schellenberg, Martin/Scherer-Leydecker, Christian/Soldner, André/Utech, Hans: Public Private Partnership in Deutschland, in Proll/Drey (Hrsg.), Die 20 Besten: PPP-Beispiele aus Deutschland, Köln 2006, S. 7-21.

DTLR: Press release 416, 07.10.2001, www.press.dtlr.gov.uk/0110/0416.htm.

DTLR: Press release 470, 31.10.2001, www.press.dtlr.gov.uk/0110/0470.htm.

Dürr, Heinz: Bahnreform: Chance für mehr Schienenverkehr und Beispiel für die Modernisierung des Staates, Heidelberg 1994.

Dürr, Heinz: Die Strukturreform der Bahn, in: W. Blümel (Hrsg.), Verkehrswegerecht im Wandel, Berlin 1994, S. 23-34.

Eckert, Tillman: Die Befugnisse der EG-Kommission gem. Art. 90 III EWGW und ihre Grenzen, München 1992.
Ehle, Dirk: Anmerkungen zu EuGH: Missbrauch einer marktbeherrschenden Stellung, EuZW 1999, S. 86-90.
Ehlers, Dirk: Verwaltung in Privatrechtsform, Berlin 1984.
Ehlers, Dirk: Die wirtschaftliche Betätigung der öffentlichen Hand in der Bundesrepublik Deutschland, JZ 1990, S. 1089-1100.
Ehlers, Dirk: Eigentumsschutz, Sozialbindung und Enteignung bei der Nutzung von Boden und Umwelt, VVDStRL 51 (1992), S. 211-251.
Ehricke, Ulrich: Die Zuordnung von Bahnstromfernleitungen zum Infrastrukturbegriff des Allgemeinen Eisenbahngesetzes, N&R 2006, S. 105-110.
Eickhoff, Norbert: Theorien des Markt- und Wettbewerbsversagens, WD 1986, S. 468-476.
Eiermann, Rudolf: Die Benutzung der Eisenbahninfrastrukturen durch Eisenbahnverkehrsunternehmen, NJW 1998, S. 1846-1847.
Eisele, Dieter: Insiderrecht und Compliance, Kongressvortrag, WM 1993, S. 1021-1026.
Eisenbahnbundesamt: Pressemitteilung vom 13.10.2003.
Eisenbahnbundesamt: Pressemitteilung vom 29.12.2004.
Eisenkopf, Alexander: Ex ante vs. ex post Regulation in the German Railway Sector, www.wip.tu-berlin.de/workshop/2002/papers/tu-berlin_wip_workshop_2002-paper_eisenkopf-regulation_railways.pdf.
Eisenkopf, Alexander: Der intermodale Wettbewerbsrahmen der Verkehrspolitik – Systematische Nachteile für den Schienenverkehr, Int. Verkehrswesen 2005, S. 71-76.
Elsholz, Ralph: Das Konzept der EG-Kommission für eine auf Dauer tragbare Mobilität im Lichte der europäischen Güterverkehrsströme, ZfVerkWiss 1994, S. 1-33.
Elsner, Jan: Verfassungswidrigkeit des Allgemeinen Eisenbahngesetzes?, N&R 2006, S. 53-58.
Emmerich, Volker: Das Wirtschaftsrecht der öffentlichen Unternehmen, Bad Homburg 1969.
Ende, Lothar/Kaiser, Jan: Wie weit ist die Liberalisierung der Schiene?, WuW 2004, S. 26-37.
Engel, Christoph: Verhandelter Netzzugang, Bonn 2002.
Erdmenger, Jürgen: EG unterwegs – Wege zur gemeinsamen Verkehrspolitik, Baden-Baden 1981.
Erdmenger, Jürgen: Die EG-Verkehrspolitik vor Gericht – Das EuGH-Urteil Rs. 13/83 vom 22.5.1985 und seine Folgen, Europarecht 1985, S. 375-392.
Erichsen, Hans-Uwe/ Scherzberg, Arno: Verfassungsrechtliche Determinanten staatlicher Hochschulpolitik, NVwZ 1990, S. 8-17.
Eucken, Walter: Grundsätze der Wirtschaftspolitik, 7. Auflage, Tübingen 2004.

Europäische Kommission: KMU-Definition, Unternehmen Europa No 8/2002, ec.europa.eu/enterprise/library/enterprise-europe/issue8/articles/de/enterprise04_de.htm.

Europäische Kommission: EU Rail Liberalisation: Extended Impact Assessment, Regulatory Overview for United Kingdom, 2003, ec.europa.eu/transport/rail/countries/uk/doc/sdg-uk.pdf.

Europäische Kommission: Neuer Schwung für die Schiene in Europa: Schaffung eines integrierten europäischen Eisenbahnraums, 2003, ec.europa.eu/transport/rail/overview/articles_de.htm.

European Conference of Ministers of Transport: Railway Reform, Regulation of Freight Transport Markets, Paris 2001.

European Rail Circle: Trennen oder nicht? Internationale Transport Zeitschrift 2002, S. 45-46.

Ewers, Hans-Jürgen/Ilgmann, Gottfried: Trassenpreissystem der Deutschen Bahn AG (TPS 1998), Berlin, Hamburg 2000, www.wip.tu-berlin.de/.../publikationen/2000/ewers_ilgmann_2000-trassenpreissystem_tps98_der_db_ag.pdf.

Ewers, Hans-Jürgen/Ilgmann, Gottfried: Zukunft des Schienenverkehrs, Gutachten im Auftrag der FDP-Bundestagsfraktion, Berlin 2001, www.fdp.de/dateien/initiativen/schienenverkehr.pdf.

Ewers, Hans-Jürgen/Ilgmann, Gottfried: Trassenpreissystem TPS 01: Kurzgutachten im Auftrag der Connex und der Hessischen Landesbank GmbH – HLB, Frankfurt am Main, Berlin 2001, www.g-ilgmann.de/pdf/Kartellgutachten%20TPS01.pdf.

Ewers, Hans-Jürgen/Rodi, Hansjörg: Privatisierung der Bundesautobahnen, Göttingen 1995.

Ewers, Hans-Jürgen/Meyer, Henning: Privatisierung und Deregulierung bei den Eisenbahnen – das Beispiel der Deutschen Bundesbahn und der Deutschen Reichsbahn, Jahrbuch für Neue Politische Ökonomie 1994, S. 178-208.

Eyermann, Erich: Verwaltungsgerichtsordnung Kommentar, 12. Auflage, München 2006.

Fehling, Michael: Der finanzielle Ausgleich für die Mitbenutzung fremder Infrastruktur bei Schienenwegen, Energieversorgungs- und Telekommunikationsleitungen, VerwArchiv 86 (1995), S. 600-620.

Fehling, Michael: Mitbenutzungsrechte Dritter bei Schienenwegen, Energieversorgungs- und Telekommunikationsleitungen vor dem Hintergrund staatlicher Infrastrukturverantwortung, AöR 121 (1996), S. 59- 91.

Fischerhof, Hans: Daseinsvorsorge und wirtschaftliche Betätigung der Gemeinden, DÖV 1960 S. 41-46.

Fleiner, Fritz: Institutionen des Deutschen Verwaltungsrechts, 8. Auflage, Aalen 1960.

Fleischer,Holger/Weyer, Hartmut: Neues zur „Essential Facilities"-Doktrin im Europäischen Wettbewerbsrecht, WuW 1999, S. 350-363.

Forsthoff, Ernst: Die Verwaltung als Leistungsträger, Stuttgart 1938.

Foster, Christopher: British Government in Crisis, London 2005.

Freeman, Roger/Shaw, Jon: All Change – British Rail Privatisation, London 2000.

Freise, Rainer: Rechts- und Vertragsbeziehungen zwischen Verkehrsinfrastrukturbetreiber und Verkehrsinfrastrukturbenutzer – dargestellt am Beispiel der Eisenbahn, in Thume (Hrsg.), Transport- und Vertriebsrecht 2000, Festschrift für Rolf Herber zum 70. Geburtstag, Neuwied 1999, S. 267-279.

Freise, Rainer: Stand der Bahnreform in Deutschland und Europa, Transportrecht 2003, S. 265-280.

Freise, Rainer: Reform der Reform des Eisenbahntransportrechts in Europa?, Transportrecht 2004, S. 377-393.

Frenzel, Eike Michael: Die Änderungen des Eisenbahnrechts nach der AEG-Novelle 2005 – Zugleich Anschauungsunterricht zur Gesetzgebungspraxis des Bundes, NZV 2006, S. 57-63.

Frerich, Johannes/Müller, Gernot: Europäische Verkehrspolitik: Von den Anfängen bis zur Osterweiterung der Europäischen Union, Bd. 1, Oldenbourg 2004.

Freudenstein, Stephan/Obierday, Detlev: Lebenszykluskosten und strikte Regeln sind entscheidend, Int. Verkehrswesen, Beilage 1/2005, S. 24-27.

Fritsch, Michael/Wein, Thomas/ Ewers, Hans-Jürgen: Marktversagen und Wirtschaftspolitik, mikroökonomische Grundlagen staatlichen Handelns, 6. Auflage, München 2005.

Frohnmeyer, Albrecht/ Mückenhausen, Peter: EG-Verkehrsrecht – Kommentar, München 2003.

Fromm, Günter: Die Reorganisation der Deutschen Bahn, DVBl. 1994, S. 187-195.

Fromm, Günter: Juristische Probleme der Reform der Eisenbahnen, Int. Verkehrswesen 1994, S. 97-103.

Frotscher, Werner/ Kramer, Urs: Sechs Jahre nach der Bahnreform – Das Allgemeine Eisenbahngesetz auf dem Prüfstand, NVwZ 2001, S. 24-34.

Furse, Mark: The „Essential Facilities" Doctrine in Community Law, European Competition Law Review 1995, S. 469-473.

Gaupp, Dirk: Der Netzzugang im Eisenbahnwesen, Tübingen 2003.

GDBA: Stellungnahme der Verkehrsgewerkschaft GDBA zum Gesetzentwurf und zum Verordnungsentwurf zur Änderung eisenbahnrechtlicher Vorschriften, www.gdba.de/aktuelles/bahn_verkehr/040204_stellungnahme.htm.

Geppert, Martin: TKG-Kommentar zum Telekommunikationsgesetz, 3. Auflage, München 2006.

Gersdorf, Hubertus: Öffentliche Unternehmen im Spannungsfeld zwischen Demokratie und Wirtschaftlichkeitsprinzip, Berlin 2000.

Gersdorf, Hubertus: Marktöffnung im Eisenbahnsektor, ZHR 168 (2004), S. 576-612.

Gey, Peter: Potentieller Wettbewerb und Marktbeherrschung, Baden-Baden 2003.

Glaister, Stephen: UK Transport Policy 1997-2001, Oxford Review of Economic Policy, Volume 18 (2002), S. 154-186.

Glazer, Kenneth L./ Lipsky, Abott: Unilateral Refusal to Deal unter Section 2 Sherman Act, Antitrust Law Journal 1995, S. 749-800.

Göbbels, Julia: Durchleitungsverträge unter dem Wettbewerbsregime auf den-Märkten für elektrische Energie: die Umsetzung des energierechtlichen Durchleitungstatbestandes des § 6 EnWG in die vertragliche Praxis, Tönning 2004.

Goedecke, Wolfgang/Kerl, Volkher/Scholz, Helmut: Die deutschen Hypothekenbanken: Pfandbrief, Realkredit, Kommunalkredit, 4. Auflage, Frankfurt am Main 1997.

Götz, Heinrich: Leistungssorgfalt und Leistungskontrolle der Aktiengesellschaft hinsichtlich abhängiger Unternehmen, ZGR 1998, S. 524-546.

Gourvish, Terry R.: British Railways 1948-73, a business history, Cambridge 1986.

Gourvish, Terry R.: British Rail, 1947-97: from integration to privatisation, Cambridge 2001.

Grabitz, Eberhard: Die verfassungsorientierte Konkretisierung wettbewerbsrechtlicher Generalklauseln, ZHR 149 (1985), S. 263-299.

Grabitz, Eberhard/Hilf, Meinhard: Kommentar zur Europäischen Union, Loseblatt-Ausgabe, München 1994-1999.

Gramlich, Ludwig: Entwicklungen der staatlichen Wirtschaftsaufsicht – Das Telekommunikationsrecht als Modell?, VerwArchiv 88 (1997), S. 598-644.

Groeben, Hans v. d.: Kommentar zum Vertrag über die Europäische Union und zur Gründung der Europäischen Gemeinschaft, 6. Auflage, Baden-Baden 2003.

Grossekettler, Heinz: Options- und Grenzkostenpreise für Kollektivgüter unterschiedlicher Art und Ordnung, Finanzarchiv 1985, S. 211-252.

Grün, Anselm/Ostendorf, Patrick: Kapazitätszuweisungen und Lösung von Nutzungskonflikten beim Zugang zum deutschen Schienennetz nach dem neuen Eisenbahnrecht, N&R 2006, S. 59-64.

Grupp, Klaus: Rechtsfragen der Eisenbahnaufsicht, in W. Blümel/H.J. Kühlwetter (Hrsg.), Aktuelle Probleme des Eisenbahnrechts I (1996), S. 297-310.

Grupp, Klaus: Eisenbahnaufsicht nach der Bahnreform, DVBl. 1996, S. 591-596.

Haase, Dagmar: Das neue Trassenpreissystem der Deutschen Bahn AG, Int. Verkehrswesen 1998, S. 460-465.

Habersack, Mathias: Die besondere Missbrauchsaufsicht gemäß § 32 PostG – Teil I K&R 2001, S. 121-131.

Hamm, Walter: Preise als verkehrspolitisches Ordnungsinstrument, Heidelberg 1964.

Hancher, Leigh/Ottervanger, Tom/Slot, Piet Jan: EC state aids, London 1993.

Haus, Florian C.: Zum Verhältnis von Kartellrecht und Regulierungsrecht, N&R 2004, S. 143-147.

Hayek, Friedrich A. von: Die Verfassung der Freiheit, 2. Auflage, Tübingen 1983.

Hedderich, Alexander: Vertikale Desintegration im Schienenverkehr, theoretische Basisüberlegungen und Diskussionen der Bahnstrukturreform in Deutschland, Hamburg 1996.

Hefermehl, Wolfgang/Köhler, Helmut/Bornkamm, Joachim: Wettbewerbsrecht: Gesetz gegen den unlauteren Wettbewerb, Preisangabenverordnung, 25. Auflage, München 2007.

Heinrichs, Horst-Peter: Wie sichert das EBA den Wettbewerb im Schienenverkehr, in: Workshop der DVWG, Wettbewerb im Schienenverkehr, Berlin 2004, S. 74-81.

Heinze, Christian: Das Gesetz zur Änderung des Verfassungsrechts der Eisenbahnen vom 20.12.1993, BayVBl. 1994, S. 266-270.

Herdzina, Klaus: Wettbewerbspolitik, 5. Auflage, Stuttgart 1999.

Hermes, Georg: Staatliche Infrastrukturverantwortung: rechtliche Grundstrukturen netzgebundener Transport- und Übertragungssysteme zwischen Daseinsvorsorge und Wettbewerbsregulierung am Beispiel der leitungsgebundenen Energieversorgung in Europa, Tübingen 1998.

Hermes, Georg/Sellner, Dieter: AEG Kommentar, München 2006.

Hesse, Konrad: Grundzüge des Verfassungsrechts in Deutschland, 20. Auflage, Heidelberg 1995.

Hill, Hermann: In welchen Grenzen ist kommunalwirtschaftliche Betätigung Daseinsvorsorge, BB 1997, 425-431.

Hösch, Ulrich: Kommunale Wirtschaftstätigkeit: Teilnahme am wirtschaftlichen Wettbewerb oder Daseinsvorsorge, Tübingen 2000.

Holst, Axel: Der Prozess der Privatisierung und Probleme der Regulierung aus der Sicht des Bundesministeriums des Verkehrs als oberster Regulierungsbehörde, in K. König/A. Benz (Hrsg.) Privatisierung und staatliche Regulierung, Baden-Baden 1997.

Hommelhoff, Peter: Konzernleitungspflicht, Köln 1982.

Hommelhoff, Peter/Schmidt-Aßmann, Eberhard: Die Deutsche Bahn AG als Wirtschaftsunternehmen, ZHR 160 (1996), S. 521-559.

Hoppmann, Erich: Wirtschaftsordnung und Wettbewerb, Baden-Baden 1988.

Hoppmann, Erich/Mestmäcker, Ernst-J.: Normenzwecke und Systemfunktionen im Recht der Wettbewerbsbeschränkungen, Tübingen 1974.

Hopt, Klaus J.: Auf dem Weg zum deutschen Insidergesetz – Die Vorüberlegungen vom Herbst 1992, in H. Beisse (Hrsg.), Festschrift für Karl Beusch zum 68. Geburtstag, Berlin 1993, S. 393-411.

Huber, Ernst Rudolf Der Streit um das Wirtschaftsverfassungsrecht, DÖV 1956, S. 97-102.

Hüffer, Uwe: Aktiengesetz, München 2006.

Hüffer, Uwe/Ipsen, Knut/Tettinger, Peter J.: Die Transitrichtlinien für Gas und Elektrizität: eine Studie zu den rechtlichen Schranken bei der Verwirklichung des Binnenmarktes für Energie, Stuttgart 1991.

Hughes, Murray: Incentive regime is the key to efficient franchises, Railway Gazette International 1994, S. 231-235.

IBM Business Consulting Services; Kirchner, Christian: Liberalisierungsindex Bahn – Vergleich der Marktöffnung der Mitgliedstaaten der Europäischen Union, der Schweiz und Norwegens, erstellt im Auftrag der Deutschen Bahn, Berlin 2004, ec.europa.eu/transport/rail/market/doc/lib2004-de.pdf.

IBM Business Consulting: Eisenbahn-Regulierung in Europa, Zürich 2006, www.db.de/.../dateianhaenge/positionspapiere/positionspapier_eisenbahn_regulierung_in_europa_2006.pdf.

Immenga, Ulrich/Mestmäcker, Ernst-J.: Kommentar zum Kartellgesetz, 3. Auflage, München 2001.

Jäntschi-Haucke, Karin: Zusammenarbeit europäischer Eisenbahnen im internationalen Schienenverkehr im Hinblick auf eine Steigerung ihrer Wettbewerbsfähigkeit, München 1991.

Jakobs, Michael: Der Grundsatz der Verhältnismäßigkeit, Köln 1985.

Jarass, Hans D./Pieroth, Bodo: Grundgesetz für die Bundesrepublik Deutschland: Kommentar, 8. Auflage München 2006.

Jochum, Georg: Die Grundrechtsbindung der Deutschen Bahn, NVwZ 2005, S. 779-781.

Julitz, Lothar: Bestandsaufnahme Deutsche Bahn, Frankfurt am Main 1998.

Jung, Christian/ Schultzky, Helene: Verordnung zum Erlass und zur Änderung eisenbahnrechtlicher Vorschriften vom 3.6.2005, IR 2005, S. 178-181.

Kämmerer, Jörn A.: Verfassungsstaat auf Diät?, JZ 1996, S. 1042-1050.

Kämmerer, Jörn A.: Privatisierung: Typologie – Determinanten – Rechtspraxis – Folgen, Tübingen 2001.

Kahlenberg, Harald: Novelliertes Deutsches Kartellrecht, BB 1998, S. 1593-1599.

Kallmeyer, Harald: Umwandlungsgesetz, 3. Auflage, Köln 2006.

Kay, John: Privatisation in the United Kingdom, 1979-1999, www.ukprivatisation.com.

KCW GmbH: Ökonomische Analyse des Eigentumssicherungsmodells für die Kapitalprivatisierung der Deutschen Bahn AG, 2006, www.bdi-online.de/Dokumente/Verkehrspolitik/KCW_zum_Eigentumsmodell.pdf.

Kemnitz, Joachim: Der Staat muss zahlen, Der Fahrgast 3/2002, S. 5-9.

Kemnitz, Joachim: Vom Börsengang zum Bettelgang, Der Fahrgast 2/2004, S. 5-14.

Kempen, Bernhard: Die Formenwahlfreiheit der Verwaltung, München 1989.

Kennedy, John/Smith, Andrew: Assessing the efficient cost of sustaining Britain's rail network: perspectives based on Zonal Comparisons, 2002, www.econ.cam.ac.uk/dae/research/regulate/Asmithrail.pdf.

Klaue, Siegfried: Zum sogenannten Netzzugang Dritter in der Gas- und Elektrizitätswirtschaft, BB 1992, S. 1937-1940.

Klein, Hans: Die Teilnahme des Staates am wirtschaftlichen Wettbewerb, Stuttgart 1968.

Klimisch, Annette/Lange, Markus: Zugang zu Netzen und anderen wesentlichen Einrichtungen als Bestandteil der kartellrechtlichen Missbrauchsaufsicht, WuW 1998, S. 15-26.

Knieps, Günter: Wettbewerb in Netzen: Reformpotentiale in den Sektoren Eisenbahn und Luftverkehr, Tübingen 1996.

Knieps, Günter: Zugang zu Netzen – Verselbständigung, Nutzung, Vergütung, Eigentumsschutz, MMR 1998, S. 275-280.

Knieps, Günter: Wettbewerbsökonomie, 2. Auflage, Berlin 2005.

Knorr, Andreas/Eichinger, Andreas: Die Bahnreform in Großbritannien – eine kritische Würdigung, List Forum für Wirtschafts- und Finanzpolitik, Bd. 28 (2002), S. 370-390.

Koch, Thorsten: Der rechtliche Status kommunaler Unternehmen in Privatrechtsform, Baden-Baden 1994.

Koch, Hans-Joachim: Verfassungsrechtlicher Bestandsschutz als Grenze der Deregulierung und der umweltpolitischen Steuerung im Bereich der Elektrizitätswirtschaft, DVBl 1994, S. 840-844.

Koch, Hans-Joachim: Gibt es ein Grundrecht auf Mobilität?, ZfV 1994, S. 545-552.

Koenig, Christian/Kühling, Jürgen: Institutionelle Regulierungsordnung in der Eisenbahn- und Energiewirtschaft – sektorspezifische Regulierungsbehörden oder Bundeskartellamt, WuW 2001, S. 810-820.

Koenig, Christian/Kühling, Jürgen/ Winkler, Kay E.: Pflichten zur Veränderung von Netzinfrastrukturen, WuW 2003, S. 228-241.

Koenig, Christian/Neumann, Andreas/Schellberg, Margret: Neue Spielregeln für den Zugang zur Eisenbahninfrastruktur als Voraussetzung für chancengleichen Wettbewerb auf der Schiene, WuW 2006, S. 139-149.

Koenig, Christian/Pfromm, Rene: Die Förderlogik des EG-beihilferechtlichen

Ausschreibungsverfahrens bei PPP-Daseinsvorsorge-Infrastrukturen, NZBau 2004, S. 375-379.

Koenig, Christian/Schellberg, Margret: Strukturvorgaben für die Benutzungsbedingungen für Eisenbahn-Serviceeinrichtungen gem. § 10 I 1 EIBV, IR 2006, S. 84-86.

Körber, Joachim: Europa – Chancen für die Bahnen und ihre Zulieferindustrie, Int. Verkehrswesen 2001, S. 58.

Kohl, Thomas: Situationsbeurteilung und geplante wettbewerbsrelevante Rechtsrahmenveränderung für den deutschen Schienenverkehrsmarkt, in: Workshop der DVWG, Wettbewerb im Schienenverkehr, Berlin 2004, S. 17-29.

Koppensteiner, Hans G.: Zur Grundrechtsfähigkeit gemischt-wirtschaftlicher Unternehmungen, NJW 1990, S. 3105-3114.

Kraft, Ingo: Bauleitplanung auf Bahnflächen, DVBl. 2000, S. 1326-1334.

Kramer, Urs: Das Recht der Eisenbahninfrastruktur, Stuttgart 2002.

Kramer, Urs: Die Betriebshaftpflicht für die Eisenbahninfrastruktur, IR 2004, S. 106-108.

Kramer, Urs: Liberalisierung und Diskriminierung bei monopolträchtiger Infrastruktur oder Umkehr zum „Leitungsstaat", N&R 2004, S. 134-143.

Kramer, Urs: Die aktuelle Entwicklung des deutschen Eisenbahnrechts – Auf dem Weg zu einem perfekt regulierten Markt?, NVwZ 2006, S. 27-32.

Krauss, Günther: Möglichkeiten und Grenzen einer gemeinsamen Verkehrspolitik der Europäischen Gemeinschaft, ZfVerkWiss 1976, S. 1-30.

Kreis, Constanze: Deregulierung und Liberalisierung der europäischen Elektrizitätswirtschaft, Baden-Baden 2004.

Kruse, Jörn: Ökonomie der Monopolregulierung, Göttingen 1985.

Kühl, Ingo: Übernahme von Schieneninfrastruktur der DB AG durch Dritte, Dortmund 1999.

Kühling, Jürgen/Ernert, Alexander: Das neue Eisenbahnwirtschaftsrecht – Hochgeschwindigkeitstrasse für den Wettbewerb?, NVwZ 2006, S. 33-39.

Kühlwetter, Hans-J.: Widmung und Entwidmung im öffentlichen Eisenbahnrecht – eine unbekannte Größe?, in: K. Grupp (Hrsg.), Planung-Recht-Rechtsschutz, Festschrift für Willi Blümel zum 70. Geburtstag, Berlin 1999, S. 309-333.

Kühne, Gunther: Zur Frage, ob und inwieweit juristische Personen grundrechtsfähig sind, JZ 1990, S. 335-336.

Kühne, Gunther/Pohlmann, Mario: Zu der bei Verweigerung der Durchleitung gegen Versorgungsunternehmen erlassenen Missbrauchsverfügung des BKartA und der dafür nach der Rechtsprechung des BGH erforderlichen Interessenabwägung, JZ 1995, S. 725-727.

Kühne, Gunther/Scholtka, Boris: Das neue Energiewirtschaftsrecht, NJW 1998, S. 1902-1909.

Kugelmann, Dieter: Grundrechte in Europa, Hamburg 1997.

Kunz, Wolfgang: Eisenbahnrecht, Baden-Baden 1994.

Laaser, Claus-Friedrich: Wettbewerb im Verkehrswesen: Chancen für eine Deregulierung in der Bundesrepublik, Tübingen 1991.

Laaser, Claus-Friedrich: Die Bahnstrukturreform: richtige Weichenstellung oder Fahrt aufs Abstellgleis?, Kiel 1994.

Lammich, Klaus: Kabotage im Straßengüterkraftverkehr – Sind die derzeitigen Beschränkungen rechtmäßig?, Transportrecht 1993, S. 227

Lampert, Thomas: Der EuGH und die essential facilities-Lehre, NJW 1999, S. 2235-2236.

Lang, Markus: Die Grundrechtsberechtigung der Nachfolgeunternehmen im Eisenbahn-, Post- und Telekommunikationswesen, NJW 2005, S. 3601- 3605.

Langer, Stephan: Verfassungsfragen des Gesetzesentwurfs zur Neuregelung des Energiewirtschaftsrechts, ET 1994, S. 158-163.

Langer, Stephan: Durchleitung von Energie gemäß § 103 Abs. 5 GWB, ET 1995, S. 395-399.

Lecheler, Helmut: Der Verpflichtungsgehalt des Art. 87 I 1 GG – Fessel oder Richtschnur für die bundesunmittelbare Verwaltung? NVwZ 1989, S. 834-837.

Lechner, Tonio: Die Seehäfen im Recht der EU, Hamburger Studien zum Europäischen und Internationalen Recht Bd. 13, Hamburg 1997.

Leisner, Walter: Eigentum, § 149, in J. Isensee/P. Kirchhoff (Hrsg.), Handbuch des Staatsrechts VI, Freiheitsrechte, Heidelberg 2001.

Lerche, Peter: Übermaß und Verfassungsrecht: zur Bindung des Gesetzgebers an die Grundsätze der Verhältnismäßigkeit und der Erforderlichkeit, Köln 1961.

Lerche, Peter: Infrastrukturelle Verfassungsaufträge, in R. Wendt (Hrsg.), Staat, Wirtschaft, Steuern: Festschrift für Karl Heinrich Friauf zum 65. Geburtstag, Heidelberg 1996, S. 251-260.

Lindemann, Hans-H./Köster, Kristina: Energiewirtschaft auf dem Weg zu mehr Wettbewerb, DVBl. 1997, S. 527-534.

Lindemann, Kay: Auf den Rahmen kommt es an, in: DVWG, Wettbewerb im Schienenverkehr, , Formen, Stärken, Schwachstellen und Grenzen, Berlin 2004, S. 121-136.

Lipsey, Richard G./ Courant, Paul N.: Economics, 12. Auflage, New York 1999.

LITRA: Bahnreform 2: Die Vorteile der integrierten Bahn, 2001, in Informationsdienst für den öffentlichen Verkehr, www.litra.ch/dcs/users/2/gs_nr2_d.pdf.

Maaß, Roland: Der Wettbewerb im öffentlichen Personenbeförderungswesen: Möglichkeiten und Notwendigkeiten im Bereich straßengebundener Beförderung, Berlin 1998.

Mäßen, Christian: Kritik zu OVG Münster, Beschluss vom 16.02.2006, Az. 20 B 758/05, IR 2006, S. 93-94.

Maier, Martina/Dopheide, Jan Hendrik: Europäischer Schienenverkehr nach dem ersten EU-Eisenbahnpaket: Freie Bahn für alle?, EuZW 2003, S. 456-460.

Mangoldt, Hermann von/Klein, Friedrich/Starck, Christian/Baldus, Manfred: Kommentar zum Grundgesetz, Bd. 1 und 3, München 2005.

Markert, Kurt: Die Verweigerung des Zugangs zu „wesentlichen Einrichtungen" als Problem der kartellrechtlichen Missbrauchsaufsicht, WuW 1995, S. 560-571.

Markert, Kurt: Die Anwendung des US-amerikanischen Monopolisierungsverbots auf Verweigerung des Zugangs zu „wesentlichen Einrichtungen", in U. Immenga (Hrsg.), Festschrift für Ernst-Joachim Mestmäcker, Baden-Baden 1996, S. 661-671.

Markert, Kurt: Durchleitung von Strom und Gas: Allgemeines Kartellrecht oder Sonderregelung, BB 1997, S. 1421-1426.

Marquard Andresen, Ole: Die Pflichten der EU-Mitgliedstaaten zum Abbau versorgungspolitisch motivierter Marktinterventionen, Berlin 2005.

Martin, Brendan: British Rail Privatisation: What went wrong? 2002, www.publicworld.org/docs/britail.pdf.

Maser, Siegfried: Die Geltung der Grundrechte für juristische Personen und teilrechtsfähige Verbände, München 1964.

Maurer, Hartmut: Allgemeines Verwaltungsrecht, 16. Auflage München 2006.

Mayer, Dieter: Erste Zweifelsfragen bei der Unternehmensspaltung, DB 1995, S. 861-866.

Mehde, Veith: Staatliche Infrastrukturverantwortung – Lehren aus der Entprivatisierung des britischen Eisenbahnnetzbetreibers, ZögÜ Bd. 25 (2002), S. 421-434.

Mehrbahnen: Schwarzbuch Diskriminierung, www.mehrbahnen.de/schwarzbuch.php3?id=660&site=archiv&limit=5.

Mehrbahnen: Position zur Kapitalmarktfähigkeit der Deutschen Bahn AG mit Netz ohne Netz, www.mehrbahnen.de/dateien/MB-Positionspapier-Primon-29-05-2006.pdf.

Meng, Jao: Privatisation in Britain: A case study of Railtrack, Nottingham 2002.

Menges, Eva: Die Rechtsgrundlagen der Strukturreform der Deutschen Bahn, Heidelberg 1997.

Merkert, Rico: Die Reorganisation und Zukunft des Eisenbahnwesens in Großbritannien, Diskussionsbeitrag Nr. 78, Potsdam 2005.

Merveldt, Christina: Anmerkung zu Verizon Communications Inc v. Law Offices of Curtis V. Trinko, GRUR Int. 2004, S. 678-680.

Mestmäcker, Ernst J./Schweitzer, Heike: Europäisches Wettbewerbsrecht, 2. Auflage, München 2004.

Michaelis, Peter: Ökonomische Instrumente in der Umweltpolitik, Heidelberg 1996.

Michelbach, Roger: Probleme der Sanierung der Deutschen Bundesbahn durch die Änderung institutioneller Rahmenbedingungen, Thun 1984.

Milczewski, Christine v.: Der grundrechtliche Schutz des Eigentums im Europäischen Gemeinschaftsrecht, Frankfurt/Main 1994.

Milz, Klaus: Weg zu einem einheitlichen Eisenbahnmarkt in Europa ist mit vielen Stolpersteinen gepflastert, Int. Verkehrswesen 2001, S. 446

Möschel, Wernhard: Recht der Wettbewerbsbeschränkungen, Köln 1983.

Möschel, Wernhard: Europäisches Kartellrecht in liberalisierten Wirtschaftssektoren, WuW 1999, S. 832-841.

Möstl, Markus: Grundrechtsbindung öffentlicher Wirtschaftstätigkeit, München 1999.

Monopolkommission: Netzwettbewerb durch Regulierung, Hauptgutachten 2000/2001, Baden-Baden 2003.

Monopolkommission: Wettbewerbspolitik im Schatten „Nationaler Champions", Hauptgutachten 2002/2003, Baden-Baden 2005.

Monopolkommission: Die Privatisierung der Deutschen Bahn AG, Sondergutachten, Berlin 2006.

Müller, Jürgen/Vogelsang, Ingo: Staatliche Regulierung, Baden-Baden 1979.

Müller, Matthias: Die „Essential Facilities"-Doktrin im Europäischen Kartellrecht, EuZW 1998, S. 232-237.

Müller-Michaels, Olaf: Grundrechtlicher Eigentumsschutz in der Europäischen Union, Berlin 1997.

Münch v., Ingo/Kunig, Philip: Grundgesetz-Kommentar, Bd. 1, München 2000; Bd. 3, München 2003.

Munzert, Rüdiger: Das Schienennetz in Deutschland nach der Bahnreform: Möglichkeiten und Grenzen einer Reform der Eisenbahninfrastruktur-Bereitstellung, Wiesbaden 2001.

Nash, Chris: Privatisation and Deregulation in Railways: an assessment of the British approach, in Bradshaw/Lawton Smith (Hrsg.), Privatisation and Deregulation of Transport, Basingstoke 1999, S. 159-176.

Nash, Chris/Rivera-Trujillo, Carlos: Rail regulatorty reform in Europe – principles and practice. Paper presented to the STELLA Workshop, Athens 2004, www.stellaproject.org/FocusGroup5/Athens2004/papers/nash.doc.

National Audit Office: Network Rail – Making a fresh start, 2003, www.nao.org.uk/publications/nao_reports/03-04/0304532.pdf.

Nettesheim, Martin: Auslegung und Fortbildung nationalen Rechts im Lichte des Gemeinschaftsrechts, AöR 119 (1994), S. 261-293.

O'Donnell, Philip: Liberalised access to the railway network, in Bradshaw, Lawton Smith (Hrsg.), Privatization and Deregulation of Transport, Basingstoke 1999, S. 145-158.

Office of the Rail Regulator: Railtrack's Stewardship of the Network, London 1999.

Ossenbühl, Fritz: Daseinsvorsorge und Verwaltungsprivatrecht, DÖV 1971, S. 513-524.

Ott, Anselm: Essential Facilities der Eisenbahninfrastruktur, Int. Verkehrswesen 2006, S. 392-397.

O.V.: DStGB-Dokumentation Nr. 28, Public Private Partnership – Neue Wege in Städten und Gemeinden, 2002, www.ppp-bund.de/download/doku28_ppp.pdf.

O.V.: PPP im öffentlichen Hochbau, Band I: Leitfaden, 2003; PPP im öffentlichen Hochbau, Band II, Rechtliche Rahmenbedingungen, 2003, www.ppp-bund.de/hochbau.htm#1.

O.V.: PPP-Initiative NRW, Public Private Partnership im Hochbau, Finanzierungsleitfaden 2004, www.nrw.de/publikationen/03_finanzierungsleitfaden.pdf.

O.V.: Public Private Partnerships (PPP) für Schieneninfrastruktur: Potentiale, wirtschaftliche Vorteilhaftigkeit, Gestaltungsoptionen, Umsetzungshindernisse und Handlungsbedarf, Fallstudien, 2005.

O.V.: Europäische Eisenbahnagentur auf dem Weg, 2006, www.era.europa.eu/public/documents/2006-02-27%20Leaflet%20DE%20reduce%20file.pdf.

O.V.: Bahn-Privatisierung: „Mission Impossible", F.A.Z. v. 09.11.2006.

O.V.: Die Bahn kommt bis 2009 an die Börse, Der Tagesspiegel v. 09.11.2006.

O.V.: Tiefensee will Europas Verkehr beschleunigen, Hamburger Abendblatt v. 30.12.2006.

Pachl, Jörn: Integration und Wettbewerb möglich, Interview, Int. Verkehrswesen 2005, S. 510-511.

Palacio, Loyola: Vorwort, Neuer Schwung für die Schiene in Europa, 2003, ec.europa.eu/transport/rail/overview/doc/brochure_de.pdf.

Papier, Hans-Jürgen: Die Regelung von Durchleitungsrechten: verfassungsrechtliche und energiekartellrechtliche Würdigung, Köln 1997.

Papier, Hans-Jürgen: Durchleitung und Eigentum, BB 1997, S. 1213-1220.

Papier, Hans-Jürgen: Kommunale Daseinsvorsorge im Spannungsfeld zwischen nationalem Recht und Gemeinschaftsrecht, DVBl. 2003, S. 686-697.

Pass, Christopher/Lowes, Bryan/Davies, Leslie: Dictionary of Economics, 3. Auflage, London 2000.

Pfeifer, Axel: Möglichkeiten und Grenzen der Steuerung kommunaler Aktiengesellschaften durch ihre Gebietskörperschaften, München 1991.

Piepenbrock, Herrmann/Schuster, Fabian: GWB und TKG – Gegeneinander, Nebeneinander oder Miteinander, CR 2002, S. 98-107.

Pieroth, Bodo: Die Grundrechtsberechtigung gemischt-wirtschaftlicher Unternehmen, NWVBl. 1992, S. 85-88.

Pieroth, Bodo: Das Grundrecht der Freizügigkeit, JuS 1985, S. 81-88.

Pieroth, Bodo/Schlink, Bernhard: Staatsrecht II – Grundrechte, Heidelberg 2004.

Pittmann, Russell: Chinese Railway Reform and Competition; Lessons from the Experience in Other Countries, Journal of Transport Economics and Policy (2004), 309-332.

Pollitt, Michael G./Smith, Andrew S. J.: The Restructuring and Privatisation of British Rail: Was it really that bad?, Fiscal Studies (2002), 463-502.

Porsch, Maik: Europa rüstet sich für freien Schienengüterverkehr, Int. Verkehrswesen 2004, S. 403-406.

Poschmann, Thomas: Grundrechtsschutz gemischt-wirtschaftlicher Unternehmen: ein Beitrag zur Bestimmung des personalen Geltungsbereichs der Grundrechte unter besonderer Berücksichtigung der Privatisierung öffentlicher Aufgaben, Regensburg 2000.

Preston, John: Competition in British Railways – What have we learned?, Paper presented to the Danish Transport Conference, Aalborg 30.08.1999, www.trg.dk/td/papers99/papers/paper/stp/Preston/preston.pdf.

Püttner, Günter: Die öffentlichen Unternehmen, 2. Auflage, Stuttgart 1985.

Püttner, Günter: Die Ursprünge des deutschen Eisenbahnrechts, in Planung-Recht-Rechtsschutz, in: K.Grupp/M. Ronellenfitsch (Hrsg.), Festschrift für Willi Blümel zum 70. Geburtstag, Berlin 1999, S. 467-479.

Püttner, Günter: Daseinsvorsorge und service public im Vergleich, in: H. Cox (Hrsg.), Daseinsvorsorge und öffentliche Dienstleistungen in der Europäischen Union – zum Widerstand zwischen freiem Wettbewerb und Allgemeininteresse, Baden-Baden 2001, S. 45-55.

Purkayastha, Prabir: Railway Privatisation derails in Britain, Pd.cpim.org/2002/july07/07072002_snd.htm.

Quasdorf, Peter: Dogmatik der Grundrechte der Europäischen Union, Frankfurt/Main 2001.

Rahmeyer, Fritz: Privatisierung und Deregulierung der Deutschen Bundesbahn, in: S. Behrends (Hrsg.), Ordnungskonforme Wirtschaftspolitik in der Marktwirtschaft, Festschrift für Hans-Rudolf Peters zum 65. Geburtstag, Berlin 1997, S. 503-532.

Reinhardt, Peter: Die Deutsche Bahn AG – Von der öffentlich-rechtlichen zur privatrechtlichen Unternehmensform in Unternehmen der öffentlichen Hand, Kongressvortrag, ZGR 1996, S. 373-384.

Rengeling, Hans-Werner: Grundrechtsschutz in der Europäischen Gemeinschaft: Bestandsaufname und Analyse der Rechtsprechung des Europäischen Gerichtshofs zum Schutz der Grundrechte als allgemeine Rechtsgrundsätze, München 1993.

Riegger, Manfred: Wettbewerb im Eisenbahnverkehr: eine Darstellung der Wirtschaftlichen und rechtlichen Grundlagen der Liberalisierung des Eisenbahnverkehrs in der Europäischen Union und den Vereinigten Staaten unter besonderer Berücksichtigung der Bahnstrukturreform in der Bundesrepublik Deutschland, Berlin 1999.

Rochlitz, Karl-Heinz: Chancen, Probleme und Risiken des Wettbewerbs im Schienenverkehr, in: Workshop der DVWG, Wettbewerb im Schienenverkehr, Berlin 2004, S. 41-57.

Rodi, Hansjörg: Effizienz im Schienenverkehr, eine mikroökonomische Analyse unter besonderer Berücksichtigung der institutionellen Ausgestaltung des Trassenmarktes, Göttingen 1996.

Rohn, Stefan: Ausgewogene Risikoverteilung und erfahrenes Projektmanagement führen zum Erfolg, Beilage 1/2005, S. 21-23.

Ronellenfitsch, Michael: Mobilität: Vom Grundbedürfnis zum Grundrecht?, DAR 1992, S. 321-325.

Ronellenfitsch, Michael : Verfassungs- und verwaltungsrechtliche Vormerkungen zur Mobilität mit dem Auto, DAR 1994, S. 7-13.

Ronellenfitsch, Michael: Die Zulassung von Automobilveranstaltungen, DAR 1995, S. 241-248.

Ronellenfitsch, Michael : Privatisierung und Deregulierung des Eisenbahnwesens, DÖV 1996, S. 1028-1037.

Ronellenfitsch, Michael: Transeuropäische Netze, in: W. Blümel/H.-J. Kühlwetter (Hrsg.), Aktuelle Probleme des Eisenbahnrechts IV, Speyer 2000, S. 111-135.

Ronellenfitsch, Michael: Der ÖPNV im europäischen Binnenmarkt, 2. Teil, VerwArchiv 92 (2001), S. 293-315.

Ronellenfitsch, Michael: Die Umsetzung des Eisenbahninfrastrukturpakets, DVBl. 2002, S. 657-667.

Ronellenfitsch, Michael: Planerische Vorfestlegungen für die eisenbahnrechtliche Fachplanung zur Wahrung der föderalen Daseinsvorsorge – Besinnung auf den harmonischen Bundesstaat, in Ronellenfitsch/Schweinsberg (Hrsg.), Aktuelle Probleme des Eisenbahnrechts IX, 2004, Hamburg S. 21-52.

Ronellenfitsch, Michael: Der Beitrag der Eisenbahnunternehmen zur Terrorismusabwehr, DVBl. 2005, S. 65-72.

Ronellenfitsch, Michael: Wirtschaftliche Betätigung des Staates, § 98, in J. Isensee/P. Kirchhof (Hrsg.), Handbuch des Staatsrechts IV, Aufgaben des Staates, Heidelberg 2006.

Ronellenfitsch, Michael: Wirtschaftliche Betätigung des Staates, § 98, in J. Isensee/P. Kirchhof (Hrsg.), Handbuch des Staatsrechts IV, Aufgaben des Staates, Heidelberg 2006.

Rüfner, Wolfgang: Daseinsvorsorge und soziale Sicherheit, § 96, in J. Isensee/ P. Kirchhoff (Hrsg.), Handbuch des Staatsrechts IV, Aufgaben des Staates, Heidelberg 2006.

Rüfner, Wolfgang: Die Subjekte der Freiheitsrechte, Grundrechtsträger; § 116, in: J. Isensee/P. Kirchhoff (Hrsg.), Handbuch des Staatsrechts V, Allgemeine Grundrechtslehren, Heidelberg 2000.
Ruge, Reinhard: Netzzugang, Betriebspflicht und Wiederherstellung der Befahrbarkeit von Schienenwegen, IR 2004, S. 248-251.
Ruge, Reinhard: Auswahlkriterien bei der Vergabe von Zugtrassen im Verfahren der Erstellung eines Netzfahrplans, N&R 2005, S. 170-172.
Ruge, Reinhard: Die neue Eisenbahninfrastruktur-Benutzungsverordnung (EIBV), IR 2005, S. 196-199.
Ruge, Reinhard: Kontinuität und Wandel im eisenbahnrechtlichen Netzzugang: Das 3. Gesetz zur Änderung eisenbahnrechtlicher Vorschriften, DVBl. 2005, S. 1405-1415.
Ruge, Reinhard: Diskriminierungsfreier Netzzugang im liberalisierten Eisenbahnmarkt in Deutschland, AöR 131 (2006), S. 1-78.
Ruge, Reinhard: Anmerkung zum Beschluss des OVG Münster vom 16. Februar 2006 – 20 B 758/05, N&R 2006, S. 84-87.

Sachs, Michael: Grundgesetz-Kommentar, 3. Auflage, München 2003.
Schäfer, Peter: Das Finanzierungsmodell zum Neu- und Ausbau der Schienenwege der DB AG, ETR 1998, S. 492-495.
Schallemacher, Rainer: Die industriellen Bundesunternehmen, Konstanz 1990.
Scheidemann, Dieter: Der Begriff Daseinsvorsorge: Ursprung, Funktion und Wandlungen der Konzeption Ernst Forsthoffs, Göttingen 1991.
Scherer, Joachim: Das Bronner-Urteil des EuGH und die Essential facilities-Doktrin im TK-Sektor, MMR 1999, S. 315-321.
Schienen-Control GmbH: Die Eisenbahnen Großbritanniens, 2001, www.scg.gv.at/SCG/SCG-Publikationen/MAIN_FRAMEPUBLIKATIONEN.htm.
Schilling, Theodor: Bestand und allgemeine Lehre der bürgerschützenden allgemeinen Rechtsgrundsätze des Gemeinschaftsrechts, EuGRZ 2000, S. 3-43.
Schlepütz, Volker: Sektorspezifische Regulierung versus Missbrauchsaufsicht, Frankfurt/Main 2006.
Schmalensee, Richard: The control of natural monopolies, Lexington 1979.
Schmidt, Christian: Neustrukturierung der Bundesnetzagentur – Verfassungs- und verwaltungsrechtliche Probleme, NVwZ 2006, S. 907-909.
Schmidt, Ingo/Engelke, Heinz: Marktzutrittsschranken und potentieller Wettbewerb, WiSt 18 (1989), S. 399-406.
Schmidt, Ingo: X-Ineffizienz, Lean Production und Wettbewerbsfähigkeit, WiSt 1996, S. 65-71.
Schmidt, Ingo: Wettbewerbspolitik und Kartellrecht, 8. Auflage, Stuttgart 2005.
Schmidt-Aßmann, Eberhard: Der Grundrechtsschutz gemischt-wirtschaftlicher Unternehmen nach Art. 19 Abs. 4, BB 1990, Beilage 34, S. 1-14.

Schmidt-Aßmann, Eberhard: Zur Bedeutung der Privatrechtsform für den Grundrechtsstatus gemischt-wirtschaftlicher Unternehmmen, in E. Jayme (Hrsg.), Festschrift für Hubert Niederländer, Heidelberg 1991, S. 383-398.

Schmidt-Aßmann, Eberhard: Das allgemeine Verwaltungsrecht als Ordnungsidee, 2. Auflage Berlin 2004.

Schmidt-Aßmann, Eberhard/ Röhl, Hans-Christian: Grundpositionen des neuen Eisenbahnverfassungsrechts (Art. 87e GG), DÖV 1994, S. 577-585.

Schmidt-Aßmann, Eberhard/Hoffmann-Riem, Wolfgang: Verwaltungsorganisationsrecht, Baden-Baden 1997.

Schmidt-Bleibtreu, Bruno/Klein, Franz/Brockmeyer, Hans B.: Kommentar zum Grundgesetz, 10. Auflage, Neuwied 2004.

Schmidt-Preuß, Matthias: Soziale Marktwirtschaft und Grundgesetz vor dem Hintergrund des Staatsvertrages zur Währungs-, Wirtschafts- und Sozialunion, DVBl. 1993, S. 236-247.

Schmidt-Preuß, Matthias: Verfassungskonflikt um die Durchleitung?, RdE 1996, S. 1-9.

Schmidt-Preuß, Matthias: Die Gewährleistung des Privateigentums durch Art. 14 GG im Lichte aktueller Probleme, Die Aktiengesellschaft 1996, S. 1-11.

Schmitt, Veit: Die Harmonisierung der Wettbewerbsbedingungen in der EG – Binnenverkehrspolitik, EuZW 1993, S. 305-311.

Schmitt, Thomas: Anmerkung zu LG Karlsruhe Az.: 14 O 104/05 KfH III, IR 2006, S. 165.

Schmitz, Markus: Die Privatisierung der Eisenbahn in Großbritannien, Göttingen 1997.

Schmitz-Valckenberg, Annemie: Entwidmung und bahnfremde Nutzung von Bahnanlagen, Berlin 2002.

Schmuck, Herbert: Weniger Wettbewerb und mehr Staat im Schienenverkehr?, Int. Verkehrswesen 1994, S. 195-199.

Schnell, Mirko C.A.: Trennung Infrastruktur und Betrieb, Int. Verkehrswesen 2001, S. 529-533.

Schnöbel, Christian R.: Vertikale Desintegration des britischen Eisenbahnsektors, Int. Verkehrswesen 2005, S. 136-142.

Schoch, Friedrich: Rechtsfragen der Privatisierung von Abwasserbeseitigung und Abfallbeseitigung, DVBl. 1994, S. 1-12.

Scholz, Rupert: Das gemischt-wirtschaftliche Unternehmen in der neueren Rechtsprechung des Bundesverfassungsgerichts, in Bernhard Pfister (Hrsg.), Festschrift für Werner Lorenz, Tübingen 1991, S. 213-232.

Scholz, Rupert: Postmonopol und Grundgesetz: zur verfassungsrechtlichen Begrenzung postrechtlicher Exklusivrechte, Berlin 2001.

Scholz, Rupert/Langer, Stefan: Europäischer Binnenmarkt und Energiepolitik, Berlin 1992.

Schröder, Dirk: Telekommunikationsgesetz und GWB, WuW 1999, S. 14-28.

Schröder, Meinhard: Kompetenz- und eigentumsrechtliche Fragen bei der Verwirklichung des Elektrizitätsbinnenmarktes, Baden-Baden 1993.

Schulz, Gerhard: Das Eisenbahnwesen des Bundes und die Stellung der deutschen Bahnen auf dem europäischen Binnenmarkt, Berlin 1995.

Schulz, Günther: Die Deutsche Bundesbahn 1949-1989, in L. Gall/M. Pohl (Hrsg.), Die Eisenbahn in Deutschland: von den Anfängen bis zur Gegenwart, München 1999, S. 317-376.

Schwalbach, Matthias: Wettbewerb auf der Schiene: die Vergabe von Fahrbahntrassen nach der Bahnreform, Göttingen 1996

Schwarting, Gunnar: Kommunales Kreditwesen, Berlin 1994.

Schwarz, Hans-Peter: Wiedervereinigung und Bahnreform 1989-1994, in: L. Gall/M. Pohl (Hrsg.), Die Eisenbahn in Deutschland: von den Anfängen bis zur Gegenwart, München 1999, S. 379-418.

Schwarz, Theo: Die wirtschaftliche Betätigung der öffentlichen Hand im Kartellrecht, Köln 1969.

Schwarze, Jürgen: Der Schutz des geistigen Eigentums im europäischen Wettbewerbsrecht, EuZW 2002, S. 75-81.

Schwenn, Kerstin: Bahn-Börsengang: Einigung mit Widersprüchen, F.A.Z. v. 09.11.2006.

Schwintowski, Hans P.: Der Zugang zu wesentlichen Einrichtungen, WuW 1999, S. 842-853.

Seidel, Otto: in W. Fürst (Hrsg.), Festschrift für Wolfgang Zeidler, Bd. 2, Berlin 1987, S. 1459-1472.

Selmer, Peter: Unternehmensentflechtung und Grundgesetz: verfassungsrechtliche Probleme einer allgemeinen Entflechtungsermächtigung, Köln 1981.

Selmer, Peter/Brodersen, Carsten: Juristische Kurzexpertise zur Studie „Privatisierung der Bundesautobahnen", in Ewers/Rodi (Hrsg.), Privatisierung der Bundesautobahnen, Göttingen 1995, S. 123-140.

Semler, Johannes: Leitung und Überwachung der Aktiengesellschaft: die Leitungsaufgabe des Vorstands und die Überwachungsaufgabe des Aufsichtsrats, 2. Auflage, Köln 1996.

Sendler, Horst: Wundersame Vermehrung von Grundrechten – insbesondere zum Grundrecht auf Mobilität und Autofahren, NJW 1995, S. 1468-1469.

Silla, Olivier: Die Europäische Eisenbahnagentur, ec.europa.eu/transport/rail/overview/doc/ri-3os-de.pdf.

Smith, Ian: Britain's Railways – 5 Years after the Completion of their Privatization, Japan Railway & Transport Review, March 2003,S. 12-15.

Sohmen, Egon: Allokationstheorie und Wirtschaftspolitik, Tübingen 1976.

Soltwedel, Rüdiger: Deregulierungspotentiale in der Bundesrepublik, Tübingen 1986.

Sommerfeld, Olaf: Wettbewerb kontra Daseinsvorsorge: die Strukturmerkmale der kommunalen Sparkassen in Deutschland im Lichte des EU-Wettbewerbsrechts, Hamburg 2005.

Spoerr, Wolfgang: Die Stilllegung von Eisenbahnstrecken nach § 11 AEG, DVBl. 1997, S. 1309-1315.

Stabenow, Wolfgang: Die Rechtsgrundlagen europäischer Verkehrsintegration, 126 ZHR 1963, S. 228-254.

Stackelberg, Friedrich v.: Zur Privatisierung staatlicher Unternehmen im Verkehrssektor, in Seidenfus (Hrsg.), Probleme des Wettbewerbs zwischen staatlichen und privaten Unternehmen im Verkehr, Göttingen 1990.

Staebe, Erik: Grundfragen der Trassenpreisregulierung nach der dritten AEG-Novelle, WuW 2006, S. 492-501.

Staudinger, Julius von: Kommentar zum Bürgerlichen Gesetzbuch mit Einführungsgesetz und Nebengesetzen, Neubearbeitung 2005,

Steenhoff, Holger: Die eisenbahnrechtliche Widmung, UPR 1998, S. 182-187.

Stehmann, Oliver/Mackay, Ian: Liberalisation and competition policy in railways, Competition Policy Newsletter (3/2003), S. 21-25.

Stehmann, Oliver/Zellhofer, Georg: Dominant Rail Undertakings under European Competition Policy, European Law Journal 2004, S. 327-353.

Steiner, Udo: Recht der Verkehrswirtschaft, in R. Schmidt (Hrsg.), Öffentliches Wirtschaftsrecht, Besonderer Teil 2, Berlin u.a. 1996, S. 127-224.

Stern, Klaus: Das Staatsrecht der Bundesrepublik Deutschland III/1, München 1988.

Stewing, Clemens: Gasdurchleitung nach deutschem Recht, BB 1995, S. 1968-1972.

Stober, Rolf: Die privatrechtlich organisierte öffentliche Veraltung, NJW 1984, S. 449-457.

Stober, Rolf: Allgemeines Wirtschaftsverwaltungsrecht, 15. Auflage, Stuttgart 2006.

Störmer, Rainer: Gemeinschaftsrechtliche Diskriminierungsverbote versus nationale Grundrechte?, AöR 123 (1998), S. 541-576.

Storr, Stefan: Der Staat als Unternehmer: öffentliche Unternehmen in der Freiheits- und Gleichheitsdogmatik des nationalen Rechts und des Gemeinschaftsrechts, Tübingen 2001.

Storr, Stefan: Zwischen überkommender Daseinsvorsorge und Diensten von allgemeinem wirtschaftlichen Interesse, DÖV 2002, S. 357-368.

Strategic Rail Authority: National Rail Trends, Yearbook 2003-04, London 2004.

Streinz, Rudolf: Bundesverfassungsgerichtlicher Grundrechtsschutz und Europäisches Gemeinschaftsrecht: die Überprüfung grundrechtsbeschränkender deutscher Begründungs- und Vollzugsakte von europäischem Gemeinschaftsrecht durch das Bundesverfassungsgericht, Baden-Baden 1989.

Streinz, Rudolf: Europarecht, 7. Auflage, Heidelberg 2005.

Studenroth, Stefan: Aufgaben und Befugnisse des Eisenbahn-Bundesamtes, VerwArchiv 87 (1996), S. 97-114.

Sullivan, Lawrence: Handbook of the Law of Antitrust, St. Paul 1977.

Sumpf, Joachim: Wieviel Personenverkehr lässt sich zu ÖPNV bündeln, Int. Verkehrswesen, 2002, S. 539-541.

Suntum, Ulrich von: Verkehrspolitik, München 1986.

Tegner, Henning: PPP öffnet Finanzierungsspielräume für die Schiene in Deutschland, Int. Verkehrswesen 2004, S. 406-407.

Tegner, Henning: PPP für Schienenwege – mehr als ein Hoffnungsschimmer?, Int. Verkehrswesen 2005, Beilage 1/2005, S. 4-10.

Temple Lang, John: Defininig Legitimate Competition: Companies' Duties to Supply Competitors, and Access to Essential Facilities, Fordham Corporate Law Institute 1994, S. 245-313.

Tettinger, Peter: Zur Grundrechtsberechtigung von Energieversorgungsunternehmen im Europäischen Gemeinschaftsrecht, in Baur (Hrsg.), Europarecht, Energierecht, Wirtschaftsrecht, Festschrift für Bodo Börner, Köln 1992, S. 625-640.

Tettinger, Peter J.: Die rechtliche Ausgestaltung von Public Private Partnership, DÖV 1996, 764-770.

Tettinger, Peter J.: Verfassungsrecht und Wirtschaftsordnung, DVBl. 1999, S. 679-687.

Then, Volker: Eisenbahnen und Eisenbahnunternehmer in der industriellen Revolution: ein preußisch/deutsch-englischer Vergleich, Göttingen 1997.

Theobald, Christian: Aktuelle Entwicklungen des Infrastrukturrechts, NJW 2003, S. 324-331.

Theobald, Christian/Zenke, Ines: Grundlagen der Strom- und Gasdurchleitung: die aktuellen Rechtsprobleme, München 2001.

Transnet: Drittes Eisenbahngesetz: TRANSNET kritisiert Bundesratsvotum – Politik behindert Wettbewerb auf der Schiene, www.transnet.org/Presse/Archiv%202004/04-12-17-AEG.

Tränkle, Claudia: Die „essential facilities“-Doktring im europäischen Wettbewerbsrecht: eine rechtsvergleichende Untersuchung der „essential facilities“-Doktrin im Rahmen der Rechtsprechung zu Art. 82 (ex-Art. 86) EGV und § 19 IV Nr. 4 GWB unter Berücksichtigung der Rechtsprechung zu Section 2 Sher man Act im US-amerikanischen Antitrustrecht, Tübingen 2001

TU Berlin: Synetra: Synergien zwischen Bahnnetz und –transport, Gutachten, Berlin 2004.

Turnbull, Peter: Regulation, deregulation or re-regulation of transport?, 1999, www.ilo.org/public/english/dialogue/sector/sectors/transp/publ.htm.

Uhlenhut, Bernd: Bahnstrompreissysteme mit Eisenbahn- und Kartellrecht unvereinbar, Anmerkung zu LG Frankfurt am Main, Az. 3-08 O 72/04; IR 2005, S. 59-61.

Ulmer, Peter: Der Begriff „Leistungswettbewerb" und seine Bedeutung für die Anwendung von GWB und UWG-Tatbeständen, GRUR 1977, S. 565-580.

Utton, Michael: Report for the Commission, The likely impact of Deregulation on Industrial Structures and Competition in the Community, Luxemburg 1987.

Venit, James S./ Kallaugher, John J.: Essential Facilities: A comparative Law Approach, Annual Proceedings of the Fordham Law Institute 1994, S. 315-344.

Vinois, Jean Arnold: Schaffung eines europäischen Eisenbahnraums im Rahmen des Weißbuchs über die europäische Verkehrspolitik, www.eu.nl/transport/rail/overview/doc/ri-5-jav-de.pdf.

Voigt, Rüdiger: Abschied vom Staat – Rückkehr zum Staat, Baden-Baden 1993.

Wachinger, Lorenz/Wittemann, Martin: Regionalisierung des ÖPNV: der rechtliche Rahmen in Bund und Ländern nach der Bahnreform, Bielefeld 1996.

Wald, Hans-Dieter: Die Privatisierung des öffentlichen Nahverkehrs (ÖPNV) und die damit verbundene Problematik des marktwirtschaftlichen und interventionistischen Dualismus am Beispiel des Schienenpersonennahverkehrs (SPNV) in der Fläche, Kassel 2004.

Wanner, Claudia/Paterak, Jörn: Bahn kassiert Schlappe bei der Vergabe von Trassen, Dossier FTD vom 21.06.2005.

Weber, Rolf H.: Wirtschaftsregulierung in wettbewerbspolitischen Ausnahmebereichen, Baden-Baden 1986.

Weber, Rolf H.: Marktöffnung im Eisenbahnbereich, in: A. Ruch/G. Hertig/U.C. Nef (Hrsg.), Das Recht in Raum und Zeit, Festschrift für Martin Lendi, Zürich 1998, S. 579-594.

Weber-Grellet, Heinrich: Rechtsprechung des BFH zum Bilanzsteuerrecht, BB 2005, S. 36.

Weiß, Wolfgang: Privatisierung und Staatsaufgaben: Privatisierungsaufgaben im Lichte einer grundrechtlichen Staatsaufgabenlehre unter dem Grundgesetz, Tübingen 2002.

Welsby, John/Nichols, Alan: The Privatisation of Britain's Railways, an Inside View, Journal of Transport Economics and Policy 33 (1999), S. 55-76.

Wendt, Rudolf: Eigentum und Gesetzgebung, Hamburg 1985.

Werner, Jan: Nach der Regionalisierung – Der Nahverkehr im Wettbewerb: Rechtlicher Rahmen, Verantwortlichkeiten, Gestaltungsoptionen, Dortmund 1998.

Wetter, Irmgard: Grundrechtscharta des Europäischen Gerichtshofes: die Konkretisierung der gemeinschaftlichen Grundrechte durch die Rechtsprechung des EuGH zu den allgemeinen Rechtsgrundsätzen, Frankfurt/Main 1998.

Wiedemann, Gerhard: Handbuch des Kartellrechts, München 1999.

Windisch, Rupert: Privatisierung natürlicher Monopole im Bereich von Bahn, Post und Telekommunikation, Tübingen 1987.

Windthorst, Kay: Zur Grundrechtsfähigkeit der Deutschen Telekom AG, VerwArchiv 95 (2004), S. 377-399.

Winsor, Tom: The Relationship between the Government and the Private Sector, 2004, www.rail-reg.gov.uk/upload/pdf/ICLR-annual-lec-050404.pdf.

Wirth, Carsten Michael: Grundrechtsberechtigung und Grundrechtsverpflichtung öffentlicher und gemischt-wirtschaftlicher Unternehmen am Beispiel der Deutschen Post AG unter Berücksichtigung verfassungsrechtlicher Folgeprobleme der Postreform II, Osnabrück 2000.

Wirtz, Markus M./Holzhäuser, Michael: Die kartellrechtliche Zwangslizenz, WRP 2004, S. 683-694.

Wissenschaftlicher Beirat beim BMVBW: Trennung von Netz und Transport im Eisenbahnwesen, Int. Verkehrswesen 2002, S. 260-266.

Wolff, Hans J./Bachof, Otto/Stober, Rolf: Verwaltungsrecht II, 6. Auflage, München 2000.

Wolmar, Christian: Broken Rails – How Privatisation wrecked Britain's Railways, London 2001.

Wolmar, Christian: On the Wrong Line: How Ideology and Incompetence wrecked Britain's Railways, London 2005.

Zacher, Hans: Das soziale Staatsziel, § 28, in: J. Isensee/ P. Kirchhoff (Hrsg.), Handbuch des Staatsrechts II, Verfassungsstaat, Heidelberg 2004.

Zimmer, Christoph: Neue Organisationsmodelle für den Netznebenbetrieb der Eisenbahn, Int. Verkehrswesen 2003, S. 82-86.

Zimmermann, Norbert: Der grundgesetzliche Schutzanspruch juristischer Personen des öffentlichen Rechts: ein Beitrag zur Auslegung des Art. 19 Abs. 3 GG; unter besonderer Berücksichtigung des Grundrechtsschutzes berufsständischer Einrichtungen, öffentlich-rechtlicher Stiftungen und gemischt-wirtschaftlicher Unternehmen, München 1993.